PETIT DICTIONNAIRE

D'HISTOIRE ET D[...]

CONTENANT

LA MYTHOLOGIE, L'HISTOIRE ANCIENNE ET MODERNE

LA BIOGRAPHIE DES PERSONNAGES CÉLÈBRES DE TOUS LES PAYS ET DE TOUS LES TEMPS

ET LA GÉOGRAPHIE COMPARÉE, ANCIENNE ET MODERNE

PAR A. BEAUJEAN

PROFESSEUR AU LYCÉE LOUIS-LE-GRAND

PARIS

LIBRAIRIE HACHETTE ET Cie

79, BOULEVARD SAINT-GERMAIN, 79

PETIT DICTIONNAIRE

D'HISTOIRE ET DE GÉOGRAPHIE

CONTENANT

LA MYTHOLOGIE, L'HISTOIRE ANCIENNE ET MODERNE
LA BIOGRAPHIE DES PERSONNAGES CÉLÈBRES DE TOUS LES PAYS ET DE TOUS LES TEMPS
ET LA GÉOGRAPHIE COMPARÉE, ANCIENNE ET MODERNE

PAR A. BEAUJEAN

PROFESSEUR AU LYCÉE LOUIS-LE-GRAND

PARIS

LIBRAIRIE HACHETTE ET Cⁱᵉ

79, BOULEVARD SAINT-GERMAIN, 79

1877

PARIS. — IMPRIMERIE DE E. MARTINET, RUE MIGNON, 2

AVERTISSEMENT

Nous offrons au public un *Petit Dictionnaire d'histoire et de géographie*. Bien que cet ouvrage ait été spécialement composé pour la jeunesse des écoles, nous pensons qu'il pourra aussi être utile à ceux qui veulent trouver réunies en un seul volume portatif toutes les notions de mythologie, d'histoire, de biographie et de géographie, éparses d'ordinaire dans plusieurs dictionnaires.

En effet, notre Dictionnaire contient la mythologie de tous les peuples, mais particulièrement la mythologie des Grecs et des Romains ; l'histoire ancienne et moderne ; plus spécialement, dans l'antiquité, l'histoire des peuples qui font l'objet de l'enseignement classique, et, dans les temps modernes, l'histoire de notre pays ; l'indication des guerres, des traités, de tous les événements remarquables à un titre quelconque ; la biographie des personnages célèbres de tous les pays et de tous les temps ; enfin la géographie comparée, ancienne et moderne, et avec plus de détails la géographie de la France.

Tous nos renseignements ont été puisés aux sources les plus sûres et les plus récentes. Mais l'exactitude n'était point la partie la plus difficile de notre tâche ; quand on s'adresse à la jeunesse, le plus important, c'est le choix, la mesure en toutes choses. Une longue expérience de l'enseignement nous a montré le but ; c'est au lecteur de juger si nous l'avons atteint.

A. BEAUJEAN.

EXPLICATION DES ABRÉVIATIONS

aff. affluent.
anc. ancien.
ap. J.-C. après Jésus-Christ.
arr. arrondissement.
auj. aujourd'hui.
av. J.-C. avant Jésus-Christ.
cap. capitale.
c.-à-d. c'est-à-dire.
ch.-l. chef-lieu.
ch.-l. d'arr. chef-lieu d'arrondissement.
ch.-l. de c. chef-lieu de canton.
comm. ou *c.* commune.
dép. département.
E. est.
emp. empereur.
emp. empire.
fl. fleuve.
franç. français.

h. habitants.
hist. historien.
k. ou *kil.* kilomètre.
lat. latin.
N. nord.
O. ouest.
pop. population.
pr. principal.
prov. province.
rép. république.
riv. rivière.
roy. royaume.
S. sud.
s. siècle.
sept. septentrional.
v. ville.
vge. village.
voy. voyez.

DICTIONNAIRE
D'HISTOIRE ET DE GÉOGRAPHIE

A

AA, petite riv. de France qui se jette dans la mer du Nord, à Gravelines.

AALBORG, v. du Jutland ; 9000 h.

AAR, riv. de Suisse, affl. du Rhin.

AARAU, ch.-l. du c. d'Argovie ; 5000 h.

AARHUUS, v. du Jutland ; 6000 h.

AARON, frère aîné de Moïse, premier grand prêtre des Hébreux.

ABARIM, montagne de la Palestine.

ABASIE, région de la Russie d'Asie, au S. du Caucase et le long de la mer Noire ; v. pr. Anapa.

ABBADIE, ministre et théologien protestant (1658-1727).

ABBASSIDES, dynastie de 37 califes musulmans, descendant d'Abbas, oncle de Mahomet, qui remplaça la dynastie des Ommiades et régna de 750 à 1258.

ABBATUCCI (Jacques-Pierre), général français (1726-1812). ‖ Abbatucci (Charles), fils du précédent, général, tué à 26 ans au siége de Huningue (1771-1796). ‖ Abbatucci (J.-Pierre-Charles), ministre de la justice sous Napoléon III (1791-1857).

ABBEVILLE, ch.-l. d'arr. de la Somme, sur la Somme, à 46 kil. d'Amiens ; 18 208 h.

ABBON, moine de l'abbaye de Saint-Germain-des-Prés, a laissé un poëme latin sur le siége de Paris par les Normands.

ABBOTSFORD, château d'Écosse, résidence favorite de Walter Scott.

ABDALLAH, père de Mahomet (545-570).

ABDALLAH, dernier chef des Wahabites d'Arabie, vaincu par Méhémet-Ali.

ABDALLAH-BEN-YAZIM, fondateur de la puissance des Almoravides, vers 1050.

ABD-EL-KADER, défenseur de la nationalité arabe, en Algérie, contre les Français, né en 1807, fait prisonnier en 1847, mis en liberté en 1852, vit retiré en Syrie.

ABD-EL-MELEK ou **MALEK**, 5e calife ommiade, régna à Damas (685-705).

ABD-EL-MOUMEN, 1er calife des Almohades (1101-1163).

ABD-ER-RAHMAN (MULEY), empereur du Maroc, de 1823 à 1869, beau-père d'Abd-el-Kader, fut vaincu par le maréchal Bugeaud près de l'Isly, en 1844.

ABD-UL-AZIZ, sultan de 1861 à 1876.

ABD-UL-HAMID, né en 1842, sultan en 1876.

ABD-UL-MEDJID, sultan de 1839 à 1861, soutint contre les Russes, avec l'appui de la France et de l'Angleterre, une guerre signalée par la prise de Sébastopol, en 1855.

ABDÉRAME, chef des Sarrasins d'Espagne, vaincu à Poitiers par Charles Martel, en 732. ‖ Abdérame 1er, *le Juste*, 1er calife ommiade de Cordoue (756-787). ‖ Abdérame II, *le Victorieux*, 4e calife ommiade d'Espagne, s'empara de Barcelone et chassa les pirates normands (822-852). ‖ Abdérame III, 8e calife ommiade, de 912 à 961, fonda une école de médecine à Cordoue.

ABDÈRE, anc. v. de Thrace, sur la mer Égée, patrie de Démocrite, de Protagoras.

ABDIAS, le 4e des douze petits prophètes

ABDOLONYME ou **ABDALONYME**, placé sur le trône de Sidon par Alexandre le Grand, en considération de ses vertus.

ABDON, 10e juge d'Israël.

ABEL, second fils d'Adam, tué par Caïn.

ABÉLARD ou **ABAILARD** (Pierre), moine, théologien et philosophe, 1079-1142.

ABENCÉRAGES, tribu maure de Grenade (XVe s.), rivale de celle des Zégris.

ABERDEEN, v. et port d'Écosse ; 88 000 h.

ABERDEEN (comte d'), homme d'État et ministre anglais (1784-1860).

ABEZAN, 8e juge d'Israël.

ABIA ou **ABIAM**, roi impie de Juda.

ABIATHAR, grand prêtre des Juifs.

ABIGAÏL, femme juive, épouse de Nabal, puis du roi David.

ABIMÉLECH, juge d'Israël, tué au siége de Thèbes, en Palestine.

ABIOU, fils d'Aaron, fut dévoré par les flammes.

ABIRON, lévite qui conspira contre

Moïse et Aaron, et fut englouti dans la terre avec ses complices.

ABLANCOURT (PERROT D'), écrivain français (1606-1664), traduisit Tacite, César, Lucien, Thucydide, etc.

ABNER, général de Saül, puis de David, fut assassiné par Joab.

ABO, v. et port de Finlande ; 16 000 h.

ABOMEY, cap. du roy. de Dahomey.

ABONDANCE, ch.-l. de c. de la Haute-Savoie, arr. de Thonon ; 1483 h.

ABOU-BEKR, le 1er des califes, beau-père et successeur de Mahomet, réunit les feuilles éparses du Coran en un corps d'ouvrage (573-634).

ABOUKIR, bourgade de la Basse-Égypte, célèbre par la destruction de la flotte française par Nelson (1798), et par la victoire de Bonaparte sur les Turcs (1799).

ABOUL-ABBAS, *le Sanguinaire*, 1er calife des Abbassides, régna de 750 à 754.

ABOU-SOPHIAN, schériff de la Mecque, ennemi de Mahomet.

ABRAHAM, patriarche, père de la nation juive, naquit à Ur, en Chaldée, vers l'an 2366 av. J.-C. ; il eut d'Agar un fils nommé Ismaël, et de Sarah un fils nommé Isaac ; il mourut âgé de 175 ans.

ABRANTÈS, v. de Portugal, dont le général français Junot s'empara en 1807.

ABRIAL (comte d'), 1750-1828, ministre de la justice après le 18 brumaire, concourut à la rédaction des Codes.

ABRUZZES, contrée de l'Italie méridionale, sur la mer Adriatique.

ABSALON, fils de David, se révolta contre son père, et fut vaincu ; dans sa fuite, sa chevelure s'étant embarrassée dans les branches d'un arbre, il fut tué par Joab.

ABSYRTE, frère de Médée.

ABYDOS, v. d'Asie Mineure, sur l'Hellespont, vis-à-vis de Sestos, en Europe. ‖ Anc. v. de la Haute-Égypte.

ABYLA, aujourd'hui Ceuta, cap de l'Afrique, en face du mont Calpé, avec lequel il formait les Colonnes d'Hercule.

ABYSSIN, *adj.* et s. Qui est d'Abyssinie.

ABYSSINIE, contrée de l'Afrique orientale, sur la mer Rouge, arrosée par le Nil Bleu ; 4 000 000 h. ; v. pr. Ankober et Gondar.

ACADÉMIE. Il y a cinq Académies, dont la réunion forme l'Institut ; ce sont : l'Académie française, fondée par Richelieu en 1635 ; l'Académie des Inscriptions et Belles-Lettres et l'Académie des Sciences, fondées par Colbert, la première en 1663 et la seconde en 1666 ; l'Académie des Beaux-Arts, fondée par Mazarin en 1648 ; enfin l'Académie des Sciences morales et politiques, fondée par la Convention en 1795.

ACADIE ou **NOUVELLE-ÉCOSSE**, partie de l'Amér. anglaise ; cap. Halifax ; 280 000 h.

ACAPULCO, v. et port du Mexique, sur l'océan Pacifique.

ACARNANIE, contrée de la Grèce ancienne, sur la mer Ionienne.

ACCIUS ou **ATTIUS**, un des plus anciens poètes tragiques de Rome, né vers 180 av. J.-C., dont il ne reste que des fragments.

ACCORDS (TABOUROT DES), voy. TABOUROT.

ACCOUS, ch.-l. de c. des Basses-Pyrénées, arr. d'Oloron ; 1429 h.

ACCURSE, jurisconsulte italien, 1182-1260.

ACESINES, riv. de l'Inde ancienne, affl. de l'Indus.

ACHAB, roi impie d'Israël, époux de Jézabel, tué en combattant contre les Syriens.

ACHÆUS, fils de Xuthus et petit-fils d'Hellen, père des Achéens.

ACHAÏE, région sept. du Péloponnèse.

ACHANTIS, peuple formant le plus grand empire de la Guinée.

ACHARD, chimiste allemand, qui appliqua le premier (1796) la découverte du sucre de betterave, faite par Margraff.

ACHATE (a-ka-t'), compagnon d'Énée ; par extension, fidèle compagnon.

ACHAZ, roi de Juda (737-723 av. J.-C.).

ACHÉENS, habitants de l'Achaïe ; ils formèrent la ligue achéenne, qui eut pour chefs Aratus, puis Philopœmen, et qui fut détruite par le consul Mummius (146 av. J.-C.).

ACHÉLOÜS, riv. de la Grèce anc. qui séparait l'Acarnanie de l'Étolie ; auj. Aspropotamo. ‖ Dieu du fleuve de ce nom.

ACHEM, cap. de l'État de ce nom, dans l'île de Sumatra.

ACHÉMÉNÈS, fondateur de la famille des Achéménides, qui régna en Perse, et dont descendaient Cyrus et Darius Ier.

ACHÉRON, *m.* Fleuve des enfers.

ACHEUL (SAINT-), vge à 2 k. d'Amiens, célèbre par son abbaye de Saint-Benoît et un collège des Jésuites sous la Restauration.

ACHEUX, ch.-l. de c. de la Somme, arr. de Doullens ; 718 h.

ACHILLAS, min. de Ptolémée XII, roi d'Égypte, qui conseilla de faire périr Pompée.

ACHILLE, héros grec, fils de Thétis et de Pélée, tué au siège de Troie par Pâris.

ACHILLÉE, gouverneur d'Égypte sous Dioclétien, voulut s'emparer du trône ; il fut vaincu et mis à mort.

ACHMET, nom de 3 sultans, dont le dernier donna asile au roi de Suède, Charles XII, après Pultawa, battit Pierre le Grand en 1711, fut vaincu par les Impériaux en 1716, perdit Belgrade, fut déposé par les janissaires et mourut en prison (1736).

ACIS, berger de Sicile, aimé de la nymphe Galatée, qui le préféra à Polyphème.

ACOMAT, grand vizir de Mahomet II, guerrier célèbre (xve siècle).

AÇORES, îles de l'Atlantique, appartenant au Portugal ; les principales sont Sainte-Marie, San-Miguel et Terceira.

ACRE ou **SAINT-JEAN D'ACRE**, anc. Ptolémaïs, v. de Syrie ; prise par les Croisés en 1191, et reprise par les Sarrasins en 1291 ; Bonaparte l'assiégea inutilement en 1799.

ACRISIUS, roi d'Argos, père de Danaé, fut tué par son petit-fils Persée, qui ne le connaissait pas.

ACROCÉRAUNIENS (MONTS), montagnes de l'anc. Épire, auj. monts de la Chimère.

ACROCORINTHE, citadelle de l'ancienne Corinthe.

ACROPOLE, chez les Grecs anciens, citadelle placée au sommet d'une ville, et particulièrement la citadelle d'Athènes.

ACTÉON, grand chasseur que Diane changea en cerf.

ACTIUM, v. anc. d'Acarnanie, célèbre par la victoire navale qu'Octave remporta sur Antoine (31 av. J.-C.).

ADALBÉRON, archevêque de Reims, qui sacra Hugues Capet.

ADALGISE, associé au trône par Didier, son père, roi des Lombards, dépouillé de ses États par Charlemagne, 775.

ADAM, le premier homme, père d'Abel, de Caïn et de Seth.

ADAM (ADOLPHE), compositeur français (1803-1856); auteur du *Chalet*, etc.

ADAM BILLAUT, dit Maître Adam, menuisier de Nevers, mort en 1662, célèbre par ses poésies populaires: les *Chevilles*, le *Vilbrequin* et le *Rabot*.

ADAMA, v. de Palestine, détruite avec Sodome par le feu du ciel.

ADAMS (JOHN), 2e président des États-Unis (1735-1826).

ADANA, v. de la Turquie d'Asie, très-commerçante.

ADANSON, naturaliste français (1727-1806), auteur de l'*Histoire naturelle du Sénégal*, des *Familles des plantes*, etc.

ABDA, riv. de Lombardie, qui se jette dans le Pô, près de Crémone.

ADDINGTON, homme d'État anglais (1755-1844).

ADDISON, écrivain anglais (1672-1719), un des rédacteurs du *Spectateur*, auteur de la tragédie de *Caton*.

ADEL, État de la côte orientale d'Afrique, s'étendant depuis le détroit de Bab-el-Mandeb jusqu'au cap Guardafui.

ADÉLAÏDE, nom de reines ou princesses, entre autres de la fille aînée de Louis XV, tante de Louis XVI (1732-1800), et de la sœur de Louis-Philippe Ier (1777-1847).

ADELSBERG, v. de la Carniole, célèbre par de magnifiques grottes.

ADELUNG, savant allemand (1732-1806), auteur d'un *Dictionnaire grammatical et critique de la langue allemande*, du *Mithridate ou Tableau universel des langues*, etc.

ADEN, v. et port d'Arabie, à l'entrée du détroit de Bab-el-Mandeb, où les Anglais ont fondé en 1839 un établissement.

ADHÉMAR, moine (988-1030), auteur d'une *Chronique de France*.

ADHÉMAR DE MONTEIL, évêque du Puy, légat d'Urbain II, prit la croix en 1095.

ADHERBAL, fils de Micipsa et petit-fils de Massinissa, roi de Numidie, fut assassiné par Jugurtha (112 av. J.-C.).

ADIGE, fleuve de la haute Italie, qui se jette dans l'Adriatique.

ADJEMIR, v. et contrée de l'Inde anglaise (présidence de Calcutta).

ADMÈTE, roi de Phères, en Thessalie, chez lequel Apollon, chassé du ciel, garda les troupeaux.

ADOLPHE DE NASSAU, élu en 1292 empereur d'Allemagne, à l'exclusion d'Albert d'Autriche; déposé, puis tué par son concurrent (1298).

ADOLPHE-FRÉDÉRIC, évêque de Lubeck, fut élu roi de Suède (1751-1771).

ADOM, v. de Judée, sur le Jourdain.

ADONAÏ, c.-à-d. *Seigneur*, un des noms de Dieu chez les Juifs.

ADONIAS, 4e fils de David.

ADONIS, personnage mythologique, célèbre par sa beauté et aimé de Vénus.

ADONISÉDEC, roi de Syrie, fut vaincu par Josué.

ADOUR, riv. de France, qui sort du Tourmalet et se jette dans le golfe de Gascogne, près de Bayonne.

ADOVA, v. commerçante d'Abyssinie.

ADRASTE, roi d'Argos, reçut à sa cour Polynice, banni, et fut un des sept chefs qui assiégèrent Thèbes.

ADRETS (LE BARON DES), chef des Huguenots du Dauphiné, fameux par sa cruauté (1513-1587).

ADRIA, v. de la Vénétie, près de l'embouchure du Pô.

ADRIATIQUE (MER), grand golfe de la Méditerranée, entre l'Italie, la Dalmatie et la Turquie d'Europe.

ADRIEN, empereur romain, fils adoptif et successeur de Trajan, l'an 117 de J.-C., mort l'an 138. C'est lui qui fit construire les *Arènes de Nîmes* et le *Pont du Gard*.

ADRIEN Ier, élu pape en 772, inquiété par Didier, fut vengé par Charlemagne.

ADRIEN IV, pape de 1154 à 1159, fit condamner Arnaud de Brescia.

ADRUMÈTE, v. maritime de l'Afrique ancienne, aujourd'hui ruinée.

ADULE (MONT), montagne où les anciens plaçaient la source du Rhin.

AÉÈTÈS, roi de Colchide, père de Médée.

ÆGIDIUS, grand maître de la milice romaine dans les Gaules, fut choisi pour chef par les Francs pendant l'exil de Childéric, en 461.

ÆGOS-POTAMOS, petite riv. de la Chersonèse de Thrace, à l'embouchure de laquelle le Spartiate Lysandre détruisit la flotte athénienne (404 av. J.-C.).

ÆNÉSIDÈME, philosophe sceptique grec, de la fin du Ier siècle av. J.-C.

ÆSOPUS, célèbre acteur romain, vers 80 av. J.-C.

AÉTIUS, rival de Boniface, vainquit Attila à Châlons (451), et périt assassiné par l'empereur d'Occident, Valentinien III.

AFER (DOMITIUS), célèbre orateur romain (16 av. J.-C.-59 ap. J.-C.).

AFFRE (DENIS-AUGUSTE), archevêque de Paris, fut blessé mortellement, le 25 juin 1848, sur une barricade, en voulant s'interposer entre les combattants.

AFFRIQUE (SAINT-), ch.-l. d'arr. de l'Aveyron, à 23 kil. de Rodez; 7314 h.

AFGHAN, ANE, adj. et s. Qui est de l'Afghanistan.

AFGHANISTAN, région de l'Asie, située entre l'Inde et la Perse; cap. Kaboul.

AFRANIUS, poète comique latin, qui vivait environ 100 ans av. J.-C.

AFRICAIN, AINE, adj. et s. Qui est de l'Afrique.

AFRIQUE, l'une des cinq parties du monde; elle a 7550 kil. de long sur 7000 de large; pop. 60 000 000 h.

AGAG, roi des Amalécites, vaincu par Saül.

AGAMEMNON, roi d'Argos et de Mycènes, généralissime des Grecs dans la guerre de Troie; fut assassiné au retour par sa femme Clytemnestre et par Égisthe.

AGAR, femme d'Abraham, mère d'Ismaël.

AGASSIZ, célèbre naturaliste suisse (1807-1874), connu par son *Histoire naturelle des poissons d'eau douce* et ses *Études sur les glaciers*.

AGATHE (sainte), vierge et martyre de Palerme, en 251.

AGATHIAS, historien grec du VIe s., auteur d'une *Histoire du règne de Justinien*.

AGATHOCLE, tyran de Syracuse (361-289 av. J.-C.), célèbre par ses luttes avec les Carthaginois.

AGDE, ch.-l. de c. de l'Hérault, arr. de Béziers ; 8829 h.

AGEN, ch.-l. du Lot-et-Garonne, sur la Garonne, à 714 kil. de Paris ; 18 887 h. Évêché, cour d'appel. Patrie de Bernard de Palissy, de J.-J. Scaliger et de Lacépède.

AGENDICUM, nom ancien de Sens, ou, selon d'autres, de Provins.

AGÉNOIS, anc. prov. de Guyenne, qui fait aujourd'hui partie du Lot-et-Garonne.

AGÉNOR, roi de Phénicie, père de Cadmus et d'Europe.

AGÉSANDRE, sculpteur de Rhodes, auteur du groupe de Laocoon.

AGÉSILAS, roi de Sparte (400 av. J.-C.), battit les Perses en Asie, triompha des Thébains et des Athéniens à Coronée, et fut vaincu par Épaminondas à Mantinée.

AGGÉE, l'un des douze petits prophètes.

AGHADÈS, v. du Sahara.

AGIDES ou **EURYSTHÉNIDES**, l'une des deux branches royales qui régnaient à Sparte, conjointement avec les Proclides.

AGILOLFINGES, 1re dynastie des ducs de Bavière, qui commença avec Agilolf (530) et finit avec Tassillon (788).

AGILULPHE, roi des Lombards en 591, par son mariage avec Théodelinde.

AGIS, fils d'Eurysthènes, donna son nom à la race des Agides, vers 1060 av. J.-C. || Agis II, fils d'Archidamus, battit plusieurs fois les Athéniens dans la guerre du Péloponnèse. || Agis III périt dans une bataille contre Antipater, roi de Macédoine. || Agis IV voulut réformer Sparte ; il échoua et fut étranglé en prison (240 av. J.-C.).

AGLABITES, dynastie musulmane, régna sur le pays qui s'étend depuis l'Égypte jusqu'à Tunis, de 800 à 909.

AGLAÉ, l'une des trois Grâces.

AGNADEL, v. de Lombardie, célèbre par la victoire de Louis XII sur les Vénitiens, en 1509.

AGNAN ou **AIGNAN** (saint), évêque d'Orléans, défendit cette ville contre Attila, 451.

AGNAN (SAINT-), ch.-l. de c. de la Charente-Inférieure, arr. de Marennes ; 1185 h.

AGNANO (Lac d'), petit lac près de Naples, sur les bords duquel se trouve la *grotte du Chien*.

AGNÈS (sainte), jeune vierge de Palerme, subit le martyre à Rome, sous Dioclétien.

AGNÈS DE MÉRANIE, reine de France, épousa en 1193 Philippe-Auguste, qui avait répudié Ingelburge ; mais les censures de l'Église obligèrent le roi à reprendre sa première femme, et Agnès mourut de douleur.

AGNÈS SOREL, dame célèbre par sa beauté, qui exerça sur le roi de France Charles VII une influence utile dans sa lutte contre les Anglais.

AGOBARD, savant archevêque de Lyon en 813, prit part à la révolte de Lothaire contre Louis le Débonnaire.

AGOSTA, v. de Sicile ; 10 000 h.

AGOSTINI (Nicolo degli), poète vénitien du XVIe siècle, continuateur du *Roland amoureux* du Boïardo.

AGRAH, v. de l'Hindoustan, ancienne cap. des empereurs mongols ; 125 000 h.

AGRAM, ch.-l. de la Croatie autrichienne.

AGRÈVE (SAINT-), ch.-l. de c. de l'Ardèche, arr. de Tournon ; 3326 h.

AGRICOLA, général romain, beau-père de l'historien Tacite ; conquit la Bretagne sous Vespasien et Domitien (77-85).

AGRIGENTE, anc. v. de Sicile, auj. Girgenti, célèbre encore par ses ruines.

AGRIPPA (Vipsanius), général romain, favori et gendre d'Auguste (64-12 av. J.-C.).

AGRIPPINE, fille d'Agrippa et de Julie, la fille d'Auguste, épousa Germanicus, dont elle eut Caligula et Agrippine, la mère de Néron ; elle mourut exilée par Tibère, l'an 33 de J.-C. || Fille de Germanicus et de la précédente, épousa Domitius Ahenobarbus, dont elle eut Néron. Devenue veuve, elle épousa l'empereur Claude, son oncle, lui fit adopter Néron, qui, parvenu à l'empire, ordonna sa mort.

AGUADO (Alex.), marquis de Las Marismas, riche banquier espagnol, naturalisé français (1784-1842), avait formé une belle galerie de tableaux.

AGUESSEAU (Henri-François d'), magistrat intègre et orateur éloquent (1668-1751), chancelier de France sous Louis XV.

AHASVÉRUS, nom du Juif errant.

AHMED-ABAD, v. de l'Inde anglaise (présidence de Bombay) ; 130 000 h.

AHRIMAN, principe du mal et des ténèbres, luttant toujours contre Ormuzd, suivant le Zend-Avesta.

AHRIMANS, c.-à-d. *hommes de guerre*, nom des guerriers chez les Germains.

AHUN, ch.-l. de c. de la Creuse, arr. de Guéret ; 2380 h.

AÏCHAH, fille d'Abou-Bekr, femme de Mahomet.

AIGLE (L') ou **LAIGLE**, ch.-l. de c. de l'Orne, arr. de Mortagne ; fabriques d'épingles et d'aiguilles ; 5285 h.

AIGNAN, ch.-l. de c. du Gers, arr. de Mirande ; 1703 h.

AIGNAN (SAINT-), ch.-l. de c. du Loir-et-Cher, arr. de Blois ; 3393 h.

AIGNAN-SUR-ROË (SAINT-), ch.-l. de c. de la Mayenne, arr. de Château-Gontier ; 988 h.

AIGNAY-LE-DUC, ch.-l. de c. de la Côte-d'Or, arr. de Châtillon-sur-Seine ; 804 h.

AIGRE, ch.-l. de c. de la Charente, arr. de Ruffec ; 1782 h.

AIGREFEUILLE, ch.-l. de c. de la Charente-Inférieure, arr. de Rochefort ; 1745 h.

AIGREFEUILLE, ch.-l. de c. de la Loire-Inférieure, arr. de Nantes ; 1488 h.

AIGUEBELLE, ch.-l. de c. de la Savoie, arr. de Saint-Jean-de-Maurienne ; 1088 h.

AIGUEPERSE, ch.-l. de c. du Puy-de-Dôme, arr. de Riom ; 2540 h.

AIGUES-MORTES, ch.-l. de c. du Gard, arr. de Nîmes ; 3833 h.

AIGUILLES, ch.-l. de c. des Hautes-Alpes, arr. de Briançon ; 600 h.

AIGUILLON, ch.-l. de c. du Lot-et-Garonne, arr. d'Agen ; 3877 h.

AIGUILLON (duchesse d'), nièce de Richelieu, dont Fléchier a fait l'oraison funèbre, en 1675.

AIGUILLON (duc d'), gouverneur de Bretagne, puis ministre des affaires étrangères sous Louis XV (1771).

AIGURANDE, ch.-l. de c. de l'Indre, arr. de La Châtre ; 2321 h.

AILLANT-SUR-THOLON, ch.-l. de c. de l'Yonne, arr. de Joigny; 1503 h.

AILLY (Pierre d'), célèbre docteur de l'Université de Paris, cardinal (1350-1420).

AILLY-LE-HAUT-CLOCHER, ch.-l. de c. de la Somme, arr. d'Abbeville; 1107 h.

AILLY-SUR-NOYE, ch.-l. de cant. de la Somme, arr. de Montdidier; 1923 h.

AIME, ch.-l. de c. de la Savoie, arr. de Moutiers; 1030 h.

AIMÉ-MARTIN, voy. MARTIN.

AIN, riv. qui naît dans le Jura, traverse le dép. de l'Ain et se jette dans le Rhône.

AIN (dép. de l'), formé de la Bresse, du Bugey, de la principauté de Dombes et du pays de Gex; ch.-l. Bourg; 5 arr. Bourg, Belley, Gex, Nantua, Trévoux; 363 290 h.

AIRE, sur l'Adour, ch.-l. de c. des Landes, arr. de Saint-Sever; 4754 h.

AIRE, sur la Lys, ch.-l. de c. du Pas-de-Calais, arr. de Saint-Omer; 8303 h.

AIRVAULT, ch.-l. de c. des Deux-Sèvres, arr. de Parthenay; 1731 h.

AISNE, riv. qui naît dans le dép. de la Meuse et se jette dans l'Oise, à Compiègne.

AISNE (dép. de l'), formé de parties de la Picardie et de l'Ile-de-France; ch.-l. Laon; 5 arr. Laon, Château-Thierry, Saint-Quentin, Soissons, Vervins; 552 439 h.

AIX, anc. cap. de la Provence, auj. ch.-l. d'arr. des Bouches-du-Rhône, à 28 kil. de Marseille; 29 020 h. Archevêché, cour d'appel, facultés. Patrie de Tournefort, Vanloo, Vauvenargues, etc. Eaux thermales.

AIX (ILE D'), dans l'Océan, à 7 kil. de l'embouchure de la Charente; 509 h.

AIX-D'ANGILLON (LES), ch.-l. de c. du Cher, arr. de Bourges; 1602 h.

AIX-EN-OTHE, ch.-l. de c. de l'Aube, arr. de Troyes; 2779 h.

AIX-LA-CHAPELLE, ch.-l. de régence dans la Prusse rhénane; 68 000 h. Sources thermales. Résidence de Charlemagne.

AIX-LES-BAINS, ch.-l. de c. de la Savoie, arr. de Chambéry, à 383 kil. de Paris; 4182 h. Eaux thermales sulfureuses.

AIXE, ch.-l. de c. de la Haute-Vienne, arr. de Limoges, sur la Vienne; 3308 h.

AJACCIO, ch.-l. de la Corse, à 269 k. de Toulon; 16 545 h. Évêché. Patrie de Napoléon Ier.

AJAN (CÔTE D'), contrée stérile de l'Afrique orientale, depuis la côte de Zanguebar jusqu'au cap Guardafui.

AJAX, fils d'Oïlée, un des héros de la guerre de Troie, fameux par son impiété.

AJAX, fils de Télamon, disputa les armes d'Achille à Ulysse, et se tua dans sa folie.

A-KEMPIS (Thomas), savant religieux allemand (1380-1471), auquel plusieurs attribuent l'*Imitation de Jésus-Christ*.

ALABAMA, fleuve d'Amérique qui vient des monts Alléghanys.

ALABAMA, l'un des États-Unis d'Amérique; 996 992 h.

ALACOQUE (Marie), religieuse de la Visitation au couvent de Paray-le-Monial (1647-1690), composa l'ouvrage intitulé: *la Dévotion au cœur de Jésus*, qui fit instituer la fête du Cœur de Jésus.

ALADIN, un des chefs connus sous le nom de *Vieux de la Montagne*, régnait sur les Ismaéliens ou Assassins, au XIIIe siècle.

ALAIGNE, ch.-l. de c. de l'Aude, arr. de Limoux; 808 h.

ALAIN CHARTIER, voy. CHARTIER.

ALAINS, peuple nomade de Scythie, qui ravagea la Gaule et l'Espagne aux Ve et VIe s. et fut détruit par les Visigoths.

ALAIS, ch.-l. d'arr. du Gard, sur le Gardon, à 45 kil. de Nîmes; 19 290 h. Mines de houille et de fer; fonderies.

ALAISE, vge à 25 kil. de Besançon, où quelques savants placent l'Alise de César.

ALAND (ARCHIPEL D'), entre la mer Baltique et le golfe de Bothnie; se compose de 80 îles appartenant à la Russie depuis 1809.

ALARIC Ier, roi des Visigoths, ravagea l'Orient, puis se jeta sur l'Italie (401), où il fut arrêté par Stilicon. Plus tard (410), il prit Rome, et il se disposait à passer en Sicile, lorsqu'il mourut à Cosenza (411).

ALARIC II, roi des Visigoths, fut vaincu et tué par Clovis Ier, à Vouillé (507).

ALASKA, presqu'île située au N.-O. de l'Amérique septentrionale.

ALATRI, v. d'Italie (pr. de Rome); 9000 h.

ALAUX (Jean), peintre français (1786-1864), directeur de l'École de Rome en 1847.

ALAVA, l'une des provinces basques d'Espagne; cap. Vittoria.

ALBACÊTE, v. d'Espagne (Murcie), renommée pour sa coutellerie; 13000 h.

ALBAIN (MONT), la plus haute montagne du Latium, à 20 kil. S.-E. de Rome.

ALBAIN, AINE, *adj.* Qui est d'Albe.

ALBAN, ch.-l. de c. du Tarn, arr. d'Albi; 786 h.

ALBAN (saint), premier martyr de la Grande-Bretagne (303).

ALBANAIS, AISE, *adj.* et *s.* Qui est d'Albanie; habitant de l'Albanie.

ALBANE (François L'), peintre né à Bologne (1578-1660), élève des Carrache.

ALBANI, famille de Rome, qui a produit des cardinaux et un pape (Clément XI).

ALBANIE, anc. Épire, auj. prov. de la Turquie d'Europe; v. pr. Scutari, Janina; 1 650 000 h.

ALBANO, v. d'Italie, à 25 kil. S.-E. de Rome, près du lac de même nom.

ALBANY, cap. de l'État de New-York (États-Unis), sur l'Hudson; 69 000 h.

ALBANY (duc d'), nom qu'on donnait au second fils des rois d'Écosse.

ALBANY (comtesse d'), épousa le prétendant Charles-Édouard Stuart, qui avait pris le titre de comte d'Albany (1753-1824).

ALBARRACIN (SIERRA D'), chaîne de montagnes d'Espagne. || V. d'Espagne; 3000 h.

ALBE-LA-LONGUE, anc. v. du Latium.

ALBE (duc d'), général et homme d'État sous Charles-Quint et Philippe II (1508-1582), se signala par ses rigueurs dans les Pays-Bas, dont il était gouverneur.

ALBENS, ch.-l. de c. de la Savoie, arr. de Chambéry; 1651 h.

ALBERONI, cardinal, ministre du roi d'Espagne Philippe V (1664-1752), forma le projet de faire donner à ce prince la régence de France pendant la minorité de Louis XV; mais il échoua et fut exilé.

ALBERT ou **ANCRE**, ch.-l. de c. de la Somme, arr. de Péronne; 4259 h.

ALBERT Ier, duc d'Autriche et empereur d'Allemagne, fils de Rodolphe de Habsbourg (1248-1308). || ALBERT V, duc d'Autriche, empereur d'Allemagne sous le nom d'Albert II, de 1438 à 1439.

ALBERT LE GRAND, philosophe et théologien scolastique (1193-1280).

ALBERT (LE PRINCE), fils d'Ernest, duc de Saxe-Cobourg, épousa Victoria, reine d'Angleterre (1819-1861).

ALBERTVILLE, ch.-l. d'arr. de la Savoie, à 60 kil. de Chambéry; 4598 h.

ALBESTROFF, anc. ch.-l. de c. de la Meurthe, arr. de Château-Salins; 705 h.; cédé à la Prusse en 1871.

ALBI ou **ALBY**, ch.-l. du Tarn, sur le Tarn, à 680 k. de Paris; 17 469 h. Archevêché.

ALBIGEOIS, pays de l'anc. France, réuni au domaine royal sous Louis VIII.

ALBIGEOIS, hérétiques du midi de la France, aux XI⁹, XII⁹ et XIII⁹ s., anéantis par Simon de Montfort et Louis VIII.

ALBION, nom anc. de la Grande-Bretagne.

ALBOIN, roi des Lombards, de 561 à 573, fut assassiné par sa femme Rosamonde.

ALBORNOZ, archev. de Tolède, homme d'État et homme de guerre (1300-1367).

ALBRÉDA, comptoir du Sénégal, cédé par la France aux Anglais en 1856.

ALBRET ou **LABRIT**, ch.-l. de c. des Landes, arr. de Mont-de-Marsan; 1079 h. Anc. ch.-l. du comté, puis duché d'Albret.

ALBRET (HENRI D'), roi de Navarre, époux de Marguerite de Valois; leur fille, Jeanne d'Albret, épousa Antoine de Bourbon, et fut mère d'Henri IV.

ALBUFÉRA, lac marécageux d'Espagne, à 15 kil. de Valence. Le maréchal Suchet reçut le titre de duc d'Albuféra.

ALBUQUERQUE, célèbre navigateur portugais (1453-1515), fondateur de la puissance portugaise dans l'Inde.

ALBY, ch.-l. de c. de la Haute-Savoie, arr. d'Annecy; 1212 h.

ALCALA DE HÉNARÈS, v. d'Espagne; célèbre université; patrie de Cervantes.

ALCANTARA, v. d'Espagne, sur le Tage; 4500 h. || Ordre d'Alcantara, ordre religieux et militaire, institué par Alphonse IX de Castille en 1214, supprimé en 1835.

ALCAZAR, se dit en parlant des palais construits par les Maures en Espagne, à Ségovie, Tolède et Séville.

ALCAZAR DE SAN-JUAN, v. d'Espagne (prov. de Cuidad-Real); 6600 h.

ALCÉE, fils de Persée, père d'Amphitryon, aïeul d'Hercule.

ALCÉE, poète lyrique grec, qui florissait de 620 à 580 av. J.-C.

ALCESTE, femme d'Admète, roi de Thessalie, se dévoua pour sauver son époux, et fut ramenée des enfers par Hercule.

ALCIAT, jurisconsulte italien (1492-1550).

ALCIBIADE, célèbre général et homme d'État athénien, fils de Clinias, neveu de Périclès (450-404 av. J.-C.).

ALCIDE, le petit-fils d'Alcée, Hercule.

ALCINOÜS, roi des Phéaciens, accueillit Ulysse à son retour de Troie.

ALCIRA, v. d'Espagne (prov. de Valence); 13 000 h.

ALCMÈNE, femme d'Amphitryon et, suivant la Fable, mère d'Hercule.

ALCMÉON, fils d'Amphiaraüs et d'Ériphyle, tua sa mère pour venger son père.

ALCMÉONIDES, famille d'Athènes, qui descendait d'un Alcméon, p.-fils de Nestor.

ALCOY, v. d'Espagne (prov. de Valence); 25 000 h.

ALCUIN, savant anglais, appelé par Charlemagne en France, où il contribua au progrès de l'instruction et dirigea l'école *Palatine*.

ALCYONE, femme de Céyx, suivant la Fable, se jeta à la mer de désespoir après le naufrage de son époux; tous deux furent changés en alcyons.

ALDE, voy. MANUCE.

ALECTON, l'une des trois Furies.

ALEMANNI ou **ALAMANNI**, confédération de nations germaniques sur les deux rives du Rhin, au III⁹ siècle de notre ère.

ALEMBERT (D'), né à Paris en 1717, savant mathématicien, géomètre, littérateur, un des principaux rédacteurs de l'*Encyclopédie*; secrétaire perpétuel de l'Académie française en 1772; mourut en 1783.

ALENÇON, ch.-l. de l'Orne, sur la Sarthe, à 267 kil. de Paris; 16 037 h. Toiles, dentelles. || Comtes et ducs d'Alençon, branche de la maison de Valois, dont le chef fut Charles de Valois, 3⁹ fils de Philippe III le Hardi.

ALENTEJO, l'une des 6 prov. du Portugal.

ALÉOUTES ou **ALÉOUTIENNES**, archipel de l'océan Boréal, qui sépare la mer de Behring du grand Océan.

ALEP, la plus importante des villes de la Turquie d'Asie (Syrie); 100 000 h. Fabriques d'étoffes de soie et d'or, de tapis, etc.

ALESIA, voy. ALISE.

ALEXANDRA, veuve d'Alexandre Jannée, régna sur les Juifs pendant la minorité de son fils, Hyrcan II (79-70 av. J.-C.).

ALEXANDRE III, *le Grand*, fils de Philippe et d'Olympias, roi de Macédoine, vainqueur des Perses (356-323 av. J.-C.).

ALEXANDRE-SÉVÈRE, empereur romain (222 ap. J.-C.), protégea les chrétiens, vainquit les Perses, et fut assassiné par ses soldats à cause de sa sévérité, en 235.

ALEXANDRE, nom de 8 papes, parmi lesquels on distingue: Alexandre III (1159-1181), adversaire de Frédéric Barberousse; Alexandre VI Borgia (1492-1503); Alexandre VII (1655-1667), qui eut des démêlés avec Louis XIV.

ALEXANDRE I⁹ʳ, empereur de Russie, fils de Paul I⁹ʳ (1777-1825), succéda à son père en 1801; entra dans la coalition contre la France en 1805; vaincu, il signa la paix de Tilsitt. La guerre éclata de nouveau entre ce prince et Napoléon en 1812, et se termina par la retraite de Moscou. Alexandre entra à Paris en 1814 et 1815.

ALEXANDRE II, empereur de Russie, a succédé en 1855 à son père Nicolas; a signé la paix de Paris (1856) après la prise de Sébastopol; a aboli le servage en 1863.

ALEXANDRIE, v. et port d'Égypte, cap. de la Basse-Égypte; 258 000 h. || V. du Piémont; 34 545 h.

ALEXIS, nom de 5 empereurs d'Orient, de la dynastie des Comnènes: le 1⁹ʳ a été contemporain de la 1⁹ croisade; le 2⁹ a été détrôné en 1203, et le 5⁹ tué en 1204.

ALEXIS MICHAÉLOWITZ, czar de Moscovie, de la dynastie des Romanow (1645-1676), père de Pierre le Grand.

ALFIERI, célèbre poète dramatique italien (1749-1803).

ALFORT, vge de l'arr. de Sceaux (Seine), près Paris; *École vétérinaire* fondée en 1766.

ALFRED LE GRAND, roi des Anglo-Saxons, de 871 à 901, célèbre par ses victoires sur les Danois, par son administration éclairée ; il composa un *Code de lois*.

ALGARVES, prov. mérid. du Portugal ; v. princ. : Faro, Tavira, Lagos ; 178 000 h.

ALGER, cap. de l'Algérie, à 707 kil. de Marseille ; 60 000 h. Évêché. Cette ville fut prise par les Français en juillet 1830.

ALGÉRIE, colonie de la France, au N. de l'Afrique, partagée en 3 prov. : Alger, Oran et Constantine ; pop. européenne, 212 521 h. ; pop. indigène, 2 435 000.

ALGÉRIEN, IENNE, *adj.* et *s.* Qui est d'Alger ; habitant de l'Algérie.

ALGÉSIRAS, v. et port d'Espagne, sur la baie d'Algésiras ; 11 000 h.

ALGÉSIREH, pays de la Turquie d'Asie, entre le Tigre et l'Euphrate, dit autrefois Mésopotamie.

ALGONQUINS, peuple indien de l'Amérique du Nord.

ALHAMA, v. d'Espagne ; eaux minérales.

ALHAMBRA, palais et forteresse des rois maures à Grenade.

ALI, disciple de Mahomet, époux de sa fille Fatime, calife en 656, assassiné en 661.

ALI-PACHA, pacha de Janina, s'empara de l'Albanie, fut créé vice-roi de la Roumélie, et voulut s'affranchir de la Porte ; mais il fut obligé de se rendre, et fut tué en 1822.

ALICANTE, v. et port d'Espagne ; 20 000 h. Vin renommé.

ALIGHIERI, nom de famille de Dante.

ALIGRE (ÉTIENNE D'), chancelier de France, garde des sceaux en 1624, fut disgracié par Richelieu.

ALISE-SAINTE-REINE, vge de l'arr. de Semur, occupe, suivant l'opinion la plus commune, l'emplacement d'*Alesia*, ville prise par César sur Vercingétorix. Eaux minérales ferrugineuses et alcalines.

ALIX DE CHAMPAGNE, fille de Thibaut II, épouse de Louis VII et mère de Philippe-Auguste, gouverna le royaume, comme régente, pendant la 3e croisade.

ALLAINVAL (D'), littérateur français, auteur de pièces de théâtre (1700-1753).

ALLAIRE, ch.-l de c. du Morbihan, arr. de Vannes ; 2300 h.

ALLANCHE, ch.-l. de c. du Cantal, arr. de Murat ; 1839 h.

ALLARD, général français, devint le général en chef et le conseiller intime de Runjet-Sing, roi de Lahore (1785-1839).

ALLEGHANYS ou **APALACHES**, grande chaîne de montagnes de l'Amérique du Nord, dans les États-Unis.

ALLÈGRE, ch.-l de c. de la Haute-Loire, arr. du Puy ; 1674 h.

ALLEGRI, poète italien du XVIe siècle.

ALLEGRI (GRÉGORIO), compositeur italien de musique sacrée (1580-1650), célèbre surtout par son *Miserere*.

ALLEGRI, dit *le Corrège*, voy. CORRÈGE.

ALLEMAGNE, vaste contrée située au centre de l'Europe, comprenant : 1° l'Empire d'Allemagne, fondé en 1871, avec Berlin pour capitale et une pop. de 41 108 029 âmes ; 2° les provinces allemandes de l'Empire austro-hongrois, avec une pop. de 8 000 000.

ALLEMAND, ANDE, *adj.* et *s.* Qui est d'Allemagne, qui appartient à l'Allemagne.

ALLEVARD, ch.-l. de c. de l'Isère, arr. de Grenoble ; 3031 h. Eaux sulfureuses.

ALLIA, riv. affl. du Tibre, à 15 k. de Rome, sur les bords de laquelle les Romains furent défaits par les Gaulois (390 av. J.-C.).

ALLIANCE (TRIPLE), alliance formée en 1668 pour la défense des Pays-Bas espagnols contre Louis XIV, entre l'Angleterre, la Hollande et la Suède. || QUADRUPLE ALLIANCE, traité signé à Londres en 1718, entre l'Angleterre, la France, la Hollande et l'Empire, pour le maintien du traité d'Utrecht. || SAINTE-ALLIANCE, union des souverains de Russie, d'Autriche et de Prusse, formée en 1815, pour combattre l'esprit de révolution en Europe.

ALLIER, riv. de France, prend sa source dans le massif de la Lozère, et se jette dans la Loire, après un cours de 368 kil.

ALLIER (dép. de l'), formé de l'anc. Bourbonnais ; ch.-l. Moulins ; 4 arr. Moulins, Montluçon, Gannat, La Palisse ; 390 812 h.

ALLOBROGES, peuple puissant de l'ancienne Gaule, entre le Rhône et l'Isère.

ALLORI, peintre florentin (1535-1607).

ALLOS, ch.-l. de c. des Basses-Alpes, arr. de Barcelonnette ; 1202 h.

ALMA, riv. de Crimée, près de laquelle les Français remportèrent une victoire sur les Russes, le 20 septembre 1854.

ALMADEN, v. d'Espagne (prov. de Ciudad-Real). Mines de mercure.

ALMAGRO, v. d'Espagne (prov. de Ciudad-Real) ; 15 000 h. Patrie d'Almagro.

ALMAGRO, compagnon de Pizarre dans la conquête du Pérou. La discorde ayant éclaté entre Pizarre et lui, il fut vaincu et étranglé dans sa prison (1475-1538). Son fils vengea sa mort en assassinant Pizarre.

ALMANZA, v. d'Espagne (prov. de Murcie), près de laquelle le maréchal de Berwick remporta en 1707 une victoire sur les Anglais et leurs alliés.

ALMANZOR, fondat. de Bagdad (754-775).

ALMANZOR (MOHAMMED), fameux capitaine des Maures d'Espagne (939-1001).

ALMEIDA, v. de Portugal (prov. de Beira).

ALMEIDA (FRANÇOIS D'), 1er vice-roi des Indes portugaises, en 1505 ; mort en 1509.

ALMÉRIA, v. d'Espagne (prov. de Grenade) ; 15 000 h.

ALMOHADES, secte musulmane et dynastie qui régna sur l'Afrique occid. et sur une grande partie de l'Espagne (1120-1270).

ALMORAVIDES, secte musulmane et dynastie qui régna sur le N.-O. de l'Afrique et sur une partie de l'Espagne, aux XIe et XIIe s., et qui fut renversée par les Almohades.

ALPES, grand système de montagnes de l'Europe, situé entre la France, l'Italie, la Suisse et l'Allemagne.

ALPES (dép. des **BASSES**-), formé d'une partie de la Provence ; ch.-l. Digne ; 5 arr. Digne, Barcelonnette, Sisteron, Forcalquier, Castellane ; 139 332 h.

ALPES (dép. des **HAUTES**-), formé du Dauphiné et d'une partie de la Provence ; ch.-l. Gap ; 3 arr. Gap, Embrun, Briançon ; 118 898 h.

ALPES-MARITIMES (dép. des), formé d'une partie de la Provence et de la partie du comté de Nice annexée à la France en 1860 ; ch.-l. Nice ; 3 arr. Nice, Grasse, Puget-Théniers ; 199 037 h.

ALPHÉE, fl. de l'Élide, dans l'anc. Grèce.

ALPHONSE, nom de rois : 1° de Castille,

entre autres : Alphonse VI (1072-1109), contemporain du Cid, qui l'aida à conquérir Tolède sur les Maures; Alphonse IX (1158-1214), qui participa à la victoire gagnée sur les Almohades (1212) à Las Navas de Tolosa; Alphonse X (1252-1284), célèbre par son élection à l'Empire d'Allemagne et par la publication d'un code de lois et de tables astronomiques, dites *Alphonsines*; détrôné par son fils, don Sanche; Alphonse XI (1312-1350), le vainqueur de Rio Salado. || 2° Rois d'Aragon, entre autres : Alphonse Ier *le Batailleur* (1104-1134), l'ennemi des Maures d'Espagne et d'Afrique, et Alphonse V *le Magnanime* (1416-1458), qui régna aussi à Naples et en Sicile. || 3° Rois de Portugal, entre autres : Alphonse Ier (1139-1185), le véritable fondateur du royaume de Portugal, et Alphonse V (1438-1481), qui dut son surnom d'Africain aux guerres qu'il fit en Afrique, et sous lequel les Portugais découvrirent la Guinée.

ALPINES, ramification des Alpes de Provence, dans le dép. des Bouches-du-Rhône. || Canal des Alpines, canal de la Durance.

ALPUJARRAS ou **ALPUXARRAS**, ramification de la Sierra Nevada, au S. de l'Espagne.

ALSACE, anc. prov. de France, correspondant aux anc. dép. du Haut-Rhin et du Bas-Rhin, et dont Strasbourg était la capitale; cédée à l'Empire allemand par le traité de Francfort-sur-Mein, 10 mai 1871.

ALSACE-LORRAINE, prov. de l'Empire allemand, divisée en 3 dép. : Basse-Alsace (Strasbourg), Haute-Alsace (Colmar), Lorraine allemande (Metz); 1 598 356 h.

ALSACIEN, IENNE, *adj.* et *s.* Qui est d'Alsace; habitant de l'Alsace.

ALSEN ou **ALS**, île de la mer Baltique.

ALTAÏ, grande chaîne de montagnes de l'Asie centrale.

ALTENBOURG, cap. du duché de Saxe-Altenbourg; 18 500 h.

ALTKIRCH, anc. ch.-l. de c. du Haut-Rhin, arr. de Mulhouse; cédé à la Prusse en 1871.

ALTONA, la plus grande ville du Holstein, sur l'Elbe; 67 000 h.

ALTORF, ch.-l. du cant. d'Uri, en Suisse; 2600 h. Patrie de Guillaume Tell.

ALVÈRE (SAINT-), ch.-l. de c. de la Dordogne, arr. de Bergerac; 1703 h.

ALYATTE, nom de deux rois de Lydie, dont le second fut père de Crésus.

ALZON, ch.-l. de c. du Gard, arr. du Vigan; 882 h.

ALZONNE, ch.-l. de c. de l'Aude, arr. de Carcassonne; 1810 h.

AMADIS DE GAULE, héros d'un roman de chevalerie du XIVe siècle.

AMALARIC, roi des Visigoths d'Espagne (507), épousa Clotilde, fille de Clovis, et fut poignardé par ses propres sujets en 535.

AMALASONTE, fille de Théodoric le Grand, régna sur les Ostrogoths pendant la minorité de son fils Athalaric, et fut étranglée par Théodat en 534.

AMALÉCITES, peuple de l'Arabie Pétrée, descendant d'Amalec, petit-fils d'Ésaü.

AMALFI, v. et port d'Italie, dans la Principauté citérieure; 3500 h.

AMALTHÉE, nourrice de Jupiter; c'était une chèvre, suivant les uns; la fille de Mélissus, roi de Crète, selon les autres.

AMAN, ministre d'Assuérus, roi de Perse.

AMANCE, ch.-l. de c. de la Haute-Saône, arr. de Vesoul; 928 h.

AMANCEY, ch.-l. de c. du Doubs, arr. de Besançon; 721 h.

AMAND (SAINT-) ou **SAINT-AMAND-MONT-ROND**, ch.-l. d'arr. du Cher, à 55 kil. de Bourges; 8250 h.

AMAND (SAINT-), ch.-l. de c. de Loir-et-Cher, arr. de Vendôme; 716 h.

AMAND (SAINT-), ch.-l. de c. du Nord, arr. de Valenciennes; 10574 h. Boues et eaux minérales.

AMAND-EN-PUISAYE (SAINT-), ch.-l. de c. de la Nièvre, arr. de Cosne; 2448 h.

AMAND-ROCHE-SAVINE (SAINT-), ch.-l. de c. du Puy-de-Dôme, arr. d'Ambert; 1754 h.

AMANS (SAINT-), ch.-l. de c. de l'Aveyron, arr. d'Espalion; 1278 h.

AMANS (SAINT-), ch.-l. de c. de la Lozère, arr. de Mende; 356 h.

AMANS-SOULT (SAINT-), ch.-l. de c. du Tarn, arr. de Castres; 2471 h. Patrie du maréchal Soult.

AMANT-DE-BOIXE (SAINT-), ch.-l. de c. de la Charente, arr. d'Angoulême; 1732 h.

AMANT-TALLENDE (SAINT-), ch.-l. de c. du Puy-de-Dôme, arr. de Clermont; 1489 h.

AMAR, conventionnel, membre du Comité de salut public (1750-1816).

AMARIN (SAINT-), anc. ch.-l. de c. du Haut-Rhin, arr. de Belfort; cédé à la Prusse en 1871.

AMASIAS, 8e roi de Juda (831-803 av. J.-C.).

AMASIS, roi de l'anc. Égypte (570-526 av. J.-C.), ouvrit aux Grecs les ports de l'Égypte; fut battu par Cambyse, roi de Perse.

AMATHONTE, v. de l'île de Chypre, célèbre par le culte de Vénus.

AMATI, célèbre famille de luthiers de Crémone, aux XVIe et XVIIe siècles.

AMAURY Ier, roi de Jérusalem en 1163, succéda à son frère Baudouin III. || Amaury II de Lusignan, roi de Chypre, puis de Jérusalem en 1194.

AMAZONES (FLEUVE DES) ou **MARAGNON**, fleuve de l'Amérique méridionale, le plus grand du monde (7500 kil.).

AMBARVALES, fête des agriculteurs à Rome.

AMBAZAC, ch.-l. de c. de la Haute-Vienne, arr. de Limoges; 3231 h.

AMBÉRIEU, ch.-l. de c. de l'Ain, arr. de Belley; 2954 h.

AMBERT, ch.-l. d'arr. du Puy-de-Dôme, à 52 kil. de Clermont; 7625 h.

AMBEZ (BEC D'), pointe de terre au confluent de la Garonne et de la Dordogne.

AMBIORIX, roi des Éburons, peuple de la Gaule, battit les lieutenants de César, et fut vaincu à son tour par César (53 av. J.-C.).

AMBLETEUSE, vge et port du Pas-de-Calais, aujourd'hui ensablé.

AMBOINE, l'une des îles Moluques, appartenant aux Hollandais; 100000 h.

AMBOISE, ch.-l. de c. de l'Indre-et-Loire, arr. de Tours, sur la Loire; 4216 h. Château célèbre. || Conjuration d'Amboise, formée en 1560 par le prince de Condé et les huguenots, pour enlever le roi François II.

AMBOISE (GEORGES D'), cardinal, ministre de Louis XII (1460-1510).

AMBRACIE, golfe de l'ancienne Épire, sur lequel était Actium.

AMBRIÈRES, ch.-l. de c. de la Mayenne, arr. de Mayenne ; 2580 h.

AMBROISE (saint), l'un des Pères de l'Église latine (340-397), évêque de Milan, lutta par ses écrits contre les païens et les ariens, et imposa une pénitence publique à Théodose pour le massacre de Thessalonique.

AMBROIX (SAINT-), ch.-l. de c. du Gard, arr. d'Alais ; 4260 h.

AMBRONS, peuple de la Gaule ancienne, de la confédération des Helvétiens.

AMÉDÉE, nom de comtes ou ducs de Savoie, dont le plus célèbre est Amédée VIII, qui abdiqua, fut élu pape sous le nom de Félix V, en 1439, et renonça au pontificat en 1449, pour terminer le schisme.

AMÉLIE (MARIE-), femme du roi Louis-Philippe Ier (1782-1866).

AMÉLIE-LES-BAINS, vge des Pyrénées-Orientales, arr. de Céret, à 39 kil. de Perpignan ; eaux thermales sulfureuses.

AMÉNOPHIS, nom de plusieurs Pharaons d'Égypte ; l'un d'eux paraît être le Memnon des Grecs.

AMÉRIC VESPUCE, navigateur florentin (1451-1512), fit quatre voyages en Amérique, publia la relation de ses découvertes : ce qui fit donner son nom à l'Amérique.

AMÉRICAIN, AINE, adj. et s. Qui est d'Amérique ; habitant de l'Amérique.

AMÉRIQUE, l'une des cinq parties du monde, découverte en 1492 par Christophe Colomb ; se divise en Amérique sept. et en Amérique mérid. ; pop. 85000000 d'h.

AMERS (LACS), lacs situés vers le milieu de l'isthme de Suez.

AMFREVILLE-LA-CAMPAGNE, ch.-l. de c. de l'Eure, arr. de Louviers ; 656 h.

AMIÉNOIS, anc. comté, faisant partie de la haute Picardie, et correspondant aux deux arr. d'Amiens et de Doullens.

AMIENS, ch.-l. de la Somme, à 133 kil. de Paris ; 63747 h. Évêché. Belle cathédrale du XIIIe siècle. Patrie de Pierre l'Ermite, Voiture, du Cange, Gresset, etc.

AMILCAR BARCA, célèbre général carthaginois, père d'Annibal, subjugua l'Espagne et y fonda Barcelone.

AMIRANTES (ILES), groupe de 12 îles dans la mer des Indes, à l'O. des Seychelles.

AMIRAUTÉ (ILES DE L'), groupe de plus de 20 îles de la Mélanésie.

AMIRAUTÉ (RE DE L'), dans le grand Océan, sur les côtes de l'Amérique sept.

AMMIEN MARCELLIN, historien latin du IVe s. ap. J.-C., compagnon de l'empereur Julien dans ses guerres. Son *Histoire* comprend les faits qui se sont passés de 352 à 378.

AMMON, le dieu Soleil chez les Phéniciens, adoré en Égypte et dans l'oasis d'Ammon.

AMMONITES, peuple infidèle, issu d'Ammon, fils de Loth.

AMMONIUS SACCAS, c.-à-d. *Portefaix*, philosophe d'Alexandrie, fondateur de l'école néo-platonicienne, vers la fin du IIe s.

AMON, roi de Juda (640-609 av. J.-C.).

AMONTONS, physicien français (1663-1705), célèbre par ses travaux sur la construction des baromètres, des thermomètres, des hygromètres ; véritable inventeur de la télégraphie aérienne.

AMORRHÉENS, peuple de Chanaan.

AMOS, l'un des douze petits prophètes.

AMOU, ch.-l. de c. des Landes, arr. de Saint-Sever ; 1790 h.

AMOUR ou **SAGHALIEN-OULA**, fl. d'Asie, tributaire de la mer d'Okhotsk (3000 k.).

AMOUR (SAINT-), ch.-l. de c. du Jura, arr. de Lons-le-Saulnier ; 2419 h.

AMPÈRE, illustre savant français (1775-1836), trouva les principes de la télégraphie électrique. || Son fils (1800-1864), membre de l'Académie française, a laissé de nombreux écrits sur la littérature française, des Voyages, etc.

AMPHIARAÜS, fameux devin de l'antiquité, périt au siége de Thèbes, par la trahison de sa femme Ériphyle.

AMPHICTYON, fils de Deucalion et de Pyrrha, selon la Fable, régna aux Thermopyles. || Conseil des Amphictyons ou Amphictyonie, conseil des députés des États grecs, qui se réunissaient pour délibérer sur les affaires générales.

AMPHION, fils d'Antiope et de Jupiter, bâtit les murs de Thèbes aux sons de sa lyre.

AMPHIPOLIS, v. de Macédoine que Philippe enleva aux Athéniens.

AMPHISSA, v. de la Grèce ancienne, au pied du Parnasse, cap. des Locriens.

AMPHITRITE, déesse de la mer, fille de l'Océan et épouse de Neptune.

AMPHITRYON, roi de Thèbes, époux d'Alcmène.

AMPLEPUIS, ch.-l. de c. du Rhône, arr. de Villefranche ; 6444 h.

AMRETSYR, v. de l'Hindoustan.

AMRI, roi d'Israël, de 918 à 907 av. J.-C., bâtit Samarie, fut le père d'Achab.

AMROU, un des plus illustres capitaines de l'islamisme, conquit l'Égypte (638-640), et creusa un canal du Nil à la mer Rouge.

AMSTEL, riv. de Hollande, traverse Amsterdam et se jette dans le golfe de l'Y.

AMSTERDAM, l'une des cap. et la première v. du royaume des Pays-Bas, à 500 kil. de Paris, traversée par de nombreux canaux navigables ; 282000 h.

AMULIUS, roi d'Albe, détrôna son frère Numitor, et consacra sa nièce Rhéa Sylvia, mère de Romulus et Rémus, au culte de Vesta ; il fut tué par ses petits-neveux.

AMURAT Ier, sultan ottoman en 1360, fit d'Andrinople sa capitale, et organisa les janissaires. || AMURAT II fut le vainqueur de Jean Huniade (1422-1451). || AMURAT III vainquit les Perses (1574-1595). || AMURAT IV s'empara de Bagdad (1623-1640).

AMYNTAS, nom de 8 rois de Macédoine, dont le plus connu est Amyntas III, père de Philippe.

AMYOT (JACQUES), évêque d'Auxerre (1513-1593), traducteur de Plutarque.

ANABAPTISME, sm. Secte des anabaptistes, c.-à-d. des *rebaptisants*, au XVIe s.

ANABASE, titre donné par Xénophon à son Histoire de la retraite des Dix Mille.

ANACHARSIS, sage de la Scythie, vint à Athènes vers 590 av. J.-C., et fut mis au nombre des sept sages. Le *Jeune Anacharsis* dont Barthélemy a raconté le voyage, est le descendant supposé du sage.

ANACLET (saint), pape, martyr en 91.

ANACRÉON, poète lyrique de Téos, en Ionie, mort en 475 av. J.-C.

ANADYR, fl. de Sibérie, se jette dans la mer de Behring.

ANANIAS, l'un des trois jeunes Hébreux jetés dans une fournaise ardente par ordre de Nabuchodonosor II.

ANASTASE, nom de deux empereurs d'Orient, de quatre papes et d'un antipape.

ANATOLIE, contrée de la Turquie d'Asie correspondant à l'anc. Asie Mineure.

ANAXAGORE, philosophe grec; accusé d'impiété, il mourut en exil (428 av. J.-C.).

ANAXIMANDRE, philosophe grec de l'école ionienne (610-547 av. J.-C.).

ANAXIMÈNES DE LAMPSAQUE, l'un des précepteurs d'Alexandre le Grand.

ANCELOT, littérateur français (1794-1854), membre de l'Académie française et auteur dramatique fécond.

ANCENIS, ch.-l. d'arr. de la Loire-Inférieure, à 38 kil. de Nantes; 4358 h.

ANCERVILLE, ch.-l. de c. de la Meuse, arr. de Bar-le-Duc; 2116 h.

ANCHISE, prince troyen, père d'Énée.

ANCIENS (Conseil des), conseil de 250 membres qui formait, avec le Conseil des Cinq-Cents, le Corps législatif dans la constitution de l'an III.

ANCILLON, descendant d'une famille de protestants français réfugiés en Prusse (1764-1837), composa plusieurs ouvrages de littérature, de philosophie et de politique.

ANCÔNE, v. d'Italie, port de l'Adriatique; 46 000 h.

ANCRE (maréchal d'), voy. Concini.

ANCUS MARTIUS, 4e roi de Rome, de 641 à 617 av. J.-C.

ANCY-LE-FRANC, ch.-l. de c. de l'Yonne, arr. de Tonnerre; 1851 h. Beau château.

ANCYRE, v. de l'Asie Mineure, auj. Angora. On y a retrouvé, gravé sur des colonnes, le Testament d'Auguste.

ANDALOUS, OUSE, adj. et s. Qui est d'Andalousie; habitant de l'Andalousie.

ANDALOUSIE, la Bétique des anciens, contrée d'Espagne formant les deux capitaineries générales d'Andalousie (cap. Séville) et de Grenade (cap. Grenade); à 200 000 h.

ANDAMAN (îles d'), groupe d'îles du golfe du Bengale, appartenant aux Anglais.

ANDELLE, riv. de Normandie, affluent de la Seine.

ANDELOT, ch.-l. de c. de la Haute-Marne, arr. de Chaumont; 1615 h. Traité de 587 entre Gontran, Childebert II et Brunehaut, contre les entreprises des leudes.

ANDELYS (LES), ch.-l. d'arr. de l'Eure, sur la Seine, à 35 kil. d'Évreux; 5379 h. Patrie de Nicolas Poussin.

ANDERMATT, village du canton d'Uri.

ANDERNACH, v. de la Prusse rhénane, sur le Rhin; 4500 h.

ANDERSEN, poète et romancier danois, né en 1805, contemporain.

ANDES ou **CORDILLÈRE DES ANDES**, immense chaîne de montagnes de l'Amérique méridionale.

ANDOCIDE, général et orateur athénien, né en 467 av. J.-C., dont il reste 4 discours.

ANDOLSHEIM, anc. ch.-l. de c. du Ht-Rhin, arr. de Colmar; cédé à la Prusse en 1871.

ANDORRE, petite république située sur le versant sud des Pyrénées centrales et placée sous le patronage de la France et de l'Espagne; 18 000 h.

ANDRASSY, homme d'État hongrois, né en 1823, contemporain.

ANDRÉ (saint), apôtre, frère de saint Pierre, fut crucifié.

ANDRÉ (le Père), philosophe français (1675-1764).

ANDRÉ II, roi de Hongrie de 1205 à 1235, a participé à la 5e croisade.

ANDRÉ DEL SARTO, peintre florentin célèbre (1488-1530).

ANDRÉ (SAINT-), ch.-l. de c. de l'Eure, arr. d'Évreux; 1465 h.

ANDRÉ-DE-CUBZAC (SAINT-), ch.-l. de c. de la Gironde, arr. de Bordeaux; 3595 h.

ANDRÉ-DE-MÉOUILLES, ch.-l. de c. des Basses-Alpes, arr. de Castellane; 895 h.

ANDRÉ-DE-VALBORGNE (SAINT-), ch.-l. de c. du Gard, arr. du Vigan; 1745 h.

ANDRÉOSSI, ingénieur français (1633-1688), fut avec Riquet le créateur du canal du Languedoc. || Son arrière-petit-fils fut général et ambassadeur sous le premier Empire (1761-1828).

ANDRIEUX, poète français (1759-1833), célèbre par des comédies et surtout par ses *Contes*, enfin par son enseignement au Collège de France; secrétaire perpétuel de l'Académie française en 1829.

ANDRINOPLE, v. commerçante de la Turquie d'Europe; 140 000 h.

ANDRISCUS, aventurier qui se fit passer pour fils de Persée; il fut vaincu et pris par Métellus à Pydna (147 av. J.-C.).

ANDROCLÈS, esclave romain qui, livré aux bêtes dans le Cirque, fut reconnu et épargné par un lion auquel il avait arraché une épine de la patte.

ANDROMAQUE, veuve d'Hector; après la prise de Troie et la mort de son fils Astyanax, elle devint la femme de Pyrrhus.

ANDROMÈDE, fille de Céphée et de Cassiopée, fut attachée par ordre de Neptune à un rocher, pour être dévorée par un monstre marin. Persée la délivra.

ANDRONIC Ier, *Comnène*, empereur d'Orient (1183-1185), fut détrôné par Isaac l'Ange. || Andronic II, *Paléologue* (1282-1328), laissa ravager l'empire par les Turcs. || Andronic III, *le Jeune* (1328-1341), résista aux Turcs. || Andronic IV, *Paléologue*, détrôna son père et fut aussitôt renversé (1377).

ANDRONICUS (Livius), poète latin, fit le premier représenter à Rome une pièce régulière, vers 240 av. J.-C.

ANDROS, la plus septentr. des Cyclades.

ANDROUET DU CERCEAU, architecte français du xvie siècle, commença le Pont-Neuf à Paris en 1578, et continua la galerie du Louvre, sous Henri IV.

ANDUJAR, v. d'Espagne, en Andalousie, sur le Guadalquivir; 16 000 h.

ANDUZE, ch.-l. de c. du Gard, arr. d'Alais; 5199 h.

ANET, ch.-l. de c. de l'Eure-et-Loir, arr. de Dreux; 1447 h. Château célèbre, bâti sous Henri II par Philibert de Lorme, et détruit en 1793.

ANGARA, riv. de Sibérie, affl. de l'Iénisséi.

ANGELICO (Fra), peintre de l'école de Florence (1387-1455), dont le vrai nom est Giovanni da Fiesole.

ANGÉLIQUE (LA Mère), sœur du grand Arnauld, abbesse de Port-Royal-des-Champs (1591-1661).

ANGELY (L'), fou de Louis XIII.

ANGENNES (Julie d'), épouse du duc de

Montausier, l'héroïne de l'hôtel de Rambouillet.

ANGERS, ch.-l. de Maine-et-Loire, sur la Maine, à 339 kil. de Paris; 58 464 h. Évêché; cour d'appel; École des arts et métiers.

ANGEVIN, INE, *adj.* et *s.* Qui est né à Angers ou dans l'Anjou.

ANGILBERT, gendre et ministre de Charlemagne.

ANGLES, peuple de la Germanie, qui envahit la Bretagne sept. au vie s., y fonda 3 royaumes et donna son nom à l'Angleterre.

ANGLÈS, ch.-l. de c. du Tarn, arr. de Castres; 2513 h.

ANGLESEY, autrefois Mona, île de la mer d'Irlande, formant un comté de la principauté de Galles; 55 000 h.

ANGLETERRE, le plus important des trois pays compris dans le Royaume-Uni de Grande-Bretagne et d'Irlande, et divisé en 52 comtés; 22 704 000 h.

ANGLO-SAXONS, les Saxons et les Angles, qui avaient fondé en Grande-Bretagne (ve et vie s.) sept royaumes (Heptarchie).

ANGLURE, ch.-l. de c. de la Marne, arr. d'Épernay; 856 h.

ANGO ou **ANGOT** (Jean), célèbre armateur de Dieppe, connu par ses voyages en Afrique et aux Indes, et par d'heureuses spéculations (mort en 1551).

ANGOLA, royaume du Congo, dont la capitale est Saint-Paul-de-Loanda, appartenant aux Portugais.

ANGORA, nom moderne de l'anc. Ancyre.

ANGOULÊME, ch.-l. de la Charente, à 445 k. de Paris; 25 928 h. Évêché. Papeteries.

ANGOULÊME (duc d'), fils aîné de Charles X (1775-1844), abdiqua en faveur du duc de Bordeaux, son neveu, le 2 août 1830.

ANGOUMOIS, anc. prov. de France, correspondant au dép. de la Charente, réunie à la couronne par Charles V, en 1373.

ANHALT, duché faisant partie de l'Empire d'Allemagne; cap. Dessau; 200 000 h.

ANIANE, ch.-l. de c. de l'Hérault, arr. de Montpellier; 3286 h.

ANIO, auj. le Teverone, affluent du Tibre.

ANISSON-DUPÉRON, famille dont cinq membres furent directeurs de l'Imprimerie royale, puis impériale, enfin nationale.

ANIZY-LE-CHÂTEAU, ch.-l. de c. de l'Aisne, arr. de Laon; 1064 h. Château du connétable de Bourbon.

ANJOU, anc. prov. de France, correspondant au dép. de Maine-et-Loire et à une partie de ceux de la Mayenne et de la Sarthe; réunie à la couronne par Louis XI, en 1481.

ANJOU (duc d'), titre de Henri III avant qu'il fût roi de France, et plus tard de son frère François, précédemment duc d'Alençon. Il fut porté aussi par un petit-fils de Louis XIV, le même qui devint roi d'Espagne, sous le nom de Philippe V.

ANKARSTROEM, gentilh. suédois, assassina Gustave III dans un bal masqué, en 1792; il fut décapité.

ANKOBER ou **ANGOBAR**, cap. du roy. de Choa, en Abyssinie; 6000 h.

ANNAM, empire de l'Indo-Chine, comprenant plusieurs royaumes, le Tonquin, la Cochinchine, le Cambodje, etc. Cap. Hué; pop. 12 000 000 h.

ANNE (sainte), femme de saint Joachim, mère de la sainte Vierge.

ANNE D'AUTRICHE, fille de Philippe III d'Espagne, épousa Louis XIII en 1615, en eut Louis XIV, et fut régente pendant la minorité de son fils (1643-1651); m. en 1666.

ANNE DE BRETAGNE, épousa Charles VIII (1491), puis Louis XII (1499), donna la Bretagne à la France; m. en 1514.

ANNE DE FRANCE, fille aînée de Louis XI, épouse de Pierre de Beaujeu (1462-1522), gouverna pendant la minorité de son frère Charles VIII.

ANNE IWANOWNA, czarine de Russie, de 1730 à 1740.

ANNE STUART, reine d'Angleterre, 1702-1714, fille de Jacques II, soutint contre Louis XIV la guerre de la Succession d'Espagne, et réunit définitivement l'Écosse à l'Angleterre.

ANNEBAUD (Claude d'), maréchal de France, min. de François Ier, m. en 1552.

ANNECY, ch.-l. de la Haute-Savoie, à 623 kil. de Paris; 11 581 h. Évêché.

ANNEMASSE, ch.-l. de c. de la Haute-Savoie, arr. de Saint-Julien; 1143 h.

ANNIBAL, général carthaginois, fils d'Amilcar Barca (247-183 av. J.-C.), dirigea la deuxième guerre de Carthage contre Rome. Vainqueur sur le Tésin et sur la Trébie, près du lac Trasimène et à Cannes, il fut battu à Zama par Scipion l'Africain, et s'empoisonna pour échapper à la vengeance des Romains.

ANNONAY, ch.-l. de c. de l'Ardèche, arr. de Tournon; 17 033 h. Papeteries et mégisseries renommées. Patrie des Montgolfier.

ANNONCIADE, nom commun à plusieurs ordres militaires ou religieux.

ANNOT, ch.-l. de c. des Basses-Alpes, arr. de Castellane; 1140 h.

ANQUETIL, (Pierre), 1723-1808, auteur d'une volumineuse *Histoire de France* (1807).

ANQUETIL-DUPERRON, frère du précédent, savant orientaliste, traducteur du Zend-Avesta (1731-1805).

ANSCHAIRE (saint), *l'Apôtre du Nord*, prêcha l'Évangile en Scandinavie (801-864).

ANSE, ch.-l. de c. du Rhône, arr. de Villefranche; 2036 h.

ANSÉGISE, gendre de Pépin de Landen et père de Pépin d'Héristal.

ANSELME (saint), archevêque de Cantorbéry, né à Aoste en 1033, mort en 1109, célèbre théologien et philosophe.

ANSON, amiral anglais (1697-1723), a laissé la relation de son *Voyage autour du monde*.

ANSPACH, v. de Bavière; 13 000 h.

ANTALCIDAS, général spartiate, célèbre par le traité honteux qu'il conclut en 387 av. J.-C. avec la Perse.

ANTAR, guerrier et poète arabe du vie siècle, héros du *Roman d'Antar*.

ANTÉE, géant, fils de Neptune et de la Terre, qu'Hercule étouffa dans ses bras.

ANTÉNOR, prince troyen, parent de Priam, passe pour le fondateur de Padoue.

ANTEQUERRA, v. d'Espagne; 20 000 h.

ANTHÈME (SAINT-), ch.-l. de c. du Puy-de-Dôme, arr. d'Ambert; 3155 h.

ANTIBES, ch.-l. de c. des Alpes-Maritimes, arr. de Grasse; 5843 h. Port fortifié.

ANTICOSTI ou **L'ASSOMPTION**, île de l'océan Atlantique, à l'embouchure du Saint-Laurent.

ANTICYRE, v. de l'ancienne Phocide.

ANTIFER (Cap d') ou Cap de Caux, sur la Manche, dép. de la Seine-Inférieure.

ANTIGONE, fille d'Œdipe et de Jocaste, célèbre par sa piété filiale.

ANTIGONE, lieutenant d'Alexandre le Grand, se rendit maître de presque toute l'Asie occidentale, après la mort du roi; fut vaincu et tué à Ipsus (301 av. J.-C.).

ANTIGONE, roi des Juifs, fils d'Aristobule II, fut mis à mort en 35 av. J.-C. Il fut le dernier des Macchabées.

ANTIGONE DOSON, petit-fils de Démétrius Poliorcète, s'empara du trône de Macédoine au préjudice de son neveu Philippe, en 231 av. J.-C., et battit Cléomène et les Spartiates à Sellasie, en 222 av. J.-C.

ANTIGONE GONATAS, fils de Démétrius Poliorcète, s'empara du trône de Macédoine et de la Grèce, de 277 à 242 av. J.-C.

ANTI-LIBAN, chaîne orientale du Liban.

ANTILLES, archipel de l'Amérique, s'étendant de l'entrée du golfe du Mexique au golfe de Maracaïbo; parmi ces îles, la France possède la Guadeloupe, la Martinique, Marie-Galante, la Desirade, les Saintes et Saint-Martin (en partie).

ANTINOÜS, favori de l'empereur Adrien.

ANTIOCHE ou **ANTAKIEH**, anc. v. de la Syrie (Turquie d'Asie); 6000 h.

ANTIOCHUS, nom de 13 rois de Syrie, parmi lesquels les plus célèbres sont: Antiochus III, *le Grand*, qui fut battu par les Romains aux Thermopyles (191 av. J.-C.) et à Magnésie (190); il avait reçu Annibal fugitif; Antiochus IV, *Épiphane*, le persécuteur des Macchabées, d'Éléazar.

ANTIOPE, mère d'Amphion et de Zéthus.

ANTIPATER, général et min. de Philippe de Macédoine, puis gouv. de la Macédoine pendant l'expédition d'Alexandre en Asie; régent à la mort de ce prince, il resta maître de la Macédoine (390-319 av. J.-C.).

ANTISTHÈNE, philos. d'Athènes, fondateur de l'école des Cyniques (400 av. J.-C.).

ANTI-TAURUS, chaîne de mont. de l'Asie Mineure, qui joint le Taurus au Caucase.

ANTIUM, v. et port de l'anc. Latium, aujourd'hui Porto d'Anzio; cap. des Volsques.

ANTOINE (Marc), lieutenant et ami de César, forma le premier triumvirat avec Octave et Lépide; puis rompit avec Octave et fut battu à Actium (31 av. J.-C.), s'enfuit en Égypte, où il se tua.

ANTOINE (saint), né dans la Haute-Égypte, distribua tous ses biens et se retira dans la solitude, où il mourut (251-356).

ANTOINE DE BOURBON, fils de Charles de Bourbon, duc de Vendôme, devint roi de Navarre par son mariage avec Jeanne d'Albret (1548), et fut le père d'Henri IV. Il a été tué au siège de Rouen (1562).

ANTOINE DE PADOUE (saint), théologien et prédicateur de l'ordre de Saint-François (1195-1231).

ANTOMARCHI, médecin né en Corse, attaché au service de Napoléon à Sainte-Hélène (1780-1838).

ANTONELLI, h. d'État italien, cardinal (1806-1876), principal ministre de Pie IX.

ANTONIN LE PIEUX, un des meilleurs empereurs romains, fut adopté par Adrien, lui succéda en 138 ap. J.-C. et mourut en 161.

ANTONIN (Saint-), ch.-l. de c. du Tarn-et-Garonne, arr. de Montauban; 4875 h.

ANTRAIGUES, ch.-l. de c. de l'Ardèche, arr. de Privas; 1434 h.

ANTRAIN, ch.-l. de c. d'Ille-et-Vilaine, arr. de Fougères; 1630 h.

ANUBIS, dieu égyptien, représenté avec le corps d'un homme et la tête d'un chien.

ANVERS, ch.-l. de la prov. de ce nom et la première place de commerce de la Belgique, sur l'Escaut; 127000 h. Patrie de Van Dyck, de Rubens et de Téniers.

ANVILLE (D'), géographe franç. (1687-1782).

ANZIN, c. du Nord, arr. de Valenciennes; mines de houille; 7000 h.

AOD, juge d'Israël (1496-1416 av. J.-C.).

AOSTE, v. d'Italie, au débouché des routes du grand et du petit Saint-Bernard; évêché; 7000 h.; monuments romains.

APALACHES, voy. Alléghanys.

APAMÉE, nom de plus. v. de l'Asie anc.

APATURIES, fêtes en l'honneur de Bacchus à Athènes.

APELLE, peintre célèbre de la Grèce, vécut à la cour d'Alexandre le Grand.

APENNINS (les), chaîne de montagnes qui traverse l'Italie dans toute sa longueur.

APER, préfet du prétoire sous l'empereur Carus, fit périr ce prince ainsi que Numérien, et voulut se faire empereur; il fut mis à mort par Dioclétien (284 ap. J.-C.).

APICIUS, nom de plusieurs Romains célèbres par leur gourmandise.

APIS, divinité que les Égyptiens adoraient sous la forme d'un bœuf vivant.

APOLLINAIRE (Sidoine), voy. Sidoine.

APOLLINAIRE, *adj.* En l'honneur d'Apollon. Jeux Apollinaires.

APOLLINE (sainte), vierge d'Alexandrie, martyre en 248.

APOLLON, fils de Jupiter et de Latone, dieu du soleil et de la lumière, des vers, de la musique, des beaux-arts.

APOLLONIUS DE RHODES, poète grec d'Alexandrie (270-186 av. J.-C.), auteur du poème épique *les Argonautiques*.

APOLLONIUS DE TYANE, phil. mystique, m. vers 97 ap. J.-C., passait aux yeux de ses contemporains pour faire des miracles.

APOLLONIUS DYSCOLE, grammairien grec d'Alexandrie, au IIe siècle.

APPENZELL, cant. de la Suisse, divisé en 2 parties: *Rhodes extérieures* protestantes, 48000 h.; *Rhodes intérieures* catholiques, 12000 h.; v. pr. Appenzell et Hérisau.

APPENZELL, ch.-l. des Rhodes intérieures; 3000 h.

APPERT, inventeur de l'*Art de conserver les substances animales et végétales* (1810).

APPIEN, historien grec d'Alexandrie, au IIe siècle de l'ère chrétienne, auteur d'une *Histoire romaine* dont il ne reste guère que la partie relative aux guerres civiles.

APPIENNE (Voie), route construite, 311 av. J.-C., par le censeur Appius Claudius, et allant de Rome à Brindes par Capoue.

APPONYI (comte), homme d'État et diplomate autrichien (1782-1876), fut longtemps ambassadeur d'Autriche à Paris.

APRIÈS, roi d'Égypte, de 593 à 569 av. J.-C., fut détrôné et mis à mort par Amasis.

APT, ch.-l. d'arr. du Vaucluse, à 53 kil. d'Avignon; 5895 h.

APULÉE, écrivain latin, mort en 190 ap. J.-C., auteur de l'*Ane d'or*.

APULIE ou **POUILLE**, l'une des 4 parties

de l'Italie méridionale ou Grande Grèce ; elle correspond à la Capitanate et à une partie des Terres de Bari et d'Otrante.

AQUILA, v. d'Italie, ch.-l. de l'Abruzze Ultérieure ; 8000 h.

AQUILÉE, v. de l'Illyrie autrichienne, importante dans l'antiquité ; 2000 h.

AQUITAINE, nom donné longtemps au S.-O. de la Gaule. Ce pays, qu'au moyen âge on appelait Guyenne et Gascogne, fut réuni à la couronne de France en 1453.

ARABIE, vaste presqu'île située au S.-O. de l'Asie, entre la mer Rouge et le golfe Persique ; 12 000 000 d'h. ; v. princ. la Mecque, Médine, Aden, Moka, Maskate.

ARABIQUE (Golfe), voy. Mer Rouge.

ARACAN ou **ARAKAN**, cap. de la contrée de l'Indo-Chine anglaise de même nom.

ARACHOSIE, prov. de l'ancien empire de Perse.

ARAGO (François), illustre savant français, astronome, directeur de l'Observatoire de Paris, secrétaire perpétuel de l'Académie des sciences (1786-1853).

ARAGON, prov. d'Espagne, qui formait autrefois un roy. indépendant ; cap. Saragosse ; pop. 926 000 h.

ARAGONAIS, AISE, adj. et s. Qui est d'Aragon. || Sf. Sorte de danse.

ARAL (Mer d'), grand lac de l'Asie dans le Turkestan, sous la domination des Russes.

ARAM, fils de Sem, père des Araméens, qui habitèrent de la Méditerranée au Tigre.

ARAMITS, ch.-l. de c. des Basses-Pyrénées, arr. d'Oloron ; 1034 h.

ARAMON, ch.-l. de c. du Gard, arr. de Nîmes ; 2653 h.

ARANJUEZ, v. d'Espagne, sur le Tage, à 50 kil. de Madrid, célèbre par son palais.

ARARAT, le plus haut sommet du plateau d'Arménie, où s'arrêta l'arche de Noé.

ARATUS, poète et astronome grec, florissait vers 270 av. J.-C., a laissé un poème intitulé : *les Phénomènes et les Signes*.

ARATUS DE SICYONE, chef de la ligue achéenne (271-213 av. J.-C.).

ARAUCANIE, contrée de l'Amérique méridionale, au S. du Chili.

ARAXES, un des noms de l'Iaxartes.

ARBACÈS, gouverneur de Médie au viii° siècle av. J.-C., se ligua avec Béiésis contre Sardanapale, et devint roi de Médie.

ARBELLES, v. d'Assyrie célèbre par la victoire d'Alexandre sur Darius (331 av. J.-C.).

ARBOGASTE, chef franc, fit tuer l'empereur Valentinien II et mit à sa place le rhéteur Eugène ; mais vaincu par Théodose, il se donna la mort (394).

ARBOIS, ch.-l. de c. du Jura, arr. de Poligny, renommé par ses vins ; 5273 h.

ARBRESLE (L'), ch.-l. de c. du Rhône, arr. de Lyon ; 2843 h.

ARC (Jeanne d'), voy. Darc.

ARCACHON (Bassin d'), lagune formée par le golfe de Gascogne, sur la côte du dép. de la Gironde. || Ville sur ce bassin, célèbre par ses bains de mer, et station d'hiver pour les malades ; 3696 h.

ARCADIE, contrée de la Grèce ancienne, au centre du Péloponnèse.

ARCADIEN, IENNE, adj. et s. Qui est d'Arcadie.

ARCADIUS, empereur d'Orient, fils aîné de Théodose le Grand, régna de 395 à 408.

ARC-EN-BARROIS, ch.-l. de c. de la Haute-Marne, arr. de Chaumont ; 1253 h.

ARCÉSILAS, philosophe grec, chef de la seconde Académie (316-241 av. J.-C.).

ARCHÉLAÜS, philosophe grec, disciple d'Anaxagore, maître de Socrate (v° s. av. J.-C.). || Roi de Macédoine, en 429 av. J.-C., donna asile à Euripide exilé. || Général de Mithridate, fut battu par Sylla à Chéronée et à Orchomène (86 av. J.-C.). || Fils d'Hérode le Grand, ethnarque de Judée, fut déposé par Auguste, l'an 7 de J.-C.

ARCHIAC, ch.-l. de c. de la Charente-Inférieure, arr. de Jonzac ; 1172 h.

ARCHIDAMUS, nom de 5 rois de Sparte.

ARCHILOQUE, poète grec, qui florissait vers 700 av. J.-C., célèbre par ses odes et ses satires ; il inventa le vers iambique.

ARCHIMÈDE, grand géomètre de Syracuse (287-212 av. J.-C.), défendit par ses inventions sa patrie attaquée par le général romain Marcellus, et fut tué par un soldat.

ARCHYTAS de Tarente, philosophe pythagoricien (440-360 av. J.-C.).

ARCIS-SUR-AUBE, ch.-l. d'arr. de l'Aube, à 27 kil. de Troyes ; 2845 h. Napoléon Ier y combattit l'armée austro-russe, en 1814.

ARCOLE, vge de la Vénétie, près de Vérone, célèbre par la victoire que Bonaparte remporta sur les Autrichiens en nov. 1796.

ARCTIQUES (TERRES), îles de l'océan Glacial arctique, séparées du continent américain par des détroits glacés.

ARCUEIL, c. de l'arr. de Sceaux (Seine) ; 5258 h. Aqueduc qui amène à Paris les eaux du Rungis et de la Vanne.

ARCY-SUR-CURE, vge de l'arr. d'Auxerre, célèbre par de belles grottes.

ARDÈCHE, riv. de France, sort des Cévennes et se jette dans le Rhône en amont de Pont-Saint-Esprit, après un cours de 96 k.

ARDÈCHE (dép. de l'), formé de l'ancien Vivarais ; ch.-l. Privas ; 3 arr. Privas, Largentière et Tournon ; 380 277 h.

ARDÉE, anc. v. des Rutules (Latium).

ARDENNES, forêt qui couvre en partie le Hainaut, le Luxembourg, le grand-duché du Bas-Rhin et le N. de la Champagne.

ARDENNES (dép. des), formé de la Champagne, de la principauté de Sedan, d'une partie du Luxembourg ; ch.-l. Mézières ; 5 arr. Mézières, Rethel, Rocroy, Sedan, Vouziers ; 320 217 h.

ARDENTES, ch.-l. de c. de l'Indre, arr. de Châteauroux ; 2449 h.

ARDES, ch.-l. de c. du Puy-de-Dôme, arr. d'Issoire ; 1412 h.

ARDRES, ch.-l. de c. du Pas-de-Calais, arr. de Saint-Omer ; 2143 h.

ARENENBERG, château du canton de Thurgovie, en Suisse.

ARÉOPAGE, tribunal criminel d'Athènes.

AREQUIPA, v. du Pérou ; évêché ; 40 000 h.

ARÉTHUSE, fontaine de l'île d'Ortygie, près de Syracuse.

ARÉTIN (Pierre l'), poète italien (1492-1557).

AREZZO, v. de Toscane ; 12 000 h. Patrie de Pétrarque, de Vasari, de l'Arétin, etc.

ARGAND, physicien, né à Genève, inventa en 1782 les lampes auxquelles Quinquet a donné son nom.

ARGELÈS, ch.-l. d'arr. des Hautes-Pyrénées, à 32 kil. de Tarbes ; 1658 h.

ARGELÈS-SUR-MER, ch.-l. de c. des Pyrénées-Orientales, arr. de Céret ; 2600 h.

ARGENS, riv. de France qui se jette dans le golfe de Fréjus.

ARGENSON (Marc-René Voyer d'), lieutenant général de police à Paris en 1697, garde des sceaux en 1719, mourut en 1721. || Son fils aîné, René-Louis, marquis d'Argenson, min. des affaires étrangères de 1744 à 1747, a laissé : *Mémoires et journal inédits*. || Son frère, Marc-Pierre, comte d'Argenson, fut ministre de la guerre de 1742 à 1757.

ARGENT, ch. de c. du Cher, arr. de Sancerre ; 1425 h.

ARGENTAN, ch.-l. d'arr. de l'Orne, à 40 kil. d'Alençon ; 5725 h.

ARGENTAT, ch.-l. de c. de la Corrèze, arr. de Tulle ; 3250 h.

ARGENTEUIL, ch.-l. de c. de Seine-et-Oise, arr. de Versailles ; 8389 h. Vignobles.

ARGENTIÈRE (L'), voy. Largentière.

ARGENTINE (RÉPUBLIQUE) ou **ÉTATS-UNIS DU RIO DE LA PLATA**, confédération de l'Amérique du Sud, formée de 14 États ; cap. Buenos-Ayres ; pop. 1 737 000 h.

ARGENTON, ch.-l. de c. de l'Indre, arr. de Châteauroux ; 5274 h.

ARGENTON-CHÂTEAU, ch.-l. de c. des Deux-Sèvres, arr. de Bressuire ; 1101 h.

ARGENTRÉ, ch.-l. de c. de l'Ille-et-Vilaine, arr. de Vitré ; 2173 h.

ARGENTRÉ, ch.-l. de c. de la Mayenne, arr. de Laval ; 1564 h.

ARGIEN, IENNE, adj. et s. Qui est d'Argos.

ARGINUSES, petites îles de la mer Égée, près desquelles les Athéniens battirent les Spartiates (406 av. J.-C.).

ARGOLIDE, contrée de la Grèce ancienne, au N.-E. du Péloponnèse ; cap. Argos ; forme avec la Corinthie un dép. dont le ch.-l. est Nauplie ; pop. 128 000 h.

ARGONAUTES, nom qu'on donne aux héros grecs qui s'embarquèrent sur le vaisseau *Argo* pour aller conquérir la Toison d'or en Colchide, sous la conduite de Jason.

ARGONNE, contrée montueuse et boisée sur les deux rives de la Meuse, entre la Lorraine et la Champagne.

ARGOS, v. de Grèce, cap. de l'Argolide.

ARGOUT (comte d'), 1782-1858, ministre sous Louis-Philippe, gouv. de la Banque.

ARGOVIE, canton de la Suisse ; ch.-l. Aarau ; pop. 190 000 h. cathol. et protestants.

ARGUEIL, ch.-l. de c. de la Seine-Inférieure, arr. de Neufchâtel ; 428 h.

ARGYLE, comté d'Écosse ; ch.-l. Inverary ; pop. 115 000 h.

ARGYRASPIDES (c.-à-d. au bouclier d'argent), corps de 3000 vieux soldats formant la garde d'Alexandre le Grand.

ARIE, prov. de l'anc. Asie (auj. Hérat).

ARIÉGE, riv. de France, affl. de droite de la Garonne, vient des Pyrénées-Orientales ; son cours est de 130 kil.

ARIÉGE (dép. de l'), formé du comté de Foix, du Donnezan et d'une partie du Conserans (Gascogne) ; ch.-l. Foix ; 3 arr. Foix, Pamiers, Saint-Girons ; pop. 246 298 h.

ARIMANE, voy. Ahriman.

ARIMATHIE ou **RAMA**, v. de l'anc. Judée ; patrie de Joseph, qui ensevelit le corps de Jésus.

ARINTHOD, ch.-l. de c. du Jura, arr. de Lons-le-Saunier ; 1255 h.

ARIOBARZANE, nom de 3 rois de Cappadoce et de 3 rois de Pont.

ARION, lyrique grec (vers 620 av. J.-C.). On raconte que, menacé de la mort par ses compagnons de route, il se jeta à la mer et fut sauvé par un dauphin qui avait été charmé par ses chants.

ARIOSTE, grand poète italien (1474-1533), auteur du poème de *Roland furieux*.

ARIOVISTE, chef des Suèves, envahit la Gaule et fut vaincu par César (58 av. J.-C.).

ARISTARQUE, grammairien grec né vers 160 av. J.-C., célèbre par ses études critiques sur les poètes grecs.

ARISTIDE, général athénien, surnommé *le Juste* ; il fut le rival de Thémistocle et mourut en 469 av. J.-C.

ARISTIDE (Ælius), rhéteur grec, dont il reste 55 discours (129-180 ap. J.-C.).

ARISTIPPE, philosophe grec, né vers 430 av. J.-C., fondateur de la secte cyrénaïque.

ARISTOBULE Ier, fils de Jean Hyrcan, roi des Juifs en 107 av. J.-C. || Aristobule II, fils d'Alexandre Jannée, roi des Juifs vers 70 av. J.-C.

ARISTODÈME, roi de Messénie en 731 av. J.-C., célèbre par sa lutte contre Sparte, sacrifia sa fille pour obéir à un oracle.

ARISTOGITON, Athénien qui, avec Harmodius, assassina le tyran Hipparque, et fut mis à mort par Hippias (514 av. J.-C.).

ARISTOMÈNE, roi de Messénie, soutint contre les Spartiates la 2e guerre de Messénie (684 à 671 av. J.-C.).

ARISTOPHANE, grand poète comique d'Athènes (ve siècle av. J.-C.).

ARISTOTE, philosophe grec né à Stagire, en Macédoine (384-322 av. J.-C.), disciple, puis rival de Platon, fondateur de la secte des Péripatéticiens, fut le précepteur d'Alexandre le Grand.

ARIUS, hérésiarque (280-336), qui soutint que Jésus-Christ était fils de Dieu seulement par adoption, et que le Père était seul véritablement Dieu ; cette hérésie fut condamnée par le concile de Nicée, en 325.

ARJUZANX, ch.-l. de c. des Landes, arr. de Mont-de-Marsan ; 750 h.

ARKANSAS, fleuve des États-Unis, affl. de droite du Mississipi ; cours de 3500 kil.

ARKANSAS, un des États-Unis de l'Amérique du N. ; cap. Little-Rock ; pop. 484 167 h.

ARKHANGEL, v. de Russie, ch.-l. du gouvernement de ce nom, près de l'embouchure de la Dwina ; 25 000 h.

ARKHANGEL (NOUVELLE-), ch.-l. des anc. possessions russes d'Amérique.

ARLANC, ch.-l. de c. du Puy-de-Dôme, arr. d'Ambert ; 3830 h.

ARLES, ch.-l. d'arr. des Bouches-du-Rhône, sur le Rhône, à 90 kil. de Marseille ; 24 595 h. Monuments romains.

ARLES-SUR-TECH, ch.-l. de c. des Pyrénées-Orientales, arr. de Céret ; 2542 h.

ARLEUX, ch.-l. de c. du Nord, arr. de Douai ; 1675 h.

ARLINCOURT (vicomte d'), poète et romancier français (1789-1856).

ARLON, ch.-l. du Luxembourg belge ; 8000 h.

ARMADA, nom de la flotte que Philippe II dirigea contre l'Angleterre en 1588, et qui fut détruite par la tempête et l'ennemi.

ARMAGH, v. d'Irlande, auj. ch.-l. du comté de ce nom ; anc. cap. du royaume ; 11 000 h.

ARMAGNAC, pays de l'anc. Gascogne, compris auj. dans le dép. du Gers et partie de ceux de Lot-et-Garonne, Tarn-et-Garonne et Haute-Garonne. ‖ Un comte d'Armagnac, Bernard, a joué un rôle important dans les guerres civiles sous Charles VI.

ARMANCE, riv. affl. de l'Armançon.

ARMANÇON, riv. de France, prend sa source dans la Côte-d'Or, et se jette dans l'Yonne, près de La Roche ; 200 kil.

ARMÉNIE, contrée de l'Asie occidentale, divisée en Arménie russe, cap. Érivan, et Arménie turque, cap. Erzeroum.

ARMÉNIEN, IENNE, *adj.* et *s.* Qui est d'Arménie.

ARMENTIÈRES, ch.-l. de c. du Nord, arr. de Lille ; 19035 h.

ARMINIENS ou **REMONTRANTS**, secte calviniste fondée par Arminius (1560-1600), qui niait la prédestination.

ARMINIUS ou **HERMANN**, chef des Chérusques, qui extermina les légions de Varus dans les défilés de Teutberg (9 ap. J.-C.).

ARMORICAIN, AINE, *adj.* et *s.* Qui est d'Armorique.

ARMORIQUE, nom donné anciennement aux côtes occid. de la Gaule, de l'embouchure de la Seine à celle de la Loire, et plus tard seulement à la presqu'île de Bretagne.

ARMSTRONG, Anglais, né en 1810, inventeur du canon qui porte son nom.

ARNAUD DE BRESCIA, réformateur du XIIe siècle, établit une république à Rome, puis fut pris et mis à mort (1155).

ARNAULD (ANTOINE), avocat célèbre dans la lutte des jansénistes contre les jésuites, fut comme le second fondateur de Port-Royal-des-Champs (1560-1619). Parmi ses nombreux enfants, on remarque l'aîné, Arnauld d'Andilly (1589-1674), auteur d'ouvrages de piété, et le dernier, Antoine Arnauld (1612-1694), surnommé *le Grand*.

ARNAULT, littérateur français (1766-1834), secrétaire perpétuel de l'Académie française en 1833 ; auteur de la tragédie de *Marius à Minturnes* (1791).

ARNAUTES, peuple de l'Albanie.

ARNAY-LE-DUC, ch.-l. de c. de la Côte-d'Or, sur l'Arroux, arr. de Beaune ; 2576 h.

ARNHEIM, cap. de la Gueldre (Pays-Bas), sur la rive droite du Rhin ; 35000 h.

ARNO, fl. de Toscane, baigne Florence et Pise, se jette dans la Méditerranée.

ARNOBE, rhéteur africain (IIIe-IVe siècle), auteur d'un *Traité contre les Gentils*.

ARNOLD DE MELCHTAL, l'un des trois chefs qui jurèrent de mourir pour la liberté des trois cantons helvétiques (1307).

ARNOLD DE WINKELRIED, héros suisse qui, dans la guerre contre Léopold d'Autriche, se dévoua à la bat. de Sempach (1386).

ARNON, torrent de Palestine.

ARNOUL ou **ARNULF** (saint), 580-640, évêque de Metz, père d'Anségise.

ARNOUL ou **ARNULF**, d'abord duc de Carinthie, fut élu roi de Germanie après la déposition de Charles le Gros (888).

ARON, riv. de France, affl. de droite de la Loire, vient des collines du Nivernais.

ARONA, v. d'Italie, sur le lac Majeur ; 5000 h. Patrie de saint Charles Borromée.

AROUN ou **HAROUN-AL-RASCHID** (*le Juste*), calife abbasside (765-809), eut des rapports avec Charlemagne.

ARPAD, chef des Hongrois, donna son nom à la 1re dynastie des rois hongrois, les Arpades, qui régna de 997 à 1301.

ARPAJON, ch.-l. de c. de Seine-et-Oise, arr. de Corbeil ; 2822 h.

ARPHAXAD, fils de Sem.

ARPHAXAD ou **Phraorte**, roi de Médie.

ARPINO (en lat. *Arpinum*), v. d'Italie, dans la Terre de Labour ; 10000 h. Patrie de Marius et de Cicéron.

ARQUES, bourg de l'arr. de Dieppe, célèbre par la victoire que Henri IV y remporta sur le duc de Mayenne (1589).

ARRAN (VAL D') ou **ARAN**, vallée espagnole, dans les Pyrénées orientales, d'où sort la Garonne.

ARRAS, ch.-l. du Pas-de-Calais, sur la Scarpe, à 175 k. de Paris ; 27329 h. Évêché.

ARREAU, ch.-l. de c. des Hautes-Pyrénées, arr. de Bagnères-de-Bigorre ; 1343 h.

ARRHIDÉE, fils de Philippe de Macédoine, fut proclamé roi, à la mort d'Alexandre, avec le jeune Alexandre Aigos ; il fut mis à mort par Olympias (316).

ARRIEN (FLAVIUS), historien grec du IIe siècle, auteur de l'*Expédition d'Alexandre*.

ARRIGHI DE CASANOVA, duc de Padoue, général français (1778-1853).

ARROUX, riv. de France, affl. de la Loire, vient des monts du Morvan ; 120 kil.

ARS-EN-RÉ, ch.-l. de c. de la Charente-Inférieure, arr. de La Rochelle ; 3171 h.

ARSACE, fondateur de la monarchie des Parthes (256 av. J.-C.), et tige de la dynastie des Arsacides, qui régna jusqu'en 226 ap. J.-C.

ARTABAN, capitaine des gardes de Xerxès, assassina son maître, et fut lui-même tué par Artaxerxès Ier. ‖ Nom de 4 rois des Parthes, de la dynastie des Arsacides.

ARTAPHERNE, général perse, fut vaincu avec Datis à Marathon (490 av. J.-C.).

ARTAUD DE MONTOR (LE CHEVALIER), littérateur français (1772-1849).

ARTAXERXÈS Ier, *Longue-Main*, roi de Perse (471-425 av. J.-C.), fut vaincu par les Grecs et obligé de signer la paix de Cimon, en 449. ‖ ARTAXERXÈS II, *Mnémon*, roi de Perse (405-361 av. J.-C.), triompha de la révolte de son frère Cyrus le Jeune, et signa le traité avantageux d'Antalcidas (387). ‖ ARTAXERXÈS III, *Ochus*, roi de Perse (362-338 av. J.-C.), réduisit l'Égypte insurgée.

ARTÉMISE, reine d'Halicarnasse, se distingua au combat de Salamine. ‖ Reine de Carie (IVe siècle av. J.-C.), célèbre par sa douleur à la mort de Mausole, son mari, et par le monument qu'elle lui éleva, monument connu sous le nom de Mausolée.

ARTEMISIUM, cap au N. de l'Eubée, célèbre par la perte de la flotte de Xerxès.

ARTÉNAY, ch.-l. de c. du Loiret, arr. d'Orléans ; 1015 h. Victoire du général von der Thann sur les Français, 10 oct. 1870.

ARTEVELD (JACQUES), de Gand, souleva les Flamands contre le comte Louis Ier de Nevers et s'unit aux Anglais ; il fut tué dans une émeute par les bourgeois, en 1345. ‖ Son fils Philippe, choisi pour chef par les Gantois révoltés contre Louis II, périt à la bataille de Roosebecque (1382).

ARTHEZ, ch.-l. de c. des Basses-Pyrénées, arr. d'Orthez ; 1427 h.

ARTHUR ou **ARTUS**, héros légendaire de la Grande-Bretagne.

ARTHUR DE BRETAGNE, prince anglais, fut assassiné par son oncle Jean-sans-Terre (1203).

ARTOIS, anc. prov. de France, cédée à la France par le traité des Pyrénées; elle forme une partie du dép. du Pas-de-Calais.

ARUDY, ch.-l. de c. des Basses-Pyrénées, arr. d'Oloron; 1978 h.

ARUNDEL (MARBRES D'), tables chronologiques de l'histoire grecque, trouvées à Paros par le comte d'Arundel (1627).

ARVALES (FRÈRES), collège des 12 prêtres de Cérès, à Rome.

ARVE, riv. de France, sort du col de Balme, passe à Chamouix, et se jette dans le Rhône, près de Genève.

ARVERNES, peuple de l'ancienne Gaule, qui occupait le territoire actuel de l'Auvergne, et dont la capitale était Gergovie.

ARYAS (LES) ou race aryenne, race du N.-O. de la presqu'île indienne, qui peupla presque toute l'Europe.

ARZ, l'une des îles du Morbihan.

ARZACQ, ch.-l. de c. des Basses-Pyrénées, arr. d'Orthez; 1224 h.

ARZANO, ch.-l. de c. du Finistère, arr. de Quimperlé; 1779 h.

ARZEU, ch.-l. de c. d'Algérie, arr. d'Oran; port; 3865 h.

ASA, roi de Juda, fils d'Abia (944-904).

ASCAGNE ou **IULE**, fils d'Énée et de Créuse, fondateur d'Albe (XIIe s. av. J.-C.).

ASCALON, v. de Syrie, port sur la Médit.

ASCENSION (ILE DE L'), île de l'océan Atlantique, appartenant aux Anglais.

ASCLÉPIADE, poète lyrique grec (VIe s. av. J.-C.), inventeur du vers asclépiade.

ASCLÉPIADES, fam. de médecins grecs.

ASCOLI (en lat. Asculum), v. d'Italie, ch.-l. de la prov. de ce nom; 12000 h.

ASDRUBAL, gendre d'Amilcar, fondateur de Carthagène en Espagne (228 av. J.-C.). ||ASDRUBAL BARCA, frère d'Annibal, vaincu et tué près du Métaure (207 av. J.-C.).

ASER, fils de Jacob, a donné son nom à l'une des 12 tribus d'Israël.

ASFELD, ch.-l. de c. des Ardennes, arr. de Rethel; 1102 h.

ASHAVÉRUS, nom du Juif-Errant.

ASIATIQUE, adj. et s. Qui est d'Asie.

ASIE, la plus grande des cinq parties du monde; pop. de 600 ou 650 millions d'hab.

ASMODÉE, le prince des démons.

ASMONÉENS, nom donné aux Macchabées, originaires d'Asmon, en Palestine.

ASNIÈRES, c. de la Seine, près de Paris, sur la Seine, arr. de Saint-Denis; 6236 h.

ASOPUS, riv. de Béotie.

ASPASIE DE MILET, femme célèbre par sa beauté et son esprit, épouse de Périclès.

ASPERN, vge sur le Danube, un peu au-dessous de Vienne, célèbre par la bataille plus connue sous le nom d'Essling (1809).

ASPET, ch.-l. de c. de la Haute-Garonne, arr. de Saint-Gaudens; 2566 h.

ASPHALTITE (LAC) ou **MER MORTE**, lac de Palestine qui reçoit le Jourdain.

ASPRES-LES-VEYNES, ch.-l. de c. des Hautes-Alpes, arr. de Gap; 672 h.

ASPRIÈRES, ch.-l. de c. de l'Aveyron, arr. de Villefranche; 1857 h.

ASSAM (ROYAUME D'), partie de l'empire des Birmans (Asie), conquise par les Anglais (1825-1826); 709000 h.

ASSAR-HADDON, roi de Ninive (707-667 av. J.-C.).

ASSAS (chevalier d'), capitaine au régiment d'Auvergne, célèbre par son dévouement (1760).

ASSASSINS, secte des Ismaéliens d'Égypte, célèbre au temps des croisades, et ayant pour chef le Vieux de la Montagne.

ASSINIE, riv. d'Afrique, tributaire du golfe de Guinée; à son embouchure est une ville d'Assinie, appartenant aux Français.

ASSISE, v. d'Italie, à 20 k. de Pérouse; 5000 h.; patrie de saint François et de Métastase.

ASSISES DE JÉRUSALEM, recueil des lois en usage dans les États chrétiens d'Orient, après la 1re croisade.

ASSOMPTION (L'), v. cap. du Paraguay; 16000 h.

ASSOUAN, v. de la Haute-Égypte; 4000 h.

ASSOUCY (D'), poète burlesque (1604-1679).

ASSUÉRUS, roi de Perse, qui épousa Esther (Darius Ier selon les uns, Artaxerxès Longue-Main selon les autres).

ASSUR, fils de Sem, fondateur de Ninive.

ASSYRIE, contrée de l'anc. Asie; auj. le Kourdistan; v. princ. Ninive.

ASSYRIEN, IENNE, adj. et s. Qui est d'Assyrie.

ASTAFFORT, ch.-l. de c. du Lot-et-Garonne, arr. d'Agen; 2511 h.

ASTARTÉ ou **ASTAROTH**, divinité phénicienne et syrienne.

ASTI, ville d'Italie (prov. d'Alexandrie); 28000 h. Vins muscats renommés.

ASTIER (SAINT-), ch.-l. de c. de la Dordogne, arr. de Périgueux; 2891 h.

ASTOLPHE, roi des Lombards (749-756), attaqua le saint-siège, fut vaincu et dépossédé de l'Exarchat et de la Pentapole par Pépin le Bref, qui les donna au pape.

ASTORGA, v. d'Espagne (prov. de Léon); 4000 h.

ASTRAKAN, v. très-commerçante de Russie, dans une île du Volga; 48000 h.

ASTRÉE, déesse de la justice.

ASTURIES (LES), anc. prov. d'Espagne, au N.-O., v. pr. Oviedo, Gijon; pop. 590000 h. L'héritier présomptif de la couronne en Espagne portait le titre de prince des Asturies.

ASTYAGE, roi des Mèdes (595 av. J.-C.), père de Mandane, la mère de Cyrus.

ASTYANAX, fils d'Hector et d'Andromaque.

ATAHUALPA, le dernier des Incas du Pérou, mis à mort en 1533.

ATALANTE, femme célèbre par sa légèreté à la course; elle fut vaincue par Hippomène, qui jetait devant elle des pommes d'or qu'elle s'amusait à ramasser.

ATAULPHE ou **ADOLPHE**, beau-frère d'Alaric Ier, roi des Visigoths, épousa Placidie, sœur d'Honorius, et s'établit dans l'Aquitaine (411-415).

ATHALARIC, roi des Ostrogoths en Italie (526-534), sous la tutelle de sa mère Amalasonte.

ATHALIE, fille d'Achab et de Jézabel, épouse de Joram, extermina toute la race de David; son petit-fils Joas échappa seul et fut mis sur le trône par le grand prêtre Joïada, qui fit périr Athalie (870 av. J.-C.).

ATHANAGILDE, roi des Visigoths d'Espagne (554-567), père de Brunehaut et de Galswinthe.

ATHANASE (saint), l'un des Pères de l'Église, triompha de l'hérésie d'Arius au concile de Nicée; plusieurs fois exilé, il mourut patriarche d'Alexandrie (373).

ATHÉNÉE, grammairien grec (IIIe siècle), connu par son *Banquet des sophistes*.

ATHÈNES, v. illustre de l'anc. Grèce, auj. cap. du royaume de Grèce; 48 000 h.

ATHÉNIEN, IENNE, *adj.* et *s.* Qui est d'Athènes.

ATHIS, ch.-l. de c. de l'Orne, arr. de Domfront; 4142 h.

ATHOR, divinité égyptienne, femme de Phtha, représentée avec une tête humaine que surmontent des cornes et un disque.

ATHOS, montagne de la Roumélie, à l'extrémité de la presqu'île de Salonique.

ATILIUS (Marcus), un des anciens poëtes comiques de Rome.

ATLANTIDE, île située dans l'Océan, en face des colonnes d'Hercule, et qui, selon les anciens, aurait disparu sous les flots.

ATLANTIDES (les), les filles d'Atlas.

ATLANTIQUE (océan), partie de l'Océan qui s'étend entre l'Europe et l'Afrique à l'E., les deux Amériques à l'O.

ATLAS, fils de Jupiter ou de Japet ou du Ciel, transformé en montagne pour avoir pris parti pour les Titans contre Jupiter, et condamné à porter le ciel sur ses épaules.

ATLAS, montagnes qui couvrent le N.-O. de l'Afrique, du cap Bon sur la Méditerranée au cap Gers sur l'océan Atlantique.

ATOSSA, fille de Cyrus, épousa successivement Cambyse, Smerdis et Darius Ier.

ATRÉE, roi d'Argos et de Mycènes, fils de Pélops; pour se venger de son frère Thyeste, il lui servit dans un repas ses deux enfants.

ATRIDES, c.-à-d. descendants d'Atrée, Agamemnon et Ménélas, petits-fils d'Atrée.

ATROPOS, l'une des Parques.

ATTALE, nom de trois rois de Pergame, dont le 1er fonda la bibliothèque de Pergame, et dont le dernier légua ses États aux Romains (132 av. J.-C.).

ATTALE, sénateur romain, nommé empereur par Alaric (409), fut déposé, puis pris par Honorius (415).

ATTICHY, ch.-l. de c. de l'Oise, arr. de Compiègne; 897 h.

ATTICUS (Titus Pomponius), chevalier romain (110-33 av. J.-C.), célèbre surtout par les lettres que lui écrivit Cicéron.

ATTIGNY, ch.-l. de c. des Ardennes, arr. de Vouziers; 1827 h. Ancienne résidence des Carlovingiens.

ATTILA, roi des Huns, surnommé *le Fléau de Dieu*, ravagea l'empire d'Orient, puis la Gaule, où il fut vaincu par Aétius dans les plaines de Châlons (451); il se jeta alors sur l'Italie, où il fut arrêté par les prières de saint Léon, rentra en Pannonie, et y mourut subitement (453).

ATTIQUE, contrée de l'anc. Grèce; cap. Athènes; auj. elle forme avec la Béotie un dép. du roy. de Grèce; 136 000 h.

ATTIQUE, *adj.* et *s.* Qui est de l'Attique.

ATYS, roi de Lydie (XVIe s. av. J.-C.), le premier de la dynastie des Atyades.

AUBAGNE, ch.-l. de c. des Bouches-du-Rhône, arr. de Marseille; 7658 h.

AUBAN (SAINT-), ch.-l. de c. des Alpes-Maritimes, arr. de Grasse; 573 h.

AUBE, riv. de France, affl. de la Seine, vient du plateau de Langres; 180 kil.

AUBE (dép. de l'), formé de la basse Champagne; ch.-l. Troyes; 5 arr. Troyes, Arcis-sur-Aube, Bar-sur-Aube, Bar-sur-Seine, Nogent-sur-Seine; pop. 255 687 h.

AUBENAS, ch.-l. de c. de l'Ardèche, arr. de Privas; 7431 h.

AUBENTON, ch.-l. de c. de l'Aisne, arr. de Vervins; 1496 h.

AUBER, compositeur français (1782-1871), dont les ouvrages les plus connus sont *la Muette de Portici* et *le Domino noir*.

AUBERIVE, ch.-l. de c. de la Haute-Marne, arr. de Langres; 943 h.

AUBERVILLIERS, c. de la Seine, arr. de Saint-Denis; 12 195 h.

AUBETERRE, ch.-l. de c. de la Charente, arr. de Barbezieux; 731 h.

AUBIGNÉ (Agrippa d'), guerrier français, compagnon de Henri IV, aïeul de Mme de Maintenon (1550-1630); auteur d'une *Histoire universelle*, des *Tragiques*, poème satirique.

AUBIGNY, ch.-l. de c. du Pas-de-Calais, arr. de Saint-Pol; 593 h.

AUBIGNY-SUR-NÈRE, ch.-l. de c. du Cher, arr. de Sancerre; 2543 h.

AUBIN, ch.-l. de c. de l'Aveyron, arr. de Villefranche; 8832 h. Usines et houillères.

AUBIN-D'AUBIGNÉ (SAINT-), ch.-l. de c. d'Ille-et-Vilaine, arr. de Rennes; 1749 h.

AUBIN-DU-CORMIER (SAINT-), ch.-l. de c. d'Ille-et-Vilaine, arr. de Fougères; 2104 h.

AUBRIOT (Hugues), prévôt de Paris sous Charles V, fit bâtir la Bastille, le pont Saint-Michel, le Petit-Pont, etc.

AUBRY DE MONTDIDIER, chevalier du temps de Charles V, fut assassiné par Robert de Macaire, et vengé par son chien.

AUBUSSON, ch.-l. d'arr. de la Creuse, à 30 kil. de Guéret; 6427 h. Tapis, moquettes.

AUBUSSON (Pierre d'), grand maître de l'ordre de Saint-Jean de Jérusalem ou de Rhodes (1423-1503), défendit avec succès Rhodes contre Mahomet II (1480).

AUCH, ch.-l. du Gers, à 683 kil. de Paris; 13 087 h. Archevêché.

AUCUN, ch.-l. de c. des Hautes-Pyrénées, arr. d'Argelès; 516 h.

AUDE, riv. de France, sort des Pyrénées orient. et finit dans l'étang de Fleury; 210 k.

AUDE (dép. de l'), formé d'une partie du bas Languedoc; ch.-l. Carcassonne; 4 arr. Carcassonne, Castelnaudary, Limoux, Narbonne; pop. 285 927 h.

AUDENGE, ch.-l. de c. de la Gironde, arr. de Bordeaux; 1071 h.

AUDEUX, ch.-l. de c. du Doubs, arr. de Besançon; 138 h.

AUDINCOURT, ch.-l. de c. du Doubs, arr. de Montbéliard; 3724 h. Forges, filatures.

AUDOVÈRE, femme de Chilpéric Ier, mise à mort par ordre de Frédégonde (580).

AUDRUICK, ch.-l. de c. du Pas-de-Calais, arr. de Saint-Omer; 2397 h.

AUDUBON (Jean-Jacques), célèbre naturaliste américain (1782-1851), auteur des *Oiseaux* et des *Quadrupèdes d'Amérique*.

AUDUN-LE-ROMAN, ch.-l. de c. de Meurthe-et-Moselle, arr. de Briey; 553 h.

AUERSTAEDT, vge de la Saxe prussienne, célèbre par la victoire remportée sur les Prussiens par Davout, qui y gagna le titre de duc d'Auerstaedt (1806).

AUGE (VALLÉE D'), vallée de Normandie, arrosée par la Dives (Calvados).

AUGER (Louis-Simon), journaliste et littérateur français (1772-1829).

AUGEREAU, général français sous la République et le 1er Empire, maréchal de France, duc de Castiglione (1757-1816).

AUGIAS, roi d'Élide, promit à Hercule le dixième de ses 3000 bœufs s'il nettoyait ses étables salies depuis 30 ans; Hercule y fit passer les eaux de l'Alphée.

AUGIER (Émile), poète dramatique français, né en 1820.

AUGSBOURG, v. de Bavière, célèbre par la diète qui s'y tint en 1530, lorsque les Luthériens présentèrent à Charles-Quint leur profession de foi dite *Confession d'Augsbourg*; et plus tard, en 1686, par la *Ligue d'Augsbourg*, ligue de presque toute l'Europe contre Louis XIV; 50000 h.

AUGUSTE, titre donné à Octave, et porté depuis par les empereurs romains.

AUGUSTE Ier, électeur de Saxe (1553-1586). || Auguste II, électeur de Saxe en 1694, élu roi de Pologne en 1697, vaincu et détrôné par Charles XII, reprit le trône après la bataille de Pultava. Il fut le père de Maurice de Saxe. || Auguste III, électeur de Saxe en 1733, élu roi de Pologne contre Stanislas Leczinski. Sa fille, Marie-Joséphine, épousa le dauphin, fils de Louis XV, et fut la mère de Louis XVI, Louis XVIII et Charles X.

AUGUSTIN (saint), Père de l'Église latine (354-430), évêque d'Hippone, célèbre par ses nombreux écrits: *les Confessions, la Cité de Dieu, Traités sur la Grâce et le Libre arbitre*, etc. || Apôtre de la Grande-Bretagne, en 596, envoyé par le pape Grégoire le Grand; premier évêque de Cantorbéry.

AUGUSTULE (ROMULUS), dernier empereur d'Occident (475-476).

AULAYE (SAINT-), ch.-l. de c. de la Dordogne, arr. de Ribérac; 1481 h.

AULIS, port de l'anc. Béotie, en face de Chalcis en Eubée, où se réunit la flotte des Grecs ligués contre Troie.

AULNAY, ch.-l. de c. de la Charente-Inférieure, arr. de Saint-Jean-d'Angély; 1980 h.

AULNE, riv. de France, qui se jette dans la rade de Brest.

AULNOY ou **AUNOY** (comtesse d'), femme de lettres française, m. en 1705, célèbre par ses *Contes de fées*.

AULT, ch.-l. de c. de la Somme, arr. d'Abbeville; 1490 h. Port sur la Manche.

AULU-GELLE, grammairien latin (IIe siècle ap. J.-C.), auteur des *Nuits attiques*.

AUMALE, ch.-l. de c. de la Seine-Inférieure, arr. de Neufchâtel; 2139 h.

AUMALE, v. de la prov. d'Alger, poste militaire à 120 kil. d'Alger.

AUMALE (Charles de Lorraine, duc d'), un des chefs de la Ligue (1555-1631).

AUMALE (Henri d'Orléans, duc d'), 4e fils de Louis-Philippe 1er, né en 1822.

AUMONT, ch.-l. de c. de la Lozère, arr. de Marvejols; 1041 h.

AUMONT (Jean d'), maréchal de France (1522-1595). || Antoine d'Aumont, maréchal de France (1601-1669).

AUNAY, ch.-l. de c. du Calvados, arr. de Vire; 1921 h.

AUNEAU, ch.-l. de c. d'Eure-et-Loir, arr. de Chartres; 1736 h. Fontaine de Saint-Maur.

AUNEUIL, ch.-l. de c. de l'Oise, arr. de Beauvais; 1124 h. Patrie du peintre Lebrun.

AUNIS, prov. de France, cap. La Rochelle, réunie à la couronne sous Charles V (1371).

AUPS, ch.-l. de c. du Var, arr. de Draguignan; 2897 h.

AURAY, ch.-l. de c. du Morbihan, arr. de Lorient; 4894 h. Célèbre par la bataille où Charles de Blois fut tué et du Guesclin pris (1364). A quelque distance de cette ville, chapelle de Sainte-Anne d'Auray.

AURÉLIEN, empereur romain (270-275 ap. J.-C.), vainquit les Goths, Zénobie, reine de Palmyre, et Tétricus en Gaule.

AURÉLIUS VICTOR, hist. lat. (IVe siècle ap. J.-C.), auteur de biographies des empereurs romains.

AURIGNAC, ch.-l. de c. de la Haute-Garonne, arr. de Saint-Gaudens; 1479 h.

AURIGNY, la plus sept. des îles anglo-normandes, dans la Manche; 3000 h.

AURILLAC, ch.-l. du Cantal, à 554 kil. de Paris; 11098 h. Patrie du pape Gerbert.

AURIOL, c. des Bouches-du-Rhône, arr. de Marseille; 4804 h.

AURON, riv. de France, vient du dép. de l'Allier, passe à Bourges et se jette dans le Cher à Vierzon, après un cours de 190 kil.

AURORE, fille du titan Hypérion et de la Terre, épousa un mortel, Tithon.

AUROS, ch.-l. de c. de la Gironde, arr. de Bazas; 584 h.

AUSONE, poète latin de Bordeaux (309-394 ap. J.-C.), composa des épigrammes, des idylles et un poème de la *Moselle*.

AUSONES, peuple de l'anc. Italie, près des Volsques, d'où est venu le nom d'Ausonie donné autrefois à toute l'Italie.

AUSTERLITZ, petite v. de Moravie, près de laquelle Napoléon Ier remporta une victoire sur les Austro-Russes (2 déc. 1805).

AUSTIN, cap. du Texas (États-Unis; 4000 h.

AUSTRALIE ou **NOUVELLE-HOLLANDE**, la plus grande des îles du globe, dans l'Océanie, riche en mines d'or; les Anglais y possèdent 6 colonies: v. princ. Sidney, Adélaïde, Melbourne, Perth, Brisbane, Victoria; pop. 1552000 h.

AUSTRASIE, partie orientale de l'empire des Francs mérovingiens.

AUTERIVE, ch.-l. de c. de la Haute-Garonne, arr. de Muret; 3179 h.

AUTEUIL, vge compris depuis 1860 dans le 16e arrondissement de Paris.

AUTHARIS, roi des Lombards (584-590).

AUTHON, ch.-l. de c. d'Eure-et-Loir, arr. de Nogent-le-Rotrou; 1504 h.

AUTOMÉDON, conducteur du char d'Achille.

AUTON (Jean d'), auteur de la *Chronique de Louis XII* (1466-1527).

AUTRAN, poète et littérateur français, né en 1813, auteur des *Poèmes de la mer*, de *Laboureurs et Soldats*, de la *Fille d'Eschyle*.

AUTREY-LÈS-GRAY, ch.-l. de c. de la Haute-Saône, arr. de Gray; 1096 h.

AUTRICHE, l'un des grands États de l'Europe. Cet empire, dont le souverain est, depuis 1848, François-Joseph, est composé de deux parties séparées par la Leitha: la partie autrichienne et la partie hongroise; cap. Vienne; pop. 35904435 h.

AUTRICHIEN, IENNE, adj. et s. Qui est d'Autriche.

AUTUN, ch.-l. d'arr. de Saône-et-Loire, à 80 kil. de Mâcon ; 11 684 h. Ville fondée par Auguste sous le nom d'*Augustodunum*.

AUTUNOIS, OISE, *adj.* et *s.* Qui est d'Autun.

AUVERGNAT, ATE, *adj.* et *s.* Qui est d'Auvergne.

AUVERGNE, anc. prov. de France, cap. Clermont-Ferrand, dont on a formé les dép. du Cantal et du Puy-de-Dôme, avec une partie de la Haute-Loire et de la Creuse.

AUVILLAR, ch.-l. de c. du Tarn-et-Garonne, arr. de Moissac ; 1744 h.

AUXERRE, ch.-l. de l'Yonne, sur l'Yonne, à 169 kil. de Paris ; 15 631 h. Vignobles abondants. Patrie de l'abbé Lebeuf, de Sedaine.

AUXERROIS, OISE, *adj.* et *s.* Qui est d'Auxerre.

AUXI-LE-CHÂTEAU, ch.-l. de c. du Pas-de-Calais, arr. de Saint-Pol ; 2949 h.

AUXOIS, pays de l'anc. prov. de Bourgogne ; v. princ. Semur, Avallon, Montbard.

AUXONNE, ch.-l. de c. de la Côte-d'Or, arr. de Dijon, sur la Saône ; 5555 h.

AUZANCES, ch.-l. de c. de la Creuse, arr. d'Aubusson ; 1215 h.

AUZON, ch.-l. de c. de la Haute-Loire, arr. de Brioude, sur l'Allier ; 1494 h.

AVAILLES, ch.-l. de c. de la Vienne, arr. de Civray, sur la Vienne ; 2074 h.

AVALLON, ch.-l. d'arr. de l'Yonne, à 48 kil. d'Auxerre ; 5816 h.

AVARES, peuple d'origine mongole, qui ravagea, à partir du milieu du VIe siècle de notre ère, l'empire d'Orient, la Germanie et l'Italie, et ne fut détruit définitivement que par Charlemagne (788-799).

AVENTIN (MONT), l'une des sept collines de Rome, sur laquelle les plébéiens se retirèrent plusieurs fois.

AVERNE, lac de Campanie, près de Naples.

AVERROÈS, célèbre médecin et philosophe arabe (1120-1198).

AVERSA, v. d'Italie, dans la Terre de Labour, à 15 kil. de Naples ; 16 000 h.

AVESNES, ch.-l. d'arr. du Nord, à 90 kil. de Lille ; 3603 h.

AVESNES-LE-COMTE, ch.-l. de c. du Pas-de-Calais, arr. de Saint-Pol ; 1484 h.

AVEYRON, riv. de France, sort des monts du Rouergue, se jette dans le Tarn ; 230 kil.

AVEYRON (dép. de l'), formé du Rouergue ; ch.-l. Rodez ; 5 arr. Rodez, Villefranche, Espalion, Millau, Saint-Affrique ; 402 474 h.

AVICENNE, médecin arabe (980-1037).

AVIGNON, ch.-l. de Vaucluse, sur le Rhône, à 680 kil. de Paris ; archevêché ; 38 196 h. Servit de siège à la papauté de 1309 à 1376, et resta à l'Église rom. jusqu'en 1791.

AVILA, v. d'Espagne, ch.-l. de la prov. de ce nom (Vieille-Castille) ; 5000 h.

AVILA (D'), historiographe des deux Castilles et des Indes (1577-1658).

AVITUS, empereur d'Occident (455-456).

AVITUS (saint), évêque de Vienne, en Dauphiné, de 490 à 525.

AVIZE, ch.-l. de c. de la Marne, arr. d'Épernay ; 1992 h.

AVOLD (SAINT-), ch.-l. de c. de la Moselle, arr. de Sarreguemines ; 2925 h. Cédé à la Prusse par le traité de 1871.

AVRANCHES, ch.-l. d'arr. de la Manche, à 55 kil. de Saint-Lô ; 8137 h.

AX, ch.-l. de c. de l'Ariège, arr. de Foix ; 1673 h.

AXAT, ch.-l. de c. de l'Aude, arr. de Limoux ; 452 h.

AY ou **AI**, ch.-l. de c. de la Marne, arr. de Reims ; 4189 h. Vins mousseux.

AYEN, ch.-l. de c. de la Corrèze, arr. de Brives ; 1326 h.

AYMON (LES QUATRE FILS), héros des légendes carlovingiennes, montés sur un unique cheval nommé Bayard.

AZAÏS, philosophe français (1766-1845), auteur du système des *Compensations*.

AZARIAS, nommé aussi Osias, 10e roi de Juda (803-752 av. J.-C.).

AZAY-LE-RIDEAU, ch.-l. de c. d'Indre-et-Loire, arr. de Chinon ; 2108 h. Beau château du XVIe s.

AZEGLIO, anc. ministre de Sardaigne, écrivain politique et romancier (1801-1866).

AZINCOURT, vge du Pas-de-Calais célèbre par la victoire de Henri V, roi d'Angleterre, sur les Français, en 1415.

AZOF ou **AZOV**, v. de Russie sur le Don, à 30 kil. de son embouchure ; 1500 h.

AZOF ou **AZOV** (MER D'), le Palus Mæotis des anciens, golfe de la mer Noire.

AZTÈQUES, anc. indigènes du Mexique.

B

BAAL ou **BEL**, principale divinité des Chaldéens et des Phéniciens.

BAASA, roi d'Israël (942-919 av. J.-C.).

BABEL, nom signifiant *confusion* et donné à la tour que les descendants de Noé élevèrent dans la plaine de Sennaar.

BAB-EL-MANDEB, détroit qui unit la mer d'Oman au golfe Arabique.

BABOEUF, fondateur de la doctrine dite *Babouvisme*, qui demande la communauté des biens. Auteur d'un complot contre le Directoire. Il fut mis à mort en 1797.

BABRIUS ou **BABRIAS**, fabuliste grec du IIIe siècle de notre ère.

BABYLONE, cap. de la Chaldée, sur l'Euphrate, fondée par Nemrod (2640 av. J.-C.) agrandie et embellie par Sémiramis.

BABYLONIE, ancien pays de l'Asie ; v. princ. Babylone.

BABYLONIEN, IENNE, *adj.* et *s.* Qui est de Babylone.

BACCARAT, ch.-l. de c. de Meurthe-et-Moselle, arr. de Lunéville ; 5636 h. Cristallerie, la plus considérable de France.

BACCHUS, personnage mythologique, fils de Jupiter et de Sémélé, dieu du vin.

BACH, célèbre et nombreuse famille de musiciens allemands, dont le plus illustre est Jean-Sébastien (1685-1750).

BACHAUMONT (FRANÇOIS), auteur, avec son ami Chapelle, du *Voyage de Chapelle et Bachaumont* (1624-1702).

BACHAUMONT (Louis Petit de), 1690-1771, auteur des *Mémoires secrets* de 1767 à 1771, continués après lui jusqu'en 1788.

BACIOCCHI, épousa en 1797 Élisa Bonaparte, sœur de Napoléon Ier, fut prince de Lucques et de Piombino, et mourut en 1841.

BACON (Roger), moine franciscain né en Angleterre, le *Docteur admirable*, auteur de nombreux ouvrages sur les sciences physiques, l'astronomie, l'alchimie (1214-1294).

BACON (François), né à Londres (1560-1626), chancelier d'Angleterre sous Jacques Ier, fondateur de la méthode expérimentale dans l'étude des sciences.

BACQUEVILLE, ch.-l. de c. de la Seine-Inférieure, arr. de Dieppe; 2318 h.

BACTRES, cap. de la Bactriane, grande contrée de l'Asie ancienne, qui répond aujourd'hui à une partie du Turkestan.

BACTRIEN, IENNE, *adj.* et *s.* Qui est de Bactres.

BADAJOZ, ch.-l. de la prov. de même nom, dans l'Estramadure; 17000 h.

BADE (grand-duché de), un des États de l'Empire d'Allemagne, sur la rive droite du Rhin; cap. Carlsruhe; pop. 1485000 h. Prince régnant, Frédéric-Guillaume-Louis.

BADE, v. du grand-duché de Bade, à 32 kil. de Strasbourg; 7500 h. Eaux minérales.

BADEN, v. de Suisse (canton d'Argovie).

BADOIS, OISE, *adj.* et *s.* Qui est de Bade.

BAFFIN (MER DE), vaste golfe de l'Atlantique, découvert en 1616 par le navigateur anglais Baffin; il communique avec l'océan Atlantique par le détroit de Davis, et avec la Mer polaire par celui de Lancastre.

BAGAUDES, paysans gaulois qui se révoltèrent contre les empereurs romains.

BAGDAD, ch.-l. du pachalik de Bagdad (Turquie d'Asie) sur le Tigre, à 1600 kil. de Constantinople; 80000 h. Capitale du califat d'Orient sous les Abbassides.

BAGÉ-LE-CHÂTEL, ch.-l. de c. de l'Ain, arr. de Bourg; 727 h. Anc. cap. de la Bresse.

BAGNÈRES-DE-BIGORRE, ch.-l. d'arr. des Hautes-Pyrénées, à 20 kil. de Tarbes, sur l'Adour; 9464 h. Eaux thermales.

BAGNÈRES-DE-LUCHON, ch.-l. de c. de la Haute-Garonne, arr. de Saint-Gaudens; 3829 h. Eaux thermales sulfureuses.

BAGNEUX, vge du cant. de Sceaux (Seine).

BAGNOLS, ch.-l. de c. du Gard, arr. d'Uzès; 4876 h.

BAGNOLS-LES-BAINS, village de la Lozère. Eaux sulfureuses.

BAGRATION (Pierre), un des chefs de l'armée russe dans les batailles de Smolensk et de la Moscowa (1765-1812).

BAHAMA (ILES) ou LUCAYES, archipel de l'océan Atlantique appartenant aux Anglais.

BAHIA ou SAN-SALVADOR, ch.-l. de la prov. de ce nom (Brésil); 152000 h. Capitale du Brésil jusqu'en 1763.

BAHREIN, groupe d'îles du golfe Persique.

BAHR-EL-ABIAD, *fleuve Blanc*, branche occidentale du Nil; BAHR-EL-ASRAK, *fleuve Bleu*, branche orientale du Nil.

BAÏES, v. d'Italie, à 17 k. de Naples, très-florissante dans l'antiquité, auj. déchue.

BAÏF, l'un des sept poètes de la Pléiade (1532-1589).

BAIGNES-SAINTE-RADEGONDE, ch.-l. de c. de la Charente, arr. de Barbezieux; 2266 h.

BAIGNEUX-LES-JUIFS, ch.-l. de c. de la Côte-d'Or, arr. de Châtillon-sur-Seine; 436 h.

BAÏKAL, grand lac de Sibérie.

BAILLEUL, ch.-l. de c. du Nord, arr. de Hazebrouck; 12829 h.

BAILLOT, violoniste français et compositeur (1771-1842).

BAILLY, savant français, auteur de l'*Histoire de l'astronomie*, etc.; président de l'Assemblée constituante en 1789, maire de Paris; mort sur l'échafaud en 1793.

BAIN, ch.-l. de c. d'Ille-et-Vilaine, arr. de Redon; 4266 h.

BAIN (ordre du), ordre établi en Angleterre par Henri IV de Lancastre.

BAINS, ch.-l. de c. des Vosges, arr. d'Épinal; 2348 h. Eaux thermales.

BAÏRAM ou BEÏRAM, fêtes solennelles des mahométans, à la fin du Ramadan.

BAIS, ch.-l. de c. de la Mayenne, arr. de Mayenne; 2087 h.

BAJAZET Ier, sultan des Turcs ottomans de 1389 à 1402, maître de presque toute l'Asie Mineure, vainqueur des chrétiens à Nicopolis, fut vaincu et pris par Tamerlan à Angora. || BAJAZET II, sultan de 1481 à 1512, victime d'une révolte des janissaires, fut empoisonné par son fils Sélim.

BAKEL, comptoir français au Sénégal.

BAKER, voyageur anglais, né en 1820, célèbre par ses explorations aux sources du Nil et par la découverte de l'Albert-Nyanza.

BALAAM, faux prophète des Hébreux.

BALAKLAVA, port de Crimée, occupé par les Anglo-Français de 1854 à 1856, pendant la guerre de Crimée.

BALARD, chimiste français (1802-1876), a découvert le brome en 1826.

BALARUC, vge du canton de Frontignan (Hérault). Eaux thermales sulfureuses.

BALATON, lac de Hongrie.

BALBEK, anc. Héliopolis, ville de la Turquie d'Asie, à 85 kil. de Damas; 2000 h. Célèbre par les ruines d'un temple du Soleil.

BALBI, géographe italien (1782-1848).

BALBIN, empereur romain (237-238).

BALBOA, navigateur espagnol, découvrit en 1513 l'océan Pacifique.

BÂLE, v. de Suisse très-commerçante, l'un des ch.-l. du cant. de même nom, sur le Rhin; évêché catholique; 45000 h. Patrie des Bernouilli, d'Euler et des deux Holbein. Concile de Bâle (1431-1443).

BALÉARES, groupe d'îles de la Méditerranée, appartenant à l'Espagne, et dont les principales sont Majorque, Minorque, Ivica; cap. Palma; pop. 285000 h.

BALIOL ou BAILLEUL (Jean), proclamé roi d'Écosse (1292) malgré les prétentions de Robert Bruce; vaincu par Édouard Ier d'Angleterre, il abdiqua (1296). Son fils disputa sans succès la couronne à David Bruce, de 1332 à 1342.

BALK, province et v. de la Turquie d'Asie.

BALKAN (LES), anc. *Hœmus*, chaîne de montagnes de la Turquie d'Europe.

BALLANCHE, philosophe français, auteur de la *Palingénésie sociale* (1776-1847).

BALLEROY, ch.-l. de c. du Calvados, arr. de Bayeux; 1226 h.

BALLON, ch.-l. de c. de la Sarthe, arr. du Mans; 1722 h.

BALLON D'ALSACE, un des points culminants des Vosges (1257 m.).

BALTHASAR ou **NABONID**, dernier roi de Babylone (555-538 av. J.-C.), fut vaincu et tué par Cyrus le Grand.

BALTIMORE, v. des États-Unis, dans le Maryland ; port près de la baie de Chesapeake ; archevêché catholique métropolitain des États-Unis ; 267 000 h.

BALTIQUE, grand golfe de l'Atlantique, qui baigne les côtes du Danemark, de la Prusse, de la Russie et de la Suède.

BALUE (LA), aumônier de Louis XI, cardinal, fut enfermé pendant onze ans dans une cage de fer à cause de ses intrigues avec Charles le Téméraire (1421-1491).

BALUZE (Étienne), érudit français (1631-1718), a publié *les Capitulaires des rois francs*.

BALZAC (Jean-Louis de), un des créateurs de la prose française, dont les œuvres sont : *Lettres, le Prince, le Socrate chrétien, l'Aristippe* (1594-1654).

BALZAC (Honoré de), célèbre romancier français (1799-1850).

BAMBERG, v. de Bavière ; 26 000 h.

BANIANS (les), caste des Hindous qui croient à la métempsycose.

BANKOK, cap. du roy. de Siam ; 350 000 h.

BANNALEC, ch.-l. de c. du Finistère, arr. de Quimperlé ; 4390 h.

BANON, ch.-l. de c. des Basses-Alpes, arr. de Forcalquier ; 1163 h.

BAOUR-LORMIAN, traducteur français de la *Jérusalem délivrée* en vers (1770-1854).

BAPAUME, ch.-l. de c. du Pas-de-Calais, arr. d'Arras ; 3059 h. Victoire du général Faidherbe sur les Prussiens, 3 janv. 1871.

BAR (duché de) ou **BARROIS**, anc. pays de France qui forme le dép. de la Meuse.

BAR (LE), ch.-l. de c. des Alpes-Maritimes, arr. de Grasse ; 1452 h.

BARABBAS, Juif condamné à mort, fut délivré par Pilate, sur la demande du peuple, qui le préféra à Jésus.

BARAGUEY D'HILLIERS, né en 1795, maréchal de France, prit Bomarsund (1854) et gagna la bataille de Melegnano (1859).

BARANTE (de), historien et publiciste français (1782-1866), auteur de l'*Histoire des ducs de Bourgogne* (1824).

BARBADE (LA), une des Antilles anglaises ; cap. Bridgetown ; 153 000 h.

BARBANÈGRE, général franç. (1772-1830), célèbre par la défense d'Huningue (1815).

BARBARIE ou **ÉTATS BARBARESQUES**, partie sept. de l'Afrique, qui comprend le Maroc, l'Algérie, Tunis et Tripoli, habitée primitivement par les Berbères.

BARBAROUX, né à Marseille, membre de la Convention, proscrit le 31 mai, mort sur l'échafaud à Bordeaux (1767-1794).

BARBAZAN, capitaine français du parti des Armagnacs, sous Charles VI.

BARBE (sainte), martyre sous Galère ou sous Maximin, patronne des canonniers.

BARBE (SAINTE), collège fondé en 1430 sur la Montagne Sainte-Geneviève à Paris, fermé à la Révolution, rouvert en 1799 par Victor de Lanneau.

BARBÉ-MARBOIS (marquis de), membre du Conseil des Anciens, ministre des finances sous le 1er Empire, ministre de la justice en 1815, premier président de la Cour des comptes sous Louis-Philippe (1745-1837).

BARBERINI, famille florentine, dont un membre, Urbain VIII, fut pape en 1623.

BARBEROUSSE, nom de deux frères, pirates, dont le premier prit Alger (1516), et le second, amiral de Soliman II, après avoir ravagé les côtes de la Méditerranée, fut vaincu par Charles-Quint en 1535.

BARBETS, nom donné, pendant les xvie et xviie siècles, aux protestants des Cévennes et aux Vaudois du Dauphiné.

BARBEZIEUX, ch.-l. d'arr. de la Charente, à 34 kil. d'Angoulème ; 3910 h.

BARBEZIEUX (Le Tellier, marquis de), 3e fils de Louvois (1668-1701), succéda à son père comme ministre de la guerre, en 1691.

BARBIÉ DU BOCAGE, géographe français (1760-1825).

BARBIER (Auguste), poëte français, né à Paris en 1805, auteur des *Iambes*.

BARCA, famille puissante de Carthage, qui eut pour chefs Amilcar et ses deux fils, Annibal et Asdrubal.

BARCELONAIS, AISE, *adj.* et *s.* Qui est de Barcelone.

BARCELONE, v. commerçante et manufacturière d'Espagne, port sur la Méditerranée ; cap. de la Catalogne ; 200 000 h.

BARCELONNETTE, ch.-l. d'arr. des Basses-Alpes, à 80 kil. de Digne ; 1919 h.

BARCILLONNETTE, ch.-l. de c. des Hautes-Alpes, arr. de Gap ; 301 h.

BARCLAY DE TOLLY, feld-maréchal russe (1750-1818), auteur du plan de défense des Russes contre les Français en 1812.

BARÉGES, vge de l'arr. d'Argelès (Hautes-Pyrénées). Eaux thermales sulfureuses.

BARENTIN, c. de la Seine-Inférieure, arr. de Rouen ; 2729 h. Filatures, papeteries.

BARENTON, ch.-l. de c. de la Manche, arr. de Mortain ; 2584 h.

BARÈRE DE VIEUZAC (1755-1841), conventionnel, l'un des membres les plus actifs du Comité de salut public.

BARFLEUR, petit port à l'extrémité N.-E. de la presqu'île du Cotentin (Manche).

BARI, v. d'Italie, ch.-l. de la prov. de même nom, port sur l'Adriatique ; 31 000 h.

BARILLON (Paul de), ambassadeur de Louis XIV en Angleterre en 1677.

BARJAC, ch.-l. de c. du Gard, arr. d'Alais ; 2471 h.

BARJOLS, ch.-l. de c. du Var, arr. de Brignoles ; 3002 h.

BAR-LE-DUC ou **BAR-SUR-ORNAIN**, ch.-l. de la Meuse, à 250 k. de Paris ; 13 175 h.

BARNABÉ (saint), l'un des premiers disciples des apôtres, compagnon de saint Paul.

BARNABITES, congrégation fondée à Milan, en 1530, pour instruire la jeunesse.

BARNAVE, membre de l'Assemblée constituante, essaya de rapprocher les constitutionnels de la royauté, et, dénoncé pendant la Terreur, fut décapité (1761-1793).

BARNEVELDT, grand pensionnaire de Hollande, chef du parti républicain, périt sur l'échafaud, victime de la jalousie du stathouder Maurice de Nassau (1549-1619).

BARNEVILLE, ch.-l. de c. de la Manche, arr. de Valognes ; 953 h.

BAROCCI, dit *le Baroche*, peintre de l'école romaine (1528-1612).

BAROCHE, avocat et homme politique français (1802-1871), président du Conseil d'État et ministre sous le second Empire.

BARON, acteur français célèbre, auteur de quelques comédies (1653-1729).

BARR, anc. ch.-l. de c. du Bas-Rhin, arr. de Schelestadt ; 3307 h. Cédé à la Prusse en 1871.

BARRAS (comte de), membre de la Convention, puis du Directoire (1755-1829).

BARRE, ch.-l. de c. de la Lozère, arr. de Florac ; 655 h.

BARRÊME, ch.-l. de c. des Basses-Alpes, arr. de Digne ; 1000 h.

BARRÊME, auteur du *Livre des comptes faits* (1640-1703).

BARRICADES (JOURNÉES DES), insurrections de Paris, le 12 mai 1588, contre Henri III, et le 27 août 1648, contre la régente Anne d'Autriche et Mazarin.

BARRIÈRE, voulut assassiner Henri IV, et fut rompu vif en 1593.

BARROIS, voy. Bar (duché de).

BARROT (ODILON), avocat et homme d'État français (1791-1873).

BAR-SUR-AUBE, ch.-l. d'arr. de l'Aube ; à 54 kil. de Troyes ; 4453 h.

BAR-SUR-SEINE, ch.-l. d'arr. de l'Aube, à 34 kil. de Troyes ; 2798 h.

BART (JEAN), célèbre marin français, né à Dunkerque (1651-1702), reçut de Louis XIV le grade de chef d'escadre.

BARTH, voyageur allemand (1821-1865), a publié les *Voyages et découvertes dans l'Afrique septentrionale et centrale.*

BARTHE (FÉLIX), ministre sous Louis-Philippe, puis premier président de la Cour des comptes (1795-1865).

BARTHÉLEMY (saint), l'un des apôtres, souffrit le martyre en Arménie (71).

BARTHÉLEMY (l'abbé), auteur du *Voyage du jeune Anacharsis en Grèce* (1716-1795).

BARTHÉLEMY (LA SAINT-), massacre des protestants de France (24 août 1572) par ordre de Charles IX et de Cath. de Médicis.

BARTHOLE, jurisconsulte ital. (1313-1356).

BARTOLINI, sculpt. florentin (1776-1850).

BARUCH, l'un des 12 petits prophètes.

BAS-EMPIRE, se dit de l'empire d'Orient ou empire grec de Constantinople.

BAS-EN-BASSET, ch.-l. de c. de la Haute-Loire, arr. d'Yssengeaux ; 3622 h.

BASILE (saint), Père de l'Église grecque (329-379), évêque de Césarée, combattit l'arianisme ; princ. ouvrages : *Homélies* et *Hexaméron ou les Six jours de la création.*

BASILE Ier, *le Macédonien*, emp. d'Orient, de 867 à 886. || BASILE II, *le Jeune*, emp. d'Orient, de 976 à 1025, soumit la Bulgarie.

BASILE (ordre de SAINT-), ordre religieux institué par saint Basile en Orient, vers 367.

BASILICATE, anc. prov. du royaume de Naples, auj. prov. de Potenza.

BASILISQUE, usurpateur de l'empire d'Orient (476), vaincu par Zénon l'Isaurien.

BASINE, femme de Childéric Ier et mère de Clovis.

BASQUES, peuple de la race des Ibères, sur les deux versants des Pyrénées.

BASSAM (GRAND-), v. de Guinée, cap. d'un État qui dépend des Achantis ; comptoir français.

BASSAN, nom de plusieurs peintres italiens dont le plus célèbre est Jacques da Ponte, dit *le Vieux* (1510-1592).

BASSANO, v. de la Vénétie, sur la Brenta ; 12300 h. Ville érigée en duché par Napoléon Ier en faveur de son ministre Maret.

BASSÉE (LA), ch.-l. de c. du Nord, arr. de Lille ; 3246 h.

BASSELIN (OLIVIER), poète français du xve s., né dans le Val-de-Vire, en Normandie, auteur des *Vaux-de-Vire.*

BASSE-TERRE (LA), cap. de la Guadeloupe ; cour d'appel ; évêché ; 13000 h.

BASSIGNY, anc. pays de France, compris dans la Champagne (ch.-l. Chaumont) et dans la Lorraine (ch.-l. Vaucouleurs).

BASSOMPIERRE (FRANÇOIS DE), maréchal de France, ambassadeur en Espagne ; auteur de *Mémoires* (1579-1646).

BASSORA, v. commerçante de la Turquie d'Asie, sur le Chat-el-Arab ; 60000 h.

BASTAN (VAL DE), vallée de la Navarre espagnole.

BASTARNES, peuple de l'anc. Sarmatie.

BASTELICA, ch.-l. de c. de la Corse, arr. d'Ajaccio ; 2934 h.

BASTIA, ch.-l. d'arr. de la Corse, à 120 kil. d'Ajaccio ; cour d'appel ; 17850 h.

BASTIAT (FRÉDÉRIC), 1801-1850, économiste franç., auteur des *Harmonies économiques.*

BASTIDE-DE-SÉROU (LA), ch.-l. de c. de l'Ariège, arr. de Foix ; 2889 h.

BATAVE (RÉPUBLIQUE), nom de la république des Provinces-Unies, de 1795 à 1806.

BATAVES, peuple germanique établi entre le Rhin, le Wahal et la Meuse.

BATAVIA, cap. de l'île de Java, ch.-l. des possessions hollandaises dans la Malaisie ; 180000 h.

BATH, v. du comté de Somerset (Angleterre) ; 52000 h. Sources chaudes minérales.

BATHILDE (sainte), femme du Mérovingien Clovis II, gouverna pendant la minorité de son fils Clotaire III, de 656 à 665.

BATHORI (ÉTIENNE), élu roi de Pologne en 1575, après la fuite de Henri de Valois.

BATHURST (comte), homme d'État anglais, secrétaire d'État pour les colonies, ennemi acharné de Napoléon Ier (1762-1834).

BATHURST, ch.-l. des établissements anglais de la Sénégambie.

BÂTIE-NEUVE (LA), ch.-l. de c. des Hautes-Alpes, arr. de Gap ; 766 h.

BATTEUX, littérateur français, auteur des *Principes de littérature* (1713-1780).

BAUCIS, femme de Philémon.

BAUD, ch.-l. de c. du Morbihan, arr. de Pontivy ; 4667 h.

BAUDIN (CHARLES), 1784-1854, amiral français, a conquis (1838) le fort de Saint-Jean d'Ulloa (Mexique).

BAUDOUIN, nom porté par 9 comtes de Flandre, dont le dernier prit la croix, devint empereur de Constantinople sous le nom de Baudouin Ier (1204). || Nom de 5 rois de Jérusalem, 1100-1183, dont le premier prit part à la 1re croisade avec son frère, Godefroy de Bouillon, et lui succéda.

BAUDRICOURT (ROBERT, sire de), gouverneur de Vaucouleurs, qui envoya Jeanne Darc à Charles VII.

BAUGÉ, ch.-l. d'arr. de Maine-et-Loire, à 38 kil. d'Angers, sur le Couesnon ; 3419 h.

BAUGY, ch.-l. de c. du Cher, arr. de Bourges ; 1570 h.

BAUME-LES-DAMES, ch.-l. d'arr. du Doubs, à 29 kil. de Besançon ; 2463 h.

BAUMÉ, pharmacien et chimiste français, perfectionna l'aréomètre (1728-1804).

BAUSSET (LOUIS-FRANÇOIS DE), cardinal français, auteur d'une *Histoire de Fénelon* et d'une *Histoire de Bossuet* (1748-1824).

BAUTAIN (l'abbé), philosophe et théologien français (1796-1867).

BAUTZEN, ch.-l. du cercle de ce nom (Saxe); 12000 h. Victoire de Napoléon sur les Russes et les Prussiens (1813).

BAVAI, ch.-l. de c. du Nord, arr. d'Avesnes; 1777 h.

BAVAROIS, OISE, adj. et s. Qui est de Bavière.

BAVIÈRE, royaume faisant partie de l'Empire d'Allemagne et dont le prince régnant est, depuis 1862, Louis II; cap. Munich; 5440000 cathol. 1330000 réformés.

BAVON (saint), patron de Gand (589-653).

BAYARD (PIERRE DU TERRAIL, seigneur de), *le Chevalier sans peur et sans reproche*, se signala sous les règnes de Charles VIII, Louis XII et François Ier, périt sur le champ de bataille en Italie (1476-1524).

BAYARD (JEAN-FRANÇOIS), auteur dramatique français (1796-1853).

BAYEUX, ch.-l. d'arr. du Calvados, à 28 kil. de Caen; 8536 h. Évêché; belle cathédrale. Patrie d'Alain Chartier.

BAYLE, philosophe et critique français (1647-1706), dont le principal ouvrage est le *Dictionnaire historique et critique*.

BAYLEN, v. d'Espagne, de la prov. de Jaen, célèbre par la capitulation du général français Dupont (1808).

BAYON, ch.-l. de c. de Meurthe-et-Moselle, arr. de Lunéville; 970 h.

BAYONNE, ch.-l. d'arr. des Basses-Pyrénées, à 80 kil. de Pau, au confluent de la Nive et de l'Adour; 27173 h. Évêché.

BAZAINE, maréchal de France, né en 1811, chef de l'expédition française au Mexique (1863-1867), et en 1870 commandant en chef de l'armée du Rhin; condamné à la peine de mort pour la capitulation de Metz, peine commuée en 20 ans de détention.

BAZAS, ch.-l. d'arr. de la Gironde, à 60 kil. de Bordeaux; 5023 h.

BAZIN, historien français, 1797-1850, auteur d'une *Histoire de France sous Louis XIII et sous le cardinal Mazarin*.

BAZOCHES-SUR-HOËNE, ch.-l. de c. de l'Orne, arr. de Mortagne; 1154 h.

BÉARN, prov. de l'anc. France, cap. Pau, réunie à la couronne par Henri IV.

BÉARNAIS, AISE, adj. et s. Qui est du Béarn.

BÉAT (SAINT-), ch.-l. de c. de la Haute-Garonne, arr. de Saint-Gaudens, sur la Garonne; 1091 h. Carrières de marbre.

BEAUCAIRE, ch.-l. de c. du Gard, arr. de Nîmes, sur le Rhône, en face de Tarascon; 8804 h. Foire célèbre du 21 au 28 juillet.

BEAUCE, anc. pays de France, formant la moitié de l'Eure-et-Loir et la partie sept. du Loir-et-Cher; cap. Chartres.

BEAUCERON, ONNE, adj. et s. Qui est de la Beauce.

BEAUFORT, ch.-l. de c. du Jura, arr. de Lons-le-Saunier; 1359 h.

BEAUFORT, ch.-l. de c. de Maine-et-Loire, arr. de Baugé; 5145 h.

BEAUFORT, ch.-l. de c. de la Savoie, arr. d'Albertville; 2507 h.

BEAUFORT (HENRI DE), cardinal anglais, frère de Henri IV, roi d'Angleterre, couronna son petit-neveu Henri VI comme roi de France et siégea parmi les juges de Jeanne Darc; mort en 1447.

BEAUFORT (FRANÇOIS DE VENDÔME, duc de), petit-fils de Henri IV et de Gabrielle d'Estrées (1616-1669), joua un rôle important dans la Fronde contre Mazarin. Amiral sous Louis XIV, il fut tué au siège de Candie.

BEAUGENCY, ch.-l. de c. du Loiret, arr. d'Orléans; 4635 h. Vignobles abondants.

BEAUHARNAIS (ALEXANDRE, vicomte de), né à la Martinique en 1760, général français, fut condamné à mort pour n'avoir pas secouru Mayence (1794), et laissa de son union avec Joséphine Tascher de la Pagerie deux enfants, qui furent le prince Eugène et la reine Hortense. || EUGÈNE DE BEAUHARNAIS (1781-1824) joua un rôle important dans les campagnes de Napoléon Ier. Nommé vice-roi d'Italie en 1805, il se retira en Bavière à la chute de l'Empire et y mourut avec le titre de duc de Leuchtenberg.

BEAUJEU, ch.-l. de c. du Rhône, arr. de Villefranche; 3861 h.

BEAUJOLAIS, anc. pays de France, dans le Lyonnais; cap. Beaujeu, puis Villefranche; a formé une partie des dép. du Rhône et de la Loire. Vignobles renommés.

BEAUJON, banquier philanthrope, fonda à Paris l'hospice qui porte son nom (1784).

BEAULIEU, ch.-l. de c. de la Corrèze, arr. de Brives; 2530 h.

BEAUMANOIR, jurisconsulte célèbre (1226-1296), jouit de la faveur de saint Louis et rédigea les *Coutumes du Beauvoisis* (1284).

BEAUMANOIR (JEAN DE), chevalier breton, compagnon de du Guesclin, l'un des héros du *Combat des Trente* (1351).

BEAUMARCHAIS (CARON DE), né à Paris (1732-1799), fils d'un horloger, se distingua dans le métier de son père, puis se lança dans la spéculation, enfin dans la littérature, et eut un grand succès par le *Barbier de Séville*, le *Mariage de Figaro*, etc.

BEAUMES, ch.-l. de c. de Vaucluse, arr. d'Orange; 1675 h.

BEAUMESNIL, ch.-l. de c. de l'Eure, arr. de Bernay; 525 h.

BEAUMETZ-LES-LOGES, ch.-l. de c. du Pas-de-Calais, arr. d'Arras; 557 h.

BEAUMONT, ch.-l. de c. de la Dordogne, arr. de Bergerac; 1926 h.

BEAUMONT, ch.-l. de c. de la Manche, arr. de Cherbourg; 679 h.

BEAUMONT, ch.-l. de c. de Tarn-et-Garonne, arr. de Castel-Sarrazin; 4344 h.

BEAUMONT-LE-ROGER, ch.-l. de c. de l'Eure, arr. de Bernay; 1985 h.

BEAUMONT-SUR-SARTHE, ch.-l. de c. de la Sarthe, arr. de Mamers; 2090 h.

BEAUMONT (CHRISTOPHE DE), 1703-1781, archevêque de Paris, lutta contre les jansénistes et contre les philosophes.

BEAUMONT (JEANNE LE PRINCE DE), femme de lettres (1711-1780), auteur d'ouvrages pour l'éducation de la jeunesse; le *Magasin des enfants*, le *Magasin des adolescents*, etc.

BEAUMONT (ÉLIE DE), géologue français, secrétaire perpétuel de l'Académie des sciences (1798-1874).

BEAUNE, ch.-l. d'arr. de la Côte-d'Or, à 38 kil. de Dijon; 11176 h. Vins très-estimés.

BEAUNE-LA-ROLANDE, ch.-l. de c. du Loiret, arr. de Pithiviers; 1818 h. Combat contre les Prussiens (28 nov. 1870).

BEAUPRÉAU, ch.-l. de c. de Maine-et-Loire, arr. de Cholet; 3758 h.

BEAUREPAIRE, ch.-l. de c. de l'Isère, arr. de Vienne; 2548 h.

BEAUREPAIRE, ch.-l. de c. de Saône-et-Loire, arr. de Louhans; 875 h.

BEAUREPAIRE, officier français, commandant de Verdun en 1792, se fit sauter la cervelle plutôt que de se rendre.

BEAUSSET (LE), ch.-l. de c. du Var, arr. de Toulon; 2513 h.

BEAUTEMPS-BEAUPRÉ (1766-1854), surnommé le *Père de l'hydrographie*, à cause de ses belles cartes de marine.

BEAUVAIS, ch.-l. de l'Oise, sur le Thérain, à 72 kil. de Paris; 15551 h. Évêché. Manufacture de tapis fondée par Colbert.

BEAUVAISIS ou **BEAUVOISIS**, petit pays de France, cap. Beauvais, compris aujourd'hui dans le dép. de l'Oise.

BEAUVAU, anc. famille originaire d'Anjou, plus tard naturalisée en Lorraine, a compté des hommes d'État, des hommes de guerre et des hommes de lettres.

BEAUVILLE, ch.-l. de c. de Lot-et-Garonne, arr. d'Agen; 1241 h.

BEAUVILLIER (duc de), 1648-1714, gouv. du duc de Bourgogne, petit-fils de LouisXIV.

BEAUVOIR, ch.-l. de c. des Deux-Sèvres, arr. de Niort; 500 h.

BEAUVOIR-SUR-MER, ch.-l. de c. de la Vendée, arr. des Sables-d'Olonne; 2501 h.

BEAUZÉE, traducteur français et auteur d'une *Grammaire générale* (1717-1789).

BEAUZELY (SAINT-), ch.-l. de c. de l'Aveyron, arr. de Millau; 987 h.

BÉBRYCES, peuple de l'anc. Bithynie, dont le roi Amycus tua Pollux.

BECCARIA, publiciste et économiste italien (1738-1794).

BÉCHEREL, ch.-l. de c. d'Ille-et-Vilaine, arr. de Montfort; 816 h.

BECKET (Thomas), archevêque de Cantorbéry, né à Londres en 1117, défendit contre Henri II, roi d'Angleterre, les prérogatives de l'Église, et fut assassiné par quatre gentilshommes dévoués au roi (1170).

BÉCLARD (Pierre-Augustin), célèbre médecin français (1785-1825).

BÉDARIEUX, ch.-l. de c. de l'Hérault, arr. de Béziers, sur l'Orb; 7893 h.

BÉDARRIDES, ch.-l. de c. de Vaucluse, arr. d'Avignon; 2860 h.

BÈDE, *le Vénérable*, né en Angleterre (675-755), savant universel, auteur de l'*Histoire ecclésiastique de la nation anglaise*.

BEDFORD, comté d'Angleterre, au centre; cap. Bedford; 13500 h.

BEDFORD (duc de), frère du roi d'Angleterre Henri V, et tuteur de son neveu Henri VI (1389-1435). Vainqueur des Français à Cravant et à Verneuil, il poursuivit Jeanne Darc avec acharnement.

BEETHOVEN (Louis van), illustre compositeur allemand, né à Bonn (1770-1827).

BÉGARD, ch.-l. de c. des Côtes-du-Nord, arr. de Guingamp; 4518 h.

BÉGARDS, hérétiques du XIIIe siècle.

BEHRING, navigateur danois au service de la Russie, découvrit (1725-28) la mer et le détroit qui portent son nom.

BEHRING (détroit de), entre l'océan Glacial arctique et le Grand Océan; il sépare l'Asie et l'Amérique. || Mer de Behring, partie septentr. du Grand Océan, entre le Kamtchatka, l'Amérique et les Aléoutes.

BEINE, ch.-l. de c. de la Marne, arr. de Reims; 1052 h.

BEIRA, prov. du Portugal; 1200000 h.; cap. Coïmbre.

BEIRAM, voy. **BAÏRAM**.

BÉJART, famille de comédiens français du XVIIe siècle, à laquelle appartenait Armande Béjart, qui épousa Molière en 1662.

BÉLA, nom de quatre rois de Hongrie (XIe, XIIe, XIIIe s.).

BÉLÂBRE, ch.-l. de c. de l'Indre, arr. du Blanc; 2125 h. Forges et hauts fourneaux.

BELCAIRE, ch.-l. de c. de l'Aude, arr. de Limoux; 1115 h.

BELEM, v. de Portugal, sur le Tage, célèbre par sa tour; 6000 h.

BÉLÉSIS, gouverneur de Babylone, renversa Sardanapale avec Arbacès, et fut roi de Babylone (789-747 av. J.-C.).

BELFAST, v. et port d'Irlande; 174000 h.

BELFORT ou **BÉFORT**, sur la Savoureuse, anc. ch.-l. d'arr. du Haut-Rhin, à 70 kil. de Colmar; 8030 h. Cette ville, défendue par le colonel Denfert contre les Prussiens (1870-71), est actuellement le ch.-l. d'un territoire dit *de Belfort*, comprenant 6 cantons et 106 communes; 56781 h.

BELFORT (Collines de), chaînon peu élevé reliant les Vosges mérid. au Jura.

BELGE, *adj.* et *s.* Qui est de Belgique.

BELGIQUE, royaume de l'Europe centrale, cap. Bruxelles; pop. 5621000 h. Roi régnant depuis 1865, Léopold II de Saxe-Cobourg. || Dans l'empire romain il y avait deux provinces du nom de Belgique.

BELGODÈRE, ch.-l. de c. de la Corse, arr. de Calvi; 938 h.

BELGRADE, v. forte sur le Danube, cap. de la Serbie; évêché catholique; 26000 h.

BÉLIAL, idole des Phéniciens; le démon.

BELIN, ch.-l. de c. de la Gironde, arr. de Bordeaux; 1860 h.

BÉLISAIRE, général de l'empereur Justinien Ier, né vers 490, triompha des Perses en Orient, des Vandales en Afrique, des Ostrogoths en Italie, fut néanmoins disgracié et mourut en 564.

BELL (André), écossais, propagateur de la méthode d'enseignement mutuel en Angleterre, en Suisse et en France (1753-1832).

BELLAC, ch.-l. d'arr. de la Haute-Vienne, à 38 kil. de Limoges; 3895 h.

BELLEAU (Remy), poète (1528-1577), fit partie de la *Pléiade française*, auteur des *Bergeries* et de traductions en vers.

BELLEGARDE, ch.-l. de c. de la Creuse, arr. d'Aubusson; 688 h.

BELLEGARDE, ch.-l. de c. du Loiret, arr. de Montargis; 1183 h.

BELLEGARDE, place forte des Pyrénées-Orientales.

BELLE-ÎLE-EN-MER ou **BELLE-ISLE**, île du golfe de Gascogne, sur la côte du Morbihan, arr. de Lorient; 10804 h.; ch.-l. Le Palais; citadelle servant de prison.

BELLE-ISLE (Ch.-Louis-Aug. Fouquet, duc de), petit-fils du surintendant Fouquet, maréchal de France (1740), ministre de la guerre (1757), se distingua dans la guerre de la Succession d'Autriche.

BELLE-ISLE-EN-TERRE, ch.-l. de c. des Côtes-du-Nord, arr. de Guingamp; 1876 h.

BELLÊME, ch.-l. de c. de l'Orne, arr. de Mortagne; 3190 h.

BELLENCOMBRE, ch.-l. de c. de la Seine-Inférieure, arr. de Dieppe; 858 h.

BELLÉROPHON, héros mythologique, qui monta Pégase et triompha de la Chimère.

BELLEVILLE, ch.-l. de c. du Rhône, arr. de Villefranche; 3271 h.

BELLEVILLE, anc. com. de l'arr. de St-Denis, annexée à Paris en 1860 (19ᵉ et 20ᵉ arr.).

BELLEVUE, vge de Seine-et-Oise, à 9 kil. de Paris, entre Sèvres et Meudon.

BELLEY, ch.-l. d'arr. de l'Ain, à 70 kil. de Bourg; cap. du Bugey; évêché; 4684 h.

BELLIARD (1766-1832), général français, ambassadeur en Belgique, en 1831.

BELLIÈVRE (POMPONNE DE), 1529-1607, chancelier de France.

BELLINI (JACQUES) et ses fils BELLINI *Gentile* (1421-1501) et BELLINI *Jean* (1426-1506), peintres célèbres de l'école vénitienne.

BELLINI (VINCENT), 1802-1835, compositeur italien, auteur de *la Sonnambula*, de *Norma*.

BELLINZONA, l'un des ch.-l. du cant. du Tessin (Suisse), sur le Tessin; 2000 h.

BELLONE, déesse de la guerre.

BELLOVÈSE, chef gaulois, qui passa les Alpes avec Sigovèse (587 av. J.-C.), et fonda Mediolanum (Milan).

BELLOY (JEAN-BAPTISTE DE), 1709-1808, évêque de Marseille, puis archevêque de Paris en 1802, cardinal en 1803.

BELLOY (DE), 1727-1775, poëte dramatique français, dont la pièce la plus connue est *le Siège de Calais* (1765).

BELLUNE, v. de la Vénétie, ch.-l. de la prov. de ce nom; 13 000 h. || DUC DE BELLUNE, voy. VICTOR (maréchal).

BELMONT, ch.-l. de c. de l'Aveyron, arr. de Saint-Affrique; 1706 h.

BELMONT, ch.-l. de c. de la Loire, arr. de Roanne; 3774 h.

BÉLOUTCHISTAN, pays de l'Asie mérid. gouverné par des chefs indépendants; v. princ. Kélat; pop. de 800 000 à 3 000 000 d'h.

BELPECH, ch.-l. de c. de l'Aude, arr. de Castelnaudary; 2306 h.

BELPHÉGOR, dieu des Ammonites et des Madianites.

BELSUNCE (1671-1755), évêque de Marseille, célèbre par son dévouement pendant la peste de 1720 et 1721.

BELT (GRAND- et PETIT-), détroits qui unissent la mer Baltique au Cattégat.

BÉLUS, roi d'Assyrie, père de Ninus, vers 2000 av. J.-C.

BELVÈS, ch.-l. de c. de la Dordogne, arr. de Sarlat, sur la Dordogne; 2368 h.

BELZ, ch.-l. de c. du Morbihan, arr. de Lorient; 2342 h.

BELZÉBUTH, divinité des Syriens; le prince des démons.

BEMBO (PIERRE), cardinal et littérateur italien (1470-1547), écrivit aussi en latin.

BÉNARÈS, cap. de la prov. anglaise de ce nom (présidence de Calcutta), sur le Gange, ville sainte des Hindous; 200 000 h.

BENDER, v. de la Bessarabie; 15 000 h.

BENEDEK, général autrichien né en 1804, vaincu par les Prussiens à Sadowa en 1866.

BENEDETTI, diplomate français, né en 1815, ministre de France en Prusse lors de la déclaration de la guerre de 1870.

BÉNÉDICTINS, ordre religieux fondé par Benoît de Nursia (529), et célèbre par ses travaux littéraires.

BÉNÉVENT, ch.-l. de la prov. de ce nom en Italie, à 50 kil. de Naples; 19 000 h. En 1266, Charles d'Anjou y battit Manfred. || Le titre de duc de Bénévent a été donné par Napoléon Iᵉʳ à Talleyrand.

BÉNÉVENT-L'ABBAYE, ch.-l. de c. de la Creuse, arr. de Bourganeuf; 1725 h.

BENFELD, anc. ch.-l. de c. du Bas-Rhin, arr. de Schelestadt; cédé à la Prusse par le traité de 1871; 2757 h.

BENGALE, anc. prov. de l'Hindoustan, de la présidence du Bengale, dans l'Inde anglaise; ch.-l. Calcutta; 55 millions d'h.

BENGALE (GOLFE DU), partie de l'océan Indien entre l'Hindoustan et l'Indo-Chine.

BENGUELA, vaste contrée du Congo, sous la dépendance des Portugais; ch.-l. Saint-Philippe de Benguela.

BENI-HASSAN, vge de la haute Égypte, remarquable par des hypogées.

BENIN, roy. de la Guinée, sur le golfe de Guinée; cap. Benin.

BENIN-D'AZY (SAINT-), ch.-l. de c. de la Nièvre, arr. de Nevers; 1914 h.

BENJAMIN, le dernier et le plus aimé des 12 fils de Jacob. || Tribu de Benjamin, l'une des 12 tribus juives; cap. Jérusalem.

BENNINGSEN, un des principaux généraux de la Russie dans la lutte contre Napoléon Iᵉʳ en 1812 (1745-1826).

BENOIST, trouvère anglo-normand du XIIᵉ siècle, a écrit en vers la *Chronique des ducs de Normandie*.

BENOÎT, nom de 14 papes, dont le plus célèbre est Benoît XIV (Prosper Lambertini), qui fit exécuter (1740-1758) dans ses États des travaux d'utilité publique. || Pendant le grand schisme d'Occident, Pierre de Luna, qui s'intitulait Benoît XIII, fut le plus obstiné des antipapes.

BENOÎT (saint), né à Nursia en Ombrie (480-543), fondateur du couvent du mont Cassin, dont la règle fut adoptée dans presque tous les monastères de l'Occident.

BENOÎT D'ANIANE (saint), né dans le Languedoc (750-821), réformateur des couvents de bénédictins.

BENOÎT-DU-SAULT (SAINT-), ch.-l. de c. de l'Indre, arr. du Blanc; 1112 h.

BENSERADE, poëte français, auteur de tragédies, de sonnets, de madrigaux et surtout de ballets (1613-1691).

BENTHAM (JÉRÉMIE), publiciste anglais (1747-1832), auteur de nombreux écrits sur la législation et la morale, dans lesquels il prend pour règle l'utilité.

BENTIVOGLIO, cardinal italien, nonce en France sous Louis XIII, historien et écrivain distingué (1579-1644).

BENTLEY, philologue anglais (1662-1742).

BENVENUTO CELLINI, sculpteur, graveur et ciseleur célèbre, né à Florence (1500-1571), appelé en France par François Iᵉʳ.

BÉNY-BOCAGE, ch.-l. de c. du Calvados, arr. de Vire; 834 h.

BÉOTIE, contrée de l'ancienne Grèce; cap. Thèbes.

BÉOTIEN, IENNE, *adj.* et *s.* Qui est de Béotie. || Fig. Homme lourd, stupide.

BÉRAIN, dessinateur français (1630-97).

BÉRAIN (SAINT-), bourg à 22 kil. de Châlon (Saône-et-Loire). Verrerie, houillère.

BÉRANGER (JEAN-PIERRE DE), poëte chansonnier français, né à Paris (1780-1857).

BERBÈRES ou **BERBERS**, race indigène de l'Afrique septentrionale.

BERCHOUX, poète français (1765-1839), auteur du poème *la Gastronomie*.

BERCY, bourg au S.-E. de Paris, sur la rive droite de la Seine, annexé à la cap. en 1860 (12e arr.). Entrepôt de vins, eaux-de-vie.

BÉRENGER Ier, roi d'Italie après la déposition de Charles le Gros (888). ‖ BÉRENGER II, roi d'Italie (950), fut déposé par l'empereur Othon Ier en 963.

BÉRENGER DE TOURS, théologien hérésiarque (998-1088).

BÉRENGER (LAURENT-PIERRE), écrivain franç., auteur de *la Morale en action* (1783).

BÉRÉNICE, fille d'Agrippa Ier, roi de Judée, aimée de l'emp. rom. Titus, qui n'osa l'épouser à cause des préjugés nationaux.

BÉRÉSINA, affl. du Dnieper, célèbre par le désastre des Français en 1812.

BERG, anc. duché de l'emp. d'Allemagne, sur le Rhin, érigé en grand-duché par Napoléon Ier en faveur de Murat.

BERGAME, v. d'Italie, à 40 kil. de Milan; 38 765 h. Patrie de Maffei, de Donizetti.

BERGEN, ch.-l. du diocèse de ce nom en Norvège; bon port; 30 000 h.

BERGERAC, ch.-l. d'arr. de la Dordogne, à 50 kil. de Périgueux, sur la Dordogne; 11 699 h. Riches vignobles.

BERGERAC (CYRANO DE), auteur comique français (1620-1655).

BERGHEM (Nicolas), peintre hollandais célèbre (1624-1683).

BERGIER, théologien français (1718-1790).

BERG-OP-ZOOM, v. du Brabant (Pays-Bas), fut prise, en 1747, par les Français que commandait Lowendal; 9000 h.

BERGUES, ch.-l. de c. du Nord, arr. de Dunkerque; 5774 h. Place de guerre.

BERLAIMONT, ch.-l. de c. du Nord, arr. d'Avesnes; 2755 h.

BERLIN, cap. de la Prusse et de l'Empire d'Allemagne, sur la Sprée, a 890 kil. de Paris; 750 000 h.

BERLIOZ, composit. français (1803-1869).

BERMUDE, nom de 3 rois de Léon et des Asturies; avec le dernier finit la postérité de Pélage (1037).

BERMUDES (LES), petit archipel de l'océan Atlantique, au N.-E. des Antilles, appartenant aux Anglais depuis 1612.

BERNADOTTE (1764-1844), général français, maréchal de l'Empire en 1804, devint roi de Suède en 1818 (Charles-Jean XIV).

BERNARD, fils de Pépin, petit-fils de Charlemagne, roi d'Italie en 813, se révolta contre Louis le Débonnaire qui lui fit crever les yeux (818).

BERNARD DE MENTHON (saint), 923-1008, fonda l'hospice du mont St-Bernard.

BERNARD (saint), né près de Dijon (1091-1153), moine de Cîteaux, fonda Clairvaux, joua un rôle important dans les conciles, les querelles des rois et des papes, prêcha la 2e croisade en 1146; a laissé des lettres, des sermons, etc.

BERNARD, duc de Saxe-Weimar, grand capitaine (1604-1639), conquit, dans la guerre de Trente Ans, l'Alsace pour la France.

BERNARD (SAMUEL), 1651-1739, financier célèbre sous Louis XIV et Louis XV.

BERNARD, poète français, connu sous le nom de *Gentil Bernard* (1710-1775).

BERNARD (CHARLES DE), 1804-1850, auteur de *Nouvelles* et de romans.

BERNARD (GRAND SAINT-), montagne des Alpes Pennines, sur la frontière du Valais et du Piémont, au sommet de laquelle se trouve un hospice. ‖ Dans les Alpes Grées est le PETIT SAINT-BERNARD.

BERNARDIN DE SAINT-PIERRE, voy. SAINT-PIERRE.

BERNARDINO (LE), passage des Alpes centrales, qui unit Coire à Bellinzona.

BERNAVILLE, ch.-l. de c. de la Somme, arr. de Doullens; 1011 h.

BERNAY, ch.-l. d'arr. de l'Eure, à 46 kil. d'Evreux, sur le Cosnier; 7281 h.

BERNE, le plus vaste des cantons de la Confédération helvétique; 806 000 h. Ch.-l. Berne, sur l'Aar, capitale de la Confédération, à 420 kil. de Paris; 36 000 h.

BERNINI, dit le *cavalier Bernin*, statuaire, architecte italien (1598-1680), auteur de la colonnade de la place Saint-Pierre à Rome.

BERNIS (cardinal de), 1715-1794, ministre des affaires étrangères en 1786 sous Louis XV; auteur d'épîtres, de madrigaux, etc.

BERNOIS, OISE. *adj.* et s. Qui est de Berne.

BERNOULLI, famille suisse de savants mathématiciens aux XVIIe et XVIIIe s.

BÉROALDE DE VERVILLE, philosophe et mathématicien français (1558-1612), connu par sa satire: *le Moyen de parvenir*.

BÉROSE, hist. chaldéen du IVe s. av. J.-C. dont il ne reste que des fragments.

BERQUIN, auteur de nombreux écrits pour l'enfance, entre autres *l'Ami des enfants*, le *Petit Grandisson*, etc. (1749-1791).

BERRE, ch.-l. de c. des Bouches-du-Rhône, arr. d'Aix; port sur l'étang de Berre; 1318 h.

BERRIAT-SAINT-PRIX, jurisconsulte et littérateur français (1769-1845).

BERRICHON, ONNE ou **BERRUYER, ÈRE**, *adj.* et s. Qui est du Berry.

BERRY ou **BERRI**, anc. prov. du centre de la France, corresp. à peu près aux dép. du Cher et de l'Indre; cap. Bourges; réuni à la couronne par Philippe Ier, en 1101.

BERRY (JEAN DE FRANCE, duc de), 1340-1416, 3e fils du roi Jean, fut pris à Poitiers, partagea ensuite le pouvoir avec son frère Philippe, duc de Bourgogne, pendant la folie de son neveu Charles VI.

BERRY (CHARLES, duc de), petit-fils de Louis XIV, 3e fils du grand Dauphin, épousa l'aînée des filles du duc d'Orléans.

BERRY (CHARLES-FERDINAND, duc de), 1778-1820, 2e fils du comte d'Artois (Charles X), assassiné par Louvel le 13 fév. 1820; il a eu de la princesse Caroline de Naples un fils posthume, le duc de Bordeaux ou comte de Chambord, né le 29 sept. 1820.

BERRYER (PIERRE-ANTOINE), avocat et illustre orat. du parti légitimiste (1790-1868).

BERTAUT, poète français (1552-1611), auteur d'élégies, de pastorales et de cantiques imités des psaumes; évêque de Séez.

BERTHE, nom de plus. reines de France, entre autres de Berthe *au grand pied*, épouse de Pépin le Bref, mère de Charlemagne.

BERTHIER (ALEXANDRE), prince de Wagram et de Neuchâtel, maréchal de France, chef d'état-major de Napoléon Ier (1753-1815).

BERTHOLLET, chimiste français, auteur des *Éléments de l'art de la teinture* et de la *Statique chimique* (1748-1822).

BERTIN (Jean-Victor), peintre paysagiste français (1775-1841).

BERTIN (Louis-François), dit *Bertin l'aîné*, publiciste (1766-1841), fondateur du *Journal des Débats*. || Son frère, Bertin de Vaux (1771-1842), le seconda dans la direction de ce journal. || Armand Bertin, fils de Bertin l'aîné (1801-1854), dirigea les *Débats* après la mort de son père.

BERTINCOURT, ch.-l. de c. du Pas-de-Calais, arr. d'Arras ; 1537 h.

BERTON, compositeur franç. (1766-1844).

BERTRAND (comte), général français, célèbre par sa fidélité à Napoléon qu'il accompagna à Sainte-Hélène (1773-1844).

BERTRAND DE MOLLEVILLE, ministre de la marine, sous Louis XVI (1744-1818).

BERTRAND-DE-COMMINGES (SAINT-), ch.-l. de c. de la Haute-Garonne, arr. de Saint-Gaudens ; 711 h. Belle cathédrale.

BÉRULLE (Pierre de), 1575-1629, cardinal, prédicateur français, fonda la congrégation de l'*Oratoire*, vers 1611.

BERWICK, l'un des 33 comtés de l'Écosse.

BERWICK (Jacques Fitz-James, duc de), fils naturel de Jacques II, roi d'Angleterre, se fit naturaliser français, fut nommé maréchal de France en 1706, raffermit, par la victoire d'Almanza, le trône de Philippe V en Espagne, et fut tué au siège de Philipsbourg (1670-1734).

BERZELIUS, né en Suède, un des fondateurs de la chimie moderne (1779-1848).

BESANÇON, ch.-l. du Doubs, sur le Doubs, à 390 kil. de Paris ; archevêché ; cour d'appel ; 49 461 h. Patrie de Ch. Nodier, Ch. Fourier, Moncey, Victor Hugo.

BESSARABIE, prov. de la Russie méridionale, entre le Pruth et le Dniester ; cap. Kichenev ; 1 052 000 h.

BESSARION (Jean), né à Trébizonde, cardinal, l'un des promoteurs de la Renaissance en Occident (1389-1472).

BESSE, ch.-l. de c. du Puy-de-Dôme, arr. d'Issoire ; 1951 h.

BESSE, ch.-l. de c. du Var, arr. de Brignoles ; 1720 h.

BESSÈGES, ch.-l. de c. du Gard, arr. d'Alais ; 8908 h. Houille, hauts fourneaux.

BESSIÈRES, maréchal de France, duc d'Istrie (1768-1813).

BESSIN (le), petit pays de la basse Normandie ; cap. Bayeux.

BESSINES, ch.-l. de c. de la Haute-Vienne, arr. de Bellac ; 2636 h.

BESSUS, satrape de Bactriane, meurtrier de Darius III Codoman.

BETAU, île formée par le Wahal et le Rhin, qu'habitaient autrefois les Bataves.

BÉTHANIE, bourg près de Jérusalem, où demeuraient Marthe, Marie et Lazare.

BETHLÉEM, vge de Palestine, où naquirent David et Jésus-Christ.

BETHMONT (Eugène), avocat et homme politique (1804-1860), ministre de la justice sous le Gouvernement provisoire de 1848.

BETHSABÉE, femme d'Uri, puis de David et mère de Salomon.

BÉTHULIE, v. de l'anc. Palestine, dans la tribu de Zabulon, au siège de laquelle fut tué Holopherne.

BÉTHUNE, ch.-l. d'arr. du Pas-de-Calais, à 26 kil. d'Arras ; 8440 h.

BÉTIQUE, nom ancien de l'Andalousie.

BÉTIS, nom ancien du Guadalquivir.

BETTINA, comtesse d'Arnim, femme de lettres allemande, célèbre par sa *Correspondance avec Gœthe* (1785-1859).

BETZ, ch.-l. de c. de l'Oise, arr. de Senlis ; 541 h.

BEUCHOT, bibliographe franç. (1775-1851).

BEUDANT, minéralogiste et physicien français (1787-1852).

BEUGNOT (comte), homme d'État français, ministre de Louis XVIII, auteur de *Mémoires* (1761-1835).

BEULÉ, archéologue français (1828-1874).

BEURNONVILLE (marquis de), maréchal de France, s'est distingué à Valmy et à Jemmapes (1752-1821).

BEUST (baron de), homme d'État allemand, né en 1809, min. des affaires étrangères en Saxe, et après la bataille de Sadowa, chancelier de l'Empire austro-hongrois.

BEUVRAY, mont du Morvan, sur lequel des archéologues placent Bibracte.

BEUVRON, affl. de la Loire, arrose Candé (Maine-et-Loire). || Une autre rivière du même nom se jette dans l'Yonne, à Clamecy.

BEUZEVILLE, ch.-l. de c. de l'Eure, arr. de Pont-Audemer ; 2318 h.

BEX, bourg du canton de Vaud, en Suisse ; salines.

BEYLE (Henri), pseudonyme de Stendhal, littérateur français (1783-1842).

BEYNAT, ch.-l. de c. de la Corrèze, arr. de Brives ; 2012 h.

BEYROUTH, v. de la Turquie d'Asie (Syrie), port sur la Méditerranée ; 40 000 h.

BÈZE (Théodore de), théologien calviniste, un des chefs du parti réformé au XVIᵉ siècle (1519-1605).

BÉZIERS, ch.-l. d'arr. de l'Hérault, sur l'Orb, à 35 kil. de Montpellier ; 31 468 h.

BEZOUT, mathématicien franç. (1730-1783).

BIARRITZ, c. de l'arr. et à 8 kil. de Bayonne ; 4659 h. Bains de mer.

BIAS, l'un des sept sages de la Grèce.

BIBRACTE, cap. des Éduens, en Gaule, auj. Autun selon les uns, le mont Beuvray selon les autres.

BICÊTRE, vge de la comm. de Gentilly, arr. de Sceaux (Seine) ; hospice pour les vieillards, les infirmes et les aliénés.

BICHAT, illustre médecin franç., auteur d'une *Anatomie générale* et de *Recherches physiologiques sur la vie et la mort* (1771-1802).

BICOQUE (LA), vge près de Milan où les Franç. furent battus par les Impériaux (1522).

BIDACHE, ch.-l. de c. des Basses-Pyrénées, arr. de Bayonne ; 2567 h.

BIDASSOA, riv. tributaire du golfe de Gascogne, sépare la France de l'Espagne.

BIENNE ou **BIEL**, v. du canton de Berne (Suisse), près du lac de Bienne ; 6000 h.

BIERNE, ch.-l. de c. de la Mayenne, arr. de Château-Gontier ; 963 h.

BIÈVRE, pet. riv. qui se jette dans la Seine à Paris, près du Jardin des Plantes, après avoir traversé les Gobelins.

BIGNON, nom de plus. jurisconsultes et hommes d'État. Le plus connu (1771-1841) est l'auteur d'une *Histoire de Napoléon Iᵉʳ*.

BIGORRE (le), pays de l'anc. France, qui a formé la plus grande partie du dép. des Hautes-Pyrénées ; cap. Tarbes.

BIGOT DE PRÉAMENEU, un des auteurs du Code civil (1747-1825).

BILBAO, ch.-l. de la prov. de Biscaye (Espagne), à 8 kil. de la mer; 15 000 h.

BILLAUD-VARENNES, conventionnel, membre du Comité de salut public; fut déporté à Cayenne en prairial 1795, et mourut à Port-au-Prince (Haïti) (1756-1819).

BILLAULT, président du Corps législatif après le 2 déc. 1851, puis ministre de l'intérieur et enfin ministre d'État (1805-1863).

BILLOM, ch.-l. de c. du Puy-de-Dôme, arr. de Clermont; 4336 h. Faïence, poterie.

BINEAU, 1805-1855, ingénieur et homme d'État, ministre des finances en 1852.

BINGEN, v. de la Hesse-Darmstadt, au confluent du Rhin et de la Nahe; 7000 h.

BION, poète bucolique grec (IIIe s. av. J.-C.).

BIOT (JEAN-BAPTISTE), astronome, physicien et chimiste français (1774-1862).

BIOT (LE), ch.-l. de c. de la Haute-Savoie, arr. de Thonon; 751 h.

BIRAGUE (RENÉ DE), garde des sceaux en 1570, fut un des instigateurs du massacre de la Saint-Barthélemy (1507-1583).

BIRMAN (Empire), État de l'Asie, au N.-O. de l'Indo-Chine; v. princ. Ava; 4 000 000 h.

BIRMINGHAM, v. du comté de Warwick (Angleterre); 344 000 h. Immense industrie.

BIRON (ARMAND DE GONTAUT, baron de), 1524-1592, prit part aux guerres de religion de la fin du XVIe s., reconnut l'un des premiers Henri IV, fut tué au siège d'Épernay. || Son fils, CHARLES DE GONTAUT, duc de Biron (1562-1602), après avoir servi Henri IV, conspira contre lui avec l'étranger, et fut condamné à mort et exécuté.

BISCAIEN, IENNE, adj. et s. Qui est de Biscaye.

BISCAYE, l'une des trois provinces basques d'Espagne; cap. Bilbao.

BISCAYE (GOLFE DE), voy. GASCOGNE.

BISCHWILLER, anc. ch.-l. de c. du Bas-Rhin, arr. de Strasbourg; cédé à la Prusse en 1871; 9311 h.

BISKRA, v. de la prov. de Constantine.

BISMARK (comte de), homme d'État prussien, né en 1814, ministre du roi Guillaume Ier, a été nommé chancelier de la Confédération du Nord en 1866, et en 1871 de l'Empire d'Allemagne.

BITAUBÉ, 1732-1808, littérateur français, traducteur de l'*Iliade* et de l'*Odyssée*, auteur du poème de *Joseph*.

BITCHE, anc. ch.-l. de c. de la Moselle, arr. de Sarreguemines; cédé à la Prusse en 1871; 2740 h.

BITHYNIE, anc. contrée de l'Asie Mineure, au N.-O.; v. princ. Nicée, Nicomédie, Chalcédoine.

BITURIGES, peuple gaulois qui occupait le Berri, et dont la capitale était Avaricum (Bourges).

BIVAR (DON RODRIGUE DE), voy. CID.

BLACAS (duc de), ami et conseiller de Louis XVIII, ambassadeur à Rome; protecteur des arts, il forma le musée égyptien au Louvre (1770-1839).

BLAIN, ch.-l. de c. de la Loire-Inférieure, arr. de Saint-Nazaire; 6825 h.

BLAINVILLE (DUCROTAY DE), naturaliste français (1777-1850).

BLAMONT, ch.-l. de c. du Doubs, arr. de Montbéliard; 646 h.

BLAMONT, ch.-l. de c. de Meurthe-et-Moselle, arr. de Lunéville; 2272 h.

BLANC (CAP), cap sur la côte sept. d'Afrique (État de Tunis). || Cap à l'O. de l'Afrique, sur la côte du Sahara.

BLANC (LE), ch.-l. d'arr. de l'Indre, sur la Creuse, à 45 kil. de Châteauroux; 5702 h. Forges aux environs.

BLANC (MONT-), sommet le plus élevé des montagnes de l'Europe, dans les Alpes Pennines (4795 m.).

BLANCHARD, 1738-1809, aéronaute français, fit le 1er essai du parachute (1785). Sa femme périt en 1819 d'une chute en ballon.

BLANCHE (MER), grand golfe de l'océan Glacial arctique, sur la côte sept. de Russie.

BLANCHE DE CASTILLE, fille d'Alphonse IX, roi de Castille, épouse de Louis VIII, roi de France, fut régente pendant la minorité, puis pendant la 1re croisade de son fils Louis IX; m. en 1252.

BLANCS, nom qui servait à désigner, pendant la Révolution française, les Vendéens et les partisans de la royauté, par opposition aux *Bleus* ou républicains.

BLANCS-MANTEAUX, nom des Servites, puis des Guillemites, ordres religieux.

BLANGINI, compositeur italien (1781-1841).

BLANGY, ch.-l. de c. du Calvados, arr. de Pont-l'Évêque; 640 h.

BLANGY, ch.-l. de c. de la Seine-Inférieure, arr. de Neufchâtel; 1599 h.

BLANQUEFORT, ch.-l. de c. de la Gironde, arr. de Bordeaux; 2747 h.

BLANQUI (JÉRÔME-ADOLPHE), économiste français (1798-1854).

BLANZAC, ch.-l. de c. de la Charente, arr. d'Angoulême; 830 h.

BLANZY, c. de Saône-et-Loire, arr. d'Autun; 3302 h. Vaste bassin houiller.

BLAVET, riv. qui forme, avec le Scorf, le port de Lorient.

BLAYE, ch.-l. d'arr. de la Gironde, sur la Gironde, à 50 kil. de Bordeaux; 4478 h.

BLAZE (CASTIL), compositeur français et critique musical (1784-1857).

BLEMMYES, anc. peuplade habitant au S. de l'Égypte.

BLÉNEAU, ch.-l. de c. de l'Yonne, arr. de Joigny; 2010 h. Victoire de Condé sur d'Hocquincourt dans la guerre de la Fronde (1652).

BLÉRÉ, ch.-l. de c. de l'Indre-et-Loire, arr. de Tours, sur le Cher; 3519 h.

BLESLE, ch.-l. de c. de la Haute-Loire, arr. de Brioude; 1580 h.

BLÉSOIS, OISE, adj. et s. Qui est de Blois.

BLETTERANS, ch.-l. de c. du Jura, arr. de Lons-le-Saunier; 1191 h.

BLEYMARD (LE), ch.-l. de c. de la Lozère, arr. de Mende; 575 h.

BLIDAH, v. d'Algérie, ch.-l. de subdivision milit. et d'arr., à 50 k. d'Alger; 11 800 h.

BLIGNY-SUR-OUCHE, ch.-l. de c. de la Côte-d'Or, arr. de Beaune; 1295 h.

BLIN (SAINT-), ch.-l. de c. de la Haute-Marne, arr. de Chaumont; 568 h.

BLOIS, ch.-l. du Loir-et-Cher, sur la Loire, à 175 kil. de Paris; évêché; 19 800 h. Château bâti par Louis XII et François Ier, où se tinrent en 1588 les États généraux pendant lesquels Henri III fit assassiner Henri de Guise.

BLONDEL, trouvère du XIIe siècle, ami de Richard Cœur de Lion.

BLONDEL, architecte de la porte Saint-Denis, à Paris (1617-1686).

BLÜCHER, général prussien (1742-1819),

entra à Paris en 1814, détermina par son arrivée la victoire de Wellington à Waterloo, et entra une seconde fois à Paris en 1815.

BOABDIL, dernier roi maure de Grenade (1485-1492).

BOBBIO, v. d'Italie, à 60 k. de Gênes; 4500 h.

BOCAGE (LE), pays de l'ancien Poitou, sur les limites de la Vendée.

BOCCACE, célèbre écrivain italien, auteur du *Décaméron* (1313-1375).

BOCCANERA, illustre famille de Gênes.

BOCCHERINI, compositeur italien, connu surtout par ses quintettes (1740-1806).

BOCCHORIS, roi d'Égypte d'une époque incertaine (xviiie ou viiie s. av. J.-C.).

BOCCHUS, roi de Mauritanie, livra aux Romains son gendre Jugurtha (106 av. J.-C.).

BOCOGNANO, ch.-l. de c. de la Corse, arr. d'Ajaccio; 1426 h.

BODIN (Jean), publiciste, auteur du traité *De la république* (1530-1596).

BODIN (Félix), auteur de plusieurs *Résumés historiques* (1795-1835).

BODLEY, diplomate anglais sous Élisabeth, fondateur de la *Bibliothèque Bodléienne* à Oxford (1544-1612).

BOÈCE, philosophe et homme d'État (470-524), favori de Théodoric, roi des Ostrogoths, fut accusé injustement de trahison et périt dans les tortures; il écrivit en prison son livre *De la consolation philosophique*.

BOËGE, ch.-l. de c. de la Haute-Savoie, arr. de Thonon; 1446 h.

BOËN, ch.-l. de c. de la Loire, arr. de Montbrison; 2035 h.

BOERHAAVE, célèbre médecin et professeur de Leyde, fondateur de l'enseignement clinique (1668-1738).

BOGHAR, v. industrielle et commerçante de la province d'Alger.

BOGOTA (SANTA-FÉ DE), cap. de la confédération Grenadine; 50000 h.

BOHAIN, ch.-l. de c. de l'Aisne, arr. de Saint-Quentin; 5931 h.

BOHÈME, roy. faisant partie des États autrichiens; cap. Prague; 5140000 h.

BOHÉMIEN, IENNE, adj. et s. Qui est de la Bohème.

BOHÉMOND, fils de Robert Guiscard, fut un des chefs de la 1re croisade, et fonda la principauté d'Antioche (1198).

BOÏELDIEU, célèbre compositeur français, né à Rouen (1775-1834), auteur de nombreux opéras comiques, dont le plus connu est *la Dame blanche* (1825).

BOIENS, peuple gaulois disséminé en Gaule, en Italie et en Germanie.

BOIGNE (Le Borgne de), 1741-1830, consacra les richesses qu'il avait acquises dans l'Inde à la fondation d'établissements utiles, à Chambéry, son pays natal.

BOILEAU (Nicolas), surnommé Despréaux, célèbre poète français, auteur de *Satires*, de l'*Art poétique*, d'*Épîtres* et du *Lutrin* (1636-1711).

BOILLY, peintre de genre (1761-1830).

BOIS-D'OINGT (LE), ch.-l. de c. du Rhône, arr. de Villefranche; 1395 h.

BOIS-GUILLEBERT (Le Pesant, sieur de), économiste français, auteur du *Détail de la France*, mort en 1714.

BOIS-LE-DUC, ch.-l. du Brabant septentrional (Pays-Bas), v. forte; 25000 h.

BOISROBERT (François le Métel de), littérateur français (1592-1662), comblé de faveurs par Richelieu, contribua beaucoup à l'établissement de l'Académie française.

BOISSONADE, helléniste franç. (1774-1857).

BOISSY D'ANGLAS (comte), président de la Convention au 1er prairial 1795, sauva l'Assemblée en restant impassible devant les menaces de la foule (1756-1826).

BOISSY-SAINT-LÉGER, ch.-l. de c. de Seine-et-Oise, arr. de Corbeil; 764 h.

BOISTE, lexicographe, auteur d'un *Dict. univ. de la langue française*. (1765-1825).

BOJADOR, cap sur la côte du Sahara.

BOJARDO ou **BOIARDO**, poète italien (1434-1494).

BOLBEC, ch.-l. de c. de la Seine-Inférieure, arr. du Havre; 10204 h. Fabriques d'indiennes, de calicots; filatures.

BOLESLAS, nom de 5 rois de Pologne, dont le 1er fut le 1er roi de Pologne en 1001.

BOLEYN (Anne), 2e femme de Henri VIII, qui l'épousa, divorça avec Catherine d'Aragon; trois ans après il la fit condamner à mort pour épouser Jane Seymour; elle fut la mère d'Élisabeth (1500-1536).

BOLINGBROKE, homme d'État et écrivain anglais; dépouillé de ses titres et de ses biens, il se retira en France (1678-1751).

BOLIVAR, 1783-1830, affranchit de la puissance espagnole le Venezuela et la Nouvelle-Grenade, en fit une république, *la Colombie*, en 1819; fonda un nouvel État, celui de Bolivie (Haut-Pérou), en 1824.

BOLIVIE ou **HAUT-PÉROU**, rép. de l'Amérique mér.; cap. Chuquisaca; 1987352 h.

BOLLANDISTES, auteurs de la vaste collection des *Actes des saints*, commencée par le jésuite Bollandus (1596-1665).

BOLLÈNE, ch.-l. de c. de Vaucluse, arr. d'Orange; 5703 h.

BOLOGNE, ch.-l. de la prov. de Bologne (Italie), à 300 kil. de Rome; 109395 h.

BOLOGNE (Jean), sculpteur célèbre, né à Douai, se fixa à Florence (1524-1608).

BOLONAIS, AISE, adj. et s. Qui est de Bologne.

BOLOR ou **BELOUR** (monts), chaîne de montagnes de l'Asie centrale, entre l'Empire chinois et le Turkestan.

BOLSENA, v. d'Italie, sur les bords du lac Bolsena, à 25 kil. de Viterbe; 2000 h.

BOMARSUND, forteresse élevée par la Russie dans l'une des îles Aland, prise par les Français et les Anglais, en 1854.

BOMBAY, cap. de la présidence de Bombay (Inde anglaise), dans une île de la mer d'Oman; 820000 h.

BON (cap), sur la côte de l'État de Tunis.

BONALD (vicomte de), philosophe et homme d'État français (1754-1840).

BONALD (de), fils du précédent, cardinal et archevêque de Lyon (1787-1870).

BONAPARTE, famille d'origine italienne établie en Corse. De Charles-Marie Bonaparte et de Letizia Ramolino naquirent 5 fils et 3 filles: Joseph, roi d'Espagne, Napoléon, empereur des Français, Élisa Baciocchi, Lucien, prince de Canino, Louis, roi de Hollande, Pauline Borghèse, Caroline Murat, Jérôme, roi de Westphalie.

BONAVENTURE (saint), dit le *Docteur séraphique* (1221-1274), général de l'ordre de Saint-François, cardinal, légat du pape au concile de Lyon (1274).

BONCHAMPS (marquis DE), chef vendéen, fut blessé à mort devant Cholet (1789-1793).

BONDY, village de l'arr. de Saint-Denis (Seine), dans le voisinage duquel était une forêt célèbre comme repaire de voleurs.

BONE, v. forte de la prov. de Constantine (Algérie),près des ruines d'Hippone; 11000h.

BONIFACE, gouverneur d'Afrique sous Valentinien III, appela le Vandale Genséric en Afrique et fut tué par Aëtius (432).

BONIFACE (saint), prêcha l'Évangile en Germanie, fut archevêque de Mayence; sacra Pépin le Bref (680-755).

BONIFACE, nom de 9 papes, dont le plus connu est Boniface VIII, qui eut des démêlés avec Philippe IV le Bel (1228-1303).

BONIFACIO, ch.-l. de c. de la Corse, arr. de Sartène; 3618 h.

BONIFACIO (DÉTROIT OU BOUCHES DE), détroit qui sépare la Corse de la Sardaigne.

BONN, v. de la Prusse rhénane, sur le Rhin; 25000 h. Évêché catholique.

BONNAT, ch.-l. de c. de la Creuse, arr. de Guéret; 2767 h.

BONNECHOSE (DE), prélat français, né en 1800,archevêque de Rouen,cardinal en 1863.

BONNE-ESPÉRANCE (CAP DE), VOY. CAP.

BONNET (CHARLES), naturaliste et philosophe genevois (1720-1793).

BONNET (SAINT-), ch.-l. de c. des Hautes-Alpes, arr. de Gap; 1758 h.

BONNET-DE-JOUX (SAINT-), ch.-l. de c. de Saône-et-Loire, arr. de Charolles; 1573 h.

BONNET-LE-CHÂTEAU (SAINT-), ch.-l. de c. de la Loire, arr. de Montbrison; 2237 h.

BONNÉTABLE, ch.-l. de c. de la Sarthe, arr. de Mamers; 4637 h.

BONNEVAL, ch.-l. de c. de l'Eure-et-Loir, arr. de Châteaudun; 3548 h.

BONNEVILLE, ch.-l. d'arr. de la Haute-Savoie, sur l'Arve, à 40 k. d'Annecy; 2185 h.

BONNIÈRES, ch.-l. de c. de Seine-et-Oise, arr. de Mantes; 839 h.

BONNIEUX, ch.-l. de c. de Vaucluse, arr. d'Apt; 2534 h.

BONNIVARD, patriote genevois, fut enfermé pendant six ans dans le château de Chillon par le duc de Savoie; auteur des *Chroniques de Genève* (1496-1571).

BONNIVET, général français (1488-1525), défait à Romagnano (1524) et tué à Pavie.

BONPLAND (AIMÉ), voyageur et naturaliste franç., m. au Brésil (1858), a doté le Muséum de Paris de précieuses collections.

BONSHOMMES, religieux Minimes, établis à Chaillot.

BOOS, ch.-l. de c. de la Seine-Inférieure, arr. de Rouen; 717 h.

BOOZ, époux de Ruth, bisaïeul de David.

BOPP, philologue allemand, auteur d'une *Grammaire comparée* (1791-1867).

BORDA, mathématicien et physicien français (1733-1799).

BORDEAUX, ch.-l. de la Gironde, sur la rive gauche de la Garonne, à 578 kil. de Paris; 194055 h. Archevêché; cour d'appel. Grand commerce, surtout avec l'Amérique.

BORDELAIS, anc. pays de France, dans la prov. de Guyenne, compris aujourd'hui dans les dép. de la Gironde et des Landes.

BORDELAIS, AISE, *adj.* et *s.* Qui est de Bordeaux.

BORDÈRES, ch.-l. de c. des Hautes-Pyrénées, arr. de Bagnères; 405 h.

BORDONE, peintre vénitien (1500-1570).

BORÉAL (GRAND OCÉAN), partie du Grand Océan au nord de l'Équateur.

BORÉE, dieu du vent du nord.

BORGHÈSE, famille romaine, dont un membre,Camille Borghèse, épousa Pauline Bonaparte, veuve du général Leclerc.

BORGHESI, numismate et épigraphiste italien (1781-1860).

BORGIA, famille originaire d'Espagne, établie à Rome, donna deux papes à l'Église, Calixte III (1455-1458) et Alexandre VI (1492-1503), père de César Borgia, duc de Valentinois, et de Lucrèce Borgia.

BORGO, ch.-l. de c. de la Corse, arr. de Bastia; 787 h.

BORN (BERTRAND DE), troubadour français, compagnon de Richard Cœur de Lion.

BORNÉO, grande île de la Malaisie; pop. 4000000 d'h. Les Hollandais y possèdent deux provinces à l'O.

BORNHOLM, île du Danemark, dans la mer Baltique.

BORNOU ou **BOURNOU**, roy. du Soudan (Afrique); cap. Kouka.

BORODINO, vge dont les Russes donnent le nom à la bataille de la Moskova (1812).

BORROMÉE (saint CHARLES), cardinal et archevêque de Milan (1538-1584),célèbre par son dévouement pendant la peste de 1576.

BORROMÉES, groupe de 4 îles dans le lac Majeur; la principale est *Isola Bella*.

BORT, ch.-l. de c. de la Corrèze, arr. d'Ussel; 2693 h.

BORYSTHÈNE, nom ancien d'un fleuve de la Sarmatie, dit aujourd'hui Dnieper.

BOSIO, sculpteur français (1768-1845).

BOSNA-SÉRAÏ, ch.-l. de la Bosnie (Turquie d'Europe); 70000 h.

BOSNIE, prov. de la Turquie d'Europe, cap. Bosna-Séraï; pop. 1100000 h.

BOSON, roi de la Bourgogne cisjurane (879-888).

BOSPHORE, nom donné par les anciens au *Bosphore de Thrace*, auj. *Canal de Constantinople*, et au *Bosphore Cimmerien*, auj. *Détroit d'Iénikaleh*.

BOSQUET, maréchal de France (1810-1861), se signala dans la guerre de Crimée.

BOSSUET (JACQUES-BÉNIGNE), né à Dijon en 1627, mort en 1704, évêque de Condom, puis de Meaux, précepteur du Dauphin fils de Louis XIV, l'un des plus grands écrivains et le plus grand prédicateur de France.

BOSTON, cap. du Massachussetts (États-Unis); 250000 h.; évêché catholique; patrie de Franklin.

BOSWORTH, v. du comté de Leicester, en Angleterre, près de laquelle Richard III fut vaincu et tué par Henri Tudor (1485).

BOTANY-BAY, colonie anglaise sur la côte de la Nouvelle-Galles (Australie).

BOTHNIE, région de la péninsule scandinave, des deux côtés du golfe de Bothnie.

BOTHNIE (GOLFE DE), golfe de la Baltique, entre la Suède et la Finlande.

BOTHWELL, seigneur écossais, épousa Marie Stuart après le meurtre de Darnley.

BOTTA, hist. né en Piémont (1766-1837), vécut en France; auteur d'une *Hist. d'Italie* de 1789 à 1814. Son fils, consul de France à Mossoul, découvrit les ruines de Ninive.

BOTZARIS, chef grec (1789-1823), s'est illustré dans la guerre de l'indépendance.

BOUAYE, ch.-l. de c. de la Loire-Inférieure, arr. de Nantes; 1340 h.

BOUCHAIN, ch.-l. de c. du Nord, arr. de Valenciennes; 1607 h.

BOUCHARDON, célèbre sculpteur français (1698-1762).

BOUCHER (François), peintre (1703-1770), chef de l'école française du xviiie s.

BOUCHES-DU-RHONE (dép. des), formé d'une partie de l'anc. Provence; ch.-l. Marseille; 3 arr. Marseille, Aix et Arles; pop. 554 911 h.

BOUCHOTTE, ministre de la guerre sous la Convention, de 1793 à 1794.

BOUCHOUX (LES), ch.-l. de c. du Jura, arr. de Saint-Claude; 879 h.

BOUCICAUT (Jean le Maingre, sire de), se distingua à la bataille de Rosebecque, fit une campagne contre les Turcs, fut pris à Azincourt et mourut en Angleterre (1421).

BOUDDHA ou **CAKYA-MOUNI**, sage qui vivait dans le xie ou le viie s. av. J.-C., fondateur du bouddhisme, religion très-répandue en Asie.

BOUET-WILLAUMEZ, amiral français (1808-1871).

BOUFARIK, bourg à 40 kil. d'Alger, dans la plaine de la Métidja; 2000 h.

BOUFFLERS, famille noble de Picardie, qui a donné à la France deux maréchaux, dont l'un, contemporain de Louis XIV, se distingua par sa belle défense de Lille (1708), et dont l'autre sauva, sous Louis XV, Gênes menacée par les Austro-Piémontais (1747).

BOUFFLERS (Stanislas, chevalier de), membre de l'Académie française, connu par son esprit et ses poésies légères (1737-1815).

BOUGAINVILLE (Louis-Antoine de), célèbre navigateur, né à Paris (1729-1811), exécuta de 1766 à 1769 un voyage autour du monde, dont il publia la relation.

BOUGIE, v. forte et port de la prov. de Constantine, en Algérie; 2600 h.

BOUGIVAL, vge de l'arr. de Versailles, sur la Seine; 2085 h.

BOUGLON, ch.-l. de c. de Lot-et-Garonne, arr. de Marmande; 745 h.

BOUHIER (Jean), jurisconsulte et littérateur (1673-1746), président au parlement de Dijon, membre de l'Académie française.

BOUHOURS, critique et grammairien distingué de la société de Jésus (1628-1702).

BOUILLÉ (marquis de), général français (1739-1800), se distingua dans la guerre de Sept Ans et prépara, sans succès, la fuite de Louis XVI, en 1791.

BOUILLON, v. du Luxembourg (Belgique); 4500 h. Anc. cap. du duché de Bouillon.

BOUILLON (Godefroy de), 1058-1100, chef de la 1re croisade, 1er roi de Jérusalem (1099).

BOUILLY, ch.-l. de c. de l'Aube, arr. de Troyes; 767 h.

BOUILLY (Jean-Nicolas), auteur de nombreuses pièces de théâtre et de livres de morale pour l'enfance (1763-1842).

BOUKHARIE, l'un des États du Turkestan; 3 000 000 d'h.; cap. Boukhara; 80 000 h.

BOULAINVILLIERS (comte de), historien français (1658-1722).

BOULAY, anc. ch.-l. de c. de la Moselle, arr. de Metz; cédé à la Prusse en 1871; 2870 h.

BOULAY DE LA MEURTHE, l'un des rédacteurs du Code civil (1761-1840). || Son fils a été vice-président de la République française, de 1849 à 1851.

BOULE, ébéniste sculpteur, célèbre par la fabrication de meubles de luxe, ornés de bronzes ou de mosaïques de bois, de cuivre, d'écaille (1642-1732).

BOULENOIS, OISE, adj. et s. Qui est de Boulogne.

BOULOGNE, ch.-l. de c. de la Haute-Garonne, arr. de Saint-Gaudens; 1967 h.

BOULOGNE, c. de la Seine, arr. de Saint-Denis, sur la Seine; à 8 k. de Paris; 18965 h.

BOULOGNE-SUR-MER, ch.-l. d'arr. du Pas-de-Calais, à 98 kil. d'Arras; 39700 h. Port de commerce très-important.

BOULOIRE, ch.-l. de c. de la Sarthe, arr. de Saint-Calais; 2184 h.

BOULONNAIS, anc. comté de France, sur la Manche.

BOURBAKI, général français, né en 1816, dirigea la campagne de l'Est en 1871.

BOURBON (maison de), maison qui remonte à Robert de Clermont, 6e fils de saint Louis. De Louis Ier, duc de Bourbon, fils de Robert, sortirent deux branches: 1° l'aînée, à laquelle appartiennent les trois ducs qui jouèrent un rôle important sous les règnes de Jean, de Charles V, de Charles VI et de Charles VII, et le fameux connétable de Bourbon, disgracié par François Ier et tué au siège de Rome (1527); 2° la cadette, d'où est issu Antoine, roi de Navarre par son mariage avec Jeanne d'Albret, et père de Henri IV, qui fut, en 1589, la tige des Bourbons de France jusqu'à Charles X, et dont le dernier représentant est le comte de Chambord. || Les Bourbons-Orléans descendent de Louis XIII par Philippe d'Orléans, et ont occupé le trône dans la personne de Louis-Philippe Ier (1830-1848). || Les Bourbons d'Espagne descendent de Philippe V, petit-fils de Louis XIV (1700-1746), jusqu'à Isabelle II, détrônée en 1868. || Les Bourbons des Deux-Siciles descendent de Charles, fils de Philippe V d'Espagne, et ont fini de régner avec François II (1860). || Les Bourbons de Parme, descendant de l'infant Philippe, fils de Philippe V d'Espagne, ont perdu leur duché en 1859.

BOURBON (Charles, cardinal de), proclamé par les Ligueurs roi de France sous le nom de Charles X, mort en 1590.

BOURBON (ILE), voy. Réunion.

BOURBON-LANCY, ch.-l. de c. de Saône-et-Loire, arr. de Charolles; 3206 h. Eaux thermales.

BOURBON-L'ARCHAMBAULT, ch.-l. de c. de l'Allier, arr. de Moulins; 3724 h.

BOURBON-VENDÉE ou **NAPOLÉON-VENDÉE**, aujourd'hui la Roche-sur-Yon.

BOURBONNAIS, anc. prov. de France, cap. Moulins, a formé le dép. de l'Allier et une partie de ceux du Puy-de-Dôme, de la Creuse et du Cher.

BOURBONNE-LES-BAINS, ch.-l. de c. de la Haute-Marne, arr. de Langres; 4274 h. Eaux thermales.

BOURBOURG, ch.-l. de c. du Nord, arr. de Dunkerque; 5067 h.

BOURBRIAC, ch.-l. de c. des Côtes-du-Nord, arr. de Guingamp; 4454 h.

BOURDALOUE, célèbre prédicateur, né à Bourges (1632-1704), prêcha devant Louis XIV avec un grand succès.

BOURDEAUX, ch.-l. de c. de la Drôme, arr. de Die ; 1262 h.

BOURDON (Sébastien), peintre français (1622-1671).

BOURG, anc. cap. de la Bresse, ch.-l. de l'Ain, à 420 kil. de Paris ; 14 280 h. Dans un faubourg, magnifique église de Brou. Patrie de Vaugelas, de Lalande et de Bichat.

BOURG, ch.-l. de c. de la Gironde, arr. de Blaye ; 2733 h.

BOURG-ARGENTAL, ch.-l. de c. de la Loire, arr. de Saint-Étienne ; 3457 h.

BOURG-DE-PÉAGE, ch.-l. de c. de la Drôme, arr. de Valence, sur l'Isère ; 4920 h.

BOURG-DE-VISA, ch.-l. de c. du Tarn-et-Garonne, arr. de Moissac ; 897 h.

BOURG-D'OISANS (LE), ch.-l. de c. de l'Isère, arr. de Grenoble ; 2773 h.

BOURG-LA-REINE, c. de la Seine, arr. de Sceaux ; 2186 h.

BOURG-LASTIC, ch.-l. de c. du Puy-de-Dôme, arr. de Clermont ; 1740 h.

BOURG-SAINT-ANDÉOL, ch.-l. de c. de l'Ardèche, arr. de Privas ; 4524 h.

BOURG-SAINT-MAURICE, ch.-l. de c. de la Savoie, arr. de Moutiers ; 2522 h.

BOURGANEUF, ch.-l. d'arr. de la Creuse, à 30 kil. de Guéret ; 3591 h.

BOURGELAT, né à Lyon, fondateur de l'hippiatrique en France (1712-1779).

BOURGES, anc. cap. du Berry, ch.-l. du Cher, au confluent de l'Auron et de l'Yèvre, à 229 kil. de Paris ; 21 312 h. Archevêché ; cour d'appel. Magnifique cathédrale ; hôtel de Jacques Cœur. Patrie de Jacques Cœur, de Louis XI et de Bourdaloue.

BOURGNEUF, ch.-l. de c. de la Loire-Inférieure, arr. de Paimbœuf ; port ; 2837 h.

BOURGOGNE, anc. prov. de France, dont sont formés les dép. de la Côte-d'Or, de l'Yonne et de Saône-et-Loire ; réunie à la couronne par Louis XI ; cap. Dijon.

BOURGOGNE, ch.-l. de c. de la Marne, arr. de Reims ; 1005 h.

BOURGOGNE (CANAL DE), canal qui unit les deux mers par la Saône et l'Yonne.

BOURGOGNE (maison de). La première, issue de Robert le Pieux (xi⁰ s.), s'est éteinte avec Philippe de Rouvre (1361) ; la seconde, descendant de Jean le Bon, a compté quatre ducs : Philippe le Hardi, Jean-sans-Peur, Philippe le Bon et Charles le Téméraire.

BOURGOGNE (duc de), petit-fils de Louis XIV et dauphin de France, fut l'élève de Fénelon et mourut prématurément (1682-1712).

BOURGOIN, ch.-l. de c. de l'Isère, arr. de la Tour-du-Pin ; 4954 h. Tourbières.

BOURGOIN, théologien qui s'adjoignit au cardinal de Bérulle pour fonder la congrégation de l'Oratoire (1585-1662).

BOURGTHEROULDE, ch.-l. de c. de l'Eure, arr. de Pont-Audemer ; 745 h.

BOURGUÉBUS, ch.-l. de c. du Calvados, arr. de Caen ; 255 h.

BOURGUEIL, ch.-l. de c. de l'Indre-et-Loire, arr. de Chinon ; 3304 h.

BOURGUIGNON (LE), voy. Cocatrix.

BOURGUIGNON, ONNE, adj. et s. Qui est de Bourgogne.

BOURGUIGNONS (faction des), parti opposé à celui des Armagnacs en France au xv⁰ s., et ayant pour chef Jean-sans-Peur.

BOURMONT, ch.-l. de c. de la Haute-Marne, arr. de Chaumont ; 872 h.

BOURMONT, chef vendéen, servit sous l'Empire, puis déserta l'avant-veille de Waterloo ; il prit Alger en 1830, et fut créé maréchal de France (1773-1846).

BOURRIENNE, ami et secrétaire du général Bonaparte, fut disgracié et devint ministre d'État sous Louis XVIII ; il a composé des *Mémoires* (1769-1834).

BOURSAULT, aut. de comédies en vers, ennemi de Boileau et de Molière (1638-1701).

BOUSSAC, ch.-l. d'arr. de la Creuse, à 48 kil. de Guéret ; 1611 h.

BOUSSIÈRES, ch.-l. de c. du Doubs ; arr. de Besançon ; 722 h.

BOUSSINGAULT, chimiste et agronome français, né en 1802.

BOUTILLIER, jurisconsulte français, auteur de la *Somme rurale* (xiv⁰ s.).

BOUVINES, vge à 12 kil. de Lille. Victoire de Philippe-Auguste sur Othon IV (1214).

BOUXWILLER, anc. ch.-l. de c. du Bas-Rhin, arr. de Saverne ; cédé à la Prusse en 1871 ; 3698 h.

BOUZONVILLE, anc. ch.-l. de c. de la Moselle, arr. de Thionville ; cédé à la Prusse en 1871 ; 1833 h.

BOYER (Alexis), chirurgien français (1757-1833).

BOYER, président de la république d'Haïti (1776-1850).

BOYLE, physicien et chimiste anglais (1626-1691).

BOYLEAU ou **BOYLEAUX** (Étienne), prévôt de Paris sous saint Louis, rédigea le *Livre des métiers* (1200-1270).

BOYNE, riv. d'Irlande, près de laquelle Guillaume III triompha de Jacques II (1690).

BOZEL, ch.-l. de c. de la Savoie, arr. de Moutiers ; 1231 h.

BOZOULS, ch.-l. de c. de l'Aveyron, arr. de Rodez ; 2511 h.

BRABANÇON, ONNE, adj. et s. Qui est du Brabant. ‖ Bandes de troupes mercenaires qui pillaient la France, surtout au xiii⁰ s.

BRABANT, anc. duché de l'Empire germanique, dont sont formés aujourd'hui le Brabant méridional, prov. de Belgique, ch.-l. Bruxelles, et le Brabant septentrional, prov. des Pays-Bas, ch.-l. Bois-le-Duc.

BRACIEUX, ch.-l. de c. du Loir-et-Cher, arr. de Blois ; 1137 h.

BRAGANCE, v. du Portugal, ch.-l. de l'anc. prov. de Tras-los-Montes ; 5000 h.

BRAGANCE (maison de), maison régnante de Portugal, qui descend d'un fils naturel de Jean I⁰ʳ d'Avis, et qui a commencé à régner en 1640 par Jean IV.

BRAHMA, Dieu créateur, dans la religion des Hindous.

BRAHMAPOUTRE, fl. de l'Asie, qui vient des hauts plateaux du Thibet et se jette dans le golfe du Bengale ; 900 kil.

BRAISNE, ch.-l. de c. de l'Aisne, arr. de Soissons ; 1590 h. Ancienne résidence des rois mérovingiens.

BRAMANTE, célèbre architecte italien, fit le plan et commença la construction de Saint-Pierre de Rome (1444-1514).

BRANCAS, famille originaire d'Italie, fixée en France sous Charles VII, et à laquelle ont appartenu l'amiral de Villars-Brancas, contemporain de Henri IV, et le maréchal Louis de Brancas qui, sous Louis XIV, se distingua dans les ambassades.

BRANDEBOURG, l'une des provinces de la Prusse, divisée en trois districts : Potsdam, Francfort-sur-Oder et Berlin ; 2 700 000 h.

BRANDEBOURGEOIS, OISE, *adj.* et *s.* Qui est du Brandebourg.

BRANDO, ch.-l. de c. de la Corse, arr. de Bastia ; 1616 h.

BRANNE, ch.-l. de c. de la Gironde, arr. de Libourne ; 768 h.

BRANTÔME, ch.-l. de c. de la Dordogne, arr. de Périgueux ; 2891 h.

BRANTÔME (Pierre de Bourdeille, seigneur de), brave capitaine et historien (1540-1614), auteur des *Vies des hommes illustres et des grands capitaines*, etc.

BRASIDAS, général spartiate, remporta la victoire d'Amphipolis sur l'Athénien Cléon, mais fut tué (422 av. J.-C.).

BRASSAC, ch.-l. de c. du Tarn, arr. de Castres ; 2025 h.

BRAY-SUR-SEINE, ch.-l. de c. de Seine-et-Marne, arr. de Provins ; 1522 h.

BRAY-SUR-SOMME, ch.-l. de c. de la Somme, arr. de Péronne ; 1421 h.

BRÉBEUF, poète français, traducteur de la *Pharsale* de Lucain (1618-1661).

BRÉCEY, ch.-l. de c. de la Manche, arr. d'Avranches ; 2300 h.

BRÉDA, v. des Pays-Bas (Brabant septentrional) ; 13 000 h.

BRÉGUET, célèbre mécanicien et horloger français (1747-1823).

BRÉHAL, ch.-l. de c. de la Manche, arr. de Coutances ; 1459 h.

BRÉHAT, île de la Manche (Côtes-du-Nord) ; 1700 h.

BRÉIL, ch.-l. de c. des Alpes-Maritimes, arr. de Nice ; 2595 h.

BRÊME, l'une des villes libres de l'Empire d'Allemagne, sur le Weser ; 75 000 h.

BRÉMONTIER, ingénieur français (1738-1809), a le premier fixé les dunes du golfe de Gascogne par des plantations de pins.

BRENNE (LA), anc. pays de France, sur les limites de la Touraine et du Berry ; v. pr. Châtillon-sur-Indre.

BRENNER (LE), mont du Tyrol, traversé par la route d'Insprück à Venise.

BRENNUS, nom commun à tous les chefs gaulois, dont l'un prit Rome en 390 av. J.C. et fut vaincu par Camille.

BRENOD, ch.-l. de c. de l'Ain, arr. de Nantua ; 885 h.

BRENTA (LA), riv. d'Italie prend sa source près de Trente, finit à Venise ; 170 kil.

BRESCIA, v. d'Italie, ch.-l. de la prov. de Brescia, à 80 kil. de Milan ; 40 500 h.

BRÉSIL, empire de l'Amérique méridionale ; cap. Rio-de-Janeiro ; 10 000 000 d'h. Empereur régnant depuis 1831 : don Pedro II, de la maison de Bragance.

BRÉSILIEN, ENNE, *adj.* et *s.* Qui est du Brésil.

BRESLAU, ch.-l. de la Silésie prussienne, sur l'Oder ; 172 000 h.

BRESSAN, ANE, *adj.* et *s.* Qui est de la Bresse.

BRESSE, anc. prov. de France, dont est formé le dép. de l'Ain ; cap. Bourg.

BRESSUIRE, ch.-l. d'arr. des Deux-Sèvres, à 60 kil. de Niort ; 3369 h.

BREST, ch.-l. d'arr. du Finistère, à 578 kil. de Paris ; ch.-l. de la 2e préf. maritime ; 1er port de guerre de la France ; 66 272 h.

BRETAGNE, anc. prov. de France, correspondant aux dép. d'Ille-et-Vilaine, de la Loire-Inférieure, du Morbihan, des Côtes-du-Nord et du Finistère ; cap. Rennes. Sa réunion à la France, réelle depuis 1491, fut solennellement proclamée en 1532.

BRETAGNE (GRANDE-), voy. GRANDE-BRETAGNE.

BRETAGNE (NOUVELLE-), nom des possessions anglaises de l'Amérique sept.

BRETENOUX, ch.-l. de c. du Lot, arr. de Figeac ; 922 h.

BRETEUIL, ch.-l. de c. de l'Eure, arr. d'Évreux ; 2050 h.

BRETEUIL, ch.-l. de c. de l'Oise, arr. de Clermont ; 2950 h.

BRÉTIGNY, hameau de l'arr. de Chartres. || Traité de 1360, qui donnait au roi d'Angleterre, Édouard III, l'Aquitaine, et rendait la liberté au roi Jean moyennant rançon.

BRETON, ONNE, *adj.* et *s.* Qui est de Bretagne.

BRETON (PERTUIS), canal entre l'île de Ré et la côte de la Charente-Inférieure.

BRETONNANT, ANTE, *adj.* Bretagne bretonnante, partie de la Bretagne où l'on parle bas-breton. || Breton bretonnant, celui qui est de la Bretagne bretonnante.

BRETTEVILLE-SUR-LAIZE, ch.-l. de c. du Calvados, arr. de Falaise ; 974 h.

BREUGHEL, famille de peintres flamands (XVIe et XVIIe siècles).

BRÉZÉ, maison noble de l'Anjou.

BREZOLLES, ch.-l. de c. d'Eure-et-Loir, arr. de Dreux ; 906 h.

BRIANÇON, ch.-l. d'arr. des Hautes-Alpes, sur la Durance, à 60 k. de Gap ; 4169 h.

BRIARD, ARDE, *adj.* et *s.* Qui est de la Brie.

BRIARE, ch.-l. de c. du Loiret, arr. de Gien ; 4775 h. Il en part un canal, dit de Briare, qui unit la Loire à la Seine.

BRIARÉE, géant de la Fable, à cent bras.

BRICE-EN-COGLÈS (SAINT-), ch.-l. de c. d'Ille-et-Vilaine, arr. de Fougères ; 1765 h.

BRICQUEBEC, ch.-l. de c. de la Manche, arr. de Valognes ; 3622 h.

BRIDAINE, célèbre prédicateur (1701-67).

BRIE, anc. pays de France, divisé en Brie champenoise, v. pr. Meaux, Provins, Château-Thierry ; et Brie française, v. pr. Corbeil, Brie-Comte-Robert. Elle a formé une partie des dép. de Seine-et-Marne, Seine-et-Oise et Aisne.

BRIE-COMTE-ROBERT, ch.-l. de c. de Seine-et-Marne, arr. de Melun ; 2714 h.

BRIEC, ch.-l. de c. du Finistère, arr. de Quimper ; 5592 h.

BRIENNE-LE-CHÂTEAU, ch.-l. de c. de l'Aube, arr. de Bar-sur-Aube ; 1888 h. École militaire supprimée en 1798.

BRIENNE (Jean de), roi de Jérusalem (1210), emp. de Constantinople (1231-1237).

BRIENON-L'ARCHEVÊQUE, ch.-l. de c. de l'Yonne, arr. de Joigny ; 2519 h.

BRIENZ, v. du canton de Berne (Suisse), sur le lac de Brienz ; 3000 h.

BRIEUC (SAINT-), ch.-l. des Côtes-du-Nord, sur le Gouet, à 2 kil. du port le Légué, à 455 kil. de Paris ; évêché ; 15 253 h.

BRIEY, ch.-l. d'arr. de la Meurthe-et-Moselle, à 22 kil. de Metz ; 1896 h.

BRIFAUT (Charles), auteur dramatique, membre de l'Académie française (1781-1857).

BRIGHTON, v. du comté de Sussex (Angleterre); bains de mer.

BRIGNOLES, ch.-l. d'arr. du Var, à 45 kil. de Draguignan; 5593 h.

BRILLAT-SAVARIN, magistrat et littérateur français (1755-1826), auteur de la *Physiologie du goût* (1825).

BRINDISI ou **BRINDES**, v. de la Terre d'Otrante (Italie), port sur l'Adriatique.

BRINON, ch.-l. de c. de la Nièvre, arr. de Clamecy; 582 h.

BRINVILLIERS (marquise DE), célèbre empoisonneuse, exécutée à Paris en 1676.

BRIOLLAY, ch.-l. de c. de Maine-et-Loire, arr. d'Angers; 946 h.

BRIONNE, ch.-l. de c. de l'Eure, arr. de Bernay; 3550 h.

BRIOUDE, ch.-l. d'arr. de la Haute-Loire, sur l'Allier, à 50 kil. du Puy; 5616 h.

BRIOUX, ch.-l. de c. des Deux-Sèvres, arr. de Melle; 1219 h.

BRIOUZE, ch.-l. de c. de l'Orne, arr. d'Argentan; 1677 h.

BRISSOT, membre de la Convention, l'un des principaux Girondins, mourut sur l'échafaud (1754-1793).

BRISTOL, v. d'Angleterre sur l'Avon; port et commerce très-actif; 182 500 h.

BRISTOL (CANAL DE), golfe formé par l'océan Atlantique sur la côte occidentale de l'Angleterre.

BRITANNICUS, fils de Claude et de Messaline, empoisonné par Néron (56 ap J.-C.).

BRITANNIQUE, *adj.* Qui est de la Grande-Bretagne.

BRITANNIQUES (ÎLES), les trois royaumes d'Angleterre, d'Écosse et d'Irlande.

BRIVE-LA-GAILLARDE, ch.-l. d'arr. de la Corrèze, à 25 kil. de Tulle; 10785 h.

BRIZEUX, poëte français, auteur du poëme de *Marie* (1806-1858).

BROGLIE, ch.-l. de c. de l'Eure, arr. de Bernay; 1176 h.

BROGLIE, maison originaire du Piémont, a fourni à la France plusieurs maréchaux, entre autres Victor-François, duc de Broglie, qui se distingua dans la guerre de Sept-Ans, et plusieurs hommes d'État, tels que le duc Victor-Charles de Broglie (1785-1870), ministre du roi Louis-Philippe Ier, et son fils, le prince Albert, puis duc de Broglie, né en 1821, vice-président du Conseil sous le gouvernement du maréchal de Mac-Mahon (25 mai 1873-16 mai 1874).

BRONGNIART (ALEXANDRE), minéralogiste et géologue français, directeur de la manufacture de Sèvres (1770-1847). Son fils, Adolphe-Théophile (1801-1876), est connu surtout comme botaniste.

BROONS, ch.-l. de c. des Côtes-du-Nord, arr. de Dinan; 2644 h. Patrie de Du Guesclin.

BROSSAC, ch.-l. de c. de la Charente, arr. de Barbezieux; 1066 h.

BROSSE (JACQUES DE), architecte franç., construisit, vers 1611, le palais du Luxembourg et le portail de Saint-Gervais, à Paris.

BROSSE (GUI DE LA), médecin de Louis XIII, créateur du Jardin des Plantes.

BROSSES (CHARLES DE), premier président du parlement de Dijon (1709-1777), connu par son *Traité de la formation mécanique des langues* et ses *Lettres sur l'Italie*.

BROSSETTE, érudit français, éditeur et correspondant de Boileau (1671-1743).

BROU, ch.-l. de c. d'Eure-et-Loir, arr. de Châteaudun; 2838 h.

BROUAGE (LE), petit port de l'arr. de Marennes (Charente-Inférieure).

BROUSSAIS, médecin français (1772-1838).

BROUSSE, v. très-commerçante de l'Anatolie (Turquie d'Asie); 100 000 h.

BROUSSEL (PIERRE), conseiller au Parlement de Paris, dont l'arrestation amena la *Journée des Barricades* (1648).

BROUVELIEURES, ch.-l. de c. des Vosges, arr. de Saint-Dié; 594 h.

BRUAND (LIBÉRAL), architecte français, mort en 1697, a construit les Invalides, à l'exception du dôme, qui est de Mansart.

BRUAT, amiral français, participa brillamment à la guerre de Crimée (1796-1855).

BRUCE (ROBERT), seign. écossais, devenu roi d'Écosse, sous le nom de Robert Ier (1306).

BRUCE (JACQUES), voyageur écossais, auteur de *Voyages à la découverte des sources du Nil* (1730-1794).

BRUEYS, écrivain dramatique français, collabora presque toujours avec Palaprat; auteur de l'*Avocat Patelin* (1640-1723).

BRUEYS D'AIGALLIERS, vice-amiral français, fut vaincu par Nelson et tué dans la bataille d'Aboukir, en 1798.

BRUGES, ch.-l. de la Flandre occidentale (Belgique); évêché; 48 000 h. Patrie du peintre J. Van Eyck, appelé Jean de Bruges.

BRUIX, amiral français (1759-1805), chargé par Napoléon Ier du commandement de la flottille destinée à l'expédition d'Angleterre.

BRÛLON, ch.-l. de c. de la Sarthe, arr. de La Flèche; 1651 h.

BRUMAIRE (DIX-HUIT), an VIII, nom du coup d'État par lequel Bonaparte renversa le Directoire (9 nov. 1799).

BRUMATH, anc. ch.-l. de c. du Bas-Rhin, arr. de Strasbourg; cédé à la Prusse en 1871; 5619 h.

BRUMOY (LE PÈRE), savant jésuite, connu par son *Théâtre des Grecs* (1688-1742).

BRUNE, maréchal de France, vainqueur des Anglo-Russes à Bergen (1799), fut assassiné à Avignon en 1815.

BRUNEHAUT, reine d'Austrasie, femme de Sigebert, célèbre par sa lutte contre Frédégonde; elle fut livrée à Clotaire II qui la fit mettre à mort (544-613).

BRUNELLESCHI, architecte du dôme de Sainte-Marie-des-Fleurs et d'autres monuments de Florence (1377-1446).

BRÜNN, cap. de la Moravie (Autriche); évêché; 73 000 h.

BRUNNEN, bourg du canton de Schwytz.

BRUNO (saint), fondateur de l'ordre des Chartreux (1030-1101).

BRUNSWICK (duché de), l'un des États de l'Empire d'Allemagne; pop. 303 000 h.; cap. Brunswick; 31 000 h.

BRUNSWICK (NOUVEAU), l'un des gouvernements de la Confédération du Canada (Amérique sept.); pop. 396 000 h.

BRUTIUM, prov. de l'Italie anc. (Grande-Grèce), auj. Calabre Ultérieure.

BRUTUS (LUCIUS JUNIUS), chassa de Rome Tarquin le Superbe, fut élu le 1er consul (510 av. J.-C.), et fit mourir ses deux fils qui voulaient rétablir la royauté.

BRUTUS (MARCUS JUNIUS), l'un des meurtriers de César, fut vaincu à Philippes et se tua (42 av. J.-C.).

BRUXELLES, cap. de la Belgique, sur la Senne, à 280 k. de Paris ; 306 666 h.

BRUXELLOIS, OISE, *adj.* et *s.* Qui est de Bruxelles.

BRUYÈRE (JEAN DE LA), moraliste français, auteur des *Caractères* (1639-1696).

BRUYÈRES, ch.-l. de c. des Vosges, arr. d'Épinal ; 2428 h.

BUCÉPHALE, cheval d'Alexandre.

BUCHANAN, président des États-Unis de 1857 à 1861.

BUCHAREST ou **BOUKAREST**, cap. de la Valachie ; 142 000 h.

BUCHEZ, historien et publiciste français (1796-1866), président de l'Assemblée constituante en 1848.

BUCHY, ch.-l. de c. de la Seine-Inférieure, arr. de Rouen ; 754 h.

BUCKINGHAM, v. d'Angleterre, ch.-l. du comté de ce nom ; 7500 h.

BUCKINGHAM (duc DE), favori de Jacques Ier, puis de Charles Ier, rois d'Angleterre, fut assassiné par Felton (1592-1628).

BUDE, cap. de la Hongrie, sur la rive droite du Danube, en face de Pesth ; 35 000 h.

BUDÉ (GUILLAUME), savant franç. (1467-1540).

BUENOS-AYRES, cap. de la Confédération Argentine, à l'embouchure du Rio de la Plata ; 178 000 h.

BUFFALO, v. de l'État de New-York (États-Unis) ; 118 000 h.

BUFFON, illustre naturaliste et écrivain franç., aut. d'une *Hist. naturelle* (1707-1788).

BUGEAT, ch.-l. de c. de la Corrèze, arr. d'Ussel ; 986 h.

BUGEAUD, maréchal de France (1784-1849), gouv. de l'Algérie de 1840 à 1847, chassa Abd-el-Kader de la province d'Oran et remporta sur les Marocains la victoire d'Isly (1844).

BUGEY, prov. de l'anc. France qui forme une portion du dép. de l'Ain ; cap. Belley.

BUGUE (LE), ch.-l. de c. de la Dordogne, arr. de Sarlat, sur la Vézère ; 2909 h.

BUIS-LES-BARONNIES (LE), ch.-l. de c. de la Drôme, arr. de Nyons ; 2343 h.

BUKOWINE, prov. de l'Empire austro-hongrois ; ch.-l. Czernowitz.

BULGARE, *adj.* et *s.* Qui est de la Bulgarie. || Peuple de race scythique, qui s'établit entre le Don et le Danube (fin du VIIe s.).

BULGARIE, prov. de la Turquie d'Europe ; cap. Sophia ; 5 000 000 d'h.

BULGNÉVILLE, ch.-l. de c. des Vosges, arr. de Neufchâteau ; 1108 h.

BULL (JOHN), c'est-à-dire *Jean le Taureau*, sobriquet donné au peuple anglais.

BULLANT (JEAN), sculpteur et architecte franç. (1510-1578), bâtit le château d'Écouen, travailla aux Tuileries, fit les tombeaux de Henri II et de Catherine de Médicis.

BÜLOW, général prussien (1755-1816), prit une grande part aux batailles de Leipzig et de Waterloo.

BULOZ, littérateur franç., né en 1808, fondateur de la *Revue des Deux-Mondes* (1831).

BUNSEN (baron DE), savant et homme d'État prussien (1791-1860) auteur de traités sur l'antiquité profane et chrétienne.

BUNSEN, chimiste allemand, né en 1811.

BUONAROTTI, nom de famille de Michel-Ange.

BÜRGER, poëte allemand populaire, auteur de légendes (1748-1794).

BURGOS, v. d'Espagne (Vieille-Castille) ; archevêché ; 16 000 h. Patrie du Cid.

BURGUNDES, peuple de la Germanie sept. qui fonda dans la Gaule le royaume de Burgundie ou de Bourgogne (413).

BURIDAN, docteur scholastique (1295-1380).

BURIE, ch.-l. de c. de la Charente-Inférieure, arr. de Saintes ; 1634 h.

BURKE, célèbre orateur anglais (1728-1797), adversaire de la Révolution française.

BURNOUF (JEAN-LOUIS), grammairien français (1775-1844), auteur d'une *Méthode pour étudier la langue grecque* et d'une *Méthode pour étudier la langue latine*, traducteur de Tacite. || Son fils, Eugène Burnouf (1801-1852), fut un savant orientaliste.

BURRHUS, gouverneur de Néron, mis à mort par ordre de son élève (62 ap. J.-C.).

BURTON, voyageur anglais né en 1820, auteur du *Pèlerinage à Médine et à la Mecque*.

BURZET, ch.-l. de c. de l'Ardèche, arr. de Largentière ; 2760 h.

BUS (CÉSAR DE), fondateur de la congrégation de la *Doctrine chrétienne* (1544-1607).

BUSIRIS, roi cruel d'Égypte selon les uns, d'Espagne selon les autres, fut tué par Hercule.

BUSSANG, commune des Vosges, arr. de Remiremont ; 2115 h. Eaux minérales.

BUSSIÈRE-BADIL, ch.-l. de c. de la Dordogne, arr. de Nontron ; 1322 h.

BUSSY LE CLERC, l'un des Seize pendant la Ligue, et gouverneur de la Bastille.

BUSSY-RABUTIN, écrivain français, correspondant de Mme de Sévigné (1618-1693).

BUTLER (SAMUEL), poëte anglais, auteur du poëme d'*Hudibras* (1612-1680).

BUXY, ch.-l. de c. de Saône-et-Loire, arr. de Chalon-sur-Saône ; 2063 h.

BUZANÇAIS, ch.-l. de c. de l'Indre, arr. de Châteauroux ; 4986 h.

BUZANCY, ch.-l. de c. des Ardennes, arr. de Vouziers ; 821 h.

BUZOT, membre de la Convention, un des chefs du parti de la Gironde ; condamné le 31 mai, il s'enfuit dans la Gironde où il s'empoisonna (1760-1793).

BYBLOS, nom de deux villes situées, l'une en Phénicie, l'autre en Égypte.

BYNG (GEORGES), amiral anglais, prit Gibraltar en 1704. || Son fils John fut condamné à mort pour n'avoir pas su protéger Minorque contre les Français en 1756.

BYRON (LORD), poëte anglais (1788-1824).

BYRSA, citadelle de Carthage.

BYZANCE, v. de la Thrace, sur la Propontide, à l'entrée du Bosphore de Thrace, qui devint Constantinople sous Constantin.

BYZANTIN, INE, *adj.* et *s.* Qui est de Byzance. || Empire Byzantin, le Bas-Empire.

BYZANTINE (LA), collection des écrivains grecs qui ont écrit sur l'histoire de l'Empire d'Orient, depuis Constantin jusqu'à la prise de Constantinople par les Turcs.

C

CAABA ou KAABA (LA), fameux temple de la Mecque.

CABANIS, médecin et philosophe français, auteur des *Rapports du physique et du moral de l'homme* (1757-1808).

CABANNES (LES), ch.-l. de c. de l'Ariége, arr. de Foix ; 434 h.

CABÈS, v. de la régence de Tunis.

CABIRES, m. pl. Divinités mystérieuses adorées en Grèce, surtout à Samothrace.

CABOCHE, écorcheur de bêtes à Paris, chef du parti populaire des *Cabochiens*, se signala par ses excès sous Charles VI.

CABOT (JEAN), navigateur vénitien, reconnut, pour le compte de l'Angleterre, Terre-Neuve et les côtes de l'Amérique septentrionale depuis le Labrador jusqu'à la Floride (1497). ‖ Son fils Sébastien, au service de l'Espagne, remonta les rios de la Plata et du Paraguay (1526); enfin il fut chargé par le gouvernement anglais de préparer la première expédition envoyée à la recherche d'un passage vers la Chine par le N.-E. de l'Europe.

CABOUL, v. de l'Afghanistan.

CABOURG, c. du Calvados ; bains de mer.

CABRAL, navigateur portugais, découvrit le Brésil (1500).

CABRERA, l'une des îles Baléares, presque déserte.

CACÉRÈS, ch.-l. de la prov. de ce nom, en Espagne ; 12 000 h.

CACHEMIRE, cap. du roy. de ce nom, dans l'Hindoustan, sous le protectorat des Anglais ; 40 000 h. Châles et étoffes.

CACUS, géant de la Fable, fut tué par Hercule, dont il avait dérobé les génisses.

CADALEN, ch.-l. de c. du Tarn, arr. de Gaillac ; 1860 h.

CADENET, ch.-l. de c. de Vaucluse, arr. d'Apt ; 2598 h.

CADETS, jeunes gentilshommes organisés en compagnies militaires sous Louis XIV, Louis XV et Louis XVI.

CADILLAC, ch.-l. de c. de la Gironde, arr. de Bordeaux ; 2777 h.

CADIX, v. et port d'Espagne, à l'extrémité N.-O. de l'île de Léon ; ch.-l. de la prov. de Cadix, à 660 kil. de Madrid; 62 000 h.

CADMÉE, citadelle de Thèbes.

CADMUS, Phénicien, fondateur de la ville de Thèbes, en Grèce, importa dans ce pays l'alphabet phénicien.

CADOUDAL (GEORGES), l'un des chefs royalistes de la Vendée ; ayant voulu enlever le premier Consul, il fut arrêté et condamné à mort (1804).

CADOUIN, ch.-l. de c. de la Dordogne, arr. de Bergerac ; 691 h.

CADOURS, ch.-l. de c. de la Haute-Garonne, arr. de Toulouse ; 980 h.

CADURQUES, peuple de l'ancienne Gaule, qui occupait les départements actuels du Lot et du Tarn-et-Garonne.

CAEN (prononcez kan), ch.-l. du dép. du Calvados, sur l'Orne, à 225 kil. de Paris; 41 210 h. Évêché. Patrie de Malherbe, de Segrais, de Huet, de Malfilâtre.

CAENAIS, AISE (prononcez ka-nè), adj. et s. Qui est de Caen.

CAFFA, v. de Crimée, sur le détroit d'Iénikaleh ; 7000 h.

CAFFARELLI, général français, chef du génie à l'expédition d'Égypte, tué au siège de Saint-Jean-d'Acre (1756-1799) ‖ Son frère fut aide de camp de Napoléon Ier, puis ministre de la guerre et de la marine du royaume d'Italie (1766-1849).

CAFRERIE, vaste contrée de l'Afrique méridionale, divisée en Cafrerie maritime, avec la colonie anglaise de Natal, et Cafrerie intérieure, dont la principale peuplade est celle des Betjouanas.

CAGLIARI, ch.-l. de la prov. de ce nom, en Sardaigne ; 31 000 h.

CAGLIOSTRO (JOSEPH BALSAMO, comte de), charlatan célèbre de la fin du XVIIIe s. ; exilé de France, il fut arrêté à Rome par le Saint-Office et mourut en prison (1795).

CAHORS, ch.-l. du Lot, sur le Lot, à 580 kil. de Paris; 14 693 h. Évêché. Patrie de Clément Marot.

CAILLÉ (RENÉ), voyageur français, traversa l'Afrique du Niger au Maroc, en passant par Tombouctou (1799-1838).

CAÏN, fils aîné d'Adam, tua son frère Abel.

CAÏPHE, grand prêtre des Juifs, qui prit part à la condamnation de Jésus.

CAIRE (LE), cap. de l'Égypte ; 380 000 h.

CAJARC, ch.-l. de c. du Lot, arr. de Figeac ; 1343 h.

CALABAR (CÔTE DE), côte de Guinée, du cap Formose à la côte de Gabon.

CALABRAIS, AISE, adj. et s. Qui est de Calabre.

CALABRE, prov. de l'Italie méridionale; v. pr. Cosenza et Reggio.

CALACUCCIA, ch.-l. de c. de la Corse, arr. de Corte ; 827 h.

CALAIS, ch.-l. de c. du Pas-de-Calais, arr. de Boulogne, sur le pas de Calais ; 12 843 h.

CALAIS (SAINT-), ch.-l. d'arr. de la Sarthe, à 44 kil. du Mans ; 3509 h.

CALAS, négociant de Toulouse, faussement accusé d'avoir étranglé son fils, qui voulait abjurer le protestantisme, fut condamné au supplice de la roue en 1762 ; sa mémoire a été réhabilitée en 1765.

CALATRAVA (ordre de), ordre militaire fondé au XIIe s. pour défendre Calatrava, ville d'Espagne, contre les Maures.

CALAURIE, île de la Grèce, célèbre par son temple de Neptune, dans lequel Démosthène s'empoisonna.

CALCHAS, devin et grand prêtre d'Apollon, présida au sacrifice d'Iphigénie.

CALCUTTA, cap. du Bengale et de tout l'Hindoustan anglais, sur l'Hougly; 620 000 h.

CALDERON, grand poète dramatique espagnol (1601-1681).

CALEB, Hébreu chargé par Moïse de reconnaître la Terre promise.

CALÉDONIE, anc. nom de l'Écosse.

CALÉDONIE (NOUVELLE-), île de l'Océanie, appartenant depuis 1853 à la France; v. Nouméa et Balade. || Contrée de l'Amérique du N. appartenant aux Anglais.

CALENZANA, ch.-l. de c. de la Corse, arr. de Calvi; 2608 h.

CALEPINO, lexicographe italien, auteur du premier *Dictionnaire latin*, en 1502.

CALICUT, v. et port de la côte de Malabar (Hindoustan anglais); 25 000 h.

CALIFORNIE (BASSE- ou VIEILLE-), territoire du Mexique, formant une presqu'île entre le Grand Océan et le golfe de Californie ou mer Vermeille; 22 000 h.

CALIFORNIE (NOUVELLE- ou HAUTE-), l'un des États-Unis d'Amérique; 500 000 h. Cap. San-José; v. pr. San-Francisco. Gisements aurifères.

CALIGULA, fils de Germanicus, succéda comme empereur à son grand-oncle Tibère (37 ap. J.-C.), signala son règne par ses folies, et fut assassiné par Chéréas (41).

CALIXTE ou **CALLISTE** Ier, pape martyr (217 à 222). || CALIXTE II, pape, tint le premier concile général de Latran (1123). || CALIXTE III, pape, fit reviser le procès de Jeanne Darc (1456).

CALLAC, ch.-l. de c. des Côtes-du-Nord, arr. de Guingamp; 3397 h.

CALLAO, port du Pérou sur le Grand Océan, à 10 kil. de Lima.

CALLAS, ch.-l. de c. du Var, arr. de Draguignan; 1820 h.

CALLE (LA), v. et port de la prov. de Constantine (Algérie); 1200 h.

CALLET, mathématicien français, donna une édition des *Tables de logarithmes* de Gardiner (1744-1798).

CALLICRATE, architecte grec du ve s. av. J.-C., éleva le Parthénon, à Athènes, avec Ictinus.

CALLICRATIDAS, général de Sparte, vaincu et tué aux îles Arginuses (406 av. J.-C.).

CALLIMAQUE, poète grec de l'école d'Alexandrie (320-270 av. J.-C.).

CALLIOPE, muse de l'éloquence et de la poésie héroïque.

CALLISTHÈNE, philosophe grec, suivit Alexandre en Asie, lui déplut en refusant de l'adorer, et fut mis à mort comme conspirateur (328 av. J.-C.).

CALLOT (JACQUES), peintre et graveur, né à Nancy (1592-1635), célèbre surtout par ses gravures à l'eau-forte, entre autres les *Supplices*, les *Misères de la guerre*.

CALMAR, v. et port de Suède, sur le détroit de Calmar. || Traité de 1397 qui unissait les trois royaumes scandinaves.

CALMET (DOM AUGUSTIN), auteur de grands travaux sur la Bible et sur la Lorraine (1672-1757).

CALONNE (DE), contrôleur général des finances sous Louis XVI, de 1783 à 1787.

CALPÉ, anc. nom de Gibraltar ou Pointe d'Europe.

CALPURNIA, femme de César.

CALUIRE-ET-CUIRE, comm. du Rhône, arr. de Lyon; 8440 h. Teintureries.

CALVADOS, chaîne de rochers sur les côtes de la Manche, entre les embouchures de l'Orne et de la Vire.

CALVADOS (dép. du), formé d'une partie de l'anc. prov. de Normandie; ch.-l. Caen; 6 arr. Caen, Bayeux, Falaise, Lisieux, Pont-l'Évêque, Vire; 454 012 h.

CALVAIRE, en hébreu Golgotha, montagne près de Jérusalem, où Jésus fut crucifié.

CALVI, ch.-l. d'arr. de la Corse, à 90 kil. d'Ajaccio; 2175 h. Beau port.

CALVIN (JEAN), né à Noyon en 1509, mort à Genève en 1564, un des chefs de la Réforme, auteur de l'*Institution chrétienne*.

CALYDON, v. de l'anc. Étolie, près de la forêt où Méléagre tua le sanglier envoyé par Diane pour ravager le pays.

CALYPSO, nymphe qui habitait l'île d'Ogygie, dans la mer Ionienne, où elle retint Ulysse et plus tard son fils Télémaque.

CAMALDULES, ordre religieux fondé en Toscane, en 1012.

CAMARÈS, ch.-l. de c. de l'Aveyron, arr. de Saint-Affrique; 2193 h.

CAMARGUE (LA), île formée par les deux bras du Rhône à son embouchure; 4000 h.

CAMBACÉRÈS, second consul (1799), puis archichancelier et président du Sénat sous le 1er Empire; jurisconsulte (1753-1824).

CAMBODJE, roy. de l'Indo-Chine, sous le protectorat de la France depuis 1863; 1 000 000 d'h.; cap. Cambodje.

CAMBON (JOSEPH), conventionnel (1754-1820), créateur du grand-livre de la dette publique en 1793.

CAMBRAI, ch.-l. d'arr. du Nord, à 60 kil. de Lille, sur l'Escaut; 22 897 h. Place forte; archevêché. Toiles, batistes, dentelles, etc.

CAMBREMER, ch.-l. de c. du Calvados, arr. de Pont-l'Évêque; 1004 h.

CAMBRÉSIS, pays de l'anc. France, correspondant à l'arr. de Cambrai, cédé à la France par l'Espagne, en 1678.

CAMBRIDGE, ch.-l. du comté de ce nom, en Angleterre, célèbre par son université formant 17 collèges; 29 000 h. || V. du Massachusetts (États-Unis d'Amérique); 40 000 h.

CAMBRIN, ch.-l. de c. du Pas-de-Calais, arr. de Béthune; 420 h.

CAMBRONNE, général français, se distingua dans les guerres de la Révolution et de l'Empire, et fut pris par les Anglais à Waterloo (1770-1824).

CAMBYSE, seigneur perse, épousa Mandane, fille d'Astyage, et fut le père de Cyrus. || CAMBYSE, roi de Perse (530-522 av. J.-C.), succéda à son père Cyrus, conquit l'Égypte (525), et mourut d'une blessure qu'il s'était faite avec son épée.

CAMERINO, v. d'Italie; 12 000 h.

CAMILLE, fille du roi des Volsques, célèbre par sa légèreté à la course et son habileté à tirer de l'arc.

CAMILLE, sœur des Horaces, fiancée à l'un des Curiaces, fut tuée par son frère.

CAMILLE (MARCUS FURIUS), dictateur romain, prit Véies et chassa les Gaulois de Rome (390 av. J.-C.).

CAMOËNS (LE), célèbre poète portugais, a chanté, dans le poème des *Lusiades*, les exploits de Vasco de Gama (1524-1579).

CAMP DU DRAP D'OR, plaine entre Ardres et Guines (Pas-de-Calais), où eut lieu l'entrevue célèbre de François Ier et de Henri VIII, roi d'Angleterre (1520).

CAMPAGNAC, ch.-l. de c. de l'Aveyron, arr. de Millau ; 1230 h.

CAMPAGNE-LÈS-HESDIN, ch.-l. de c. du Pas-de-Calais, arr. de Montreuil ; 1209 h.

CAMPAN, ch.-l. de c. des Hautes-Pyrénées, arr. de Bagnères-de-Bigorre ; 3524 h. Carrières de marbre vert ou rose.

CAMPAN (Mme), lectrice de Marie-Antoinette, puis surintendante de la maison impériale d'Écouen (1752-1822).

CAMPANELLA, philosophe italien, auteur de la *Cité du Soleil* (1568-1639).

CAMPANIE, contrée de l'anc. Italie méridionale ; cap. Capoue.

CAMPBELL (Thomas), poëte anglais (1777-1844).

CAMPÊCHE, v. du Mexique ; 18000 h. Bois de teinture.

CAMPENON (Vincent), poëte français, traducteur d'Horace, etc. (1772-1843).

CAMPILE, ch.-l. de c. de la Corse, arr. de Bastia ; 674 h.

CAMPINE, contrée inculte de la Belgique septentrionale.

CAMPISTRON, poëte dramatique français (1656-1723).

CAMPITELLO, ch.-l. de c. de la Corse, arr. de Bastia ; 281 h.

CAMPO-FORMIO, vge de la Vénétie, où fut signé le traité qui termina la première campagne de Bonaparte en Italie (1797).

CAMULOGÈNE, chef gaulois, périt en défendant le pays des Parisii contre le Romain Labienus, lieutenant de César.

CANA, v. de Galilée, célèbre par les noces où Jésus-Christ fit son premier miracle.

CANADA, la plus importante des possessions anglaises dans l'Amérique septent., cap. Ottawa ; v. princ. Québec, Montréal ; 3558854 h. Ce pays, découvert par Jacques Cartier (1534), devint une colonie française, et fut cédé aux Anglais en 1763.

CANADIEN, IENNE, *adj.* et *s.* Qui est du Canada.

CANARIES (Iles), archipel de l'océan Atlantique, appartenant à l'Espagne ; cap. Santa-Cruz (île Ténériffe) ; 267000 h.

CANCALE, ch.-l. de c. d'Ille-et-Vilaine, arr. de Saint-Malo ; 6654 h. Pêcheries d'huîtres.

CANCHE, riv. de France, tributaire de la Manche.

CANCLAUX, général français, se distingua dans la guerre de Vendée (1740-1817).

CANCON, ch.-l. de c. de Lot-et-Garonne, arr. de Villeneuve ; 1564 h.

CANDAULE, roi de Lydie, tué par Gygès, à l'instigation de sa femme (VIIIe s. av. J.-C.).

CANDÉ, ch.-l. de c. de Maine-et-Loire, arr. de Segré ; 2011 h.

CANDIE, anc. Crète, grande île de la Méditerranée orientale, appartenant aux Turcs ; v. pr. Candie, la Canée ; 180000 h.

CANDIOTE, *adj.* et *s.* Qui est de Candie.

CANDOLLE (DE), célèbre botaniste genevois (1778-1841).

CANIGOU (LE), massif de l'un des contre-forts des Pyrénées orientales (versant français), à 12 kil. de Prades ; 2787^m.

CANISY, ch.-l. de c. de la Manche, arr. de Saint-Lô ; 770 h.

CANNES, vge de la prov. de Bari (Italie), célèbre par la victoire d'Annibal sur les Romains (216 av. J.-C.).

CANNES, ch.-l. de c. des Alpes-Maritimes, arr. de Grasse ; 10144 h.

CANNING, homme d'État anglais (1770-1827).

CANOPE, v. de l'Égypte ancienne, à l'O. de l'embouchure du Nil. || Victoire des Anglais sur les Français (21 mars 1801).

CANOURGUE (LA), ch.-l. de c. de la Lozère, arr. de Marvejols ; 1831 h.

CANOVA, sculpteur italien (1757-1822).

CANROBERT, maréchal de France, né en 1809.

CANTABRES (MONTS), chaîne de montagnes du N. de l'Espagne.

CANTABRES, peuple de l'Espagne anc. (auj. Biscaye et prov. de Santander).

CANTACUZÈNE, emp. de Constantinople de 1341 à 1354, détrôné par son gendre Jean Paléologue, se retira dans un monastère, et écrivit *Quatre livres de Mémoires*.

CANTAL, chaîne de montagnes réunissant les monts de la Margeride aux monts d'Auvergne.

CANTAL (dép. du), formé de la Basse-Auvergne ; ch.-l. Aurillac ; 4 arr. Aurillac, Mauriac, Murat, Saint-Flour ; 231887 h.

CANTON, v. de la Chine, sur un golfe, à 70 kil. de la mer ; 700000 h.

CANTORBERY, ch.-l. du comté de Kent, en Angleterre ; siège de l'archevêque primat d'Angleterre ; 21000 h.

CANTÙ (César), historien italien, né en 1805, auteur d'une *Histoire universelle*, d'une *Histoire des Italiens*, etc.

CANUT, roi de Danemark et d'Angleterre, mourut en 1036.

CANY-BARVILLE, ch.-l. de c. de la Seine-Inférieure, arr. d'Yvetot ; 1869 h.

CAP (LE), colonie anglaise au S. de l'Afrique ; 490000 h. ; ch.-l. Le Cap ; 25000 h.

CAP DE BONNE-ESPÉRANCE (LE), cap situé à l'extrémité S. de l'Afrique.

CAP-BRETON ou **ÎLE ROYALE**, île faisant partie de la Nouvelle-Écosse (Amérique sept.), et appartenant aux Anglais ; 40000 h. ; v. pr. Sidney.

CAP VERT (LE), cap à l'extrémité O. de l'Afrique.

CAP-VERT (Iles DU), archipel de l'Atlantique, appartenant aux Portugais ; 85000 h. ; ch.-l. Villa-de-Praya.

CAPELLE-EN-THIÉRACHE (LA), ch.-l. de c. de l'Aisne, arr. de Vervins ; 1673 h.

CAPELUCHE, bourreau de Paris, auteur du massacre des Armagnacs (1418).

CAPENDU, ch.-l. de c. de l'Aude, arr. de Carcassonne ; 953 h.

CAPESTANG, ch.-l. de c. de l'Hérault, arr. de Béziers, près de l'étang de Capestang ; 2909 h.

CAPET, voy. HUGUES CAPET.

CAPÉTIENS, 3e race des rois de France, qui commença à Hugues Capet, en 987, donna 14 rois et finit par Charles IV en 1328. Deux branches collatérales de cette même race régnèrent également sur la France : les Valois, de 1328 à 1589, et les Bourbons, de 1589 à 1792 et de 1815 à 1848.

CAPHARNAÜM, v. de l'anc. Galilée.

CAPITANATE, aujourd'hui prov. de Foggia (Italie), le long de l'Adriatique ; 312885 h.

CAPITOLE, temple de Jupiter et forteresse sur le mont Capitolin, à Rome.

CAPITON (ATEIUS), jurisconsulte romain du temps d'Auguste, chef de l'école de la tradition et rival de Labéon.

CAPO-D'ISTRIA, v. et port de l'Istrie autrichienne; 8500 h.

CAPO-D'ISTRIA, aide de camp du czar Alexandre, devint en 1827 président de la République hellénique; assassiné en 1831.

CAPOUE, v. de la Terre-de-Labour (Italie), sur le Vulturne; 9000 h. Célèbre dans l'antiquité comme un séjour délicieux.

CAPPADOCE, contrée d'Asie Mineure, forma un royaume à partir de 321 av. J.-C., et fut soumise par les Romains (17 ap. J.-C.).

CAPRARA, cardinal, légat de Pie VII en France en 1801, signataire du *Concordat*.

CAPRÉE, en ital. **CAPRI**, île de la Méditerranée, à l'entrée du golfe de Naples, célèbre par le séjour qu'y fit Tibère.

CAPRERA, petite île voisine de la Sardaigne; 2700 h.

CAPTIEUX, ch.-l. de c. de la Gironde, arr. de Bazas; 1444 h.

CAPULETS, famille de Vérone, ennemie des Montaigus.

CARACALLA, empereur romain, fils de Septime-Sévère, régna d'abord avec son frère Géta (211 ap. J.-C.), puis le fit assassiner; odieux par ses crimes, il fut tué par Macrin, préfet du prétoire (217).

CARACAS, cap. de la république du Venezuela; 50000 h.

CARACTACUS, chef breton, défendit la Bretagne contre les généraux de l'empereur Claude (1er s. ap. J.-C.).

CARAFA, compositeur français d'origine italienne (1785-1871), auteur du *Solitaire* (1822) et de *Masaniello* (1828).

CARAÏBES ou **CANNIBALES**, peuple indigène de l'Amérique.

CARAÏTES, secte juive qui rejette les traditions des rabbins pour s'attacher exclusivement à la Bible.

CARAMAN, ch.-l. de c. de la Haute-Garonne, arr. de Villefranche; 2303 h.

CARANUS, fondateur du royaume de Macédoine (IXe s. av. J.-C.).

CARAVACA, v. de la prov. de Murcie (Espagne); 20000 h.

CARAVAGE, peintre italien (1569-1609).

CARBON-BLANC, ch.-l. de c. de la Gironde, arr. de Bordeaux; 851 h.

CARBONNE, ch.-l. de c. de la Haute-Garonne, arr. de Muret; 2505 h.

CARCASSONNE, ch.-l. de l'Aude, sur l'Aude, à 785 kil. de Paris; 23644 h. Evêché.

CARCHÉMIS ou **CIRCÉSIUM**, v. de l'anc. Mésopotamie, au confluent de l'Euphrate et du Chaboras.

CARDIFF, v. et port du pays de Galles, en Angleterre; 40000 h. Houille.

CARDIGAN, ch.-l. du comté de ce nom (Angleterre), sur la baie de Cardigan; 3000 h.

CARDUQUES, peuple de l'anc. Assyrie.

CARÊME, cuisinier français (1784-1833), auteur d'ouvrages relatifs à l'art culinaire.

CARENTAN, ch.-l. de c. de la Manche, arr. de Saint-Lô; 3020 h.

CARHAIX, ch.-l. de c. du Finistère; arr. de Châteaulin; 2496 h.

CARIBERT, fils aîné de Clotaire 1er, fut roi de Paris (561-567).

CARIE, contrée de l'Asie Mineure, sur la Méditerranée; v. pr. Halicarnasse, Milet.

CARIEN, IENNE, *adj.* et *s.* Qui est de Carie.

CARIGNAN, ch.-l. de c. des Ardennes, arr. de Sedan; 2089 h.

CARIGNAN (maison de), branche de la maison de Savoie dont le chef est Thomas François, prince de Carignan (1596-1656), et qui commença à régner en 1831, dans la personne de Charles-Albert.

CARIN, empereur romain (283-285), régna d'abord avec son frère Numérien, et fut assassiné par ses soldats.

CARINTHIE, prov. de l'Empire austro-hongrois; 338000 h.; v. pr. Klagenfurt, Villach.

CARLISLE, ch.-l. du comté de Cumberland (Angleterre); 31000 h.

CARLISTES, nom donné en France aux partisans de Charles X après 1830; en Espagne, à ceux de don Carlos, frère de Ferdinand VII, et de son petit-fils, don Carlos.

CARLOMAN, fils aîné de Charles-Martel, duc d'Austrasie, se fit moine en 746, et mourut enfermé par son frère Pepin le Bref (755). || CARLOMAN, frère puîné de Charlemagne, fut roi d'Austrasie (768-771). || CARLOMAN, fils de Louis le Bègue, régna avec son frère Louis III (879), puis seul (882-884).

CARLOS (DON), fils de Philippe II d'Espagne et de Marie de Portugal, fut accusé de vouloir attenter aux jours de son père, et condamné à mort; on l'empoisonna suivant les uns, ou, suivant d'autres, il mourut de consomption (1545-1568). || DON CARLOS DE BOURBON (1788-1855), fils cadet de Charles IV d'Espagne, fut reconnu roi par le parti absolutiste à la mort de son frère Ferdinand VII (1833), fit la guerre à sa nièce Isabelle jusqu'en 1839, et, vaincu, se retira en France, où il abdiqua en faveur de son fils aîné, Carlos, comte de Montemolin.

CARLOVINGIENS, famille issue de Pepin de Landen et d'Arnulf, a donné 12 rois à la France, de Pepin le Bref à Louis V, et des souverains à l'Allemagne ainsi qu'à l'Italie.

CARLOW, ch.-l. du comté de ce nom, en Irlande; 11000 h.

CARLSBAD, v. de Bohême; 8500 h. Eaux minérales.

CARLSCRONA, v. et premier port militaire de la Suède; 16000 h.

CARLSRUHE, cap. du grand-duché de Bade; 32000 h.

CARLUX, ch.-l. de c. de la Dordogne, arr. de Sarlat; 1017 h.

CARMAGNOLE, v. d'Italie, à 26 kil. de Turin; 12000 h. Elle fut prise par les Français en 1792.

CARMANIE, anc. pays de l'Asie centrale sur le golfe Persique.

CARMATHEN, v. du pays de Galles (Angleterre); 11000 h.

CARMAUX, c. du Tarn, arr. d'Albi; 5010 h. Houillère, verrerie, etc.

CARMEL (MONT), prolongement de l'Anti-Liban en Palestine, célèbre par son couvent. || Chevaliers de Notre-Dame du Mont-Carmel, ordre militaire d'hospitaliers fondé en France par Henri IV.

CARMONA, v. de la prov. de Séville (Espagne); 20000 h.

CARNAC, c. du Morbihan, arr. de Lorient; 2823 h. Pierres druidiques.

CARNAVALET, hôtel situé à Paris, rue Sévigné, bâti sur les plans d'Androuet du Cerceau, vers 1550, orné de statues par Jean Goujon, et terminé par Mansart en 1654; servit de résidence à Mme de Sévigné, et renferme aujourd'hui la Bibliothèque de la Ville de Paris.

CARNÉ (de), publiciste et historien, membre de l'Académie française (1804-1876).

CARNÉADE, phil. grec (213-126 av. J.-C.).

CARNIÈRES, ch.-l. de c. du Nord, arr. de Cambrai; 1883 h.

CARNIOLE, prov. de l'Empire austro-hongrois; 466000 h.; v. princ. Laybach, Idria.

CARNIQUES (ALPES), chaîne des Alpes au N. de la Vénétie.

CARNOT, conventionnel, membre du Comité de salut public, puis du Directoire, organisateur des armées de la République (1753-1823). || Son fils, né en 1801, a été ministre de l'instruction publique en 1848.

CARNUTES, anc. peuple gaulois qui occupait le centre de la Gaule.

CAROLINE DU NORD, l'un des États-Unis de l'Amérique sept., sur l'océan Atlantique; 1071361 h.; cap. Raleigh.

CAROLINE DU SUD, l'un des États-Unis de l'Amérique sept., sur l'océan Atlantique; 705606 h.; cap. Colombia; v. pr. Charleston.

CAROLINES ou **NOUVELLES-PHILIPPINES**, îles de l'Océanie; 25000 h.

CARON ou **CHARON**, le nocher des enfers, chargé de passer les âmes des morts.

CAROUGE, v. du canton et à 2 kil. de Genève, sur l'Arve; 5000 h.

CARPACCIO, peintre vénitien (1450-1522).

CARPATHES, chaîne de montagnes qui traverse les États autrichiens, la Gallicie, la Hongrie, la Transylvanie et les provinces Moldo-Valaques.

CARPATHOS, l'une des îles Sporades.

CARPENTIER, paléographe français, auteur d'une édition et d'un supplément au *Glossaire* de Du Cange (1697-1767).

CARPENTRAS, ch.-l. d'arr. de Vaucluse, à 24 kil. d'Avignon; 10524 h.

CARPI, v. d'Italie, près de Modène; 6000 h.

CARQUEFOU, ch.-l. de c. de la Loire-Inférieure, arr. de Nantes; 2799 h.

CARRACHE, nom de trois peintres de Bologne: les deux premiers, Augustin (1557-1601) et Annibal, le plus célèbre (1560-1609), sont frères; le troisième, Louis (1555-1619), est leur cousin.

CARRARE, v. de Toscane; 6000 h. Carrières de marbre blanc.

CARREL (ARMAND), publiciste français, fut tué en duel (1800-1836).

CARRIER (J.-B.), conventionnel, envoyé en 1793 à Nantes; il y commit des cruautés fameuses sous le nom de *noyades*; il fut décapité en 1794.

CARROUGES, ch.-l. de c. de l'Orne, arr. d'Alençon; 910 h.

CARTERET, navigateur anglais (XVIIIe s.).

CARTHAGE, v. fondée par Didon vers 880 av. J.-C., détruite par les Romains en 146 av. J.-C.; redevenue florissante au IVe s. de l'ère chrétienne, elle fut de nouveau détruite par les Arabes en 698.

CARTHAGÈNE, v. de la prov. de Murcie (Espagne); 38005 h. Port sur la Méditerranée.

CARTHAGÈNE, v. de la Nouvelle-Grenade (Amérique méridionale); 20000 h.

CARTIER (JACQUES), navigateur français, né à Saint-Malo (1494-1555), remonta le Saint-Laurent et découvrit le Canada en 1534.

CARTOUCHE, chef d'une bande de voleurs en Normandie, puis à Paris, fut pris et exécuté en 1721.

CARUS, emp. romain (282-283 ap. J.-C.).

CARVIN, ch.-l. de c. du Pas-de-Calais, arr. de Béthune; 7024 h. Sucreries; houille.

CASAL, v. d'Italie, sur le Pô; 26000 h.

CASANOVA (FRANÇOIS), peintre célèbre par ses tableaux de batailles (1727-1805).

CASAUBON, théologien calviniste et érudit, gendre de Henri Estienne (1559-1614).

CASERTE, ch.-l. de la prov. de ce nom (Italie), à 25 k. de Naples; 28000 h. Beau château.

CASIMIR, nom de 4 rois de Pologne. Les deux premiers étaient Piast, les deux derniers Jagellons; Jean-Casimir (1648-1668) était Wasa.

CASPIENNE (MER), le plus grand des lacs salés, entre l'Europe et l'Asie; les bords appartiennent à la Russie et à la Perse.

CASSAGNE (l'abbé), auteur et prédicateur français (1636-1679).

CASSAGNES-BÉGONHÈS, ch.-l. de c. de l'Aveyron, arr. de Rodez; 1281 h.

CASSANDRE, fille de Priam et d'Hécube, qui avait reçu le don de prophétie; mais personne n'ajoutait foi à ses prédictions.

CASSANDRE, fils d'Antipater, resta maître de la Macédoine et de la Grèce après la bataille d'Ipsus (354-297 av. J.-C.).

CASSEL, ch.-l. de c. du Nord, arr. d'Hazebrouck; 4258 h. Dentelles, cuirs, savons.

CASSEL ou **CASTEL**, v. de la Hesse-Darmstadt, en face de Mayence; 3000 h.

CASSEL, anc. cap. de l'électorat de Hesse-Cassel, auj. à la Prusse; 42000 h.

CASSIN (MONT-), montagne située à 80 k. N.-O. de Naples, où se trouve une abbaye, fondée en 529 par Benoît de Nursia, et devenue le centre de l'ordre des Bénédictins.

CASSINI (J.-DOMINIQUE), célèbre astronome italien (1625-1712), fut appelé en France par Colbert et chargé d'organiser l'Observatoire de Paris. || Son petit-fils, CASSINI DE THURY, commença en 1744 la grande carte de France, qui fut terminée par son fils, Jacques-Dominique, en 1793.

CASSIODORE, écrivain latin, ministre de Théodoric, roi des Ostrogoths d'Italie, puis d'Athalaric et de Théodat (468-562 ap. J.-C.).

CASSIOPÉE, mère d'Andromède, fut placée parmi les constellations.

CASSIUS, l'un des meurtriers de César et beau-frère de Brutus, se tua à la bataille de Philippes (42 av. J.-C.).

CASTALIE, fontaine du Parnasse consacrée aux Muses.

CASTANET, ch.-l. de c. de la Haute-Garonne, arr. de Toulouse; 944 h.

CASTEL-GANDOLFO, villa du pape, à 2 kil. du lac Albano (Italie).

CASTELJALOUX, ch.-l. de c. du Lot-et-Garonne, arr. de Nérac; 3045 h.

CASTELLAMARE, v. d'Italie, port militaire sur le golfe de Naples; 30000 h.

CASTELLANE, ch.-l. d'arr. des Basses-Alpes, à 35 kil. de Digne; 1814 h.

CASTELLANE, maréchal de France (1788-1862).

CASTELMORON, ch.-l. de c. du Lot-et-Garonne, arr. de Marmande; 2019 h.

CASTELNAU, ch.-l. de c. de la Gironde, arr. de Bordeaux ; 1645 h. Vins.

CASTELNAU, ch.-l. de c. du Lot, arr. de Cahors ; 3717 h.

CASTELNAU (Pierre de), envoyé par Innocent III pour combattre les Albigeois, fut assassiné en 1208.

CASTELNAU (Michel de), diplomate français (1520-1592).

CASTELNAU-DE-MONTMIRAL, ch.-l. de c. du Tarn, arr. de Gaillac ; 2569 h.

CASTELNAU-MAGNOAC, ch.-l. de c. des Hautes-Pyrénées, arr. de Bagnères ; 1581 h.

CASTELNAU-RIVIÈRE-BASSE, ch.-l. de c. des Htes-Pyrénées, arr. de Tarbes ; 1141 h.

CASTELNAUDARY, ch.-l. d'arr. de l'Aude, à 34 kil. de Carcassonne ; 9328 h.

CASTEL-SARRASIN, ch.-l. d'arr. du Tarn-et-Garonne, à 20 kil. de Montauban ; 6514 h.

CASTETS, ch.-l. de c. des Landes, arr. de Dax ; 2081 h.

CASTIFAO, ch.-l. de c. de la Corse, arr. de Corte ; 649 h.

CASTIGLIONE, bourg d'Italie, à 26 k. de Brescia, où les Français battirent les Autrichiens(1796). ||Duc de Castiglione, Augereau.

CASTILLAN, ANE, adj. et s. Qui est de la Castille.

CASTILLE, l'un des anc. roy. d'Espagne ; il commença en 1033 par Ferdinand Ier, et finit par le mariage de Ferdinand d'Aragon et d'Isabelle de Castille, qui amena l'unité de la royauté en Espagne (1479).

CASTILLE (NOUVELLE-), anc. prov. d'Espagne ; cap. Madrid ; 1 290 000 h.

CASTILLE (VIEILLE-), anc. prov. d'Espagne ; cap. Burgos ; 1 716 000 h.

CASTILLON, ch.-l. de c. de l'Ariège, arr. de Saint-Girons ; 1054 h.

CASTILLON, ch.-l. de c. de la Gironde, arr. de Libourne, sur la Dordogne ; 3656 h.

CASTILLONNÈS, ch.-l. de c. du Lot-et-Garonne, arr. de Villeneuve ; 2033 h.

CASTLEREAGH, homme d'État anglais (1769-1822), fut, depuis la mort du second Pitt, l'âme des coalitions qui renversèrent le 1er Empire français.

CASTOR, héros de la mythologie grecque, frère jumeau de Pollux.

CASTRES, ch.-l. d'arr. du Tarn, à 38 kil. d'Albi ; 23 561 h.

CASTRIES, ch.-l. de c. de l'Hérault, arr. de Montpellier ; 1415 h.

CATALAN, ANE, adj. et s. Qui est de la Catalogne.

CATALAUNIENS ou **CATALAUNIQUES (CHAMPS)**, sm. pl. Plaine de Châlons-sur-Marne, célèbre par la défaite d'Attila (451).

CATALOGNE, anc. prov. d'Espagne, joignant les Pyrénées-Orientales ; cap. Barcelone ; 1 745 000 h.

CATANE, ch.-l. de la prov. de ce nom, en Sicile, au pied de l'Etna ; 68 810 h.

CATEAU (LE) (anc. Cateau-Cambrésis), ch.-l. de c. du Nord, arr. de Cambrai ; 9500 h. || Henri II, roi de France, et Philippe II d'Espagne y signèrent la paix, en 1559.

CATEL, compositeur français, auteur d'un Traité d'harmonie (1773-1830).

CATELET (LE), ch.-l. de c. de l'Aisne, arr. de Saint-Quentin ; 846 h.

CATHAY, nom de la Chine au moyen âge.

CATHELINEAU (Jacques), généralissime de l'armée vendéenne (1759-1793).

CATHERINE (ordre de **SAINTE-**), ordre fondé en Russie par Pierre Ier et spécialement destiné aux dames.

CATHERINE Ire, impératrice de Russie, simple paysanne, qui épousa Pierre le Grand en 1711, s'empara du pouvoir à la mort du czar, en 1725, et mourut en 1727. || Catherine II, la Grande, épouse du czar Pierre III, lui succéda quand il périt victime d'un complot (1762), démembra la Pologne trois fois, acheta la Crimée, développa la civilisation de la Russie, et mourut en 1796.

CATHERINE D'ALEXANDRIE (sainte), vierge et martyre (312) ; patronne des écoles de filles, honorée le 25 novembre.

CATHERINE D'ARAGON (1483-1536), fille de Ferdinand le Catholique et d'Isabelle, épousa Henri VIII d'Angleterre, qui rompit ce mariage pour épouser Anne Boleyn. Catherine laissa une fille, Marie Tudor.

CATHERINE DE MÉDICIS, fille de Laurent de Médicis, épouse de Henri II, roi de France, régente à l'avénement de son fils Charles IX (1519-1589).

CATHERINE DE SIENNE (sainte), religieuse célèbre par ses extases et ses écrits.

CATILINA, patricien romain, auteur d'une conspiration contre le sénat et contre Rome déjouée par Cicéron (63 av. J.-C).

CATILINAIRES, titre des quatre discours de Cicéron contre Catilina.

CATINAT, maréchal de France (1637-1712), gagna sur Victor-Amédée les batailles de Staffarde (1690) et de la Marsaille (1693), fut moins heureux dans la guerre de la Succession d'Espagne, et mourut dans la retraite.

CATON l'Ancien ou le Censeur (232-147 av. J.-C.), Romain célèbre par sa sévérité dans ses fonctions de censeur et par sa lutte contre les innovations ; de ses nombreux discours et écrits, il ne nous reste que des fragments et un Traité sur l'agriculture.

CATON d'Utique, arrière-petit-fils du précédent, suivit le parti de Pompée ; après Pharsale, il passa en Afrique, et se perça de son épée à Utique pour ne pas devoir la vie à César (95-46 av. J.-C.).

CATTARO (BOUCHES DU), golfe de l'Adriatique, sur la côte de Dalmatie. || Cattaro, v. sur ce golfe, à l'Autriche ; 3000 h.

CATTÉGAT, détroit entre la Suède et le Jutland, unit la mer du Nord à la Baltique.

CATTENOM, anc. ch.-l. de c. de la Moselle, arr. de Thionville ; cédé à la Prusse en 1871 ; 1136 h.

CATTES, anc. tribu germanique, qui habita des sources du Weser au Mein.

CATULLE, poëte latin élégiaque (86-40 av. J.-C.).

CATUS, ch.-l. de c. du Lot, arr. de Cahors ; 1593 h.

CAUCASE, chaîne de montagnes entre l'Europe et l'Asie, s'étendant de la mer Noire à la mer Caspienne.

CAUCASIE (lieutenance de), en Russie, comprenant 12 gouv. V. princ. Stavropol, Derbent, Bakou, Tiflis ; 4 700 000 h.

CAUCASIEN, IENNE, ou **CAUCASIQUE**, adj. Qui vient du Caucase.

CAUCHOIS, OISE, adj. et s. Qui est du pays de Caux.

CAUCHON (Pierre), évêque de Beauvais, présida le tribunal qui condamna Jeanne Darc à mort (1431).

CAUCHY (Auguste-Louis), mathématicien français (1789-1857).

CAUDEBEC-EN-CAUX, ch.-l. de c. de la Seine-Inférieure, sur la Seine, arr. d'Yvetot; 1983 h.

CAUDEBEC-LÈS-ELBEUF, c. de la Seine-Inférieure, arr. de Rouen; 10713 h. Draps.

CAUDINES (FOURCHES), voy. Fourches.

CAULAINCOURT, duc de Vicence (1773-1827), général du 1er Empire, ambassadeur à Saint-Pétersbourg.

CAUMARTIN, famille du Ponthieu.

CAUMONT, ch.-l. de c. du Calvados, arr. de Bayeux; 1034 h.

CAUMONT, fam. du midi de la France, tire son nom de Caumont, près de Marmande.

CAUS (Salomon de), ingénieur français, auteur du livre intitulé *Les raisons des forces mouvantes*, dans lequel il a donné la théorie de l'expansion et de la condensation de la vapeur. Il mourut en 1635.

CAUSSADE, ch.-l. de c. du Tarn-et-Garonne, arr. de Montauban; 4200 h.

CAUTERETS, c. de l'arr. d'Argelès (Hautes-Pyrénées). Eaux thermales sulfureuses.

CAUX (pays de), pays de la Normandie formant l'ouest de la Seine-Inférieure.

CAVAIGNAC (Eugène), général français (1802-1857), réprima l'insurrection de juin 1848, et fut chef du pouvoir exécutif jusqu'au 20 déc. 1848. || Son frère aîné, Godefroy, est célèbre comme publiciste.

CAVAILLON, ch.-l. de c. de Vaucluse, arr. d'Avignon; 8034 h.

CAVALIER (Jean), chef des Camisards ou calvinistes des Cévennes (1679-1740).

CAVALIERS, nom des royalistes, sous Charles Ier, pendant la révol. d'Angleterre.

CAVENDISH (Henri), physicien et chimiste anglais (1731-1810).

CAVOUR (comte de), homme d'État italien, ministre de Victor-Emmanuel II, prépara l'unité de l'Italie (1810-1861).

CAYENNE, île de la Guyane française, à l'embouchure de la Cayenne; lieu de déportation; cap. Cayenne; 6000 h.

CAYEUX, petit port sur la Manche, arr. d'Abbeville (Somme); 3003 h.

CAYLAR (LE), ch.-l. de c. de l'Hérault, arr. de Lodève; 819 h.

CAYLUS, ch.-l. de c. du Tarn-et-Garonne, arr. de Montauban; 4829 h.

CAYRES, ch.-l. de c. de la Haute-Loire, arr. du Puy; 1414 h.

CAZALÈS, membre de l'Assemblée constituante, défenseur de la royauté (1758-1805).

CAZALS, ch.-l. de c. du Lot, arr. de Cahors; 856 h.

CAZAUBON, ch.-l. de c. du Gers, arr. de Condom; 2666 h. Eaux minérales.

CAZÈRES, ch.-l. de c. de la Haute-Garonne, arr. de Muret; 2646 h.

CAZOTTE, littérateur français, auteur de contes, de petites poésies; adversaire de la Révolution, il fut condamné à mort et décapité (1720-1792).

CÉCILE (sainte), vierge et martyre romaine de la 1re moitié du IIIe s., patronne des musiciens, honorée le 22 novembre.

CÉCROPS, Égyptien regardé comme le fondateur d'Athènes, vers 1580 av. J.-C.

CÉDRON, torrent de Palestine, passe près de Jérusalem, se jette dans la mer Morte.

CÉLÈBES, île de la Malaisie, appartenant aux Hollandais; 1000000 d'h.; cap. Macassar ou Wlaardingen.

CÉLESTIN, nom de cinq papes. Le cinquième (1294) avait, avant son exaltation, réformé l'ordre des Célestins.

CELLAMARE, ambassadeur du roi d'Espagne Philippe V en France, forma avec le duc du Maine un complot contre le Régent (1718) et fut reconduit à la frontière.

CELLES, ch.-l. de c. des Deux-Sèvres, arr. de Melle; 1424 h.

CELLINI (Benvenuto), sculpteur, graveur et ciseleur florentin (1500-1571), appelé en France par François Ier.

CELSE, médecin romain, contemporain de Tibère, auteur d'un livre *Sur la médecine*.

CELTES, peuple de race caucasienne, venu de l'E., couvrit l'Europe centrale, puis se répandit dans l'Occident, notamment dans la Gaule, les Iles Britanniques et le N. de l'Italie; il fut anéanti par les Romains.

CELTIBÈRES ou **CELTIBÉRIENS**, anc. peuple de l'Espagne, qui occupa le pays correspondant à l'Aragon mérid. et à la Castille.

CELTIQUE, l'une des divisions de la Gaule au temps de César. || *Adj.* Qui appartient aux Celtes. Langue celtique.

CENIS (MONT), montagne de la chaîne des Alpes, entre la Savoie française et le Piémont, percée par un tunnel de Modane (France) à Bardonnèche (Italie).

CÉNOMANS, anc. peuple gaulois; cap. Cenomant (le Mans).

CENT-ANS (guerre de), guerre entre la France et l'Angleterre, de 1337 à 1453.

CENTAURE, être mythologique, moitié homme et moitié cheval.

CENT-JOURS, période qui commence à l'entrée de Napoléon Ier à Paris, au retour de l'île d'Elbe, 20 mars 1815, et qui se termine le 8 juillet à la reprise de possession de la couronne par Louis XVIII.

CENTRE (canal du), canal qui unit la Saône à la Loire, de Chalon à Digoin.

CÉPHALE, roi de Thessalie, épousa Procris, la perça involontairement à la chasse d'un javelot, et se tua de désespoir.

CÉPHALONIE, la plus grande des îles Ioniennes (Grèce); 77000 h.

CÉPHISE, ruisseau de l'Attique, passant près d'Athènes. || Rivière de Thessalie.

CÉRAM, l'une des Moluques; 230000 h.

CÉRAMIQUE (LE), quartier d'Athènes, qui renfermait les jardins de l'Académie.

CÉRASONTE, anc. v. du Pont, sur le Pont-Euxin.

CERBÈRE, chien à trois têtes qui gardait la porte des enfers.

CERDA (INFANTS DE LA), petits-fils d'Alphonse X *le Sage*, dont les droits au trône de Castille furent soutenus par le roi de France Philippe III *le Hardi*. || Un autre LA CERDA (Charles), connétable de France sous Jean le Bon, fut assassiné par le roi de Navarre Charles le Mauvais (1354).

CERDAGNE, anc. pays situé sur les deux revers des Pyrénées, divisé en Cerdagne française, cap. Montlouis, et Cerdagne espagnole, cap. Puycerda.

CÈRE (LA), affl. de gauche de la Dordogne, vient du Plomb du Cantal.

CÉRÉ (SAINT-), ch.-l. de c. du Lot, arr. de Figeac; 4161 h.

CÉRÈS, déesse des moissons.

CÉRET, ch.-l. d'arr. des Pyrénées-Orientales, à 30 kil. de Perpignan; 3708 h.

CERGUES (SAINT-), col du Jura, par lequel passe la route de Besançon à Genève.

CÉRIGNOLE, v. de la Capitanate (Italie), près de laquelle le duc de Nemours fut vaincu et tué, en 1503.

CÉRIGO, anc. Cythère, l'une des îles Ioniennes (Grèce); 14 500 h.

CÉRILLY, ch.-l. de c. de l'Allier, arr. de Montluçon; 2815 h.

CERISIERS, ch.-l. de c. de l'Yonne, arr. de Joigny; 1521 h.

CÉRISOLES, bourg de la prov. de Coni (Italie), célèbre par la victoire du comte d'Enghien sur les Impériaux, en 1544.

CERISY-LA-SALLE, ch.-l. de c. de la Manche, arr. de Coutances; 1775 h.

CERIZAY, ch.-l. de c. des Deux-Sèvres, arr. de Bressuire; 1800 h.

CERNAY, anc. ch.-l. de c. du Haut-Rhin, arr. de Belfort; cédé à la Prusse en 1871.

CERNIN (SAINT-), ch.-l. de c. du Cantal, arr. d'Aurillac; 2583 h.

CERVANTES SAAVEDRA (MICHEL), illustre écrivain espagnol, auteur de *Don Quichotte* (1547-1616).

CERVIN (MONT), aiguille des Alpes Pennines, entre le Valais et le val d'Aoste.

CERVIONE, ch.-l. de c. de la Corse, arr. de Bastia; 1615 h.

CÉSAIRE (saint), frère de saint Grégoire de Nazianze, médecin des empereurs Constance et Julien (330-389).

CÉSAIRE (saint), évêque d'Arles, seconda par son influence Clovis dans la conquête de la Gaule (470-542).

CÉSAR (JULES), né à Rome l'an 100 av. J.-C., forma un triumvirat avec Pompée et Crassus; se fit donner le gouvernement des Gaules, soumit ce pays dans une guerre (58-50) qu'il a racontée dans ses *Commentaires*; puis revint à Rome s'emparer du pouvoir, alla battre Pompée à Pharsale, en Thessalie, ses lieutenants Scipion et Labiénus à Thapsus, en Afrique, et ses fils Cnéius et Sextus à Munda, en Espagne. Resté seul maître, nommé dictateur perpétuel, il fut assassiné dans le Sénat par des conjurés, à la tête desquels étaient Cassius et Marcus Brutus (44 av. J.-C.).

CÉSARÉE, nom de plusieurs villes, dont les plus célèbres étaient Césarée de Cappadoce et Césarée de Palestine.

CETTE, ch.-l. de c. de l'Hérault, arr. de Montpellier, entre la Méditerranée et l'étang de Thau; 25 826 h. Port très-commerçant; vins de liqueur, eaux-de-vie.

CEUTA, v. et port de la côte du Maroc, en face de Gibraltar, à l'Espagne; 7000 h.

CÉVENNES, chaîne de montagnes du centre de la France, allant du N.-E. au S.-O.

CEYLAN, grande île au S.-E. de l'Hindoustan, à l'Angleterre; cap. Colombo; 2 081 000 h. Pêcheries de perles.

CEYZÉRIAT, ch.-l. de c. de l'Ain, arr. de Bourg; 1068 h.

CHABANAIS, ch.-l. de c. de la Charente, arr. de Confolens; 1768 h.

CHABANNES (ANTOINE DE), comte de Dammartin, se signala au siège d'Orléans, dirigea le procès de Jacques Cœur, rendit de grands services à Louis XI, fut gouverneur de Paris sous Charles VIII (1411-1488).

CHABEUIL, ch.-l. de c. de la Drôme, arr. de Valence; 3536 h.

CHABLIS, ch.-l. de c. de l'Yonne, arr. d'Auxerre; vins blancs renommés; 2300 h.

CHABOT (PHILIPPE DE), amiral de France sous François Ier. Son tombeau, chef-d'œuvre de Jean Cousin, se voit au Louvre.

CHABRIAS, gén. athénien (392-358 av. J.-C.).

CHABROL (comte de), préfet de la Seine de 1812 à 1830. || L'un de ses frères, ministre de la marine sous la Restauration, se distingua par d'utiles institutions.

CHAGNY, ch.-l. de c. de Saône-et-Loire, arr. de Chalon-sur-Saône; 4059 h.

CHAILLAND, ch.-l. de c. de la Mayenne, arr. de Laval; 2350 h.

CHAILLÉ-LES-MARAIS, ch.-l. de c. de la Vendée, arr. de Fontenay-le-Comte; 2368 h.

CHAILLOT, vge sur la rive droite de la Seine, réuni à Paris en 1659, où était la manufacture de tapis de la Savonnerie.

CHAISE-DIEU (LA), ch.-l. de c. de la Haute-Loire, arr. de Brioude; 1736 h.

CHALABRE, ch.-l. de c. de l'Aude, arr. de Limoux; 2127 h.

CHALAIS, ch.-l. de c. de la Charente, arr. de Barbezieux; 775 h.

CHALAIS (HENRI DE TALLEYRAND, comte de), favori de Louis XIII, conspira contre Richelieu avec Gaston d'Orléans, fut arrêté, condamné à mort et exécuté, en 1626.

CHALAMONT, ch.-l. de c. de l'Ain, arr. de Trévoux; 1810 h.

CHALCÉDOINE, v. anc. de Bithynie, sur le Bosphore, en face de Byzance.

CHALCIDIQUE, presqu'île de Macédoine.

CHALCIS, auj. Negrepont, anc. cap. de l'Eubée, sur l'Euripe.

CHALDÉE, la Babylonie ancienne, ou la partie S.-O. de la Babylonie.

CHALLANS, ch.-l. de c. de la Vendée, arr. des Sables-d'Olonne; 4631 h.

CHALONNAIS, petit pays de l'anc. Bourgogne; cap. Chalon-sur-Saône. || Petit pays de Champagne; cap. Châlons-sur-Marne.

CHALONNES-SUR-LOIRE, ch.-l. de c. du Maine-et-Loire, arr. d'Angers; 5836 h.

CHÂLONS-SUR-MARNE, ch.-l. du dép. de la Marne, à 170 k. de Paris; 16 483 h. Évêché.

CHALON-SUR-SAÔNE, ch.-l. d'arr. de Saône-et-Loire, à 60 kil. de Mâcon; 20 427 h.

CHALUS, ch.-l. de c. de la Haute-Vienne, arr. de Saint-Yrieix; 2181 h. Ruines d'un château, au siège duquel Richard Cœur de Lion fut blessé mortellement (1199).

CHAM, 2e fils de Noé, maudit par son père; ses descendants peuplèrent l'Afrique.

CHAMANISME, religion grossière du Nord de l'Europe et de l'Asie.

CHAMBERTIN, vignoble célèbre de la commune de Gevrey, à 10 kil. de Dijon.

CHAMBÉRY, ch.-l. du dép. de la Savoie, à 596 kil. de Paris; 19 144 h. Archevêché. Patrie de Vaugelas, de Joseph et de Xavier de Maistre, du général de Boigne, etc.

CHAMBON, ch.-l. de c. de la Creuse, arr. de Boussac; 2170 h.

CHAMBON-FEUGEROLLES (LE), ch.-l. de c. de la Loire, arr. de Saint-Étienne; 6772 h. Acier, coutellerie.

CHAMBORD, vge à 15 kil. de Blois, où se trouve un château construit par François Ier sur les dessins du Primatice, et décoré par Cousin, Goujon et Pilon.

CHAMBORD (duc de Bordeaux, comte de), chef actuel de la branche aînée des Bourbons, né le 29 sept. 1820, fils du duc de Berri et petit-fils de Charles X.

CHAMBRE (LA), ch.-l. de c. de la Savoie, arr. de Saint-Jean-de-Maurienne; 700 h.

CHAMFORT, littérateur français, célèbre par son esprit caustique et ses bons mots (1741-1794).

CHAMILLART (MICHEL DE), contrôleur général des finances (1699-1709), et en même temps ministre de la guerre (1701-1710).

CHAMOND (SAINT-), ch.-l. de c. de la Loire, arr. de Saint-Étienne, 12585 h. Houille, forges, etc.

CHAMOUNY ou **CHAMONIX**, ch.-l. de c. de la Haute-Savoie, arr. de Bonneville, sur l'Arve, au pied du Mont-Blanc; 2455 h.

CHAMOUX, ch.-l. de c. de la Savoie, arr. de Chambéry; 1395 h.

CHAMPAGNAC-DE-BELAIR, ch.-l. de c. de la Dordogne, arr. de Nontron; 983 h.

CHAMPAGNE, prov. de l'anc. France, cap. Troyes; réunie au domaine royal en 1314; elle a formé les départements de l'Aube, de la Marne, de la Haute-Marne, des Ardennes, une partie de l'Yonne, de l'Aisne, de Seine-et-Marne et de la Meuse.

CHAMPAGNE, ch.-l. de c. de l'Ain, arr. de Belley; 542 h.

CHAMPAGNE ou **CHAMPAIGNE** (PHILIPPE DE), peintre de portraits et de sujets religieux, né à Bruxelles en 1602, mort à Paris en 1674.

CHAMPAGNE-MOUTON, ch.-l. de c. de la Charente, arr. de Confolens; 1142 h.

CHAMPAGNEY, ch.-l. de c. de la Haute-Saône, arr. de Lure; 4292 h. Houille.

CHAMPAGNOLE, ch.-l. de c. du Jura, arr. de Poligny, sur l'Ain; 3294 h.

CHAMPAGNY (J.-B. DE), duc de Cadore (1756-1834), ministre de l'intérieur sous Napoléon Ier en 1804, et des relations extérieures de 1807 à 1811.

CHAMPAGNY (FRANZ DE), historien français, membre de l'Académie, né en 1804.

CHAMPAUBERT, vge à 24 kil. d'Épernay, où Napoléon battit les Prussiens en 1814.

CHAMPDENIERS, ch.-l. de c. des Deux-Sèvres, arr. de Niort; 1517 h.

CHAMPEAUX (GUILLAUME DE), philosophe scolastique, le maître, puis l'adversaire d'Abélard, mort en 1121.

CHAMPEIX, ch.-l. de c. du Puy-de-Dôme, arr. d'Issoire; 1713 h.

CHAMPENOIS, OISE, *adj.* et *s.* Qui est de la Champagne.

CHAMPIGNY, vge de l'arr. de Sceaux, (Seine), sur la Marne. || Combats contre les Prussiens, 30 nov. et 2 déc. 1870.

CHAMPIONNET, général français (1762-1800), s'empara de Naples où il proclama la République parthénopéenne (1799).

CHAMPLAIN (SAMUEL DE), voyageur français, remonta le Saint-Laurent, fonda Québec, fut gouverneur du Canada, et écrivit la relation de ses voyages (1570-1635).

CHAMPLAIN, lac du Canada, découvert par Champlain (1609).

CHAMPLITTE, ch.-l. de c. de la Haute-Saône, arr. de Gray; 2740.

CHAMPMESLE (MARIE DESMARES), célèbre tragédienne française (1644-1698).

CHAMPOLLION LE JEUNE, savant français, qui découvrit le secret de l'écriture hiéroglyphique (1790-1832).

CHAMPS, ch.-l. de c. du Cantal, arr. de Mauriac; 1728 h.

CHAMPTOCEAUX, ch.-l. de c. de Maine-et-Loire, arr. de Cholet; 1565 h.

CHANAAN, l'un des fils de Cham, père des Chananéens.

CHANAAN (TERRE DE), ancien nom de la Phénicie et de la Palestine.

CHANAC, ch.-l. de c. de la Lozère, arr. de Marvejols; 1884 h.

CHANDERNAGOR, v. du Bengale, sur l'Hougly, appartient à la France; 32000 h.

CHANDOS (JEAN), célèbre capitaine anglais du XIVe s., décida la victoire de Poitiers, fit deux fois Du Guesclin prisonnier, et fut tué près de Poitiers (1369).

CHANNING, moraliste et philanthrope américain (1780-1842).

CHANTAL (JEANNE-FRANÇOISE DE), fonda en 1610 à Annecy le premier couvent de l'ordre de la Visitation. Son fils fut le père de Mme de Sévigné.

CHANTELLE, ch.-l. de c. de l'Allier, arr. de Gannat; 2044 h.

CHANTENAY, commune de la Loire-Inférieure, arr. de Nantes, sur la Loire; 9860 h. Chantiers de construction.

CHANTILLY, c. de l'Oise, arr. de Senlis; 3578 h. Le grand Condé s'y fit construire un château dont il ne subsiste plus que le petit château et les écuries.

CHANTONNAY, ch.-l. de c. de la Vendée, arr. de la Roche-sur-Yon; 3382 h.

CHAONIE, contrée de l'anc. Épire.

CHAOURCE, ch.-l. de c. de l'Aube, arr. de Bar-sur-Seine; 1546 h.

CHAPELAIN (JEAN), poète français, l'un des premiers membres de l'Académie française, et longtemps l'oracle de la littérature sous Louis XIV (1595-1674).

CHAPELLE, poète français, auteur avec son ami Bachaumont du *Voyage en Provence et en Languedoc* (1626-1686).

CHAPELLE-D'ANGILLON (LA), ch.-l. de c. du Cher, arr. de Sancerre; 847 h.

CHAPELLE-DE-GUINCHAY (LA), ch.-l. de c. de Saône-et-Loire, arr. de Mâcon; 2186 h.

CHAPELLE-EN-VERCORS (LA), ch.-l. de c. de la Drôme, arr. de Die; 1279 h.

CHAPELLE-LA-REINE (LA), ch.-l. de c. de Seine-et-Marne, arr. de Fontainebleau; 787 h.

CHAPELLE-SUR-ERDRE, ch.-l. de c. de la Loire-Inférieure, arr. de Nantes; 2610 h.

CHAPPE (CLAUDE), 1763-1805, inventeur du télégraphe aérien, dont on fit le premier essai en 1793. || Son frère Jean (1760-1829) fit exécuter les grandes lignes de France.

CHAPTAL, célèbre chimiste, ministre de l'intérieur sous le 1er Empire, auteur de découvertes et de fondations utiles aux arts et à l'industrie (1756-1832).

CHAPTES (SAINT-), ch.-l. de c. du Gard, arr. d'Uzès; 873 h.

CHARDIN (JEAN), voyageur français, auteur d'un *Voyage en Perse et aux Indes orientales* (1643-1713).

CHARDIN, peintre français (1699-1779).

CHARENTE, fleuve de France, prend sa source dans les monts du Limousin, traverse les dép. de la Haute-Vienne, de la Charente et de la Charente-Inférieure, et se jette dans l'Océan; 350 kil.

CHARENTE (dép. de la), formé de l'Angoumois et d'une partie de la Saintonge, du Poitou et de la Marche ; ch.-l. Angoulême ; 5 arr. Angoulême, Cognac, Ruffec, Barbezieux et Confolens ; 367.520 h.

CHARENTE-INFÉRIEURE (dép. de la), formé de la Saintonge, de l'Aunis et d'une partie du Poitou ; ch.-l. La Rochelle ; 6 arr. La Rochelle, Rochefort, Marennes, Saintes, Jonzac, Saint-Jean-d'Angely ; 465.653 h.

CHARENTON-LE-PONT, ch.-l. de c. de la Seine, arr. de Sceaux, sur la Marne, près de son confluent avec la Seine ; 7141 h. Établissement d'aliénés.

CHARENTON-SUR-CHER, ch.-l. de c. du Cher, arr. de St-Amand-Mont-Rond ; 1760 h.

CHARETTE, général vendéen, pris et fusillé à Nantes (1763-1796).

CHARITÉ (LA), ch.-l. de c. de la Nièvre, arr. de Cosne, sur la Loire ; 4801 h.

CHARLEMAGNE, fils aîné de Pepin le Bref, né en 742, régna avec son frère Carloman, en 768, à la mort de son père, puis seul en 771 ; fut sacré empereur d'Occident en 800 par Léon III, et mourut en 814.

CHARLEROI, v. du Hainaut (Belgique), sur la Sambre ; 10.000 h. Bassin houiller.

CHARLES, nom commun à un grand nombre de personnages historiques.

1° *Rois et princes français.* CHARLES MARTEL, fils de Pepin d'Héristal (689-741), duc d'Austrasie, remporta sur l'émir Abdérame une grande victoire près de Poitiers (732), qui lui valut le surnom de *Martel* ou *Marteau*. || CHARLES Ier, voy. CHARLEMAGNE. || CHARLES II, *le Chauve*, roi de France (850) et empereur (875), fils de Louis le Débonnaire, remporta, avec son frère Louis le Germanique, la victoire de Fontenoy, près d'Auxerre (841), sur son frère Lothaire et son neveu Pepin d'Aquitaine, mais ne sut pas repousser les attaques des Normands. || CHARLES *le Gros*, fils de Louis le Germanique, fut empereur d'Allemagne en 882, roi de France en 884, et réunit toute la monarchie de Charlemagne jusqu'à sa déposition en 887. || CHARLES III, *le Simple*, sacré roi en 893, céda la Normandie à Rollon, et mourut en prison, en 929. || CHARLES IV, *le Bel*, roi de France de 1322 à 1328, fut le dernier roi de la branche des Capétiens directs. || CHARLES V, *le Sage*, fils de Jean *le Bon*, roi de France de 1364 à 1380, reconquit avec Du Guesclin une partie de la France sur les Anglais. || CHARLES VI, fils de Charles V, régna de 1380 à 1422 ; sa folie (1392) livra le royaume à l'ambition de ses oncles, puis de son frère Louis d'Orléans et du duc de Bourgogne, Jean-sans-Peur. || CHARLES VII, fils de Charles VI, roi de 1422 à 1461, sauva la France, grâce à l'appui de Jeanne Darc. || CHARLES VIII, fils de Louis XI, roi de 1483 à 1498, fit la conquête du royaume de Naples. || CHARLES IX, fils de Henri II et de Catherine de Médicis (1560-1574), ordonna le massacre de la Saint-Barthélemy. || CHARLES X, 4e fils du Dauphin fils de Louis XV, d'abord connu sous le nom de comte d'Artois, succéda à son frère Louis XVIII (1824), et perdit le trône en 1830.

2° *Empereurs.* CHARLES Ier, II, III, voy. CHARLEMAGNE, CHARLES *le Chauve* et CHARLES *le Gros*. || CHARLES IV, empereur d'Allemagne de 1347 à 1378, auteur de la *Bulle d'or.* || CHARLES-QUINT, fils de Philippe *le Beau*, archiduc d'Autriche, et de Jeanne *la Folle*, fut roi d'Espagne, sous le nom de Charles Ier, à la mort de son grand-père maternel, Ferdinand d'Aragon (1516), empereur en 1519, abdiqua en 1555, mourut en 1558 ; il a été le rival de François Ier. || CHARLES VI, empereur de 1711 à 1740. || CHARLES VII, duc de Bavière, puis empereur de 1742 à 1745.

3° *Rois d'Angleterre.* CHARLES Ier STUART, fils de Jacques Ier, époux d'Henriette, sœur de Louis XIII, roi en 1625, fut décapité en 1649. || CHARLES II, fils aîné de Charles Ier, fut rétabli sur le trône de son père en 1660, mourut en 1685. || CHARLES-ÉDOUARD, dit *le Prétendant*, fils de Jacques III, disputa le trône à George II, fut vaincu à Culloden (1746), et alla mourir à Florence, sous le nom de comte d'Albany (1788).

4° *Rois d'Espagne.* CHARLES Ier, voy. CHARLES-QUINT. || CHARLES II, fils de Philippe IV et de Marie-Anne d'Autriche, roi de 1665 à 1700, institua pour héritier le duc d'Anjou Philippe, petit-fils de Louis XIV. || CHARLES III, fils aîné de Philippe V et d'Élisabeth Farnèse, fut d'abord roi de Naples et de Sicile sous le nom de Charles VII, puis d'Espagne en 1759, mourut en 1788 ; il opéra d'utiles réformes. || CHARLES IV, fils de Charles III, monta sur le trône en 1788, abdiqua en 1808, et mourut en 1811.

5° *Naples et Sicile.* Sept princes de ce nom, dont le plus célèbre est CHARLES Ier, comte d'Anjou, frère de Louis IX, roi des Deux-Siciles en 1268, qui perdit une partie de ses conquêtes par les *Vêpres siciliennes* (1282).

6° *Savoie et Sardaigne.* Trois princes du nom de Charles ; quatre du nom de Charles-Emmanuel. || CHARLES-FÉLIX, roi de Sardaigne (1821-1831). || CHARLES-ALBERT, roi de Piémont en 1831, vaincu par les Autrichiens à Novare en 1849, abdiqua en faveur de son fils Victor-Emmanuel II.

7° *Rois de Suède.* Quatorze rois du nom de Charles. CHARLES VII prit le premier le titre de roi des Suédois (1162-1168). || CHARLES XII, roi de 1697 à 1718, célèbre par ses campagnes en Pologne, en Saxe et en Russie, fut tué au siège de Frédéricshall. || CHARLES XIII, roi de 1809 à 1818, réunit la Norvège à la Suède en 1814, adopta Bernadotte, qui lui succéda en 1818 et régna jusqu'en 1844 sous le nom de Charles-Jean XIV.

8° *Rois de Navarre.* Parmi les quatre rois du nom de Charles, le plus connu est Charles *le Mauvais* (1350-1387), qui joua un rôle important dans les troubles de la France.

CHARLES Ier DE HOHENZOLLERN, prince régnant de Roumanie, né en 1839.

CHARLES DE BLOIS disputa, au nom de Jeanne de Penthièvre, sa femme, la Bretagne à Jean de Montfort, et fut tué à la bataille d'Auray (1364).

CHARLES LE TÉMÉRAIRE, duc de Bourgogne, fils de Philippe le Bon, lui succéda en 1467, lutta contre Louis XI avec succès, fut vaincu par les Suisses à Granson et à Morat, et tué devant Nancy (1477).

CHARLESTON, v. et port de la Caroline du Sud (États-Unis d'Amérique) ; 49.000 h.

CHARLET, peintre, dessinateur et lithographe français, a excellé dans les représentations des scènes militaires (1792-1854).

CHARLEVILLE, ch.-l. de c. des Ardennes, arr. de Mézières ; 12 676 h.

CHARLEVOIX, jésuite et voyageur français, remonta le Saint-Laurent, descendit le Mississipi, et a laissé des relations de ses voyages (1682-1761).

CHARLIEU, ch.-l. de c. de la Loire, arr. de Roanne ; 3873 h.

CHARLOTTE (ÎLE DE LA REINE), sur la côte O. de l'Amérique septentrionale, dans le Grand Océan.

CHARLOTTENBOURG, v. du Brandebourg (Prusse) ; 10 000 h.

CHARLY, ch.-l. de c. de l'Aisne, arr. de Château-Thierry ; 1677 h.

CHARMES, ch.-l. de c. des Vosges, arr. de Mirecourt ; 3026 h.

CHARMETTES (LES), vge près de Chambéry ; séjour de J.-J. Rousseau.

CHARNY, ch.-l. de c. de la Meuse, arr. de Verdun ; 414 h.

CHARNY, ch.-l. de c. de l'Yonne, arr. de Joigny ; 1467 h.

CHAROLAIS, anc. pays de France, formant auj. l'arr. de Charolles (Saône-et-Loire) ; v. pr. Charolles et Semur.

CHAROLLES, ch.-l. d'arr. de Saône-et-Loire, à 50 k. de Mâcon ; 3361 h.

CHARONNE, vge de l'arr. de Saint-Denis, réuni à Paris en 1860, forme le XVIIe arr.

CHAROST, ch.-l. de c. du Cher, arr. de Bourges ; 1394 h.

CHARRON (PIERRE), moraliste français, ami de Montaigne, auteur du *Traité de la sagesse* (1541-1603).

CHARROUX, ch.-l. de c. de la Vienne, arr. de Civray ; 1780 h.

CHARTIER (ALAIN), prosateur et poète français, auteur du *Livre des quatre dames*, du *Quadriloque invectif*, etc. (1386-1449).

CHARTISTES, parti populaire en Angleterre, demandant la *charte du peuple*, pour abolir la prépondérance de l'aristocratie.

CHARTRAIN (PAYS), anc. pays de France, dans la Beauce ; cap. Chartres.

CHARTRE (LA), ch.-l. de c. de la Sarthe, arr. de Saint-Calais ; 1503 h.

CHARTRES, ch.-l. du dép. d'Eure-et-Loir, près de l'Eure, à 88 kil. de Paris ; 19 580 h. Évêché. Belle cathédrale.

CHARTREUSE (LA GRANDE), monastère à 60 kil. de Grenoble, fondé par saint Bruno en 1084, et résidence du général de l'ordre des Chartreux.

CHARYBDE (ka-ri-bd'), gouffre du détroit de Sicile, en face d'un écueil appelé Scylla.

CHASSELOUP-LAUBAT (FRANÇOIS DE), ingénieur militaire (1754-1833). || Son fils a été ministre de la marine sous le 2e Empire.

CHASTELAIN (GEORGES), auteur d'une *Grande chronique* (1403-1475).

CHATAIGNERAIE (LA), ch.-l. de c. de la Vendée, arr. de Fontenay-le-Comte ; 1878 h.

CHÂTEAU (LE), ch.-l. de c. de la Charente-Inférieure, arr. de Marennes ; 3528 h.

CHÂTEAUBOURG, ch.-l. de c. d'Ille-et-Vilaine, arr. de Vitré ; 1247 h.

CHATEAUBRIAND (FRANÇOIS-RENÉ, vicomte DE), célèbre écrivain français, né à Saint-Malo en 1768, mort à Paris en 1848 ; auteur du *Génie du Christianisme* (1802), des *Martyrs*, de l'*Itinéraire de Paris à Jérusalem*, et d'un grand nombre d'autres ouvrages politiques ou historiques.

CHÂTEAUBRIANT, ch.-l. d'arr. de la Loire-Inférieure, à 60 k. de Nantes ; 5111 h.

CHÂTEAU-CHINON, ch.-l. d'arr. de la Nièvre, à 63 kil. de Nevers ; 2623 h.

CHÂTEAU-DU-LOIR, ch.-l. de c. de la Sarthe, arr. de Saint-Calais ; 2873 h.

CHÂTEAUDUN, ch.-l. d'arr. d'Eure-et-Loir, à 44 k. de Chartres ; 6553 h. || Célèbre résistance contre les Prussiens (18 oct. 1870).

CHÂTEAUGIRON, ch.-l. de c. d'Ille-et-Vilaine, arr. de Rennes ; 1460 h.

CHÂTEAU-GONTIER, ch.-l. d'arr. de la Mayenne, à 30 k. de Laval ; 7658 h.

CHÂTEAU-LAFFITTE, hameau du c. de Pauillac (Gironde), renommé par ses vins.

CHÂTEAU-LANDON, ch.-l. de c. de Seine-et-Marne, arr. de Fontainebleau ; 2710 h.

CHÂTEAU-LA-VALLIÈRE, ch.-l. de c. d'Indre-et-Loire, arr. de Tours ; 1173 h.

CHÂTEAULIN, ch.-l. d'arr. du Finistère, à 28 k. de Quimper ; 3339 h.

CHÂTEAU-MARGAUX, vignoble renommé de l'arr. de Bordeaux.

CHÂTEAUMEILLANT, ch.-l. de c. du Cher, arr. de St-Amand-Mont-Rond ; 3526 h.

CHÂTEAUNEUF, ch.-l. de c. de la Charente, arr. de Cognac ; 2750 h.

CHÂTEAUNEUF, ch.-l. de c. d'Eure-et-Loir, arr. de Dreux ; 1423 h.

CHÂTEAUNEUF, ch.-l. de c. du Finistère, arr. de Châteaulin ; 2998 h.

CHÂTEAUNEUF, ch.-l. de c. de la Haute-Vienne, arr. de Limoges ; 1488 h.

CHÂTEAUNEUF, ch.-l. de c. d'Ille-et-Vilaine, arr. de Saint-Malo ; 699 h.

CHÂTEAUNEUF-DE-RANDON, ch.-l. de c. de la Lozère, arr. de Mende ; 895 h.

CHÂTEAUNEUF-SUR-CHER, ch.-l. de c. du Cher, arr. de St-Amand-Mont-Rond, 2683 h.

CHÂTEAUNEUF-SUR-LOIRE, ch.-l. de c. du Loiret, arr. d'Orléans ; 3508 h.

CHÂTEAUNEUF-SUR-SARTHE, ch.-l. de c. de Maine-et-Loire, arr. de Segré ; 1678 h.

CHÂTEAUPONSAC, ch.-l. de c. de la Haute-Vienne, arr. de Bellac ; 3751 h.

CHÂTEAU-PORCIEN, ch.-l. de c. des Ardennes, arr. de Rethel ; 1819 h.

CHÂTEAURENARD, ch.-l. de c. des Bouches-du-Rhône, arr. d'Arles ; 8798 h.

CHÂTEAURENARD, ch.-l. de c. du Loiret, arr. de Montargis ; 2552 h.

CHÂTEAURENAULT, ch.-l. de c. d'Indre-et-Loire, arr. de Tours ; 3870 h.

CHÂTEAUROUX, ch.-l. du dép. de l'Indre, sur l'Indre, à 255 k. de Paris ; 18 670 h.

CHÂTEAU-SALINS, anc. ch.-l. d'arr. de la Meurthe, à 30 k. de Nancy ; cédé à la Prusse en 1871.

CHÂTEAU-THIERRY, ch.-l. d'arr. de l'Aisne, sur la Marne, à 55 kil. de Laon ; 6623 h. Patrie de La Fontaine.

CHÂTEAUVILLAIN, ch.-l. de c. de la Haute-Marne, arr. de Chaumont ; 1583 h.

CHÂTEL, ch.-l. de c. des Vosges, arr. d'Épinal ; 1235 h.

CHÂTEL (JEAN), tenta d'assassiner Henri IV, fut écartelé (1594).

CHAT-EL-ARAB, fl. formé par la réunion du Tigre et de l'Euphrate, se jette dans le golfe Persique ; 150 kil.

CHÂTELARD (LE), ch.-l. de c. de la Savoie, arr. de Chambéry ; 915 h.

CHÂTELAUDREN, ch.-l. de c. des Côtes-du-Nord, arr. de Saint-Brieuc ; 1261 h.

CHÂTELDON, ch.-l. de c. du Puy-de-Dôme, arr. de Thiers; 1900 h.

CHÂTELET (LE), ch.-l. de c. du Cher, arr. de Saint-Amand-Mont-Rond; 2126 h.

CHÂTELET (LE), ch.-l. de c. de Seine-et-Marne, arr. de Melun; 987 h.

CHÂTELLERAULT, ch.-l. d'arr. de la Vienne, sur la Vienne, à 30 k. de Poitiers; 15.896 h. Coutellerie.

CHÂTELUS-MALVALEIX, ch.-l. de c. de la Creuse, arr. de Boussac; 1359 h.

CHÂTENOIS, ch.-l. de c. des Vosges, arr. de Neufchâteau; 1411 h.

CHATHAM, v. du comté de Kent, en Angleterre, port militaire; 44.000 h.

CHATHAM (lord), voy. PITT.

CHÂTILLON, ch.-l. de c. de la Drôme, arr. de Die; 1236 h.

CHÂTILLON, ch.-l. de c. de l'Indre, arr. de Châteauroux; 3643 h.

CHÂTILLON, ch.-l. de c. de la Nièvre, arr. de Château-Chinon; 1956 h.

CHÂTILLON-DE-MICHAILLE, ch.-l. de c. de l'Ain, arr. de Nantua; 1291 h.

CHÂTILLON-SUR-CHALARONNE, ch.-l. de c. de l'Ain, arr. de Trévoux; 2763 h.

CHÂTILLON-SUR-LOING, ch.-l. de c. du Loiret, arr. de Montargis; 2474 h.

CHÂTILLON-SUR-LOIRE, ch.-l. de c. du Loiret, arr. de Gien; 3051 h.

CHÂTILLON-SUR-MARNE, ch.-l. de c. de la Marne, arr. de Reims; 847 h.

CHÂTILLON-SUR-SEINE, ch.-l. d'arr. de la Côte-d'Or, à 76 k. de Dijon; 4789 h. || Célèbre congrès en février 1814.

CHÂTILLON-SUR-SÈVRE, ch.-l. de c. des Deux-Sèvres, arr. de Bressuire; 1356 h.

CHATOU, c. de Seine-et-Oise, arr. de Versailles, sur la Seine; 3194 h.

CHÂTRE (LA), ch.-l. d'arr. de l'Indre, sur l'Indre, à 35 k. de Châteauroux; 4928 h.

CHATTERTON, poète anglais, s'empoisonna poussé par la misère et les déceptions (1752-1770).

CHAUCER, poète satirique anglais (1328-1400), auteur des *Contes de Canterbury*, de *Troïlus et Cresséide*, etc.

CHAUDESAIGUES, ch.-l. de c. du Cantal, arr. de Saint-Flour; 1721 h. Eaux thermales salines.

CHAUFFAILLES, ch.-l. de c. de Saône-et-Loire, arr. de Charolles; 4340 h.

CHAULIEU, poète français (1636-1720).

CHAULNES, ch.-l. de c. de la Somme, arr. de Péronne; 1165 h. Patrie de Lhomond.

CHAUMERGY, ch.-l. de c. du Jura, arr. de Dôle; 825 h.

CHAUMETTE, révolutionnaire français, procureur syndic de la Commune en 1792, condamné et décapité en 1795.

CHAUMONT, ch.-l. du dép. de la Haute-Marne, à 254 k. de Paris; 8600 h. Coutellerie, quincaillerie, etc.

CHAUMONT-EN-VEXIN, ch.-l. de c. de l'Oise, arr. de Beauvais; 1269 h.

CHAUMONT-PORCIEN, ch.-l. de c. des Ardennes, arr. de Rethel; 1009 h.

CHAUMONT-SUR-LOIRE, bourg de l'arr. de Blois (Loir-et-Cher). Beau château où résida souvent Catherine de Médicis.

CHAUNY, ch.-l. de c. de l'Aisne, arr. de Laon; 8800 h.

CHAUSSIN, ch.-l. de c. du Jura, arr. de Dôle; 1186 h.

CHAUVEAU-LAGARDE, avocat français (1756-1841), défenseur de Brissot, Charlotte Corday, Marie-Antoinette, etc.

CHAUVIGNY, ch.-l. de c. de la Vienne, arr. de Montmorillon; 2078 h.

CHAUX-DE-FONDS (LA), v. du canton de Neuchâtel, en Suisse; 20.000 h. Horlogerie.

CHAVANGES, ch.-l. de c. de l'Aube, arr. d'Arcis-sur-Aube; 973 h.

CHAVILLE, c. de Seine-et-Oise, arr. de Versailles; 2310 h.

CHEF-BOUTONNE, ch.-l. de c. des Deux-Sèvres, arr. de Melle; 2311 h.

CHELLES, c. de Seine-et-Marne, arr. de Meaux; 2150 h. || Résidence royale et abbaye sous les Mérovingiens.

CHELSEA, v. du comté de Middlesex (Angleterre); 40.000 h. Invalides de la marine.

CHÉLY-D'APCHER (SAINT-), ch.-l. de c. de la Lozère, arr. de Marvejols; 1918 h.

CHÉLY-D'AUBRAC (SAINT-), ch.-l. de c. de l'Aveyron, arr. d'Espalion; 1823 h.

CHEMILLÉ, ch.-l. de c. de Maine-et-Loire, arr. de Cholet; 4350 h. Filatures, papeteries.

CHEMIN, ch.-l. de c. du Jura, arr. de Dôle; 404 h.

CHEMNITZ, v. industrielle du royaume de Saxe; 59.000 h.

CHÉNEDOLLÉ, poète français (1769-1833).

CHÉNERAILLES, ch.-l. de c. de la Creuse, arr. d'Aubusson; 1165 h.

CHÉNIER (ANDRÉ), célèbre poète français, né en 1762, auteur d'*Odes*, d'*Idylles*; condamné par le tribunal révolutionnaire et décapité en 1794.

CHÉNIER (MARIE-JOSEPH), frère d'André, auteur de tragédies, *Charles IX*, *Caïus Gracchus*, *Tibère*, etc. (1764-1811).

CHENONCEAUX, bourg à 10 k. d'Amboise, sur le Cher. || Château, l'un des plus beaux de la Renaissance.

CHÉOPS, CHÉPHREN, rois de l'ancienne Égypte, qui firent construire les deux plus grandes Pyramides.

CHER, riv. de France, prend sa source dans les monts d'Auvergne (Creuse), et se jette dans la Loire en aval de Tours; 370 k.

CHER (dép. du), formé de l'anc. Berry et d'une partie du Bourbonnais; ch.-l. Bourges; 3 arr. Bourges, Sancerre et Saint-Amand-Mont-Rond; 335.392 h.

CHERBOURG, ch.-l. d'arr. de la Manche, à 89 k. de Saint-Lô et 371 k. de Paris; ch.-l. de la 1re préfecture maritime; 35.580 h. Port militaire; digue, l'un des plus beaux ouvrages du génie maritime.

CHERCHELL, v. et port d'Algérie; 3800 h.

CHÉRONÉE, v. anc. de Béotie. Patrie de Plutarque. || Victoire de Philippe sur les Athéniens (338 av. J.-C.), et de Sylla sur Archélaüs, général de Mithridate (86).

CHÉROY, ch.-l. de c. de l'Yonne, arr. de Sens; 824 h.

CHERSONÈSE Cimbrique, auj. Jutland. || Chersonèse de Thrace, auj. presqu'île de Gallipoli. || Chersonèse Taurique, Crimée.

CHÉRUBINI, compositeur, né à Florence en 1760, m. à Paris en 1842, auteur d'opéras, de messes et de morceaux religieux, directeur du Conservatoire de musique.

CHÉRUSQUES, peuple de l'anc. Germanie, entre le Weser et l'Elbe, dont le chef le plus célèbre fut Arminius.

CHESNE-POPULEUX (LE), ch.-l. de c. des Ardennes, arr. de Vouziers; 1512 h. C'est un des passages de l'Argonne.

CHESTER, ch.-l. du comté de ce nom en Angleterre; fromages; 36 000 h.

CHESTERFIELD (comte de), homme d'État, écrivain anglais, connu surtout par ses *Lettres à son fils* (1694-1773).

CHEVAGNES, ch.-l. de c. de l'Allier, arr. de Moulins; 1084 h.

CHEVERT (François de), général français (1695-1769), se distingua dans la guerre de Sept Ans.

CHEVERUS (Lefebvre de), cardinal franç., prêcha l'Évangile aux sauvages (1768-1836).

CHEVILLON, ch.-l. de c. de la Haute-Marne, arr. de Vassy; 1202 h.

CHEVREUL, chimiste français, né en 1796, auteur de découvertes utiles à l'industrie.

CHEVREUSE, ch.-l. de c. de Seine-et-Oise, arr. de Rambouillet; 1892 h.

CHEVREUSE, famille française illustre, dans laquelle entra par mariage Marie de Rohan-Montbazon, duchesse de Chevreuse, qui joua un rôle important dans les complots tramés contre Richelieu et Mazarin.

CHEYLARD (LE), ch.-l. de c. de l'Ardèche, arr. de Tournon; 3325 h.

CHÈZE (LA), ch.-l. de c. des Côtes-du-Nord, arr. de Loudéac; 382 h.

CHIAVARI, v. de la prov. de Gênes; 10000 h.

CHICAGO, v. de l'Illinois (États-Unis), sur le lac Michigan et la riv. Chicago; 298 000 h.

CHICHESTER, ch.-l. du comté de Sussex (Angleterre); 10 000 h.

CHIERI, v. de la prov. de Turin; 15 000 h.

CHIETI, ch.-l. de la prov. de ce nom (Italie); 20 000 h.

CHILDEBERT Ier, fils de Clovis, roi de Paris de 511 à 558. || CHILDEBERT II, fils de Sigebert et de Brunehaut, roi d'Austrasie de 575 à 596. || CHILDEBERT III, fils de Thierry III, roi de Neustrie et de Bourgogne de 695 à 711, sous l'autorité de Pépin d'Héristal.

CHILDÉRIC Ier, roi des Francs Saliens, de 458 à 481, père de Clovis. || CHILDÉRIC II, fils de Clovis II, roi d'Austrasie en 660, puis de Neustrie en 671, mort en 673. || CHILDÉRIC III, fils de Chilpéric II, roi de 742 à 752, fut le dernier des Mérovingiens.

CHILI, république de l'Amérique méridionale, sur le Grand Océan; v. pr. Santiago, Conception, Valparaiso; 1 900 000 h.

CHILIEN, IENNE, adj. et s. Qui est du Chili.

CHILLON, château fort du canton de Vaud (Suisse), sur un rocher du lac Léman.

CHILOË, archipel du Grand Océan, sur la côte du Chili.

CHILON, l'un des sept sages de la Grèce.

CHILPÉRIC Ier, 4e fils de Clotaire Ier, roi de Neustrie en 561, épousa Galswinthe, puis Frédégonde, fut assassiné à Chelles, en 584. || CHILPÉRIC II, roi de 715 à 720, fut forcé de reconnaître Charles Martel comme maire du palais de Neustrie.

CHIMBORAÇO, montagne des Andes, dans la république de l'Équateur; 6700 m.

CHIMÈRE, monstre de la Fable, qui avait une tête de lion, un corps de chèvre, une queue de dragon; il fut tué par Bellérophon.

CHINALADAN ou **SARAC**, roi de Ninive (647-625 av. J.-C.).

CHINCHA, groupe d'îles sur la côte du Pérou, d'où l'on tire le guano.

CHINE, le plus vaste empire du monde, dit Céleste Empire, dans l'Asie centrale et orientale; cap. Pékin; v. pr. Nanking, Canton, Shangaï; 360 à 400 millions d'h.

CHINIAN (SAINT-), ch.-l. de c. de l'Hérault, arr. de Saint-Pons; 3772 h.

CHINOIS, OISE, adj. et s. Qui est de Chine.

CHINON, ch.-l. d'arr. d'Indre-et-Loire, sur la Vienne, à 43 k. de Tours; 6355 h. Patrie de Rabelais.

CHIO, île de l'Archipel, sur la côte O. de l'Asie Mineure; 62 000 h.; cap. Chio.

CHIOGGIA, v. et port du gouv. de Venise; 30 000 h.

CHIRON, centaure qui éleva Achille.

CHIYTES, nom des musulmans sectateurs d'Ali, et ennemis des Sunnites.

CHLORIS, déesse des fleurs, chez les Grecs.

CHOA (roy. de), l'un des États de l'Abyssinie; cap. Ankobar; 1 500 000 h.

CHODORLAHOMOR, roi des Élamites, fut vaincu par Abraham.

CHOISEUL (duc de), 1719-1785, ministre de Louis XV en 1758, disgracié en 1770.

CHOISY-LE-ROI, c. de la Seine, arr. de Sceaux, sur la Seine; 5099 h.

CHOLET, ch.-l. d'arr. de Maine-et-Loire, à 50 k. d'Angers; 13 552 h. Toiles.

CHOMEL (P.-J.-B.), médecin et botaniste français (1671-1740).

CHOMÉRAC, ch.-l. de c. de l'Ardèche, arr. de Privas; 2217 h.

CHORGES, ch.-l. de c. des Hautes-Alpes, arr. d'Embrun; 1707 h.

CHORON, auteur d'écrits sur la musique, fondateur d'une école de chant (1772-1834).

CHOSROÈS Ier, *le Grand*, roi de Perse, de 531 à 579, lutta avec succès contre les empereurs Justinien, Justin II et Tibère II. || CHOSROÈS II, roi de 590 à 628, ravagea l'empire grec, puis fut battu par Héraclius.

CHOUANS, nom donné à des bandes qui, dans l'ouest de la France, faisaient la guerre de partisans contre la Révolution.

CHOUMLA, v. de la Turquie d'E.; 30 000 h.

CHRESTIEN DE TROYES, poète français, mort en 1191, auteur de romans de chevalerie: *le Chevalier au Lion*, *Lancelot du Lac*, etc.

CHRIST, le Messie, l'Oint du Seigneur.

CHRIST (ordre du), ordre religieux et militaire, fondé en 1318 par le roi de Portugal Denis Ier.

CHRISTIAN, nom de 9 rois de Danemark, entre autres: CHRISTIAN Ier, roi de Danemark en 1448, de Norvège en 1450, et de Suède en 1456, mort en 1481; CHRISTIAN II, *le Cruel*, roi de Danemark et de Norvège en 1512, de Suède en 1520, qui se vit enlever la Suède par Gustave Wasa, le Danemark par Frédéric Ier, et mourut prisonnier (1559); CHRISTIAN IV (1588-1648), qui intervint dans la guerre de Trente Ans; CHRISTIAN VII (1766-1808), sous le nom duquel Struensée opéra d'utiles réformes, et CHRISTIAN IX de Glucksbourg, roi depuis 1863.

CHRISTIANIA, cap. de la Norvège, sur la baie de Christiania; 64 000 h.

CHRISTINE DE FRANCE, fille de Henri IV et de Marie de Médicis, épousa Victor-Amédée Ier, duc de Savoie, et fut régente pendant la minorité de ses deux fils, François-Hyacinthe et Charles-Emmanuel; elle conserva le pouvoir jusqu'à sa mort (1663).

CHRISTINE DE PISAN, née à Venise en 1363, morte en 1431, vécut en France, et se fit connaître par ses poésies et ses ouvrages en prose, entre autres le *Livre des faits et bonnes mœurs de Charles V*.

CHRISTINE DE SUÈDE, fille de Gustave-Adolphe, succéda à son père en 1632, termina à son avantage la guerre de Trente Ans par le traité de Westphalie, abdiqua en faveur de son cousin Charles-Gustave (1654), et, après avoir parcouru l'Europe, se fixa à Rome, où elle mourut en 1689.

CHRISTOPHE (saint), martyr sous Décius (250). On le représente sous la forme d'un géant portant le Christ sur ses épaules.

CHRISTOPHE Ier, roi de Danemark de 1252 à 1259. || Christophe II, roi de 1319 à 1333. || Christophe III, roi de Danemark, de Suède et de Norvège, de 1439 à 1448.

CHRISTOPHE-EN-BAZELLE (SAINT-), ch.-l. de c. de l'Indre, arr. d'Issoudun ; 779 h.

CHRYSIPPE, philosophe grec, fondateur du stoïcisme (280-207 av. J.-C.).

CHRYSOPOLIS, v. anc. de Bithynie, auj. Scutari, en face de Constantinople.

CHRYSOSTOME (saint Jean), Père de l'Église grecque, né à Antioche (347), mérita par son éloquence le surnom de Chrysostome, c.-à-d. *bouche d'or* ; nommé par Arcadius évêque de Constantinople, il déplut à l'impératrice Eudoxie, et traîné en exil, il mourut de fatigue (407).

CHUCUITO (lac) ou **TITICACA**, grand lac de la Bolivie (Amérique du Sud).

CHUQUISACA ou **LA PLATA**, cap. de la Bolivie ; 24.000 h.

CHURCHILL, voy. Marlborough.

CHUS, fils de Cham, père de Nemrod.

CHYPRE, île de la Méditerranée, aux Turcs ; cap. Nicosie ; 190.000 h. Vins.

CHYPRIOT ou **CYPRIOT, OTE**, *adj.* et *s.* Qui est de l'île de Chypre.

CICÉRON (Marcus Tullius), le plus célèbre des orateurs romains (107-43 av. J.-C.) ; consul l'an 63, il étouffa la conjuration de Catilina ; dans la guerre entre Pompée et César, il prit parti pour Pompée ; néanmoins il rentra en grâce auprès de César dictateur, après la bataille de Pharsale. Dans la guerre qui suivit la mort de César, il se prononça contre Antoine, qui le fit proscrire et assassiner. || Son frère Quintus fut un des lieutenants de César.

CID (Rodrigue ou Ruy Diaz de Bivar, surnommé le), né à Burgos en 1040, mort en 1099, se signala au service de Sanche, roi de Castille, puis d'Alphonse VI, dans les guerres contre les Maures ; il avait épousé Chimène, fille du comte Gormaz.

CIERS-LALANDE (SAINT-), ch.-l. de c. de la Gironde, arr. de Blaye ; 2804 h.

CILICIE, contrée de l'anc. Asie Mineure ; v. pr. Tarse, Issus, Séleucie.

CIMABUE, né à Florence en 1240, un des restaurateurs de la peinture au moyen âge.

CIMAROSA, compositeur italien (1754-1801), auteur du *Mariage secret* (1792).

CIMBRES, peuple originaire du Jutland, qui descendit avec les Teutons, vers le S. de la Germanie et l'Helvétie ; de là envahit l'Espagne, puis revint sur l'Italie, où il fut exterminé par Marius à Verceil (101 av. J.-C.).

CIMBRIQUE (Chersonèse), nom ancien du Jutland.

CIMMÉRIEN (Bosphore), nom ancien du détroit d'Iénikaleh.

CIMMÉRIENS, peuples des bords sept. du Pont-Euxin et du Palus-Méotide.

CIMON, célèbre général athénien, fils de Miltiade, imposa au roi de Perse Artaxerxès Longue-main un traité qui termina les guerres médiques (449 av. J.-C.).

CINCINNATI, v. des États-Unis (Ohio), port sur l'Ohio ; 216.000 h.

CINCINNATUS, consul romain, deux fois dictateur (458-438 av. J.-C.), quitta la charrue pour sauver son pays.

CINÉAS, ministre de Pyrrhus, roi d'Épire, fut envoyé à Rome pour traiter de la paix, et échoua dans le sénat, qui lui parut une assemblée de rois (279 av. J.-C.).

CINNA (Lucius Cornelius), consul romain, partisan de Marius dans la guerre civile, fut tué par un centurion (85 av. J.-C.).

CINNA (Cneius Cornelius), arrière-petit-fils de Pompée, à qui Auguste pardonna d'avoir conspiré contre ses jours.

CINQ-CENTS (Conseil des), l'un des deux conseils créés par la constitution de l'an III (1795) ; il formait avec le Conseil des Anciens le corps législatif.

CINQ-MARS (Henri, marquis de), favori de Louis XIII, conspira contre Richelieu et négocia avec les Espagnols pour le renverser ; il fut arrêté, condamné à mort et exécuté avec son ami de Thou (1642).

CINTEGABELLE, ch.-l. de c. de la Haute-Garonne, arr. de Muret ; 2713 h.

CIOTAT (LA), ch.-l. de c. des Bouches-du-Rhône, arr. de Marseille ; 9867 h. Port, chantiers.

CIRCASSIE, contrée au N. du Caucase, appartenant à la Russie ; 1 million d'h.

CIRCASSIEN, IENNE, *adj.* et *s.* Qui est de Circassie.

CIRCÉ, magicienne célèbre, qui changea en pourceaux les compagnons d'Ulysse.

CIRCÉSIUM, voy. Carchémis.

CIRTA, nom ancien de Constantine.

CISALPIN, INE, *adj.* Qui est en deçà des Alpes, par rapport aux Romains. || République cisalpine, fondée par Bonaparte en 1797, devint la République italienne en 1802 et le Royaume d'Italie en 1805 ; cap. Milan.

CISJURANE (Bourgogne), Bourgogne en deçà du Jura, royaume fondé en 879 par Boson, beau-frère de Charles le Chauve, avec la Provence, le Dauphiné, la Bresse, le Bugey, le Lyonnais et la Bourgogne.

CISPADANE (Gaule), Gaule en deçà du Pô, c.-à-d. au S. du Pô, par rapport aux Romains. || République cispadane, rép. organisée par Bonaparte en 1796 et confondue en 1797 avec la République cisalpine.

CISRHÉNAN, ANE, *adj.* Qui est en deçà du Rhin, par rapport à la France.

CISTERCIENS, religieux de l'ordre de Cîteaux.

CITÉ, île formée au centre de Paris par la Seine, et renfermant Notre-Dame, l'Hôtel-Dieu et le Palais de Justice.

CÎTEAUX, anc. abbaye fondée en 1098 dans la commune de Saint-Nicolas, à 22 k. de Beaune (Côte-d'Or) ; auj. colonie agricole de jeunes détenus.

CÎTEAUX (ordre de), congrégation religieuse, émanée de l'ordre de Saint-Benoît, fondée par Robert, abbé de Molesme (1098),

CITHÉRON, mont de l'ancienne Béotie.

CIUDAD-RÉAL, v. d'Espagne, ch.-l. de la prov. de ce nom ; cap. de la Manche ; 11000 h.

CIVILIS, chef des Bataves, résista aux Romains, et obtint la paix de Cérialis, lieutenant de Vespasien (70 av. J.-C.).

CIVITA-VECCHIA, v. de la prov. de Rome (Italie), port sur la mer Tyrrhénienne ; 14000 h.

CIVRAY, ch.-l. d'arr. de la Vienne, sur la Charente, à 57 k. de Poitiers ; 2288 h.

CLAGNY, anc. château bâti sur les dessins de Mansart, et dépendant de Versailles.

CLAIN, affl. de la Vienne, arrose Poitiers.

CLAIR (SAINT-), ch.-l. de c. de la Manche, arr. de Saint-Lô ; 606 h.

CLAIR-SUR-EPTE (SAINT-), bourg à 30 k. de Mantes (Seine-et-Oise), où fut conclu le traité en vertu duquel Rollon reçut de Charles le Simple la Normandie (911).

CLAIRAC, c. de Lot-et-Garonne, arr. de Marmande ; 4191 h. Vins blancs.

CLAIRAUT, mathém. franç. (1713-1765).

CLAIRE (sainte), née à Assise, fondatrice des religieuses dites Clarisses (1193-1253).

CLAIRON (Mlle), artiste célèbre de la Comédie-Française (1723-1803).

CLAIRVAUX, abbaye de l'ordre de Cîteaux, fondée en 1115 par saint Bernard; auj. maison centrale de détention, dans la c. de Ville-sous-la-Ferté, arr. de Bar-sur-Aube.

CLAIRVAUX, ch.-l. de c. du Jura, arr. de Lons-le-Saunier ; 1936 h.

CLAMART, c. de la Seine, arr. de Sceaux ; 3163 h.

CLAMART, amphithéâtre d'anatomie, situé à Paris rue du Fer-à-Moulin, dans le faubourg Saint-Marceau.

CLAMECY, ch.-l. d'arr. de la Nièvre, à 72 k. de Nevers, au confl. de l'Yonne et du Beuvron ; 5381 h.

CLAMORGAN ou **GLAMORGAN**, comté du pays de Galles (Grande-Bretagne).

CLAPISSON, compositeur franç. (1808-66).

CLAPPERTON, voyageur écossais, a exploré le Soudan (1788-1827).

CLAR (SAINT-), ch.-l. de c. du Gers, arr. de Lectoure ; 1658 h.

CLAREMONT, château à 23 k. de Londres, où mourut Louis-Philippe, en 1850.

CLARENCE (duc de), frère d'Édouard IV d'Angleterre, fut condamné à mort par les intrigues du duc de Glocester (1449-1478).

CLARENDON (Hyde, comte de), homme d'État et historien anglais (1608-1674) ; père d'Anne Hyde, qui épousa le duc d'York, plus tard Jacques II, et fut la mère des reines Marie et Anne.

CLARET, ch.-l. de c. de l'Hérault, arr. de Montpellier ; 669 h.

CLARISSES, voy. sainte CLAIRE.

CLARKE (Samuel), philosophe anglais, auteur d'un *Traité de l'existence et des attributs de Dieu* (1675-1729).

CLARKE, duc de Feltre, ministre de la guerre sous Napoléon Ier, puis sous Louis XVIII, et maréchal de France (1765-1818).

CLARY, ch.-l. de c. du Nord, arr. de Cambrai ; 2783 h.

CLAUD (SAINT-), ch.-l. de c. de la Charente, arr. de Confolens ; 1770 h.

CLAUDE (Tiberius Drusus), empereur romain, fils de Drusus, né à Lyon, succéda à son neveu Caligula (41 ap. J.-C.), eut de Messaline Britannicus ; puis épousa sa nièce Agrippine, mère de Néron. Pour assurer le trône à son fils, celle-ci éloigna Britannicus et empoisonna Claude (54).

CLAUDE II, empereur romain (268-270), battit les Goths à Naissus (Mésie).

CLAUDE DE FRANCE, fille de Louis XII et d'Anne de Bretagne, épousa François d'Angoulême, qui devint François Ier (1499-1524).

CLAUDE (SAINT-), ch.-l. d'arr. du Jura, à 54 k. de Lons-le-Saunier, sur la Bienne ; 7083 h. Évêché.

CLAUDIEN, poète latin de la fin du IVe s. de l'ère chrétienne ; protégé par Stilicon, il célébra ses victoires sur les Goths.

CLAUDIUS (Appius), l'un des décemvirs à Rome (451-449 av. J.-C.). || Appius Claudius Cæcus, censeur (312 av. J.-C.), fit construire la voie Appienne.

CLAUSEL, maréchal de France (1772-1842), gouverneur de l'Algérie, prit Mascara, mais échoua devant Constantine, en 1836.

CLAYE-SOUILLY, ch.-l. de c. de Seine-et-Marne, arr. de Meaux ; 1684 h.

CLAYETTE (LA), ch.-l. de c. de Saône-et-Loire, arr. de Charolles ; 1748 h.

CLAZOMÈNES, v. anc. d'Ionie.

CLÉANTHE, philosophe stoïcien grec (IIIe s. av. J.-C.).

CLÉARQUE, général spartiate ; exilé de son pays, il se mit à la solde de Cyrus le Jeune, et fut assassiné en trahison par Tissapherne, après la bataille de Cunaxa.

CLEFMONT, ch.-l. de c. de la Haute-Marne, arr. de Chaumont ; 529 h.

CLÉGUÉREC, ch.-l. de c. du Morbihan, arr. de Pontivy ; 3523 h.

CLELLES, ch.-l. de c. de l'Isère, arr. de Grenoble ; 730 h.

CLÉMENCET (Dom Charles), bénédictin de la congrégation de Saint-Maur (1703-1778), auteur de l'*Art de vérifier les dates*, etc.

CLÉMENT, nom de 14 papes, entre autres : CLÉMENT Ier (saint), 91-100, auteur d'une *Épître aux Corinthiens* ; CLÉMENT III, 1187-1191, fit prêcher la 3e croisade ; Clément V (Bertrand de Goth), 1305-1314, transféra le Saint-Siège à Avignon et supprima les Templiers ; Clément VII (Jean de Médicis), 1523-1534, adversaire de Charles-Quint, fut assiégé dans Rome et mis à rançon ; il excommunia le roi d'Angleterre, Henri VIII, à cause de son divorce avec Catherine d'Aragon ; Clément VIII, 1592-1605, fit couronner le Tasse au Capitole ; Clément XI, 1700-1720, publia la bulle *Unigenitus* contre les jansénistes ; Clément XIV, 1769-1774, abolit l'ordre des Jésuites.

CLÉMENT (Dom), savant bénédictin de Saint-Maur (1714-1793).

CLÉMENT (Jacques), moine dominicain, assassin de Henri III (1589).

CLÉMENT D'ALEXANDRIE (saint), docteur de l'Église, auteur de mélanges, intitulés *Stromates* ou *Tapisseries* (150-217).

CLÉOBULE, l'un des sept sages de la Grèce, régna à Rhodes.

CLÉOMBROTE, nom d'un général et de deux rois de Sparte.

CLÉOMÈNE, nom de trois rois de Sparte, dont le 3e rétablit la législation de Lycurgue ; mais il fut vaincu à Sellasie par Antigone Doson, roi de Macédoine, et s'enfuit en Égypte, où il fut tué (220 av. J.-C.).

CLÉON, orateur, chef de la démocratie athénienne, fut vaincu et tué à Amphipolis (422 av. J.-C.).

CLÉOPÂTRE, reine d'Égypte (de 67 à 30 av. J.-C.), combattit avec Antoine contre Octave à Actium, puis s'enfuit en Égypte ; après la mort d'Antoine, elle se donna la mort en se faisant piquer par un aspic.

CLÉOPHAS, frère de saint Joseph, l'un des disciples de Jésus-Christ.

CLÈRES, ch.-l. de c. de la Seine-Inférieure, arr. de Rouen ; 765 h.

CLERMONT (ROBERT DE), 6e fils de saint Louis, épousa, en 1272, Béatrix, héritière de Bourbon, et devint ainsi la tige de la maison royale de Bourbon.

CLERMONT, ch.-l. d'arr. de l'Oise, à 25 k. de Beauvais ; 5774 h.

CLERMONT-EN-ARGONNE, ch.-l. de c. de la Meuse, arr. de Verdun ; 1303 h.

CLERMONT-FERRAND, ch.-l. du dép. du Puy-de-Dôme, à 445 k. de Paris ; 37 337 h. Évêché. Patrie de Pascal, Delille, etc.

CLERMONT-L'HÉRAULT, ch.-l. de c. de l'Hérault, arr. de Lodève ; 5870 h.

CLERMONT-TONNERRE, illustre maison française, originaire du Dauphiné.

CLERVAL, ch.-l. de c. du Doubs, arr. de Beaume-les-Dames ; 1165 h.

CLÉRY, ch.-l. de c. du Loiret, arr. d'Orléans ; 2828 h. Église célèbre par ses belles sculptures et par le tombeau de Louis XI.

CLÉRY, valet de chambre de Louis XVI, accompagna le roi dans sa captivité au Temple, et a laissé un *Journal* (1759-1809).

CLET (saint), disciple de saint Pierre, pape de 76 à 83, et martyr.

CLEVELAND, v. de l'État d'Ohio (États-Unis) ; 93 000 h.

CLÈVES, v. de la Prusse rhénane ; 8000 h.; autrefois cap. du duché de Clèves.

CLICHY-LA-GARENNE, c. de la Seine, arr. de Saint-Denis ; 44 599 h.

CLIO, la muse de l'histoire.

CLISSON, ch.-l. de c. de la Loire-Inférieure, arr. de Nantes ; 2812 h.

CLISSON (OLIVIER DE), connétable de France (1336-1407), fut le compagnon de Du Guesclin, gagna la bataille de Roosbecque.

CLITUS, général macédonien, fut tué dans un banquet par Alexandre le Grand.

CLIVE (ROBERT), adversaire de Dupleix et l'un des fondateurs de la puissance anglaise dans l'Hindoustan (1725-1774).

CLODION *le Chevelu*, chef d'une tribu de Francs Saliens, fut battu par Aétius (428-448).

CLODION (CLAUDE MICHEL, dit), sculpteur français (1738-1814).

CLODIUS, tribun du peuple à Rome, fut tué par Milon (52 av. J.-C.).

CLODOMIR, fils aîné de Clovis et de Clotilde, roi d'Orléans en 511, fut tué à la bataille de Véséronce (524).

CLOS-VOUGEOT, vignoble célèbre de la Côte-d'Or, à 22 k. de Beaune.

CLOTAIRE Ier, 4e fils de Clovis Ier, roi de Soissons (511), resta seul maître de tous les États francs en 558, et mourut en 561. || CLOTAIRE II, fils de Chilpéric Ier et de Frédégonde, roi de Neustrie en 584, d'Austrasie en 613, mourut en 628. || CLOTAIRE III, fils aîné de Clovis II, roi de Neustrie en 656, mourut en 670. || CLOTAIRE IV, fut roi d'Austrasie de 717 à 720, sous la tutelle de Charles Martel.

CLOTHO ou **CLOTHON**, l'une des trois Parques, celle qui tenait le fuseau.

CLOTILDE, fille de Chilpéric, roi des Bourguignons, épousa Clovis Ier en 493, et mourut dans la retraite, en 545.

CLOUD ou **CLODOALD** (saint), 3e fils de Clodomir, échappa au massacre de ses frères, et se retira dans le monastère de Nogent, qui prit le nom de Saint-Cloud.

CLOUD (SAINT-), c. de l'arr. de Versailles, célèbre par son château que le duc d'Orléans fit construire par Mansart et Lepautre, vers 1658, et qui a été brûlé par les Prussiens en 1871 ; 8956 h.

CLOVIS Ier, fils de Childéric Ier et de Basine, roi des Francs Saliens de Tournai, en 481, vainquit près de Soissons le Romain Syagrius (486), épousa Clotilde ; remporta sur les Alamans la victoire de Tolbiac (496) ; se convertit au christianisme ; vainquit et tua Alaric II, roi des Visigoths à Vouillé (507), et véritable fondateur du royaume des Francs, mourut en 511. || CLOVIS II, fils de Dagobert, roi de Neustrie en 638, d'Austrasie en 656, mourut en 656. || CLOVIS III, fils de Thierry III, régna sous le maire Pepin d'Héristal, de 691 à 695.

CLOYES, ch.-l. de c. d'Eure-et-Loir, arr. de Châteaudun ; 2366 h.

CLUNY, ch.-l. de c. de Saône-et-Loire, arr. de Mâcon ; 4289 h. || Abbaye fondée en 910, et devenue chef-lieu de l'ordre de Saint-Benoît. Dans les bâtiments qui restent a été établie, en 1865, une École normale destinée à former des maîtres pour l'enseignement professionnel.

CLUNY (MUSÉE DE), musée d'objets d'art du moyen âge établi à Paris dans l'Hôtel de Cluny, monument du XIVe et du XVe siècle.

CLUSES, ch.-l. de c. de la Haute-Savoie, arr. de Bonneville, près de l'Arve ; 1751 h.

CLUSIUM, anc. v. d'Étrurie, auj. Chiusi.

CLYDE, riv. d'Écosse, tributaire de la mer d'Irlande.

CLYTEMNESTRE, fille de Tyndare et de Léda, épouse d'Agamemnon, mère d'Oreste, d'Électre et d'Iphigénie, assassina son époux à l'instigation d'Égisthe, et fut tuée par son fils Oreste.

CNIDE, v. anc. de Carie (Asie Mineure).

CNOSSE, v. anc. de l'île de Crète.

COBLENTZ, v. de la Prusse rhénane, au confluent du Rhin et de la Moselle ; 27 000 h.

COBOURG, l'une des cap. du duché de Saxe-Cobourg-Gotha ; 11 500 h.

COBOURG (prince de SAXE-), feld-maréchal d'Autriche (1737-1815), battit les Français à Nerwinde (1793). Son nom fut associé à celui de Pitt dans les haines populaires.

COCHABAMBA ou **OROPESA**, v. de Bolivie (Amérique méridionale) ; 41 000 h.

COCHEREL, vge à 18 k. d'Évreux, célèbre par la victoire de Du Guesclin sur les troupes de Charles le Mauvais (1364).

COCHIN, curé de Saint-Jacques du Haut-Pas, fonda un hospice à Paris, en 1780.

COCHINCHINE, nom donné communément à l'empire d'Annam. || La Cochinchine française, conquise de 1861 à 1862 et en 1867, comprend une partie du Cambodge et forme 6 prov. ; 1 205 000 h. Cap. Saïgon.

COCHINCHINOIS, OISE, *adj.* et *s.* Qui est de la Cochinchine.

COCKBURN, une des terres polaires.

COCLÈS (Horatius), c.-à-d. *le Borgne*, Romain ainsi surnommé parce qu'il perdit un œil en défendant seul contre l'armée de Porsenna le pont sur le Tibre qui donnait accès dans Rome (507 av. J.-C.).

COCYTE, fleuve qui environnait le Tartare des Grecs et des Latins.

CODRUS, dernier roi d'Athènes, se dévoua pour sauver son pays (XIe s. av. J.-C.).

COELE-SYRIE, partie de la Syrie anc. entre le Liban et l'Anti-Liban.

COELIUS, l'une des sept collines de Rome.

COEUR (Jacques), commerçant célèbre, argentier de Charles VII (1400-1456); injustement banni, il mourut à Chio.

COGNAC, ch.-l. d'arr. de la Charente, à 40 k. d'Angoulême, sur la Charente; 13 677 h. Grand commerce d'eaux-de-vie.

COHORN, ingénieur hollandais, surnommé le *Vauban de la Hollande* (1641-1704).

COIGNY, famille ancienne de Normandie.

COÏMBRE, v. de Portugal, célèbre autrefois par son université; 18 000 h.

COIRE, ch.-l. du c. des Grisons (Suisse); 6000 h.

COLARDEAU, poète français (1732-1776).

COLBERT (J.-B.), né à Reims en 1619, m. en 1683, contrôleur général des finances sous Louis XIV (1661-1683), créateur de l'industrie et de la marine françaises, protecteur des lettres, des sciences et des arts.

COLCHIDE, anc. pays de l'Asie entre le Caucase, l'Arménie et le Pont-Euxin, où, selon les poètes, les Argonautes allèrent conquérir la Toison d'or.

COLETTE (sainte), réformatrice de l'ordre de Sainte-Claire (1634-1681).

COLIGNY, ch.-l. de c. de l'Ain, arr. de Bourg; 1650 h.

COLIGNY (Gaspard de), amiral de France, chef du parti des calvinistes, assassiné à la Saint-Barthélemy (1517-1572).

COLISÉE, vieil amphithéâtre romain bâti par Vespasien.

COLLATIN, l'une des 7 collines de Rome.

COLLATIN (Lucius Tarquinius), petit-neveu de Tarquin l'Ancien, époux de Lucrèce, consul avec Brutus, en 509 av. J.-C.

COLLÉ (Charles), poète comique et chansonnier français, auteur de la *Partie de chasse de Henri IV* (1709-1783).

COLLETET, poète protégé par Richelieu, l'un des premiers académiciens (1598-1659).

COLLIN D'HARLEVILLE, poète comique franç., aut. du *Vieux célibataire* (1755-1806).

COLLINÉE, ch.-l. de c. des Côtes-du-Nord, arr. de Loudéac; 792 h.

COLLIOURE, v. de l'arr. de Céret (Pyr.-Orient.); port sur la Méditerranée; 3632 h.

COLLOBRIÈRES, ch.-l. de c. du Var, arr. de Toulon; 2307 h.

COLLONGES, ch.-l. de c. de l'Ain, arr. de Gex; 1115 h.

COLLOQUE DE POISSY, conférence religieuse qui eut lieu à Poissy (1561), en présence de Catherine de Médicis, entre les catholiques et les protestants.

COLLOT D'HERBOIS, membre de la Convention et du Comité de salut public, mourut déporté à Cayenne (1750-1796).

COLMAR, anc. ch.-l. du dép. du Haut-Rhin, à 450 k. de Paris; cédé à la Prusse en 1871.

COLMARS, ch.-l. de c. des Basses-Alpes, arr. de Castellane; 1004 h.

COLOGNE, ch.-l. de la régence de Cologne (Prusse rhénane), sur le Rhin; 125 000 h. Magnifique cathédrale encore inachevée. Fabriques d'eau de Cologne.

COLOGNE, ch.-l. de c. du Gers, arr. de Lombez; 755 h.

COLOMB (Christophe), illustre navigateur, né à Gênes vers 1436, mort en 1506, découvrit l'Amérique en 1492. Calomnié à la cour de Ferdinand le Catholique, il mourut dans la disgrâce et la misère.

COLOMBAN (saint), fondateur des monastères de Luxeuil et de Bobbio (540-615).

COLOMBE (sainte), martyrisée à Sens (Yonne) sous Aurélien (IIIe s.).

COLOMBES, c. de la Seine, arr. de Saint-Denis; 5183 h.

COLOMBEY, ch.-l. de c. de Meurthe-et-Moselle, arr. de Toul; 919 h.

COLOMBIE, anc. rép. de l'Amérique méridion. fondée par Bolivar en 1819, divisée depuis 1831 en trois États: la Nouvelle-Grenade, le Vénézuela et l'Équateur.

COLOMBO, cap. de l'île de Ceylan; 40 000 h.

COLONE, bourg de l'Attique ancienne.

COLONNA, puissante famille des États romains, qui a fourni des papes, des cardinaux, des généraux, etc.

COLONNES D'HERCULE, nom donné par les anciens aux monts Calpe (Europe) et Abyla (Afrique) et au détroit qu'ils formaient (détroit de Gibraltar).

COLOPHON, v. de l'anc. Lydie (Asie Min.).

COLORADO (RIO), nom de trois fl. d'Amérique, tributaires, l'un du golfe de Californie, l'autre du golfe du Mexique, et le troisième de l'océan Atlantique.

COLUMBIA, district fédéral des États-Unis; pop. 131 700 h. Ch.-l. Washington. || Ch.-l. de la Caroline du Sud; 6000 h.

COLUMBIA ou **OREGON**, voy. Oregon.

COLUMELLE, agronome latin (IIe siècle), auteur d'un traité *Sur l'agriculture*.

COMAGÈNE, prov. de la Syrie ancienne.

COMBEAUFONTAINE, ch.-l. de c. de la Haute-Saône, arr. de Vesoul; 798 h.

COMBLES, ch.-l. de c. de la Somme, arr. de Péronne; 1602 h.

COMBOURG, ch.-l. de c. d'Ille-et-Vilaine, arr. de Saint-Malo; 2230 h.

COMBRONDE, ch.-l. de c. du Puy-de-Dôme, arr. de Riom; 2074 h.

CÔME, ch.-l. de la prov. de ce nom en Italie, sur le lac de Côme, formé par l'Adda; 20 000 h. Patrie des deux Pline, de Volta, etc.

COMINES, c. du Nord, arr. de Lille; 6354 h.

COMITAT, circonscription civile et politique de la Hongrie et de la Transylvanie, administrée par un comte.

COMITÉ DE SALUT PUBLIC, créé par la Convention, exerça la dictature du 6 avril 1793 au 28 juillet 1794 (9 thermidor an II); fut remplacé en 1795 par le Directoire.

COMMENTRY, ch.-l. de c. de l'Allier, arr. de Montluçon; 11 628 h. Hauts fourneaux, forges.

COMMERCY, ch.-l. d'arr. de la Meuse, à 32 k. de Bar-le-Duc, sur la Meuse; 4191 h.

COMMINES ou **COMINES** (Philippe de), né à Comines (Flandre) en 1447, mort en 1509, fut le conseiller et le serviteur habile de Louis XI; auteur de *Mémoires*.

COMMINGES, anc. comté de France (Gascogne); cap. Saint-Bertrand.

COMMODE, fils de Marc-Aurèle, empereur romain de 189 à 192, célèbre par ses croisades, périt empoisonné.

COMMUNE DE PARIS (LA), nom donné pendant la Révolution au corps municipal de Paris, qui exerça un pouvoir révolutionnaire du 10 août 1792 au 9 thermidor. || Insurrection qui triompha à Paris le 18 mars 1871, et fut écrasée à la fin de mai.

COMNÈNE, dynastie de six empereurs d'Orient. Le 2°, Alexis (1081-1118), fut contemporain de la 1re croisade.

COMORES, archipel au N. du canal de Mozambique.

COMPIÈGNE, ch.-l. d'arr. de l'Oise, à 53 k. de Beauvais, sur l'Oise ; 12 281 h. Château et forêt.

COMPS, ch.-l. de c. du Var, arr. de Draguignan ; 801 h.

COMTAT VENAISSIN, petit pays du midi de la France, tirant son nom de la ville de Vénasque, sa capitale ; il appartint aux papes avec Avignon, de 1274 à 1791.

COMTE (Auguste), philosophe français (1798-1857).

COMUS, dieu de la joie et des festins chez les anciens.

CONAN, nom de plusieurs comtes ou ducs de Bretagne (X°-XII° s.).

CONCARNEAU, ch.-l. de c. du Finistère, arr. de Quimper ; port sur la baie de la Forêt ; 4463 h.

CONCHES, ch.-l. de c. de l'Eure, arr. d'Évreux ; 2035 h.

CONCINI, maréchal d'Ancre, favori et premier ministre de la régente Marie de Médicis, mère de Louis XIII, fut, à l'instigation de Luynes, tué par le capitaine des gardes du roi (1617).

CONCORDAT de 1801, convention entre Pie VII et le premier consul Bonaparte, qui régla les rapports de l'État avec l'Église catholique et de la France avec le Saint-Siège.

CONDÉ, ch.-l. de c. de l'Aisne, arr. de Château-Thierry ; 651 h.

CONDÉ, ch.-l. de c. du Nord, arr. de Valenciennes ; 4964 h. Place forte.

CONDÉ, branche collatérale de la maison de Bourbon : elle eut pour chef Louis Ier de Bourbon, prince de Condé, 5e fils de Charles de Bourbon, duc de Vendôme, qui se signala à la tête des réformés dans les guerres de religion, et fut assassiné à la bataille de Jarnac, en 1569. Le plus illustre des membres de cette famille est Louis II, prince de Condé, surnommé le Grand (1621-1686), le vainqueur des Espagnols à Rocroy et à Lens, des Impériaux à Fribourg et à Nordlingen, et de Guillaume d'Orange à Senef. || Louis-Henri, duc de Bourbon, fut ministre de Louis XV, de 1723 à 1726. || Son fils (1736-1818) fit construire le Palais-Bourbon à Paris ; et lorsque la Révolution éclata, il fut le chef de l'armée des émigrés, dite armée de Condé. || Le dernier prince de cette famille fut Louis-Henri-Joseph, père du duc d'Enghien, m. en 1830.

CONDÉ-SUR-NOIREAU, ch.-l. de c. du Calvados, arr. de Vire ; 6871.

CONDILLAC, philosophe français, chef de l'école sensualiste (1715-1780).

CONDOM, ch.-l. d'arr. du Gers, à 40 k. d'Auch ; 8282 h. Autrefois évêché.

CONDORCET (marquis de), mathématicien et philosophe français, député à l'Assemblée législative et à la Convention, auteur de l'*Esquisse des progrès de l'esprit humain* ; décrété d'accusation avec les Girondins, il s'empoisonna pour échapper au supplice (1743-1794).

CONDRIEU, ch.-l. de c. du Rhône, arr. de Lyon ; 2602 h. Vins blancs renommés.

CONFLANS, ch.-l. de c. de Meurthe-et-Moselle, arr. de Briey ; 525 h. || Village près Paris, au confluent de la Seine et de la Marne. || Traité imposé par les seigneurs à Louis XI après la *Ligue du bien public* (1465).

CONFOLENS, ch.-l. d'arr. de la Charente, à 60 k. d'Angoulême, sur la Vienne ; 2760 h.

CONFUCIUS, célèbre moraliste chinois (551-479 av. J.-C.).

CONGO, partie de l'Afrique australe, située du cap Lopez au cap Negro, et divisée en 4 parties : le Loango, le Congo proprement dit, l'Angola et le Benguela.

CONGRÈVE (sir William), officier anglais, inventeur des *fusées à la Congrève* (1772-1828).

CONI, cap. de la province de ce nom (Piémont) ; 20 000 h.

CONLIE, ch.-l. de c. de la Sarthe, arr. du Mans ; 1677 h.

CONLIÉGE, ch.-l. de c. du Jura, arr. de Lons-le-Saunier ; 1025 h.

CONNAUGHT, le nord-ouest de l'Irlande ; cap. Galway.

CONNECTICUT, fl. des États-Unis, tributaire de l'océan Atlantique. || Un des États-Unis d'Amérique ; v. pr. Hartford et New-Haven ; 537 454 h.

CONON, général athénien, fut vaincu à Ægos-Potamos (405 av. J.-C.) ; mais, avec l'aide des Perses, il se releva de sa défaite et rebâtit les murs d'Athènes, en 392.

CONQUES, ch.-l. de c. de l'Aude, arr. de Carcassonne ; 1577 h.

CONQUES, ch.-l. de c. de l'Aveyron, arr. de Rodez ; 1220 h.

CONRAD Ier, duc de Franconie, roi de Germanie (911-919). || Conrad II le *Salique*, emp. d'Allemagne (1024-1039). || Conrad III, fils de Frédéric de Hohenstaufen, empereur (1138-1150), perdit son armée dans la 2e croisade. || Conrad IV, dernier empereur de la maison de Hohenstaufen (1250-1254). || Son fils, Conradin, appelé en Italie par les Gibelins pour combattre Charles d'Anjou, fut vaincu et pris à Tagliacozzo, puis condamné et décapité à Naples, en 1268.

CONRART (Valentin), réunissait chez lui une société de gens de lettres, qui fut l'origine de l'Académie française ; il en fut le premier secrétaire perpétuel (1603-1675).

CONSALVI, cardinal, négociateur du Concordat de 1801.

CONSERANS ou **COUSERANS**, anc. pays de France (Gascogne), auj. département de l'Ariège ; v. pr. Saint-Girons.

CONSTANCE (LAC DE), lac formé par le Rhin qui le traverse, entre la Suisse, l'Autriche, la Bavière, le Wortemberg et le grand-duché de Bade. || V. ch.-l. du cercle du Lac (grand-duché de Bade), sur la rive gauche du lac ; 7000 h. || Concile (1414-1418) qui condamna Jean Huss et Jérôme de Prague et mit fin au schisme d'Occident. || V. de la colonie du Cap (Afrique mérid.) ; vins.

CONSTANCE, 2e fils de Constantin, empereur d'Orient (337-361).

CONSTANCE, général d'Honorius, dont il épousa la sœur Placidie ; il fut le père de Valentinien III.

CONSTANCE CHLORE, c.-à-d. *pâle*, nommé César en 292, devint empereur à l'abdication de Maximien (305-306).

CONSTANCE DE TOULOUSE, reine de France, femme du roi Robert (1006).

CONSTANT, 3e fils de Constantin le Grand, empereur d'Occident (337-350).

CONSTANT (Benjamin), homme politique et publiciste, né à Lausanne en 1767, fut éliminé du Tribunat en 1802, à cause de son opposition, et exilé en 1803 ; rentré en France en 1814, il fut député de 1819 à 1830, et mourut président du Conseil d'État, en 1830.

CONSTANTIN, nom de 13 empereurs romains. Le premier, Caius Flavius, ou le Grand, fils de Constance Chlore, fut proclamé César à la mort de son père (306), vainquit le tyran de Rome, Maxence (312), puis Licinius, qui régnait en Orient (324) ; permit, par l'édit de Milan (313), l'exercice du christianisme ; transporta le siège de l'empire à Byzance, qui désormais s'appela Constantinople, et mourut en 337. || Constantin VII Porphyrogénète (911-959) a laissé de nombreux écrits. || Constantin XIII Paléologue (1448-1453), dernier empereur d'Orient, succomba en défendant Constantinople contre Mahomet II.

CONSTANTIN PAULOWITZ, 2e fils de Paul 1er, grand-duc de Russie (1779-1831), gouverneur de la Pologne, renonça à ses droits à la couronne en faveur de son frère Nicolas, en 1822.

CONSTANTIN, grand-duc de Russie, né en 1827, second fils de Nicolas 1er et frère de l'empereur régnant Alexandre II.

CONSTANTINE, anc. Cirta, ch.-l. de la prov. de ce nom en Algérie, à 430 k. d'Alger, prise par le général Valée, en 1837.

CONSTANTINOPLE, anc. Byzance, appelée Stamboul par les Turcs, cap. de l'empire ottoman, sur le Bosphore, à 2650 k. de Paris ; fondée par Constantin vers 330, prise par les Turcs en 1453 ; 715 000 h.

CONSTANTINOPLE (canal de), anc. Bosphore de Thrace, détroit qui unit la mer Noire à la mer de Marmara.

CONTADES (marquis de), maréchal de France, servit dans les guerres de la Succession d'Autriche et de Sept Ans (1704-1793).

CONTARINI, célèbre famille vénitienne.

CONTÉ, chimiste et mécanicien français, fit instituer le Conservatoire des arts et métiers, et créa une célèbre manufacture de crayons (1755-1805).

CONTES, ch.-l. de c. des Alpes-Maritimes, arr. de Nice ; 1560 h.

CONTI, branche cadette de la maison de Condé, dont le chef, frère du grand Condé, entra dans le parti de la Fronde.

CONTRES, ch.-l. de c. de Loir-et-Cher, arr. de Blois ; 2553 h.

CONTREXÉVILLE, vge de l'arr. de Mirecourt (Vosges) ; eaux minérales.

CONTY, ch.-l. de c. de la Somme, arr. d'Amiens ; 980 h.

CONVENTION NATIONALE, assemblée qui siégea du 21 sept. 1792 au 4 brumaire an IV (26 oct. 1795).

COOK (James), navigateur anglais, reconnut les îles Taïti, la Nouvelle-Zélande, la Nouvelle-Galles, alla à la découverte du continent austral, etc., et fut tué par les naturels des îles Sandwich (1728-1779).

COOPER (Fenimore), célèbre romancier américain (1789-1851).

COPAÏS, lac de l'anc. Béotie.

COPENHAGUE, cap. du Danemark, dans l'île de Seeland, sur le Sund, à 1240 kil. de Paris ; 181 000 h.

COPERNIC, célèbre astronome polonais, né à Thorn, inventeur du système planétaire (1473-1543).

COPPET, vge du c. de Vaud, sur le lac Léman ; séjour de Necker et de Mme de Staël.

COQUIMBO, fl. prov. et v. du Chili.

CORAÏSCHITES ou **CORÉISCHITES**, famille arabe de la Mecque, à laquelle appartenait Mahomet.

CORBEIL, ch.-l. d'arr. de Seine-et-Oise, au conf. de la Seine et de l'Essonne, à 50 kil. de Versailles, 30 de Paris ; 6016 h.

CORBIE, ch.-l. de c. de la Somme, arr. d'Amiens ; 3643 h.

CORBIÈRES OCCIDENTALES et **ORIENTALES**, contre-forts des Pyrénées franç.

CORBIGNY, ch.-l. de c. de la Nièvre, arr. de Clamecy ; 1998 h. Anc. abbaye.

CORBULON, célèbre général romain, sous Claude et Néron.

CORCIEUX, ch.-l. de c. des Vosges, arr. de Saint-Dié ; 1618 h.

CORDAY D'ARMONT (Charlotte), frappa mortellement d'un coup de couteau Marat dans le bain, fut arrêtée, condamnée et exécutée (1768-1793).

CORDELIERS (club des), club fondé en 1790 par Danton, Marat, etc., dans la chapelle du couvent des Cordeliers, rue de l'École-de-Médecine, à Paris ; il se fondit avec le club des Jacobins.

CORDES, ch.-l. de c. du Tarn, arr. de Gaillac ; 2536 h.

CORDILLÈRES, voy. Andes.

CORDOUAN (tour de), phare élevé sur un rocher à l'embouchure de la Gironde.

CORDOUE, ch.-l. de la prov. de ce nom en Espagne, sur le Guadalquivir, à 390 k. de Madrid ; 38 000 h. Patrie des deux Sénèque, de Lucain, de Gonzalve. Capitale des Ommiades, de 756 à 1031. Magnifique mosquée, transformée en église.

CORDOVA, v. de la Confédération Argentine (Amérique mérid.) ; 28 000 h.

CORÉ, compagnon d'Abiron (voy. Abiron).

CORÉE, presqu'île qui forme un roy. dépendant de la Chine, entre la mer du Japon et la mer Jaune ; cap. Han-Yang ; pop. 8 000 000 d'h.

CORFOU, anc. Corcyre, la plus importante des îles Ioniennes (Grèce) ; pop. 97 000 h. Ch.-l. Corfou ; 23 000 h.

CORINNE, femme poète de l'anc. Grèce (Ve s. av. J.-C.).

CORINTHE, v. du dép. d'Argolide-et-Corinthie (Grèce), sur l'isthme de Corinthe, florissante dans l'antiquité ; 5000 h.

CORINTHE (isthme de), entre le golfe d'Athènes (anc. golfe Saronique) et le golfe de Lépante (anc. golfe de Corinthe), unit la Morée (Péloponnèse) à la Grèce propre.

CORINTHIEN, IENNE, *adj.* et *s.* Qui est de Corinthe.

CORIOLAN (C. Marcius), personnage romain, battit les Volsques à Corioles ; puis, accusé de tyrannie, se retira chez les Volsques, marcha contre sa patrie, ne se laissa fléchir que par sa mère Véturie et sa femme Volumnie, et fut assassiné par les Volsques (Ve s. av. J.-C.).

CORK, ch.-l. du comté de ce nom (Irlande); 78 000 h.

CORLAY, ch.-l. de c. des Côtes-du-Nord, arr. de Loudéac; 1541 h.

CORMEILLES, ch.-l. de c. de l'Eure, arr. de Pont-Audemer; 1320 h.

CORMENIN (vicomte de), publiciste et jurisconsulte français, dont les pamphlets ont eu un grand retentissement sous Louis-Philippe Ier (1788-1868).

CORNARO, famille patricienne de Venise.

CORNEILLE (Pierre), né à Rouen en 1606, mort en 1684, le créateur de l'art dramatique en France, auteur du *Cid* (1636), d'*Horace* (1639), de *Cinna* (1639), de *Polyeucte* (1640), du *Menteur* (1642), etc. || Thomas Corneille, frère du précédent (1625-1709), poëte dramatique, auteur d'*Ariane*, du *Comte d'Essex*, du *Festin de Pierre*, etc.

CORNÉLIE, fille de Scipion le premier Africain, femme de T. Sempronius Gracchus, mère des Gracques et d'une fille qui épousa Scipion Émilien (189-110 av. J.-C.).

CORNÉLIUS NÉPOS, historien latin du Ier s. av. J.-C., dont il nous reste les *Vies des généraux illustres*.

CORNÉLIUS (Pierre de), peintre allemand, né à Dusseldorf en 1787, mort en 1867, célèbre par ses grandes fresques.

CORNOUAILLES, anc. pays de France, à l'O. de la Bretagne, qui a formé le dép. du Finistère et une petite partie du Morbihan et des Côtes-du-Nord; v. pr. Quimper.

CORNOUAILLES ou **CORNWALL**, comté d'Angleterre, au S.-O.; v. pr. Launceston et Falmouth.

CORNUS, ch.-l. de c. de l'Aveyron, arr. de Saint-Affrique; 1423 h.

COROGNE (LA), v. et port d'Espagne, ch.-l. de la prov. de ce nom (Galice); 23 600 h.

COROMANDEL (côte de), partie de la côte E. de l'Hindoustan, sur le golfe du Bengale, où se trouvent les ports de Madras et de Pondichéry.

CORONÉE, v. de l'anc. Béotie, près de laquelle Agésilas remporta une victoire sur la ligue des Grecs (394 av. J.-C.).

CORPS, ch.-l. de c. de l'Isère, arr. de Grenoble, sur le Drac; 1306 h.

CORRÉGE (Allegri, dit LE), peintre illustre d'Italie, né à Correggio (1494-1534). Ses plus beaux ouvrages sont à Parme.

CORRÈZE, riv. affl. de la Vézère; 90 k.

CORRÈZE (dép. de la), formé du Bas-Limousin; ch.-l. Tulle; 3 arr. Tulle, Brive et Ussel; 302 746 h.

CORRÈZE, ch.-l. de c. de la Corrèze, arr. de Tulle, sur la Corrèze; 1659 h.

CORSE, île qui forme le dép. français de ce nom dans la Méditerranée, à 160 k. des côtes de France; ch.-l. Ajaccio; 5 arr. Ajaccio, Bastia, Calvi, Corte, Sartène; 258 507 h. Cédée à la France par les Génois en 1768.

CORSEUL, c. des Côtes-du-Nord, arr. de Dinan; 3325 h.

CORTE, ch.-l. d'arr. de la Corse, à 60 k. d'Ajaccio; 5425 h.

CORTEZ (Fernand), célèbre capitaine espagnol, conquérant du Mexique (1485-1547).

CORTONE (Pierre de), peintre et architecte italien (1597-1669).

CORVIN (Mathias), fils de J. Hunyade, roi de Hongrie (1458-1490), battit les Turcs, s'empara de presque tous les États autrichiens; fut le protecteur des lettres et des arts.

CORVISART, médecin français (1755-1821).

COS, île de l'Archipel, auj. Stanco. Patrie d'Hippocrate, d'Apelle, de Polybe.

COSENZA, ch.-l. de la Calabre Citérieure (Italie); 16 000 h.

COSME (saint), médecin, frère de saint Damien, martyr en 303; ils devinrent les patrons des médecins et des chirurgiens.

COSNE, ch.-l. d'arr. de la Nièvre, à 53 k. de Nevers, sur la Loire; 6210 h. Manufacture d'ancres, etc.

COSSÉ, maison noble d'Anjou, a donné à la France trois maréchaux, dont l'un vendit Paris à Henri IV (1594).

COSSÉ-LE-VIVIEN, ch.-l. de c. de la Mayenne, arr. de Château-Gontier; 3021 h.

COSSÉIR, port de la Haute-Égypte, sur la mer Rouge.

COSTA-RICA, république de l'Amérique centrale; cap. San-José.

COSTE, naturaliste français, célèbre par ses travaux sur la pisciculture (1807-1873).

COSTER, Hollandais, auquel ses compatriotes attribuent à tort l'invention de l'imprimerie (1370-1440).

CÔTE D'OR (Monts de la), collines de France, dont les principaux sommets sont le Tasselot et le Moresol.

CÔTE-D'OR (dép. de la), formé d'une partie de la Bourgogne; ch.-l. Dijon; 4 arr. Dijon, Beaune, Châtillon-sur-Seine, Semur; 374 510 h.

CÔTE RÔTIE, hameau de l'arr. de Lyon, renommé pour ses vins rouges.

CÔTE-SAINT-ANDRÉ (LA), ch.-l. de c. de l'Isère, arr. de Vienne; 4346 h. Vins blancs.

COTENTIN, anc. pays de la Basse-Normandie, formant une partie du dép. de la Manche; v. pr. Coutances, Cherbourg, Saint-Lô, Granville.

CÔTES-DU-NORD (dép. des), formé d'une partie de l'anc. Bretagne; ch.-l. Saint-Brieuc; 5 arr. Saint-Brieuc, Dinan, Loudéac, Lannion, Guingamp; pop. 622 295 h.

COTIGNAC, ch.-l. de c. du Var, arr. de Brignoles; 2954 h.

COTIN (l'abbé), prédicateur et écrivain français, connu surtout par les critiques de Boileau et de Molière (1604-1682).

COTOPAXI, terrible volcan des Andes, à 60 k. de Quito.

COTTIENNES (ALPES), partie des Alpes qui sépare l'Italie de la France, pr. sommets: le Viso, le Genèvre, le Cenis.

COTTIN (Mme), femme auteur de romans (1770-1807).

COTTON (Pierre), jésuite, prédicateur, confesseur de Henri IV (1564-1626).

COUCHES-LES-MINES, ch.-l. de c. de Saône-et-Loire, arr. d'Autun; 2861 h.

COUCOURON, ch.-l. de c. de l'Ardèche, arr. de Largentière; 1236 h.

COUCY (Raoul de), chevalier et trouvère français, périt en Palestine (1192).

COUCY-LE-CHÂTEAU, ch.-l. de c. de l'Aisne, arr. de Laon; 745 h. Ruines.

COUDRAY-SAINT-GERMER (LE), ch.-l. de c. de l'Oise, arr. de Beauvais; 437 h.

COUCHÉ, ch.-l. de c. de la Vienne, arr. de Civray; 1749 h.

COUIZA, ch.-l. de c. de l'Aude, arr. de Limoux; 1034 h.

COULANGE-LA-VINEUSE, ch.-l. de c. de l'Yonne, arr. d'Auxerre; 1342 h.

COULANGE-SUR-YONNE, ch.-l. de c. de l'Yonne, arr. d'Auxerre; 972 h.

COULANGES (marquis de), parent et correspondant de Mme de Sévigné (1633-1716).

COULOMB, physicien français, inventeur de la *balance de torsion* pour mesurer les plus petites forces du magnétisme et de l'électricité (1736-1806).

COULOMMIERS, ch.-l. d'arr. de Seine-et-Marne, à 48 k. de Melun; 4334 h.

COULONGES, ch.-l. de c. des Deux-Sèvres, arr. de Niort; 2221 h.

COUMASSIE, cap. des Achantis (Guinée).

COUPERIN (François), le premier des organistes français (1668-1733).

COUPTRAIN, ch.-l. de c. de la Mayenne, arr. de Mayenne; 368 h.

COURBEVOIE, ch.-l. de c. de la Seine, arr. de Saint-Denis, sur la Seine; 13288 h.

COURÇON, ch.-l. de c. de la Charente-Inférieure, arr. de La Rochelle; 1217 h.

COURIER (Paul-Louis), helléniste et pamphlétaire français (1772-1825).

COURLANDE, gouvernement de la Russie d'Europe; pop. 600000 h. Cap. Mittau.

COURPIÈRE, ch.-l. de c. du Puy-de-Dôme, arr. de Thiers, sur la Dore; 3602 h.

COURS, c. du Rhône, arr. de Villefranche; 5431 h.

COURSAN, ch.-l. de c. de l'Aude, arr. de Narbonne; 2538 h.

COURSEGOULES, ch.-l. de c. des Alpes-Maritimes, arr. de Grasse; 487 h.

COURSON, ch.-l. de c. de l'Yonne, arr. d'Auxerre; 1418 h. Pierres de taille.

COURTENAY, ch.-l. de c. du Loiret, arr. de Montargis; 2778 h.

COURTENAY, maison illustre de France, dont trois membres ont été empereurs de Constantinople, au XIIIe s.

COURTINE (LA), ch.-l. de c. de la Creuse, arr. d'Aubusson; 1029 h.

COURTOIS (Jacques), dit *le Bourguignon*, peintre français (1621-1676).

COURTOMER, ch.-l. de c. de l'Orne, arr. d'Alençon; 1111 h.

COURTRAI ou **COURTRAY**, ch.-l. d'arr. de la Flandre Occidentale (Belgique), sur la Lys; 22000 h.

COURVILLE, ch.-l. de c. d'Eure-et-Loir, arr. de Chartres; 1707 h.

COUSIN (Jean), grand artiste français, fut à la fois peintre, sculpteur, graveur et écrivain (1501-1590).

COUSIN (Victor), philosophe français, chef de l'école éclectique (1792-1867).

COUSSEY, ch.-l. de c. des Vosges, arr. de Neufchâteau; 703 h.

COUSTOU, nom de trois sculpteurs français célèbres: Nicolas (1658-1733), son frère Guillaume (1677-1746) et Guillaume, fils du précédent (1716-1777); ils embellirent de leurs œuvres Lyon, Paris, Versailles.

COUTANCES, ch.-l. d'arr. de la Manche, à 28 k. de Saint-Lô; 8027 h. Évêché.

COUTHON (Pierre), conventionnel, second de Robespierre au Comité de salut public, périt avec lui sur l'échafaud (1756-1794).

COUTRAS, ch.-l. de c. de la Gironde, arr. de Libourne; 3685 h. ‖ Victoire de Henri de Navarre sur le duc de Joyeuse (1587).

COUZA (Alexandre), premier prince de Roumanie, de 1858 à 1866; m. en 1873.

COVENTRY, v. du comté de Warwick (Angleterre); 42000 h.

COYPEL (Noël), peintre français (1628-1707), directeur de l'Académie française à Rome, peintre du roi; père d'Antoine (1661-1722), premier peintre de Louis XV, et de Noël-Nicolas (1690-1734).

COYSEVOX, sculpteur français, décora de ses œuvres Paris et Versailles (1640-1720).

COYTHIER ou **COITIER**, médecin de Louis XI.

COZES, ch.-l. de c. de la Charente-Inférieure, arr. de Saintes; 1828 h.

CRACOVIE, cap. et v. sacrée de l'anc. Pologne, sur la Vistule, auj. ch.-l. de la prov. autrichienne de Galicie occid.; 41000 h.

CRANACH (Lucas de), peintre allemand (1472-1553).

CRANAÜS, roi d'Athènes, succéda à Cécrops, vers le XVIe s. av. J.-C.

CRANMER (Thomas), 1er archevêque protestant de Cantorbéry, prononça le divorce de Henri VIII avec Catherine d'Aragon, fut brûlé comme hérétique sous le règne de Marie Tudor (1556).

CRANSAC, c. de l'Aveyron, arr. de Villefranche; 3655 h. Eaux minérales.

CRAON, ch.-l. de c. de la Mayenne, arr. de Château-Gontier; 4354 h.

CRAON (Pierre de), seigneur français, meurtrier du connétable de Clisson (1392).

CRAONNE, ch.-l. de c. de l'Aisne, arr. de Laon; 755 h.

CRAPONNE (Adam de), ingénieur français (1519-1559), dont le nom a été donné au canal de Craponne, destiné à fertiliser la Crau.

CRAPONNE, ch.-l. de c. de la Haute-Loire, arr. du Puy; 3731 h.

CRASSUS (Licinius), jurisconsulte et orateur romain (140-91 av. J.-C.).

CRASSUS (Marcus Licinius), triumvir avec César et Pompée, périt dans une expédition contre les Parthes (53 av. J.-C.).

CRATÈRE, l'un des lieutenants d'Alexandre le Grand.

CRATÈS, philosophe cynique du IVe s. av. J.-C., disciple de Diogène.

CRATINUS d'Athènes, poète de la vieille comédie (519-422 av. J.-C.).

CRATIPPE, philos. grec (1er s. av. J.-C.).

CRAU (LA), vaste plaine des Bouches-du-Rhône, couverte de cailloux et de galets.

CRAVANT, c. de l'Yonne, au confluent de l'Yonne et de la Cure. ‖ Victoire des Anglais et des Bourguignons sur les Français (1423).

CRÉBILLON (Prosper **JOLYOT** de), poète tragique français (1674-1762), dont les chefs-d'œuvre sont *Électre*, *Rhadamiste*, etc.

CRÉCY, ch.-l. de c. de Seine-et-Marne, arr. de Meaux; 976 h.

CRÉCY, ch.-l. de c. de la Somme, arr. d'Abbeville; 1682 h. ‖ Victoire d'Édouard III, roi d'Angleterre, sur Philippe VI (1346).

CRÉCY-SUR-SERRE, ch.-l. de c. de l'Aisne, arr. de Laon; 1965 h.

CREIL, ch.-l. de c. de l'Oise, arr. de Senlis, sur l'Oise; 4998 h. Porcelaine opaque.

CRÉMIEU, ch.-l. de c. de l'Isère, arr. de La Tour-du-Pin; 2055 h. Grotte de la Balme.

CRÉMONE, ch.-l. de la prov. de ce nom en Italie, sur le Pô; 31000 h. Anc. fabriques célèbres de violons, etc.

CRÉON, ch.-l. de c. de la Gironde, arr. de Bordeaux; 1085 h.

CRÉON, frère de Jocaste, roi de Thèbes après la mort de Laïus, fut tué par Thésée.

CRÉPIN et **CRÉPINIEN** (saints), frères, vinrent de Rome en Gaule pour prêcher l'Évangile, et s'établirent à Soissons; ils furent décapités en 287. Patrons des cordonniers, ils sont honorés le 25 octobre.

CRÉPY ou **CRESPY-EN-VALOIS**, ch.-l. de c. de l'Oise, arr. de Senlis; 2867 h.

CRÉQUI ou **CRÉQUY**, anc. famille de France, originaire de l'Artois; elle compte parmi ses membres Charles de Créqui, qui enleva le pas de Suse, en 1629, et son fils François de Créqui, maréchal de France, qui conquit la Lorraine, en 1670.

CRESCENTIUS, tribun qui gouverna Rome et fut mis à mort par l'empereur Othon III (938).

CRESPY, petite v. près de Laon, où fut conclu le traité qui mit fin aux guerres de François 1er et de Charles-Quint (1544).

CREST, ch.-l. de c. de la Drôme, arr. de Die, sur la Drôme; 5368 h.

CRÉSUS, roi de Lydie, célèbre par ses richesses, fut vaincu par Cyrus à Thymbrée (548 av. J.-C.), et devint son ami.

CRÈTE, auj. Candie, grande île de la Méditerranée, sur laquelle régnèrent Minos, Idoménée; elle appartient aux Turcs.

CRÉTOIS, OISE, *adj. et s.* Qui est de Crète.

CREULLY, ch.-l. de c. du Calvados, arr. de Caen; 903 h.

CREUSE, riv. de France, affl. de la Vienne; 280 kil.

CREUSE (dép. de la), formé de la Haute-Marche et de quelques territoires du Poitou, du Berry, du Bourbonnais, du Limousin; ch.-l. Guéret; 4 arr. Aubusson, Boussac, Bourganeuf, Guéret; 274663 h.

CRÉUSE, femme d'Énée, mère d'Ascagne, disparut en fuyant après la prise de Troie.

CREUSOT (LE), ch.-l. de c. de Saône-et-Loire, arr. d'Autun; 22980 h. Grande usine pour la fabrication du fer, fondée en 1774.

CREUZER, savant allemand, auteur de la *Symbolique* ou *Mythologie des peuples de l'antiquité* (1771-1858).

CRÈVECOEUR, ch.-l. de c. de l'Oise, arr. de Clermont; 2189 h.

CREVELD, v. de la Prusse rhénane; 51000 h. || Défaite des Français par Ferdinand de Brunswick (1758).

CRÉVIER, continuateur de l'*Histoire romaine* de Rollin, et auteur d'une *Hist. des Empereurs jusqu'à Constantin* (1693-1765).

CRILLON (Louis de), homme de guerre français, proclamé par Henri IV le *premier capitaine du monde* (1541-1615).

CRIMÉE, anc. Chersonèse Taurique, presqu'île au S. de la Russie d'Europe, jointe au continent par l'isthme de Pérékop, célèbre par la lutte de la France et de l'Angleterre contre la Russie, en 1854 et 1855, qui se termina par la prise de Sébastopol; v. pr. Simféropol, Balaklava, Eupatoria; pop. 350000 h.

CRIQUETOT-L'ESNEVAL, ch.-l. de c. de la Seine-Inférieure, arr. du Havre; 1457 h.

CRISPUS, fils de Constantin, que son père fit empoisonner, sur une fausse accusation de sa belle-mère Fausta (326).

CRITIAS, l'un des trente tyrans d'Athènes (404 av. J.-C.).

CRITON, disciple et ami de Socrate.

CROATE, *adj.* et *s.* Qui est de la Croatie.

CROATIE, pays au N.-E. de l'Adriatique, partagé entre l'Autriche (cap. Agram), 1168000 h., et la Turquie (annexe du gouv. de Bosnie) (cap. Bosna-Séraï), 1100000 h.

CROCQ, ch.-l. de c. de la Creuse, arr. d'Aubusson; 1020 h.

CROISADES, expéditions faites par les chrétiens de l'Occident pour enlever la Palestine aux Musulmans. On en compte huit, de 1095 à 1270: 1re croisade de Godefroy de Bouillon (1095-1099); 2e de Louis VII et de Conrad III (1147-1149); 3e de Frédéric Barberousse, Philippe-Auguste et Richard Cœur de Lion (1189-1192); 4e de Baudouin de Flandre et du doge Dandolo (1202-1204); 5e de Jean de Brienne et d'André II de Hongrie (1217-1221); 6e de Frédéric II (1228-1229); 7e de saint Louis en Égypte (1248-1254); 8e de saint Louis à Tunis (1270).

CROISIC (LE), ch.-l. de c. de la Loire-Inférieure, arr. de Saint-Nazaire; 2344 h.

CROISILLES, ch.-l. de c. du Pas-de-Calais, arr. d'Arras; 1580 h.

CROIX. Invention de la Sainte-Croix, fête de l'Église (3 mai), en mémoire de ce que sainte Hélène, mère de Constantin le Grand, retrouva la croix de Jésus-Christ enfouie dans la terre du Calvaire, en 326. || Exaltation de la Sainte-Croix, fête du 14 sept., en mémoire de ce que Héraclius rapporta à Jérusalem, en 629, la vraie croix qu'il avait reprise à Chosroès II.

CROIX-ROUSSE (LA), faubourg de Lyon.

CROIX (SAINTE-), ch.-l. de c. de l'Ariège, arr. de Saint-Girons; 1698 h.

CROMWELL (Olivier), né en 1599, membre du Long-Parlement, organisa pendant la guerre civile une armée avec laquelle il battit les troupes de Charles Ier Stuart (1644-1645). Après le supplice du roi, il chassa d'Écosse Charles II; enfin, s'appuyant sur le corps des officiers, il gouverna seul l'Angleterre avec le titre de *Protecteur* (1653). Craint et flatté de toute l'Europe, il mourut en 1658. || Son fils Richard, qui lui succéda comme Protecteur, donna sa démission six mois après, et mourut obscur en 1712.

CRONSTADT, v. de la Russie d'Europe, à l'embouchure de la Néva, à 40 k. de St-Pétersbourg, dont elle forme le port; 45000 h.

CROTOY (LE), petite v. de l'arr. d'Abbeville (Somme); port à l'embouchure de la Somme; 1500 h.

CROUPION, nom donné au Long-Parlement d'Angleterre qui, pendant les dernières années de son existence, ne comptait plus qu'un très-petit nombre de membres. Chassé par Cromwell (1653), il reparut en 1659, pour être dissous par George Monk.

CROY, maison illustre, descendant du roi de Hongrie André III, qui a produit des cardinaux, des évêques, des maréchaux, des généraux, des ambassadeurs, etc.

CROZON, ch.-l. de c. du Finistère, arr. de Châteaulin; 8929 h.

CRUSCA (ACADÉMIE DE LA), société littéraire de Florence, fondée en 1541, et ayant publié un *Dictionnaire* italien célèbre.

CRUSEILLES, ch.-l. de c. de la Haute-Savoie, arr. de Saint-Julien ; 1819 h.

CRUSSOL, famille originaire du Vivarais.

CRUZY-LE-CHÂTEL, ch.-l. de c. de l'Yonne, arr. de Tonnerre ; 927 h.

CTÉSIAS, médecin et historien grec, qui vécut à la cour d'Artaxerxès II, et qui écrivit une *Histoire de Perse*.

CTÉSIPHON, Athénien, proposa de décerner une couronne d'or à Démosthène, fut accusé par Eschine, défendu par Démosthène et acquitté.

CTÉSIPHON, v. de Babylonie, sur le Tigre.

CUBA, la plus grande des Antilles, à l'Espagne ; pop. 1,449,462 h. Cap. La Havane.

CUENÇA, ch.-l. de la prov. de ce nom, dans la Nouvelle-Castille (Espagne) ; 9000 h.

CUERS, ch.-l. de c. du Var, arr. de Toulon ; 5004 h.

CUISEAUX, ch.-l. de c. de Saône-et-Loire, arr. de Louhans ; 1544 h.

CUISERY, ch.-l. de c. de Saône-et-Loire, arr. de Louhans ; 1591 h.

CUJAS (Jacques), célèbre jurisconsulte français, auteur de savants commentaires sur le droit romain (1522-1590).

CUJAVIE, pays de l'anc. Pologne.

CULLODEN, champ de bataille près du golfe de Murray (Écosse), où fut défait le prétendant Charles-Édouard Stuart (1746).

CULOZ, c. de l'arr. de Belley (Ain), à l'embranchement des chemins de fer de Savoie et de Genève.

CUMBERLAND, comté du N.-O. de l'Angleterre ; ch.-l. Carlisle ; pop. 205,000 h.

CUMBERLAND (duc de), 3e fils de George II, roi d'Angleterre, fut vaincu à Fontenoy (1745), et vainqueur à Culloden (1746).

CUMES, anc. v. ruinée d'Italie, près de Naples, célèbre par sa sibylle.

CUNAXA, v. de l'anc. Babylonie. ‖ Bataille entre Artaxerxès II et son frère Cyrus le jeune, qui fut tué (401 av. J.-C.).

CUNLHALT, ch.-l. de c. du Puy-de-Dôme, arr. d'Ambert ; 2934 h.

CUPIDON, l'Amour, fils de Vénus.

CUQ-TOULZA, ch.-l. de c. du Tarn, arr. de Lavaur ; 1140 h.

CURAÇAO (ku-ra-so), l'une des petites Antilles, aux Hollandais ; cap. Wilhemstadt ; pop. 19,000 h.

CURE, riv. de France, vient des monts du Morvan, se jette dans l'Yonne à Cravant.

CURES, anc. cap. des Sabins (Italie).

CURÈTES, prêtres de Jupiter et de Cybèle.

CURIACES, famille de l'anc. Albe, à laquelle appartenaient les trois frères qui furent vaincus par le dernier des Horaces.

CURIUS DENTATUS, consul romain, vainqueur des Samnites et de Pyrrhus.

CURTIUS (Marcus), chevalier romain, qui, vers 362 av. J.-C., se précipita dans un gouffre au milieu du Forum, se dévouant aux dieux pour sauver son pays.

CUSSET, ch.-l. de c. de l'Allier, arr. de Lapalisse ; 6270 h. Eaux minérales.

CUSTINE (Philippe, comte de), général franç., condamné à mort pour avoir mal défendu Mayence contre les Prussiens (1793).

CUVIER (Georges), illustre naturaliste, né à Montbéliard en 1769, mort en 1832, créateur de l'anatomie comparée, auteur du *Discours sur les révolutions du globe*.

‖ Son frère Frédéric (1773-1838) a publié des ouvrages sur l'histoire naturelle.

CUVILLIER-FLEURY, littérateur et critique français, né en 1802, élu membre de l'Académie française en 1866.

CUYP, peintre hollandais (1606-1683).

CUZCO, v. du Pérou, anc. cap. des Incas ; 45,000 h.

CYAXARE, roi des Mèdes, détruisit Ninive (605 av. J.-C.). ‖ Cyaxare II, fils d'Astyage, eut pour successeur son neveu Cyrus.

CYBÈLE, déesse de la Terre, fille du Ciel, femme de Saturne, mère de Jupiter, de Junon, de Neptune, de Pluton.

CYCLADES, groupe de 25 îles de l'Archipel (Syra, Milo, Santorin, Naxo, etc.), faisant partie du royaume de Grèce ; 118,000 h.

CYCLE solaire, période de 28 ans. ‖ Cycle lunaire, période de 19 années lunaires.

CYCLOPE, espèce de géants qui n'avaient qu'un œil au milieu du front.

CYDNUS, riv. de Cilicie, dans laquelle Alexandre le Grand se baigna tout en sueur et faillit perdre la vie. ‖ L'empereur Frédéric Barberousse s'y noya, en 1190.

CYNÉGIRE, frère d'Eschyle, périt héroïquement en combattant à Marathon.

CYNOSCÉPHALES, hauteurs de Thessalie, célèbres par la victoire de Flamininus sur Philippe III de Macédoine (197 av. J.-C.).

CYPRE, voy. Chypre.

CYPRIEN (saint), docteur de l'Église latine, évêque de Carthage, auteur de nombreux traités, souffrit le martyre en 258.

CYPRIEN (SAINT-), ch.-l. de c. de la Dordogne, arr. de Sarlat ; 2364 h. Eaux minérales.

CYPRIOTE, *adj.* et s. Qui est de Chypre.

CYR (SAINT-), c. à 5 k. de Versailles, célèbre par la maison royale de St-Louis que Louis XIV et Mme de Maintenon y fondèrent pour les demoiselles de noblesse pauvre en 1686, et aujourd'hui par l'École spéciale militaire établie en 1808.

CYRÉNAÏQUE, contrée de l'Afrique anc., à l'O. de l'Égypte ; cap. Cyrène.

CYRILLE (saint), patriarche de Jérusalem, l'un des Pères de l'Église grecque (315-386). ‖ Patriarche d'Alexandrie, auteur d'*Homélies* et de livres *Contre Julien l'Apostat* (376-444). ‖ Apôtre des Slaves, mort en 868.

CYROPÉDIE, ouvrage de Xénophon sur l'éducation de Cyrus.

CYRUS, fondateur de l'empire des Perses, était fils de Cambyse et de Mandane ; il enleva le trône de Médie à son grand-père Astyage (559 av. J.-C.), vainquit Crésus, roi de Lydie, s'empara de Babylone, et périt, dit-on, dans une expédition contre les Scythes (529). ‖ Cyrus le jeune, frère d'Artaxerxès II, périt à Cunaxa (401 av. J.-C.).

CYSOING, ch.-l. de c. du Nord, arr. de Lille ; 2937 h.

CYTHÈRE, auj. Cérigo, île de la Grèce anc., célèbre par le culte de Vénus.

CYZIQUE, v. anc. de Mysie (Asie Mineure).

CZARTORYSKI, famille polonaise, issue des Jagellons, grands-ducs de Lithuanie, à laquelle appartenait Adam Czartoryski, président du Gouvernement provisoire lors de l'insurrection de Pologne en 1831, et mort en France (1861).

CZERNOWITZ, ch.-l. de la prov. autrichienne de la Bukowine.

D

DACE, *adj.* et *s.* Qui est de la Dacie.

DACIE, anc. contrée située le long du Danube, répondant à des parties de la Hongrie, de la Moldavie, de la Valachie et de la Transylvanie.

DACIER (André), savant traducteur français (1651-1722), dont la femme, née Lefèvre, se distingua aussi par une traduction d'Homère (1654-1720).

DACTYLES, prêtres d'Uranus et de la Terre.

DAGHESTAN, prov. de la Russie d'Europe, au N. du Caucase; cap. Derbent.

DAGO, île de Russie, dans la Baltique.

DAGOBERT Ier, fils de Clotaire II, roi d'Austrasie en 622, de Neustrie en 628, mourut en 638. || **DAGOBERT II** fut détrôné par Grimoald et mis à mort en 679. || **DAGOBERT III**, roi de Neustrie, régna sous la mairie de Pepin d'Héristal (711-715).

DAGON, Dieu des Philistins.

DAGUERRE, peintre et décorateur français (1789-1851), établit le *Diorama* en 1822, et inventa avec Niepce le daguerréotype.

DAHOMEY, région maritime de la Guinée septentrionale; cap. Abomey.

DAHRA, région montagneuse de l'Algérie.

DALAYRAC (Nicolas), célèbre compositeur français (1753-1809), auteur de *Camille*, d'*Adolphe et Clara*, etc.

DALÉCARLIE, anc. prov. de Suède.

DALEMBERT, voy. ALEMBERT.

DALILA, femme qui livra Samson aux Philistins.

DALMATE, *adj.* et *s.* Qui est de Dalmatie.

DALMATIE, prov. de l'empire d'Autriche, sur l'Adriatique; v. pr. Zara; 457000 h. || Napoléon Ier en avait formé un duché en faveur du maréchal Soult.

DALTON (Jean), physicien et chimiste anglais, inventeur de la théorie des atomes et des équivalents (1766-1844).

DAMAS, v. de la Turquie d'Asie, dans la Syrie; 150000 h. Résidence des califes Ommiades; célèbre autrefois par sa fabrique de sabres; auj. grand centre de commerce.

DAMASCÈNE (saint Jean) ou **DE DAMAS**, écrivain ecclésiastique grec (676-756).

DAMASE Ier (saint), pape de 366 à 384. || **DAMASE II**, pape en 1048.

DAMAZAN, ch.-l. de c. de Lot-et-Garonne, arr. de Nérac; 1871 h.

DAMBRAY (Charles), chancelier de France sous la Restauration (1760-1829).

DAMIEN, frère de saint Cosme, martyrisé avec lui, sous Dioclétien.

DAMIENS, frappa Louis XV d'un coup de canif (1757), et fut écartelé.

DAMIETTE, v. de la Basse-Égypte, sur un bras du Nil; 30000 h. Prise par les croisés en 1218 et en 1249.

DAMMARTIN-EN-GOËLE, ch.-l. de c. de Seine-et-Marne, arr. de Meaux; 1783 h.

DAMOCLÈS, courtisan de Denys le tyran, dont il vantait sans cesse le bonheur. Invité un jour par son maître à un banquet,

il aperçut au-dessus de sa tête une épée suspendue par un crin de cheval; il comprit alors la crainte qui empoisonnait le bonheur du tyran.

DAMON, pythagoricien de Syracuse, se porta caution du retour de son ami Pythias, qui, condamné à mort par Denys le tyran, avait demandé à s'absenter pour régler ses affaires. Pythias revint au jour marqué, et Denys lui fit grâce.

DAMPIERRE, ch.-l. de c. du Jura, arr. de Dôle; 945 h. || Vge de l'arr. de Rambouillet; château de la famille de Luynes.

DAMPIERRE (Guy de), comte de Flandre, fit la guerre à Philippe le Bel, perdit son comté et mourut prisonnier (1305).

DAMPIERRE (marquis de), général français, joua un rôle décisif à Jemmapes (1792); successeur de Dumouriez, il fut tué près de Valenciennes (1793).

DAMPIERRE-SUR-SALON, ch.-l. de c. de la Haute-Saône, arr. de Gray; 1146 h.

DAMRÉMONT ou mieux **DANRÉMONT**, général français, gouverneur de l'Algérie, fut tué au siège de Constantine (1837).

DAMVILLE, ch.-l. de c. de l'Eure, arr. d'Évreux; 968 h.

DAMVILLERS, ch.-l. de c. de la Meuse, arr. de Montmédy; 834 h.

DAN, 5e fils de Jacob, père de la tribu de Dan. || V. de Judée, dans la tribu de Nephtali.

DANAÉ, fille d'Acrisius et mère de Persée.

DANAÏDES, filles de Danaüs, au nombre de 50; ayant épousé, contraintes par la force, les fils de leur oncle Ægyptus, elles les tuèrent, et furent pour ce crime condamnées dans les Enfers à remplir éternellement un tonneau sans fond.

DANAÜS, Égyptien, passa en Grèce et devint roi d'Argos (xve s. av. J.-C.).

DANCOURT, auteur dramatique français (1661-1725).

DANDOLO, famille de Venise qui donna quatre doges à la république. Le 1er est célèbre par la part qu'il prit à la 4e croisade, et le 4e par une *Chronique* latine de Venise.

DANEMARK, roy. d'Europe comprenant le Jutland, les îles entre le Cattégat et la Baltique, les Feroë, l'Islande et les établissements du Groenland; 1.724.000 h. Cap. Copenhague. Roi régnant depuis 1863: Christian IX de Glucksbourg.

DANGÉ, ch.-l. de c. de la Vienne, arr. de Châtellerault; 816 h.

DANGEAU (marquis de), auteur d'un *Journal historique* de la cour de Louis XIV, de 1684 à 1720.

DANIEL, prophète hébreu; emmené en captivité à Babylone, il expliqua, dans le festin de Balthasar, les 3 caractères mystérieux. Jeté dans la fosse aux lions, sous le règne de Darius le Mède (Cyaxare II), il fut miraculeusement sauvé; il obtint de Cyrus le renvoi des Juifs en Palestine.

DANIEL (le Père Gabriel), auteur d'une volumineuse *Histoire de France* (1649-1728).

DANNEMARIE, anc. ch.-l. de c. du Haut-Rhin, arr. de Belfort; cédé à la Prusse en 1871.

DANOIS, OISE, *adj.* et *s.* Qui est du Danemark.

DANTE ALIGHIERI, grand poëte italien, né à Florence en 1265; ayant pris part aux luttes intestines de sa patrie, il fut exilé et mourut à Ravenne en 1321. Il s'est immortalisé par sa *Divine Comédie*, divisée en trois chants, l'*Enfer*, le *Purgatoire* et le *Paradis*.

DANTON, membre de la Convention et du Comité de salut public, né en 1759, mort sur l'échafaud en 1794.

DANTZICK ou **DANTZIG**, v. et port de la Prusse, sur la Vistule; 65 000 h.

DANUBE, anc. Ister, fl. d'Europe; naît dans la Forêt-Noire, traverse l'Allemagne méridionale, l'Autriche, la Hongrie et la Turquie, et se jette dans la mer Noire; 2800 k.

DANUBIEN, IENNE, *adj.* Qui est sur le Danube.

DANVILLE, voy. ANVILLE.

DAOULAS, ch.-l. de c. du Finistère, arr. de Brest; 743 h.

DAPHNÉ, nymphe changée en laurier.

DAPHNIS, berger sicilien, célébré comme l'inventeur de la poésie bucolique.

DARCET (JEAN), chimiste franç., directeur de la manufacture de Sèvres (1727-1801).

DARDANELLES (DÉTROIT DES), anc. Hellespont, sépare l'Europe de l'Asie, et unit la mer de Marmara à l'Archipel.

DARDANIE, anc. nom de la Troade et de l'île de Samothrace.

DARDANUS, gendre de Teucer et roi de la Troade.

DARFOUR, roy. de l'Afrique intérieure; v. pr. Kobbeh.

DARIEN (GOLFE DE), sur la côte sept. de la Nouvelle-Grenade, dans la mer des Antilles.

DARIUS 1er, fils d'Hystaspe, roi de Perse de 521 à 485 av. J.-C.; son armée fut vaincue par les Grecs à Marathon. ‖ DARIUS II *Nothus*, roi de 424 à 404 av. J.-C. ‖ DARIUS III *Codoman*, roi de 336 à 330, perdit les batailles du Granique, d'Issus et d'Arbelles, et fut assassiné par Bessus.

DARMSTADT, cap. du grand-duché de Hesse-Darmstadt (Allemagne); 32 000 h.

DARNÉTAL, ch.-l. de c. de la Seine-Inférieure, arr. de Rouen; 5636 h. Filatures.

DARNEY, ch.-l. de c. des Vosges, arr. d'Épinal; 1792 h.

DARNLEY, 2e époux de Marie Stuart, périt victime du comte Bothwell, en 1567.

DARU (comte), littérateur et homme d'État français, auteur de l'*Histoire de Venise* (1767-1829).

DARWIN, naturaliste anglais, né en 1809, auteur d'une doctrine qui fait dériver tous les animaux et toutes les plantes d'une forme unique.

DATIS, général de Darius 1er, fut vaincu par Miltiade à Marathon (490 av. J.-C.).

DAUBENTON, naturaliste français, collaborateur de Buffon (1716-1800).

DAUMESNIL, dit la *Jambe de bois*, général français (1777-1832), refusa en 1814 de rendre le fort de Vincennes aux alliés.

DAUNOU, homme politique et historien français, auteur d'un *Cours d'études historiques* (1761-1840).

DAUPHINÉ, anc. prov. de France, dont on a formé les dép. de l'Isère, des Hautes-Alpes et de la Drôme; cap. Grenoble. Il fut réuni à la France en 1349, et devint l'apanage des fils aînés des rois de France.

DAVID, roi d'Israël et prophète, succéda à Saül en 1040 av. J.-C. et mourut en 1015.

DAVID II, roi d'Écosse, succéda à son père Robert Bruce en 1329, fut pris par les Anglais, et mourut en 1370.

DAVID (Louis), célèbre peintre français, membre de la Convention, organisateur des fêtes de la Révolution, puis peintre des grandeurs impériales; mourut à Bruxelles exilé (1748-1825).

DAVID *d'Angers*, statuaire français, auteur du fronton du Panthéon (1789-1856).

DAVID (Félicien), compositeur français (1810-1876), aut. du *Désert*, de *Lalla-Roukh*, etc.

DAVILA, Italien, auteur d'une *Histoire des guerres civiles de France* (1576-1631).

DAVIS (JOHN), navigateur anglais, découvrit en 1585 le détroit qui porte son nom, et qui unit la mer de Baffin à l'Atlantique.

DAVIS (JEFFERSON), président des États confédérés du Sud, en Amérique, pendant la guerre de la Sécession (1861-1865).

DAVOUT, duc d'Auerstaedt, prince d'Eckmühl, maréchal de France, s'illustra dans les guerres du 1er Empire (1770-1823).

DAVY, chimiste anglais, inventa la lampe de sûreté pour les mineurs (1778-1829).

DAX, ch.-l. d'arr. des Landes, à 68 k. de Mont-de-Marsan; 9366 h. Eaux thermales.

DÉBORA, prophétesse juive.

DECAMPS, peintre français (1803-1860).

DECAZES (duc), ministre et favori de Louis XVIII (1780-1861).

DECAZEVILLE, c. de l'Aveyron, arr. de Villefranche; 8710 h. Forges.

DECCAN ou **DEKHAN**, partie de l'Hindoustan anglais, comprend les deux présidences de Bombay et de Madras, etc.

DÉCEMVIRS, nom de 10 magistrats chargés, l'an 304 de Rome, de rédiger un code de lois, dit lois des Douze Tables.

DECIUS ou **DÈCE**, empereur romain (249-251), tué en combattant les Goths, ordonna la 7e persécution contre les chrétiens.

DECIUS MUS, nom de trois Romains qui, à différentes époques, se dévouèrent pour sauver l'armée.

DECIZE, ch.-l. de c. de la Nièvre, arr. de Nevers; 4538 h. Hauts fourneaux, forges.

DECRÈS, amiral français, ministre de la marine sous Napoléon 1er (1761-1820).

DÉCURION, chef d'une décurie ou troupe composée de 10 soldats, à Rome.

DÉDALE, artiste grec, père d'Icare, construisit le labyrinthe de Crète.

DÉFENESTRATION DE PRAGUE, actes de violence commis à Prague en 1419 et en 1618, qui furent le prélude, l'un de la guerre des Hussites, l'autre de la guerre de Trente Ans.

DÉIDAMIE, fille de Lycomède, épouse d'Achille et mère de Pyrrhus.

DÉJANIRE, femme d'Hercule, dont elle causa la mort par jalousie, en lui remettant la tunique teinte du sang de Nessus.

DÉJOCÈS, 1er roi des Mèdes, de 733 à 690 av. J.-C., fondateur d'Ecbatane.

DELACROIX (EUGÈNE), peintre français, chef de l'école coloriste (1799-1863).

DELAMBRE, astronome franç. (1749-1822).

DELAROCHE (Paul), peintre français (1797-1856).

DELAVIGNE (Casimir), poète dramatique français (1793-1843), auteur des *Messéniennes*, de l'*École des vieillards*, des *Enfants d'Édouard*, de *Louis XI*, etc.

DELAWARE, fl. d'Amérique, a donné son nom à une baie de l'Atlantique, ainsi qu'à l'un des plus petits États de l'Union américaine ; 125 000 h ; cap. Dover.

DELESSERT (Benjamin), fondateur des caisses d'épargne (1773-1847).

DELFT, v. de la Hollande méridionale ; anc. fabriques de porcelaine ; 19 800 h.

DELGADO (cap), sur la côte E. d'Afrique.

DELHI, v. de l'Hindoustan, résidence du Grand Mogol jusqu'en 1857 ; 200 000 h.

DELILLE (l'abbé Jacques), poète français (1738-1813), traducteur de Virgile, auteur des poèmes des *Jardins*, de l'*Imagination*, etc.

DELLE, ch.-l. de c. du Territoire de Belfort ; 1526 h.

DELME, anc. ch.-l. de c. de la Meurthe, arr. de Château-Salins ; cédé à la Prusse en 1871.

DELORME (Philibert), architecte français (1518-1577), commença la construction du palais des Tuileries en 1564.

DELOS, une des Cyclades, célèbre par la naissance d'Apollon et de Diane.

DELPHES, anc. ville de la Phocide, en Grèce, célèbre par son temple d'Apollon où la Pythie rendait des oracles.

DEMBEA, lac d'Abyssinie que traverse le Nil Bleu.

DÉMÉTRIUS Ier, surnommé *Poliorcète* (preneur de villes), fils d'Antigone, soumit la Grèce révoltée et régna sur la Macédoine de 295 à 287 av. J.-C. ‖ Son petit-fils, Démétrius II, roi de 243 à 233, combattit les Étoliens.

DÉMÉTRIUS Ier *Soter* (sauveur), roi de Syrie (162-150 av. J.-C.), fut battu par Judas Macchabée.

DÉMÉTRIUS DE PHALÈRES, orateur athénien, gouverna Athènes pendant dix ans pour Cassandre ; quand cette ville fut prise par Démétrius Poliorcète, il s'enfuit en Égypte, où il mourut (283 av. J.-C.).

DÉMÉTRIUS ou **DMITRI**, nom de cinq grands princes de Russie, dont le plus célèbre, Démétrius IV (1363-1389), fit de Moscou sa capitale et bâtit le Kremlin.

DÉMIDOFF, famille noble de Russie.

DÉMOCRITE, philos. grec, qui riait sans cesse de la folie humaine (ve s. av. J.-C.).

DÉMOSTHÈNE, le plus grand des orateurs grecs (385-322 av. J.-C.), prononça contre Philippe, roi de Macédoine, ses *Philippiques* et ses *Olynthiennes*, souleva Athènes contre Alexandre ; recommença la lutte à la mort de ce prince, et s'empoisonna pour ne pas être livré à Antipater.

DÉMOUSTIER, littérateur français, auteur des *Lettres à Émilie sur la mythologie* (1760-1801).

DENAIN, c. du Nord, arr. de Valenciennes ; 12 530 h. ‖ Victoire de Villars sur le prince Eugène (1712).

DENDERAH, ville de la Haute-Égypte où l'on a trouvé un zodiaque.

DENIS (SAINT-), ch.-l. d'arr. de la Seine, à 6 k. de Paris ; 31 993 h. Abbaye fondée par Dagobert Ier, qui devint le lieu de sépulture des rois de France.

DENIS (SAINT-), cap. de l'île de la Réunion ; 20 200 h. Évêché.

DENON (le baron), directeur général des musées, de 1804 à 1815, auteur d'un *Voyage dans la Basse et la Haute-Égypte*.

DENYS (l'ancien), tyran de Syracuse (405-368 av. J.-C.), célèbre par ses cruautés, mais aussi par l'habileté de son administration et par son goût pour les lettres et la philosophie. ‖ Son fils, Denys le jeune, lui succéda, fut chassé par Dion, puis par Timoléon, et mourut maître d'école à Corinthe (343 av. J.-C.).

DENYS D'HALICARNASSE, historien grec, vécut à Rome sous Auguste, et publia les *Antiquités romaines*, dont il ne nous reste que 4 livres sur 20 et des fragments.

DENYS (saint) l'*Aréopagite*, c.-à-d. juge de l'Aréopage ; converti par saint Paul, il fut le 1er évêque d'Athènes et martyr en 95.

DENYS (saint), pape de 259 à 269.

DENYS (saint), apôtre de la France, premier évêque de Paris, martyr vers 270.

DEPPING, érudit français (1784-1853).

DERBY, ch.-l. du comté de ce nom en Angleterre ; 50 000 h.

DERVAL, ch.-l. de c. de la Loire-Inférieure, arr. de Châteaubriant ; 2968 h.

DESAIX, général français, se distingua dans la campagne du Rhin en 1796 et dans l'expédition d'Égypte ; fut tué à Marengo (1768-1800).

DÉSAUGIERS, auteur dramatique et chansonnier français (1772-1827).

DESBORDES-VALMORE (Mme), femme poète (1785-1859).

DESCARTES (René), mathématicien, géomètre, physicien et surtout illustre philosophe français, regardé comme le père de la philosophie moderne à cause de son *Discours sur la méthode* (1596-1650.)

DES ESSARTS, DE SÈZE, voy. Essarts, Sèze.

DESGENETTES (baron), médecin en chef des armées françaises en Égypte, puis en Prusse, Russie, Allemagne (1762-1837).

DESHOULIÈRES (Mme), femme poète, se distingua dans la pastorale (1634-1694).

DÉSIRADE (LA), une des petites Antilles françaises.

DESMAREST DE SORLIN (Jean), poète dramatique français (1595-1676), auteur de la comédie des *Visionnaires*.

DESMOULINS (Camille), avocat au Parlement de Paris, donna en 1789 le signal de l'insurrection qui fit tomber la Bastille ; membre de la Convention, il soutint Danton contre Robespierre et mourut avec lui sur l'échafaud (1794).

DESPERRIERS (Bonaventure), écrivain français, auteur de *Contes*, mort vers 1544.

DESPORTES (Philippe), poète français (1545-1606).

DESPORTES (François), peintre français d'animaux et de nature morte (1661-1743).

DESPRÉAUX, voy. Boileau.

DESSALINES, nègre qui se fit proclamer empereur à Haïti, après l'évacuation de l'île par les Français, en 1804.

DESSAU, v. d'Allemagne, cap. du duché d'Anhalt ; 17 000 h.

DESTOUCHES, poète comique (1680-1754), auteur du *Philosophe marié* et du *Glorieux*.

DESVRES, ch.-l. de c. du Pas-de-Calais, arr. de Boulogne; 3011 h.

DETMOLD, cap. de la principauté de Lippe-Detmold (Allemagne); 6300 h.

DETROY ou **DE TROY**, nom de 4 peintres français, du XVIIe et du XVIIIe s.

DEUCALION, fils de Prométhée et roi de Thessalie, échappa au déluge avec sa femme Pyrrha; ils repeuplèrent le monde en jetant derrière eux des pierres qui furent changées en hommes.

DEULE, riv. de France canalisée, qui passe à Lille et se jette dans la Lys.

DEUTÉRONOME, c.-à-d. deuxième loi, le 5e livre du Pentateuque.

DEUX-PONTS, v. de la Bavière rhénane; 8000 h.

DEUX-ROSES (GUERRE DES), guerre civile entre la maison de Lancastre (rose rouge) et celle d'York (rose blanche), qui commença en 1455, et finit en 1485 par le triomphe de Henri VII Tudor.

DEUX-SÈVRES (dép. des), formé du haut Poitou; ch.-l. Niort; 4 arr. Niort, Bressuire, Melle et Parthenay; 331 243 h.

DEUX-SICILES (LES), anc. roy. de l'Italie mérid. formé de Naples et de la Sicile, et annexé au royaume d'Italie en 1860.

DEVENTER, v. de la prov. d'Over-Yssel (Pays-Bas), sur l'Yssel; 15 000 h.

DÉVOLUTION (GUERRE DE), guerre entreprise par Louis XIV, qui réclamait les Pays-Bas au nom de sa femme Marie-Thérèse; elle valut à la France une partie de la Flandre (1667-1668).

DEVONPORT, v. maritime du comté de Devon en Angleterre; 50 000 h. Chantiers de constructions maritimes.

DEY, titre du chef barbaresque qui gouvernait la régence d'Alger en 1830.

DHUIS, riv. de l'arr. de Château-Thierry.

DIANE, fille de Jupiter et de Latone, sœur d'Apollon, déesse de la chasse.

DIANE DE POITIERS, duchesse de Valentinois (1499-1566).

DIARBÉKIR, v. et prov. de la Turquie d'Asie (Kourdistan), sur le Tigre.

DIAS ou **DIAZ** (BARTHELEMY), navigateur portugais, découvrit en 1487 le cap des Tourmentes (cap de Bonne-Espérance).

DICKENS (CHARLES), célèbre romancier anglais (1812-1870).

DIDEROT (DENIS), littérateur, philosophe, auteur dramatique français (1713-1784), fut l'inventeur du drame bourgeois par sa pièce du *Père de famille*, et l'un des fondateurs de l'*Encyclopédie*.

DIDIER, dernier roi des Lombards, détrôné par Charlemagne, en 774.

DIDIER-LA-SÉAUVE (SAINT-), ch.-l. de c. de la Hte-Loire, arr. d'Yssingeaux; 4743 h.

DIDIUS JULIANUS, acheta l'empire romain, et fut tué par ses soldats à l'approche de Septime Sévère (193 av. J.-C.).

DIDON, fille de Bélus, roi de Tyr, femme de Sichée; son mari ayant été tué par son beau-frère Pygmalion, elle s'enfuit de Tyr et alla fonder Carthage (878 av. J.-C.).

DIE, ch.-l. d'arr. de la Drôme, à 42 k. de Valence; 3876 h.

DIÉ (SAINT-), ch.-l. d'arr. des Vosges, à 55 kil. d'Épinal; 12 317 h. Évêché.

DIEMEN (ANTOINE VAN), gouverneur des Indes hollandaises, fut le promoteur des voyages à la découverte de la Terre de Van-Diemen ou Tasmanie (1641-1642).

DIEPPE, ch.-l. d'arr. de la Seine-Inférieure, à 61 k. de Rouen; 20 160 h. Port de commerce. Patrie de Duquesne.

DIER (SAINT-), ch.-l. de c. du Puy-de-Dôme, arr. de Clermont; 1820 h.

DIEU, île dans le golfe de Gascogne, dépendant du dép. de la Vendée; 3062 h.

DIEULEFIT, ch.-l. de c. de la Drôme, arr. de Montélimar; 4028 h.

DIEUZE, anc. ch.-l. de c. de la Meurthe, arr. de Château-Salins; cédé à la Prusse en 1871. Sel gemme.

DIGNE, ch.-l. du dép. des Basses-Alpes, à 750 k. de Paris; 6877 h. Évêché.

DIGOIN, ch.-l. de c. de Saône-et-Loire, arr. de Charolles, à la jonction de la Loire et du canal du Centre; 3168 h.

DIJON, ch.-l. de la Côte-d'Or, à 315 k. de Paris, sur l'Ouche et le Suzon; 42 573 h. Évêché. Patrie de Bossuet, de Crébillon, etc.

DINA, fille de Jacob et de Lia.

DINAN, ch.-l. d'arr. des Côtes-du-Nord, à 56 k. de Saint-Brieuc; 7692 h.

DINANT, v. de Belgique, sur la Meuse; 6500 h. Autrefois commerce de dinanderie.

DIOCLÉTIEN, empereur romain, succéda à Numérien (284 ap. J.-C.), divisa l'empire en 4 parties gouvernées par deux Augustes (Dioclétien et Maximien), et deux Césars (Constance Chlore et Galérius); il abdiqua en 305. Ce prince ordonna la 10e persécution contre les chrétiens.

DIODORE DE SICILE, historien grec du temps d'Auguste.

DIOGÈNE, philosophe grec cynique, né à Sinope (413-325 av. J.-C.).

DIOGÈNE LAËRCE ou **DE LAËRTE**, historien grec du IIIe s. auteur *des vies et des opinions des plus illustres philosophes*.

DIOMÈDE, roi de Thrace, qui, selon la Fable, nourrissait ses chevaux de chair humaine, et qui fut vaincu par Hercule.

DIOMÈDE, fils de Tydée, chef des Argiens au siège de Troie.

DION, gendre de Denys l'ancien, fut exilé de Syracuse par Denys le jeune, qu'il chassa à son tour (409-354 av. J.-C.).

DION CASSIUS, historien grec, auteur d'une *Histoire romaine* (155-240 av. J.-C.).

DION CHRYSOSTOME, rhéteur grec, qui fut en crédit auprès de Nerva et de Trajan (30-117 ap. J.-C.).

DIOPHANTE, mathématicien grec d'Alexandrie, inventeur de l'algèbre.

DIOSCURES, c.-à-d. fils de Jupiter, surnom collectif de Castor et de Pollux.

DIRCÉ, femme de Lycus, fut tuée par les fils d'Antiope.

DIRECTOIRE, période de l'histoire de France, qui s'étend du 27 octobre 1795 au 9 nov. 1799 (18 brumaire an VIII); ainsi appelée parce que le pouvoir exécutif était exercé par cinq magistrats dits Directeurs.

DISRAELI, célèbre romancier et homme d'État anglais, né en 1805.

DIVES, riv. qui se jette dans la Manche, près de la petite ville de Dives (Calvados).

DIX MILLE (RETRAITE DES), retraite des Grecs auxiliaires de Cyrus le jeune, après la mort de ce prince à Cunaxa, de 401 à

...99 av. J.-C., sous la conduite de Cléarque, puis de l'historien Xénophon.

DIZIER (SAINT-), ch. de c. de la Haute-Marne, arr. de Vassy ; 11 229 h.

DJEDDAH, v. de l'Arabie, sur la mer Rouge, sert de port à la Mecque ; 20 000 h.

DJÉYPOUR, v. de l'Hindoustan anglais.

DJIHOUN ou **AMOU-DARIA**, anc. Oxus, fleuve d'Asie, tributaire de la mer d'Aral.

DMITRI, voy. Démétrius.

DNIEPER, anc. Borysthène, fl. de la Russie d'Europe, se jette dans la mer Noire ; 1630 k.

DNIESTER, fleuve de l'Autriche et de la Russie d'Europe, qui se jette dans la mer Noire ; 800 k.

DOBROUDJA ou **DOBROUTCHA**, région de la Turquie d'Europe, entre la mer Noire, le Danube inférieur et l'anc. mur de Trajan.

DOCTRINE CHRÉTIENNE (FRÈRES DE LA), congrégation religieuse vouée à l'enseignement des enfants, fondée en 1680 par J.-B. de la Salle.

DODONE, v. de l'Épire, célèbre par les oracles que rendaient les chênes de sa forêt.

DOFRINES ou **ALPES SCANDINAVES**, nom général de la chaîne de montagnes qui parcourt la Scandinavie du N. au S.

DOIRE, nom de deux riv. du Piémont, qui se jettent dans le Pô.

DOL, ch.-l. de c. d'Ille-et-Vilaine, arr. de Saint-Malo ; 4251 h.

DÔLE, ch.-l. d'arr. du Jura, à 46 k. de Lons-le-Saulnier ; 11.879 h.

DOLET (ÉTIENNE), célèbre imprimeur français et littérateur, fut brûlé comme hérétique (1509-1546).

DOLOMIEU, géologue français (1750-1801).

DOLOPES, anc. peuple de la Thessalie.

DOMAT, jurisconsulte franç. (1625-1696).

DOMART, ch.-l. de c. de la Somme, arr. de Doullens ; 1345 h.

DOMBES (principauté de), partie de la Bresse, comprise auj. dans l'arr. de Trévoux (Ain) ; cap. Trévoux.

DOMÈNE, ch.-l. de c. de l'Isère, arr. de Grenoble ; 1584 h.

DOMERGUE, grammairien français (1745-1810).

DOMÈVRE, ch.-l. de c. de Meurthe-et-Moselle, arr. de Toul ; 410 h.

DOMFRONT, ch.-l. d'arr. de l'Orne, à 60 kil. d'Alençon ; 4495 h.

DOMINGUE (SAINT-), nom donné à l'île d'Haïti, lorsqu'elle était possédée par la France. || Aujourd'hui, république formée de la partie orientale de l'île d'Haïti. || V. de la rép. de Saint-Domingue ; 6000 h.

DOMINICAINS ou Frères prêcheurs, ordre religieux institué à Toulouse par saint Dominique, en 1215.

DOMINIQUE (saint), Espagnol, fondateur de l'ordre des dominicains, en 1215.

DOMINIQUE (LA), une des petites Antilles anglaises ; cap. Charleston.

DOMINIQUIN (LE), célèbre peintre italien, né à Bologne (1581-1641).

DOMITIEN, fils de Vespasien, succéda à son frère Titus (81-96 ap. J.-C.); se signala par ses débauches et par la 2e persécution contre les chrétiens ; il périt assassiné.

DOMMARTIN-SUR-YÈVRE, ch.-l. de c. de la Marne, arr. de Sainte-Menehould ; 194 h.

DOMME, ch.-l. de c. de la Dordogne, arr. de Sarlat ; 1846 h.

DOMPAIRE, ch.-l. de c. des Vosges, arr. de Mirecourt ; 1337 h.

DOMPIERRE, ch.-l. de c. de l'Allier, arr. de Moulins ; 2415 h.

DOMRÉMY, vge de l'arr. de Neufchâteau (Vosges), où Jeanne Darc naquit en 1412.

DON, anc. Tanaïs, fl. de la Russie d'Europe, se jette dans la mer d'Azof ; 1450 k. || Territoire des Cosaques du Don, province de la Russie d'Europe.

DONALD, nom de 8 rois d'Écosse, du IIe au XIe s. après J.-C.

DONAT, nom de 2 évêques d'Afrique (IVe s.), qui fondèrent la secte des donatistes.

DONAT (SAINT-), ch.-l. de c. de la Drôme, arr. de Valence ; 2502 h.

DONATELLO, sculpteur florentin (1383-1466).

DONGOLAH, partie de la Nubie.

DONIZETTI, compositeur ital. (1798-1848).

DONJON (LE), ch.-l. de c. de l'Allier, arr. de Lapalisse ; 2078 h.

DON JUAN, nom du principal personnage du *Festin de Pierre* de Molière.

DONNEMARIE-EN-MONTOIS, ch.-l. de c. de Seine-et-Marne, arr. de Provins ; 1010 h.

DONZENAC, ch.-l. de c. de la Corrèze, arr. de Brives ; 3162 h.

DONZY, ch.-l. de c. de la Nièvre, arr. de Cosne ; 3804 h. Forges.

DORAT (LE), ch.-l. de c. de la Haute-Vienne, arr. de Bellac ; 2817 h.

DORAT ou **DAURAT** (JEAN), poète français du XVIe s., membre de la Pléiade.

DORAT (CLAUDE-JOSEPH), poète français (1734-1780).

DORDOGNE, riv. de France, formée de deux ruisseaux du mont Dore, le Dore et la Dogne, se réunit à la Garonne au Bec-d'Ambez, après un cours de 465 k.

DORDOGNE (dép. de la), formé du Périgord et de portions de l'Agénois, de l'Angoumois et du Limousin ; ch.-l. Périgueux ; 5 arr. Périgueux, Bergerac, Nontron, Ribérac, Sarlat ; 480141 h.

DORDRECHT, v. des Pays-Bas, sur un bras de la Meuse appelé la Merwede ; 25 000 h.

DORE (MONT), massif de montagnes dans le S. du Puy-de-Dôme. Eaux minérales.

DORIA, illustre famille de Gênes, dont le membre le plus célèbre est André (1468-1560), qui, avec le titre d'amiral, servit tour à tour François Ier et Charles-Quint.

DORIDE, nom, dans l'antiquité, d'une contrée de la Grèce, et d'une contrée de l'Asie Mineure ; v. pr. Cnide.

DORIENS, l'une des 4 tribus de la nation des Hellènes, descendant de Dorus, occupèrent d'abord la Thessalie, puis s'établirent dans le Péloponnèse (1190 av. J.-C.).

DORMANS, ch.-l. de c. de la Marne, arr. d'Épernay ; 2026 h.

DORNES, ch.-l. de c. de la Nièvre, arr. de Nevers ; 1793 h.

DOROTHÉE (sainte), vierge d'Alexandrie, martyrisée en 311.

DORSET, comté d'Angleterre ; ch.-l. Dorchester.

DORSET (comtes et ducs de), ancienne famille d'Angleterre.

DOUAI, ch.-l. d'arr. du Nord, à 30 k. de Lille, sur la Scarpe ; 23 840 h. Cour d'appel.

DOUARNENEZ, baie, port et ch.-l. de c. du Finistère, arr. de Quimper ; 7180 h.

DOUBS, riv. de France, sort du mont Risoux (Jura), passe à Besançon, et se jette dans la Saône à Verdun ; 430 k.

DOUBS (dép. du), formé de la principauté de Montbéliard et d'une partie de la Franche-Comté ; ch.-l. Besançon ; 4 arr. Besançon, Pontarlier, Baume-les-Dames, Montbéliard ; 291 251 h.

DOUDEVILLE, ch.-l. de c. de la Seine-Inférieure, arr. d'Yvetot ; 3314 h.

DOUÉ, ch.-l. de c. de Maine-et-Loire, arr. de Saumur ; 3210 h.

DOUGLAS, anc. famille d'Écosse.

DOULAINCOURT, ch.-l. de c. de la Haute-Marne, arr. de Vassy ; 1015 h.

DOULEVANT, ch.-l. de c. de la Haute-Marne, arr. de Vassy ; 794 h.

DOULLENS, ch.-l. d'arr. de la Somme, à 33 k. d'Amiens ; 4749 h. Citadelle qui a servi de maison de détention pour les prisonniers politiques.

DOURDAN, ch.-l. de c. de Seine-et-Oise, arr. de Rambouillet ; 2914 h.

DOURGNE, ch.-l. de c. du Tarn, arr. de Castres ; 1759 h.

DOURO ou **DUERO**, fl. d'Espagne et du Portugal, se jette dans l'océan Atlantique, au-dessous de Porto ; 706 k.

DOUVAINE, ch.-l. de c. de la Haute-Savoie, arr. de Thonon ; 1102 h.

DOUVRES, ch.-l. de c. du Calvados, arr. de Caen ; 1966 h.

DOUVRES, v. d'Angleterre, sur le Pas de Calais, en face et à 43 k. de Calais ; 28 000 h.

DOW (Gérard), peintre hollandais (1613-1680).

DOZULÉ, ch.-l. de c. du Calvados, arr. de Pont-l'Évêque ; 848 h.

DRAC, torrent de France, qui se jette dans l'Isère, près de Grenoble.

DRACON, législateur d'Athènes (624 av. J.-C.), punissait de mort toutes les fautes.

DRAGUIGNAN, ch.-l. du dép. du Var, à 864 k. de Paris ; 9446 h.

DRAKE, marin anglais, fit le 2e voyage autour du monde et se signala dans les guerres contre les Espagnols (1550-1596).

DRAVE, riv. de l'empire d'Autriche, affl. du Danube ; 640 k.

DRENTHE, prov. des Pays-Bas ; ch.-l. Assen.

DRESDE, cap. du roy. de Saxe, sur l'Elbe ; 156 000 h. || Bataille gagnée en 1813 par Napoléon 1er sur les Autrichiens.

DREUX, ch.-l. d'arr. d'Eure-et-Loir, à 33 kil. de Chartres ; 7418 h. Patrie de Rotrou. || En 1562, victoire de François de Guise sur les protestants.

DREUX (comtes de), maison féodale qui tire son origine de Robert 1er, 5e fils de Louis le Gros.

DREUX-BRÉZÉ (marquis de), grand maître des cérémonies sous Louis XVI, fut chargé de l'installation des États généraux, en 1789.

DROGHEDA, v. d'Irlande, sur la Boyne. || Défaite de Jacques II Stuart par Guillaume III (1690).

DRÔME, riv. de France, naît dans les Alpes du Dauphiné, se jette dans le Rhône au-dessous de Livron ; 110 k.

DRÔME (dép. de la), formé du Dauphiné et d'une partie de la Provence ; ch.-l. Valence ; 4 arr. Valence, Montélimar, Die et Nyons ; 320 417 h.

DRONTHEIM, v. de Norvège, au fond du golfe de ce nom ; 20 000 h.

DROUÉ, ch.-l. de c. de Loir-et-Cher, arr. de Vendôme ; 1005 h.

DROUET, fils du maître de poste de Sainte-Menehould, reconnut Louis XVI qui fuyait avec sa famille, et le fit arrêter à Varennes (juin 1791).

DROUET, comte d'Erlon (1765-1844), maréchal de France, se distingua dans les guerres de l'Empire, et fut nommé gouverneur général de l'Algérie en 1834.

DROUOT (comte), général français, suivit Napoléon 1er à l'île d'Elbe (1774-1847).

DROUYN DE LHUYS, homme d'État français, né en 1805, ministre des affaires étrangères sous le second Empire.

DROZ, famille suisse qui a produit, au XVIIIe s., des mécaniciens distingués, fabricants d'horloges, d'automates, etc.

DROZ, littérateur français, auteur d'un *Essai sur l'art d'être heureux* et d'une *Histoire du règne de Louis XVI* (1773-1850).

DRULINGEN, anc. ch.-l. de c. du Bas-Rhin, arr. de Saverne ; cédé à la Prusse en 1871.

DRUSES, peuplade musulmane de la secte d'Ali, habitant le Liban (Syrie), vassale de la Turquie et en lutte avec les Maronites.

DRUSUS (Marcus Livius), tribun du peuple à Rome en 122 av. J.-C., rival de Caïus Gracchus. || Drusus (Livius Claudianus), père de Livie, femme d'Auguste. || Drusus (Claudius Néron), fils de Tiberius Néron et de Livie, et frère de Tibère, fut adopté par Auguste et mourut jeune, après plusieurs campagnes heureuses en Germanie. || Drusus, fils de Tibère et de Vipsania, fut empoisonné par Séjan.

DRYDEN (Jean), poète et critique anglais (1631-1701).

DU BARTAS, poète français, auteur de la *Semaine* ou *Création* (1544-1590).

DU BELLAY (Jean), cardinal et homme d'État sous François 1er (1492-1560), contribua à la fondation du Collège de France. || Son neveu Joachim (1524-1560) fut un poète de l'école de Ronsard.

DUBLIN, cap. de l'Irlande, à 448 k. de Londres ; 245 000 h. Archevêché catholique.

DUBOIS (Guillaume), né en 1656, précepteur du duc d'Orléans (qui fut le Régent), cardinal en 1721, principal ministre de Louis XV en 1722, mourut en 1723.

DUBOIS (Antoine, baron), chirurgien français (1756-1837).

DUBOIS DE CRANCE, général franç., député aux États généraux de 1789, membre de la Convention et ministre de la guerre à la fin du Directoire (1747-1814).

DUBOS (l'abbé), historien, secrétaire perpétuel de l'Académie française, auteur de l'*Histoire de l'établissement de la monarchie française dans les Gaules* (1670-1742).

DU BOURG (Anne), conseiller au Parlement de Paris, fut accusé d'hérésie, condamné et brûlé en place de Grève (1559).

DUC, architecte français, né en 1802, a construit le nouveau Palais de Justice, à Paris.

DU CANGE (Charles du FRESNE, sieur), historien et philologue français, illustre par son *Glossaire latin du moyen âge* (1610-1688).

DUCANGE (Victor), romancier et auteur dramatique français, auteur de *Trente Ans ou la Vie d'un joueur* (1783-1833).

DUCASSE, marin français, gouverneur de Saint-Domingue en 1691.

DU CERCEAU, voy. Androuet.

DUCEY, ch.-l. de c. de la Manche, arr. d'Avranches ; 1760 h.

DUCHATEL (TANNEGUY), voy. Tanneguy.

DUCHESNE (André), historien et érudit français, surnommé le Père de l'Histoire de France (1584-1640).

DUCHESNOIS (Joséphine), célèbre tragédienne française (1777-1835).

DUCIS (Jean-François), poète dramatique français, traduisit sur notre scène les chefs-d'œuvre de Shakespeare (1733-1816).

DUCLAIR, ch.-l. de c. de la Seine-Inférieure, arr. de Rouen ; 1835 h.

DUCLOS, historien et moraliste français, auteur de l'*Histoire de Louis XI* et des *Mémoires secrets sur le règne de Louis XIV, la Régence et le règne de Louis XV* (1704-1772).

DUCOS (Jean-François), député de la Gironde à l'Assemblée législative, puis à la Convention, décapité en 1793.

DUCOS (le comte Roger), membre de la Convention, président du Conseil des Cinq-Cents, aida Bonaparte et Sieyès au 18 brumaire, fut consul provisoire avec eux, puis sénateur de l'Empire (1754-1816). ‖ Son neveu, Théodore Ducos (1801-1855), fut ministre de la marine sous le second Empire.

DUCRAY-DUMINIL, littérateur franç. auteur de romans pour la jeunesse (1761-1819).

DU DEFFAND (marquise), femme célèbre par son esprit, dont la maison fut le rendez-vous de tous les hommes distingués du XVIIIe s. (1697-1780).

DUDLEY (Robert), comte de Leicester, favori d'*Élisabeth* d'Angleterre (1531-1588).

DUFAURE, avocat et homme politique, membre de l'Académie française, né en 1798.

DUFRÉNOY (Mme), poète français, auteur d'*Élégies* (1765-1825).

DUFRÉNOY, géologue et minéralogiste français (1792-1857).

DUGAZON, actrice de l'Opéra-Comique (1755-1821), qui excella dans les rôles de soubrettes, puis de mères, et dont le nom sert encore à désigner ces deux emplois.

DUGOMMIER, général français, reprit, avec l'aide de Bonaparte, Toulon, et chassa les Espagnols du Roussillon (1736-1794).

DUGUAY-TROUIN (René), marin français, se distingua surtout dans la guerre de la Succession d'Espagne (1673-1736).

DUGUESCLIN (Bertrand), connétable de France sous Charles V, chassa les Anglais du Poitou, de la Saintonge, de l'Auvergne, de la Guyenne, et mourut au siège de Châteauneuf de Randon (1320-1380).

DU HAILLAN, historiographe du roi de France Charles IX, auteur *De l'état et succès des affaires de France* (1535-1610).

DUILIUS, consul qui remporta sur les Carthaginois la première victoire navale des Romains (260 av. J.-C.).

DULAURE, archéologue et historien français, membre de la Convention et du Conseil des Cinq-Cents, auteur d'une *Histoire de Paris* (1755-1835).

DULONG (Pierre-Louis), physicien et chimiste français distingué (1785-1838).

DUMARSAIS, grammairien français, auteur d'un *Traité sur les tropes* (1676-1756).

DUMAS (J.-B.), chimiste franç. né en 1800.

DUMAS (Alexandre), célèbre et fécond romancier, dramaturge français (1803-1870). ‖ Son fils, auteur dramatique, né en 1824, a été élu membre de l'Académie en 1874.

DUMNORIX, chef gaulois de la nation des Éduens.

DUMONT-D'URVILLE, navigateur français, né en 1790, fit trois voyages de circumnavigation, et périt dans l'accident du chemin de fer de Versailles, le 8 mai 1842.

DUMOULIN (Charles), savant jurisconsulte français (1500-1566).

DUMOURIEZ, général français (1739-1823), ministre des affaires étrangères en 1792, puis général de l'armée du centre, sauva la France par sa campagne de l'Argonne, suivie de la bataille de Valmy (1792), envahit les Pays-Bas autrichiens après la victoire de Jemmapes. Sommé de rendre compte de la perte de la Belgique, il passa à l'étranger (1793) et mourut en Angleterre.

DUN, ch.-l. de c. de la Creuse, arr. de Guéret ; 1619 h.

DUN-LE-ROI, ch.-l. de c. du Cher, arr. de Saint-Amand-Mont-Rond ; 5093 h.

DUN-SUR-MEUSE, ch.-l. de c. de la Meuse, arr. de Montmédy ; 927 h.

DUNA, voy. Dwina.

DUNBAR, v. d'Écosse. ‖ Victoire de Cromwell sur les Écossais, en 1650.

DUNCAN Ier, roi d'Écosse, fut assassiné par Macbeth, en 1040.

DUNDEE, v. d'Écosse, à l'embouchure du Tay ; 119 000 h.

DUNES (bataille des), victoire gagnée par Turenne sur les Espagnols, entre Dunkerque et Nieuport (1658).

DUNKERQUE, ch.-l. d'arr. du Nord, à 82 k. de Lille, sur la mer du Nord ; 34 350 h.

DUNOIS, anc. pays de France dans l'Orléanais ; cap. Châteaudun.

DUNOIS (Jean, comte de Longueville et de), dit le Bâtard d'Orléans, fils naturel de Louis d'Orléans, se signala à côté de Jeanne d'Arc contre les Anglais (1403-1468).

DUNS SCOTT (Jean), théologien et philosophe du moyen âge, né dans les îles Britanniques (1274-1308), fut le défenseur du réalisme contre saint Thomas.

DUPANLOUP, évêque d'Orléans, membre de l'Académie française, né en 1802.

DUPATY, jurisconsulte et littérateur français, auteur de *Lettres sur l'Italie* (1746-1788). ‖ L'aîné de ses fils (1771-1825) fut sculpteur ; un autre (1775-1851) composa des vaudevilles, des comédies, et entra à l'Académie.

DUPERRÉ, amiral français, commanda la flotte qui transporta l'armée française pour la prise d'Alger et fut ministre de la marine sous Louis-Philippe (1776-1846).

DUPERREY, navigateur français, a fait un voyage de reconnaissance dans les îles de l'Océanie (1786-1865).

DUPERRON, cardinal français, prépara l'abjuration de Henri IV, et fit porter au pontificat Léon XI et Paul V (1556-1618).

DUPES (journée des), jour (11 nov. 1630) où Richelieu, que l'on croyait ruiné dans l'esprit de Louis XIII par Marie de Médicis et Gaston d'Orléans, reprit tout son crédit et dupa ses ennemis.

DUPETIT-THOUARS (Aristide), marin français, périt glorieusement dans le combat d'Aboukir (1760-1798).

DUPETIT-THOUARS (Abel-Aubert), marin français (1790-1864), auteur d'un voyage de circumnavigation, établit le protectorat français sur Taïti, en 1842.

DUPIN (André-Marie-J.-J.), dit *Dupin aîné*, avocat, jurisconsulte, magistrat et homme politique français (1783-1865). || Le baron Charles Dupin, frère du précédent, statisticien français (1784-1873). || Philippe Dupin, dernier des trois frères, avocat et jurisconsulte (1795-1846).

DUPLEIX (Joseph), gouverneur des établissements français dans l'Hindoustan, en 1742; après avoir lutté avec succès contre les Anglais, il fut rappelé par la Compagnie des Indes en 1754; m. en 1763.

DUPONT DE NEMOURS, économiste français (1739-1817).

DUPONT DE L'EURE, homme politique français (1767-1855), président du Gouvernement provisoire en 1848.

DUPORT (Adrien), membre influent de l'Assemblée constituante de 1789 (1759-1798).

DUPRAT (Antoine), cardinal et chancelier de France, eut une grande influence sous François Ier (1463-1535).

DUPUIS (Charles-François), érudit français, fut membre de la Convention, du Conseil des Cinq-Cents et du Corps législatif (1742-1809).

DUPUYTREN, chirurg. franç. (1777-1835).

DUQUESNE, marin franç., se signala dans les guerres contre les Anglais et les Hollandais, bombarda Alger et Gênes (1610-1688).

DURANCE, riv. de France, naît au mont Genèvre, et se jette dans le Rhône au-dessous d'Avignon; 334 k.

DURANDAL, nom de l'épée de Roland.

DURAS, ch.-l. de c. de Lot-et-Garonne, arr. de Marmande; 1667 h.

DURAZZO, anc. Dyrrachium, v. de l'Albanie sur l'Adriatique; 5000 h.

DURBAN, ch.-l. de c. de l'Aude, arr. de Narbonne; 760 h.

DUREAU DE LA MALLE, traducteur français de Tacite (1742-1807). || Son fils Auguste (1777-1857), est l'auteur de *Dissertations sur l'économie politique des Romains*.

DÜRER (Albert), peintre et graveur célèbre, né à Nuremberg (1471-1528).

DURHAM, cap. du comté de ce nom, en Angleterre, célèbre par sa race de moutons; 14000 h.

DUROC, général français, grand maréchal du palais en 1804, puis duc de Frioul, après plusieurs missions heureuses; fut tué à la bataille de Wurschen (1772-1813).

DURTAL, ch.-l. de c. de Maine-et-Loire, arr. de Baugé; 3284 h.

DURUY, professeur, historien français, né en 1811, ministre de l'instruction publique sous le 2e Empire, de 1863 à 1869.

DU SOMMERARD (Alexandre), archéologue français, fondateur du Musée de Cluny, à Paris (1779-1842).

DUSSELDORF, v. de Prusse, dans la prov. du Rhin, sur le Rhin et la Dussel; 85000 h.

DUVAL (Amaury), littérateur français (1760-1838). || Alexandre Duval, frère du précédent, auteur dramatique (1767-1842).

DUVERDIER, bibliographe (1544-1600), auteur d'une *Bibliothèque*, catalogue de tous ceux qui ont écrit en français (1585).

DUVERGIER DE HAURANNE (Prosper), homme d'État et publiciste français, né en 1798, auteur d'une *Histoire du gouvernement parlementaire en France*.

DWINA, fleuves de la Russie d'Europe, dont l'un se jette dans l'océan Glacial arctique (670 k.), l'autre dans la Baltique (800 k.).

DYLE, riv. de Belgique, passe à Louvain, Malines, et se réunit à la Senne et à la Nèthe pour former le Rupel; 86 k.

DYRRACHIUM, anc. nom de Durazzo.

E

ÉACIDES, nom patronymique des descendants d'Éaque: Télamon, Pélée, Achille, etc.

ÉAQUE, roi d'Égine, fils de Jupiter et père de Télamon et de Pélée; suivant la Fable, un des trois juges des enfers.

EAUX-BONNES, vge des Basses-Pyrénées, à 41 k. de Pau. Eaux thermales.

EAUX-CHAUDES, vge à 5 k. des Eaux-Bonnes (Basses-Pyrénées). Eaux thermales.

EAUZE, ch.-l. de c. du Gers, arr. de Condom; 4362 h.

ÉBIONITES, hérétiques qui niaient la divinité de Jésus-Christ.

ÉBLÉ (J.-B.), général français (1758-1812), sauva l'armée française en faisant construire des ponts sur la Bérésina, pendant la retraite de Russie.

EBRE, fl. d'Espagne, passe à Logrono, à Saragosse, à Tortose, et se jette dans la Méditerranée; 800 k.

ÉBREUIL, ch.-l. de c. de l'Allier, arr. de Gannat; 2322 h.

EBROIN, maire de Neustrie, lutta contre les leudes de Bourgogne, qui avaient Saint-Léger à leur tête, et contre le duc d'Austrasie, Pepin d'Héristal; il fut assassiné (681).

EBURONS, peuple de la Gaule-Belgique.

ECBATANE, cap. de l'ancienne Médie.

ECCLÉSIASTE, titre d'un livre de l'Ancien Testament, attribué à Salomon.

ÉCHELLES (LES), ch.-l. de c. de la Savoie, arr. de Chambéry; 738 h.

ÉCHO, nymphe, fille de l'Air et de la Terre.

ECKMÜHL, vge de Bavière, où Napoléon Ier remporta sur les Autrichiens une victoire, à la suite de laquelle il donna à Davout le titre de prince d'Eckmühl (1809).

ÉCLUSE (L'), forteresse de l'arr. de Gex (Ain), sur un rocher qui domine le Rhône.

ÉCOMMOY, ch.-l. de c. de la Sarthe, arr. du Mans; 3485 h.

ÉCOS, ch.-l. de c. de l'Eure, arr. des Andelys; 586 h.

ÉCOSSAIS, AISE, *adj.* et *s.* Qui est de l'Écosse.

ÉCOSSE, l'un des trois royaumes dont est formé le Royaume-Uni de Grande-Bretagne et d'Irlande. Réunie à l'Angleterre à l'avènement de Jacques Ier Stuart (1603), elle conserva son parlement jusqu'en 1707. Cap. Edimbourg ; pop. 3 058 000 h.

ÉCOSSE (NOUVELLE-), voy. ACADIE.

ÉCOUCHÉ, ch.-l. de c. de l'Orne, arr. d'Argentan ; 1492 h.

ÉCOUEN, ch.-l. de c. de Seine-et-Oise, arr. de Pontoise ; 1259 h. Château du connétable de Montmorency. Maison d'éducation fondée par Napoléon Ier pour les filles des membres de la Légion d'honneur.

ÉCUEILLÉ, ch.-l. de c. de l'Indre, arr. de Châteauroux ; 1916 h.

ÉCURY-SUR-COOLE, ch.-l. de c. de la Marne, arr. de Châlons ; 324 h.

EDDA, nom des deux plus anciens monuments de la littérature scandinave.

ÉDESSE, v. de l'anc. Mésopotamie.

EDGEWORTH (MARIE). Anglaise connue par des romans et des traités d'éducation (1767-1849).

EDGEWORTH DE FIRMONT, prêtre irlandais qui accompagna Louis XVI à l'échafaud (1793).

ÉDILES, magistrats romains qui avaient l'inspection des édifices, des jeux, et l'approvisionnement de la ville.

ÉDIMBOURG, cap. de l'Écosse, à 3 k. du golfe de Forth. Université célèbre; 196 000 h.

ÉDIT DE NANTES, édit par lequel Henri IV accorda aux protestants la liberté de conscience et régla l'exercice de leur culte (1598) ; il fut révoqué par Louis XIV (1685).

EDMOND Ier, roi des Anglo-Saxons (941-946). || EDMOND II *Côte-de-Fer*, roi des Anglo-Saxons (1016-1017), partagea l'Angleterre avec le Danois Canut, et périt assassiné.

ÉDOM, surnom d'Ésaü, père des Édomites ou Iduméens.

ÉDOUARD, nom de plusieurs rois anglo-saxons, dont le dernier, Édouard *le Confesseur* (1041-1066), n'ayant point d'héritier, légua son royaume à Harold. || Rois anglais de la dynastie normande : ÉDOUARD Ier, successeur de Henri III (1272-1307), soumit les Gallois et donna le titre de prince de Galles à son fils ; entreprit la conquête de l'Écosse et fut arrêté dans ses succès par Robert Bruce. || ÉDOUARD II, son fils, fut déposé par les barons et assassiné (1327). || ÉDOUARD III, fils du précédent, régna de 1327 à 1377, battit Philippe VI à Crécy, prit Calais, et après la victoire de son fils, le prince de Galles, à Poitiers, conclut le traité de Brétigny ; mais sous Charles V il perdit la plupart de ses conquêtes. || ÉDOUARD IV, fils de Richard, duc d'York, devint en 1461 chef du parti de la *Rose blanche* et triompha de son rival Henri VI de Lancastre (1471). || Son fils ÉDOUARD V, qui lui succéda (1483), fut assassiné avec son jeune frère Richard par son oncle Richard de Glocester. || ÉDOUARD VI, fils de Henri VIII et de Jeanne Seymour, régna sans pouvoir de 1547 à 1553.

ÉDOUARD, prince de Galles, fils d'Édouard III, surnommé le *Prince Noir*, à cause de la couleur de ses armes (1330-1376), fit le roi Jean prisonnier à Poitiers.

ÉDOUARD (CHARLES-), voy. CHARLES LE PRÉTENDANT.

ÉDOUARD (ILE DU PRINCE-), île de l'Amérique anglaise, dans le golfe de Saint-Laurent.

ÉDRISSITES, dynastie arabe qui descendait d'Édris, arrière-petit-fils d'Ali ; elle domina dans l'Afrique sept. de 783 à 919.

ÉDUENS, tribu gauloise établie entre la moyenne Loire et la Saône ; cap. Bibracte.

EFFIAT (marquis d'), maréchal de France, surintendant des finances, père de Cinq-Mars (1581-1632).

ÉGADES ou **ÉGATES** (ILES), sur la côte O. de la Sicile.

EGBERT *le Grand*, roi des Anglo-Saxons, réunit les sept royaumes saxons (800-838).

ÉGÉE, roi d'Athènes, père de Thésée, se jeta dans la mer Égée, auj. l'Archipel.

EGER ou **ÉGRA**, riv. et v. de Bohême.

ÉGÉRIE, nymphe qui passait pour inspirer Numa, dans le bois d'Aricie.

ÉGIDIUS, général gallo-romain, servit sous Aétius et fut le père de Syagrius (Ve siècle de notre ère).

ÉGINE, île de l'Archipel, au milieu du golfe d'Athènes, anc. golfe Saronique.

ÉGINHARD, historien franc, auteur d'une *Vie de Charlemagne* en latin (771-844).

ÉGISTHE, fils de Thyeste, assassina Agamemnon à son retour de Troie, et fut tué par Oreste.

ÉGLETONS, ch.-l. de c. de la Corrèze, arr. de Tulle ; 1750 h.

ÉGLON, roi des Moabites, opprima les Israélites (1345-1327 av. J.-C.), fut tué par Aod.

EGMONT (comte d'), seigneur des Pays-Bas, servit avec éclat Charles-Quint, puis s'éleva contre la tyrannie de Philippe II ; arrêté par l'ordre du duc d'Albe, il fut décapité avec l'amiral de Horn (1568).

ÉGUZON, ch.-l. de c. de l'Indre, arr. de La Châtre ; 1581 h.

ÉGYPTE, contrée de l'Afrique, formant une vice-royauté héréditaire, vassale de l'empire turc; cap. le Caire ; pop. 5 195 000 h.

ÉGYPTIEN, IENNE, *adj.* et s. Qui est de l'Égypte.

EIDER ou **EYDER**, fl. de l'Allemagne du Nord, se jette dans la mer du Nord ; 175 k.

ÉLAM, fils de Sem, père des Élamites qui peuplèrent le pays de Suse.

ÉLATÉE, v. de l'anc. Phocide (Grèce).

ELBE, grand fl. d'Allemagne, prend sa source en Bohême, traverse la Saxe, la Prusse, se jette dans la mer du Nord ; 1080 k.

ELBE (ILE D'), île de la mer Tyrrhénienne, entre la Corse et la Toscane ; cap. Porto-Ferrajo ; 18 000 h.

ELBEUF, ch.-l. de c. de la Seine-Inférieure, arr. de Rouen ; 22 848 h. Fabriques de draps.

ELCHINGEN, vge de Bavière, sur le Danube, près duquel le maréchal Ney gagna le titre de duc d'Elchingen par une victoire sur les Autrichiens, en 1805.

ÉLÉATES, philosophes grecs établis à Élée, en Lucanie, disciples de Xénophane.

ÉLÉAZAR, grand prêtre des Juifs, fils et successeur d'Aaron.

ÉLECTRE, fille d'Agamemnon et de Clytemnestre, poussa son frère Oreste à venger la mort de son père.

ÉLÉE, anc. v. d'Asie, en Éolide. || Anc. v. d'Italie, en Lucanie.

ÉLÉONORE DE GUYENNE, reine de France, femme de Louis VII ; répudiée par son mari, elle épousa Henri Plantagenet, qui devint le roi d'Angleterre Henri II, et lui porta en dot la Guyenne, le Poitou, la Gascogne ; mais plus tard elle souleva ses fils, Henri, Geoffroy, Richard et Jean, contre leur père (1122-1204).

ÉLÉONORE D'AUTRICHE, sœur aînée de Charles-Quint, épousa François Ier.

ÉLÉPHANT (ordre de l'), ordre institué par le roi de Danemark Canut IV, au XIIe s.

ÉLÉPHANTINE, île du haut Nil.

ÉLEUSINIES, fêtes de Cérès et de Proserpine.

ÉLEUSIS, bourg de l'anc. Attique, à 16 k. d'Athènes, célèbre par ses Mystères.

ÉLEUTHÉRIES ou *Fêtes de la liberté*, fêtes célébrées tous les cinq ans à Platée (Grèce) en mémoire de la victoire sur Mardonius.

ÉLIDE, pays de l'anc. Grèce, dans le Péloponnèse ; v. pr. Élis, Pise et Pylos.

ÉLIE, prophète hébreu, vivait du temps d'Achab, vers 900 av. J.-C. ; il fut enlevé au ciel en laissant son manteau à Élisée.

ÉLIEN, écrivain grec, mort vers 260 de notre ère ; il ne nous reste que ses *Histoires variées*.

ÉLIÉZER, serviteur d'Abraham, ramena de Mésopotamie Rébecca pour épouse à Isaac.

ÉLISA BONAPARTE, sœur de Napoléon Ier, épouse du prince romain Baciocchi, a été princesse de Lucques, puis grande-duchesse de Toscane (1774-1820).

ÉLISABETH (sainte), parente de sainte Anne, la mère de la Vierge Marie, épousa le grand prêtre Zacharie et fut la mère de saint Jean-Baptiste.

ÉLISABETH DE HONGRIE (sainte), fille d'André II, roi de Hongrie, célèbre par sa charité (1207-1231).

ÉLISABETH, reine d'Angleterre, fille de Henri VIII et d'Anne Boleyn (1533-1603), succéda à sa sœur Marie en 1558, rétablit le protestantisme en Angleterre, fit juger et décapiter Marie Stuart, et triompha de l'*invincible armada* de Philippe II.

ÉLISABETH FARNÈSE, fille d'un duc de Parme, épousa Philippe V, roi d'Espagne, en 1714.

ÉLISABETH PETROVNA, impératrice de Russie (1741-1762), fille de Pierre le Grand et de Catherine, prit part à la guerre de Sept Ans.

ÉLISABETH (Madame), sœur de Louis XVI, fut compagne de sa captivité, et mourut sur l'échafaud en 1794.

ÉLISÉE, prophète hébreu, disciple d'Élie, mort vers 835 av. J.-C.

ÉLOI (saint), orfèvre, puis ministre et conseiller du roi Dagobert, enfin évêque de Noyon (588-659).

ELSENEUR, v. de l'île de Seeland (Danemark), sur le Sund ; 9000 h.

ELSTER, riv. de Saxe, affl. de la Saale, dans laquelle se noya Poniatowski, en 1813.

ELVEN, ch.-l. de c. du Morbihan, arr. de Vannes ; 3418 h.

ÉLYSÉE, palais national à Paris, bâti en 1728 par Molet. ‖ Champs-Élysées, séjour des bienheureux, selon la Fable ; promenade de Paris.

ELZÉVIR ou mieux **ELZEVIER**, nom d'une famille de célèbres imprimeurs hollandais (XVIe-XVIIe s.).

EMBRUN, ch.-l. d'arr. des Hautes-Alpes, à 30 k. de Gap ; 3751 h.

ÉMILE (PAUL-), consul romain, vaincu et tué à Cannes (216 av. J.-C.). Son fils vainquit et prit Persée, roi de Macédoine, à Pydna, et fut le père de Scipion Émilien.

ÉMILIE, prov. de l'anc. Gaule cispadane ; auj. territoires de Parme, de Modène et des Romagnes.

ÉMILIEN, empereur romain (253 ap. J.-C.), battu par Valérien et tué par ses soldats.

ÉMILION (SAINT-), bourg de l'arr. de Libourne (Gironde), célèbre par ses vins rouges ; 3019 h.

ÉMIR, titre des princes qui descendent de Mahomet par les femmes.

EMMANUEL *le Fortuné*, roi de Portugal (1495-1521), sous lequel fut fondé l'Empire portugais aux Indes.

EMMANUEL-PHILIBERT, duc de Savoie (1533-1580), gagna pour Philippe II la bataille de Saint-Quentin (1557), et épousa Marguerite, fille de François Ier.

EMMAÜS, bourg de la Judée, où Jésus-Christ apparut, après sa résurrection, à deux de ses disciples.

EMPÉDOCLE, philosophe grec d'Agrigente (Ve s. av. J.-C.), se jeta, dit-on, dans le cratère de l'Etna pour cacher sa mort et passer pour un dieu.

EMPIRE FRANÇAIS ou 1er **EMPIRE**, fondé par Napoléon Ier en 1804, finit par la chute de ce prince en 1814. ‖ Le 2e Empire, établi par Napoléon III en 1852, finit en 1870.

EMPIRE ROMAIN, empire constitué par Auguste en 29 av. J.-C., fut divisé, à la mort de Théodose, en deux empires : Empire d'Occident sous Honorius, Empire d'Orient sous Arcadius (395 ap. J.-C.). L'Empire d'Occident dura d'Honorius à Romulus Augustule, de 395 à 476. L'Empire d'Orient, ou Bas-Empire, dura d'Arcadius à Constantin XII *Paléologue*, de 395 à 1453.

EMPIRE (SAINT-) ou 2e **EMPIRE D'OCCIDENT**, établi par Charlemagne en 800, finit en 887, à la déposition de Charles le Gros.

EMPIRE ROMAIN-GERMANIQUE (St-), constitué par Othon le Grand en 962, cessa d'exister par l'abdication de l'empereur d'Autriche François II, en 1806. ‖ Empire d'Allemagne, établi en 1871 par le roi de Prusse Guillaume Ier, comprend la Prusse, la Bavière, la Saxe, le Wurtemberg, Bade, la Hesse, etc. Pop. 50 108 929 h.

EMPIRICUS (SEXTUS), philosophe et médecin grec du IIIe s. de notre ère.

EMPIS, littérateur français et auteur dramatique (1795-1868).

EMS, v. de Prusse (anc. duché de Nassau). ‖ Fl. de l'Allemagne du Nord ; 380 k.

ENCELADE, un des Titans qui se révoltèrent contre Jupiter, fut écrasé sous l'Etna.

ENDOR, v. de Judée, près du mont Thabor, célèbre par sa pythonisse.

ENDYMION, berger de Carie, aimé de Diane, selon la Fable.

ÉNÉE, prince troyen, fils d'Anchise et de Vénus, dont Virgile a fait son héros et le fondateur de la race des Romains.

ÉNÉIDE, poème de Virgile dont Énée est le héros.

ENGADINE, vallée du canton des Grisons (Suisse).

ENGELMANN, introducteur de la lithographie en France (1816), et inventeur de la chromolithographie.

ENGHIEN (comte d'), général français, vainquit les Impériaux à Cérisoles (1544).

ENGHIEN (duc d'), fils de Louis-Henri-Joseph de Bourbon, émigra avec sa famille, fut arrêté par ordre de Bonaparte dans le duché de Bade, jugé par une commission militaire et fusillé à Vincennes (1804).

ENGHIEN-LES-BAINS, vge de l'arr. de Pontoise (Seine-et-Oise), à 16 k. de Paris; eaux sulfureuses.

ÉNIMIE (SAINTE-), ch.-l. de c. de la Lozère, arr. de Florac; 1039 h.

ENNEZAT, ch.-l. de c. du Puy-de-Dôme, arr. de Riom; 1874 h.

ENNIUS, ancien poète latin, dont il ne reste que des fragments (240-170 av. J.-C.).

ÉNOCH ou **HÉNOCH**, fils d'Ésaü, bâtit la première ville. | Septième patriarche, fils de Jared et père de Mathusalem.

ENSISHEIM, anc. ch.-l. de c. du Ht-Rhin, arr. de Colmar; cédé à la Prusse en 1871.

ENTRAYGUES, ch.-l. de c. de l'Aveyron, arr. d'Espalion; 1860 h.

ENTRECASTEAUX (BRUNI, chevalier d'), navigateur et amiral français (1739-1793), fut envoyé à la recherche de La Pérouse.

ENTREMONT, vallée de la Suisse, de Martigny au grand Saint-Bernard.

ENTRÉVAUX, ch.-l. de c. des Basses-Alpes, arr. de Castellane; 1521 h.

ENVERMEU, ch.-l. de c. de la Seine-Inférieure, arr. de Dieppe; 1359 h.

ÉOLE, dieu des vents, dans la mythologie.

ÉOLUS, fils d'Hellen, père des Éoliens.

ÉOLIE, anc. contrée de l'Asie Mineure, colonisée par les Éoliens; v. pr. Cumes.

ÉOLIENS, l'une des quatre tribus helléniques, celle qui descendait d'Éolus.

ÉPAMINONDAS, général thébain, remporta sur les Spartiates la victoire de Leuctres et celle de Mantinée, dans laquelle il fut blessé mortellement (411-362 av. J.-C.).

ÉPÉE (abbé de l'), fondateur de l'Institution des sourds-muets à Paris (1712-1789).

ÉPERNAY, ch.-l. d'arr. de la Marne, à 52 k. de Châlons; 12927 h. Fabrication et commerce de vin de Champagne.

ÉPERNON (duc d'), favori de Henri III, serviteur peu fidèle sous Henri IV, fut disgracié sous Louis XIII (1554-1642).

ÉPERON D'OR (ordre de l'), ordre civil et militaire créé par le pape Paul III (XVIe s.).

ÉPERONS (JOURNÉE DES), nom donné à deux déroutes des Français, l'une à Courtray (1302), l'autre à Guinegate (1513).

ÉPHÈSE, anc. v. de l'Asie Mineure, dans l'Ionie, célèbre par son temple de Diane, qui fut brûlé par Érostrate (356 av. J.-C.).

ÉPHORES, magistrats lacédémoniens au nombre de cinq.

ÉPHRAÏM, 2e fils de Joseph, donna son nom à une tribu israélite.

ÉPICHARIS, affranchie romaine, prit part à un complot contre Néron, et s'étrangla pour ne pas dénoncer ses complices.

ÉPICHARME, poète et philosophe grec (540-450 av. J.-C.).

ÉPICTÈTE, philosophe stoïcien, né en Syrie, fut amené comme esclave à Rome sous Néron, et chassé d'Italie sous Domitien. Sa doctrine nous est connue par les écrits de son disciple Arrien, à qui nous devons le *Manuel d'Épictète*, en grec.

ÉPICURE, philosophe grec (337-270 av. J.-C.), chef de la secte des Épicuriens, fonda la morale sur le bien-être, résultant de la santé du corps et de la quiétude de l'esprit.

ÉPIDAMNE, nom primitif de Dyrrachium.

ÉPIDAURE, v. d'Argolide (Péloponnèse), célèbre par son temple d'Esculape.

ÉPIGONES, fils des sept chefs qui périrent en assiégeant Thèbes avec Polynice.

ÉPIMÉNIDE, poète et prophète grec, vers l'an 600 av. J.-C.; il prétendait avoir dormi pendant 57 ans dans une caverne.

ÉPINAC, ch.-l. de c. de Saône-et-Loire, arr. d'Autun; 1622 h.

ÉPINAL, ch.-l. du dép. des Vosges, sur la Moselle, à 376 kil. de Paris; 11847 h. Fabriques d'imagerie grossière.

ÉPINAY (Mme d'), femme d'esprit, célèbre par ses liaisons avec les principaux écrivains du XVIIIe siècle: Grimm, Diderot, J.-J. Rousseau, etc. (1725-1783).

ÉPIRE, contrée de l'anc. Grèce, sur la mer Ionienne; auj. partie mérid. de l'Albanie.

ÉPONINE, femme célèbre par son dévouement à son époux, le Gaulois Sabinus, qui souleva les Gaules contre Vespasien; ils vécurent cachés dans un souterrain pendant 9 ans; à la fin, ils furent découverts et mis à mort (78 av. J.-C.).

EPSOM, v. à 22 k. de Londres, célèbre par ses courses de chevaux et ses eaux minérales (sulfate de magnésie).

EPTE, petite riv. de France, affl. de la Seine, qui servait de limite à la Normandie et à l'Île-de-France.

ÉQUATEUR (RÉPUBLIQUE DE L'), État de l'Amérique mérid.; cap. Quito; 1200000 h.

ÈQUES, anc. peuple du Latium.

ÉRARD (SÉBASTIEN), célèbre facteur d'instruments de musique, à Paris (1752-1831).

ÉRASME, écrivain et savant célèbre, né à Rotterdam en 1467, mort à Bâle en 1536.

ÉRATO, muse de la poésie lyrique.

ÉRATOSTHÈNE, mathématicien et géographe grec (276-196 av. J.-C.).

ERDRE, riv. de France, se jette dans la Loire à Nantes, et sert de point de départ au canal de Nantes à Brest.

ÉRÈBE, fils du Chaos et de la Nuit.

ÉRÉTRIE, anc. v. de l'Eubée.

ERFURT, v. de Prusse, dans laquelle eut lieu en 1808 la célèbre entrevue de Napoléon Ier et du czar Alexandre.

ÉRIC, nom de 9 rois de Danemark, de 14 rois de Suède et de 2 rois de Norvège. Ce fut Éric XIII de Suède et VII de Danemark qui fit proclamer l'union des trois royaumes à Calmar (1397).

ÉRIDAN, anc. nom du Pô.

ÉRIÉ, grand lac de l'Amérique du Nord.

ÉRIGÈNE (JEAN SCOT), philosophe irlandais, mort en 875.

ÉRIN, anc. nom de l'Irlande.

ÉRINNYS, l'une des Furies.

ÉRIVAN, cap. de l'Arménie russe; 12000 h.

ERMENONVILLE, vge de l'arr. de Senlis (Oise), où mourut J.-J. Rousseau (1778).

ERNÉE, ch.-l. de c. de la Mayenne, arr. de Mayenne; 5248 h.

ÉROSTRATE, Grec qui brûla le temple de Diane à Éphèse pour rendre son nom célèbre (356 av. J.-C.).

ERSTEIN, anc. ch.-l. de c. du Bas-Rhin, arr. de Schlestadt; cédé à la Prusse en 1871; 3899 h.

ERVY, ch.-l. de c. de l'Aube, arr. de Troyes, sur l'Armançon; 1648 h.

ERWIN DE STEINBACH, architecte de la cathédrale de Strasbourg, mort en 1318.

ÉRYMANTHE, montagne d'Arcadie.

ÉRYTHRÉE (MER), anc. nom de la mer des Indes.

ERZEROUM, v. d'Arménie (Turquie d'Asie); 50000 h.

ERZ-GEBIRGE, dits Monts Métalliques, chaîne de montagnes d'Allemagne, entre la Saxe et la Bohême, riches en métaux.

ÉSAÜ, fils aîné d'Isaac et de Rébecca, vendit son droit d'aînesse à son frère Jacob.

ESCARÈNE (L'), ch.-l. de c. des Alpes-Maritimes, arr. de Nice; 1627 h.

ESCAUT, fleuve qui prend sa source en France, traverse la Belgique et la Hollande, passe à Anvers, et se jette par deux bras dans la mer du Nord; 350 k.

ESCHINE, orateur athénien, rival de Démosthène (389-314 av. J.-C.).

ESCHYLE, le plus ancien des trois grands tragiques grecs, dont il nous reste 7 pièces (525-456 av. J.-C.).

ESCLAVES (CÔTE DES), partie de la Guinée septentrionale.

ESCLAVE (LAC DE L'), lac de la Nouvelle-Bretagne (Amérique du Nord).

ESCLAVON, ONNE, *adj.* et *s.* Qui est de l'Esclavonie.

ESCLAVONIE ou **SLAVONIE**, pays de l'Empire d'Autriche; v. pr. Pozsega et Eszek; pop. 600000 h.

ESCOBAR Y MENDOZA, célèbre casuiste espagnol (1589-1669).

ESCULAPE, fils d'Apollon et dieu de la médecine chez les Grecs.

ESCURIAL (L'), petite v. d'Espagne à 40 kil. de Madrid, célèbre par le monument que Philippe II fit construire en mémoire de la bataille de St-Quentin, et qui est à la fois palais, église et monastère.

ESCUROLLES, ch.-l. de c. de l'Allier, arr. de Gannat; 1126 h.

ESDRAS, docteur de la loi chez les Juifs (Ve s. av. J.-C.).

ESMÉNARD, poète français (1769-1811).

ÉSOPE, fabuliste grec, né en Phrygie, mort vers 700 av. J.-C. D'abord esclave, puis affranchi, il fut en faveur auprès de Crésus; mais fut tué par les Delphiens à cause de sa fable des *Bâtons flottants*.

ESPAGNE, État de l'Europe méridionale et occidentale, divisé en 12 capitaineries générales et 49 intendances civiles; cap. Madrid; pop. 16641800 h.

ESPAGNOLET (L'), voy. RIBERA.

ESPALION, ch.-l. d'arr. de l'Aveyron, à 31 k. de Rodez, sur le Lot; 3845 h.

ESPARTERO, duc de la Victoire, général et homme politique espagnol (1792-1876).

ESPELETTE, ch.-l. de c. des Basses-Pyrénées, arr. de Bayonne; 1541 h.

ESPRIT (SAINT-), ordre de chevalerie institué par le roi de France Henri III.

ESQUILIN, l'une des 7 collines de Rome.

ESQUIMAUX, c.-à-d. *mangeurs de poisson cru*, habitants des terres arctiques du Nouveau Monde.

ESSARTS (PIERRE DES), prévôt de Paris et surintendant des finances, fut tué dans les luttes des Bourguignons et des Armagnacs (1360-1413).

ESSARTS (LES), ch.-l. de c. de la Vendée, arr. de la Roche-sur-Yon; 2760 h.

ESSEN, v. de la Prusse rhénane, célèbre par la fabrique de canons de Krupp.

ESSÉNIENS, secte juive dont les membres vivaient en commun.

ESSEX, roy. saxon fondé en 526; cap. Londres. || Comté d'Angleterre, au N. de l'embouchure de la Tamise; cap. Chelmsford.

ESSEX (comte d'), général anglais, favori de la reine Élisabeth; s'étant révolté contre elle, il fut décapité (1567-1601).

ESSLING, vge d'Autriche, à 8 k. de Vienne, célèbre par une grande bataille entre les Français et les Autrichiens, en 1809. Le maréchal Lannes y fut tué, et Masséna y gagna le titre de prince d'Essling.

ESSONNE, riv. de France, prend sa source dans la forêt d'Orléans et se jette dans la Seine à Corbeil.

ESSONNES, c. de Seine-et-Oise, arr. de Corbeil; 4703 h. Papeterie importante.

ESSOYES, ch.-l. de c. de l'Aube, arr. de Bar-sur-Seine; 1596 h.

ESTAING, ch.-l. de c. de l'Aveyron, arr. d'Espalion; 1664 h.

ESTAING (comte d'), amiral français, fit la guerre d'Amérique contre les Anglais, et fut condamné par le tribunal révolutionnaire (1729-1794).

EST-ANGLIE, un des royaumes de l'Heptarchie; cap. Norfolk.

ESTE (MAISON D'), maison d'Italie qui régna sur Este, Ferrare, Modène, Rovigo, etc.

ESTÈPHE (SAINT-), c. de la Gironde, arr. de Lesparre; 2664 h. Vins renommés.

ESTERNAY, ch.-l. de c. de la Marne, arr. d'Épernay; 1560 h.

ESTHER, Juive de la tribu de Benjamin, née à Babylone pendant la captivité, épousa le roi de Perse Assuérus, et sauva les Juifs que le ministre Aman voulait perdre.

ESTHONIE, gouvernement de la Russie d'Europe, sur le golfe de Livonie; cap. Revel; 325000 h.

ESTIENNE, famille de savants imprimeurs français, dont les plus célèbres sont Robert Estienne (1503-1559), auteur du *Trésor de la langue latine*, et son fils Henri (1528-1598), auteur du *Trésor de la langue grecque*.

ESTISSAC, ch.-l. de c. de l'Aube, arr. de Troyes; 1893 h.

ESTOILE (PIERRE DE L'), auteur d'un *Journal des règnes de Henri III et de Henri IV*.

ESTRAMADURE, prov. d'Espagne, cap. Badajoz; 734000 h. || Prov. de Portugal, cap. Lisbonne; 809000 h.

ESTRÉES (D'), famille originaire d'Artois, qui donna à la France des généraux, des maréchaux, des amiraux, et à laquelle appartenait Gabrielle d'Estrées (1571-1599).

ESTRÉES-SAINT-DENIS, ch.-l. de c. de l'Oise, arr. de Compiègne; 1361 h.

ÉTABLES, ch.-l. de c. des Côtes-du-Nord, arr. de Saint-Brieuc; 2205 h.

ÉTAIN, ch.-l. de c. de la Meuse, arr. de Verdun; 2646 h.

ÉTAMPES, ch.-l. d'arr. de Seine-et-Oise, à 52 kil. de Versailles; 7789 h.

ÉTAMPES (duchesse d'), femme célèbre par sa beauté et son esprit, ainsi que par son empire sur François Ier (1508-1576).

ÉTAPLES, ch.-l. de c. du Pas-de-Calais, arr. de Montreuil; 2851 h.

ÉTATS-UNIS DE L'AMÉRIQUE DU NORD ou **UNION AMÉRICAINE**, rép. formée de 39 États et de 7 territoires ; gouvernée par un président et un Congrès composé d'un Sénat et d'une Chambre des représentants ; pop. 38 650 000 h. Le siège du Congrès est à Washington.

ÉTÉOCLE, fils aîné d'Œdipe et de Jocaste, refusa de céder à son frère Polynice le trône de Thèbes, à l'époque convenue ; les deux frères se tuèrent mutuellement.

ÉTHIOPIE, anc. nom du pays au S. de l'Égypte, auj. Nubie, Abyssinie, Darfour.

ÉTHIOPIEN, IENNE, *adj.* et *s.* Qui est de l'Éthiopie.

ÉTIENNE (saint), 1er martyr, lapidé à Jérusalem, 33 ap. J.-C.

ÉTIENNE, nom de neuf papes, dont le second, pape de 752 à 757, reçut de Pepin le Bref l'exarchat de Ravenne.

ÉTIENNE, nom de trois rois de Hongrie, dont le 1er, dit saint Étienne, obtint le premier le titre de roi (1000).

ÉTIENNE DE BLOIS, fils de Henri, comte de Blois, et d'une fille de Guillaume le Conquérant ; à la mort de son oncle, Henri Ier, il s'empara du trône, au préjudice de Mathilde, fille de ce prince (1135) ; après une longue lutte, il fut reconnu comme roi, à la condition d'adopter Henri Plantagenet, fils de Mathilde, et mourut en 1154.

ÉTIENNE, poète comique et publiciste français (1778-1845).

ÉTIENNE (SAINT-), ch.-l. de c. des Alpes-Maritimes, arr. du Puget-Théniers ; 2152 h.

ÉTIENNE (SAINT-), ch.-l. de c. des Basses-Alpes, arr. de Forcalquier ; 1039 h.

ÉTIENNE (SAINT-), ch.-l. de la Loire, à 465 k. de Paris ; 110 814 h. Fabriques d'armes, de rubans, etc.

ÉTIENNE-DE-BAIGORRY (SAINT-), ch.-l. de c. des Basses-Pyrénées, arr. de Mauléon ; 2367 h.

ÉTIENNE-DE-LUGDARÈS (SAINT-), ch.-l. de c. de l'Ardèche, arr. de Largentière ; 1586 h.

ÉTIENNE-DE-MONTLUC (SAINT-), ch.-l. de c. de la Loire-Inférieure, arr. de Saint-Nazaire ; 4760 h.

ÉTIENNE-DE-SAINT-GEOIRS (SAINT-), ch.-l. de c. de l'Isère, arr. de Saint-Marcellin ; 1836 h.

ÉTIENNE-EN-DÉVOLUY (SAINT-), ch.-l. de c. des Hautes-Alpes, arr. de Gap ; 729 h.

ETNA ou **GIBEL**, volcan de Sicile.

ÉTOLIE, pays de la Grèce ancienne, sur le golfe de Corinthe ; v. pr. Naupacte.

ÉTOLIEN, IENNE, *adj.* et *s.* Qui est de l'Étolie.

ÉTRÉPAGNY, ch.-l. de c. de l'Eure, arr. des Andelys ; 1680 h.

ÉTRETAT, vge et petit port de l'arr. du Havre (Seine-Inférieure).

ÉTRURIE, anc. contrée de l'Italie, auj. la Toscane ; v. pr. Véies, Clusium, etc. ‖ Royaume d'Étrurie créé par Napoléon Ier, en 1801, en faveur des Bourbons de Parme.

ÉTRUSQUES, habitants de l'Étrurie.

EU, ch.-l. de c. de la Seine-Inférieure, arr. de Dieppe ; 5061 h.

EUBÉE, auj. Négrepont, île de la Grèce, le long des côtes de la Béotie et de l'Attique, dont elle est séparée par le canal de l'Euripe ; v. pr. Chalcis, Érétrie.

EUCLIDE, philosophe grec, fondateur de l'école de Mégare.

EUCLIDE, grand géomètre de l'antiquité, vivait à Alexandrie, vers 300 av. J.-C.

EUDES, duc d'Aquitaine, se signala dans les luttes contre les Arabes d'Espagne (665-735).

EUDES, comte de Paris, fils de Robert le Fort, défendit Paris contre les Normands, et fut reconnu roi de France (887-898).

EUDOXIE, femme de l'empereur Arcadius, persécuta saint Jean Chrysostome.

EUDOXIE, femme de Valentinien III, empereur d'Occident, fut forcée d'épouser le sénateur Maxime, assassin de son mari, et pour se venger, appela en Italie Genséric, roi des Vandales (455).

EUGÈNE, rhéteur gaulois, proclamé empereur après le meurtre de Valentinien II (392), puis mis à mort par Théodose (394).

EUGÈNE, nom de quatre papes ; sous le pontificat du 3e, saint Bernard prêcha la 2e croisade (1146).

EUGÈNE (FRANÇOIS-EUGÈNE DE SAVOIE-CARIGNAN, dit le prince), fils du comte de Soissons et d'Olympe Mancini, nièce de Mazarin, se signala dans les guerres contre la France en Italie, aux Pays-Bas et en Allemagne, ainsi que dans les guerres contre les Turcs (1663-1736).

EUGÈNE DE BEAUHARNAIS (le prince), fils d'Alexandre de Beauharnais, premier mari de l'impératrice Joséphine, fut nommé vice-roi d'Italie, puis adopté par Napoléon Ier ; après la chute de l'Empire, il se retira en Bavière et y mourut en 1824.

EUGÉNIE (DE MONTIJO), née à Grenade en 1826, épousa Napoléon III en 1853.

EULER, célèbre mathématicien, né à Bâle (1707-1783).

EUMÈNE, lieutenant d'Alexandre ; resta fidèle à la famille de son maître, fut livré à Antigone et mis à mort (315).

EUMÈNE, nom de trois rois de Pergame, alliés des Romains en Asie.

EUMÉNIDES (LES), les Furies.

EUNUS, esclave syrien, chef de la 1re guerre servile (133 av. J.-C.).

EUPATRIDES, membres de l'aristocratie de l'ancienne Athènes.

EUPHRATE, fl. de la Turquie d'Asie, prend sa source en Arménie, se joint au Tigre et se jette dans le golfe Persique, sous le nom de Chat-el-Arab ; 2000 k.

EUPHROSYNE, l'une des trois Grâces.

EURE, riv. de France, prend sa source dans le dép. de l'Orne et se jette dans la Seine près de Pont-de-l'Arche ; 200 k.

EURE (dép. de l'), formé d'une partie de l'anc. Normandie ; ch.-l. Évreux ; 5 arr. Les Andelys, Bernay, Évreux, Louviers, Pont-Audemer ; 377 874 h.

EURE-ET-LOIR (dép. d'), formé d'une partie des pays de Beauce, de Perche, etc. ch.-l. Chartres ; 4 arr. Chartres, Châteaudun, Dreux, Nogent-le-Rotrou ; 282 622 h.

EURIPE, auj. Négrepont, canal étroit entre l'île d'Eubée et la Grèce.

EURIPIDE, grand poète tragique grec, dont il nous reste 19 pièces (480-406 av. J.-C.).

EUROPE, la plus petite des cinq parties du monde, mais la plus importante, divisée en 15 États, dont les principaux sont l'Allemagne, l'Angleterre, l'Autriche, la France, l'Espagne, l'Italie et la Russie ; 304 000 000 h.

EUROTAS, auj. Vasili-Potamo, fl. de la Laconie, qui passait à Sparte.

EURYALE, jeune guerrier célèbre par son amitié avec Nisus, dans l'Énéide.

EURYBIADE, Spartiate qui commandait la flotte grecque à Salamine et qui avait Thémistocle sous ses ordres (480 av. J.-C.).

EURYDICE, femme d'Orphée.

EURYMÉDON, fl. d'Asie Mineure, dans la Pamphylie, près duquel Cimon remporta une victoire sur les Perses (470 av. J.-C.).

EURYSTHÉE, roi d'Argos, qui imposa à Hercule ses douze travaux.

EURYSTHÈNE et **PROCLÈS**, frères jumeaux, fondateurs des deux races royales de Sparte (Eurysthénides et Proclides).

EUSÈBE, évêque de Césarée, en Palestine, auteur d'une *Chronique* des peuples anciens et d'une *Hist. ecclésiastique* (268-338).

EUSTACHE DE SAINT-PIERRE, bourgeois de Calais, qui se dévoua pour le salut de sa ville prise par Édouard III, roi d'Angleterre (1347).

EUTERPE, muse de la musique et de la poésie lyrique.

EUTROPE, historien latin du IVᵉ s. ap. J.-C., auteur d'un *Abrégé de l'histoire romaine*.

EUTROPE, ministre de l'empereur d'Orient Arcadius (IVᵉ-Vᵉ s.).

EUTYCHÈS, hérésiarque grec (378-453), fondateur de la secte des *Eutychéens*, qui niaient la coexistence en Jésus-Christ des deux natures, divine et humaine.

ÉVANDRE, chef des Pélasges arcadiens, conduisit une colonie dans le Latium, au XIVᵉ s. av. J.-C.

ÉVANS, mécanicien américain, fit la première machine à haute pression (1797).

ÉVAUX, ch.-l. de c. de la Creuse, arr. d'Aubusson ; 2836 h.

ÈVE, la mère du genre humain.

ÉVÊCHÉS (LES TROIS), Metz, Toul et Verdun, conquis par la France en 1552.

ÉVIAN-LES-BAINS, ch.-l. de c. de la Haute-Savoie, arr. de Thonon, sur le lac de Genève ; 2576 h. Eaux minérales.

ÉVILMÉRODACH, roi de Babylone, fils et successeur de Nabuchodonosor II (562-560 av. J.-C.).

ÉVISA, ch.-l. de c. de la Corse, arr. d'Ajaccio ; 915 h.

ÉVRAN, ch.-l. de c. des Côtes-du-Nord, arr. de Dinan ; 4183 h.

ÉVRECY, ch.-l. de c. du Calvados, arr. de Caen ; 707 h.

ÉVREUX, ch.-l. de l'Eure, à 104 k. de Paris, sur l'Iton ; 13350 h. Évêché.

ÉVRON, ch.-l. de c. de la Mayenne, arr. de Laval ; 5011 h. Fabriques de toiles, etc.

EXARQUE, vicaire général de l'empereur d'Orient, résidant à Ravenne. L'exarchat de Ravenne, établi en 568, fut détruit par les Lombards en 752. Il y eut aussi un exarchat d'Afrique, détruit par les Arabes.

EXCIDEUIL, ch.-l. de c. de la Dordogne, arr. de Périgueux ; 2186 h.

EXELMANS, maréchal de France (1775-1852).

EXETER, v. d'Angleterre, ch.-l. du comté de Devon ; 38 000 h.

EXMES, ch.-l. de c. de l'Orne, arr. d'Argentan ; 575 h.

EXODE, 2ᵉ livre du Pentateuque, qui contient l'histoire de la sortie d'Égypte.

EYALET, division administrative de l'empire turc, synonyme de pachalik.

EYCK (JEAN VAN), dit Jean de Bruges, célèbre peintre flamand, passe pour l'inventeur de la peinture à l'huile (1366-1441).

EYGUIÈRES, ch.-l. de c. des Bouches-du-Rhône, arr. d'Arles ; 3246 h.

EYGURANDE, ch.-l. de c. de la Corrèze, arr. d'Ussel ; 1020 h.

EYLAU, petite v. de Prusse, célèbre par la sanglante victoire des Français sur les Russes et les Prussiens (1807).

EYMET, ch.-l. de c. de la Dordogne, arr. de Bergerac ; 1800 h.

EYMOUTIERS, ch.-l. de c. de la Haute-Vienne, arr. de Limoges ; 3919 h.

EZECHIAS, roi de Juda, fils et successeur d'Achaz, régna de 728 à 694 av. J.-C.; il vainquit Sennacherib.

ÉZÉCHIEL, l'un des quatre grands prophètes des Juifs, de 595 à 574 av. J.-C.

F

FABERT, maréchal de France (1599-1662), contribua à la conquête du Roussillon (1642).

FABIEN (saint), pape de 236 à 250, martyrisé sous Décius.

FABIUS, illustre famille patricienne de Rome, dont 306 membres périrent dans un combat contre les Véiens, sur les bords de la Crémère (477 av. J.-C.). Les plus célèbres des Fabiens sont Quintus Maximus Rullianus, l'un des héros de la guerre du Samnium ; Quintus Maximus, son petit-fils, surnommé *Cunctator* (le Temporiseur), qui arrêta les succès d'Annibal par sa sage lenteur, et Quintus Fabius Pictor, le plus ancien des annalistes latins.

FABRE D'ÉGLANTINE, poète comique, conventionnel ; secrétaire de Danton, périt avec lui sur l'échafaud (1755-1794).

FABRICIUS, consul romain, refusa les propositions du médecin de Pyrrhus, qui offrait d'empoisonner son maître (281 av. J.-C.), et mourut si pauvre, qu'il fut enterré aux frais de l'État.

FABVIER, général français (1782-1855), offrit son épée à l'insurrection grecque (1823).

FACCIOLATI, érudit italien, auteur avec Forcellini d'un grand *Lexique de la langue latine* (1684-1769).

FAENZA, v. d'Italie (prov. de Ravenne), a donné son nom à la faïence ; 36 360 h.

FAGON, médecin de Louis XIV (1638-1718).

FAHRENHEIT, physicien, né à Dantzig, inventa le thermomètre à mercure, divisé en 212 degrés, qui porte son nom (1690-1740).

FAIN (baron), secrétaire de Napoléon Iᵉʳ, auteur de mémoires sur l'Empire (1778-1837).

FAIRFAX, général anglais, écrasa les troupes de Charles Ier Stuart; puis après la mort de Cromwell, s'unit à Monk pour replacer sur le trône Charles II (1611-1671).

FAISANS (ILE DES) ou de **LA CONFÉRENCE**, petite île de la Bidassoa où fut conclu le traité des Pyrénées, en 1659.

FALAISE, ch.-l. d'arr. du Calvados, à 34 k. de Caen; 8013 h. Fabriques de bonneterie. Patrie de Guillaume le Conquérant.

FALÉRIES, une des 12 cités de l'Étrurie.

FALERNE, ville du midi du Latium, dont le territoire donnait un vin célèbre.

FALIERI, famille qui a donné trois doges à Venise; le dernier, Marino Faliero, doge à 80 ans, fut décapité pour avoir voulu renverser l'aristocratie, en 1355.

FALISQUES, les habitants de Faléries.

FALKLAND (ILES) ou **MALOUINES**, archipel de l'océan Atlantique, à l'E. du détroit de Magellan, appartient aux Anglais.

FALLOPE, célèbre anatomiste et chirurgien italien (1523-1562).

FALLOUX (comte de), écrivain, homme politique français, né en 1811, ministre de l'instruction publique en 1849.

FAMILLE (PACTE DE), traité d'alliance conclu sous Louis XV entre les États gouvernés par les Bourbons (1761).

FAMINE (PACTE DE), association formée sous le règne de Louis XV pour spéculer sur le prix des grains (1765-1777).

FANARIOTES, Grecs de Constantinople qui habitent un quartier nommé *Fanar*, et sont en général banquiers ou négociants.

FANJEAUX, ch.-l. de c. de l'Aude, arr. de Castelnaudary; 1510 h.

FAOU (LE), ch.-l. de c. du Finistère, arr. de Châteaulin; 1239 h.

FAOUËT (LE), ch.-l. de c. du Morbihan, arr. de Pontivy; 2760 h.

FARADAY physicien anglais, connu par ses travaux sur l'électricité (1791-1867).

FAREMOUTIERS, abbaye fondée en 617 par sainte Fare, près de Coulommiers.

FAREWEL, cap au S. du Groënland.

FARGEAU (SAINT-), ch.-l. de c. de l'Yonne, arr. de Joigny; 2672 h. Château possédé par Jacques-Cœur, Mlle de Montpensier et le Pelletier.

FARNÈSE, maison d'Italie, qui régna sur Parme et Plaisance (1545-1731); elle compte un pape, Paul III (1468-1549) et un grand général, Alexandre Farnèse (1546-1592), qui servit Philippe II dans les Pays-Bas et en France contre Henri IV.

FARO, v. de Portugal; 8500 h. Vins blancs.

FARS ou **FARSISTAN**, prov. du royaume de Perse; cap. Chiraz; pop. 2 800 000 h.

FATIME, fille de Mahomet, épousa son cousin Ali (623). Ses descendants, les Fatimites, fondèrent (909) en Afrique une dynastie qui fut renversée par Saladin (1171).

FAUCHET (CLAUDE), prêtre et conventionnel, périt sur l'échafaud (1744-1793).

FAUCIGNY, anc. prov. de la Savoie, formant auj. l'arr. de Bonneville (H[te]-Savoie).

FAUCOGNEY, ch.-l. de c. de la Haute-Saône, arr. de Lure; 1272 h.

FAUCILLES (LES), collines qui unissent les Vosges au plateau de Langres.

FAULQUEMONT, anc. ch.-l. de c. de la Moselle, arr. de Metz; 1143 h.; cédé à la Prusse en 1871.

FAUQUEMBERGUES, ch.-l. de c. du Pas-de-Calais, arr. de Saint-Omer; 1005 h.

FAURIEL, critique, professeur et historien français (1772-1844).

FAUST, personnage légendaire de l'Allemagne, qui signa un pacte avec le diable, et dont Gœthe a fait le héros d'un poème.

FAUSTA, femme de Constantin; causa la mort de son beau-fils Crispus par une fausse accusation, et fut à son tour mise à mort par ordre de son mari.

FAUSTINE, femme d'Antonin le Pieux. || Femme de Marc-Aurèle, mère de Commode.

FAUVILLE, ch.-l. de c. de la Seine-Inférieure, arr. d'Yvetot; 1386 h.

FAVART, auteur dramatique français, fut l'un des créateurs de l'opéra comique (1710-1792). || Sa femme fut une actrice célèbre (1727-1772).

FAVERGES, ch.-l. de c. de la Haute-Savoie, arr. d'Annecy; 3062 h.

FAVRE (JULES), avocat et homme politique français, né en 1809, ministre des affaires étrangères dans le gouvernement de la Défense nationale (1870-1871).

FAYENCE, ch.-l. de c. du Var, arr. de Draguignan; 1919 h.

FAY-LE-FROID, ch.-l. de c. de la Haute-Loire, arr. du Puy; 840 h.

FAYOUM, vallée de la moyenne Égypte; cap. Medinet-el-Fayoum.

FAYS-BILLOT, ch.-l. de c. de la Haute-Marne, arr. de Langres; 2349 h.

FÉCAMP, ch.-l. de c. de la Seine-Inf[re], arr. du Hâvre, port sur la Manche; 13016 h.

FÉCIAUX, hérauts qui, chez les Romains, déclaraient la guerre et présidaient à la conclusion des traités de paix.

FÉDÉRATION, fête nationale célébrée à Paris en 1790, 1791 et 1792, le 14 juillet, jour anniversaire de la prise de la Bastille.

FÉLETZ (abbé de), critique, membre de l'Académie française (1767-1850).

FÉLIBIEN (ANDRÉ), historiographe, l'un des fondateurs de l'Académie des inscriptions (1619-1695). || Son fils, Michel, bénédictin de Saint-Maur, est auteur d'une *Histoire de la ville de Paris* (1666-1719).

FÉLICIEN (SAINT-), ch.-l. de c. de l'Ardèche, arr. de Tournon; 2205 h.

FÉLIX, nom de cinq papes, dont le 1er, saint Félix, fut martyr en 274.

FELLATAHS ou **FOULAHS**, peuplade du Soudan, dont la cap. est Sackatou.

FELLER (FRANÇOIS-XAVIER DE), jésuite, auteur d'un *Dict. historique* (1735-1802).

FELLETIN, ch.-l. de c. de la Creuse, arr. d'Aubusson; 3170 h. Tapis, papeteries, etc.

FELTRE, v. de la prov. de Bellune, en Vénétie; 6000 h. || Duc de Feltre, Clarke.

FÉNELON (FRANÇOIS DE SALIGNAC DE LA MOTHE), né en 1651, précepteur du duc de Bourgogne, petit-fils de Louis XIV, en 1694, archevêque de Cambrai en 1695, mort en 1715; auteur de *Télémaque*, etc.

FENESTRELLES, place forte de la prov. de Pignerol (Italie).

FÉNÉTRANGE, anc. ch.-l. de c. de la Meurthe, arr. de Sarrebourg; 1428 h.; cédé à la Prusse en 1871.

FÉNIN (PIERRE DE), auteur d'une *Chronique* qui complète celle de Monstrelet, mourut en 1506.

FER (ILE DE), la plus occident. des Canaries ; a servi longtemps à fixer le premier méridien chez les nations de l'Europe.

FERDINAND Ier, empereur d'Allemagne, de 1556 à 1564, frère et successeur de Charles-Quint. || FERDINAND II, empereur de 1619 à 1637, régna pendant la guerre de Trente Ans. || Son fils, FERDINAND III, empereur de 1637 à 1657, vit finir la guerre de Trente Ans par la paix de Westphalie.

FERDINAND, nom de sept princes d'Espagne, dont les plus célèbres sont : FERDINAND Ier le Grand, Ier roi de Castille (1033-1065), qui réunit la Castille, Léon et la Galice ; FERDINAND V le Catholique (1479-1516), qui, par son mariage avec Isabelle de Castille, réunit ce royaume à l'Aragon qu'il tenait de son père, enleva aux Maures Grenade, s'appropria le royaume de Naples, et compléta la monarchie espagnole en s'emparant de la Navarre sur Jean d'Albret ; FERDINAND VII, fils et successeur de Charles IV, prisonnier de Napoléon Ier pendant la guerre d'Espagne (1808-1814), père d'Isabelle II, mort en 1833.

FERDINAND, nom de princes des familles d'Aragon et de Castille, qui régnèrent sur Naples et la Sicile. || FERDINAND Ier, fils de Charles III d'Espagne, devint roi de Naples en 1759 ; dépouillé de ses États par Napoléon Ier, il fut rétabli en 1815, prit en 1817 le titre de roi des Deux-Siciles et mourut en 1825. || FERDINAND II, fils de François Ier, succéda à son père en 1830, et laissa, en 1859, le trône à son fils François II.

FÈRE (LA), ch.-l. de c. de l'Aisne, arr. de Laon ; 4158 h. École d'artillerie, arsenal.

FÈRE-CHAMPENOISE, ch.-l. de c. de la Marne, arr. d'Épernay ; 1969 h.

FÈRE-EN-TARDENOIS, ch.-l. de c. de l'Aisne, arr. de Château-Thierry ; 2218 h.

FERMAT, célèbre géomètre français, inventeur du calcul différentiel (1595-1665).

FERNAMBOUC, v. du Brésil, sur l'Atlantique ; 100 000 h.

FERNANDEZ (DENIS), marin portugais, reconnut le Sénégal et le cap Vert (1446).

FERNANDEZ (JUAN), navigateur espagnol, reconnut la côte du Chili, vers 1563.

FERNANDO-PO, île d'Afrique, dans le golfe de Biafra, aux Espagnols.

FERNEY, ch.-l. de c. de l'Ain, arr. de Gex ; 1232 h. Château de Voltaire.

FERRARE, v. d'Italie, près du Pô ; 68 000 h.

FERRETTE, anc. ch.-l. de c. du Haut-Rhin, arr. de Mulhouse ; 664 h. ; cédé à la Prusse en 1871.

FERRIÈRES, ch.-l. de c. du Loiret, arr. de Montargis ; 1866 h.

FERRIÈRES, c. de Seine-et-Marne, à 36 k. de Meaux, célèbre par son château où Jules Favre eut une entrevue avec Bismark, en septembre 1870.

FERROL (LE), v. et port d'Espagne (Galice) ; 13 000 h.

FERTÉ-ALAIS (LA), ch.-l. de c. de Seine-et-Oise, arr. d'Étampes ; 862 h.

FERTÉ-BERNARD (LA), ch.-l. de c. de la Sarthe, arr. de Mamers ; 2563 h.

FERTÉ-FRÊNEL (LA), ch.-l. de c. de l'Orne, arr. d'Argentan ; 475 h.

FERTÉ-GAUCHER (LA), ch.-l. de c. de Seine-et-Marne, arr. de Coulommiers ; 2205 h.

FERTÉ-MACÉ (LA), ch.-l. de c. de l'Orne, arr. de Domfront ; 9732 h.

FERTÉ-SAINT-AUBIN (LA), ch.-l. de c. du Loiret, arr. d'Orléans ; 2691 h.

FERTÉ-SOUS-JOUARRE (LA), ch.-l. de c. de Seine-et-Marne, arr. de Meaux ; 4499 h.

FERTÉ-SUR-AMANCE (LA), ch.-l. de c. de la Haute-Marne, arr. de Langres ; 618 h.

FERTÉ-VIDAME (LA), ch.-l. de c. d'Eure-et-Loir, arr. de Dreux ; 935 h.

FESCH (cardinal), oncle maternel de Napoléon Ier, archevêque de Lyon (1763-1839).

FESTUS, grammairien latin de la fin du IIIe s., auteur d'un Glossaire latin.

FÉSULES, anc. v. d'Étrurie, auj. Fiesole.

FÉTIS, compositeur et critique musical belge (1784-1871), auteur d'une Biographie universelle des musiciens, etc.

FEU (TERRE DE), archipel situé au midi de l'Amérique du Sud, dont il est séparé par le détroit de Magellan.

FEUILLADE (duc de la), maréchal de France (1625-1691), fit élever sur la place des Victoires, à Paris, une statue de Louis XIV.

FEUILLANTS, religieux réformés de l'ordre de Cîteaux, dont le siège était au village des Feuillants (Languedoc). || Club établi dans le couvent des Feuillants, rue Saint-Honoré, près des Tuileries, par des royalistes modérés (1791-1792).

FEUILLANTINES, religieuses de l'ordre des Feuillants.

FEUILLET (OCTAVE), romancier et auteur dramatique français, né en 1821, élu membre de l'Académie française en 1862.

FEURS, ch.-l. de c. de la Loire, arr. de Montbrison ; 3048 h. Anc. capit. du Forez.

FEUTRIER, prédicateur français, évêque de Beauvais, ministre des affaires ecclésiastiques (1828-1829).

FÉVRIER 1848 (RÉVOLUTION DU 24), révolution qui amena la chute de Louis-Philippe et l'établissement de la République.

FEZ, v. du Maroc, ch.-l. des prov. du Nord ; 40 000 h.

FEZZAN, région de l'Afrique sept., dépend du pacha de Tripoli ; cap. Mourzouk.

FIACRE (saint), anachorète, né en Irlande, m. en 670 ; il est le patron des jardiniers et honoré le 30 août.

FICHTE, philosophe allemand (1762-1814).

FIDÈNES, anc. v. du pays des Sabins.

FIELDING, romancier et auteur dramatique anglais (1707-1754), dont le chef-d'œuvre est le roman de Tom Jones.

FIESCHI, Corse qui tenta de tuer Louis-Philippe au moyen d'une machine infernale (28 juillet 1835).

FIESOLE, v. d'Italie (Toscane) ; 2000 h.

FIESQUE, noble Génois qui conspira contre André Doria (1547), et se noya en partant pour accomplir son dessein.

FIGARO, type du valet spirituel, intrigant et frondeur, créé par Beaumarchais.

FIGEAC, ch.-l. d'arr. du Lot, à 67 kil. de Cahors ; 7333 h.

FIGUIÈRES ou **FIGUERAS**, v. de la prov. de Gerone (Espagne) ; 8000 h.

FILANGIERI, publiciste italien (1752-1788).

FINGAL, père d'Ossian. || Grotte de Fingal, grotte formée de colonnes basaltiques, dans l'île de Staffa, l'une des Hébrides.

FINIGUERRA, orfèvre florentin, inventeur de la gravure sur métal (1452).

FINISTÈRE, cap au N.-O. de l'Espagne.

FINISTÈRE (dép. du), formé de l'anc. Bretagne ; ch.-l. Quimper ; 5 arr. Brest, Châteaulin, Morlaix, Quimper et Quimperlé ; 642 963 h.

FINLANDAIS, AISE, *adj.* et *s.* Qui est de Finlande.

FINLANDE, partie de la Russie d'Europe, sur les golfes de Bothnie et de Finlande ; cap. Helsingfors ; 1 830 000 h. En 1809, la Russie en a achevé la conquête sur la Suède.

FINLANDE (GOLFE DE), golfe formé par la Baltique, sur la côte de Russie.

FINMARK, partie de la Norvège, sur l'océan Glacial ; cap. Tromsœ ; pop. 54 650 h.

FINNOIS (LES), race répandue dans le N. de l'Europe et de l'Asie.

FIONIE, île de l'archipel danois ; pop. 186 000 h. ; cap. Odensée.

FIRMIN (SAINT-), ch.-l. de c. des Hautes-Alpes, arr. de Gap ; 1191 h.

FIRMINY, c. de la Loire, arr. de St-Étienne ; 10 422 h. Houille ; rubans ; clouterie.

FISMES, ch.-l. de c. de la Marne, arr. de Reims ; 2806 h.

FIUME, golfe et v. de l'Adriatique.

FIVES, bourg à 2 kil. de Lille ; industrie active ; 5000 h.

FLACCUS (VALERIUS), poëte latin de la fin du 1er s., auteur de l'*Argonautique*.

FLAGELLANTS, secte de pénitents qui parut au XIIIe et au XIVe s., tomba dans l'hérésie, et fut anathématisée en 1349.

FLAMAND, ANDE, *adj.* et *s.* Qui est de la Flandre.

FLAMEL (NICOLAS), bourgeois de Paris que ses connaissances en alchimie firent passer pour sorcier (1330-1418).

FLAMINES, nom donné à trois prêtres de Jupiter, de Mars et de Romulus.

FLAMININUS (TITUS QUINCTIUS), général romain, battit à Cynoscéphales Philippe III, roi de Macédoine, et proclama la liberté de la Grèce aux jeux isthmiques (196 av. J.-C.).

FLAMINIUS NÉPOS (CAIUS), consul romain, tué dans la bataille qu'il livra à Annibal près du lac Trasimène (217 av. J.-C.).

FLANDRE, contrée située entre la mer du Nord, l'Escaut, le Brabant et le Hainaut, et dont sont formées deux prov. de la Belgique : la Flandre occidentale ; 660 000 h. ; ch.-l. Bruges ; et la Flandre orientale ; 829 000 h. ; ch.-l. Gand. ǁ La Flandre française, ch.-l. Lille, réunie à la France en 1668, forme auj. le dép. du Nord.

FLANDRIN (HIPPOLYTE), peintre français (1809-1864).

FLAVIEN (saint), évêque d'Antioche, sollicita la clémence de Théodose, après la sédition de sa ville épiscopale (387).

FLAVIENS, nom de deux familles d'empereurs romains : la 1re comprend Vespasien et ses deux fils, Titus et Domitien (69-96) ; la 2e, Constance Chlore, Constantin, ses trois fils et ses deux neveux (292-363).

FLAVIGNY, ch.-l. de c. de la Côte-d'Or, arr. de Semur ; 1140 h. Fabrique d'anis.

FLÈCHE (LA), ch.-l. d'arr. de la Sarthe, à 48 kil. du Mans, sur le Loir ; 9341 h. Prytanée militaire ou école préparatoire à l'École de Saint-Cyr.

FLÉCHIER (ESPRIT), célèbre orateur et prélat français (1632-1710), évêque de Lavaur, puis de Nîmes en 1687.

FLERS, ch.-l. de c. de l'Orne, arr. de Domfront ; 10 678 h. Toiles de fil, coutils rayés.

FLESSELLES (JACQUES DE), dernier prévôt des marchands de Paris : accusé d'avoir trahi le peuple, il fut tué le 14 juillet 1789.

FLESSINGUE, v. et port de Zélande (Pays-Bas), dans l'île de Walcheren, à l'entrée de l'Escaut occident. ; 8000 h. Patrie de Ruyter.

FLEURANCE, ch.-l. de c. du Gers, arr. de Lectoure ; 4515 h.

FLEURUS, v. du Hainaut (Belgique), célèbre par trois victoires que les Français y remportèrent, en 1690 sous Luxembourg, en 1794 sous Jourdan, et en 1815 sous Napoléon Ier (cette dernière journée s'appelle plus ordinairement bataille de Ligny).

FLEURY (l'abbé), écrivain ecclésiastique (1640-1723), adjoint à Fénelon pour l'éducation des petits-fils de Louis XIV, auteur de l'*Histoire ecclésiastique*, etc.

FLEURY (cardinal de), né en 1653, évêque de Fréjus, précepteur de Louis XV, en 1715, ministre d'État en 1726, m. en 1743.

FLEURY-SUR-ANDELLE, ch.-l. de c. de l'Eure, arr. des Andelys ; 1401 h.

FLIZE, ch.-l. de c. des Ardennes, arr. de Mézières ; 378 h.

FLOGNY, ch.-l. de c. de l'Yonne, arr. de Tonnerre ; 465 h.

FLORAC, ch.-l. d'arr. de la Lozère, à 30 k. de Mende ; 2092 h.

FLORAUX (JEUX), concours de poésie établi à Toulouse par Clémence Isaure.

FLORENCE, anc. cap. du grand-duché de Toscane, et de 1864 à 1870, du royaume d'Italie, sur l'Arno, à 1430 k. de Paris, 230 de Rome ; 114 000 h. Patrie de Dante, Boccace, Machiavel, Michel-Ange, etc.

FLORENSAC, ch.-l. de c. de l'Hérault, arr. de Béziers ; 3864 h.

FLORENT (SAINT-), ch.-l. de c. de la Corse, arr. de Bastia ; 739 h.

FLORENT-LE-VIEIL (SAINT-), ch.-l. de c. de Maine-et-Loire, arr. de Cholet ; 2220 h.

FLORENTIN, INE, *adj.* et *s.* Qui est de Florence.

FLORENTIN (SAINT-), ch.-l. de c. de l'Yonne, arr. d'Auxerre ; 2644 h.

FLORIAN (J.-P. CLARIS DE), littérateur français, auteur de romans, de comédies et surtout de fables (1755-1794).

FLORIDE, l'un des États de l'Union américaine ; cap. Tallahassee ; pop. 187 748 h.

FLORIEN, empereur romain, régna deux mois, entre Tacite et Probus (276).

FLORUS (LUCIUS ANNÆUS), historien romain, contemporain des Antonins, auteur d'un *Abrégé d'histoire romaine*.

FLOTTE (PIERRE), chancelier de Philippe le Bel, fut l'agent du roi dans sa lutte contre le pape Boniface VIII ; m. en 1302.

FLOUR (SAINT-), ch.-l. d'arr. du Cantal, à 74 k. d'Aurillac ; 5037 h. Évêché. Chaudronnerie.

FLOURENS, physiologiste et écrivain français (1794-1867), secrétaire perpétuel de l'Académie des sciences.

FÔ, fondateur d'une religion de la Chine.

FOÉ (DANIEL), publiciste et romancier anglais (1663-1731), auteur des *Aventures de Robinson Crusoé* (1719).

FOERŒ (ILES), archipel danois, dans l'Atlantique ; cap. Thorshavn ; 8000 h.

FOGGIA, v. d'Italie, ch.-l. de prov. ; 27 000 h.

FOIX, ch.-l. du dép. de l'Ariége, sur l'Ariége, à 769 k. de Paris ; 6706 h.

FOIX (comté de), anc. prov. de France, réunie à la couronne par Henri IV (1607) ; v. pr. Foix, Pamiers.

FOIX (Gaston de), duc de Nemours, neveu de Louis XII par sa mère, Marie d'Orléans, se distingua dans les guerres d'Italie et fut tué à Ravenne (1489-1512).

FOLARD (chevalier de), auteur d'écrits sur la tactique et l'art militaire (1669-1752).

FOLIGNO, v. de la prov. de Pérouse (Italie) ; 19 000 h.

FONDI, v. et lac de la prov. de Caserte (Italie).

FONFRÈDE, conventionnel, du parti de la Gironde, décapité le 31 oct. 1793.

FONTAINE, architecte français (1762-1853), éleva l'arc de triomphe du Carrousel.

FONTAINE, ch.-l. de c. du Territoire de Belfort ; 349 h.

FONTAINEBLEAU, ch.-l. d'arr. de Seine-et-Marne, à 60 k. de Paris, et 16 de Melun ; 10 941 h. Château construit sous Louis XII, François Ier, Henri II et Henri IV.

FONTAINE-FRANÇAISE, ch.-l. de c. de la Côte-d'Or, arr. de Dijon ; 1014 h. Victoire de Henri IV sur les Espagnols (1595).

FONTAINE-LE-DUN, ch.-l. de c. de la Seine-Inférieure, arr. d'Yvetot ; 518 h.

FONTANA, nom de trois architectes italiens qui embellirent Rome de monuments, et dont le plus célèbre, Dominique Fontana, fut l'architecte de Sixte-Quint (1543-1607).

FONTANES (marquis de), poète et homme politique français (1757-1821), fut le premier grand-maître de l'Université (1808).

FONTARABIE, v. d'Espagne, près de l'embouchure de la Bidassoa ; 2200 h.

FONTENAY ou mieux **FONTENOY-EN-PUISAYE**, vge à 30 k. d'Auxerre, célèbre par la bataille que s'y livrèrent en 841 les fils de Louis le Débonnaire, et dans laquelle Charles le Chauve et Louis le Germanique furent vainqueurs de Lothaire et de Pepin d'Aquitaine.

FONTENAY-AUX-ROSES, c. de la Seine, arr. de Sceaux, à 9 k. de Paris ; 2363 h.

FONTENAY-LE-COMTE, ch.-l. d'arr. de la Vendée, à 57 kil. de la Roche-sur-Yon, sur la Vendée ; 7660 h.

FONTENAY-SOUS-BOIS, c. de la Seine, arr. de Sceaux, à 10 k. de Paris ; 5378 h.

FONTENELLE, littérateur français, neveu de Corneille (1657-1757), secrétaire perpétuel de l'Académie des sciences, connu surtout par ses *Entretiens sur la pluralité des mondes* et ses *Éloges des académiciens*.

FONTENOY, vge du Hainaut, en Belgique, célèbre par la victoire du maréchal de Saxe sur les Anglais (1745).

FONTEVRAULT, c. de Maine-et-Loire, arr. de Saumur ; 3449 h. Abbaye, et depuis 1804 maison centrale de détention.

FORBACH, anc. ch.-l. de c. de la Moselle, arr. de Sarreguemines ; cédé à la Prusse en 1871. ‖ Le 6 août 1870, défaite du général Frossard par l'armée de Steinmetz.

FORBIN (chevalier de), marin français, se signala dans les guerres contre les Anglais (1656-1733).

FORBIN-JANSON, missionnaire et évêque de Nancy, fondateur de l'*Œuvre de la Sainte-Enfance* (1785-1844).

FORCALQUIER, ch.-l. d'arr. des Basses-Alpes, à 54 k. de Digne ; 2719 h.

FORCE, anc. prison de Paris, formée de l'hôtel du duc de la Force, au Marais, démolie en 1850, pour ouvrir la rue Malher.

FORCELLINI, lexicographe italien, disciple et collaborateur de Facciolati pour son *Lexique de la langue latine* (1688-1768).

FORÊT NOIRE, chaîne de montagnes boisées de Bade et de Wurtemberg.

FOREZ, prov. de l'anc. France, dans le Lyonnais, confisquée en 1523 par François Ier sur le connétable de Bourbon ; cap. Feurs, puis Montbrison.

FORGES-LES-EAUX, ch.-l. de c. de la Seine-Inférieure, arr. de Neufchâtel ; 1659 h. Eaux minérales ferrugineuses.

FOR-L'ÉVÊQUE, prison de Paris, située rue Saint-Germain-l'Auxerrois, démolie en 1780.

FORLI, ch.-l. de prov. d'Italie, à 24 k. de Ravenne ; 38 600 h.

FORMERIE, ch.-l. de c. de l'Oise, arr. de Beauvais ; 1282 h.

FORMOSE, île de la Chine, dans l'océan Pacifique ; pop. 2 500 000 h.

FORNOUE, bourg de l'anc. duché de Parme (Italie), près duquel Charles VIII, roi de France, battit les Italiens, en 1495.

FORT-DE-FRANCE ou **FORT-ROYAL**, ch.-l. de la Martinique ; 12 600 h.

FORTH, fl. et golfe d'Écosse.

FORTUNAT, poète latin et évêque de Poitiers (530-609).

FORTUNÉES (Iles), auj. les Canaries.

FOSCARI (François), doge de Venise en 1423, déposé en 1457.

FOSSAT (Le), ch.-l. de c. de l'Ariége, arr. de Pamiers ; 1192 h.

FOUCHÉ (Joseph), duc d'Otrante, conventionnel, ministre de la police sous l'Empire et au commencement de la Restauration, mourut exilé (1763-1820).

FOUESNANT, ch.-l. de c. du Finistère, arr. de Quimper ; 3481 h.

FOUGÈRES, ch.-l. d'arr. d'Ille-et-Vilaine, à 48 k. de Rennes ; 11 201 h.

FOUGEROLLES, c. de la Haute-Saône, arr. de Lure ; 5256 h. Teintureries, kirsch, etc.

FOU-HI ou **FOHI**, 1er empereur de la Chine, vers 3300 av. J.-C., institua le mariage, les arts utiles à la vie, etc.

FOULQUES, nom de cinq comtes d'Anjou, dont le dernier, devenu roi de Jérusalem, abandonna l'Anjou à son fils aîné, Geoffroy Plantagenet, en 1129.

FOULQUES, curé de Neuilly-sur-Marne, prédicateur de la 4e croisade, mort en 1201.

FOUQUET (Nicolas), surintendant des finances sous Louis XIV ; condamné pour trahison et malversations au bannissement perpétuel ; sa peine fut commuée en celle de la prison perpétuelle (1665), et il mourut dans la forteresse de Pignerol (1680).

FOUQUIER-TINVILLE, accusateur public au tribunal révolutionnaire en 1793, condamné à mort et exécuté le 8 mai 1795.

FOURCHAMBAULT, c. de la Nièvre, arr. de Nevers, sur la Loire ; 6054 h. Grand établissement métallurgique.

FOURCROY, célèbre chimiste français, auteur du *Système des connaissances chimiques*, fut un des organisateurs de l'instruction publique en France (1755-1809).

FOURIER (J.-B. Joseph), savant français, fit partie de l'expédition d'Égypte, en 1798; auteur de la *Théorie analytique de la chaleur* (1768-1830).

FOURMIES, c. du Nord, arr. d'Avesnes; 9989 h. Filatures, brasseries, etc.

FOURNELS, ch.-l. de c. de la Lozère, arr. de Marvejols; 431 h.

FOURRIER (François-Charles-Marie), né à Besançon, chef de la doctrine sociale appelée de son nom fourriérisme, et de l'école fourriériste ou phalanstérienne (1772-1837).

FOURS, ch.-l. de c. de la Nièvre, arr. de Nevers; 1479 h.

FOUS (FÊTE DES), fête qui se célébrait à l'Épiphanie par des travestissements, des danses, des repas dans l'église.

FOUSSERET, ch.-l. de c. de la Haute-Garonne, arr. de Muret; 2113 h.

FOU-TCHÉOU, v. et port de la Chine; 500 000 h.

FOX (George), Anglais, fondateur de la secte des quakers ou trembleurs (1624-1691).

FOX (Charles-James), orateur et homme d'État anglais, soutint contre le second Pitt la cause de la Révolution française, puis de la paix avec la France (1749-1806).

FOY, général français qui, après s'être distingué dans les guerres de l'Empire, fut sous la Restauration un des chefs éloquents de l'opposition (1775-1825).

FOY-LA-GRANDE (SAINTE-), ch.-l. de c. de la Gironde, arr. de Libourne; 3945 h.

FRA DIAVOLO, c.-à-d. *Frère Diable*, chef de brigands napolitains, se signala dans les bandes calabraises qui attaquaient les Français, de 1799 à 1806, fut pris et pendu.

FRAGONARD, peintre français (1732-1806).

FRAIZE, ch.-l. de c. des Vosges, arr. de Saint-Dié; 2516 h.

FRANC-COMTOIS, OISE, *adj.* et *s.* Qui est de la Franche-Comté.

FRANCE, un des principaux États de l'Europe, ayant 956 k. de longueur du N. au S. et 916 de largeur de l'E. à l'O.; divisée en 86 départements, 362 arr., 2865 cant., 35 989 comm.; pop. 36 102 921 h.; cap. Paris.

FRANCESCAS, ch.-l. de c. du Lot-et-Garonne, arr. de Nérac; 1117 h.

FRANCFORT-SUR-LE-MEIN, autrefois ville libre et siège de la Confédération germanique, dont la Prusse s'est emparée en 1866; 78 900 h. Patrie de Gœthe.

FRANCFORT-SUR-L'ODER, v. du Brandebourg (Prusse); 42 000 h.

FRANCHE-COMTÉ, prov. de l'anc. France, dont sont formés les dép. du Jura, du Doubs et de la Haute-Saône; cédée à la France par le traité de Nimègue, en 1678; cap. Besançon.

FRANCISCO (SAN-), v. de Californie; 150 000 h.

FRANÇOIS D'ASSISE (saint), né à Assise, en Ombrie, fondateur de l'ordre des frères Mineurs ou Franciscains (1182-1226).

FRANÇOIS DE PAULE (saint), né à Paule, en Calabre, fondateur de l'ordre des Minimes (1416-1507).

FRANÇOIS-XAVIER (saint), jésuite, apôtre des Indes et du Japon, né au château de Xavier, dans la Navarre (1506-1552).

FRANÇOIS DE SALES (saint), évêque de Genève, né au château de Sales, près d'Annecy (1567-1622), fondateur de l'ordre de la Visitation (1610), auteur de l'*Introduction à la vie dévote*.

FRANÇOIS RÉGIS (saint), ecclésiastique français, célèbre par sa charité (1597-1640).

FRANÇOIS Ier de Lorraine, empereur d'Allemagne (1745-1765), épousa Marie-Thérèse. ‖ Son petit-fils, François II, succéda à son père, Léopold II (1792); plusieurs fois vaincu par Napoléon Ier, il renonça au titre d'empereur d'Allemagne, lorsque fut créée la Confédération du Rhin (1806); depuis 1804, du reste, il avait pris celui d'empereur d'Autriche. En 1810, il donna sa fille Marie-Louise en mariage à Napoléon, et fut dédommagé de ses pertes en 1815, à la suite de la chute de l'Empire français. ‖ François-Joseph Ier, empereur d'Autriche, a succédé à son oncle Ferdinand Ier (1848), a perdu la Lombardie (1859), et, après la bataille de Sadowa (1866), la Vénétie. Depuis 1867, il est dit empereur d'Autriche-Hongrie.

FRANÇOIS Ier, roi de France, fils de Charles, comte d'Angoulême, et de Louise de Savoie, et arrière-petit-fils de Charles V, succéda à Louis XII, son cousin et beau-père (1515-1547). Il est célèbre par la lutte qu'il a soutenue contre Charles-Quint. ‖ Son petit-fils, François II, succéda à son père Henri II, en 1559, et mourut en 1560, après un règne troublé par la conjuration d'Amboise; il avait épousé Marie Stuart.

FRANÇOIS, nom de deux ducs de Bretagne, dont le second prit part aux ligues des seigneurs contre Louis XI, et mourut en laissant pour héritière sa fille Anne, qui épousa Charles VIII, puis Louis XII.

FRANÇOIS Ier, roi des Deux-Siciles (1825-1830), fils de Ferdinand Ier, fut le père de Caroline, qui épousa le duc de Berry (neveu de Louis XVIII), et de Marie-Christine, mariée à Ferdinand VII, roi d'Espagne.

FRANÇOIS DE NEUFCHÂTEAU, poète et homme d'État français (1750-1828), membre du Directoire (1797), puis ministre de l'intérieur (1798), créa les expositions de l'industrie et le musée du Louvre.

FRANÇOISE DE RIMINI, femme de Malatesta, seigneur de Rimini, immortalisée par le poème de Dante.

FRANCONI, célèbre écuyer, né à Venise, fonda un manège et le Cirque olympique à Paris (1738-1836).

FRANCONIE, grand-duché de l'Empire germanique, à l'E. du Rhin, sur lequel régnèrent Conrad le Jeune et Conrad le Salique. ‖ Basse-Franconie, ch.-l. Wurzbourg; Haute-Franconie, ch.-l. Baireuth; Moyenne-Franconie, ch.-l. Anspach, nom des trois cercles de Bavière.

FRANCS, peuple d'origine germanique, d'abord fixé entre le Rhin, le Mein et le Weser, forma une confédération plus tard divisée en deux tribus, les Saliens et les Ripuaires. Au IIIe s. de notre ère, ils ont envahi la Gaule; d'eux sont sorties les deux premières dynasties de France.

FRANGY, ch.-l. de c. de la Haute-Savoie, arr. de Saint-Julien; 1528 h.

FRANKLIN (Benjamin), savant et homme d'État américain, inventa le paratonnerre, et contribua à l'affranchissement des États-Unis d'Amérique par ses missions en Europe et surtout en France (1706-1790).

FRANKLIN (John), navigateur anglais,

périt en 1847 à la recherche d'un passage au N.-O. de l'Amérique.

FRASCATI, anc. *Tusculum*, v. d'Italie, à 17 k. de Rome ; 6000 h.

FRAUENFELD, ch.-l. du canton de Thurgovie (Suisse) ; 5000 h.

FRAYSSINOUS, évêque *in partibus* d'Hermopolis (1765-1841), célèbre par ses *Conférences* dans l'église Saint-Sulpice à Paris, grand-maître de l'Université, et ministre des affaires ecclésiastiques (1824-1828).

FRÉDÉGAIRE, auteur d'une chronique latine des Francs.

FRÉDÉGONDE, femme de Chilpéric 1er, mère de Clotaire II, célèbre par ses crimes et sa longue lutte avec Brunehaut (545-597).

FRÉDÉRIC 1er *Barberousse, de Hohenstaufen*, empereur d'Allemagne (1152-1190) ; son règne ne fut qu'une longue lutte contre l'Italie. || Son petit-fils, FRÉDÉRIC II, succéda à son père Henri VI, à Naples, en 1197, devint empereur en 1212, entreprit la 6e croisade (1229), et combattit les villes lombardes, ainsi que les papes Grégoire IX et Innocent IV ; il mourut en 1250. || FRÉDÉRIC III d'Autriche, empereur de 1440 à 1493, ne put repousser les Turcs.

FRÉDÉRIC, nom de trois Électeurs de Brandebourg, dont le dernier fut le 1er roi de Prusse, en 1701. || Son fils, FRÉDÉRIC-GUILLAUME 1er, lui succéda en 1713, acquit la Poméranie ; m. en 1740. || FRÉDÉRIC II *le Grand*, fils du précédent, né en 1712, m. en 1786, conquit la Silésie, et par le premier démembrement de la Pologne, obtint les rivages de la Baltique, du Niémen à l'Oder. || Son neveu, FRÉDÉRIC-GUILLAUME II, lui succéda en 1786, commença la lutte contre la Révolution française, acquit, par le second démembrement de la Pologne, Thorn et Dantzig, et par le troisième, Varsovie, etc. || Son fils, FRÉDÉRIC-GUILLAUME III, lui succéda en 1797, entra en lutte avec Napoléon 1er, fut battu à Iéna et contraint d'accepter le traité de Tilsitt ; mais après la chute de l'Empire, il reçut de larges compensations, et mourut en 1840. || Son fils et successeur, FRÉDÉRIC-GUILLAUME IV, travailla surtout à développer la prospérité de la Prusse, et mourut en 1861, laissant le trône à son frère Guillaume 1er.

FRÉDÉRIC-AUGUSTE, nom d'Électeurs de Saxe, dont le 3e fut créé roi de Saxe par Napoléon 1er en 1807, perdit en 1815 une partie de ses États, et mourut en 1827.

FRÉDÉRIC, nom de sept rois de Danemark et de Norvége, de deux rois de Suède, de plusieurs Électeurs palatins. L'un de ces derniers fut chef des protestants pendant la 1re période de la guerre de Trente Ans.

FREIBERG, v. de Saxe ; 21 000 h.

FRÉJUS, ch.-l. de c. du Var, arr. de Draguignan ; 3052 h. Évêché.

FRÉRET (NICOLAS), célèbre érudit français (1688-1749), a écrit sur l'histoire, la géographie, la mythologie, etc.

FRÉRON, critique français, fondateur de l'*Année littéraire*, connu surtout par ses attaques contre Voltaire (1718-1776). || Son fils, après s'être signalé comme membre ardent de la Convention, ferma le club des Jacobins à la tête de la jeunesse dorée.

FRESNAY, ch.-l. de c. de la Sarthe, arr. de Mamers ; 3153 h.

FRESNAYE (LA), ch.-l. de c. de la Sarthe, arr. de Mamers ; 1564 h.

FRESNE-SAINT-MAMÈS, ch.-l. de c. de la Haute-Saône, arr. de Gray ; 504 h.

FRESNEL, physicien français, connu par ses travaux sur la théorie de la lumière et le perfectionnement des phares (1788-1827).

FRESNES-EN-WOÉVRE, ch.-l. de c. de la Meuse, arr. de Verdun ; 935 h.

FREYCINET, navigateur français, a écrit un *Voyage autour du monde* (1779-1842).

FRIANT (comte), général franç. (1758-1829).

FRIBOURG, l'un des 22 cantons de la Suisse ; 111 000 h. ; ch.-l. Fribourg, sur la Sarine ; 10 450 h.

FRIBOURG-EN-BRISGAU, v. du grand-duché de Bade ; 21 000 h.

FRIEDLAND, v. de Prusse, près de laquelle Napoléon 1er battit les Russes et les Prussiens, en 1807 ; 2500 h.

FRIOUL, contrée située au N.-E. de l'Italie, et dont une partie appartient à l'Autriche, l'autre à l'Italie ; v. pr. Udine.

FRISE, prov. des Pays-Bas ; 302 000 h. ; cap. Leeuwarden.

FRISON, ONNE, *adj.* et *s.* Qui est de la Frise.

FRISONS, peuplade germanique qui habitait le territoire compris entre la mer du Nord, le Rhin inférieur et l'Ems.

FROCHOT, administrateur français (1757-1828), fut le premier préfet de la Seine, de 1800 à 1812.

FRODOARD ou **FLODOARD**, auteur d'une *Chronique des Francs* en latin (894-966).

FROHSDORFF, château de la Basse-Autriche, sur les confins de la Hongrie.

FROISSART (JEAN), né à Valenciennes (1327-1410), auteur d'une *Chronique* qui s'étend de 1326 à 1400.

FROISSY, ch.-l. de c. de l'Oise, arr. de Clermont ; 663 h.

FRONDE, guerre civile qui troubla, sous la minorité de Louis XIV, le gouvernement de Mazarin, et qui se termina par le triomphe de la royauté (1648-1653).

FRONSAC, ch.-l. de c. de la Gironde, arr. de Libourne ; 1557 h.

FRONTENAY, ch.-l. de c. des Deux-Sèvres, arr. de Niort ; 2140 h.

FRONTIGNAN, ch.-l. de c. de l'Hérault, arr. de Montpellier ; 3225 h. Vin muscat.

FRONTIN, valet de comédie.

FRONTON, ch.-l. de c. de la Haute-Garonne, arr. de Toulouse ; 2290 h.

FROUARD, vge sur la Moselle, à 12 k. de Nancy, où se trouve l'embranchement de Metz sur la ligne de Paris à Strasbourg.

FROWARD, cap à l'extrémité S. de l'Amérique méridionale.

FRUCTIDOR (DIX-HUIT) (4 sept. 1797), coup d'État exécuté par la majorité conventionnelle du Directoire contre deux de ses membres, Barthélemy et Carnot, et contre 53 membres des Conseils, soupçonnés de royalisme.

FRUGES, ch.-l. de c. du Pas-de-Calais, arr. de Montreuil ; 2980 h.

FUENTÈS (comte de), général espagnol, fut vaincu par Condé et tué à Rocroi (1643).

FUEROS, constitution que les rois d'Espagne accordaient à certaines villes.

FULGENT (SAINT-), ch.-l. de c. de la Vendée, arr. de la Roche-sur-Yon ; 1977 h.

FULTON (Robert), ingénieur américain, inventeur du navire à vapeur (1765-1815).

FUMAY, ch.-l. de c. des Ardennes, arr. de Rocroi; 4565 h. Ardoisières.

FUMEL, ch.-l. de c. du Lot-et-Garonne, arr. de Villeneuve; 3852 h.

FUNCHAL, cap. de l'île de Madère; 18 000 h.

FURCA (LA), passage des Alpes conduisant du Valais au Saint-Gothard, longeant le glacier d'où sort le Rhône.

FURENS, torrent de France, passe à Saint-Étienne et se jette dans la Loire.

FURETIÈRE, littérateur français, fut exclu de l'Académie française, parce qu'il composait un *Dictionnaire universel* en même temps que l'Académie travaillait à son dictionnaire (1619-1688).

FURIES, Divinités infernales au nombre de trois, Tisiphone, Mégère et Alecto.

FURNES, v. de la Flandre occidentale (Belgique); 6000 h.

FURST (Walter), l'un des fondateurs de la Confédération suisse, m. vers 1317.

FUST (Jean), orfèvre de Mayence, associé à Gutenberg et à Schœffer dans leurs premiers essais d'imprimerie (XVᵉ s.).

G

GABAA, v. de la tribu de Benjamin (Palestine). ‖ Victoire de David sur les Philistins.

GABAON, v. de la tribu de Benjamin (Palestine), cap. des Gabaonites.

GABARRET, ch.-l. de c. des Landes, arr. de Mont-de-Marsan; 1270 h.

GABELLE, impôt sur le sel établi par Philippe VI de Valois, en 1340.

GABIES, v. anc. des Volsques (Italie).

GABON, estuaire de la côte de Guinée.

GABRIEL, archange qui apparut à la Vierge Marie pour lui annoncer la venue du Sauveur.

GABRIEL (Jacques-Ange), architecte français, construisit l'École militaire, les deux bâtiments à colonnes de la place de la Concorde, à Paris, etc. (1710-1782).

GACÉ, ch.-l. de c. de l'Orne, arr. d'Argentan; 1849 h.

GACILLY (LA), ch.-l. de c. du Morbihan, arr. de Vannes; 1460 h.

GAD, 7ᵉ fils de Jacob, donna son nom à l'une des 12 tribus de la Palestine.

GADÈS, anc. nom de Cadix. ‖ Détroit de Gadès, auj. détroit de Gibraltar.

GAËLS ou **GALLS**, anc. habitants de la Gaule.

GAETANO (saint), fondateur de l'ordre des Théatins (1480-1547).

GAÈTE, v. et port de la Terre de Labour (Italie); 16 000 h.

GAIL (J.-B.), helléniste français (1755-1829).

GAILLAC, ch.-l. d'arr. du Tarn, sur le Tarn, à 21 kil. d'Albi; 7843 h. Vins estimés.

GAILLARD (Gabriel-Henri), historien français (1726-1806).

GAILLON, ch.-l. de c. de l'Eure, arr. de Louviers; 3333 h. ‖ Maison de détention sur l'emplacement d'un château bâti par Georges d'Amboise (1502-1509).

GAÏUS, jurisconsulte romain du IIᵉ s. de l'ère chrétienne, auteur d'*Institutes*.

GALAAD, pays de l'anc. Judée, à l'E. du Jourdain.

GALAN, ch.-l. de c. des Hautes-Pyrénées, arr. de Tarbes; 1182 h.

GALAPAGOS (ILES) ou **ÎLES DES TORTUES**, archipel du grand Océan, à 700 k. des côtes de la République de l'Équateur.

GALATA, faubourg de Constantinople où résident les négociants européens.

GALATÉE, nymphe de la mer, qui préféra le berger Acis au cyclope Polyphème.

GALATIE, pays au centre de l'anc. Asie Mineure, tirant son nom des Galates ou Gaulois qui l'avaient envahie (278 av. J.-C.).

GALATZ, v. de Moldavie, sur le Danube; 36 000 h.

GALBA (Servius), empereur romain, succéda à Néron, 68 ap. J.-C., et fut assassiné par les soldats, après un an de règne.

GALERIUS ou **GALÈRE**, adopté et nommé César par Dioclétien, lui arracha un édit contre les chrétiens, et après son abdication devint empereur (305-311).

GALGACUS, chef des Calédoniens, au 1ᵉʳ s. ap. J.-C., périt en combattant Agricola.

GALIANI, littérateur et économiste italien (1728-1787).

GALICE, anc. prov. d'Espagne; v. pr. Santiago, la Corogne et le Ferrol.

GALICIE, prov. de l'Empire austro-hongrois; 5 445 000 h.; cap. Lemberg.

GALIEN, célèbre médecin, né à Pergame, en Mysie, a laissé de nombreux écrits en grec (131-200 ap. J.-C.).

GALIGAÏ (Léonora), femme de Concini, toute-puissante sur l'esprit de Marie de Médicis, fut condamnée et brûlée après l'assassinat de son mari, en 1617.

GALILÉE, partie de la Palestine où se trouvaient les v. de Nazareth et Bethulie.

GALILÉE, illustre astronome et mathématicien, né à Pise (1564-1642), construisit le premier télescope, et reconnut, d'après Copernic, le mouvement de la terre autour du soleil; mais il fut forcé par le saint-office de rétracter sa doctrine.

GALILÉEN, nom donné à Jésus-Christ qui avait été élevé à Nazareth, en Galilée.

GALL (saint), né en Irlande vers 551, fonda un monastère près du lac Constance.

GALL (SAINT-), canton de la Suisse; 191 000 h.; ch.-l. Saint-Gall; 17 000 h.

GALL (François-Joseph), médecin, né dans le grand-duché de Bade, inventeur de la phrénologie (1758-1828).

GALLAND (Antoine), orientaliste franç., traducteur des *Mille et une nuits* (1646-1715).

GALLES (principauté de), partie de l'Angleterre à l'O., peuplée autrefois par les Cambriens; 1 426 000 h.; v. pr. Swansea. Le titre de prince de Galles est porté par les fils aînés des souverains d'Angleterre.

GALLES (NOUVELLE-), vaste contrée de l'Amérique anglaise (Nouvelle-Bretagne).

GALLES DU SUD (NOUVELLE-), l'une des grandes divisions de l'Australie à l'E.; colonie anglaise; cap. Sidney.

GALLIEN, empereur romain, fils et successeur de Valérien (260-268), lutta contre les Germains et fut assassiné dans son camp.

GALLIPOLI, v. et presqu'île de la Turquie d'Europe, sur le détroit des Dardanelles; 18000 h.

GALLITZINE, ministre tout-puissant en Russie pendant la minorité d'Ivan V et de Pierre le Grand, fut exilé en 1689.

GALLO-ROMAIN, AINE, *adj.* et *s.* Nom qui désigne à la fois les Gaulois et les Romains, depuis la conquête des Gaules.

GALLUS (CORNELIUS), poète élégiaque latin, ami de Virgile (66-26 av. J.-C.).

GALLUS, empereur romain, successeur de Décius (251-253), fut tué par ses soldats.

GALMIER (SAINT-), ch.-l. de c. de la Loire, arr. de Montbrison; 2902 h. Source ferrugineuse acidulée.

GALSWINTHE, fille d'Athanagilde, roi des Visigoths, sœur aînée de Brunehaut, épousa Chilpéric en 567, et fut étranglée par l'ordre de Frédégonde.

GALVANI, physicien italien, découvrit les phénomènes électriques appelés de son nom galvanisme (1737-1798).

GALWAY ou **GALLOWAY**, comté de l'Irlande; 255000 h.; ch.-l. Galway; 30000 h.

GAMA (VASCO DE), célèbre navigateur portugais, découvrit la route des Indes par le cap de Bonne-Espérance, en 1498.

GAMACHE, personnage du roman de don Quichotte, dont les noces, célébrées avec magnificence, ont donné naissance à la locution *noces de Gamache*.

GAMACHES, ch.-l. de c. de la Somme, arr. d'Abbeville; 1920 h.

GAMBETTA (LÉON), né à Cahors en 1838, membre du gouvernement de la Défense nationale (4 sept. 1870), puis ministre de l'intérieur et de la guerre dans la Délégation de Tours, du 7 oct. 1870 au 8 fév. 1871.

GAMBIE, fl. de la Sénégambie; 1600 k.

GAMBIER (ARCHIPEL), cinq îles de la Polynésie, sous le protectorat de la France.

GAND, ch.-l. de la Flandre orientale (Belgique), au confluent de l'Escaut et de la Lys; 120000 h.

GANELON, personnage imaginaire, à la trahison duquel les romans du moyen âge attribuent la mort de Roland, à Roncevaux.

GANGANELLI, nom de famille du pape Clément XIV.

GANGE, grand fl. de l'Hindoustan, vient de l'Himalaya et se jette dans le golfe de Bengale par une infinité de branches; 3000 k.

GANGES, ch.-l. de c. de l'Hérault, arr. de Montpellier; 4349 h.

GANNAL, chimiste français, inventeur d'une méthode d'embaumement (1791-1852).

GANNAT, ch.-l. d'arr. de l'Allier, à 58 k. de Moulins; 5745 h.

GANTEAUME, amiral français (1755-1818).

GANTOIS, OISE, *adj.* et *s.* Qui est de Gand.

GANYMÈDE, fils de Tros, fut enlevé, selon la Fable, par l'aigle de Jupiter pour servir d'échanson aux dieux.

GAP, ch.-l. du dép. des Hautes-Alpes, à 659 k. de Paris; 8927 h. Évêché.

GARAMANTES, anc. peuple de l'Afrique, habitant le pays appelé Oasis du Fezzan.

GARAT, homme politique et écrivain français (1749-1833), ministre de la justice en 1792 et de l'intérieur en 1793, se déclara pour Bonaparte après le 18 brumaire.

GARD, riv. de France, formée des deux Gardons, se jette dans le Rhône à 4 k. au-dessus de Beaucaire. || Pont du Gard, aqueduc construit par les Romains au-dessus du Gard pour amener des eaux à Nîmes.

GARD (dép. du), formé d'une partie du Bas-Languedoc; ch.-l. Nîmes; 4 arr. Nîmes, Alais, Uzès, le Vigan; pop. 420131 h.

GARDA (LAC DE), anc. Benacus, lac entre le Tyrol et l'Italie, d'où sort le Mincio.

GARDANNE, ch.-l. de c. des Bouches-du-Rhône, arr. d'Aix; 2866 h.

GARGANTUA, personnage gigantesque de Rabelais, célèbre par son appétit.

GARIBALDI (JOSEPH), général italien, né à Nice en 1807.

GARIGLIANO, anc. Liris, fl. d'Italie, se jette dans le golfe de Gaète.

GARLIN, ch.-l. de c. des Basses-Pyrénées, arr. de Pau; 1305 h.

GARNIER (ROBERT), poète dramatique français, auteur des *Juives*, de *Bradamante*, etc., précurseur de Corneille (1534-1590).

GARNIER-PAGÈS (ÉTIENNE-JOSEPH-LOUIS), homme politique français (1801-1841), l'un des chefs du parti républicain sous Louis-Philippe. || Son frère, Louis-Antoine, né en 1803, fut membre du gouvernement provisoire en 1848 et du gouvernement de la Défense nationale au 4 sept. 1870.

GARONNE, fl. de France, prend sa source au Val d'Arran, dans les Pyrénées, passe à Toulouse, Agen, Bordeaux, et se réunit à la Dordogne pour former la Gironde, au Bec-d'Ambez; 500 k.

GARONNE (dép. de la **HAUTE-**), formé d'une partie du Haut-Languedoc et de la Gascogne; ch.-l. Toulouse; 4 arr. Toulouse, Villefranche, Muret et Saint-Gaudens; pop. 479362 h.

GARRICK, comédien et auteur dramatique anglais (1716-1779).

GASCOGNE, pays de l'anc. France, s'appuyant sur les Pyrénées, tirant son nom des Vascons, et réuni définitivement à la France par Charles VII, en 1453.

GASCOGNE (GOLFE DE) ou de **BISCAYE**, golfe formé par l'océan Atlantique à l'O. de la France et au N. de l'Espagne.

GASPARIN (THOMAS-AUGUSTE DE), membre du Comité de Salut public (1750-1793). || Son fils, Adrien, agronome et homme politique, fut ministre de l'intérieur sous Louis-Philippe (1783-1862).

GASSENDI (PIERRE), philosophe et astronome français, adversaire de Descartes et l'un des fondateurs de la philosophie sensualiste (1592-1655).

GÂTINAIS, anc. pays de France, divisé en Gâtinais français, ch.-l. Nemours, et Gâtinais orléanais, ch.-l. Montargis, réuni à la couronne sous Philippe Ier.

GAUCHOS, pâtres de l'Amérique mérid.

GAUDENS (SAINT-), ch.-l. d'arr. de la Haute-Garonne, à 90 k. de Toulouse; 5689 h.

GAUDIN, duc de Gaète, ministre des finances sous le Consulat et l'Empire (1756-1844).

GAUGAMÈLE, grande plaine de l'Assyrie anc. près d'Arbelles; célèbre par la victoire d'Alexandre sur Darius (331 av. J.-C.).

GAULE CISALPINE, c.-à-d. *en deçà des Alpes* par rapport aux Romains, nom donné à l'Italie septentrionale, parce qu'elle fut occupée par des tribus gauloises ; elle fut soumise par les Romains après de longues luttes, en 163 av. J.-C.

GAULE TRANSALPINE, c.-à-d. *au delà des Alpes* par rapport aux Romains, contrée comprise entre l'Océan, les Pyrénées, les Alpes et le Rhin, et habitée primitivement par un grand nombre de peuplades, les Ibères, les Belges et surtout les Galls ou Celtes. Soumise par César (58-50 av. J.-C.) et divisée par Auguste en 4 provinces, Narbonnaise, Aquitaine, Lyonnaise et Belgique, elle a été envahie au Ve siècle par les Visigoths, les Burgondes, et enfin par les Francs, qui s'y établirent sous Clovis.

GAULOIS, OISE, *adj.* et *s.* Qui est de la Gaule.

GAULTIER (l'abbé), inventeur d'une méthode d'enseignement pour les enfants (1753-1818).

GAULTIER GARGUILLE, inventeur du genre burlesque nommé *farce*, fut le protégé de Richelieu (1574-1634).

GAULTIER (SAINT-), ch.-l. de c. de l'Indre, arr. du Blanc ; 2122 h.

GAUTIER (Théophile), poète, critique et littérateur français (1811-1873).

GAUTIER D'ARRAS, poète du XIIe s., auteur du roman en vers *Ille et Galeron*.

GAVARNI, dessinateur franç. (1801-1866).

GAVARNIE, village de l'arr. d'Argelès (Hautes-Pyrénées), célèbre par son cirque de rochers couverts de neige.

GAVESTON, favori d'Édouard II d'Angleterre, périt victime de la haine des barons, en 1312.

GAVRAY, ch.-l. de c. de la Manche, arr. de Coutances ; 1655 h.

GAY-LUSSAC, physicien et chimiste français, célèbre par ses découvertes en physique et en chimie (1778-1850).

GAZA, anc. v. des Philistins sur la Méditerranée, dont Samson emporta les portes.

GEAUNE, ch.-l. de c. des Landes, arr. de Saint-Sever ; 779 h.

GÉDÉON, juge d'Israël, délivra les Juifs du joug des Madianites (XIIIe av. J.-C.).

GÉDROSIE, anc. prov. de l'empire des Perses, entre la mer Érythrée et l'Indus.

GEISPOLSHEIM, anc. ch.-l. de c. du Bas-Rhin, arr. de Strasbourg ; 2288 h. ; cédé à la Prusse en 1871.

GÉLA, v. anc. de la Sicile méridionale.

GÉLASE, nom de deux papes, dont le 2e fut chassé de Rome par Henri V de Franconie, qui fit nommer l'antipape Grégoire VIII, en 1118.

GELBOÉ, mont de Palestine, où périt Saül.

GELÉE (Claude), surnommé *le Lorrain*, célèbre paysagiste français (1600-1678).

GÉLIMER, dernier roi des Vandales (530-534), fut vaincu et pris par Bélisaire.

GÉLON, tyran de Syracuse, de 491 à 478 av. J.-C., vainquit les Carthaginois.

GEMMI, sommet et passage des Alpes bernoises, entre Louèche et Kandersteg.

GÉMONIES, à Rome, escalier sur lequel on exposait les corps des condamnés qui avaient été étranglés dans la prison.

GÉMOZAC, ch.-l. de c. de la Charente-Inférieure, arr. de Saintes ; 2598 h.

GENÇAY, ch.-l. de c. de la Vienne, arr. de Civray ; 1202 h.

GENDREY, ch.-l. de c. du Jura, arr. de Dôle ; 665 h.

GÊNES, ch.-l. de la prov. de ce nom en Italie, port sur la Méditerranée ; 128 000 h. République puissante au moyen âge.

GÊNES (GOLFE DE) ou de Ligurie, partie de la Méditerranée occidentale.

GÉNÉSARETH (LAC DE), voy. TIBÉRIADE.

GENÈSE, le 1er livre de l'Ancien Testament, qui contient la création du monde.

GENEST-MALIFAUX (SAINT-), ch.-l. de c. de la Loire, arr. de St-Étienne ; 2344 h.

GENÈVE (LAC DE) ou **LÉMAN**, lac de Suisse, long de 72 k., traversé par le Rhône.

GENÈVE, l'un des cantons de la Confédération helvétique ; 83 000 h. ; ch.-l. Genève, sur le Rhône, à sa sortie du lac ; à 500 k. de Paris ; 41 500 h. Centre de la réforme religieuse de Calvin, au XVIe s., et patrie de J.-J. Rousseau, Sismondi, Mme de Staël, etc. Horlogerie, orfèvrerie, etc.

GENEVIÈVE (sainte), patronne de Paris, née à Nanterre (419-512), sauva Paris menacé par Attila (451). || En 1764, fut commencée en son honneur l'église de Sainte-Geneviève à Paris, qui est l'œuvre de Soufflot, et qui a porté longtemps le nom de Panthéon.

GENEVIÈVE DE BRABANT, fille d'un duc de Brabant, épouse de Siffroi, accusée faussement par l'intendant Golo, fut condamnée à mourir avec son jeune fils, et abandonnée dans une forêt ; elle y vécut du lait d'une biche, jusqu'au jour où son innocence fut reconnue (VIIIe s.).

GENEVIÈVE (SAINTE-), ch.-l. de c. de l'Aveyron, arr. d'Espalion ; 1725 h.

GÉNEVOIS, OISE, *adj.* et *s.* Qui est de Genève.

GENÈVRE (MONT), sommet des Alpes Cottiennes, avec une route allant de Briançon à Suse.

GENGISKHAN, conquérant mongol, forma un vaste empire dans l'Asie (1155-1227).

GENGOUX-LE-ROYAL (SAINT-), ch.-l. de c. de Saône-et-Loire, arr. de Mâcon ; 1855 h.

GENIEZ (SAINT-), ch.-l. de c. de l'Aveyron, arr. d'Espalion ; 3691 h.

GENIS (SAINT-), ch.-l. de c. de la Charente-Inférieure, arr. de Jonzac ; 1167 h.

GENIS-LAVAL (SAINT-), ch.-l. de c. du Rhône, arr. de Lyon ; 2446 h.

GENIX (SAINT-), ch.-l. de c. de la Savoie, arr. de Chambéry ; 1857 h.

GENLIS, ch.-l. de c. de la Côte-d'Or, arr. de Dijon ; 1160 h.

GENLIS (comtesse de), femme de lettres française, fut chargée de l'éducation des enfants de la famille d'Orléans, et composa plusieurs ouvrages d'éducation (1746-1830).

GENNES, ch.-l. de c. de Maine-et-Loire, arr. de Saumur ; 1688 h.

GÉNOIS, OISE, *adj.* et *s.* Qui est de Gênes.

GENOLHAC, ch.-l. de c. du Gard, arr. d'Alais ; 1466 h.

GÉNOVÉFAIN, chanoine de Sainte-Geneviève.

GENSÉRIC, roi des Vandales, soumit l'Afrique (429-439) et pilla Rome (455).

GENSONNÉ, membre de la Convention, périt avec les Girondins (1758-1793).

GENTIL-BERNARD, voy. BERNARD.

GENTILLY, com. de la Seine, arr. de Sceaux, sur la Bièvre ; 8796 h.

GENTIOUX, ch.-l. de c. de la Creuse, arr. d'Aubusson ; 1465 h.

GENZANO, v. de la Campagne de Rome ; 5000 h.

GEOFFRIN (Mme), femme d'esprit dont le salon fut le rendez-vous des artistes, des écrivains, des grands personnages de son temps (1699-1777).

GEOFFROI, nom de 4 comtes de l'Anjou, dont le 4e, surnommé Plantagenet, épousa Mathilde, fille de Henri Ier d'Angleterre, et enleva la Normandie à Étienne de Blois.

GEOFFROI, nom de deux ducs de Bretagne, dont le 2e, fils de Henri II Plantagenet, devint duc de Bretagne, en épousant l'héritière de Bretagne, Constance (1169).

GEOFFROY SAINT-HILAIRE (ÉTIENNE), naturaliste français, soutint contre Cuvier la doctrine de l'*unité de composition organique* dans les êtres animés (1772-1844).

GEOIRE (SAINT-), ch.-l. de c. de l'Isère, arr. de La Tour-du-Pin ; 3723 h.

GEORGE (saint), soldat cappadocien, qui lutta, dit-on, contre un dragon en Libye, et souffrit le martyre sous Dioclétien ; il est devenu le patron de l'Angleterre.

GEORGE, nom de quatre rois d'Angleterre. GEORGE Ier, électeur de Hanovre, fut appelé au trône après la mort de la reine Anne comme arrière-petit-fils de Jacques Ier Stuart (1714-1727) ; il s'unit avec la France, la Hollande et l'Autriche contre l'Espagne. ‖ Son fils, GEORGE II (1727-1760), prit parti, dans la guerre de la Succession d'Autriche, pour Marie-Thérèse ; vainqueur à Dettingen (1743), battu à Fontenoy (1745), il triompha du prétendant Charles-Édouard Stuart à Culloden (1746). ‖ GEORGE III, son petit-fils (1760-1820), a perdu les colonies anglaises d'Amérique, a acquis presque tout l'Hindoustan, et sous l'inspiration du second Pitt, son ministre, a été l'adversaire constant de la Révolution française et de l'Empire ; il est mort atteint de folie. ‖ GEORGE IV, prince régent pendant la maladie de son père (1811), puis roi (1820-1830), a laissé ses ministres gouverner sous son nom.

GEORGE (ordre de SAINT-), ordre militaire de Russie, institué par Catherine II.

GEORGE (CANAL SAINT-), détroit entre le pays de Galles et l'Irlande.

GEORGES (SAINT-), ch.-l. de c. de la Vienne, arr. de Poitiers ; 1370 h.

GEORGES-DU-VIÈVRE (SAINT-), ch.-l. de c. de l'Eure, arr. de Pont-Audemer ; 960 h.

GEORGES-EN-COUZAN (SAINT-), ch.-l. de c. de la Loire, arr. de Montbrison ; 1141 h.

GEORGES-SUR-LOIRE (SAINT-), ch.-l. de c. de Maine-et-Loire, arr. d'Angers ; 2592 h.

GEORGETOWN, v. des États-Unis, du district de Columbia. ‖ Capitale de la Guyane anglaise ; 20 000 h.

GÉORGIE, pays de la Transcaucasie russe, entre le Caucase et l'Arménie ; cap. Tiflis.

GÉORGIE, un des États-Unis d'Amérique ; pop. 1 195 338 h. ; ch.-l. Milledgeville.

GÉORGIEN, IENNE, adj. et s. Qui est de la Géorgie.

GÉORGIQUES, poème de Virgile sur l'agriculture, en quatre chants.

GÉPIDES, peuple de la famille des Goths, qui, venu des sources de la Vistule, s'éta-

blit sur la Theiss, et fut exterminé par les Lombards et les Avares, de 548 à 567.

GÉRANDO (baron de), homme d'État, philosophe et jurisconsulte français (1772-1842), un des propagateurs de l'enseignement mutuel.

GÉRARD, fondateur de l'ordre des *Frères hospitaliers de Saint-Jean de Jérusalem* (1100).

GÉRARD (baron), peintre franç. (1770-1837).

GÉRARD (comte), maréchal de France, se distingua dans les guerres de l'Empire, fut ministre de la guerre sous Louis-Philippe, et fit le siège d'Anvers (1773-1852).

GÉRARDMER ou **GÉROMÉ**, ch.-l. de c. des Vosges, arr. de Saint-Dié, près du lac de Gérardmer ; 6462 h. Fromage renommé.

GERBERT, pape, voy. SILVESTRE II.

GERBEVILLER, ch.-l. de c. de Meurthe-et-Moselle, arr. de Lunéville ; 1938 h.

GERBIER-DES-JONCS, l'un des sommets des monts du Vivarais (Ardèche), d'où descend la Loire.

GERGOVIE, anc. capitale des Gaulois Arvernes, à 6 kil. de Clermont-Ferrand. Vercingétorix y battit les Romains.

GERHARDT, chimiste français (1816-1856).

GÉRICAULT, peintre français (1790-1824), auteur du tableau le *Radeau de la Méduse*.

GERING (ULRICH), fonda la première imprimerie à Paris, sous Louis XI.

GERMAIN (saint), évêque d'Auxerre (390-448).

GERMAIN (saint), évêque de Paris (496-576), fonda l'église Saint-Germain des Prés.

GERMAIN (SAINT-), ch.-l. de c. du Lot, arr. de Gourdon ; 1125 h.

GERMAIN-DE-CALBERTE (SAINT-), ch.-l. de c. de la Lozère, arr. de Florac ; 1528 h.

GERMAIN-DU-BOIS (SAINT-), ch.-l. de c. de Saône-et-Loire, arr. de Louhans ; 2716 h.

GERMAIN-DU-PLAIN (SAINT-), ch.-l. de c. de Saône-et-Loire, arr. de Chalon-sur-Saône ; 2361 h.

GERMAIN-DU-TEIL (SAINT-), ch.-l. de c. de la Lozère, arr. de Marvejols ; 1279 h.

GERMAIN-EN-LAYE (SAINT-), ch.-l. de c. de Seine-et-Oise, arr. de Versailles ; 22 856 h. Château bâti par Charles V (1370), agrandi par François Ier, transformé de nos jours en musée gallo-romain. ‖ Le traité de Saint-Germain (1570) mit fin à la 3e guerre contre les protestants.

GERMAIN-LAVAL (SAINT-), ch.-l. de c. de la Loire, arr. de Roanne ; 2010 h.

GERMAIN-LEMBRON (SAINT-), ch.-l. de c. du Puy-de-Dôme, arr. d'Issoire ; 2175 h.

GERMAIN-LES-BELLES (SAINT-), ch.-l. de c. de la Haute-Vienne, arr. de Saint-Yrieix ; 2138 h.

GERMAIN L'HERM (SAINT-), ch.-l. de c. du Puy-de-Dôme, arr. d'Ambert ; 1857 h.

GERMAINS, habitants de l'anc. Germanie.

GERMANICUS (CLAUDIUS NERO), fils de Drusus et neveu de Tibère (16 av. J.-C.-18 ap. J.-C.), se distingua par ses victoires sur les Germains, mourut de maladie ou empoisonné par Pison, agent de Tibère. De sa femme Agrippine il eut six enfants, dont Caligula et Agrippine, mère de Néron.

GERMANIE, grande contrée de l'Europe ancienne, comprise entre le Rhin, le Danube et l'Elbe.

GERMANIQUE (CONFÉDÉRATION), union des différentes parties de l'Allemagne établie en 1815 et détruite en 1866 par la Prusse ; elle comprenait 39 souverains et 4 villes libres, formant une diète qui siégeait à Francfort-sur-le-Mein.

GÉRÔME, peintre français, né en 1824.

GERS, riv. venant des Hautes-Pyrénées, qui se jette dans la Garonne, à 8 k. au-dessus d'Agen ; 160 k.

GERS (dép. du), formé de l'Armagnac, du Condomois, du Comminges, etc. ; ch.-l. Auch ; 5 arr. Auch, Lectoure, Mirande, Condom, Lombez ; pop. 284,717 h.

GERSON (JEAN), théologien français, chancelier de l'Université, fit tous ses efforts pour apaiser la guerre civile des Bourguignons et des Armagnacs, et mettre fin au schisme de la papauté ; passe pour l'auteur de l'*Imitation de Jésus-Christ* (1363-1429).

GERTRUDE (sainte), fille de Pepin de Landen, abbesse du monastère de Nivelles, en Belgique (626-659).

GERVAIS (saint) de Milan, martyrisé avec son frère saint Protais, sous Néron. || Saint-Gervais, église de Paris, dont le portail a été construit par De Brosse (1616-21).

GERVAIS (SAINT-), ch.-l. de c. de l'Hérault, arr. de Béziers ; 2197 h.

GERVAIS (SAINT-), ch.-l. de c. du Puy-de-Dôme, arr. de Riom ; 2596 h.

GERVAIS-LES-BAINS (SAINT-), ch.-l. de c. de la Haute-Savoie, arr. de Bonneville ; 1993 h. Sources minérales et thermales.

GÉRY (SAINT-), ch.-l. de c. du Lot, arr. de Cahors ; 883 h.

GÉRYON, monstre à trois têtes, selon la Fable, qui régnait dans la ville d'Érythie, près de Gadès, et qui fut tué par Hercule.

GESNER, peintre et poète, né à Zurich, auteur du poème *la Mort d'Abel* (1730-1788).

GESSEN, prov. de l'Égypte anc. où s'établit la famille de Jacob.

GESSLER, bailli d'Albert 1er d'Autriche dans les cantons d'Uri et de Schwytz, amena par ses exactions la révolte des Suisses.

GÉTA, empereur romain, fils de Septime Sévère, fut assassiné par son frère Caracalla avec lequel il partageait le trône (212).

GÈTES, anc. peuple de la Scythie.

GETHSÉMANI, bourg et vallée près de Jérusalem.

GÉTULIE, région de l'Afrique anc. au S. de la Numidie et de la Mauritanie.

GÉVAUDAN, anc. pays de France dans le Bas-Languedoc, correspondant à une partie de la Lozère et de la Haute-Loire ; ch.-l. Mende.

GEVREY-CHAMBERTIN, ch.-l. de c. de la Côte-d'Or, arr. de Dijon ; 1754 h. Vin rouge célèbre.

GEX, ch.-l. d'arr. de l'Ain, à 65 kil. de Bourg ; 2675 h.

GHADAMÈS, oasis au S.-O. de Tripoli.

GHÂT, oasis du Sahara.

GHATTES, nom de deux chaînes de montagnes de l'Hindoustan.

GHIBERTI, sculpteur, architecte florentin, auteur des portes du Baptistère de Florence (1378-1455).

GHIKA, famille qui donna plusieurs hospodars à la Moldavie et à la Valachie.

GHIRLANDAJO, peintre florentin (1449-1498).

GHISLAIN (saint), un des apôtres de la Belgique, m. en 687.

GHISONI, ch.-l. de c. de la Corse, arr. de Corte ; 1689 h.

GIAC (PIERRE DE), favori de Charles VII, fut mis à mort par le connétable de Richemont (1380-1427).

GIAFAR, 6e iman ou descendant d'Ali (702-765).

GIBBON, historien anglais (1737-1794), auteur d'une *Histoire de la décadence et de la chute de l'Empire romain*.

GIBEL, nom moderne de l'Etna.

GIBELINS, voy. GUELFES.

GIBRALTAR, anc. Calpe, v. d'Espagne, appartenant aux Anglais depuis 1704, à l'entrée du détroit de Gibraltar (anc. détroit de Gadès), en face de Ceuta ; 16,000 h.

GIÉ (PIERRE DE ROHAN, dit DE), maréchal de France, se distingua sous Louis XI, Charles VIII et Louis XII.

GIEN, ch.-l. d'arr. du Loiret, à 64 k. d'Orléans, sur la Loire ; 7068 h. Fabrique de faïence.

GIER, affl. de droite du Rhône.

GIGNAC, ch.-l. de c. de l'Hérault, arr. de Lodève ; 2767 h.

GIGOGNE (MÈRE), personnage du théâtre des marionnettes, sous la figure d'une femme entourée d'un grand nombre d'enfants qui sortent de dessous ses jupes.

GILBERT, poète français satirique, l'adversaire du parti des philosophes (1751-1780).

GILDAS-DES-BOIS (SAINT-), ch.-l. de c. de la Loire-Inférieure, arr. de Saint-Nazaire ; 2311 h.

GILLE, personnage du théâtre de la foire, le niais.

GILLES (SAINT-), ch.-l. de c. du Gard, arr. de Nîmes ; 6211 h.

GILLES-SUR-VIE (SAINT-), ch.-l. de c. de la Vendée, arr. des Sables-d'Olonne ; 1420 h.

GILLOT (CLAUDE), dessinateur, peintre et surtout graveur français (1673-1722).

GILOLO, la plus grande des Moluques.

GIMONT, ch.-l. de c. du Gers, arr. d'Auch ; 3016 h.

GINESTAS, ch.-l. de c. de l'Aude, arr. de Narbonne ; 947 h.

GINGUENÉ, littérateur français, auteur de l'*Histoire littéraire d'Italie* (1748-1816).

GIOBERTI (VINCENT), philosophe et homme d'État italien (1791-1852).

GIOCONDO (FRA GIOVANI), architecte italien, construisit le pont Notre-Dame, à Paris, en 1499.

GIOJA (FLAVIO), marin napolitain, passe pour l'inventeur de la boussole (XIIIe s.).

GIORDANO (LUCA), peintre italien (1632-1705).

GIORGIONE (LE), peintre italien, fondateur de l'école de Venise (1478-1511).

GIOTTO, célèbre peintre florentin, fut l'ami de Dante (1276-1336).

GIOVANI DA FIESOLE, voy. ANGELICO.

GIRARD (GABRIEL), grammairien franç., auteur des *Synonymes français* (1677-1748).

GIRARD (PHILIPPE DE), inventeur de la machine à filer le lin (1775-1845).

GIRARD (GRÉGOIRE), dit le *Père Girard*, instituteur suisse de Fribourg, auteur d'écrits relatifs à l'éducation (1765-1850).

GIRARDON (FRANÇOIS), sculpteur français, embellit Versailles de ses œuvres et fit le mausolée de Richelieu à la Sorbonne (1628-1715).

GIRAULT-DUVIVIER, grammairien français, auteur de la *Grammaire des grammaires* (1765-1832).

GIRGENTI, v. de Sicile, non loin des ruines de l'anc. Agrigente; 17 000 h.

GIRODET-TRIOSON, peintre français, auteur d'une *Scène du déluge* (1767-1824).

GIROMAGNY, ch.-l. de c. du Territoire de Belfort; 3007 h.

GIRONDE, fl. de France formé par la réunion de la Garonne et de la Dordogne, au Bec-d'Ambez, se jette dans l'Océan; 80 k.

GIRONDE (dép. de la), formé d'une partie de la Guyenne; ch.-l. Bordeaux; 6 arrond. Bordeaux, Blaye, Lesparre, Libourne, Bazas et La Réole; pop. 705149 h.

GIRONDINS, parti formé des principaux députés de la Gironde à la Convention qui voulaient établir la République, et qui luttèrent contre les Montagnards; vaincus dans cette lutte, ils périrent presque tous sur l'échafaud, en 1793.

GIRONE ou **GERONE**, v. de Catalogne (Espagne); 16 000 h.

GIRONS (SAINT-), ch.-l. d'arr. de l'Ariège, à 48 k. de Foix; 4690 h.

GISCON, nom de plusieurs généraux carthaginois.

GISORS, ch.-l. de c. de l'Eure, arr. des Andelys; 3834 h.

GIVET, ch.-l. de c. des Ardennes, arr. de Rocroi; 5104 h. Place forte.

GIVORS, ch.-l. de c. du Rhône, arr. de Lyon; 9886 h.

GIVRY, ch.-l. de c. de Saône-et-Loire, arr. de Chalon-sur-Saône; 2961 h.

GIZEH, v. d'Égypte sur le Nil, non loin du Caire, près de laquelle sont les grandes pyramides et les ruines de Memphis.

GLABER, moine de Cluny, auteur d'une *Chronique* en latin, de 900 à 1046.

GLABRIO (ACILIUS), consul romain, vainquit Antiochus III, roi de Syrie, aux Thermopyles (191 av. J.-C.).

GLADSTONE, homme d'État anglais, né en 1809.

GLARIS, canton de la Confédération helvétique; pop. 35 000 h.; ch.-l. Glaris; 7600 h.

GLASCOW, v. industrieuse et commerçante d'Écosse, sur la Clyde; 477 000 h.

GLAUBER, chimiste allemand, découvrit le sulfate de soude, *sel de Glauber* (1604-1668).

GLAUCIAS, démagogue romain, périt dans une émeute avec le tribun Saturninus (100 av. J.-C.).

GLÉNANS (LES), groupe de 9 petites îles, sur la côte du Finistère, arr. de Quimper.

GLOCESTER, comté d'Angleterre; pop. 485 000 h.; ch.-l. Glocester; 26 000 h. || Titre porté par un fils du roi d'Angleterre Henri V, tuteur de Henri VI; et plus tard par un fils de Richard d'York, tuteur et assassin des enfants d'Édouard IV, son frère.

GLOGAU, place forte de Silésie (Prusse), sur l'Oder; 15 000 h.

GLÜCK, illustre compositeur allemand, fit jouer ses principaux opéras (*Iphigénie, Armide, Orphée, Alceste*, etc.) à Vienne, puis à Paris (1714-1787).

GLÜCKISTE, partisan de la musique de Glück, c.-à-d. de l'expression dramatique dans le chant, par opposition à *picciniste*.

GLÜCKSTADT, cap. du Holstein, sur l'Elbe; 6000 h.

GNIDE, GNOSSE, voy. CNIDE, CNOSSE.

GNOSTIQUES, hérétiques d'Égypte et de Syrie qui mêlaient les doctrines orientales et les idées chrétiennes.

GOA, v. de l'Hindoustan, sur la côte du Konkan, ch.-l. des possessions portugaises.

GOAREC, ch.-l. de c. des Côtes-du-Nord, arr. de Loudéac; 826 h.

GOBAIN (SAINT-), commune du dép. de l'Aisne, arr. de Laon; 2133 h. Grande manufacture de glaces.

GOBELIN (JEHAN), teinturier célèbre, m. à Paris en 1476, fondateur d'un établissement que Colbert acheta en 1662, au nom de Louis XIV, et qui devint la *Manufacture royale de tapis des Gobelins*.

GOBERT (baron), fonda deux prix de 10 000 fr. que l'Académie française et l'Académie des inscriptions décernent, chaque année, l'une à l'auteur du *morceau le plus éloquent d'hist. de France*, et l'autre à l'auteur du *morceau le plus savant* (1807-1833).

GODAU (ANTOINE), évêque de Vence, poète et littérateur franç., l'un des premiers membres de l'Académie française (1605-1672).

GODAVERY, fl. de l'Hindoustan; 1500 k.

GODEFROY, famille d'érudits, de jurisconsultes, d'historiens, aux XVIe et XVIIe s.

GODEFROY DE BOUILLON, duc de Basse-Lorraine, chef de la 1re croisade et 1er roi chrétien de Jérusalem (1099); m. en 1100.

GODÉGISÈLE, roi des Bourguignons, fut en lutte avec son frère Gondebaud, qui le fit périr en 500.

GODERVILLE, ch.-l. de c. de la Seine-Inférieure, arr. du Havre; 1313 h.

GODOY (DON MANUEL DE), prince de la Paix, favori de Charles IV, roi d'Espagne, fut exilé par Ferdinand VII, et mourut à Paris (1767-1851).

GODWIN (WILLIAM), économiste et romancier anglais, auteur du roman *Caleb Williams* (1756-1836).

GOERLITZ, v. de Silésie (Prusse); 36 000 h.

GOETHE (JEAN-WOLFGANG), né à Francfort-sur-le-Mein (1749-1832), le plus grand écrivain de l'Allemagne; auteur de drames, de *Werther*, de *Faust*, etc.

GOETHEBORG, v. de Suède; 56 000 h.

GOETTINGUE, v. du Hanovre (Prusse); 12 500 h.; université.

GOGOL (NICOLAS), littérateur russe (1810-1851).

GOHIER (JÉRÔME), membre du Directoire, s'opposa au coup d'État du 18 brumaire (1746-1830).

GOLCONDE, v. de l'Hindoustan, où l'on taille les diamants recueillis sur les rives de la Krichna et du Pennar.

GOLDAU, vge du canton de Schwytz (Suisse), détruit par un éboulement de montagnes, en 1806.

GOLDONI, poète comique italien, a donné au Théâtre-Français le *Bourru bienfaisant* (1707-1793).

GOLDSMITH (OLIVIER), poète et romancier anglais, auteur du roman *le Vicaire de Wakefield* (1728-1774).

GOLGOTHA, nom hébreu du Calvaire.

GOLIATH, géant philistin, qui fut tué par David d'un coup de fronde.

GOLO, riv. de Corse; 80 k.

GOMBETTE (LOI), loi des Bourguignons, que le roi Gondebaud publia en 502.

GOMER, fils de Japhet.

GOMORRHE, anc. v. de Palestine, détruite par le feu du ciel.

GONCELIN, ch.-l. de c. de l'Isère, arr. de Grenoble ; 1561 h.

GONDAR, v. d'Abyssinie, cap. de l'Amhara ; point de départ des caravanes.

GONDEBAUD, roi des Bourguignons, fit périr ses trois frères, Chilpéric, Gondemar et Godégisèle, et donna sa nièce Clotilde en mariage à Clovis, qui le vainquit ; il est l'auteur de la loi Gombette ; m. en 516.

GONDI (Jean-François-Paul de), cardinal de Retz, joua un rôle important dans les troubles de la Fronde ; a laissé des *Mémoires* (1614-1679).

GONDRECOURT, ch.-l. de c. de la Meuse, arr. de Commercy ; 1725 h.

GONESSE, ch.-l. de c. de Seine-et-Oise, arr. de Pontoise ; 2526 h.

GONGORA, poète espagnol, dont le style précieux fit école en France (1561-1627).

GONTRAN, 2e fils de Clotaire 1er, roi de Bourgogne et d'Orléans (561), eut pour successeur son neveu Childebert II (593).

GONZAGUE, famille princière d'Italie, qui donna des souverains à Mantoue et à Guastalla, et dont les membres les plus célèbres sont : Ferdinand Ier de Gonzague, un des principaux généraux de Charles-Quint ; Anne de Gonzague, princesse palatine (1616-1684), l'une des héroïnes de la Fronde et dont Bossuet prononça l'oraison funèbre ; et Marie-Louise de Gonzague (1612-1667), qui, destinée d'abord à Gaston d'Orléans, frère de Louis XIII, épousa successivement les rois de Pologne Ladislas VII et Jean Casimir.

GONZALVE DE CORDOUE, surnommé le *grand capitaine* (1443-1515), joua le premier rôle dans la conquête de Grenade (1492) et dans les guerres d'Italie, au service de Ferdinand le Catholique.

GORDES, ch.-l. de c. de Vaucluse, arr. d'Apt ; 2594 h.

GORDIEN, surnommé *l'Africain*, empereur romain, s'étrangla après avoir vu périr son fils, Gordien II *le Jeune* (237). Son petit-fils, Gordien III *le Pieux*, élevé à l'empire en 238, fut livré à Philippe et mis à mort (244).

GORDIUM, anc. v. d'Asie Mineure, cap. de la Phrygie.

GORDIUS, laboureur de Phrygie, fut nommé roi en accomplissement d'un oracle ; il consacra à Jupiter son char ou sa charrue ; le nœud qui attachait le joug était tel que personne ne pouvait le défaire ; l'empire de l'Asie était promis à qui le dénouerait ; Alexandre le Grand trancha de son épée ce nœud dit *nœud gordien*.

GORÉE, île de l'océan Atlantique rattachée à la Sénégambie française, à 2 k. du cap Vert ; 6000 h.

GORGIAS, rhéteur grec, m. 380 av. J.-C.

GORGONES, monstres de la Fable qui n'avaient qu'un œil en commun, et changeaient en pierre ceux qui les regardaient ; c'étaient Méduse, Euryale et Sthéno.

GORITZ, v. du Littoral autrichien, sur l'Isonzo ; 10000 h. Charles X y mourut (1836).

GORRON, ch.-l. de c. de la Mayenne, arr. de Mayenne ; 2669 h.

GORTYNE, anc. v. de la Crète.

GORZE, anc. ch.-l. de c. de la Moselle, arr. de Metz ; 1774 h. ; cédé à la Prusse en 1871.

GOSSEC, compositeur belge, vécut à Paris (1733-1829).

GOSSELIN, géographe français (1751-1830).

GOTHA, cap. du duché de Saxe-Cobourg-Gotha, remarquable par ses établissements scientifiques, musées, etc. ; 19000 h. On y imprime depuis 1764 l'*Almanach de Gotha*.

GOTHARD (SAINT-), massif des Alpes, entre la Suisse et l'Italie, d'où sortent le Rhin et le Rhône.

GOTHEMBOURG, v. de Suède ; 56000 h.

GOTHIE, syn. de Septimanie.

GOTHIE, partie mérid. de la Suède.

GOTHS, grande nation de la Germanie orientale, qui se divisa en Visigoths, Ostrogoths et Gépides, et contribua à la ruine de l'Empire romain.

GOUALIOR, v. de l'Hindoustan ; 40000 h.

GOUJON (Jean), sculpteur et architecte français (1515-1572), auteur de la fontaine des Innocents, à Paris ; travailla au Louvre.

GOUNOD (Charles), compositeur français, né en 1818, auteur de *Faust* (1859).

GOURDON, ch.-l. d'arr. du Lot, à 47 k. de Cahors ; 5374 h.

GOURGAUD, général français, fut aide de camp de Napoléon Ier et l'accompagna à Sainte-Hélène ; il a publié les *Mémoires de Napoléon Ier* (1783-1852).

GOURIN, ch.-l. de c. du Morbihan, arr. de Pontivy ; 4181 h.

GOURNAY, ch.-l. de c. de la Seine-Inférieure, arr. de Neufchâtel ; 3438 h. Grand commerce de beurre.

GOURNAY, économiste français, inventeur de la formule *Laissez faire, laissez passer* (1712-1759).

GOUVION-SAINT-CYR, maréchal de France (1764-1830), ministre de la guerre, réorganisa l'armée par la loi de 1818.

GOYA, peintre espagnol (1746-1828).

GOZLIN, évêque de Paris, défendit cette ville contre les Normands (885-886).

GOZON, grand-maître des Hospitaliers de Saint-Jean de Jérusalem (1345), délivra, dit-on, l'île de Rhodes d'un serpent monstrueux.

GOZZOLI, peintre florentin, auteur de fresques au Campo Santo de Pise (1408-1478).

GRAAL (SAINT-), vase dans lequel Jésus-Christ mangea le jour de la Cène, suivant les récits poétiques du moyen âge.

GRAÇAY, ch.-l. de c. du Cher, arr. de Bourges ; 3315 h.

GRACCHUS (Tiberius-Sempronius), 210-160 av. J.-C., consul romain, se distingua en Espagne ; il eut de son union avec Cornélie, fille de Scipion l'*Africain*, deux fils, connus sous le nom de *Gracques*, tous deux tribuns du peuple, qui proposèrent les lois agraires et périrent assassinés dans une émeute, Tiberius en 133, Caius en 121 av. J.-C.

GRADENIGO, nom de trois doges de Venise, dont le 1er (1280-1311) fonda l'aristocratie vénitienne par la création du *Livre d'or*.

GRAETZ ou **GRATZ**, ch.-l. de la Styrie (Autriche) ; 81000 h.

GRAEVIUS, savant allemand, auteur d'un *Trésor des antiquités romaines* (1632-1703).

GRAFFIGNY (Mme de), femme auteur, née à Nancy, connue par les *Lettres d'une Péruvienne* (1695-1758).

GRAILLY (JEAN DE), dit *le Captal de Buch*, capitaine de Charles le Mauvais, fut vaincu par du Guesclin à Cocherel (1364); passa ensuite au parti des Anglais, et mourut prisonnier de Charles V (1377).

GRAISSESSAC, c. du cant. de Bédarieux (Hérault); 2134 h.; riche bassin houiller.

GRAMAT, ch.-l. de c. du Lot, arr. de Gourdon; 3851 h.

GRAMONT (PHILIBERT, comte DE), seigneur brillant de la cour de Louis XIV et de la cour de Charles II, roi d'Angleterre, connu par les *Mémoires* dans lesquels son beau-frère Hamilton a raconté sa vie (1621-1707).

GRAMPIANS (MONTS), chaîne considérable de l'Écosse.

GRANCEY-LE-CHÂTEAU, ch.-l. de c. de la Côte-d'Or, arr. de Dijon; 551 h.

GRAND-BOURG (LE), ch.-l. de c. de la Creuse, arr. de Guéret; 3069 h.

GRAND-CHAMP, ch.-l. de c. du Morbihan, arr. de Vannes; 3678 h.

GRAND-COMBE (LA), ch.-l. de c. du Gard, arr. d'Alais; 8872 h. Exploitation de houille.

GRAND-COURONNE, ch.-l. de c. de la Seine-Inférieure, arr. de Rouen; 1350 h.

GRANDE-BRETAGNE, royaume comprenant les Îles-Britanniques et de nombreuses colonies répandues dans toutes les parties du monde; cap. Londres; popul. des Îles-Britanniques, 32 000 000; possessions et colonies anglaises, 169 000 000. Souverain régnant depuis 1837, la reine Victoria.

GRANDE-GRÈCE, anc. nom de l'Italie méridionale, peuplée de colonies grecques.

GRAND-FOUGERAY (LE), ch.-l. de c. d'Ille-et-Vilaine, arr. de Redon; 6310 h.

GRANDIER (URBAIN), curé de Loudun, accusé de magie, fut brûlé vif (1590-1634).

GRAND-LEMPS, ch.-l. de c. de l'Isère, arr. de La Tour-du-Pin; 1984 h.

GRANDLIEU (LAC DE), à 12 k. de Nantes.

GRAND-LUCÉ (LE), ch.-l. de c. de la Sarthe, arr. de Saint-Calais; 2131 h.

GRANDPRÉ, ch.-l. de c. des Ardennes, arr. de Vouziers; 1355 h.

GRAND-PRESSIGNY (LE), ch.-l. de c. d'Indre-et-Loire, arr. de Loches; 1686 h.

GRANDRIEU, ch.-l. de c. de la Lozère, arr. de Mende; 1609 h.

GRAND-SERRE (LE), ch.-l. de c. de la Drôme, arr. de Valence; 1549 h.

GRANDS JOURS, assises extraordinaires pour rendre la justice, tenues sous l'ancienne monarchie française.

GRANDVILLE, dessinateur et caricaturiste français (1803-1847).

GRANDVILLIERS, ch.-l. de c. de l'Oise, arr. de Beauvais; 1725 h.

GRANET, peintre français (1775-1849).

GRANIQUE (LE), pet. riv. de Mysie (Asie Mineure), célèbre par la victoire d'Alexandre sur Memnon le Rhodien (334 av. J.-C.).

GRANJA (LA), palais, résidence des rois d'Espagne, construit par Philippe V, près de Saint-Ildefonse, à 6 k. de Ségovie.

GRANSON, v. du cant. de Vaud (Suisse), célèbre par la victoire des Suisses sur Charles le Téméraire (1476).

GRANT, général des États-Unis d'Amérique, né en 1822, assura par ses victoires, pendant la guerre des esclavagistes, le maintien de l'Union (1865). Élu Président de la République en 1869, il a été réélu en 1873.

GRANVELLE, cardinal, homme d'État au service de Charles-Quint et de Philippe II, né à Besançon, gouverna les Pays-Bas sous le nom de Marguerite de Parme (1539-1564).

GRANVILLE, ch.-l. de c. de la Manche, arr. d'Avranches; 14 747 h. Port commerçant.

GRASSE, ch.-l. d'arr. des Alpes-Maritimes, à 24 k. de Digne; 12 560 h.

GRATIEN, fils de Valentinien Ier, empereur romain, de 375 à 383, gouverna l'Occident, confia l'Orient à Théodose, fut vaincu et tué par l'usurpateur Maximin.

GRAULHET, ch.-l. de c. du Tarn, arr. de Lavaur; 6346 h.

GRAVE, vignobles du Bordelais, sur la rive g. de la Garonne, au-dessous de Bordeaux.

GRAVE (LA), ch.-l. de c. des Hautes-Alpes, arr. de Briançon; 1292 h.

GRAVELINES, ch.-l. de c. du Nord, arr. de Dunkerque; 7734 h. Port de commerce.

GRAVELOTTE, c. du canton de Gorze, à 12 kil. de Metz (Lorraine). Bataille du 18 août 1870, dite aussi de Saint-Privat ou d'Amanvillers, à la suite de laquelle le maréchal Bazaine se retira sous Metz.

GRAVENHAGE (S'), nom en hollandais de La Haye.

GRAY, ch.-l. d'arr. de la Haute-Saône, à 56 k. de Vesoul, sur la Saône; 6965 h. Commerce de grains, etc.

GREC, GRECQUE, qui est de la Grèce.

GRÈCE, anc. contrée du S.-E. de l'Europe, formée de la Grèce proprement dite ou Hellade et du Péloponnèse ou Morée. Ce pays, après avoir brillé d'un vif éclat, fut soumis par les Romains (146 av. J.-C.), puis fit partie de l'Empire d'Orient, et enfin fut conquis par les Ottomans (XVe s.), qui l'occupèrent jusqu'à la guerre de l'Indépendance (1821). || Royaume de Grèce, fondé en 1832, formé de la Morée ou Péloponnèse, de l'Hellade ou Grèce propre, des Cyclades et des îles Ioniennes; pop. 1 457 894 h.; cap. Athènes. Le 1er roi fut Othon de Bavière (1832), qui abdiqua en 1862, et fut remplacé par George Ier, 2e fils du roi de Danemark, régnant depuis 1863.

GRÉCO-ROMAIN, AINE, qui appartient aux Grecs et aux Romains. L'empire gréco-romain, l'empire de Constantinople.

GREENOCK, v. commerçante d'Écosse, à l'embouchure de la Clyde; 57 000 h.

GREENWICH, v. d'Angleterre, à 5 k. de Londres, sur la Tamise; 65 000 h. Hôpital de la marine; observatoire.

GRÉGOIRE, nom de 15 papes, dont les plus célèbres sont: GRÉGOIRE Ier (saint) le *Grand* (590 à 604), propagateur du chant grégorien; GRÉGOIRE III (731-741), qui affranchit Rome de la domination de Byzance; GRÉGOIRE VII (*Hildebrand*), l'adversaire de l'empereur Henri IV de Franconie dans la *querelle des Investitures* (1073-1085); GRÉGOIRE IX (1227-1241), qui lutta contre Frédéric II de Hohenstaufen; GRÉGOIRE XIII (1572-1585), auteur de la réforme du calendrier, dite *Réforme grégorienne* (1582); GRÉGOIRE XVI (1831-1846), prédécesseur de Pie IX.

GRÉGOIRE (saint) le *Thaumaturge* (faiseur de miracles), évêque de Néocésarée dans le Pont; m. en 270.

GRÉGOIRE (saint) de Nazianze, Père de l'Église grecque, auteur de *discours, lettres, poésies* (329-389).

GRÉGOIRE (saint) de Nysse, Père de l'Église grecque, frère de saint Basile.

GRÉGOIRE (Henri, dit l'abbé), membre de la Constituante, puis de la Convention, évêque constitutionnel de Blois (1750-1831).

GRÉGOIRE DE TOURS (saint), évêque de Tours, auteur de l'*Histoire ecclésiastique des Francs* en latin (544-595).

GREGORY (Jacques), mathématicien anglais, inventa le télescope réflecteur qui porte son nom (1638-1675).

GRENADE, v. d'Espagne, au confluent du Xenil et du Darro, à 420 k. de Madrid; 61000 h. Capitale d'un royaume maure de 1235 à 1492, prise par Ferdinand le Catholique et Isabelle; elle possède encore l'Alhambra, anc. palais des rois maures.

GRENADE, ch.-l. de c. de la Haute-Garonne, arr. de Toulouse; 4007 h.

GRENADE, ch.-l. de c. des Landes, arr. de Mont-de-Marsan; 1658 h.

GRENADE (NOUVELLE-) ou **COLOMBIE**, république de l'Amérique mérid. formée du démembrement de l'anc. Colombie; v. pr. Santa-Fé de Bogota, Panama, Carthagène.

GRENELLE, anc. vge de la Seine, annexé à Paris en 1860 (15e arrondissement).

GRENOBLE, ch.-l. de l'Isère, à 552 k. de Paris, sur l'Isère; 42660 hab. Anc. cap. du Dauphiné. Évêché.

GRÉSIVAUDAN, anc. pays de France comprenant la haute vallée de l'Isère jusqu'au confluent du Drac.

GRESSET, poète français, auteur de *Vert-Vert* et de la comédie *le Méchant* (1709-1777).

GRÉSY-SUR-ISÈRE, ch.-l. de c. de la Savoie, arr. d'Albertville; 1448 h.

GRÉTRY, célèbre compositeur, né à Liége (Belgique), auteur de nombreux opéras comiques français, *le Tableau parlant*, *Richard Cœur-de-Lion*, etc. (1741-1813).

GREUZE (J.-B.), peintre franç. (1735-1805).

GRÉVY (Jules), né en 1813, fut président de l'Assemblée nationale à Bordeaux et à Versailles, du 15 février 1871 au 29 mai 1873; réélu président le 13 mars 1876.

GREY (Jane), arrière-petite-fille par sa mère de Henri VII, fut reconnue comme héritière par Édouard VI et lui succéda (1553), mais Marie Tudor, fille de Henri VIII, lui disputa le trône, la fit prisonnière et la fit décapiter (1553-1554).

GREZ-EN-BOUÈRE, ch.-l. de c. de la Mayenne, arr. de Château-Gonthier; 1719 h.

GRIBEAUVAL (de), ingénieur et général français, auteur d'un savant ouvrage sur l'artillerie (1715-1789).

GRIGNAN, ch.-l. de c. de la Drôme, arr. de Montélimar; 1840 h. Château ayant appartenu au gendre de Mme de Sévigné.

GRIGNAN (comtesse de), fille de Mme de Sévigné (1648-1705), suivit son mari, le comte de Grignan, gouverneur de Provence (1669); cet éloignement fut l'origine de la célèbre correspondance de Mme de Sévigné.

GRIGNOLS, ch.-l. de c. de la Gironde, arr. de Bazas; 1835 h.

GRIGNON, vge de l'arr. et à 14 k. de Versailles, possédant, depuis 1826, une école régionale d'agriculture.

GRIJALVA (Jean de), navigateur espagnol, découvrit la côte du Mexique (1518).

GRIMALDI, famille de Gênes, qui a régné sur la principauté de Monaco.

GRIMAUD, ch.-l. de c. du Var, arr. de Draguignan, sur le golfe de Grimaud; 1253 h.

GRIMM (baron), critique français, d'origine allemande, fut en relation et en correspondance avec les principaux écrivains et personnages du xviiie s. (1723-1807).

GRIMM, nom de deux frères (Jacques-Louis, 1785-1863, Guillaume-Charles, 1786-1859), philologues allemands, célèbres par leurs travaux sur la poésie allemande au moyen âge et leur *Dictionnaire allemand*.

GRIMOALD, fils de Pepin de Landen, maire du palais en Austrasie, voulut mettre sur le trône son fils; mais il fut livré à Clovis II et mis à mort (656). || **GRIMOALD**, 2e fils de Pepin d'Héristal, maire de Neustrie, assassiné en 714. || Nom de plusieurs ducs de Bénévent.

GRINDELWALD, bourg du canton de Berne, célèbre par son glacier.

GRINGOIRE (Pierre), poète français, m. vers 1544, auteur de poëmes moraux, de poëmes satiriques et de mystères.

GRISAR (Albert), compositeur français (1808-1869), auteur de *Gilles le Ravisseur*, etc.

GRISELIDIS, épouse d'un marquis de Saluces (XIe s.), fut, selon la légende, le modèle des vertus conjugales.

GRIS-NEZ, cap sur le pas de Calais.

GRISOLLES, ch.-l. de c. de Tarn-et-Garonne, arr. de Castelsarrasin; 2007 h.

GRISONS (les), canton de la Confédération helvétique, dans les Alpes; popul. 91713 h.; ch.-l. Coire.

GRODNO, v. de Russie, sur le Niémen; 16000 h.

GROENLAND, vaste contrée entre l'océan Glacial arctique et la mer de Baffin, se rattachant aux terres de l'Amérique du Nord; pop. 8000 à 10000 Esquimaux; sur la côte, quelques établissements danois.

GROENLANDAIS, AISE, adj. et s. Qui est du Groenland.

GROIX ou **GROAIS**, île de l'océan Atlantique, sur la côte du Morbihan; 3800 h.

GRONINGUE, v. des Pays-Bas, ch.-l. de la prov. de ce nom; 38000 h.

GRONOVIUS, famille allemande d'érudits.

GROS (baron), peintre français (1771-1835).

GROS-TENQUIN, anc. ch.-l. de c. de la Moselle, arr. de Sarreguemines; 805 hab.; cédé à la Prusse en 1871.

GROTIUS, publiciste et homme d'État hollandais, auteur de nombreux ouvrages, et entre autres d'un traité sur le *Droit de la paix et de la guerre* (1583-1645).

GROUCHY (marquis de), maréchal de France (1766-1847), n'arrêta pas les Prussiens dans leur marche sur Waterloo (1814).

GRÜTLI, prairie du canton d'Uri, sur le lac des Quatre-Cantons, célèbre par le rendez-vous des libérateurs de la Suisse (1307).

GRUYÈRES, bourgade du canton de Fribourg (Suisse), célèbre par son fromage.

GUADALQUIVIR, anc. Bætis, fl. d'Espagne, passe à Cordoue, à Séville, et se jette dans l'océan Atlantique; 480 k.

GUADALUPE (sierra de), chaîne de montagnes du centre de l'Espagne.

GUADARRAMA (sierra de), chaîne de montagnes, entre le Tage et le Douro.

GUADELOUPE, une des petites Antilles, appartenant à la France; 135000 h.; v. pr. la Basse-Terre, ch.-l., et la Pointe-à-Pitre.

GUADET, membre de la Convention, un des chefs du parti girondin, fut proscrit et exécuté à Bordeaux (1794).

GUADIANA, anc. Anas, fl. d'Espagne, sert de frontière entre l'Espagne et le Portugal, et se jette dans l'océan Atlantique ; 800 k.

GUANAHANI ou **SAN-SALVADOR**, une des îles Lucayes, la première terre où aborda Colomb (12 octobre 1492).

GUANAXUATO, ch.-l. de la prov. de ce nom au Mexique, célèbre par ses mines d'argent ; 63 000 h.

GUANCHES, indigènes des Canaries.

GUARDAFUI, cap situé à l'extrémité orientale de l'Afrique.

GUARINI, poète italien (1537-1612).

GUARNERIUS ou **GUARNERI**, famille de luthiers de Crémone (XVIIe et XVIIIe s.).

GUASTALLA, v. d'Italie, sur le Pô, autrefois capitale d'un duché ; 10 000 h.

GUATEMALA (CHAÎNE DU), partie des Cordillères, entre les deux Amériques.

GUATEMALA (RÉPUBLIQUE DE), État de l'Amérique centrale ; pop. 1 180 000 h. ; cap. Guatemala-la-Nueva ; 40 000 h.

GUATIMOZIN, dernier empereur du Mexique, résista héroïquement aux Espagnols, fut pris et pendu (1522).

GUAYAQUIL, v. de la République de l'Équateur, sur le golfe de Guayaquil ; 22 000 h.

GUÈBRES, les adorateurs du feu.

GUÉBRIANT (comte de), maréchal de France (1602-1643), vainqueur des Impériaux à Wolfenbuttel (1641).

GUEBWILLER, anc. ch.-l. de c. du Haut-Rhin, arr. de Colmar ; 12218 h. ; cédé à la Prusse en 1871.

GUELDRE, prov. du roy. des Pays-Bas ; pop. 440 000 h. ; ch.-l. Arnheim.

GUELFES (maison des), famille d'Allemagne, dont un membre, Henri le Superbe, duc de Saxe et de Bavière, disputa l'Empire d'Allemagne à Conrad, duc de Souabe, de la maison des Hohenstaufen, né au château de Weiblingen (d'où, par corruption, *Gibelin*). Henri le Superbe et après lui son fils Henri le Lion furent vaincus dans cette lutte (1138-1140). De là, les noms de Guelfes et de Gibelins passèrent en Italie, pour désigner, le premier le parti des villes de Lombardie, et le second le parti des empereurs, dans la lutte qui dura du XIIe au XIIIe s.

GUELMA, ch.-l. d'arr. de la prov. de Constantine (Algérie) ; 8000 h.

GUÉMÉNÉ, ch.-l. de c. de la Loire-Inférieure, arr. de Saint-Nazaire ; 5923 h.

GUÉMÉNÉ, ch.-l. de c. du Morbihan, arr. de Pontivy ; 1528 h.

GUÉNEAU DE MONTBEILLARD, naturaliste français, collaborateur de Buffon pour la partie des oiseaux (1720-1785).

GUER, ch.-l. de c. du Morbihan, arr. de Ploërmel ; 3381 h.

GUÉRANDE, ch.-l. de c. de la Loire-Inférieure, arr. de Saint-Nazaire ; 6705 h. || Traité de 1365 qui mit fin à la guerre de la Succession de Bretagne.

GUERCHE (LA), ch.-l. de c. d'Ille-et-Vilaine, arr. de Vitré ; 4666 h.

GUERCHE-SUR-AUBOIS (LA), ch.-l. de c. du Cher, arr. de Saint-Amand-Mont-Rond ; 3474 h.

GUERCHIN (LE), célèbre peintre italien, de l'école de Bologne (1590-1666).

GUÉRET, ch.-l. de la Creuse, à 5 k. de la Creuse, à 405 k. de Paris ; 5725 h.

GUERICKE (OTTO DE), physicien allemand, né à Magdebourg, inventeur d'une pompe à air (1602-1686).

GUÉRIN, peintre français (1774-1833).

GUERNESEY, île anglaise de la Manche ; 29 000 h. ; cap. Saint-Pierre.

GUESCLIN (DU), voy. DUGUESCLIN.

GUÉTIN (LE), vge du Cher, à 12 k. de Nevers, où se trouve la bifurcation du chemin de fer du Grand-Central.

GUEUGNON, ch.-l. de c. de Saône-et-Loire, arr. de Charolles ; 2700 h.

GUEUX, nom que prirent les révoltés des Pays-Bas contre Philippe II.

GUICHARDIN (en italien GUICCIARDINI), historien italien (1482-1540), ami des Médicis de Florence, auteur d'une *Histoire d'Italie* de 1494 à 1532.

GUICHE (LA), ch.-l. de c. de Saône-et-Loire, arr. de Charolles ; 895 h.

GUICHEN, ch.-l. de c. d'Ille-et-Vilaine, arr. de Redon ; 3838 h.

GUIDE (GUIDO RENI, dit LE), peintre italien, de l'école de Bologne (1575-1642).

GUIDO D'AREZZO ou **GUI**, moine italien, passe pour avoir inventé la gamme et les noms des notes de musique (990-1050).

GUILLAUME Ier *le Bâtard* ou *le Conquérant*, duc de Normandie, conquit l'Angleterre sur Harold (1066) ; m. en 1087. || GUILLAUME II *le Roux*, 2e fils de Guillaume Ier, succéda à son père et lutta contre les seigneurs et les Saxons (1087-1100). || GUILLAUME III, fils de Guillaume de Nassau, prince d'Orange, commença par défendre, en qualité de stathouder, la Hollande contre Louis XIV ; puis en 1688, il fut appelé par le parti protestant en Angleterre, renversa Jacques II, dont il avait épousé la fille Marie, et fut proclamé roi d'Angleterre ; il fut, jusqu'à sa mort (1702), le plus redoutable adversaire de Louis XIV. || GUILLAUME IV, 3e fils de George III, succéda à son frère George IV (1830), et m. en 1837, laissa le trône à sa nièce Victoria.

GUILLAUME Ier de Nassau, roi des Pays-Bas, réunit en 1815 la Belgique et la Hollande sous le nom de Pays-Bas, perdit la Belgique en 1830. || Son fils, GUILLAUME II, lui succéda en 1840, et mourut en 1849.

GUILLAUME Ier de Hohenzollern, né en 1797, succéda sur le trône de Prusse à son frère Frédéric-Guillaume IV en 1861, battit les Autrichiens à Sadowa (1866), établit la Confédération de l'Allemagne du Nord, et, après la défaite de la France (1870-1871), devint empereur d'Allemagne.

GUILLAUME DE CHAMPEAUX, voy. CHAMPEAUX.

GUILLAUME DE LORRIS, poète français, m. vers 1260, auteur du *Roman de la Rose*, qui fut continué par Jean de Meung.

GUILLAUME DE NANGIS, chroniqueur français, m. vers 1302, moine de St-Denis, auteur d'une *Chronique* de 1112 à 1301.

GUILLAUME DE TYR, né vers 1130, a écrit l'histoire des Croisades en latin depuis l'origine jusqu'en 1184.

GUILLAUME LE BRETON, chapelain de Philippe-Auguste, auteur d'une vie de ce prince en latin et d'un poème *la Philippéide* (1165-1226).

GUILLAUMES, ch.-l. de c. des Alpes-Maritimes, arr. de Puget-Théniers ; 1173 h.

GUILLESTRE, ch.-l. de c. des Hautes-Alpes, arr. d'Embrun ; 1509 h.

GUILLON, ch.-l. de c. de l'Yonne, arr. d'Avallon ; 828 h.

GUILLOTIÈRE (LA), faubourg de Lyon, sur la rive gauche du Rhône.

GUILLOTIN, médecin français (1738-1814), membre de la Constituante, proposa pour les supplices la décapitation. En 1792, le docteur Louis et le mécanicien Schmidt furent chargés par la Législative de construire la machine appelée depuis *guillotine*, qui fonctionna pour la première fois le 25 avril de la même année.

GUINÉE, littoral africain depuis la Sénégambie jusqu'au Congo.

GUINÉE (NOUVELLE-), voy. PAPOUASIE.

GUINEGATTE, vge de l'arr. de Saint-Omer, célèbre par deux défaites des Français, en 1479 et 1513. La seconde est dite *journée des Éperons*.

GUINES, ch.-l. de c. du Pas-de-Calais, arr. de Boulogne ; 4247 h.

GUINGAMP, ch.-l. d'arr. des Côtes-du-Nord, à 32 k. de Saint-Brieuc ; 7043 h. Fabriques de toiles et d'étoffes de coton.

GUIPUZCOA, l'une des prov. basques de l'Espagne ; 176 000 h. ; ch.-l. Saint Sébastien.

GUISCARD, ch.-l. de c. de l'Oise, arr. de Compiègne ; 1578 h.

GUISCARD (ROBERT), l'un des douze fils de Tancrède de Hauteville, gentilhomme normand, chassa les Grecs de la Calabre et de la Pouille, dont il devint duc, et attaqua jusqu'en Orient l'empire grec ; m. en 1085.

GUISE, ch.-l. de c. de l'Aisne, arr. de Vervins ; 5659 h. Fabriques de toiles, filatures.

GUISE, branche de la famille ducale de Lorraine, qui s'établit en France au XVIe s. FRANÇOIS DE LORRAINE, duc de Guise (1519-1563), grand capitaine, se signala dans les guerres de François Ier contre Charles-Quint, et sous Henri II enleva Calais aux Anglais ; devint le chef du parti catholique sous François II, et fut assassiné par Poltrot de Méré. Le cardinal de Lorraine (1524-1574) était son frère, et HENRI Ier DE LORRAINE, duc de Guise, *le Balafré*, son fils (1550-1588). Ce dernier, un des auteurs de la Saint-Barthélemy et chef de la Ligue, périt assassiné à Blois avec son frère, le cardinal de Guise, par l'ordre de Henri III. Son petit-fils, HENRI II DE LORRAINE, duc de Guise, disputa Naples à l'Espagne (1647).

GUITON, amiral, et maire de la Rochelle lors du fameux siège de cette ville sous Louis XIII (1627-1628).

GUÎTRES, ch.-l. de c. de la Gironde, arr. de Libourne ; 1484 h.

GUIZOT (FRANÇOIS - PIERRE - GUILLAUME), homme d'État, professeur et historien français (1787-1875), plusieurs fois ministre sous Louis-Philippe et en dernier lieu du 29 oct. 1840 au 24 février 1848, auteur de travaux sur l'histoire de France, sur la Révolution d'Angleterre, etc.

GULF-STREAM, c.-à-d. *courant du Golfe*, large courant chaud de l'océan Atlantique, qui vient du golfe du Mexique et se répand sur la Bretagne française, l'Irlande, l'Angleterre, les Fœroé, la Norwège.

GUSTAVE Ier WASA, affranchit la Suède de la domination danoise, fut couronné roi en 1523 et introduisit le luthéranisme en Suède ; m. en 1560. || GUSTAVE II ou GUSTAVE-ADOLPHE succéda à son père Charles IX (1611), se déclara le chef du protestantisme en Allemagne, triompha de Tilly, général de la ligue catholique, à Leipsick (1631), puis fut arrêté par Waldstein, général de l'empereur Ferdinand II, et périt dans la bataille de Lutzen (1632). || GUSTAVE III, roi de 1771 à 1792, s'empara du pouvoir absolu et fut assassiné dans un bal masqué par Ankarstroem. || Son fils, GUSTAVE-ADOLPHE IV, prit part à la coalition contre la France, se vit enlever la Finlande par la Russie, et fut forcé d'abdiquer en 1809.

GUTENBERG (JEAN), inventeur de l'imprimerie, né à Mayence (1400-1468). On rapporte ses premiers essais à l'année 1436.

GUYANE, vaste contrée de l'Amérique méridionale, sur l'océan Atlantique, divisée en 5 parties, dites Vénézuélienne, Anglaise, Hollandaise, Française (pop. 27 000 h. cap. Cayenne) et Brésilienne.

GUYENNE, prov. de l'anc. France, dite aussi Aquitaine (voy. ce mot).

GUYON (Mme), femme célèbre du XVIIe s., prêcha une doctrine mystique dite *quiétisme* qui fut défendue par Fénelon et combattue par Bossuet (1648-1717).

GUYOT DE PROVINS, poëte français de la fin du XIIe s., auteur d'une satire en vers intitulée *Bible*.

GUYTON DE MORVEAU, chimiste français, découvrit le pouvoir désinfectant du chlore, fut l'un des auteurs de la nomenclature chimique, etc. Il fut membre de la Législative et de la Convention (1737-1816).

GY, ch.-l. de c. de la Haute-Saône, arr. de Gray ; 2003 h.

GYGÈS, berger du roi de Lydie Candaule ; au moyen d'un anneau qui le rendait invisible, selon la Fable, il tua son maître, épousa la reine et devint roi (716-678 av. J.-C.).

GYLIPPE, général lacédémonien, dans la guerre du Péloponèse, délivra Syracuse assiégée par les Athéniens, et battit Nicias et Démosthène en Sicile (465-400 av. J.-C.).

GYTHIUM, v. anc. et port de la Laconie, sur la côte E. du golfe de Laconie.

GYULAY (comte), l'un des meilleurs généraux de l'Autriche dans toutes les guerres contre la France (1763-1831).

H

HABACUC, l'un des petits prophètes.

HABEAS-CORPUS (m. à m. *que tu aies ton corps*), premiers mots de la formule usitée en Angleterre, quand un citoyen réclame sa mise en liberté.

HABSBOURG, illustre maison d'Allemagne, qui obtint l'empire dans la personne de Rodolphe Ier (1273), puis se confondit avec la maison de Lorraine par le mariage de Marie-Thérèse et de François de Lorraine (1736), et à laquelle appartient la famille régnante d'Autriche.

HABSHEIM, anc. ch.-l. de c. du Haut-Rhin, arr. de Mulhouse ; 2073 h. ; cédé à la Prusse en 1871.

HACHETTE (JEANNE), femme célèbre par la part qu'elle prit à la défense de Beauvais assiégé par les troupes de Charles le Téméraire (1472).

HADJI, pèlerin qui a fait le pèlerinage de la Mecque, de Médine ou de Jérusalem.

HÆNDEL, célèbre compositeur, né à Halle (1684-1759), que l'Angleterre, où il a passé la plus grande partie de sa vie, réclame comme sien : auteur de nombreux opéras et surtout d'oratorios (*Saül, le Messie, Judas Machabée*, etc.).

HAGETMAU, ch.-l. de c. des Landes, arr. de Saint-Sever ; 3074 h.

HAGUE (LA), cap situé à l'extrémité N.-O. du Cotentin (France), où se livra un combat indécis entre les Français et la flotte anglo-hollandaise (29 mai 1692).

HAGUENAU, anc. ch.-l. de c. du Bas-Rhin, arr. de Strasbourg ; 11 527 h. ; cédé à la Prusse en 1871.

HAHNEMANN, médecin allemand, inventeur de l'homéopathie (1755-1843).

HAÏDERABAD, nom de plusieurs v. de l'Hindoustan, dont l'une est cap. du Nizam.

HAÏDER-ALI, sultan de Mysore, disputa l'Hindoustan aux Anglais, de 1761 à 1782.

HAÏ-NAN, île de la mer de Chine, dans le golfe de Tonkin ; 1 000 000 d'h.

HAINAUT, prov. du roy. de Belgique ; pop. 884 000 h. ; ch.-l. Mons. || Une partie du dép. du Nord s'appelait Hainaut français.

HAÏTI ou **SAINT-DOMINGUE**, l'une des grandes Antilles, divisée en deux républiques, l'une à l'O., cap. Port-au-Prince, l'autre à l'E., cap. St-Domingue ; pop. 570 000 h. La France posséda la partie orientale de l'île, de 1795 à 1809.

HALÉVY, compositeur français (1799-1862), auteur de *la Juive*, de *l'Éclair*, etc.

HALIARTE, v. anc. de Béotie, près de laquelle le Spartiate Lysandre fut vaincu par les Grecs coalisés (394 av. J.-C.)

HALICARNASSE, anc. v. de la Carie (Asie Mineure). Patrie des historiens Hérodote et Denys d'Halicarnasse.

HALIFAX, v. d'Angleterre, du comté d'York ; 65 000 h. || V. de l'Amérique anglaise, ch.-l. de la Nouvelle-Écosse, sur l'Atlantique ; 25 000 h.

HALLAM, historien et critique anglais

(1777-1859), auteur de l'*État de l'Europe pendant le moyen âge*.

HALLE, v. des États prussiens (Saxe), célèbre par son université ; 49 000 h.

HALLENCOURT, ch.-l. de c. de la Somme, arr. d'Abbeville ; 1986 h.

HALLER (ALBERT DE), né à Berne, physiologiste célèbre (1708-1777).

HALLEY, astronome anglais, reconnut les lois de passage des planètes et la périodicité des comètes (1656-1742).

HALLUIN, c. du Nord, arr. de Lille ; 12 946 h. Tissus de lin, de coton ; blanchisseries.

HALYS, auj. Kizil-Ermak, riv. de l'Asie Mineure, qui se jette dans le Pont-Euxin.

HAM, ch.-l. de c. de la Somme, arr. de Péronne ; 2733 h. Château fort.

HAMADRYADE, nymphe des bois qui naissait et mourait avec l'arbre dont la garde lui était confiée.

HAMBOURG, v. libre de l'Empire d'Allemagne, près de l'embouchure de l'Elbe ; 225 000 h. Entrepôt du commerce du Nord.

HAMILTON, famille illustre d'Écosse, à laquelle appartenait Antoine, comte d'Hamilton, qui suivit en France les Stuarts exilés et écrivit les *Mémoires du comte de Gramont*, son beau-frère (1646-1720).

HAMLET, prince du Jutland, qui feignit la folie pour venger son père empoisonné par son propre frère.

HAMPSHIRE ou comté de **SOUTHAMPTON**, comté de l'Angleterre méridionale, sur la Manche ; 485 000 h. ; ch.-l. Winchester.

HAMPSHIRE (NEW-), un des États-Unis de l'Amérique du Nord ; pop. 318 000 h. ; cap. Concord.

HAMPTON, bourg d'Angleterre, à 20 kil. de Londres, près duquel se trouve le château royal de Hampton-Court.

HANAU, v. de la Hesse (Prusse) ; 17 000 h. Victoire des Français en 1813.

HANNON, navigateur carthaginois du VIe s. av. J.-C., qui entreprit le tour de l'Afrique, voyage dont il reste une relation en grec, le *Périple d'Hannon*. || Carthaginois, chef du parti opposé à Annibal.

HANNUYER ou **HAINUYER, YÈRE**, *adj.* et *s.* Qui est du Hainaut ; habit. du Hainaut.

HANOVRE, anc. roy. de la Confédération germanique, violemment réuni à la Prusse (1866) ; 1 937 000 h. ; cap. Hanovre ; 74 000 h.

HANOVRIEN, IENNE, *adj.* et *s.* Qui est du Hanovre ; habitant du Hanovre.

HAON-LE-CHÂTEL (SAINT-), ch.-l. de c. de la Loire, arr. de Roanne ; 701 h.

HARCOURT (MAISON D'), anc. maison de Normandie, à laquelle appartiennent Raoul d'Harcourt, chanoine de Paris, qui fonda le collège d'Harcourt (1280), auj. lycée St-Louis ; Henri de Lorraine, comte d'Harcourt (1601-1666), qui prit part à toutes les guerres de son temps ; et Henri, duc d'Harcourt (1654-1718), qui, ambassadeur à Madrid, contribua à faire désigner Philippe d'Anjou comme héritier du roi d'Espagne Charles II.

HARDENBERG (prince de), ministre des affaires étrangères de la Prusse, siégea aux congrès de Vienne, d'Aix-la-Chapelle, etc. (1750-1822).

HARDOUIN (JEAN, dit le Père), savant jésuite, qui soutint que la plupart des ouvrages de l'antiquité étaient l'œuvre des moines du moyen âge (1646-1729).

HARDY (ALEXANDRE), ancien poète dramatique français (1560-1631).

HARFLEUR, petit port sur la rive droite et près de l'embouchure de la Seine.

HARLAY (ACHILLE DE), premier président du Parlement de Paris, se signala par sa résistance aux Seize et son dévouement à Henri III et à Henri IV (1536-1616).

HARLAY-DE-CHAMPVALLON, archevêque de Paris, de 1670 à 1695.

HARLEM ou **HAARLEM**, ch.-l. de la prov. de Hollande sept. (Pays-Bas) ; 32000 h.

HARMODIUS, voy. ARISTOGITON.

HARO (DON LOUIS **MENDEZ DE**), ministre de Philippe IV d'Espagne, fit avec les Provinces-Unies le traité de Munster (1648), avec la France le traité des Pyrénées (1659).

HAROLD, nom de deux rois d'Angleterre, dont le second, successeur d'Édouard le Confesseur, fut vaincu et tué par Guillaume le Conquérant à Hastings (1066).

HAROUÉ, ch.-l. de c. de Meurthe-et-Moselle, arr. de Nancy ; 519 h. Château de Bassompierre.

HAROUN-AL-RASCHID (le Juste), 5e calife abbasside, de 786 à 809, protecteur des lettres et allié de Charlemagne.

HARPAGE, seigneur mède, chargé par Astyage de faire périr Cyrus, le remit entre les mains d'un berger qui l'éleva.

HARPOCRATE, dieu du Silence.

HARTFORD, l'une des deux cap. du Connecticut (États-Unis d'Amérique) ; 37000 h.

HARTSOEKER, savant physicien hollandais, fabriqua des verres de télescope de grande dimension (1656-1725).

HARTWELL, château d'Angleterre, à 60 k. de Londres, où résida Louis XVIII, de 1811 à 1814.

HARVEY, médecin anglais, découvrit les lois de la circulation du sang, en 1628.

HARZ, chaîne de montagnes qui s'étend dans le Hanovre, le Brunswick et la Prusse, riche en mines de cuivre, de plomb, etc.

HASAN, fondateur de la dynastie des beys de Tunis (1705).

HASCHEM, fondateur de la dynastie qui règne dans le Maroc (1509).

HASPARREN, ch.-l. de c. des Basses-Pyrénées, arr. de Bayonne ; 5144 h.

HASSE, célèbre compositeur de musique allemand (1699-1783).

HASTING ou **HASTINGS**, chef de pirates normands, qui, après avoir ravagé la France, reçut de Charles le Chauve le comté de Chartres (863).

HASTINGS, v. d'Angleterre, sur le Pas-de-Calais, près de laquelle Guillaume le Conquérant vainquit Harold (1066) ; 29000 h.

HAUBOURDIN, ch.-l. de c. du Nord, arr. de Lille ; 5484 h. Filatures, tanneries.

HAUDRIETTES, religieuses hospitalières, ainsi appelées d'Haudry, secrétaire de Louis IX, leur fondateur.

HAUSSMANN (baron), né à Paris en 1809, préfet de la Seine de 1853 à 1870.

HAUSSONVILLE (comte D'), homme politique français, né en 1809, auteur de l'*Histoire de la réunion de la Lorraine à la France*, et de *l'Église romaine et le premier Empire*.

HAUTEFORT, ch.-l. de c. de la Dordogne, arr. de Périgueux ; 1758 h.

HAUTEROCHE, acteur et auteur dramatique français (1617-1707).

HAUTEVILLE, ch.-l. de c. de l'Ain, arr. de Belley ; 755 h.

HAÜY (l'abbé), célèbre minéralogiste français (1743-1822), découvrit les lois de la cristallographie.|| Son frère, Valentin Haüy, inventa les signes en relief à l'usage des jeunes aveugles, et fonda à Paris l'Institution des Jeunes-Aveugles (1745-1822).

HAVANE (LA), cap. de l'île de Cuba ; 200000 h.

HAVRE (LE), ch.-l. d'arr. de la Seine-Inférieure, à 90 kil. de Rouen et 213 de Paris ; 86825 h. Port important de commerce.

HAWAII (ILES) ou **SANDWICH**, archipel de l'Océanie ; 70000 h. ; cap. Honolulu.

HAXO (baron), général et ingénieur français (1774-1838).

HAYDN (JOSEPH), illustre compositeur allemand, auteur de sonates, quatuors, oratorios, créateur de la symphonie (1732-1809).

HAYE (LA), cap. du royaume des Pays-Bas, résidence de la cour et des États généraux ; 93000 h.

HAYE (LA), ch.-l. de c. d'Indre-et-Loire, arr. de Loches ; 1722 h. Patrie de Descartes.

HAYE-DU-PUITS (LA), ch.-l. de c. de la Manche, arr. de Coutances ; 1420 h.

HAYE-PESNEL (LA), ch.-l. de c. de la Manche, arr. d'Avranches ; 935 h.

HAZAËL, roi de Syrie, dévasta Jérusalem ; m. en 833 av. J.-C.

HAZEBROUCK, ch.-l. d'arr. du Nord, à 52 k. de Lille ; 9435 h. Commerce de fil, etc.

HÉAND (SAINT-), ch.-l. de c. de la Loire, arr. de Saint-Étienne ; 2872 h.

HÉBÉ, déesse de la jeunesse, versait le nectar aux dieux, et fut remplacée par Ganymède, selon la Fable.

HÉBER, patriarche, un des ancêtres d'Abraham, donna son nom aux Hébreux.

HÉBERT (JACQUES-RENÉ), démagogue français, auteur du petit journal *le Père Duchesne*, m. sur l'échafaud (1755-1794).

HÈBRE, fl. de l'anc. Thrace ; auj. Maritza.

HÉBREUX, premier nom du peuple de Dieu, appelé ensuite Israélites, puis Juifs.

HÉBRIDES (LES), série d'îles au N. de l'Écosse.

HÉBRIDES (NOUVELLES-), archipel de la Mélanésie.

HÉBRON, v. de l'anc. Palestine.

HÉCATE, déesse des Enfers, la même que Diane.

HÉCATOMPYLOS, c.-à-d. *Ville aux cent portes*, un des noms de Thèbes, en Égypte.

HÉCLA (MONT), volcan d'Islande.

HECTOR, fils de Priam et d'Hécube, époux d'Andromaque, père d'Astyanax, fut tué par Achille pour venger Patrocle.

HÉCUBE, épouse de Priam.

HÉDÉ, ch.-l. de c. d'Ille-et-Vilaine, arr. de Rennes ; 894 h.

HEDJAZ, région d'Arabie sur la mer Rouge ; v. pr. La Mecque, Médine.

HEEREN, historien allemand, auteur de manuels d'histoire classiques (1760-1842).

HEGEL, philosophe allemand (1770-1831).

HÉGIRE, ère des Musulmans, qui date du 16 juillet 622, époque à laquelle Mahomet s'enfuit de la Mecque à Médine.

HEIDELBERG, v. du gr.-duché de Bade, sur le Neckar ; 18 000 h. Célèbre université. Ruines du château des comtes palatins.

HEILTZ-LE-MAURUPT, ch.-l. de c. de la Marne, arr. de Vitry-le-François ; 768 h.

HEIM, peintre français (1787-1865).

HEINE (HENRI), poète et prosateur allemand, vécut à Paris (1797-1856).

HEINSIUS (ANTOINE), homme d'État hollandais, grand-pensionnaire de Hollande, ardent ennemi de Louis XIV (1641-1720).

HELDER (LE), v. forte de la Hollande septentrionale, sur la mer du Nord ; 2500 h.

HÉLÈNE, fille de Jupiter et de Léda, épouse de Ménélas, fut ravie par le Troyen Pâris ; ce qui causa la guerre de Troie.

HÉLÈNE (sainte), mère de Constantin le Grand, m. en 327, retrouva le bois de la vraie croix.

HÉLÈNE (SAINTE-), île de l'océan Atlantique, aux Anglais ; cap. Jamestown ; servit de prison à Napoléon Ier, de 1815 à 1821.

HELGOLAND, île de la mer du Nord, à égale distance des bouches de l'Elbe et du Weser, aux Anglais, depuis 1807 ; 2300 h.

HÉLI, grand-prêtre des Juifs, fut frappé de cécité pour n'avoir pas puni ses fils coupables (1257-1159 av. J.-C.).

HÉLIASTES, membres d'un tribunal de l'ancienne Athènes.

HÉLICON, montagne de la Grèce anc. sur les confins de la Phocide et de la Béotie, consacrée aux Muses.

HÉLIER (SAINT-), ch.-l. de l'île de Jersey ; port sur la baie Saint-Aubin ; 25 000 h.

HÉLIODORE, trésorier du roi de Syrie Séleucus IV, qui, chargé d'enlever les trésors du temple de Jérusalem, en fut empêché par un miracle (175 av. J.-C.).

HÉLIOGABALE ou **ÉLAGABALE**, empereur romain (218-222 ap. J.-C.), se signala par ses excès et son extravagance, et fut tué dans une émeute.

HÉLIOPOLIS, v. de la Basse-Égypte, sur le Nil. Victoire de Kléber en 1800.

HELLADE, nom ancien et actuel de la Grèce.

HELLÉ, fille d'Athamas, roi de Béotie, fut enlevée dans les airs sur un bélier à toison d'or avec son frère Phryxus, et échappa ainsi à la fureur de son père.

HELLEN, fils de Deucalion et de Pyrrha, père des Hellènes, qui se divisèrent en 4 tribus, Doriens, Éoliens, Ioniens et Achéens.

HELLESPONT, auj. les Dardanelles, détroit qui unit la mer Égée (Archipel) à la Propontide (mer de Marmara).

HELMONT (J.-B. VAN), médecin et chimiste belge, célèbre par ses travaux sur les gaz (1577-1644).

HÉLOÏSE, nièce du chanoine Fulbert, célèbre par son amour pour Abailard, mourut abbesse du Paraclet (1101-1164).

HÉLOS, anc. v. de Laconie, dont les habitants furent réduits en esclavage par les Spartiates sous le nom d'Ilotes ou Hilotes.

HELSINGFORS, v. forte de Russie, ch.-l. du gr.-duché de Finlande ; 45 000 h.

HELTZ (VAN DER), célèbre peintre hollandais (1613-1678).

HELVÉTIE, prov. de l'anc. Gaule, correspondant à peu près à la Suisse moderne. ‖ Se dit en poésie pour *la Suisse*.

HELVÉTIEN, IENNE, adj. et s. Qui est de l'Helvétie ; habitant de l'Helvétie.

HELVÉTIUS, littérateur et philosophe français, grand protecteur des gens de lettres, auteur du livre *De l'Esprit* (1715-1771).

HEMLING ou **MEMLING** (JEAN), peintre flamand, de la 2e moitié du XVe s.

HÉMUS, anc. nom des monts Balkans.

HÉNAULT, président au parlement de Paris, auteur d'un *Abrégé chronologique de l'histoire de France* (1685-1770).

HÉNIN-LIÉTARD, c. du Pas-de-Calais, arr. d'Arras ; 5029 h. Batistes, etc.

HENNEBONT, ch.-l. de c. du Morbihan, arr. de Lorient ; 5498 h. Port sur le Blavet.

HENNEPIN (LOUIS), missionnaire qui fit connaître le premier le Meschacebé ou Mississipi (1640-1700).

HENRI, nom d'un roi de Germanie, Henri Ier l'Oiseleur (919-936), fondateur de la dynastie saxonne, et de six empereurs d'Allemagne. Le plus célèbre, Henri IV de Franconie (1056-1106), soutint une longue lutte contre le pape Grégoire VII.

HENRI, nom de quatre rois de France : Henri Ier (1031-1060), dont le règne fut signalé par l'établissement de la *Trêve de Dieu* ; Henri II, fils et successeur de François Ier (1547-1559), sous lequel Metz, Toul, Verdun furent réunis à la France (1552), et Calais enlevé aux Anglais ; Henri III, 3e fils de Henri II et de Catherine de Médicis, qui succéda à son frère Charles IX (1574-1589), lutta contre la Ligue, se débarrassa du duc de Guise en le faisant assassiner, et fut lui-même tué par Jacques Clément ; Henri IV, fils d'Antoine de Bourbon et de Jeanne d'Albret, reine de Navarre, qui succéda à Henri III, et fut le premier roi de la maison de Bourbon (1589-1610) ; conquit son royaume sur les ligueurs par les victoires d'Arques et d'Ivry, mit fin aux guerres de religion par l'édit de Nantes, opéra, avec le concours de Sully, d'utiles réformes, et fut assassiné par Ravaillac.

HENRI, nom de huit rois d'Angleterre. Henri Ier, 3e fils de Guillaume le Conquérant, succéda à son frère Guillaume II le Roux (1100-1135), et accorda une charte à la ville de Londres. Henri II, fils de Geoffroy Plantagenet, duc d'Anjou, et de Mathilde, fille de Henri Ier, épousa Éléonore de Guyenne, et réunit à ses États d'Angleterre une grande partie de la France et l'Irlande ; mais le meurtre de Thomas Becket et la révolte de ses fils troublèrent son règne (1154-1189). Henri III, fils de Jean sans Terre, roi de 1216 à 1272, lutta contre les barons avec des chances diverses et fut battu par saint Louis à Taillebourg et à Saintes. Henri IV, fils du duc de Lancastre, enleva la couronne à son cousin Richard II (1399-1413). Son fils Henri V (1413-1422) battit les Français à Azincourt, et par le traité de Troyes, fut déclaré régent de France jusqu'à la mort de Charles VI, auquel il succéderait. Son fils, Henri VI, proclamé roi de France et d'Angleterre (1422-1471), se vit enlever toutes ses possessions en France par les victoires de Jeanne d'Arc, et menacer en Angleterre par la guerre civile des Deux-Roses. HENRI VII, fils d'Édouard Tudor et descendant par sa mère d'Édouard III, succéda à Richard III, vaincu et tué à Bosworth (1485), et mit fin à la guerre des Deux-Roses en épousant la fille d'Édouard IV d'York. HENRI VIII, fils et successeur du précédent (1509-1547), soutint Charles-Quint dans sa lutte contre François Ier; n'ayant pu obtenir du saint-siège l'annulation de son mariage avec Catherine d'Aragon pour épouser Anne Boleyn, il se fit déclarer par son parlement chef suprême de l'Église d'Angleterre; après avoir fait périr Anne Boleyn, il épousa Jeanne Seymour, Anne de Clèves, Catherine Howard, Catherine Parr.

HENRI, nom de quatre rois de Castille, dont le second lutta, avec l'appui de Du Guesclin, contre son frère Pierre le Cruel, le tua de sa propre main et lui succéda (1368-1379). ‖ HENRI Ier de Bourgogne ou le comte dom Henrique, descendant par sa mère de Robert, roi de France, fonda le comté de Portugal (1094).

HENRIADE, poème épique de Voltaire, dont le héros est Henri IV.

HENRICHEMONT, ch.-l. de c. du Cher, arr. de Sancerre; 3459 h.

HENRIETTE-MARIE DE FRANCE, 3e fille de Henri IV et de Marie de Médicis, épouse de Charles Ier d'Angleterre (1609-1669). Bossuet prononça son oraison funèbre.

HENRIETTE-ANNE D'ANGLETERRE, fille de Charles Ier et d'Henriette de France, épousa le duc d'Orléans, frère de Louis XIV, et mourut subitement (1644-1670). Bossuet prononça son oraison funèbre.

HENRIOT (FRANÇOIS), commandant de la garde nationale de Paris en 1793, mort sur l'échafaud (1761-1794).

HENRIQUEL-DUPONT, graveur français, né en 1797.

HÉPHESTION, ami et compagnon d'Alexandre le Grand, m. en 324 av. J.-C.

HEPTANOMIDE, nom donné par les Grecs à l'Égypte centrale, parce qu'elle renfermait sept nomes; cap. Memphis.

HEPTARCHIE, nom donné aux sept royaumes fondés aux Ve et VIe s. par les Saxons et les Angles dans la Grande-Bretagne : Kent, Sussex, Wessex, Essex, Northumberland, Est-Anglie, Mercie.

HÉRACLÉE, anc. v. de Bithynie (Asie Mineure). ‖ Anc. v. de Lucanie (Italie). ‖ Anc. v. de Sicile, près d'Agrigente.

HÉRACLIDES, descendants d'Hercule, qui fondèrent plusieurs États en Grèce.

HÉRACLITE, philosophe grec (540-480 av. J.-C.). On l'oppose souvent à Démocrite, parce qu'il pleurait toujours.

HÉRACLIUS Ier, empereur d'Orient, détrôna et tua Phocas, repoussa une invasion des Perses, mais mourut sans avoir pu arrêter l'invasion des Arabes (610-641).

HÉRAT, royaume formé de la partie orientale du Khorassan; pop. 1 500 000 h.; v. pr. Hérat et Farrah.

HÉRAULT, riv. de France, qui sort des Cévennes, se jette dans la Méditerranée, au port d'Agde; 123 k.

HÉRAULT (dép. de l'), formé d'une partie du Bas-Languedoc; pop. 429 878 h.; ch.-l. Montpellier; 4 arr. Montpellier, Béziers, Lodève et Saint-Pons.

HÉRAULT DE SÉCHELLES, membre et plusieurs fois président de la Convention, périt sur l'échafaud avec Danton (1760-1794).

HERBAULT, ch.-l. de c. de Loir-et-Cher, arr. de Blois; 874 h.

HERBIERS (LES), ch.-l. de c. de la Vendée, arr. de la Roche-sur-Yon; 3684 h.

HERBIGNAC, ch.-l. de c. de la Loire-Inférieure, arr. de Saint-Nazaire; 3895 h.

HERCULANUM, v. de l'anc. Campanie (Italie mérid.), fut ensevelie sous la lave par la Ire éruption du Vésuve (79 ap. J.-C.). La v. de Portici est bâtie sur ses ruines.

HERCULE, nom de plusieurs personnages mythologiques, auxquels les poètes ont attribué différents exploits, et dont le plus célèbre est l'Hercule grec. Il était fils de Jupiter et d'Alcmène; son frère Eurysthée lui imposa, en punition du meurtre de Mégare, sa première femme, et de ses enfants, 12 travaux, qui sont : 1° le lion de Némée; 2° l'hydre de Lerne; 3° le sanglier d'Érymanthe; 4° les oiseaux du lac Stymphale; 5° la biche aux pieds d'airain; 6° la défaite des Amazones; 7° les étables d'Augias; 8° le Minotaure qui ravageait la plaine de Marathon; 9° Diomède qui nourrissait ses chevaux de chair humaine; 10° Géryon; 11° la délivrance de Thésée des enfers; 12° les pommes d'or du Jardin des Hespérides. Hercule eut plusieurs femmes : l'une d'elles, Déjanire, dans un accès de jalousie, lui envoya la tunique trempée dans le sang du centaure Nessus, qui était un poison violent; Hercule, saisi de douleurs intolérables, se jeta dans un bûcher sur le mont Œta; après sa mort, il fut admis au nombre des dieux.

HERCYNIENNE (FORÊT), forêt qui couvrait l'ancienne Germanie, entre les monts Hercyniens (auj. Erzgebirge) et le Rhin.

HERDER, littérateur, philosophe, critique et historien allemand (1744-1803), un des créateurs de la philosophie de l'histoire.

HÉRICOURT, ch.-l. de c. de la Hte-Saône, arr. de Lure; 2826 h. ‖ Dans la guerre de 1870-1871, bataille de trois jours (15-17 janvier 1871), à la suite de laquelle l'armée du général Bourbaki se retira sur Besançon.

HÉRISSON, ch.-l. de c. de l'Allier, arr. de Montluçon; 1551 h.

HÉRISTAL, v. de Belgique, sur la Meuse, près de laquelle Pepin, maire d'Austrasie (678-714), eut un château fort.

HERMANDAD (SAINTE-), association de bourgeois formée en Espagne pour la sûreté des routes; et au XVIe s., milice chargée d'exécuter les ordres de l'Inquisition.

HERMANN, forme moderne du nom d'Arminius.

HERMENAULT (L'), ch.-l. de c. de la Vendée, arr. de Fontenay-le-Comte; 944 h.

HERMENT, ch.-l. de c. du Puy-de-Dôme, arr. de Clermont; 459 h.

HERMÈS, nom grec de Mercure.

HERMINE (SAINTE-), ch.-l. de c. de la Vendée, arr. de Fontenay-le-Comte; 1336 h.

HERMIONE, fille de Ménélas et d'Hélène, dut épouser Pyrrhus, fils d'Achille, qui lui préféra Andromaque. Après l'assassinat de Pyrrhus, elle épousa Oreste.

HERMITAGE (L'), coteau sur la rive gauche du Rhône, près de Tain (Drôme), qui produit des vins estimés.

HERMON, chaîne de montagnes de l'anc. Palestine.

HERNIQUES, peuple du Latium, soumis par les Romains, en 486 av. J.-C.

HERNUTES, synon. de Frères moraves.

HÉRO, prêtresse de Vénus, voy. LÉANDRE.

HÉRODE, dit *le Grand*, roi des Juifs (40 av. J.-C. —1 an ap. J.-C.), fit mourir sa femme Marianne et ses fils, et ordonna le massacre des innocents pour atteindre Jésus qui venait de naître. ‖ HÉRODE-ANTIPAS, fils du précédent, bâtit Tibériade en l'honneur de Tibère, et fit mourir saint Jean-Baptiste pour plaire à sa femme Hérodiade. Ce fut devant lui que Pilate renvoya Jésus. ‖ HÉRODE-AGRIPPA Ier, petit-fils d'Hérode le Grand, roi des Juifs (37-44 ap. J.-C.), fit mettre à mort saint Jacques le Mineur et emprisonner saint Pierre. ‖ HÉRODE-AGRIPPA II, roi des Juifs (48-100 ap. J.-C.).

HÉRODE ATTICUS, célèbre rhéteur grec (104-180 ap. J.-C.), fut le maître de Marc-Aurèle et le bienfaiteur d'Athènes.

HÉRODIADE, petite-fille d'Hérode le Grand, épousa Hérode-Antipas, à qui elle demanda la mort de saint Jean-Baptiste.

HÉRODIEN, historien grec du IIIe s. ap. J.-C., a écrit l'histoire des empereurs romains depuis la mort de Marc-Aurèle jusqu'à l'avènement de Gordien III (238).

HÉRODOTE, surnommé *le Père de l'histoire*, né à Halicarnasse (484-406 av. J.-C.), a raconté dans ses *Histoires*, divisées en 9 livres, la lutte entre les Grecs et les Perses.

HÉROLD, célèbre compositeur français de musique dramatique (1791-1833), auteur de *Marie*, de *Zampa* et du *Pré aux Clercs*.

HÉRON, mécanicien et mathématicien d'Alexandrie, du IIIe s. av. J.-C.

HERRERA, dit *le Vieux*, célèbre peintre espagnol (1576-1656). ‖ Son fils, dit *le Jeune*, fut aussi un peintre célèbre (1622-1685).

HERRERA Y TORDESILLAS, historien espagnol (1559-1625), fut l'historiographe des Indes.

HERSCHEL (WILLIAM), célèbre astronome né à Hanovre (1738-1822), découvrit la planète Uranus, et construisit le plus grand télescope dont on se fût encore servi.

HERSENT, peintre français (1777-1860).

HERTHA, la Terre chez les Germains.

HÉRULES, peuple de l'anc. Germanie, qui, sous Odoacre, s'empara de l'Italie (476) et fut détruit par l'Ostrogoth Théodoric (493).

HERZ (HENRI), pianiste et compositeur allemand, facteur de pianos fixé en France, né en 1806.

HERZÉGOVINE, région de la Bosnie méridionale (Turquie d'Europe) ; pop. 300 000 h. ; v. pr. Trebigne et Mostar.

HESCHAM Ier, 2e calife ommiade de Cordoue (787-796), acheva la mosquée de Cordoue. ‖ HESCHAM II succéda à son père Hakem II (976-1013), et eut pour vizir Mohammed dit *Mansour* (le Victorieux). ‖ HESCHAM III, dernier calife de Cordoue (1027-1036).

HESDIN, ch.-l. de c. du Pas-de-Calais, arr. de Montreuil ; 3357 h.

HÉSIODE, célèbre poëte didactique grec d'une époque incertaine, auteur des *Œuvres et Jours* et de la *Théogonie*.

HÉSIONE, fille de Laomédon, fut sauvée par Hercule d'un monstre prêt à la dévorer, et donnée en mariage à Télamon.

HESPÉRIDES, nom ancien d'îles de l'océan Atlantique, auj. les Canaries ou les îles du Cap-Vert.

HESPÉRIDES, surnom des trois filles d'Atlas et d'Hespéris, qui possédaient un jardin rempli de pommes d'or, gardé par un dragon que tua Hercule.

HESPÉRIE, nom donné par les Grecs à l'Italie, et par les Romains à l'Espagne, parce qu'ils avaient ces pays à l'occident.

HESSE, nom de trois États de l'anc. Confédération germanique, situés entre le Mein et le Weser. En 1866, la Prusse en a absorbé deux, l'électorat de Hesse-Cassel, cap. Cassel, et le landgraviat de Hesse-Hombourg, cap. Hombourg. Le 3e, le grand-duché de Hesse-Darmstadt, cap. Darmstadt, v. pr. Mayence, fait actuellement partie de l'Empire d'Allemagne.

HESSE, peintre français (1795-1869), a décoré plusieurs églises de Paris.

HÉSUS ou **ÉSUS**, dieu des combats chez les Gaulois.

HEUCHIN, ch.-l. de c. du Pas-de-Calais, arr. de Saint-Pol ; 709 h.

HÉVÉLIUS, astronome allemand, pensionné par Louis XIV (1611-1687).

HEYNE, célèbre philologue allemand, auteur d'une édition de Virgile (1729-1812).

HEYRIEU, ch.-l. de c. de l'Isère, arr. de Vienne ; 1463 h.

HIBERNIE, nom donné par les Romains à l'Irlande.

HIEMPSAL, fils de Micipsa, roi de Numidie, fut assassiné par Jugurtha (118 av. J.-C.).

HIÉROCLÈS, sophiste romain du IVe s., instigateur de la persécution contre les chrétiens, sous Dioclétien.

HIÉRON, nom de deux tyrans de Syracuse, le 1er de 478 à 467, le second de 270 à 216 av. J.-C.

HIÉRONYMITES, moines qui tirèrent leur nom de saint Jérôme (*Hieronymus* en lat.).

HIERSAC, ch.-l. de c. de la Charente, arr. d'Angoulême ; 933 h.

HIGHLANDS, c.-à-d. *Terres hautes*, partie septentrionale et montagneuse de l'Écosse, dont les habitants, *Highlanders*, restèrent longtemps à demi sauvages.

HILAIRE (saint), évêque de Poitiers, m. en 367, grand adversaire des Ariens.

HILAIRE (SAINT-), ch.-l. de c. de l'Aude, arr. de Limoux ; 925 h.

HILAIRE (SAINT-), ch.-l. de c. de la Charente-Inférieure, arr. de Saint-Jean-d'Angely ; 1338 h.

HILAIRE-DES-LOGES (SAINT-), ch.-l. de c. de la Vendée, arr. de Fontenay-le-Comte ; 2573 h.

HILAIRE-DU-HARCOUËT (SAINT-), ch.-l. de c. de la Manche, arr. de Mortain ; 3786 h.

HILARION (saint), anachorète, fonda en Palestine plusieurs couvents (291-371).

HILDEBRAND, pape, voy. GRÉGOIRE VII.

HILDESHEIM, v. du Hanovre (Prusse) ; 16 000 h.

HILOTES ou **ILOTES**, nom donné aux esclaves de Sparte (voy. HÉLOS).

HIMALAYA, chaîne de montagnes de l'Asie centrale, d'un développement de 2250 k. et d'une largeur de 150 k. Le pic le plus élevé (le mont Everest) a 8840 m.

HIMÉRE, anc. v. de Sicile, sur la côte N.

HINCMAR, archevêque de Reims (806-882), a laissé de nombreux écrits, et a joué un rôle politique et religieux important.

HINDOU, OUE. s. et *adj*. Habitant de l'Hindoustan ; qui appartient à l'Hindoustan.

HINDOUSTAN, immense presqu'île de l'Asie méridionale, en forme de triangle, dont la base est aux monts Himalaya, entre le golfe d'Oman et le golfe du Bengale ; elle appartient à l'Angleterre, sauf le Népaul, le Boutan et les colonies portugaises et françaises ; pop. 170 000 000 d'h.

HIPPARQUE, fils de Pisistrate, régna avec son frère Hippias, et fut assassiné par Harmodius et Aristogiton (514 av. J.-C.).

HIPPARQUE de Nicée, en Bithynie, le plus grand des astronomes de l'antiquité (IIe s. av. J.-C.), inventa l'astrolabe, découvrit la précession des équinoxes, calcula les éclipses de lune et de soleil, etc.

HIPPIAS, fils de Pisistrate et frère d'Hipparque, chassé d'Athènes (510 av. J.-C.), se retira chez Darius ; il fut tué à Marathon.

HIPPOCRATE, le plus grand médecin de l'antiquité, né dans l'île de Cos (468 av. J.-C.) ; il nous reste de lui de nombreux écrits.

HIPPOCRÈNE, fontaine consacrée à Apollon et aux Muses, que Pégase d'un coup de pied avait fait jaillir de l'Hélicon.

HIPPOLYTE, fils de Thésée et d'Antiope, périt victime de la jalousie de sa belle-mère, Phèdre.

HIPPOLYTE (SAINT-), ch.-l. de c. du Doubs, arr. de Montbéliard ; 1200 h.

HIPPOLYTE-DU-FORT (SAINT-), ch.-l. de c. du Gard, arr. du Vigan ; 4226 h.

HIPPOMÈNE, voy. ATALANTE.

HIPPONE, anc. v. de Numidie, dont saint Augustin fut évêque ; auj. Bone.

HIRAM, roi de Tyr, fournit à David des ouvriers, et à Salomon des matériaux pour l'édification du Temple. || Architecte tyrien qui travailla au Temple.

HIRSINGEN, anc. ch.-l. de c. du Haut-Rhin, arr. de Mulhouse ; 1353 h. ; cédé à la Prusse en 1871.

HIRSON, ch.-l. de c. de l'Aisne, arr. de Vervins, sur l'Oise ; 3951 h.

HIRTIUS, lieutenant de César dans les Gaules, consul avec Pansa, fut tué devant Modène. On lui attribue la dernière partie des *Commentaires* de César.

HISPANIE, nom ancien de l'Espagne et du Portugal.

HISPANIOLA, ancien nom d'Haïti.

HISTIÉE, tyran de Milet, m. 494 av. J.-C.

HITTORF, architecte, né à Cologne (1793-1867), a construit à Paris l'église de Saint-Vincent de Paul.

HOANG-HO, c.-à-d. *fleuve Jaune*, grand fleuve de Chine ; 3500 k.

HOBART-TOWN, ch.-l. de la Terre de Van Diemen (Océanie) ; 20 000 h.

HOBBEMA, célèbre paysagiste hollandais, m. vers 1669.

HOBBES (THOMAS), philosophe anglais (1588-1679), défenseur du despotisme en politique, et du matérialisme en philosophie.

HOCHE (LAZARE), général français, né à Versailles (1768-1797), pacifia la Vendée et fit une brillante campagne au delà du Rhin.

HOCHFELDEN, anc. ch.-l. de c. du Bas-Rhin, arr. de Saverne ; 2633 h. ; cédé à la Prusse en 1871.

HOCHSTÆDT, v. de Bavière, sur le Danube, célèbre par les victoires de Villars sur les Impériaux (1703), de Marlborough et d'Eugène sur les Français (1704), et de Moreau sur les Autrichiens (1800) ; 2500 h.

HOECK (VAN DEN), peintre hollandais, élève de Rubens (1598-1650).

HOFFMANN, écrivain allemand, auteur des *Contes fantastiques* (1776-1822).

HOGARTH, peintre et graveur anglais (1697-1764), créateur de la caricature morale.

HOGUE (LA) ou **LA HOGUE SAINT-WAAST**, fort à 18 k. de Valognes (Manche), à l'entrée d'une rade où douze vaisseaux de l'escadre de Tourville cherchèrent vainement un refuge et furent brûlés par les Anglais (2 et 3 juin 1692).

HOHENLINDEN, vge de Bavière, près duquel Moreau battit les Autrichiens (1800).

HOHENLOHE, principauté d'Allemagne, sous la souveraineté du Wurtemberg et de la Bavière. || Anc. maison d'Allemagne, dont quelques branches subsistent encore.

HOHENSTAUFEN, illustre famille d'Allemagne, qui compta six empereurs (1138-1254). Le fils du 5e, CONRADIN, dernier représentant de sa maison, périt en luttant contre Charles d'Anjou (1268).

HOHENZOLLERN, illustre maison d'Allemagne, se divisa en deux branches, celle de Souabe et celle de Franconie ; à cette dernière appartient la maison de Prusse.

HOLBACH (baron D'), philosophe allemand, naturalisé français (1723-1789), auteur du *Système de la nature*.

HOLBEIN (JEAN), peintre célèbre, né en Bavière (1497-1554), passa une partie de sa jeunesse à Bâle, puis fut appelé en Angleterre par Henri VIII.

'HOLLANDAIS, AISE. *adj*. et s. Qui est de la Hollande ; habitant de la Hollande.

'HOLLANDE ou **NÉERLANDE**, royaume situé au N.-O. de l'Europe, comprenant les Pays-Bas, divisés en 11 provinces, le grand-duché de Luxembourg et les colonies ou possessions extra-européennes ; popul. européenne 3 688 000 h. ; cap. La Haye.

HOLLANDE (NOUVELLE-) ou **AUSTRALIE** (voy. ce mot).

HOLOPHERNE, général de Nabuchodonosor, tué pendant son sommeil par Judith, au siège de Béthulie (659 av. J.-C.).

HOLSTEIN (DUCHÉ DE), État de l'anc. Confédération germanique (Allemagne sept.) ; cap. Glückstadt ; pop. 530 000 h. Ce duché a été enlevé au Danemark par l'Autriche et la Prusse réunies (1864) ; la Prusse en resta seule maîtresse après Sadowa (1866).

HOLYROOD, palais d'Édimbourg où résida Charles X, après 1830.

HOMBERG, chimiste, né à Batavia en 1652, m. à Paris en 1715, inventeur de plusieurs préparations pharmaceutiques.

HOMBOURG, anc. cap. du landgraviat de Hesse-Hombourg, annexée à la Prusse en 1868 ; 5000 h. Eaux thermales.

HOMÈRE, le plus grand des poètes grecs, auteur de l'*Iliade* et de l'*Odyssée* ; le lieu et la date de sa naissance sont ignorés.

HOMÉRIDES, rhapsodes ou poètes qui se disaient issus d'Homère.

HONDSCHOOTE, ch.-l. de c. du Nord, arr. de Dunkerque ; 3572 h. Victoire des Français sur les Anglais (1793).

HONDURAS, république de l'Amérique centrale, sur la mer des Antilles; pop. 400 000 h.; cap. Comayagua.

HONFLEUR, ch.-l. de c. du Calvados, arr. de Pont-l'Évêque; port à l'embouchure et sur la rive gauche de la Seine; 9061 h.

HONG-KONG, île de la Chine, dans la baie de Canton, aux Anglais; cap. Victoria.

*HONGRIE**, un des États de l'Empire d'Autriche, divisé en 4 cercles; pop. 11 188 000 h.; cap. Bude; v. pr. Pesth.

*HONGROIS, OISE**, *adj.* et *s.* Qui appartient à la Hongrie; habitant de la Hongrie.

HONOLULU, cap. des îles Hawaii; 10 000 h.

HONORAT (saint), archevêque d'Arles, m. en 429, fondateur du monastère de Lérins.

HONORIUS, fils de Théodose le Grand, empereur d'Occident (395-424), sous le règne duquel l'Italie fut ravagée par Alaric, la Gaule et l'Espagne envahies par les Vandales, les Visigoths, les Bourguignons.

HOOGHE (Pierre de), peintre hollandais, m. vers 1643.

HOOGLÈDE, bourg de la Flandre occidentale (Belgique), célèbre par une victoire des Français sur les Autrichiens (1794).

HORACE (Quintius Horatius Flaccus), célèbre poète latin (65-8 av. J.-C.), fut protégé par Mécène; auteur d'*Odes*, d'*Épîtres*, de *Satires* et d'un *Art poétique*.

HORACES, nom des trois guerriers que Rome opposa aux trois Curiaces d'Albe.

HORATIUS COCLÈS, voy. Coclès.

HOREB, mont de l'anc. Arabie Pétrée où Dieu apparut à Moïse.

HORN (cap), cap situé dans l'une des îles de la Terre de Feu (Amérique du S.).

HORN (Gustave, comte de), l'un des meilleurs généraux de Gustave-Adolphe (1592-1657).

HORNES (comte de), seigneur des Pays-Bas (1522-1568), fut décapité avec le comte d'Egmont, par ordre du duc d'Albe.

HORNOY, ch.-l. de c. de la Somme, arr. d'Amiens; 962 h.

HORPS (LE), ch.-l. de c. de la Mayenne, arr. de Mayenne; 1572 h.

HORTENSE (la reine), fille d'Alexandre de Beauharnais et de Joséphine (1783-1837), épousa Louis-Bonaparte, roi de Hollande, et eut 3 fils, dont le dernier fut Napoléon III.

HORTENSIUS (Quintus), célèbre orateur romain (114-50 av. J.-C.), rival de Cicéron.

HORUS, dieu de l'anc. Égypte, fils d'Osiris et d'Isis.

HOSPITALIERS, membres des congrégations religieuses instituées pour servir les malades, les pauvres, les pèlerins, etc.

HOTTENTOT, OTE, *adj.* et *s.* Qui est de l'Hottentotie.

HOTTENTOTIE, région extrême de l'Afrique méridionale.

HOUDAIN, ch.-l. de c. du Pas-de-Calais, arr. de Béthune; 1166 h.

HOUDAN, ch.-l. de c. de Seine-et-Oise, arr. de Mantes; 2027 h.

HOUDON, sculpteur français (1741-1828).

HOUEILLÈS, ch.-l. de c. du Lot-et-Garonne, arr. de Nérac; 970 h.

HOUGUE-SAINT-WAAST (LA), voy. Hogue.

HOWARD (Catherine), 5e femme de Henri VIII, roi d'Angleterre, qui la fit décapiter (1542).

HOWE (Élias), industriel américain (1819-1867), inventeur de la machine à coudre.

HOZIER (Pierre d'), créateur de la science généalogique (1592-1660).

HUBERT (saint), apôtre des Ardennes, évêque de Liège, m. en 728; il est le patron des chasseurs.

HUC, missionnaire français (1813-1860), auteur de *Voyages* dans la Tartarie, le Thibet et la Chine.

HUCQUELIERS, ch.-l. de c. du Pas-de-Calais, arr. de Montreuil; 693 h.

HUDSON (baie ou mer d'), vaste golfe sur les côtes sept. de l'Amérique anglaise, reconnu en 1610 par le navigateur anglais Hudson. || Compagnie de la Baie d'Hudson, compagnie anglaise formée pour le commerce des fourrures.

HUÉ ou **HUE-FO**, cap. de la Cochinchine et de l'empire d'Annam; 60 000 h.

HUELGOAT (LE), ch.-l. de c. du Finistère, arr. de Châteaulin; 1240 h. Mines de plomb argentifère.

HUELVA, v. d'Espagne, en Andalousie; 8000 h. Mines de cuivre et de manganèse.

HUESCA, v. d'Espagne (Aragon); 10 000 h.

HUET, savant français, évêque d'Avranches (1630-1721), sous-précepteur du Dauphin, fils de Louis XIV.

HUGO (Victor), célèbre poète, dramaturge et romancier français, né à Besançon en 1802, chef de l'école romantique.

HUGUES *le Grand* ou *l'Abbé*, comte de Paris, fils du roi Robert, qui disputa la couronne à Charles le Simple; m. en 956.

HUGUES-CAPET, fils de Hugues le Grand (940-996), fut proclamé roi en 987 et devint le fondateur de la dynastie des Capétiens.

HUMBERT II, dernier dauphin du Viennois, céda le Dauphiné à Philippe VI de Valois, sous la condition que l'aîné des fils des rois de France porterait le titre de dauphin.

HUMBOLDT (Alexandre, baron de), célèbre savant et voyageur prussien (1769-1859), explora l'Amérique et l'Asie centrale; a tracé dans son *Cosmos* le tableau du monde physique. || Son frère Guillaume de Humboldt s'est distingué comme homme d'État et comme philologue (1767-1835).

HUME (David), philosophe et historien anglais, auteur d'une *Histoire d'Angleterre* (1711-1776).

HUMMEL, célèbre pianiste et compositeur allemand (1778-1837).

HUNALD, duc d'Aquitaine, fait prisonnier par Charlemagne, s'enfuit chez les Lombards et mourut à Pavie (705-774).

HUNINGUE, anc. ch.-l. de c. du Haut-Rhin, arr. de Mulhouse, sur le Rhin; 1814 h.; cédé à la Prusse en 1871. Cette place fut démantelée en 1815 après un siège soutenu par 500 Français contre 25 000 Autrichiens.

HUNS, peuple barbare et nomade, descendirent de la Scythie à la fin du IVe s. ap. J.-C., et précipitèrent les Barbares sur l'Empire romain; leur puissance atteignait son apogée et finit avec Attila (453).

HUNYADE (Jean-Corvin), voïvode de Transylvanie (1400-1456), général du roi de Pologne et de Hongrie, défendit Belgrade contre Mahomet II (1456).

HUREPOIX, anc. petit pays de l'Île-de-France; ch.-l. Dourdan; auj. dans le dép. de Seine-et-Oise.

HURIEL, ch.-l. de c. de l'Allier, arr. de Montluçon ; 3025 h.

HURON, grand lac de l'Amérique du Nord, sur les bords duquel habitaient les Hurons, peuple exterminé par les Iroquois.

HUSS (JEAN), Bohémien, l'un des précurseurs de la Réforme, fut condamné par le concile de Constance et brûlé vif (1373-1415).

HUSSEIN-PACHA, dernier dey d'Alger, de 1818 à 1830.

HUSSITES, partisans de la doctrine de Jean Huss, qui, pour venger sa mort, ravagèrent la Bohême, sous la conduite de Ziska (1418-1435).

HUYGENS, célèbre physicien, géomètre et astronome, né à La Haye (1629-1695), fut attiré à Paris par Louis XIV.

HYADES, filles d'Atlas, qui furent changées en astres.

HYBLA, nom de trois villes de Sicile.

HYCSOS, c.-à-d. *Impurs*, pasteurs arabes ou chananéens qui envahirent l'Égypte (2000 ans av. J.-C.).

HYDASPE, fl. de l'Inde ancienne, affluent de l'Acésines.

HYDE DE NEUVILLE, homme politique français (1776-1857), se signala, sous la Restauration, par son dévouement à la royauté.

HYDRA, île et port de Grèce ; 15 000 h.

HYÈRES (ILES D'), petit archipel de la Méditerranée, près des côtes S.-E. de France, composé de trois îles ; pop. 1000 h.

HYÈRES, ch.-l. de c. du Var, arr. de Toulon ; 11 212 h. Patrie de Massillon.

HYGIE, déesse mythologique de la santé.

HYLLUS, fils d'Hercule, tua Eurysthée, et fut tué par le roi des Tégéates.

HYMEN, fils de Bacchus et de Vénus, présidait aux mariages.

HYMETTE, montagne de l'Attique, renommée pour son miel et ses marbres.

HYPÉRIDE, orateur athénien, adversaire de Philippe et d'Alexandre, fut mis à mort par ordre d'Antipater (359-322 av. J.-C.).

HYPERMNESTRE, la seule des 50 Danaïdes qui épargna son époux, Lyncée.

HYPHASE, riv. de l'Inde ancienne, affluent de l'Acésines.

HYRCAN Ier, souverain pontife et prince des Juifs (135-106 av. J.-C.), triompha des Syriens et eut un règne glorieux. ‖ HYRCAN II, roi des Juifs (69-40 av. J.-C.), périt par ordre d'Hérode le Grand (30).

HYRCANIE, contrée de l'ancienne Asie, sur la côte S.-E. de la mer Caspienne.

HYRCANIEN, IENNE, *adj.* et *s.* Qui est d'Hyrcanie. ‖ Mer Hyrcanienne, anc. nom de la partie S. de la mer Caspienne.

I

IAHDE, riv. de l'Oldenbourg, se jette dans un golfe de son nom, sur lequel la Prusse a établi un port militaire.

IAKOUTSK, v. de Sibérie, sur la Léna ; 4000 h.

IAPYGIE, contrée de l'Italie anc. (Apulie).

IARBAS, roi des Gétules, vendit à Didon le terrain où fut bâtie Carthage.

IAROSLAV, grand-duc de Russie, de 1016 à 1054, premier législateur des Russes, maria sa fille Anne à Henri Ier, roi de France.

IAROSLAV, v. de Russie, sur le Volga ; 30 000 h.

IASSY, cap. de la Moldavie ; 90 000 h.

IAXARTE, fl. d'Asie qui, selon les anciens, se jetait dans la mer Caspienne ; auj. le Sihoun ou Sir Daria, tributaire du lac Aral.

IBÈRES, peuple de l'Espagne ancienne.

IBÉRIE, contrée de l'Asie ancienne, auj. la Géorgie.

IBÉRIQUES (MONTS), monts d'Espagne.

IBRAHIM-BEY, l'un des chefs des Mamelucks d'Égypte, à l'époque de l'expédition de Bonaparte (1798) ; il mourut en 1816, chassé par Méhémet-Ali.

IBRAHIM-PACHA, fils de Méhémet-Ali (1789-1858), prince remarquable par ses talents militaires, aurait enlevé la Syrie au sultan (1839-1840) sans l'intervention des puissances d'Europe, moins la France.

IBSAMBOUL, vge de la Nubie, sur le Nil ; magnifiques ruines de temples.

ICARE, fils de Dédale, voulut s'échapper du labyrinthe de Crète, à l'aide d'ailes attachées avec de la cire, et tomba dans la partie de la mer Égée dite mer *Icarienne*.

ICHTHYOPHAGES, peuples qui habitaient les bords du golfe Persique.

ICONIUM, v. anc. de Phrygie, auj. Konieh ; fut la résidence d'une dynastie des Turcs Seldjoucides, aux XIe et XIIe s.

ICTINUS, architecte d'Athènes, du temps de Périclès, construisit le Parthénon.

IDA, chaîne de montagnes au pied de laquelle était Troie. ‖ Montagne de Crète.

IDALIE, anc. v. de l'île de Chypre.

IDOMÉNÉE, roi de Crète, tua son fils, à son retour du siège de Troie, pour accomplir un vœu imprudent.

IDUMÉE, petite contrée de la Palestine, nommée ainsi de ses habitants, les Iduméens ou Édomites ; elle fut soumise par David.

IÉNA, v. du grand-duché de Saxe-Weimar ; 7000 h. Célèbre université. Victoire de Napoléon Ier sur les Prussiens (1806).

IÉNIKALEH, petite v. et forteresse de la Crimée, qui a donné son nom au détroit qui unit la mer Noire à la mer d'Azov.

IÉNISSÉI, fl. de la Sibérie, se jette dans la mer Glaciale ; 3200 k.

IF, petite île de la Méditerranée, à 2 k. de Marseille, où se trouve un château fort.

IGNACE DE LOYOLA (saint), Espagnol, fondateur de l'ordre des Jésuites (1491-1556), qui fut reconnu par Paul III, en 1540.

IHOLDY, ch.-l. de c. des Basses-Pyrénées, arr. de Mauléon ; 796 h.

ILDEFONSE (SAINT-), voy. GRANJA.

ILE-BOUCHARD (L'), ch.-l. de c. d'Indre-et-Loire, arr. de Chinon ; 1482 h.

ILE-DE-FRANCE, anc. prov. de France dont Paris était la capitale ; elle fut comme le noyau de la monarchie française.

ÎLE-DIEU (L'), ch.-l. de c. de la Vendée, arr. des Sables-d'Olonne ; 2959 h.

ÎLE-ROUSSE, ch.-l. de c. de la Corse, arr. de Calvi ; 1627 h.

ILIADE, poëme d'Homère sur la guerre de Troie, en 24 chants.

ILION ou **ILIUM**, nom de l'anc. Troie.

ILISSUS, ruisseau qui, sortant du mont Hymette, tombe dans le golfe d'Égine.

ILL, riv. d'Alsace, prend sa source près d'Altkirch, et se jette dans le Rhin au-dessous de Strasbourg.

ILLE, riv. de France qui se jette dans la Vilaine, à Rennes.

ILLE-ET-VILAINE (dép. d'), formé d'une partie de l'anc. Bretagne ; ch.-l. Rennes ; 6 arr. Rennes, Fougères, Montfort, Redon, Saint-Malo, Vitré ; 589 532 h.

ILLIERS, ch.-l. de c. d'Eure-et-Loir, arr. de Chartres ; 2993 h.

ILLINOIS, riv. des États-Unis, se jette dans le Mississipi ; 680 k.

ILLINOIS, un des États de la Confédération des États-Unis d'Amérique ; popul. 2 538 400 h., ch.-l. Springfield ; v. pr. Chicago.

ILLYRIE, nom donné par les Grecs aux pays montagneux situés au N.-O. de la Grèce, et par les Romains aux contrées à l'E. de l'Italie et de la Rhétie, et au S. du Danube. ‖ Royaume d'Illyrie, royaume formé en 1816 avec les pays rendus à l'Autriche, et divisé depuis 1849 en 3 provinces, Trieste, le Littoral, Carniole et Carinthie.

ILLYRIEN, IENNE, adj. et s. Qui est d'Illyrie ; habitant de l'Illyrie.

ILOTE, voy. HILOTE.

ILUS, fils de Tros, fondateur d'Ilion, père de Laomédon (XIVe s. av. J.-C.).

IMBRO, anc. Imbros, île de la Turquie d'Europe, dans l'Archipel ; 5000 h.

IMOLA, v. d'Italie, dans la prov. de Bologne ; 27 000 h. Victoire des Français sur les Autrichiens (1797).

INACHUS, fondateur d'Argos.

INDE ou **INDES ORIENTALES**, nom donné à deux grandes presqu'îles de l'Asie méridionale, l'Hindoustan et l'Indo-Chine.

INDÉPENDANCE (GUERRE DE L'), nom de la guerre par laquelle les États-Unis s'affranchirent de l'Angleterre (1775-1783).

INDÉPENDANTS, secte protestante, qui joua un rôle important dans la révolution d'Angleterre, et dont Cromwell fut le chef.

INDES (MER DES) ou **OCÉAN INDIEN**, partie du grand Océan entre l'Afrique à l'O., l'Asie au N. et les îles de l'Océanie à l'E.

INDES OCCIDENTALES, nom donné à l'Amérique, parce que Colomb, lorsqu'il découvrit le Nouveau Monde, crut avoir rencontré l'Inde en allant toujours à l'O.

INDIANA, un des États de la Confédération des États-Unis d'Amérique ; popul, 1 680 637 h.; cap. Indianopolis.

INDIBILIS, prince des Ilergètes, en Espagne, fut l'allié tantôt de Scipion, tantôt des Carthaginois ; m. 205 av. J.-C.

INDO-CHINE ou Inde Transgangétique, c.-à-d. au delà du Gange, la plus orientale des trois grandes presqu'îles méridionales de l'Asie ; pop. 29 000 000 d'h. environ.

INDOSTAN ou **INDOUSTAN**, voy. HINDOUSTAN.

INDRA, dieu de l'air et des saisons, dans la religion de Brahma.

INDRE, riv. de France, vient du dép. de la Creuse, se divise en deux bras qui se jettent, l'un dans la Loire, l'autre dans le Cher ; 250 k.

INDRE (dép. de l'), formé du Bas-Berry, de la Marche et de la Touraine ; ch.-l. Châteauroux ; 4 arr. Châteauroux, Le Blanc, Issoudun, La Châtre ; pop. 277 693 h.

INDRE-ET-LOIRE (dép. d'), formé de la Touraine et de quelques parties de l'Anjou et de l'Orléanais ; ch.-l. Tours ; 3 arr. Tours, Chinon et Loches ; pop. 317 027 h.

INDRET, île de la Loire, à 8 k. de Nantes, où se trouve une vaste usine de l'État pour la construction des machines à vapeur de la marine militaire.

INDUS, grand fl. de l'Inde, auj. le Sind, qui se jette dans la mer des Indes ; 2600 k.

INEZ ou **INÊS DE CASTRO**, épousa secrètement dom Pèdre, fils du roi de Portugal Alphonse IV (1354), et fut assassinée par ordre de son beau-père ; dom Pèdre, devenu roi, vengea la mort de sa femme.

INFÉRIEURE (MER), la mer Tyrrhénienne.

INGEBURGE ou **INGELBURGE**, princesse danoise, que Philippe-Auguste épousa, et qu'il répudia trois mois après (1193) pour prendre Agnès de Méranie (1196).

INGELHEIM (NIEDER-), v. du gr.-duché de Hesse-Darmstadt, près du Rhin, où Charlemagne eut un château.

INGOLSTADT, v. forte de Bavière, sur le Danube ; 11 000 h.

INGOUVILLE, faub. du Havre, sur un coteau qui domine la ville.

INGRES, peintre français (1780-1867).

INKERMANN, v. de Crimée, sur la Tchernaïa, près de Sébastopol, où les troupes anglo-françaises battirent les Russes (1854).

INN, riv. qui prend sa source dans le canton des Grisons (Suisse), et se jette dans le Danube à Passau ; 450 k.

INNOCENT, nom de treize papes, parmi lesquels INNOCENT III (1198-1216), qui fit prêcher la 4e croisade et la croisade contre les Albigeois ; INNOCENT XI (1676-1689), qui eut des démêlés avec Louis XIV ; INNOCENT XII (1692-1700), qui mit fin à la querelle entre le saint-siège et la France (1693).

INSPRUCK ou **INNSBRUCK**, c.-à-d. Pont sur l'Inn, cap. du Tyrol allemand ; 15 000 h.

INSTITUT, voy. ACADÉMIE.

INSUBRES ou **INSUBRIENS**, peuple de la Gaule Cisalpine, entre le Pô et les Alpes, dont la cap. était Milan.

INTÉRIEURE (MER), nom de la Méditerranée chez les anciens.

INTERLAKEN, c.-à-d. entre les lacs, bourg de l'Oberland bernois (Suisse), entre les lacs de Thun et de Brienz ; 1400 h.

INVERNESS, ch.-l. du comté de ce nom, en Écosse ; 15 000 h.

INVESTITURES (Querelle des), lutte d'un demi-siècle entre les papes et les empereurs d'Allemagne, au sujet de la collation des bénéfices ecclésiastiques ; se termina par le concordat de Worms (1122).

IO, fille d'Inachus, qui, selon la Fable, fut changée en génisse.

ION, descendant d'Hellen par Xuthus, père des Ioniens.

IONIE, partie de l'Asie Mineure comprise entre les fleuves Hermès et Méandre ; v. pr. Milet, Éphèse, Phocée.

IONIENNE (mer), partie de la Méditerranée entre la côte E. de l'Italie mérid. et la côte O. de la Turquie d'Europe et de la Grèce. ‖ Îles Ioniennes, sept îles de la mer Ionienne, dont la principale est Corfou, cédées à la Grèce par l'Angleterre en 1863.

IOWA, un des États-Unis d'Amérique; pop. 1 191 792 h.; ch.-l. Iowa-City.

IPHICRATE, général athénien (419-350 av. J.-C.)

IPHIGÉNIE, fille d'Agamemnon et de Clytemnestre, allait être sacrifiée, à Aulis, pour obtenir un vent favorable à la flotte des Grecs, lorsqu'elle fut sauvée par Diane, qui en fit sa prêtresse en Tauride.

IPSUS, bourg de Phrygie, près duquel fut livrée une grande bataille où périt Antigone, et après laquelle l'empire d'Alexandre fut partagé en 4 royaumes (301 av. J.-C.).

IRA, forteresse de Messénie, se défendit contre les Spartiates (688-671 av. J.-C.).

IRAK-ADJÉMI, anc. Médie, prov. de la Perse; v. pr. Téhéran, Ispahan.

IRAK-ARABI, anc. Babylonie, prov. de la Turquie d'Asie; v. pr. Bagdad, Bassora.

IRAN, nom de la Perse en persan.

IRAOUADDY, fl. de l'Indo-Chine, prend sa source dans le Thibet oriental et se jette dans le golfe de Martaban; 2300 k.

IRÈNE, impératrice de Constantinople (780-802); après la mort de son mari Léon IV, elle fit périr son fils Constantin VI pour garder le pouvoir, régna avec faste, et fut détrônée par Nicéphore le Logothète.

IRÉNÉE (saint), 2e évêque de Lyon, martyr vers 202.

IRIS, messagère des dieux, fut métamorphosée en arc-en-ciel par Junon.

IRKOUTSK, v. de la Russie d'Asie, sur l'Angara; 24 000 h.

IRLANDAIS, AISE, *adj.* et *s.* Qui est d'Irlande; habitant de l'Irlande.

IRLANDE, anc. Hibernie, île de l'océan Atlantique, à l'O. de la Grande-Bretagne dont elle dépend; pop. 5 400 000 h.; cap. Dublin.

IRLANDE (mer d'), partie de l'océan Atlantique entre l'Angleterre et l'Irlande.

IRMINSUL ou **IRMENSUL**, dieu suprême des anciens Saxons.

IROQUOIS (les), confédération des nations indiennes dans l'Amérique sept., près des lacs Ontario et Érié, auj. disparue.

IRUN, v. d'Espagne (Guipuzcoa); 3500 h.

IRVING (Washington), littérateur et romancier américain (1783-1859).

ISAAC, patriarche hébreu, fils d'Abraham et de Sarah, épousa Rébecca, dont il eut deux fils, Ésaü et Jacob.

ISAAC Ier COMNÈNE, empereur de Constantinople (1057-1059), abdiqua et mourut dans un cloître. ‖ Isaac II l'Ange, emp. de Constantinople, succéda à Andronic (1185), fut détrôné par son frère Alexis qui lui fit crever les yeux, puis rétabli par les croisés (1203), et renversé de nouveau (1204).

ISABEAU DE BAVIÈRE, reine de France (1371-1435), épouse de Charles VI (1385), signa le traité de Troyes qui enlevait la couronne à son fils (1420).

ISABELLE DE FRANCE, fille de Philippe le Bel, épousa en 1308 Édouard II d'Angleterre, et fut régente à la mort de son époux jusqu'à ce que son fils Édouard III lui reprit le pouvoir (1330).

ISABELLE Ire, reine de Castille, surnommée *la Catholique*, épousa Ferdinand d'Aragon, prépara par ce mariage l'unité territoriale de l'Espagne, consommée par la prise de Grenade, et donna un monde à l'Espagne en se chargeant des frais de l'entreprise de Colomb (1450-1504).

ISABELLE II, fille de Ferdinand VII et de Marie-Christine, née en 1830, devint reine d'Espagne en 1833, et fut détrônée en 1868; elle est mère du roi Alphonse XII.

ISABEY (J.-B), peintre français (1767-1855).

ISAÏE, le 1er des quatre grands prophètes, prophétisa sous les rois Osias, Achaz, Ezéchias et Manassé, qui le fit mourir.

ISAURE (Clémence), dame de Toulouse, institua les *Jeux floraux*, vers le XIVe s.

ISAURIE, contrée de l'Asie Mineure, entre la Pamphylie et la Cilicie; cap. Isaura.

ISBOSETH, fils et successeur de Saül, régna sur 11 tribus, pendant que David régnait sur la seule tribu de Juda; il fut assassiné (1056-1049 av. J.-C.).

ISCARIOTE, surnom donné à l'apôtre Judas, parce qu'il était du village d'Iscarioth.

ISCHIA, île de la Méditerranée, à l'entrée du golfe de Naples; 25 000 h.

ISÉE, un des dix orateurs attiques, ouvrit à Athènes une école de rhétorique.

ISÈRE, riv. de France, passe à Grenoble, se jette dans le Rhône près de Valence; 360 k.

ISÈRE (départ. de l'), formé d'une partie du Dauphiné; ch.-l. Grenoble; 4 arr. Grenoble, La Tour-du-Pin, Saint-Marcellin, Vienne; 575 784 h.

ISIDORE DE SÉVILLE, savant prélat espagnol (570-636).

ISIGNY, ch.-l. de c. du Calvados, arr. de Bayeux; 2380 h. Commerce de beurre.

ISIGNY, ch.-l. de c. de la Manche, arr. de Mortain; 324 h.

ISIS, anc. divinité égyptienne, sœur et femme d'Osiris.

ISLANDAIS, AISE, *adj.* et *s.* Qui est d'Islande; habitant de l'Islande.

ISLANDE, île de l'océan Glacial arctique, au Danemark; 67 000 h.; cap. Reikiavik.

ISLE, riv. de France, prend sa source dans le Limousin, passe à Périgueux et se jette dans la Dordogne à Libourne; 230 k.

ISLE (L'), ch.-l. de c. de Vaucluse, arr. d'Avignon, dans une île formée par la Sorgues; 6337 h.

ISLE-ADAM (L'), ch.-l. de c. de Seine-et-Oise, arr. de Pontoise, sur l'Oise; 2600 h.

ISLE-EN-DODON (L'), ch.-l. de c. de la Haute-Garonne, arr. de St-Gaudens; 2403 h.

ISLE-JOURDAIN (L'), ch.-l. de c. du Gers, arr. de Lombez; 4864 h.

ISLE-JOURDAIN (L'), ch.-l. de c. de la Vienne, arr. de Montmorillon; 952 h.

ISLE-SUR-LE-DOUBS (L'), ch.-l. de c. du Doubs, arr. de Baume-les-Dames; 2085 h.

ISLE-SUR-LE-SEREIN (L'), ch.-l. de c. de l'Yonne, arr. d'Avallon; 922 h.

ISLY, riv. d'Afrique sur la frontière du Maroc, près de laquelle le maréchal Bugeaud remporta (1844) sur les Marocains une victoire qui lui valut le titre de duc.

ISMAËL, fils d'Abraham et d'Agar, s'établit dans le désert, et eut 12 fils, pères des 12 tribus arabes.

ISMAÉLIENS, secte musulmane.

ISMAÉLITES, descendants d'Ismaël.

ISMAÏL-PACHA, vice-roi d'Égypte ou khédive, né en 1830, le 2ᵉ des trois fils d'Ibrahim, succéda à son oncle Saïd-Pacha (1863).

ISMÈNE, fille d'Œdipe et de Jocaste, fut condamnée à mort par Créon, avec sa sœur Antigone, pour avoir enseveli son frère Polynice.

ISNARD, membre de la Législative et de la Convention, échappa à la proscription du parti girondin, et figura ensuite dans le conseil des Anciens (1751-1830).

ISOCRATE, orateur et rhéteur athénien, ouvrit à Athènes une célèbre école d'éloquence (436-338 av. J.-C.)

ISONZO, riv. d'Illyrie, se jette dans le golfe de Trieste.

ISPAHAN, anc. cap. de la Perse, auj. bien déchue; 60000 h.

ISRAËL, nom que l'ange donna à Jacob. || Le peuple hébreu. || Royaume d'Israël, l'un des deux royaumes formés en Judée après la mort de Salomon (962 av. J.-C.) avec dix des douze tribus; il dura 244 ans, de Jéroboam à Osée, et fut détruit en 718 par Salmanasar, roi d'Assyrie.

ISSACHAR, 5ᵉ fils de Jacob et de Lia, père de l'une des 12 tribus.

ISSIGEAC, ch.-l. de c. de la Dordogne, arr. de Bergerac; 1082 h.

ISSOIRE, ch.-l. d'arr. du Puy-de-Dôme, à 48 k. de Clermont, près de l'Allier; 5876 h.

ISSOUDUN, ch.-l. d'arr. de l'Indre, à 28 k. de Châteauroux; 14 230 h.

IS-SUR-TILLE, ch.-l. de c. de la Côte-d'Or, arr. de Dijon; 1308 h.

ISSUS, anc. v. de Cilicie, en Asie Mineure, célèbre par la victoire d'Alexandre le Grand sur Darius (333 av. J.-C.)

ISSY, c. de la Seine, arr. de Sceaux; 8796 h.

ISSY-L'ÉVÊQUE, ch.-l. de c. de Saône-et-Loire, arr. d'Autun; 1797 h.

ISTAMBOUL ou **STAMBOUL**, nom turc de Constantinople.

ISTHMIENS ou **ISTHMIQUES** (JEUX), jeux célébrés tous les trois ans dans l'isthme de Corinthe, en l'honneur de Neptune.

ISTRES, ch.-l. de c. des Bouches-du-Rhône, arr. d'Aix; 3937 h.

ISTRIE, un des cercles du Littoral autrichien; v. pr. Pisino, Capo d'Istria, Pola.

ITALIE, royaume de l'Europe méridionale, divisé en 69 provinces; pop. 27 367 495 h.; cap. Rome. Prince régnant depuis 1861, Victor-Emmanuel II, qui était roi de Sardaigne depuis 1849.

ITALIEN, IENNE, adj et s. Qui appartient à l'Italie; habitant de l'Italie.

ITALIOTES, Grecs établis en Italie.

ITHAQUE, auj. Théaki, une des îles Ioniennes; anc. royaume d'Ulysse.

ITHOME, montagne et forteresse de l'anc. Messénie.

ITON, riv. affl. de l'Eure, passe à Évreux.

ITURBIDE, général mexicain, expulsa les Espagnols du Mexique, et se fit proclamer empereur (1822); mais il fut bientôt obligé d'abdiquer et condamné à l'expatriation; ayant voulu rentrer dans sa patrie, il fut pris et fusillé (1783-1824).

IULE, fils d'Ascagne.

IVAN, nom de six souverains de Russie. Ivan Iᵉʳ prit le premier le titre de *Grand Prince de toutes les Russies*, m. en 1340. || Ivan III *le Grand* (1462-1505) conquit Novgorod, affranchit la Russie des Tatars. || Ivan IV fut le premier sacré tzar en 1547. || Ivan V régna conjointement avec son frère Pierre Iᵉʳ, sous l'autorité de sa sœur Sophie. || Ivan VI fut détrôné par Élisabeth, puis assassiné par ordre de Catherine II (1764).

IVIÇA, la plus occid. des trois grandes îles Baléares; pop. 26 000 h.; ch.-l. Iviça; 6000 h.

IVRÉE, v. d'Italie (prov. de Turin); 13 000 h.

IVRY, bourg de l'arr. d'Évreux, près duquel Henri IV battit les ligueurs commandés par Mayenne (1590). || Commune de la Seine, arr. de Sceaux; 13 163 h.

IXION, roi des Lapithes, fut précipité dans le Tartare par Jupiter, et attaché sur une roue qui tournait sans cesse.

IZERNORE, ch.-l. de c. de l'Ain, arr. de Nantua; 1921 h.

J

JABÈS-GALAAD, v. de la tribu de Manassé en Palestine.

JABIN, nom de deux rois de Chanaan; le 1ᵉʳ fut vaincu et tué par Josué, le second par Barac et Débora.

JACKSON, 7ᵉ président des États-Unis d'Amérique, en 1829 et 1833, m. en 1845.

JACOB, patriarche hébreu, 2ᵉ fils d'Isaac et de Rébecca, père de 12 fils, Ruben, Siméon, Lévi, Juda, Issachar, Zabulon, Dan, Nephtali, Gad, Aser, Joseph et Benjamin.

JACOBINS (CLUB DES), société composée des membres les plus exaltés du parti républicain, pendant la Révolution, et installée dans le couvent des Jacobins, rue St-Honoré à Paris (de 1790 au 19 nov. 1794).

JACOBITES, nom donné en Angleterre, depuis 1688, aux partisans des Stuarts.

JACOTOT, professeur français, inventeur d'une méthode d'enseignement (1770-1840).

JACQUARD, mécanicien, né à Lyon, inventeur du *métier à la Jacquard* (1752-1834).

JACQUEMONT, voyageur et naturaliste français (1801-1832), explora l'Inde septentrionale, l'Himalaya, la Tartarie chinoise.

JACQUERIE, soulèvement des paysans contre la noblesse, dit ainsi de *Jacques-Bonhomme*, nom donné par dérision aux paysans, dans les XIVᵉ et XVᵉ s.

JACQUES (saint) *l'Ancien* ou *le Majeur*, fils de Zébédée et de Salomé, frère de saint Jean l'évangéliste, fut l'un des premiers apôtres de Jésus-Christ; m. en 44.

JACQUES (saint) *le Jeune* ou *le Mineur*, l'un des 12 apôtres, était le fils d'Alphée et de Cléophas ou Marie, sœur de la sainte Vierge; mis à mort en 62.

JACQUES, nom de six rois d'Écosse, de la maison des Stuarts, dont le 6ᵉ devint roi d'Angleterre, sous le nom de Jacques Iᵉʳ.

JACQUES, nom de deux rois d'Angleterre. Le 1er, fils de Marie-Stuart et de Darnley, fut roi d'Écosse en 1567, succéda à Élisabeth sur le trône d'Angleterre en 1603, persécuta les catholiques et les presbytériens; m. en 1625. Le second, 2e fils de Charles Ier, succéda en 1685 à son frère Charles II, essaya de rétablir en Angleterre le catholicisme et le pouvoir absolu, fut détrôné par son gendre, Guillaume d'Orange, se réfugia près de Louis XIV, et m. en 1701.

JACQUES ou **JAYME**, nom de deux rois d'Aragon (xiiie et xive s.), dont la domination s'est étendue sur le Roussillon, les Baléares et la Corse.

JACQUES DE COMPOSTELLE (SAINT-), v. de Galice (Espagne), célèbre par le tombeau de saint Jacques le Majeur; 30 000 h.

JACQUES-DU-HAUT-PAS (ORDRE DE SAINT-), congrégation de religieux hospitaliers, instituée en Italie (1260), qui avait à Paris un commandeur pour la France.

JADDUS, grand prêtre des Juifs, alla, suivant l'historien Josèphe, au-devant d'Alexandre le Grand qui voulait punir Jérusalem, et l'apaisa (332 av. J.-C.).

JAEN, v. d'Andalousie (Espagne); 19 000 h.

JAFFA, anc. Joppé, port de Syrie, sur la Méditerranée; 6000 h. Bonaparte s'en empara en 1799; la peste y décima l'armée.

JAGELLONS, anc. famille qui a donné des souverains à la Lithuanie, à la Pologne, à la Hongrie et à la Bohème, et dont le chef fut Jagellon, duc de Lithuanie en 1377, nommé roi de Pologne en 1386.

JAHEL, Juive qui tua Sisara, général du roi d'Asor, Jabin, en lui enfonçant un clou dans la tête.

JAÏR, juge des Hébreux (1283-1261 av.J.-C.)

JALIGNY, ch.-l. de c. de l'Allier, arr. de Lapalisse; 924 h.

JAMAÏQUE (LA), une des grandes Antilles, aux Anglais; 441 000 h.; cap. Spanishtown.

JAMBLIQUE, philosophe grec d'Alexandrie, m. en 333 après J.-C.

JAMES (SAINT-), ch.-l. de c. de la Manche, arr. d'Avranches; 3199 h.

JAMESTOWN, ch.-l. de l'île de Sainte-Hélène; 3000 h.

JAMYN (AMADIS), poète franç. (1530-1585).

JANICULE (MONT), l'une des sept collines de Rome, sur la rive droite du Tibre.

JANIN (JULES), critique français, membre de l'Académie française (1804-1874).

JANINA, v. de l'Albanie mérid. (Turquie d'Europe), sur le lac de Janina, florissante sous Ali-Pacha; 23 000 h.

JANSÉNIUS, théologien hollandais (1585-1638), évêque d'Ypres, auteur de la doctrine sur la grâce, dite jansénisme, condamnée en 1653 par le pape Innocent X.

JANUS, anc. roi du Latium, représenté avec une tête à deux faces, parce qu'il avait le don de lire dans le passé et dans l'avenir; il avait à Rome un temple dont les portes étaient ouvertes pendant la guerre et fermées pendant la paix.

JANVIER (saint), martyrisé à Pouzzoles, sous Dioclétien, patron de Naples.

JANVILLE, ch.-l. de c. d'Eure-et-Loir, arr. de Chartres; 1318 h.

JANZÉ, ch.-l. de c. d'Ille-et-Vilaine, arr. de Rennes; 5424 h.

JAPET, fils d'Uranus, et père d'Atlas, de Prométhée et d'Épiméthée.

JAPHET, fils de Noé, dont les sept fils peuplèrent l'Europe et la partie occid. de l'Asie.

JAPON, empire à l'E. de l'Asie, composé de quatre grandes îles, Niphon, Kiousiou, Sikok et Yéso, et d'un grand nombre de petites; pop. 35 000 000 d'h.; cap. Yédo.

JAPON (MER DU), partie du Grand Océan entre l'archipel du Japon et la Chine.

JAPONAIS, AISE, adj. et s. Qui est du Japon; habitant du Japon.

JARGEAU, ch.-l. de c. du Loiret, arr. d'Orléans, sur la Loire; 2506 h.

JARNAC, ch.-l. de c. de la Charente, arr. de Cognac, sur la Charente; 4691 h. Victoire du duc d'Anjou sur les calvinistes (1569).

JARNAC (Gui CHABOT, seigneur DE), gentilhomme français, qui dans un duel célèbre, en présence de toute la cour (1547), blessa la Châtaigneraie, son adversaire, au jarret d'un coup inattendu; de là *coup de Jarnac*, coup donné par trahison.

JARNAGES, ch.-l. de c. de la Creuse, arr. de Boussac; 773 h.

JARRIE (LA), ch.-l. de c. de la Charente-Inférieure, arr. de La Rochelle; 1202 h.

JASON, héros grec, chef des Argonautes, enleva la Toison d'Or en Colchide, avec l'aide de Médée.

JAUNE (FLEUVE), voy. HOANG-HO.

JAVA, grande île de l'archipel de la Sonde, dans la Malaisie, aux Hollandais; pop. 16 000 000 d'h.; cap. Batavia.

JAVAN, 4e fils de Japet, père des Ioniens ou Grecs.

JAVANAIS, AISE, adj. et s. Qui est de Java; habitant de Java.

JAVIE (LA), ch.-l. de c. des Basses-Alpes, arr. de Digne; 457 h.

JEAN, nom de 23 papes; le dernier fut déposé par le concile de Constance, pour mettre fin au schisme d'Occident (1415).

JEAN *sans Terre*, roi d'Angleterre, de 1199 à 1216, 4e fils de Henri II et d'Éléonore d'Aquitaine, s'empara du trône, à la mort de son frère Richard, et fit périr son neveu Arthur; il fut pour ce crime dépouillé de ses possessions en France par Philippe-Auguste (1203), et obligé d'accorder la *grande charte* à ses barons révoltés (1215).

JEAN, dit *le Bon*, roi de France, succéda à son père Philippe VI de Valois (1350), fut vaincu et fait prisonnier à Poitiers par le Prince Noir (1356); rendu à la liberté par le désastreux traité de Bretigny (1360), il se reconstitua prisonnier en apprenant la fuite d'un de ses fils, laissé comme otage, et mourut à Londres (1364).

JEAN *sans Peur*, duc de Bourgogne (1404), fils de Philippe le Hardi, disputa le pouvoir, lors de la folie du roi Charles VI, au duc d'Orléans, frère du roi, puis l'assassina; il eut alors à lutter contre le parti des Armagnacs, ayant pour chef le beau-père du nouveau duc d'Orléans. Pressé de se réconcilier avec ses ennemis pour résister aux Anglais, il fut assassiné dans une entrevue au pont de Montereau, sous les yeux du dauphin Charles (1419).

JEAN, archiduc d'Autriche, fils de l'empereur Léopold II (1782-1859), fut vaincu par Moreau à Hohenlinden (1800), et par le prince Eugène à Raab (1809).

JEAN-BAPTISTE, dit *le Précurseur*, fils du prêtre Zacharie et d'Élisabeth, baptisa Jésus dans le Jourdain, fut mis à mort par ordre d'Hérode-Antipas, à la demande de Salomé, fille de sa femme Hérodiade (31).

JEAN-BRÉVELAY (SAINT-), ch.-l. de c. du Morbihan, arr. de Ploërmel ; 2120 h.

JEAN-D'ANGÉLY (SAINT-), ch.-l. d'arr. de la Charente-Inférieure, à 26 k. de La Rochelle ; 6812 h.

JEAN-DE-BOURNAY (SAINT-), ch.-l. de c. de l'Isère, arr. de Vienne ; 3249 h.

JEAN-DE-DAYE (SAINT-), ch.-l. de c de la Manche, arr. de Saint-Lô ; 261 h.

JEAN DE DIEU (saint), fondateur de l'ordre de la Charité (1595-1550).

JEAN-DE-JÉRUSALEM (ORDRE DE SAINT-), dit plus tard ordre des chevaliers de Rhodes, enfin de Malte.

JEAN DE LEYDE, chef des anabaptistes, fut pris à Munster et livré à un supplice horrible (1536).

JEAN-DE-LOSNE (SAINT-), ch.-l. de c. de la Côte-d'Or, arr. de Beaune, sur la Saône, près du canal de Bourgogne ; 1597 h.

JEAN-DE-LUZ (SAINT-), ch.-l. de c. des Basses-Pyrénées, arr. de Bayonne, à l'embouchure de la Nivelle ; 3260 h.

JEAN DE MATHA (saint), fondateur de l'ordre de la Sainte-Trinité ou de la Rédemption des captifs (1199).

JEAN-DE-MAURIENNE (SAINT-), ch.-l. d'arr. de la Savoie, à 71 k. de Chambéry ; 3121 h. Évêché.

JEAN-DE-MONTS (SAINT-), ch.-l. de c. de la Vendée, arr. des Sables-d'Olonne ; 4054 h.

JEAN DE SALISBURY, philos. scolastique, s'attacha à Thomas Becket (1110-1180).

JEAN-DU-GARD (SAINT-), ch.-l. de c. du Gard, arr. d'Alais ; 3885 h.

JEAN D'ULLOA (SAINT-), voy. VERA-CRUZ.

JEAN-EN-ROYANS (SAINT-), ch.-l. de c. de la Drôme, arr. de Valence ; 2788 h.

JEAN L'ÉVANGÉLISTE (saint), l'apôtre chéri de Jésus-Christ, fils de Zébédée et de Salomé, frère de saint Jacques, prêcha l'Évangile en Asie Mineure, fut relégué à Pathmos, et mourut très-âgé à Éphèse. Il a écrit dans cette ville son *évangile*, rédigé en grec ; on lui attribue aussi l'*Apocalypse*.

JEAN-PIED-DE-PORT (SAINT-), ch.-l. de c. des Basses-Pyrénées, arr. de Mauléon ; 1972 h.

JEAN-SOLEYMIEUX (SAINT-), ch.-l. de c. de la Loire, arr. de Montbrison ; 1226 h.

JEANNE Ire, reine de Naples, succéda à son grand-père Robert (1343), fit étrangler son 1er mari André de Hongrie, vendit Avignon au pape Clément VI, fut prise et mise à mort par Charles de Durazzo (1382).

JEANNE D'ALBRET, reine de Navarre, épousa Antoine de Bourbon, embrassa le protestantisme et en prit la défense ; elle fut la mère de Henri IV (1528-1572).

JEANNE D'ARC ou **DARC**, née à Domremy (1412), fit lever le siège d'Orléans par les Anglais (1429), conduisit sacrer Charles VII à Reims ; puis ayant vainement essayé de délivrer Paris, fut prise à Compiègne, livrée aux Anglais, et brûlée à Rouen comme hérétique et sorcière (1431).

JEANNE DE BOURGOGNE, reine de France, épouse de Philippe V, m. en 1325.

JEANNE LA FOLLE, fille de Ferdinand d'Aragon et d'Isabelle de Castille, épousa Philippe le Beau, archiduc d'Autriche, dont elle eut deux fils, Charles-Quint et Ferdinand d'Autriche (1479-1554).

JEANNIN, président au parlement de Bourgogne, négociateur habile entre les catholiques et les protestants, fut très-estimé de Henri IV (1540-1622).

JÉBUSÉENS, peuple de la Terre de Chanaan, qui avait pour capitale Jébus (Jérusalem), et qui fut soumis par David.

JÉCHONIAS, voy. JOACHIM ou ÉLIACIN.

JEFFERSON (THOMAS), homme d'État américain (1743-1826), succéda à Franklin comme ambassadeur à Paris, et fut président des États-Unis en 1801 et 1805.

JEFFREYS, chancelier d'Angleterre, se fit l'instrument des vengeances de Charles II et de Jacques II (1640-1689).

JEGUN, ch.-l. de c. du Gers, arr. d'Auch ; 1843 h.

JÉHOVAH, nom de Dieu en hébreu.

JÉHU, fils de Josaphat, roi d'Israël (883-855 av. J.-C.), fit périr toute la famille d'Achab. || Compagnies de Jéhu, bandes de royalistes qui commirent de sanglants excès dans le Midi après le 9 thermidor (1794).

JEMMAPES, vge du Hainaut (Belgique), où Dumouriez battit les Autrichiens (1792).

JENNER, médecin anglais, inventeur de l'inoculation de la vaccine, vers 1776.

JEOIRE (SAINT-), ch.-l. de c. de la Haute-Savoie, arr. de Bonneville ; 1850 h.

JEPHTÉ, 9e juge d'Israël, délivra les Hébreux du joug des Ammonites ; sacrifia sa fille, pour accomplir le vœu qu'il avait fait d'offrir au Seigneur le premier être vivant qu'il verrait sortir de sa maison.

JÉRÉMIE, l'un des quatre grands prophètes, vivait de 650 environ à 590 av. J.-C. ; il prophétisa les malheurs de Jérusalem.

JÉRICHO, v. de Palestine, fut prise par Josué ; ses murailles tombèrent au son des trompettes.

JÉROBOAM, profita du mécontentement excité par les actions de Roboam, fils de Salomon, et fut reconnu roi d'Israël par dix tribus (962 av. J.-C.).

JÉRÔME (saint), Père de l'Église latine, se retira à Bethléem, et y composa la traduction latine des saintes Écritures appelée *Vulgate* (346-420).

JÉRÔME BONAPARTE, le plus jeune des frères de Napoléon Ier (1784-1860), roi de Westphalie de 1807 à 1813, eut de son mariage avec la princesse de Wurtemberg le prince Napoléon et la princesse Mathilde.

JÉRÔME DE PRAGUE, disciple de Jean Huss, périt sur le bûcher (1378-1416).

JERSEY, une des îles Anglo-Normandes, dans la Manche ; 55 000 h. ; cap. Saint-Hélier.

JÉRUSALEM, anc. cap. de la Palestine ; appartient à la Turquie ; 15 000 h. || Royaume de Jérusalem, fondé en 1099, lors de la 1re croisade, par Godefroy de Bouillon ; détruit par Saladin en 1187.

JÉSUITES (LES), ordre religieux fondé par Ignace de Loyola en 1534, supprimé par le pape Clément XIV (1773) et rétabli par Pie VII (1814).

JÉSUS, nom du fils de Dieu, né de la sainte Vierge, l'an du monde 4133, mort sur la croix l'an 33.

JÉSUS, fils de Sirach, auteur de l'*Ecclésiastique*, livre de l'Ancien Testament.

JÉTHRO, prêtre madianite, accueillit Moïse en Égypte et lui donna en mariage sa fille Séphora.

JÉZABEL, fille d'un roi de Sidon et femme d'Achab; à l'avènement de Jéhu (883 av. J.-C.), elle fut précipitée des fenêtres de son palais et dévorée par les chiens.

JOAB, neveu et général de David, battit Isboseth, tua Absalon, et fut mis à mort sous Salomon, comme rebelle.

JOACHAZ, fils de Jéhu, roi d'Israël (855-839 av. J.-C.). ‖ Fils de Josias, roi de Juda (609 av. J.-C.), fut emmené captif par le roi d'Égypte Néchao.

JOACHIM ou **ÉLIACIN**, fils aîné de Josias, roi de Juda, fut vaincu et mis à mort par Nabuchodonosor II (598 av. J.-C.).

JOACHIM (saint), époux de sainte Anne, père de la vierge Marie.

JOAD ou **JOÏADA**, grand prêtre des Juifs.

JOAS, roi de Juda, fils d'Ochosias, petit-fils d'Athalie, échappa au massacre de sa famille, grâce au grand prêtre Joad; fut proclamé roi en 877, et mourut égorgé par ses serviteurs (837 av. J.-C.).

JOATHAN, roi de Juda, fils d'Osias, régna de 756 à 741 av. J.-C.

JOB, personnage biblique, éprouvé par Dieu et supportant son malheur avec résignation.

JOCASTE, femme de Laïus, roi de Thèbes, épousa, sans le connaître, son fils Œdipe, donna le jour à Étéocle, Polynice, Antigone, Ismène, et se pendit de désespoir.

JODELLE (ÉTIENNE), vieux poète dramatique français (1532-1573).

JOËL, le 2e des petits prophètes hébreux.

JOHANNISBERG, bourg de Nassau (Prusse), célèbre par ses vignobles.

JOHN BULL, voy. BULL.

JOHNSON (SAMUEL), critique anglais (1709-1784), auteur d'un *Dictionnaire de la langue anglaise*, etc.

JOHNSON, président des États-Unis en 1865, après l'assassinat du président Lincoln; accusé de préparer un coup d'État en faveur du Sud, il fut acquitté par le Sénat, mais non réélu président; m. en 1875.

JOIGNY, ch.-l. d'arr. de l'Yonne, à 35 k. d'Auxerre, sur l'Yonne; 6400 h. Vins rouges de la côte Saint-Jacques.

JOINVILLE, ch.-l. de c. de la Haute-Marne, arr. de Vassy; 3811 h.

JOINVILLE (JEAN, Sire DE), sénéchal de Champagne, accompagna Louis IX en Égypte, et laissa des *Mémoires* (1224-1316).

JOINVILLE (prince de), 3e fils du roi Louis-Philippe Ier, né en 1818, ramena de Sainte-Hélène les cendres de Napoléon Ier (1840), bombarda Tanger (1844).

JOMINI (baron), général français, auteur d'écrits historiques relatifs à l'art de la guerre (1779-1869).

JONAS, l'un des douze petits prophètes.

JONATHAN ou **JONATHAS**, fils de Saül et ami de David, périt avec son père à la bataille du mont Gelboé.

JONATHAN (FRÈRE), nom familier que les Anglais donnent au peuple des États-Unis.

JONATHAS, le plus jeune des Machabées.

JONSON ou **JOHNSON**, poète dramatique anglais (1574-1637).

JONZAC, ch.-l. d'arr. de la Charente-Inférieure, à 39 k. de La Rochelle; 3260 h.

JOPPÉ, v. de Palestine, auj. Jaffa.

JORAM, fils d'Achab et roi d'Israël, de 895 à 883 av. J.-C., fut percé d'une flèche par son général Jéhu. ‖ Roi de Juda, de 891 à 883 av. J.-C., épousa Athalie.

JORAT, partie de la chaîne des Alpes, entre les lacs de Genève et de Neufchâtel.

JORDAENS (JACQUES), peintre d'Anvers, ami et élève de Rubens (1594-1678).

JORDAN (CAMILLE), homme politique français (1771-1821); quoique royaliste, il fut un des chefs de l'opposition en 1820.

JORNANDÈS, historien du VIe s., a écrit en latin une histoire des Goths.

JOSAPHAT, roi de Juda, de 915 à 891 av. J.-C. ‖ Vallée de Josaphat, vallée près de Jérusalem, au pied du mont des Oliviers, arrosée par le Cédron, dans laquelle doit avoir lieu le jugement dernier.

JOSEPH, fils de Jacob et de Rachel, fut vendu par ses frères, devint ministre du Pharaon d'Égypte et établit sa famille dans la terre de Gessen.

JOSEPH (saint), époux de la vierge Marie.

JOSEPH (FRANÇOIS DU TREMBLAY, dit *le Père*), capucin qui fut l'agent de Richelieu, et surnommé *l'Éminence grise* (1577-1638).

JOSEPH Ier, empereur d'Allemagne, succéda à son père Léopold Ier (1705), et continua la guerre de la Succession d'Espagne; m. en 1711. ‖ JOSEPH II, empereur de 1765 à 1790, fils de François Ier et de Marie-Thérèse, frère de Marie-Antoinette, s'entendit avec Frédéric II de Prusse pour le premier partage de la Pologne (1772), et tenta d'utiles réformes dans ses États.

JOSEPH BONAPARTE, frère aîné de Napoléon Ier (1768-1844), roi de Naples (1806), puis d'Espagne (1808-1813), signa la capitulation de Paris en 1814; puis vécut exilé en Amérique, en Angleterre; m. à Florence.

JOSEPH D'ARIMATHIE, Juif, ne voulut pas prendre part au jugement qui condamna Jésus, et obtint de Pilate le corps du Juste pour l'ensevelir.

JOSÈPHE (FLAVIUS), historien juif (37-100 ap. J.-C.), jouit de la faveur de Vespasien et de Titus, et écrivit en hébreu, puis en grec, l'*Histoire de la guerre des Juifs contre les Romains*.

JOSÉPHINE TASCHER DE LA PAGERIE, née à La Martinique (1763-1814), épousa le vicomte de Beauharnais qui mourut sur l'échafaud; restée veuve avec deux enfants, Eugène et Hortense, elle épousa Bonaparte en 1796, fut sacrée impératrice en 1804, et répudiée par Napoléon en 1809.

JOSIAS, roi de Juda, de 640 à 609 av. J.-C., périt à la bataille de Mageddo, gagnée par Néchao, roi d'Égypte.

JOSSELIN, ch.-l. de c. du Morbihan, arr. de Ploërmel; 2604 h. Beau château du connétable de Clisson. Près de là eut lieu le fameux combat des Trente, vers 1351.

JOSUÉ, successeur de Moïse, conquit la terre de Chanaan et la partagea entre les 12 tribus; m. vers 1580 av. J.-C.

JOUAN (GOLFE DE), sur la côte S.-O. du dép. des Alpes-Maritimes, où Napoléon Ier débarqua au retour de l'île d'Elbe (1815).

JOUAN-DE-L'ISLE (SAINT-), ch.-l. de c. des Côtes-du-Nord, arr. de Dinan; 673 h.

JOUBERT, général français, se distingua dans les campagnes d'Italie sous la République (1769-1799).

JOUBERT (Joseph), moraliste français (1754-1824).

JOUFFROY (Simon-Théodore), professeur et philosophe français (1796-1842).

JOUFFROY D'ABBANS (le marquis de), inventeur des bateaux à vapeur (1751-1832).

JOURDAIN, riv. de Palestine, sort de l'Anti-Liban, traverse le lac de Tibériade et se jette dans la mer Morte; 200 k.

JOURDAN (comte), maréchal de France, conquit, sous la République, la Belgique et une partie de la rive gauche du Rhin (1762-1833).

JOUVENCY (Joseph de), savant jésuite, auteur de l'*Appendix de Diis et Heroibus*.

JOUVENET (Jean), peintre français (1647-1717).

JOUX (fort de), sur la rive droite du Doubs, à 5 k. de Pontarlier.

JOUY (Étienne, dit de), littérateur et journaliste français, auteur des paroles des opéras la *Vestale*, *Guillaume Tell* (1764-1846).

JOVE (Paul), Italien (1483-1552), écrivit en latin l'*Histoire de son temps*, de 1494 à 1547.

JOVIEN, empereur romain, succéda à Julien (363-364 ap. J.-C.).

JOYEUSE, ch.-l. de c. de l'Ardèche, arr. de Largentière; 2530 h.

JOYEUSE (Anne, duc de), favori de Henri III, fut tué à la bataille de Coutras en combattant Henri de Navarre (1561-1587).

JUAN D'AUTRICHE (don), fils naturel de Charles-Quint (1545-1578), grand capitaine, remporta sur la flotte ottomane la victoire de Lépante (1571), et fut nommé gouverneur des Pays-Bas (1576). || Fils naturel de Philippe IV d'Espagne (1629-1679), fut vaincu par Turenne à la bataille des Dunes (1658).

JUAREZ, président de la république du Mexique (1809-1872), soutint la guerre contre l'armée française et le nouvel empereur du Mexique Maximilien (1861-67), et après l'exécution de celui-ci, fut réélu président.

JUBA, roi de Numidie, embrassa le parti de Pompée, fut défait par César à Thapsus et se donna la mort (46 av. J.-C.). || Son fils fut rétabli en Numidie par Auguste, et écrivit en grec une Histoire romaine et une Histoire de l'Afrique.

JUDA, fils de Jacob et de Lia, donna son nom à l'une des douze tribus et fut le père de la famille royale de David.

JUDA (royaume de), l'un des deux États juifs formés après le schisme de Jéroboam (962 av. J.-C.), comprenant les deux tribus de Juda et de Benjamin, avec Jérusalem pour capitale; il fut détruit par Nabuchodonosor II (587).

JUDAS ISCARIOTE, l'un des douze apôtres, livra Jésus aux prêtres juifs; puis, saisi de remords, il se pendit.

JUDE (saint), l'un des douze apôtres, surnommé Thaddée, frère de saint Jacques le Mineur.

JUDÉE, syn. de Palestine. || Après le retour de la captivité, l'une des quatre provinces du pays; elle appartint à Hérode-Agrippa Ier.

JUDITH, héroïne juive qui tua Holopherne assiégeant Béthulie (VIIe s. av. J.-C.).

JUDITH de Bavière, 2e femme de Louis le Débonnaire, fut cause des malheurs qui accablèrent ce prince, en voulant favoriser son fils Charles le Chauve.

JUGES, chefs des Hébreux, depuis 1555 jusqu'en 1080 av. J.-C. On en compte 14 d'Othoniel à Samuel. Leur histoire est contenue dans le *Livre des Juges*.

JUGON, ch.-l. de c. des Côtes-du-Nord, arr. de Dinan; 597 h.

JUGURTHA, roi de Numidie, petit-fils de Massinissa (154-104 av. J.-C.), fut adopté par son oncle Micipsa, qui partagea son royaume entre son neveu et ses deux fils, Hiempsal et Adherbal. Jugurtha fit périr ses deux cousins (118, 112), gagna les généraux romains envoyés contre lui; mais vaincu et pris par Marius, il fut jeté à Rome dans un cachot et y mourut de faim.

JUIFS, peuple choisi par Dieu pour conserver le dépôt de la vérité religieuse; appelés d'abord Hébreux, puis Israélites, ils reçurent le nom de Juifs à l'époque de la captivité de Babylone.

JUILLAC, ch.-l. de c. de la Corrèze, arr. de Brive; 2514 h.

JUILLET (JOURNÉES DE), révolution des 27, 28 et 29 juillet 1830, à la suite de laquelle Charles X perdit le trône et fut remplacé par Louis-Philippe Ier.

JUILLY, vge de l'arr. de Meaux, célèbre par son ancienne abbaye transformée en collège par les Oratoriens, en 1638.

JULES Ier (saint), pape, successeur de saint Marc (337). || Jules II, pape (1503-1513), lutta d'abord contre les Vénitiens, puis contre Louis XII pour affranchir l'Italie des étrangers; il commença la construction de Saint-Pierre de Rome.

JULES ROMAIN, peintre italien, élève favori de Raphaël (1492-1546).

JULIA DOMNA, femme de Septime Sévère, mère de Caracalla et de Géta (150-218 ap. J.-C.).

JULIE, fille de Jules César, épousa Pompée en 59 av. J.-C., m. en 53. || Fille d'Auguste et de Scribonie, épousa successivement Marcellus, Agrippa et Tibère, fut exilée par son père pour son inconduite.

JULIEN, dit l'*Apostat*, neveu de Constantin le Grand, fut nommé César et gouverneur des Gaules par son cousin Constance (355), puis proclamé empereur par ses soldats (361); il tenta alors de rétablir le polythéisme, et périt, à l'âge de 32 ans, dans une expédition contre les Perses (363).

JULIEN (comte), gouverneur de l'Andalousie, appela les Arabes en Espagne pour se venger du Visigoth Rodéric (711).

JULIEN (SAINT-), ch.-l. de c. du Jura, arr. de Lons-le-Saunier; 725 h.

JULIEN (SAINT-), ch.-l. d'arr. de la Haute-Savoie, à 33 k. d'Annecy; 1270 h.

JULIEN (SAINT-), bourg à 4 k. de Pauillac (Gironde), renommé par ses vins.

JULIEN (SAINT-), ch.-l. de c. de la Vienne, arr. de Poitiers; 827 h.

JULIEN-CHAPTEUIL (SAINT-), ch.-l. de c. de la Haute-Loire, arr. du Puy; 2144 h.

JULIEN-DE-VOUVANTES (SAINT-), ch.-l. de c. de la Loire-Inférieure, arr. de Châteaubriant; 1968 h.

JULIEN-DE-SAULT (SAINT-), ch.-l. de c. de l'Yonne, arr. de Joigny; 2155 h.

JULIENNES (Alpes), partie des Alpes entre la Carniole et l'Illyrie.

JULIERS, v. de la prov. Rhénane (Prusse); 5000 h. Autrefois cap. du duché de Juliers.

JUMEAUX, ch.-l. de c. du Puy-de-Dôme, arr. d'Issoire; 1321 h.

JUMIÈGES, vge de l'arr. de Rouen, sur la Seine; ruines d'une abbaye de bénédictins.

JUMILHAC-LE-GRAND, ch.-l. de c. de la Dordogne, arr. de Nontron; 2599 h.

JUNGFRAU, c.-à-d. la *Jeune fille*, sommet des Alpes Bernoises (4180m).

JUNIEN (SAINT-), ch.-l. de c. de la Haute-Vienne, arr. de Rochechouart; 7442 h. Porcelaine, chapeaux, etc.

JUNIVILLE, ch.-l. de c. des Ardennes, arr. de Rethel; 1260 h.

JUNON, fille de Saturne et de Rhéa, sœur et femme de Jupiter, reine des dieux.

JUNOT, duc d'Abrantès, général français (1771-1813), aide de camp de Napoléon Ier, et gouverneur du Portugal en 1807. || Sa femme (1784-1838) a laissé des *Mémoires* et des romans.

JUNTE (LES), famille d'imprimeurs, originaire de Florence, et dont les membres s'établirent à Florence, à Venise, à Lyon.

JUPIN, autre nom de Jupiter.

JUPITER, fils de Saturne et de Rhéa, le père des dieux, partagea l'empire du monde avec ses deux frères, Neptune et Pluton.

JURA, chaîne de montagnes entre la France et la Suisse.

JURA (dép. du), formé d'une partie de la Franche-Comté; ch.-l. Lons-le-Saunier; 4 arr. Lons-le-Saunier, Dôle, Poligny et Saint-Claude; pop. 287634 h.

JURANÇON, c. des Basses-Pyrénées, arr. de Pau, renommée par ses vins; 2413 h.

JURIEN LA GRAVIÈRE, amiral français (1772-1849). || Son fils, né en 1812, vice-amiral, dirigea l'expédition française contre le Mexique en 1861.

JURIEU, théologien protestant (1637-1716), adversaire de Bossuet et de Fénelon.

JURJURA, chaîne de montagnes des provinces d'Alger et de Constantine.

JUSSEY, ch.-l. de c. de la Haute-Saône, arr. de Vesoul; 3022 h.

JUSSIEU (DE), famille de naturalistes, dont le plus célèbre, ANTOINE-LAURENT (1748-1836), inventa la classification naturelle des plantes. Son fils ADRIEN (1797-1853) est auteur d'un *Cours élémentaire de botanique*.

JUST-EN-CHAUSSÉE (SAINT-), ch.-l. de c. de l'Oise, arr. de Clermont; 1871 h.

JUST-EN-CHEVALET (SAINT-), ch.-l. de c. de la Loire, arr. de Roanne; 2592 h.

JUSTIN (saint), docteur de l'Église et martyr vers l'an 167.

JUSTIN, historien latin, antérieur au Ve s., auteur d'un abrégé de l'*Histoire universelle de Trogue Pompée*.

JUSTIN Ier, empereur d'Orient (518), adopta son neveu Justinien. || JUSTIN II, neveu de Justinien, lui succéda (565-578), disgracia Narsès qui appela les Lombards en Italie.

JUSTINIEN Ier, empereur d'Orient (527-565), triompha des Vandales en Afrique et des Ostrogoths en Italie, grâce à Bélisaire et à Narsès; fut moins heureux avec les Perses; s'est illustré par ses travaux de législation (*le Code, les Pandectes, les Institutes*). || JUSTINIEN II succéda à son père Constantin Pogonat (685), fut tué en 711.

JUTLAND, presqu'île du Danemark; pop. 700000 h.; cap. Viborg.

JUVÉNAL, célèbre satirique latin, vivait à la fin du Ier s., m. sous les Antonins.

JUVÉNAL DES URSINS, magistrat français (1360-1431), prévôt des marchands en 1388. || Son fils (1388-1473) fut un des conseillers de Charles VII, et laissa, entre autres écrits, la *Chronique de Charles VI*.

JUVIGNY, ch.-l. de c. de la Manche, arr. de Mortain; 819 h.

JUVIGNY-SOUS-ANDAINE, ch.-l. de c. de l'Orne, arr. de Domfront; 1510 h.

JUZENNECOURT, ch.-l. de c. de la Haute-Marne, arr. de Chaumont; 815 h.

K

KABYLES, peuple de l'Afrique septentrionale, de race berbère, très-nombreux dans la province de Constantine.

KABYLIE, pays habités par les Kabyles.

KADICHAH ou **KADIDJAH**, femme de Mahomet, mère de Fatime (561-628).

KADJARS (LES), dynastie turcomane qui occupe le trône de Perse depuis 1794.

KAIRE (LE), voy. LE CAIRE.

KAIROUAN ou **KAIRWAN**, v. importante de la régence de Tunis; 50000 h.

KAISARIEH, anc. Césarée, v. de la Turquie d'Asie (Caramanie); 40000 h.

KAISERSLAUTERN, v. forte de la Bavière rhénane, sur la Lautern, où les Français battirent trois fois les Prussiens (1794).

KALMOUKS, peuple de race mongole, qui habite la Mongolie chinoise.

KALOUGA, v. de la Russie d'Europe; 37000 h.

KAMIESCH (BAIE DE), sur la côte de Crimée, où la flotte française stationna pendant le siège de Sébastopol (1854-1855).

KAMTCHADALE, sm. Indigène du Kamtchatka.

KAMTCHATKA, grande péninsule de la Russie d'Asie, entre la mer d'Okhotsk et celle de Kamtchatka; pop. 5000 h.; ch.-l. Nijne-Kamtchatka; v. pr. Pétropavlosk.

KANAKS, indigènes de la Polynésie.

KANARIS, amiral grec, s'illustra dans la guerre de l'indépendance (1792-1860).

KANDAHAR, une des principales villes de l'Afghanistan, aux Anglais; 50000 h.

KANSAS, riv. des États-Unis, se jette dans le Missouri; 1800 k. || Un des États-Unis d'Amérique; pop. 364377 h.; cap. Lecompton.

KANT (EMMANUEL), célèbre philosophe allemand (1724-1804).

KARA, riv. de Russie, sort des monts Oural, sépare l'Europe de l'Asie, se jette dans le golfe de Kara (océan Glacial arctique).

KARIKAL, v. de l'Hindoustan français, sur la côte de Coromandel; 13 000 h.

KARNAK, vge de la Haute-Égypte, au milieu des ruines de l'ancienne Thèbes.

KARPATHES, voy. CARPATHES.

KARS, v. forte de la Turquie d'Asie, prise par les Russes en 1855; 12 000 h.

KASBAH, nom donné par les Arabes de l'Afrique septentrionale à la citadelle ou au palais du souverain.

KATMANDOU, cap. du Népaul; 50 000 h.

KAULBACH, peintre allemand, né en 1805, auteur de fresques à Munich et à Berlin.

KAUNITZ (prince de), homme d'État et diplomate autrichien (1711-1794), signa le traité d'Aix-la-Chapelle en 1748, et le traité de 1756 qui assurait à l'Autriche le secours de la France contre la Prusse.

KAYSERSBERG, anc. ch.-l. de c. du Haut-Rhin, arr. de Colmar; 3173 h.; cédé à la Prusse en 1871.

KAZAN, v. forte de la Russie d'Europe, à l'E.; 70 000 h.

KEAN, célèbre acteur anglais (1787-1833).

KEHL, v. du gr.-duché de Bade, sur la rive dr. du Rhin, en face de Strasbourg; 1600 h.

KÉLAT, cap. du Béloutchistan; 10 000 h.

KELLERMANN, duc de Valmy, maréchal de France (1735-1820), battit avec Dumouriez les Prussiens à Valmy (1792).

KENSINGTON, v. d'Angleterre, à 5 k. de Londres; 44 000 h. Château royal.

KENT (royaume de), l'un des 7 États anglo-saxons. || Nom d'un comté d'Angleterre; pop. 734 000 h.; ch.-l. Cantorbéry.

KENTUCKY, riv. des États-Unis, affl. de l'Ohio. || L'un des États-Unis d'Amérique; pop. 1 321 011 h.; ch.-l. Francfort.

KÉPLER ou **KEPPLER** (JEAN), l'un des créateurs de l'astronomie moderne, né en Wurtemberg (1571-1630).

KHALED, général arabe (581-642), conquit la Syrie sous Omar.

KHARTOUM, v. de Nubie; 30 000 h.

KHIVA, v. forte du Turkestan, conquise par les Russes en 1874; 15 000 h.

KHOKAND, v. du Turkestan; 30 000 h.; anc. résidence de Gengis-khan.

KHORAÇAN ou **KHORASSAN**, prov. du N.-E. de la Perse; ch.-l. Meschod.

KHORSABAD, vge de la Turquie d'Asie, à 20 k. de Mossoul, où l'on a découvert les ruines d'un ancien palais assyrien.

KIEL, v. et port du Holstein sur la Baltique, réuni à la Prusse par le traité de Prague (1866).

KIERSY-SUR-OISE, v. de l'arr. de Laon, où Charles le Chauve rendit le capitulaire qui sanctionna l'hérédité des bénéfices et offices royaux (877).

KIEV, v. forte de la Russie d'Europe, sur le Dniéper; 70 000 h.

KILIMANDJARO, hautes montagnes de l'Afrique centrale, à l'O. du Zanguebar.

KILKENNY, v. d'Irlande, ch.-l. de comté dans la prov. de Leinster; 20 000 h.

KINGSTON, v. et port de la Jamaïque; 35 000 h. || Ville forte du Haut-Canada (Amérique anglaise); 14 000 h.

KIOU-SIOU, l'une des plus grandes îles du Japon; v. pr. Nagasaki ou Nangasaki.

KIRGHIZ, peuple nomade, d'origine mongole, habitant le pays situé au N. du Turkestan, de l'Oural à l'Irtisch.

KIZIL-ERMAK, anc. Halys, riv. de la Turquie d'Asie, se jette dans la mer Noire.

KLAPROTH (MARTIN-HENRI), chimiste allemand (1743-1817), a découvert trois corps simples. || Son fils, HENRI-JULES (1783-1835), a été un célèbre orientaliste.

KLÉBER, général français (1753-1800), remporta en Égypte la brillante victoire d'Héliopolis et fut assassiné au Caire.

KLEPHTES ou **ARMATOLES**, tribus belliqueuses du N. de la Grèce, qui ne reconnurent jamais la domination des Turcs.

KLOPSTOCK, l'un des plus grands poëtes de l'Allemagne (1724-1803), auteur du poëme épique la *Messiade*.

KNOX (JOHN), principal auteur de la Réforme en Écosse (1505-1572).

KOBI ou **COBI** (DÉSERT DE), partie occidentale des déserts du plateau central de l'Asie, dans l'empire chinois.

KOECHLIN, famille d'industriels alsaciens qui a fondé à Mulhouse la première fabrique d'indiennes en 1746.

KOENIGSBERG, v. forte et cap. de la prov. de Prusse; 106 000 h. Université.

KOERNER, poëte, le *Tyrtée de l'Allemagne*, fut tué au combat de Rosenberg (1791-1813).

KONG (MONTS), chaîne de montagnes de l'Afrique occidentale.

KONIÉH, anc. Iconium, v. forte de la Turquie d'Asie (Asie Mineure); 30 000 h.

KORAÏCHITES, voy. CORAISCHITES.

KORDOFAN, contrée de l'Afrique orientale (Soudan), annexée à l'Egypte (1820).

KOSCIUSZKO, général polonais (1746-1817), défendit l'indépendance de sa patrie contre les Autrichiens, les Russes et les Prussiens.

KOSSUTH, chef de la révolution hongroise de 1848, né en 1802.

KOTZEBUE, écrivain allemand, célèbre surtout par ses drames (1761-1819), assassiné par l'étudiant Sand. || Son fils, OTTO KOTZEBUE, navigateur au service de la Russie, a découvert sur la côte N.-O. de l'Amérique le golfe qui porte son nom (1816).

KOUKA, v. du Soudan, cap. du Bournou.

KOUR, riv. de la Turquie d'Asie, se jette dans la mer Caspienne.

KOURDISTAN ou pays des Kourdes, contrée de la Turquie d'Asie; v. pr. Mossoul. || Province de la Perse; ch.-l. Kermanchah.

KOURILES (LES), archipel d'Asie, au S. du Kamtchatka.

KREMLIN, palais des tzars à Moscou.

KRICHNA, un des noms de Vichnou, dans la mythologie indoue.

KRUPP (ALFRED), propriétaire de la fabrique d'acier fondu d'Essen (Prusse rhénane), créée par son père en 1810.

KUTAIEH, v. de la Turquie d'Asie; 50 000 h.

KUTUSOF, général russe (1745-1813), fut battu par Napoléon 1er à la Moskova, mais poursuivit les Français pendant la retraite de Russie (1812).

KYMRIS (LES), anc. peuple de l'Europe, Scythe d'origine, qui s'établit dans la Gaule.

L

LABAN, patriarche qui vivait en Mésopotamie, et qui donna en mariage ses deux filles, Lia et Rachel, à Jacob.

LABARTHE, ch.-l. de c. des Hautes-Pyrénées, arr. de Bagnères ; 800 h.

LABASTIDE-CLAIRENCE, ch.-l. de c. des Basses-Pyrénées, arr. de Bayonne ; 1450 h.

LABASTIDE-MURAT, ch.-l. de c. du Lot, arr. de Gourdon, 1688 h.

LA BEAUMELLE, littérateur français (1726-1773), a donné des *Mémoires pour servir à l'histoire de M*me *de Maintenon*.

LA BÉDOYÈRE (comte de), colonel d'un régiment de ligne, se déclara en faveur de Napoléon Ier, à son retour de l'île d'Elbe, et fut fusillé après les Cent-Jours (1815).

LABÉON, jurisconsulte romain, contemporain d'Auguste.

LABIENUS (Titus), lieutenant de César dans la guerre des Gaules, se tourna contre lui et fut tué à Munda (45 av. J.-C.).

LA BOÉTIE (Étienne de), ami de Montaigne, auteur du discours *De la servitude volontaire*, dirigé contre la royauté (1530-1563).

LABOUR (Terre de), province napolitaine du royaume d'Italie ; pop. 653 000 h. ; ch.-l. Caserte.

LA BOURDONNAIE (comte de), homme politique français (1767-1839), royaliste ardent dans les chambres de la Restauration.

LA BOURDONNAIS (MAHÉ DE), gouverneur des îles de France et de Bourbon, prit Madras (1746) ; mais désapprouvé par Dupleix, il retourna en France, où il fut enfermé à la Bastille ; bien que déclaré innocent, il mourut de chagrin (1699-1751).

LABRADOR, presqu'île de l'Amérique du Nord (Nouv.-Bretagne). Pelleteries.

LABRÈDE, ch.-l. de c. de la Gironde, arr. de Bordeaux ; 1556 h. Château de Montesquieu.

LABRIT, ch.-l. de c. des Landes, arr. de Mont-de-Marsan ; 1073 h.

LA BROSSE, voy. Brosse.

LABRUGUIÈRE, ch.-l. de c. du Tarn, arr. de Castres ; 3598 h. Draps.

LA BRUYÈRE (Jean de), célèbre moraliste français, auteur des *Caractères* (1645-1696).

LABYNIT, le même que Balthasar.

LABYRINTHE, ouvrage de Dédale en Crète, où fut enfermé le Minotaure.

LA CALPRENÈDE, écrivain français, m. en 1663, auteur de longs romans qui eurent de la vogue au xviie s.

LACAPELLE-MARIVAL, ch.-lieu de c. du Lot, arr. de Figeac ; 1527 h.

LACAUNE, ch.-l. de c. du Tarn, arr. de Castres ; 3553 h.

LACÉDÉMONE, un des deux noms de Sparte, tiré du roi Lacédémon.

LACÉDÉMONIEN, ENNE, *adj.* et *s.* Qui est de Lacédémone ; habitant de Lacédémone.

LACÉPÈDE (comte de), naturaliste français (1756-1825), continua l'*Histoire naturelle de Buffon* par l'*Histoire des reptiles* et l'*Histoire des poissons*.

LA CHAISE (le père de), jésuite (1624-1709), confesseur de Louis XIV, agrandit la maison de campagne des jésuites, le *Mont-Louis*, devenue en 1804 le *Cimetière du Père-Lachaise*, à Paris.

LA CHALOTAIS, procureur général au parlement de Bretagne, fut accusé d'avoir écrit des lettres anonymes à Louis XV ; il se justifia, et néanmoins fut privé de ses fonctions (1701-1785).

LA CHAPELLE (Jean de), littérateur et auteur dramatique français (1655-1723).

LA CHAUSSÉE, auteur dramatique franç., inventeur du drame larmoyant (1692-1754).

LACHÉSIS, l'une des trois Parques.

LA CONDAMINE (de), voyageur et savant franç. (1701-1774), explora l'Amérique mérid.

LACONIE, anc. contrée de la Grèce, dans le Péloponnèse ; cap. Sparte.

LACONIENS, habitants de la Laconie.

LACORDAIRE, célèbre prédicateur français, fondateur d'un nouvel ordre de Dominicains (1802-1861).

LACRETELLE (Pierre-Louis), jurisconsulte et publiciste français (1751-1824). || Son frère, dit Lacretelle le Jeune (1766-1855), membre de l'Académie française, a écrit l'*Histoire de la France pendant le* xviiie s., l'*Histoire de la Révolution française*, etc.

LACRYMA-CHRISTI (*larme du Christ*), *sm.* Vin qu'on recueille au pied du Vésuve.

LACTANCE, orateur et apologiste chrétien, né en Afrique, m. en 325.

LADISLAS, nom de sept rois de Hongrie. Le sixième (1439-1457), attaqué par les Turcs, fut sauvé par Jean Hunyade.

LADOGA, lac de Russie, le plus grand lac de l'Europe, s'écoule dans le golfe de Finlande par la Neva.

LAENNEC, médecin franç. (1781-1826), célèbre par la découverte de l'auscultation.

LAËRTE, roi d'Ithaque, père d'Ulysse.

LA FARE (marquis de), poète français (1644-1712).

LA FAYETTE (Gilbert de), maréchal de France (1380-1462), servit avec éclat le roi Charles VII contre les Anglais.

LA FAYETTE (Mme de), femme célèbre par son esprit et par ses relations avec la société lettrée du xviie s., et auteur de plusieurs romans (1634-1693).

LA FAYETTE (marquis de), alla soutenir la cause des Américains révoltés contre les Anglais, et fut le commandant de la garde nationale de Paris en 1789, puis en 1830 (1757-1834).

LAFFITTE (Jacques), financier français et homme politique (1767-1844), joua un rôle important dans la révolution de 1830, et fut ministre des finances et président du conseil sous Louis-Philippe, du 3 novembre 1830 au 13 mars 1831.

LA FONTAINE (Jean de), illustre fabuliste, né à Château-Thierry (1621-1695).

LAFORCE, ch.-l. de c. de la Dordogne, arr. de Bergerac ; 2074 h.

LA FORCE (Caumont de), famille originaire de Guyenne, à laquelle appartenait le duc de La Force, maréchal de France (1558-1652), qui fut l'un des serviteurs les plus dévoués de Henri IV.

LA FOSSE, poète dramatique français (1653-1708), auteur de *Manlius Capitolinus*.

LAFRANÇAISE, ch.-l. de c. du Tarn-et-Garonne, arr. de Montauban; 3507 h.

LA GALLISSONNIÈRE, amiral français, gagna la bataille de Minorque sur les Anglais (1756).

LAGHOUAT, v. d'Algérie; 3000 h.

LAGIDES ou descendants de Lagus, dynastie de rois grecs fondée par Ptolémée Soter, fils de Lagus; elle régna sur l'Égypte de 323 à 30 av. J.-C.

LAGNIEU, ch.-l. de c. de l'Ain, arr. de Belley; 2770 h.

LAGNY, ch.-l. de c. de Seine-et-Marne, arr. de Meaux; 3999 h.

LAGOR, ch.-l. de c. des Basses-Pyrénées, arr. d'Orthez; 1143 h.

LAGRANGE, illustre géomètre et mathématicien français (1736-1813).

LAGRANGE-CHANCEL, poète dramatique français (1677-1758).

LAGRASSE, ch.-l. de c. de l'Aude, arr. de Carcassonne; 1303 h.

LAGRENÉE, peintre français, élève de Carle Vanloo (1725-1805).

LAGUIOLE, ch.-l. de c. de l'Aveyron, arr. d'Espalion; 1989 h.

LA HARPE (J.-Fr. de), célèbre critique français (1739-1803), auteur d'un cours de littérature intitulé *le Lycée*.

LA HAYE, voy. HAYE.

LA HIRE, illustre capitaine français du règne de Charles VII, m. en 1443.

LAHORE, v. de l'Hindoustan anglais; 100 000 h.; donna son nom à un royaume qui a eu au XIXe s. Rundjet-Sing pour roi.

LAIGLE, ch.-l. de c. de l'Orne, arr. de Mortagne; 5285 h. Clouterie, épingles, etc.

LAIGNES, ch.-l. de c. de la Côte-d'Or, arr. de Châtillon-sur-Seine; 1380 h.

LAINÉ, homme politique français (1767-1835), président de la Chambre de 1815 et ministre de l'intérieur de 1816 à 1818.

LAÏS, femme grecque célèbre par sa beauté et son esprit, ve s. av. J.-C.

LAISSAC, ch.-l. de c. de l'Aveyron, arr. de Millau; 1422 h.

LAÏUS, roi de Thèbes, père d'Œdipe.

LAKANAL, membre de la Convention, prit une part active à la création de tous les établissements littéraires et scientifiques de la Révolution (1762-1845).

LALANDE, célèbre astronome français (1732-1807).

LALBENQUE, ch.-l. de c. du Lot, arr. de Cahors; 2063 h.

LALINDE, ch.-l. de c. de la Dordogne, arr. de Bergerac; 2066 h.

LALLY-TOLLENDAL (comte), commandant des établissements français dans l'Inde (1757), fit une guerre acharnée aux Anglais; vaincu et fait prisonnier, il obtint la permission de venir se justifier devant le parlement de Paris; il fut condamné et exécuté (1702-1766). Sa mémoire fut réhabilitée en 1778. || Son fils, le marquis de LALLY-TOLLENDAL(1751-1830), fut un des défenseurs de la monarchie constitutionnelle dans l'Assemblée constituante, et plus tard membre du Conseil privé de Louis XVIII.

LAMA, ch.-l. de c. de la Corse, arr. de Bastia; 467 h.

LAMARCHE, ch.-l. de c. des Vosges, arr. de Neufchâteau; 1754 h.

LAMARCK (de), naturaliste français, posa le premier le problème de la variabilité des espèces (1744-1829).

LA MARMORA (marquis de), général piémontais, ministre de la guerre du roi d'Italie Victor Emmanuel II, né en 1804.

LAMARQUE (comte), général français (1770-1832), se distingua dans les guerres de la République et de l'Empire, et fut, sous Charles X et Louis-Philippe, l'un des chefs de l'opposition libérale.

LAMARTINE (Alphonse PRAT DE), poète français (1790-1869), auteur des *Méditations poétiques* (1820), des *Harmonies poétiques et religieuses*(1829), du poème de *Jocelyn* (1835), des *Recueillements poétiques* (1839), de l'*Histoire des Girondins* (1847), etc., membre du Gouvernement provisoire de 1848.

LA MARTINIÈRE (DE), géographe et historien français (1683-1749).

LAMASTRE, ch.-l. de c. de l'Ardèche, arr. de Tournon; 3180 h.

LAMBALLE, ch.-l. de c. des Côtes-du-Nord, arr. de Saint-Brieuc; 4205 h.

LAMBALLE (princesse de), amie fidèle de la reine Marie-Antoinette, périt dans les massacres de septembre (1748-1792).

LAMBESC, ch.-l. de c. des Bouches-du-Rhône, arr. d'Aix; 3038 h.

LAMBESSA, vge d'Algérie, à 100 kil. de Constantine.

LAMECH, patriarche, père de Noé.

LA MENNAIS (l'abbé de), célèbre écrivain français, né à Saint-Malo (1782-1854), auteur de l'*Essai sur l'Indifférence*, des *Paroles d'un croyant*, etc.

LAMETH (Charles, comte de) (1757-1832), et son frère, Alexandre (1760-1829), membres de l'Assemblée constituante, furent les adversaires de Mirabeau et les défenseurs de la royauté constitutionnelle.

LAMIA, v. anc. de Thessalie. || Guerre Lamiaque, lutte que les Athéniens et leurs alliés soutinrent contre Antipater, gouverneur de Macédoine, après la mort d'Alexandre le Grand; elle avait commencé par le siège de Lamia.

LAMOIGNON (Guillaume de), magistrat français (1617-1677), premier président du parlement de Paris. L'un de ses petits-fils, Guillaume II, premier président de la Cour des aides, puis chancelier (1683-1772), fut le père de Malesherbes.

LA MONNOYE (de), poète et érudit franç. (1641-1728), auteur des *Noëls bourguignons*.

LAMORICIÈRE (de), général français (1806-1865), se distingua en Algérie, fut ministre de la guerre en 1848; accepta le commandement des troupes pontificales en 1860 et fut vaincu par les Piémontais à Castelfidardo.

LA MOTHE-HOUDANCOURT (comte de), maréchal de France (1605-1657), fut vice-roi de Catalogne.

LA MOTHE LE VAYER (François de), écrivain et philosophe français (1588-1672).

LAMOTTE-BEUVRON, ch.-l. de c. de Loir-et-Cher, arr. de Romorantin; 1680 h.

LAMOTTE-PIQUET (comte de), amiral français (1720-1791), se distingua dans la guerre de l'Indépendance américaine.

LAMOURETTE, évêque constitutionnel de Lyon, député à la Législative, fit, le 7 juillet 1792, une motion pour réunir dans un même esprit les membres de l'Assemblée ; ce qu'on appela le *Baiser Lamourette*. Il fut condamné par le tribunal révolutionnaire en 1794.

LAMPRIDE, l'un des auteurs latins de l'*Histoire Auguste*, vers 300 ap. J.-C.

LAMPSAQUE, v. de Mysie (Asie Mineure).

LAMURE, ch.-l. de c. du Rhône, arr. de Villefranche ; 1047 h.

LANCASTRE, ch.-l. du Lancashire (Angleterre) ; 15000 h.

LANCASTRE (maison de), maison issue d'un troisième fils d'Édouard III, qui donna trois rois à l'Angleterre, Henri IV, Henri V et Henri VI (1399-1471).

LANCASTRE (détroit de), au N. de l'Amérique, entre la mer de Baffin et le bassin de Melville.

LANCASTRE (Joseph), instituteur anglais (1778-1838), propagea la méthode de Bell, dite *enseignement mutuel*.

LANCASTRIEN, partisan de la maison de Lancastre ou de la *Rose Rouge*.

LANCELOT, solitaire de Port-Royal (1615-1695), auteur des *Méthodes* pour l'étude du latin, du grec, du français, etc.

LANCELOT DU LAC, un des chevaliers de la Table-Ronde.

LANCRET, peintre français (1690-1743).

LANDAU, v. de la Bavière rhénane ; 12000 h.

LANDEN, v. de Belgique (prov. de Liége) ; 1000 h. Domaine de Pepin de Landen.

LANDERNEAU, ch.-l. de c. du Finistère, arr. de Brest, sur la rade de Brest ; 7717 h.

LANDES (dép. des), formé d'une partie de la Gascogne ; ch.-l. Mont-de-Marsan ; 3 arr. Mont-de-Marsan, Dax et Saint-Sever ; pop. 300528 h.

LANDIT ou **LENDIT**, foire qui se tenait à Saint-Denis, et s'ouvrait le 11 juin.

LANDIVISIAU, ch.-l. de c. du Finistère, arr. de Morlaix ; 3303 h.

LANDIVY, ch.-l. de c. de la Mayenne, arr. de Mayenne ; 2020 h.

LANDRECIES, ch.-l. de c. du Nord, arr. d'Avesnes ; 3990 h.

LANDRI ou **LANDRY**, maire du palais de Neustrie, fut accusé d'avoir assassiné Chilpéric Ier (584).

LANDRI (saint), évêque de Paris vers 650, fonda, dit-on, l'Hôtel-Dieu.

LANDSEER (sir Edwin), l'un des plus célèbres peintres de l'école anglaise (1803-1860).

LANDSER, anc. ch.-l. de c. du Haut-Rhin, arr. de Mulhouse ; 534 h. ; cédé à la Prusse en 1871.

LANFRANC, prélat et théologien italien (1005-1089), fonda une école célèbre à l'abbaye du Bec près de Rouen, et fut nommé archevêque de Cantorbéry par Guillaume le Conquérant.

LANGEAC, ch.-l. de c. de la Haute-Loire, arr. de Brioude ; 3773 h.

LANGEAIS, ch.-l. de c. d'Indre-et-Loire, arr. de Chinon ; 3450 h.

LANGOGNE, ch.-l. de c. de la Lozère, arr. de Mende ; 3040 h.

LANGON, ch.-l. de c. de la Gironde, arr. de Bazas ; 4647 h.

LANGRES, ch.-l. d'arr. de la Haute-Marne, à 34 k. de Chaumont ; 9633 h. Évéché. Coutellerie estimée.

LANGUEDOC, prov. de l'anc. France, cap. Toulouse, fut réuni à la France par parties, sous saint Louis, Philippe le Hardi, Philippe de Valois et Henri IV.

LANGUEDOC (canal du) ou *du Midi*, construit par Paul Riquet (1664-1681), réunit la Garonne à la Méditerranée, de Toulouse à Cette sur l'étang de Thau.

LANGUEDOCIEN, IENNE, adj. et s. Qui est du Languedoc ; habitant du Languedoc.

LANJUINAIS (comte), membre de l'Assemblée constituante et de la Convention, président de la Chambre des représentants en 1815 (1753-1827).

LANMEUR, ch.-l. de c. du Finistère, arr. de Morlaix ; 2729 h.

LANNEAU (de) fonda en 1798 à Paris, dans les bâtiments de l'ancien collége Sainte-Barbe, l'institution *Sainte-Barbe* (1758-1830).

LANNEMEZAN, ch.-l. de c. des Hautes-Pyrénées, arr. de Bagnères ; 1772 h.

LANNES, duc de Montebello, maréchal de France, fut blessé mortellement à Essling (1769-1809).

LANNILIS, ch.-l. de c. du Finistère, arr. de Brest ; 3318 h.

LANNION, ch.-l. d'arr. des Côtes-du-Nord, à 65 kil. de Saint-Brieuc ; 6223 h.

LANNOY, ch.-l. de c. du Nord, arr. de Lille ; 1842 h.

LANOUAILLE, ch.-l. de c. de la Dordogne, arr. de Nontron ; 1556 h.

LA NOUE (François de), capitaine français (1531-1591), se distingua par ses vertus dans les guerres de religion.

LANSLEBOURG, ch.-l. de c. de la Savoie, arr. de St-Jean-de-Maurienne ; 1303 h.

LANTA, ch.-l. de c. de la Haute-Garonne, arr. de Villefranche ; 1525 h.

LANTARA, peintre français (1729-1778).

LANUVIUM, anc. v. du Latium.

LANVOLLON, ch.-l. de c. des Côtes-du-Nord, arr. de Saint-Brieuc ; 1577 h.

LAOCOON, prêtre d'Apollon, fut étouffé avec ses deux fils par deux serpents monstrueux, pour avoir frappé d'un javelot le cheval de bois construit par les Grecs en l'honneur de Minerve.

LAODICÉE, nom de plusieurs v. de Syrie.

LAOMÉDON, roi de Troie, père de Priam.

LAON (lan), ch.-l. du dép. de l'Aisne, à 140 k. de Paris ; 10365 h.

LAO-TSEU, philosophe du vie s. av. J.-C., auteur d'un des livres sacrés des Chinois.

LAPALISSE, ch.-l. d'arr. de l'Allier, à 51 k. de Moulins ; 2771 h.

LA PALISSE (seigneur de), se distingua dans les guerres d'Italie sous Charles VIII, Louis XII et François Ier ; tué à Pavie (1525).

LA PÉROUSE (de), marin français (1741-1788), fit un voyage de découvertes avec les frégates la *Boussole* et l'*Astrolabe*, et périt dans l'île de Vanikoro, en Mélanésie.

LAPIE, géographe français (1779-1850).

LAPITHES, anc. peuple de Thessalie, célèbre par ses luttes contre les Centaures.

LAPLACE (marquis de), illustre géomètre et astronome français (1749-1827), auteur de la *Mécanique céleste*, etc.

LAPLEAU, ch.-l. de c. de la Corrèze, arr. de Tulle ; 1027 h.

LAPLUME, ch.-l. de c. du Lot-et-Garonne, arr. d'Agen ; 1638 h.

LAPON, ONE, *adj.* et s. Qui est de Laponie ; habitant de la Laponie.

LAPONIE, vaste région au N. de la Norvège, de la Suède et de la Russie ; 26 000 h.

LAPRADE (Victor DE), poète français, membre de l'Académie française, né en 1812.

LAQUÉDIVES, archipel de la mer des Indes ; 6890 h.

LA QUINTINYE (JEAN DE), agronome français (1626-1688), auteur de l'*Instruction pour les jardins fruitiers et potagers*.

LARA, maison célèbre de Castille.

LARAGNE, ch.-l. de c. des Hautes-Alpes, arr. de Gap ; 1010.

LARCHE, ch.-l. de c. de la Corrèze, arr. de Brive ; 851 h.

LARCHER, helléniste français (1726-1812).

LA RENAUDIE (DE), gentilhomme français du parti protestant, chargé d'enlever le roi François II dans la conjuration d'Amboise, il fut tué d'un coup de feu (1560).

LA REVELLIÈRE-LÉPEAUX (DE), membre du Directoire, et créateur de la secte des Théophilanthropes (1753-1824).

LA REYNIE (DE), le premier lieutenant général de police à Paris, en 1667 (1625-1709).

LARGENTIÈRE, ch.-l. d'arr. de l'Ardèche, à 49 k. de Privas ; 3153 h.

LARGILLIÈRE (NICOLAS DE), peintre français, célèbre par ses portraits (1656-1746).

LARISSE, anc. v. de Thessalie.

LARIUS, nom anc. du lac de Côme.

LAROCHE-CANILLAC, ch.-l. de c. de la Corrèze, arr. de Tulle ; 508 h.

LA ROCHEFOUCAULD, ch.-l. de c. de la Charente, arr. d'Angoulême ; 2621 h.

LA ROCHEFOUCAULD (duc DE), joua un rôle important dans les guerres de la Fronde contre Mazarin ; il est l'auteur de *Mémoires* et de *Maximes* (1613-1680).

LA ROCHEFOUCAULD-LIANCOURT (duc DE), célèbre par ses bonnes œuvres et ses fondations pieuses (1747-1827).

LA ROCHEJAQUELEIN (comte DE), chef vendéen, vainqueur à Laval, fut tué dans sa retraite sur la Loire (1772-1794).

LAROMIGUIÈRE, philosophe français (1756-1837).

LAROQUE, ch.-l. de c. du Lot-et-Garonne, arr. d'Agen ; 1268 h.

LAROQUEBROU, ch.-l. de c. du Cantal, arr. d'Aurillac ; 1496 h.

LARREY (baron), chirurgien en chef des armées du 1er Empire (1766-1842).

LARUNS, ch.-l. de c. des Basses-Pyrénées, arr. d'Oloron ; 2279 h.

LA SABLIÈRE (Mme DE), femme célèbre par son esprit ; elle recueillit La Fontaine chez elle (1636-1693).

LASALE ou **LASALLE** (CAVELIER, sieur DE), voyageur français, explora le Mississipi et donna au pays qu'il découvrit le nom de *Louisiane* (1640-1687).

LA SALLE (J.-B. DE), chanoine de Reims, institua les *Frères des écoles chrétiennes* (1651-1719).

LASALLE, ch.-l. de c. du Gard, arr. du Vigan ; 2430 h.

LASCARIS (THÉODORE), proclamé empereur au moment où les Croisés entraient dans Constantinople (1204), se réfugia en Asie et y fonda l'empire de Nicée. || JEAN LASCARIS régna à Nicée de 1259 à 1261, et fut détrôné par Michel Paléologue.

LASCARIS (CONSTANTIN), grammairien grec, quitta Constantinople en 1454, et vint se fixer en Italie.

LASCARIS (JEAN), Grec de Byzance, trouva un asile à Florence et à Paris, où il enseigna le grec (1445-1535).

LAS CASAS, prélat espagnol, se voua à la défense des Indiens, victimes de l'avidité cruelle des Espagnols (1474-1566).

LAS-CASES (marquis DE), accompagna Napoléon à Ste-Hélène, et publia le *Mémorial de Sainte-Hélène* ; il est aussi l'auteur de l'*Atlas historique et géographique* qui parut sous le nom de Le Sage (1766-1842).

LASSA, cap. du Thibet ; 40 000 h.

LASSAY, ch.-l. de c. de la Mayenne, arr. de Mayenne ; 2358 h.

LASSEUBE, ch.-l. de c. des Basses-Pyrénées, arr. d'Oloron ; 2625 h.

LASSIGNY, ch.-l. de c. de l'Oise, arr. de Compiègne ; 964 h.

LATIN (EMPIRE), fondé à Constantinople, en 1204, par Baudouin de Flandre, chef des Croisés, détruit en 1261. Les empereurs furent Baudouin Ier, Henri, Pierre et Robert de Courtenay, enfin Baudouin II.

LATINI (BRUNETTO), savant italien, maître de Dante, écrivit en français le *Livre du Trésor*, sorte d'encyclopédie (1230-1294).

LATINUS, roi du Latium, père de Lavinie.

LATIUM, anc. pays de l'Italie qui s'étendait du Tibre au Liris.

LATONE, mère de Diane et d'Apollon.

LA TOUCHE-TRÉVILLE, amiral français, mourut lorsqu'il venait d'être appelé au commandement de la flottille destinée par Napoléon Ier à transporter son armée en Angleterre (1745-1804).

LATOUR (de), peintre français, célèbre par ses portraits au pastel (1704-1788).

LATOUR-D'AUVERGNE, ch.-l. de c. du Puy-de-Dôme, arr. d'Issoire ; 2183 h.

LA TOUR-D'AUVERGNE (Henri DE), duc de Bouillon, servit d'abord Henri IV, puis conspira contre lui (1555-1623) ; il fut le père du maréchal de Turenne.

LA TOUR-D'AUVERGNE, surnommé le *premier grenadier de la République*, fut tué d'un coup de lance à Oberhausen (1800).

LATOUR-DE-FRANCE, ch.-l. de c. des Pyrénées-Orient., arr. de Perpignan ; 1364 h.

LA TOUR-DU-PIN, ch.-l. d'arr. de l'Isère, à 64 k. de Grenoble ; 2837 h.

LA TOUR-MAUBOURG (marquis DE), général français, servit avec éclat sous le 1er Empire et fut ministre de la guerre sous Louis XVIII (1768-1850).

LATRAN, l'une des 5 basiliques patriarcales de Rome. || Palais de Latran, résidence des papes à Rome jusqu'à leur départ pour Avignon (1308).

LA TRÉMOILLE ou **LA TRÉMOUILLE** (GEORGES DE), favori et mauvais conseiller de Charles VII, fut l'ennemi de Jeanne d'Arc (1385-1446). || Son petit-fils, LOUIS DE LA TRÉMOUILLE, se distingua dans les guerres d'Italie, fut vainqueur à Fornoue et tué à Pavie (1460-1525).

LATRONQUIÈRE, ch.-l. de c. du Lot, arr. de Figeac ; 566 h.

LATUDE (Masers de), mis à la Bastille en 1749, s'échappa, fut repris et n'obtint sa liberté qu'en 1784.

LAUBARDEMONT, conseiller d'État sous Louis XIII, se fit l'instrument des vengeances de Richelieu.

LAUENBOURG, sur l'Elbe, cap. d'un duché attribué au Danemark en 1815, et usurpé par la Prusse en 1864.

LAUNAY (marquis de), dernier gouverneur de la Bastille, fut massacré par le peuple, le 14 juillet 1789.

LAURE, femme célèbre par les vers de Pétrarque, naquit à Noves près d'Avignon, épousa Hugues de Sade et mourut de la peste noire (1307-1348).

LAURENT (saint), martyr romain sous Valérien, fut brûlé sur un gril (258).

LAURENT (SAINT-), grand fl. de l'Amérique du N., sort du lac Ontario, traverse le Canada, et se jette dans le golfe du Saint-Laurent ; 1100 k.

LAURENT (SAINT-), ch.-l. de c. du Jura, arr. de Saint-Claude ; 1085 h.

LAURENT-DE-CHAMOUSSET (SAINT-), ch.-l. de c. du Rhône, arr. de Lyon ; 1807 h.

LAURENT-DE-NESLE (SAINT-), ch.-l. de c. des H^tes-Pyrénées, arr. de Bagnères ; 1326 h.

LAURENT-DU-PONT (SAINT-), ch.-l. de c. de l'Isère, arr. de Grenoble ; 1808 h.

LAURENT-ET-BENON (SAINT-), ch.-l. de c. de la Gironde, arr. de Lesparre ; 3146 h.

LAURENT-SUR-GORRE (SAINT-), ch.-l. de c. de la Haute-Vienne, arr. de Rochechouart ; 2503 h.

LAURIÈRE, ch.-l. de c. de la Haute-Vienne, arr. de Limoges ; 1441 h.

LAURIÈRE, jurisconsulte, auteur de savants écrits sur les coutumes (1659-1728).

LAURISTON (marquis de) (1768-1828), servit Napoléon Ier, et devint maréchal de France en 1823.

LAURIUM, auj. cap Colonne, promontoire de l'Attique ; mines d'argent.

LAUSANNE, cap. du canton de Vaud (Suisse), à 500 m. du lac de Genève ; 26 500 h.

LAUTER (LA), riv. de la Bavière rhénane, affl. du Rhin ; 70 kil.

LAUTERBOURG, anc. ch.-l. de c. du Bas-Rhin, arr. de Wissembourg ; 2005 h. ; cédé à la Prusse en 1871.

LAUTREC, ch.-l. de c. du Tarn, arr. de Castres ; 3154 h.

LAUTREC, seigneur français, se distingua dans les guerres d'Italie sous Louis XII et François Ier, fut vaincu à la Bicoque, mourut en assiégeant Naples (1528).

LAUZERTE, ch.-l. de c. du Tarn-et-Garonne, arr. de Moissac ; 2895 h.

LAUZÈS, ch.-l. de c. du Lot, arr. de Cahors ; 417 h.

LAUZET (LE), ch.-l. de c. des Basses-Alpes, arr. de Barcelonnette ; 867 h.

LAUZUN, ch.-l. de c. du Lot-et-Garonne, arr. de Marmande ; 1318 h.

LAUZUN (duc de), seigneur de la cour de Louis XIV (1632-1723) ; momentanément disgracié, il passa dix ans en prison, puis épousa secrètement Mlle de Montpensier.

LAVAL, ch.-l. de la Mayenne, à 300 k. de Paris, sur la Mayenne ; 26 353 h. Évêché.

LA VALETTE (Parisot de), grand-maître de Malte, repoussa glorieusement une attaque des Turcs (1494-1568).

LA VALETTE (comte de), directeur général des postes, condamné à mort pour son rôle pendant les Cent-Jours, s'évada de prison, grâce au dévouement de sa femme (1769-1830).

LA VALLIÈRE (duchesse de), femme de la cour de Louis XIV (1644-1710), renonça au monde pour s'enfermer dans le couvent des Carmélites, en 1674.

LAVARDAC, ch.-l. de c. du Lot-et-Garonne, arr. de Nérac ; 2240 h.

LAVARDIN (marquis de), ambassadeur de France à Rome au moment de la querelle de Louis XIV avec Innocent XI (1687).

LAVATER, né à Zurich (1741-1801), inventeur de la *Physiognomonie* ou art de connaître les hommes par la physionomie.

LAVAUR, ch.-l. d'arr. du Tarn, à 40 kil. d'Albi ; 7331 h.

LAVEAUX, lexicographe français (1749-1827), auteur d'un *Dict. de la langue franç.*

LAVELANET, ch.-l. de c. de l'Ariége, arr. de Foix ; 3292 h.

LAVENTIE, ch.-l. de c. du Pas-de-Calais, arr. de Béthune ; 4099 h.

LAVINIE, fille de Latinus, fiancée à Turnus, épousa Énée, dont elle eut Sylvius.

LAVINIUM, v. anc. du Latium.

LAVIT, ch.-l. de c. du Tarn-et-Garonne, arr. de Castelsarrasin ; 1519 h.

LAVOISIER, savant français, fondateur de la chimie moderne, fut enveloppé dans la proscription des fermiers généraux et mourut sur l'échafaud (1743-1794).

LAVOULTE, ch.-l. de c. de l'Ardèche, arr. de Privas ; 3534 h.

LAVOÛTE-CHILHAC, ch.-l. de c. de la Haute-Loire, arr. de Brioude ; 752 h.

LAW, fameux financier, né à Édimbourg (1671-1729) ; grâce à la protection du Régent, il créa à Paris la *Compagnie des Indes* et une *Banque*, qui, après un succès inouï, aboutirent à une effroyable banqueroute.

LAYA (Jean-Louis), auteur dramatique français (1761-1833), connu surtout par sa comédie l'*Ami des lois*, jouée en 1793.

LAYBACH, cap. de la Carniole ; 23 000 h. Il s'y tint un congrès en 1820-1821, à l'occasion des révolutions d'Italie.

LAZARE (saint), frère de Marthe et de Marie, fut ressuscité par Jésus.

LAZARE (Hospitaliers de Saint-), ordre religieux et militaire, fondé en 1119, à Jérusalem, pour soigner les lépreux.

LAZARISTES ou Prêtres de la Mission, congrégation fondée par saint Vincent de Paul pour former des missionnaires (1625).

LÉANDRE, jeune Grec d'Abydos, se noya en traversant à la nage l'Hellespont pour aller voir Héro, prêtresse de Vénus à Sestos, dont il était aimé.

LE BEAU (Charles), humaniste et historien français, auteur d'une *Histoire du Bas-Empire* (1701-1778).

LEBEUF (l'abbé), auteur de l'*Histoire du diocèse de Paris* et de savants écrits sur notre histoire nationale (1687-1760).

LE BON (Joseph), conventionnel, fit régner la Terreur dans le Pas-de-Calais (1765-1795).

LE BRUN (Charles), peintre français, reçut de Louis XIV la direction des travaux d'art dans les bâtiments de la couronne et surtout dans le palais de Versailles (1619-1690).

LEBRUN (Charles-François), duc de Plaisance, fut désigné comme 3e consul par Bonaparte (1799), puis devint architrésorier de l'Empire (1739-1824).

LEBRUN (Écouchard), poète français, auteur d'*Odes* et d'*Épigrammes* (1729-1807).

LEBRUN (Élisabeth Vigée, Mme), peintre célèbre de portraits (1755-1842).

LECCO, v. d'Italie sur le Lecco, bras oriental du lac de Côme.

LECH, affl. du Danube, en Bavière.

LECK, bras du Rhin qui se confond avec la Meuse au-dessus de Rotterdam.

LE CLERC (Pérnet), livra les clefs de Paris aux soldats de Jean sans Peur (1418).

LECLERC (Victor-Emmanuel), général français (1772-1802), épousa Pauline Bonaparte, fut chargé de l'expédition contre Saint-Domingue, et mourut de la fièvre jaune. Sa veuve épousa le prince Borghèse.

LECLERC (Théodore), auteur dramatique français, connu par ses *Proverbes dramatiques* (1777-1851).

LECLERC (Victor), érudit, doyen de la Faculté des lettres de Paris (1789-1866).

LECOUVREUR (Adrienne), célèbre tragédienne française (1692-1730).

LECTISTERNE, sm. Festins sacrés offerts chez les Romains aux statues des dieux.

LECTOURE, ch.-l. d'arr. du Gers, à 36 k. d'Auch; 3733 h. Patrie de Lannes.

LÉDA, femme de Tyndare, mère de Castor, Pollux, Hélène et Clytemnestre.

LE DAIN ou **LE DAIM** (Olivier), barbier et favori de Louis XI, fut pendu après la mort de son protecteur (1484).

LEDIEU (abbé), m. en 1713, a écrit des *Mémoires* sur Bossuet, dont il était secrétaire.

LÉDIGNAN, ch.-l. de c. du Gard, arr. d'Alais; 685 h.

LEDRU-ROLLIN, homme politique français (1807-1874), ministre de l'Intérieur dans le Gouvernement provisoire de 1848.

LEEDS, v. industrielle du comté d'York, en Angleterre; 259 000 h.

LEEUWARDEN, cap. de la Frise (Pays-Bas); 26 000 h.

LEFEBVRE (François-Joseph), duc de Dantzig, maréchal de France (1755-1820).

LEFEBVRE-DESNOUETTES (comte), général français, fut condamné à mort par contumace pour avoir soulevé ses soldats en faveur de Napoléon au retour de l'île d'Elbe (1773-1822).

LEFRANC DE POMPIGNAN, poète lyrique français (1709-1784).

LEGÉ, ch.-l. de c. de la Loire-Inférieure, arr. de Nantes; 4455 h.

LEGENDRE, mathématicien français (1752-1833), auteur d'*Éléments de géométrie*.

LÉGER (saint), évêque d'Autun, ministre de Childéric II, fut mis à mort par Ébroin, maire du palais de Neustrie (616-678).

LÉGER-SOUS-BEUVRAY (SAINT-), ch.-l. de c. de Saône-et-Loire, arr. d'Autun; 1583 h.

LEGNAGO, v. forte de la Vénétie, sur l'Adige, l'une des villes du quadrilatère; 10 000 h.

LEGNANO, v. d'Italie (province de Milan); 3000 h.

LEGOUVÉ (J.-B.), poète dramatique français (1764-1812), auteur du poème *le Mérite des femmes*. || Ernest Legouvé, fils du précédent, né en 1807, auteur dramatique, membre de l'Académie française.

LE GRAS (Louise de Marillac), fondatrice de la congrégation des *Sœurs de la Charité* (1591-1660).

LÉGUEVIN, ch.-l. de c. de la Haute-Garonne, arr. de Toulouse; 988 h.

LEIBNIZ, savant illustre, né à Leipzig, inventeur du calcul différentiel (1646-1716).

LEICESTER, v. d'Angleterre, cap. du comté de même nom; 95 000 h.

LEIGNÉ-SUR-USSEAU, ch.-l. de c. de la Vienne, arr. de Châtellerault; 868 h.

LEINSTER, l'une des quatre prov. de l'Irlande, à l'E.; v. pr. Dublin.

LEIPZIG ou **LEIPSICK**, ville du roy. de Saxe; 90 000 h. Grand commerce de librairie; foires célèbres. || Défaite de Napoléon Ier par les Alliés, le 18 octobre 1813.

LEITHA, affl. de dr. du Danube, divise l'empire austro-hongrois en pays cisleithans et transleithans.

LEKAIN, tragédien français (1729-1778).

LÉLÉGES, anc. tribu de la Grèce.

LE LORRAIN (Claude), voy. Gelée.

LEMAIRE (détroit de), au S. de l'Amérique, entre la Terre des États et la Terre de Feu, découvert par le Hollandais Lemaire (1616).

LEMAISTRE (Antoine), petit-fils d'Antoine Arnauld, avocat et traducteur français, se retira à Port-Royal (1608-1658).

LEMAISTRE DE SACY, voy. Sacy.

LÉMAN (lac), voy. Genève.

LEMBERG ou **LÉOPOL**, cap. de la Galicie (États autrichiens); 87 000 h.

LEMBEYE, ch.-l. de c. des Basses-Pyrénées, arr. de Pau; 1188 h.

LEMERCIER (Népomucène), poète dramatique français (1771-1840).

LEMIERRE, poète dramatique et didactique français (1723-1793).

LEMNOS, auj. Lemno, île de la mer Égée, aux Turcs; 9000 h.

LEMONTEY, historien et publiciste français (1762-1826).

LENA, fl. de la Sibérie, se jette dans l'océan Glacial arctique; 3900 k.

LE NAIN, nom de trois frères, peintres français du XVIIe siècle.

LENCLOÎTRE, ch.-l. de c. de la Vienne, arr. de Châtellerault; 1930 h.

LENCLOS (Ninon de), femme du XVIIe s. célèbre par sa beauté (1620-1705).

LENOIR (Pierre), lieutenant général de la police à Paris en 1776, institua le Mont-de-piété, assainit, éclaira Paris, etc.

LE NÔTRE ou **LE NOSTRE**, dessinateur de jardins (1613-1700), créa les parcs de Versailles, de Trianon, le jardin des Tuileries.

LENS, ch.-l. de c. du Pas-de-Calais, arr. de Béthune; 7298 h. || Victoire de Condé qui amena le traité de Westphalie (1648).

LEOBEN, v. de Styrie, où furent signés les préliminaires de Campo-Formio (1797).

LÉON, v. d'Espagne, ch.-l. de la prov. de même nom; 6000 h. || Royaume de Léon, fondé en 913 par Ordoño, réuni à la Castille par Ferdinand III, en 1230. || Province comprise entre les Asturies, la Galice et la Vieille-Castille. || Ile de Léon, petite île qui renferme Cadix.

LÉON, nom de six empereurs d'Orient, entre autres Léon III l'Isaurien (718-741), sous lequel l'exarchat de Ravenne et Rome se séparèrent de l'Empire, et qui déclara la guerre aux images; LÉON VI (886-911), qui déposa le patriarche Photius. || Nom de douze papes, entre autres saint LÉON le Grand qui décida Attila à la retraite (452); LÉON III, qui sacra Charlemagne empereur d'Occident à Rome (800); LÉON X (Jean de Médicis), pape de 1513 à 1521, qui fut l'adversaire de Louis XII et de François Ier, condamna Luther, et fut un protecteur éclairé des lettres et des arts.

LÉONARD, dit le Limousin, peintre émailleur célèbre, né à Limoges (1505-1580).

LÉONARD DE VINCI, voy. VINCI.

LÉONARD (SAINT-), ch.-l. de c. de la Haute-Vienne, arr. de Limoges; 6011 h.

LÉONIDAS, roi de Sparte, mort aux Thermopyles avec 300 Spartiates (480 av. J.-C.) pour la défense de la Grèce contre les Perses, commandés par Xerxès.

LÉOPARDI, poète italien (1798-1837).

LÉOPOLD Ier, empereur d'Allemagne de 1658 à 1705, menacé dans Vienne par les Turcs, fut sauvé par Jean Sobieski (1683); lutta contre Louis XIV et fut forcé d'accepter les traités de Nimègue et de Ryswyck. || LÉOPOLD II, 2e fils de François Ier et de Marie-Thérèse, empereur de 1790 à 1792, frère de Marie-Antoinette.

LÉOPOLD Ier, fils du duc de Saxe-Cobourg (1790-1865), fut élu roi des Belges en 1831. || Son fils, LÉOPOLD II, né en 1835, règne actuellement en Belgique depuis 1865.

LÉPANTE, jadis Naupacte, v. d'Acarnanie, en Grèce, sur le golfe de Lépante, autrefois golfe de Corinthe, où don Juan d'Autriche détruisit la flotte turque (1571).

LEPAUTE, famille de mécaniciens français (XVIIIe et XIXe s.), qui perfectionna la construction des horloges.

LEPAUTRE (Antoine), architecte français (1621-1691), auteur des ailes du château de St-Cloud et de la cascade. || Son neveu, Pierre, fut sculpteur (1660-1744).

LE PELLETIER DE SAINT-FARGEAU, membre de la Convention, fut assassiné au Palais-Royal par le garde du corps Pâris (1760-1793).

LE PÈRE (J.-B.), architecte français (1761-1844), éleva la colonne de la place Vendôme à Paris, en 1806.

LÉPICIÉ (Bernard) (1698-1755), et son fils, Nicolas-Bernard (1735-1784), peintres et graveurs français.

LÉPIDUS (Marcus Æmilius), triumvir avec Octave et Antoine (43 av. J.-C.).

LEPSIUS, célèbre orientaliste allemand, né en 1813, a publié de grands travaux sur l'Égypte ancienne.

LEPTIS, colonie des Phéniciens, au N. de l'Afrique.

LÉRÉ, ch.-l. de c. du Cher, arr. de Sancerre; 1681 h.

LÉRIDA, v. d'Espagne, ch.-l. de la prov. de même nom, en Catalogne; 16000 h. || Victoire de César sur les lieutenants de Pompée, Afranius et Pétréius (49 av. J.-C.).

LÉRINS, îles françaises de la Méditerranée, sur la côte S. des Alpes-Maritimes; ce sont Saint-Honorat et Ste-Marguerite.

LERME (duc de), ministre espagnol, favori de Philippe III, m. disgracié en 1623.

LERNE, marais de l'Argolide.

LEROY (Pierre), chanoine, auteur de la 1re partie de la Satire Ménippée (XVIe s.).

LE SAGE, célèbre écrivain français, auteur du roman de Gil Blas et de la comédie de Turcaret, etc. (1668-1747).

LESBIEN, IENNE, adj. et sm. et f. Qui est de Lesbos; habitant de Lesbos.

LESBOS, auj. Mytilini, île de l'Archipel, sur la côte d'Anatolie, à la Turquie; 100000 h.

LESCAR, ch.-l. de c. des Basses-Pyrénées, arr. de Pau; 1807 h.

LESCOT (Pierre), célèbre architecte français, construisit le pavillon de l'Horloge du vieux Louvre (1510-1571).

LESCURE (marquis de), général vendéen (1766-1793).

LESDIGUIÈRES (duc de), connétable de France, un des chefs du parti protestant, fidèle à Henri IV et à Louis XIII (1543-1626).

LESNEVEN, ch.-l. de c. du Finistère, arr. de Brest; 2978 h.

LESPARRE, ch.-l. d'arr. de la Gironde, à 59 k. de Bordeaux; 3656 h.

LESSAY, ch.-l. de c. de la Manche, arr. de Coutances; 1509 h.

LESSEPS (Ferdinand de), Français, né en 1805, a attaché son nom au percement de l'isthme de Suez terminé en 1869.

LESSING, poète et critique allemand (1729-1781), auteur de Fables, de Laocoon, etc.

LESTOCQ, chirurgien français au service de Pierre le Grand, puis de Catherine Ire, poussa leur fille Élisabeth à s'emparer du trône au détriment d'Ivan VI; fut disgracié, puis rappelé par Pierre III (1692-1767).

LESTRYGONS, peuple de géants anthropophages de la Sicile, selon la Fable.

LE SUEUR (Eustache), peintre français, peignit la vie de saint Bruno (1617-1655).

LE SUEUR (Jean-François), compositeur de musique français, arrière-petit-neveu du précédent (1760-1837).

LESURQUES, fut condamné à mort en 1796 comme coupable d'assassinat et de vol sur la personne d'un courrier de Lyon; il passe pour avoir été victime d'une erreur judiciaire.

LE TELLIER (Michel), secrétaire d'État au département de la guerre (1643-1666), chancelier de France en 1677, père de Louvois (1603-1685).

LETELLIER (Michel), jésuite, devint confesseur de Louis XIV à la mort du père La Chaise, en 1709.

LÉTHÉ, l'un des fl. de l'enfer, dont les eaux faisaient oublier le passé.

LETOURNEUR, écrivain français, a traduit le théâtre de Shakespeare (1736-1788).

LETOURNEUR, membre du Directoire (1751-1848).

LETRONNE, critique et archéologue français (1787-1848).

LEUCADE, auj. Sainte-Maure, l'une des îles Ioniennes.

LEUCHTENBERG, vgé de Bavière; fut érigé en duché pour le prince Eugène de Beauharnais, gendre du roi de Bavière.

LEUCIPPE, philosophe grec du Ve s. av. J.-C., inventeur du système des atomes.

LEUCOFAO ou LATOFAO, lieu entre Soissons et Laon, célèbre par une victoire de Frédégonde sur les Austrasiens, et d'Ébroïn sur Pepin d'Héristal.

LEUCOPETRA, champ de bataille près de l'isthme de Corinthe, où Mummius triompha de la ligue achéenne (146 av. J.-C.).

LEUCTRES, v. de Béotie, près de laquelle Épaminondas défit les Spartiates (371 av. J.-C.).

LEUDES, compagnons des chefs germains.

LEU-TAVERNY (SAINT-), vge de l'arr. de Pontoise, dont l'église contient les restes de Louis Bonaparte, père de Napoléon III. La reine Hortense prit, après 1813, le nom de duchesse de Saint-Leu.

LE VAILLANT, voyageur français, fit deux voyages dans la Cafrerie (1753-1824).

LEVALLOIS-PERRET, commune de la Seine, arr. de Saint-Denis; 19158 h.

LEVANT, nom général des côtes du bassin oriental de la Méditerranée.

LEVANTIN, INE, *adj.* et *s.* Qui est du Levant. Les peuples levantins.

LE VAU (Louis), architecte français (1612-1670), construisit le château de Vaux, le pavillon de Marsan aux Tuileries, etc.

LEVENS, ch.-l. de c. des Alpes-Maritimes, arr. de Nice; 1733 h.

LE VERRIER, astronome français, né en 1811, découvrit la planète Neptune (1846).

LEVET, ch.-l. de c. du Cher, arr. de Bourges; 984 h.

LÉVI, patriarche, 3e fils de Jacob et de Lia, dont la race, sous le nom de Lévites, fut consacrée au service de Dieu.

LÉVIATHAN, animal mystérieux dont il est parlé dans la Bible.

LEVIÉ, ch.-l. de c. de la Corse, arr. de Sartène; 1747 h.

LEVIER, ch.-l. de c. du Doubs, arr. de Pontarlier; 1301 h.

LÉVIS (duc de), maréchal de France (1720-1787), s'illustra par la défense du Canada. Son fils (1755-1830) fut blessé à Quiberon. Son petit-fils (1794-1863) fut le conseiller intime du duc de Bordeaux.

LÉVITIQUE, 3e livre du Pentateuque, relatif aux lois religieuses des Juifs.

LEVROUX, ch.-l. de c. de l'Indre, arr. de Châteauroux; 4138 h.

LEWIS, romancier anglais, auteur du *Moine* (1775-1818).

LEYDE, v. des Pays-Bas, sur le Rhin; 40000 h. Université célèbre.

LÉZARDRIEUX, ch.-l. de c. des Côtes-du-Nord, arr. de Lannion; 2051 h.

LEZAY, ch.-l. de c. des Deux-Sèvres, arr. de Melle; 2589 h.

LEZIGNAN, ch.-l. de c. de l'Aude, arr. de Narbonne; 3969 h.

LEZOUX, ch.-l. de c. du Puy-de-Dôme, arr. de Thiers; 3641 h.

LHASSA, voy. Lassa, cap. du Thibet.

LHOMOND, grammairien français (1727-1794).

L'HÔPITAL (Michel de), chancelier de France, fit des efforts impuissants pour calmer les guerres de religion (1504-1573).

LHUIS, ch.-l. de c. de l'Ain, arr. de Belley; 1264 h.

LIA, fille de Laban, épousa Jacob.

LIAKHOV, archipel de la Sibérie, dans l'océan Glacial arctique.

LIANCOURT, ch.-l. de c. de l'Oise, arr. de Clermont; 3941 h. Château des ducs de la Rochefoucauld-Liancourt.

LIBAN, chaîne de montagnes de la Syrie.

LIBANIUS, rhéteur grec d'Antioche, fut le maître de Julien, de saint Basile, de saint Jean Chrysostome (314-400).

LIBERIA, république nègre dans la Guinée, fondée en 1822 en faveur des esclaves affranchis.

LIBITINE, déesse des funérailles.

LIBOURNE, ch.-l. d'arr. de la Gironde, à 34 k. de Bordeaux, au confluent de la Dordogne et de l'Isle; 14960 h.

LIBURNIE, région de l'anc. Illyrie; auj. Croatie maritime.

LIBYE, nom de l'Afrique chez les anciens, et plus particulièrement de la partie comprise entre l'Égypte et Carthage.

LIBYQUE, *adj.* Qui est de la Libye. || Golfe Libyque, sur la côte de Cyrénaïque.

LICHTENSTEIN (PRINCIPAUTÉ DE), petit État de l'Allemagne du S. entre la Suisse et le Tyrol autrichien; 8800 h., cap. Vaduz.

LICINIUS, empereur romain; après s'être associé à Constantin contre Maximin, il entra en lutte avec lui, fut vaincu, pris et mis à mort (324 ap. J.-C.).

LICINIUS STOLON, tribun du peuple à Rome, obtint que l'un des deux consuls serait toujours plébéien (366 av. J.-C.).

LIDO, groupe de deux îles près de Venise.

LIEBIG (baron de), célèbre chimiste allemand, auteur de grands travaux sur la chimie organique (1803-1873).

LIÉGE, v. de Belgique, cap. de la prov. de même nom, sur la Meuse; 166000 h. Fabriques d'armes.

LIÉGEOIS, OISE, *adj.* et *s.* Qui est de Liège; habitant de Liège.

LIÉOU-KIÉOU, archipel du grand Océan, s'étendant du Japon à Formose.

LIERNAIS, ch.-l. de c. de la Côte-d'Or, arr. de Beaune; 1218 h.

LIFFRÉ, ch.-l. de c. d'Ille-et-Vilaine, arr. de Rennes; 3175 h.

LIGNE (prince de), se distingua dans la guerre de Sept-Ans au service de l'Autriche, et acquit surtout la réputation d'homme spirituel (1735-1814).

LIGNÉ, ch.-l. de c. de la Loire-Inférieure, arr. d'Ancenis; 2610 h.

LIGNIÈRES, ch.-l. de c. du Cher, arr. de Saint-Amand-Mont-Rond; 3066 h.

LIGNON, riv. de France, sort des monts du Forez et se jette dans la Loire; 50 k.

LIGNY, vge de Belgique, où Napoléon Ier défit les Prussiens le 16 juin 1815, deux jours avant la bataille de Waterloo.

LIGNY-EN-BARROIS, ch.-l. de c. de la Meuse, arr. de Bar-le-Duc; 4006 h.

LIGNY-LE-CHÂTEL, ch.-l. de c. de l'Yonne, arr. d'Auxerre; 1447 h.

LIGUE ou **SAINTE LIGUE**, association des catholiques de France, formée en 1576 pour enlever le trône à Henri III, puis à son successeur, le roi de Navarre (Henri IV); elle eut pour chefs Henri de Guise, et, après sa mort, Mayenne, et fut détruite par les victoires et l'abjuration de Henri IV. || Ligue du bien public, coalition des seigneurs contre Louis XI (1464-1465).

LIGUEIL, ch.-l. de c. d'Indre-et-Loire, arr. de Loches; 2014 h.

LIGUEUR, EUSE, *sm.* et *f.* Partisan de la Ligue, au XVIe s.

LIGUORI (saint), Napolitain, fondateur de l'ordre du *Saint-Rédempteur* pour l'instruction des pauvres, dont les membres se nomment *liquoristes* (1696-1787).

LIGURES, habitants de la Ligurie.

LIGURIE, région de l'Italie anc. au N. du golfe de Gênes.

LIGURIENNE (RÉPUBLIQUE), fondée par Bonaparte en 1797, avec Gênes pour capitale, détruite en 1805.

LILLE, ch.-l. du Nord, sur la Deule, à 230 k. de Paris ; 158115 h. Industrie, filatures.

LILLEBONNE, ch.-l. de c. de la Seine-Inférieure, arr. du Havre ; 4815 h.

LILLERS, ch.-l. de c. du Pas-de-Calais, arr. de Béthune ; 6608 h.

LILLIPUTIEN, IENNE. *adj.* et *s.* Qui est de Lilliput, ville du roman de *Gulliver*, dont les habitants étaient très-petits.

LILYBÉE, auj. Marsala, anc. v. et port de Sicile.

LIMA, cap. du Bas-Pérou, à 10 k. du Callao, port sur l'océan Pacifique ; 120 000 h.

LIMAGNE, anc. pays de France, riche vallée s'étendant d'Aigueperse à Issoire.

LIMAY, ch.-l. de c. de Seine-et-Oise, arr. de Mantes ; 1333 h.

LIMBOURG, prov. de Belgique, sur la rive gauche de la Meuse ; pop. 198 000 h.; ch.-l. Hasselt. || Prov. des Pays-Bas, sur la rive droite de la Meuse ; pop. 228 000 h.; ch.-l. Maestricht.

LIMERICK, v. d'Irlande, cap. du comté de même nom, sur le Shannon ; 40 000 h.

LIMOGES, ch.-l. du dép. de la Haute-Vienne, sur la Vienne, à 400 k. de Paris ; 55194 h. Évêché. Porcelaines, draps.

LIMOGNE, ch.-l. de c. du Lot, arr. de Cahors ; 1400 h.

LIMONEST, ch.-l. de c. du Rhône, arr. de Lyon ; 939 h.

LIMOURS, ch.-l. de c. de Seine-et-Oise, arr. de Rambouillet ; 1188 h.

LIMOUSIN, anc. prov. de France, correspondant aux dép. de la Haute-Vienne et de la Corrèze ; cap. Limoges ; confisquée sur les Anglais par Philippe-Auguste, rendue par saint Louis, reprise par Charles V.

LIMOUX, ch.-l. d'arr. de l'Aude, à 25 k. de Carcassonne ; 5897 h. Vins blancs.

LINCOLN, v. d'Angleterre, cap. du comté de Lincoln ; 27 000 h.

LINCOLN (ABRAHAM), président des États-Unis en 1861, soutint la guerre des États du Nord contre ceux du Sud pour l'abolition de l'esclavage ; réélu en 1865, il venait de terminer heureusement la lutte quand il fut assassiné (1865).

LINDAU, v. de Bavière, dans trois îles du lac de Constance ; 3000 h.

LINGARD (JOHN), historien anglais, auteur d'une *Histoire d'Angleterre* (1771-1851).

LINGONS, peuple de l'anc. Gaule, habitant le pays de Langres.

LINNÉ (CHARLES), illustre botaniste suédois (1707-1778), auteur d'une méthode de classification des plantes.

LINUS, fils d'Apollon et de Calliope.

LINZ, v. cap. de la H^{te}-Autriche ; 30 000 h.

LION (GOLFE DU), golfe de la Méditerranée occidentale, sur les côtes de France.

LION-D'ANGERS (LE), ch.-l. de c. de Maine-et-Loire, arr. de Segré ; 2708 h.

LIONNE (HUGUES DE), ministre d'État de Louis XIV (1611-1671), joua le rôle principal dans les négociations diplomatiques qui précédèrent la guerre de Hollande.

LIPARI (ILES), archipel de la Méditerranée, au N. de la Sicile.

LIPPE, riv. d'Allemagne, se jette dans le Rhin près de Wesel.

LIPPE-DETMOLD, principauté de l'Empire d'Allemagne ; 111 350 h. ; cap. Detmold. || LIPPE-SCHAUMBOURG, principauté d'Allemagne ; 31 000 h. ; cap. Buckebourg.

LIPSE (JUSTE), érudit belge (1547-1606).

LIRIS, auj. Garigliano, riv. d'Italie, se jette dans la mer Tyrrhénienne près Minturnes.

LISBONNE, capit. du Portugal, sur la rive droite du Tage, près de son embouchure ; 275 000 h.

LISFRANC, chirurgien français (1790-1847).

LISIEUX, ch.-l. d'arr. du Calvados, à 55 k. de Caen, sur la Touques ; 12 520 h.

LISLE, ch.-l. de c. du Tarn, arr. de Gaillac ; 4625 h.

LISSA, île de l'archip. illyrien. Victoire navale des Autrichiens sur les Italiens (1866).

LIST (FRÉDÉRIC), économiste allemand (1789-1846), a contribué à l'établissement de l'Union douanière d'Allemagne (*Zollverein*).

LITES, classe inférieure d'hommes chez les Francs, intermédiaire entre les hommes libres, les colons et les esclaves.

LITHUANIE, région du S.-E. de la Baltique, partagée entre la Prusse (420 000 h.) et la Russie (5 400 000 h.); v. pr. Vilna, Grodno. Elle forma autrefois un duché, puis fut unie à la Pologne (1413).

LITHUANIEN, IENNE. *adj.* et *s.* Qui est de la Lithuanie ; habitant de la Lithuanie.

LITTRÉ (ÉMILE), philosophe et philologue français, né en 1801, traducteur d'Hippocrate, auteur d'un *Dictionnaire de la langue française*, etc.

LIVADIE, nom de la Grèce continentale sous la domination turque. || V. de Grèce, dans la Béotie ; 10 000 h.

LIVAROT, ch.-l. de c. du Calvados, arr. de Lisieux ; 1557 h. Fromages renommés.

LIVERNON, ch.-l. de c. du Lot, arr. de Figeac ; 793 h.

LIVERPOOL, v. et port d'Angleterre, dans le comté de Lancastre ; 493 000 h.

LIVIE, épousa d'abord Tiberius Néron, dont elle eut Tibère et Drusus, puis devint la femme d'Auguste, et lui fit adopter son fils Tibère (56 av. J.-C. — 29 apr. J.-C.).

LIVINGSTONE, Anglais, s'est illustré par ses voyages et ses découvertes dans l'Afrique australe et centrale (1815-1873).

LIVONIE, l'une des trois prov. allemandes de la Russie sur la Baltique ; 900 000 h.; cap. Riga. || Golfe de Livonie, formé par la Baltique, au S.-O. du golfe de Finlande.

LIVOURNE, v. et port commerçant d'Italie, sur la mer Tyrrhénienne ; 97 000 h.

LIVRADE (SAINTE-), ch.-l. de c. du Lot-et-Garonne, arr. de Villeneuve ; 2865 h.

LIZIER (SAINT-), ch.-l. de c. de l'Ariège, arr. de Saint-Girons ; 1293 h.

LIZY-SUR-OURCQ, ch.-l. de c. de Seine-et-Marne, arr. de Meaux ; 1486 h.

LLOYD, négociant de Londres, fonda une Société d'assurances maritimes ; son nom a passé à une compagnie autrichienne de navigation dans les mers du Levant.

LÔ (SAINT-), ch.-l. du dép. de la Manche, à 314 k. de Paris, sur la Vire ; 9287 h.

LOANDA (SAINT-PAUL DE), ch.-l. des possessions portugaises au Congo ; 5000 h.

LOANGO, État de la Guinée méridionale ; pop. 600 000 h. ; cap. Loango ; 15 000 h.

LOBAU, île du Danube, à 10 k. de Vienne, où passa l'armée française en 1809, lors des batailles d'Essling et de Wagram. Le général Mouton reçut le titre de comte de Lobau (1770-1838).

LOCARNO, l'un des trois ch.-l. du canton suisse du Tessin, sur le lac Majeur ; 3000 h.

LOCHES, ch.-l. d'arr. d'Indre-et-Loire, à 41 k. de Tours ; 4965 h.

LOCKE (JOHN), philosophe anglais, fondateur de l'école sensualiste (1632-1704).

LOCMARIAQUER, vge de l'arr. de Lorient, célèbre par ses antiquités druidiques.

LOCMINÉ, ch.-l. de c. du Morbihan, arr. de Pontivy ; 1710 h.

LOCRES, v. de l'Italie anc. sur la côte E. du Bruttium.

LOCRIDE, nom de deux pays de l'anc. Grèce, l'un sur le canal d'Eubée, l'autre sur le golfe de Corinthe.

LOCRIEN, IENNE, *adj.* et *s.* Qui est de Locres ou de la Locride.

LOCUSTE, célèbre empoisonneuse de Rome, qui fit périr Claude, Britannicus, et qui fut mise à mort sous Galba.

LODÈVE, ch.-l. d'arr. de l'Hérault, à 54 k. de Montpellier ; 9464 h.

LODI, v. d'Italie, sur l'Adda. Victoire de Bonaparte sur les Autrichiens (1796).

LOFODEN (ÎLES), archipel de l'océan Glacial arctique, sur la côte de Norvège.

LOGRONO, v. de la Vieille-Castille (Espagne) ; 12000 h.

LOING (LE), riv. de France, prend sa source dans le dép. de l'Yonne, et se jette dans la Seine près de Moret ; 130 k.

LOIR, riv. de France, prend sa source à l'étang de Cernay (Eure-et-Loir), se jette dans la Sarthe près d'Angers ; 272 k.

LOIR-ET-CHER (dép. de), formé du Blaisois, du Vendômois et d'une partie de la Sologne ; ch.-l. Blois ; 3 arr. Blois, Romorantin, Vendôme ; pop. 268801 h.

LOIRE (LA), fleuve de France, prend sa source au mont Gerbier-des-Joncs, dans les Cévennes, se jette dans l'Océan entre Saint-Nazaire et Paimbœuf ; 1100 k.

LOIRE (dép. de la), formé du Forez et du Roannez ; ch.-l. Saint-Étienne ; 3 arr. Saint-Étienne, Roanne, Montbrison ; 590611 h.

LOIRE (dép. de la **HAUTE-**), formé du Velay et d'une partie de la Haute-Auvergne ; ch.-l. Le Puy ; 3 arr. Le Puy, Brioude, Yssingeaux ; pop. 308732 h.

LOIRE-INFÉRIEURE (dép. de la), formé d'une partie de la Haute-Bretagne ; ch.-l. Nantes ; 5 arr. Nantes, Ancenis, Châteaubriant, Paimbœuf et Saint-Nazaire ; 602266 h.

LOIRET, riv. de France, affl. de la Loire, près d'Orléans ; 11 k.

LOIRET (dép. du), formé de l'Orléanais, d'une partie du Gâtinais et de la Sologne ; ch.-l. Orléans ; 4 arr. Orléans, Gien, Montargis, Pithiviers ; pop. 353021 h.

LOIRON, ch.-l. de c. de la Mayenne, arr. de Laval ; 1102 h.

LOLLARD, hérésiarque anglais, dont les disciples se nommaient les Lollards ; il fut brûlé à Cologne (1322).

LOMAGNE, anc. pays de Gascogne ; ch.-l. Lectoure.

LOMBARD (PIERRE), docteur du moyen âge, professeur de théologie, évêque de Paris, m. vers 1160,

LOMBARDIE, partie sept. de l'Italie, occupée jadis par les Lombards ; v. pr. Milan.

LOMBARDS, peuple germanique qui envahit l'Italie en 568, y fonda un royaume et fut détruit par Charlemagne en 774.

LOMBARD-VÉNITIEN (ROYAUME), nom que portaient les provinces milanaises et vénitiennes sous la domination autrichienne, réunies au roy. d'Italie en 1859 et 1866.

LOMBEZ, ch.-l. d'arr. du Gers, à 40 kil. d'Auch ; 1679 h.

LOMÉNIE, comte de Brienne, secrétaire d'État aux affaires étrangères sous Richelieu, Mazarin et Louis XIV (1595-1666). || LOMÉNIE DE BRIENNE (1727-1794), cardinal, ministre principal de Louis XVI (1787-1788), suscita par ses édits l'opposition du parlement de Paris, et annonça la réunion des états généraux pour 1789.

LOMOND, le plus grand lac de l'Écosse.

LONATO, v. de la prov. de Brescia (Italie) ; 7000 h. Victoire des Français (1796).

LONDINIÈRES, ch.-l. de c. de la Seine-Inférieure, arr. de Neufchâtel ; 1146 h.

LONDONDERRY, v. d'Irlande ; 12000 h.

LONDRES, cap. du Royaume-Uni de Grande-Bretagne et d'Irlande, sur la Tamise, à 88 k. de la mer, 420 kil. de Paris ; 3251000 h. Commerce immense.

LONGCHAMP, abbaye de religieuses, fondée par Isabelle, fille de saint Louis, près de la Seine, à l'extrémité du bois de Boulogne, et détruite pendant la Révolution ; auj. plaine destinée aux courses, aux revues.

LONGEAU, ch.-l. de c. de la Haute-Marne, arr. de Langres ; 467 h.

LONGIN, rhéteur grec du III° s. ap. J.-C., à qui on attribue un *Traité du sublime* ; il fut ministre de Zénobie, reine de Palmyre, et livré à l'emp. Aurélien, qui le fit périr.

LONGJUMEAU, ch.-l. de c. de Seine-et-Oise, arr. de Corbeil ; 2301 h.

LONGNY, ch.-l. de c. de l'Orne, arr. de Mortagne ; 2277 h.

LONGUÉ, ch.-l. de c. de Maine-et-Loire, arr. de Baugé ; 4274 h.

LONGUEVILLE, ch.-l. de c. de la Seine-Inférieure, arr. de Dieppe ; 729 h.

LONGUEVILLE (duchesse DE), sœur du grand Condé, prit part aux troubles de la Fronde, puis abrégea sa vie par ses austérités (1619-1679).

LONGUS, écrivain grec du IV° s. ap. J.-C., auteur de la pastorale de *Daphnis et Chloé*.

LONGUYON, ch.-l. de c. de Meurthe-et-Moselle, arr. de Briey ; 1830 h.

LONGWOOD, habitation de Napoléon 1er à Sainte-Hélène.

LONGWY, ch.-l. de c. de Meurthe-et-Moselle, arr. de Briey ; 3213 h.

LONS-LE-SAUNIER, ch.-l. du dép. du Jura, à 443 k. de Paris ; 10701 h. Salines.

LOPE DE VEGA, poète espagnol, auteur de nombreux poèmes et drames (1562-1635).

LORCA, v. d'Espagne (Murcie) ; 42000 h.

LORENZO (SAN-), ch.-l. de c. de la Corse, arr. de Corte ; 542 h.

LORET, auteur d'une gazette en vers, intitulée la *Muse historique*, de 1655 à 1665.

LORETTE, v. d'Italie, à 16 k. d'Ancône, célèbre par le sanctuaire de Notre-Dame de Lorette ; 8000 h.

LORGUES, ch.-l. de c. du Var, arr. de Draguignan ; 4436 h.

LORIENT, ch.-l. d'arr. du Morbihan, à 79 k. de Vannes ; 34 660 h. Port de guerre et ch.-l. de la 3ᵉ préfecture maritime.

LORIOL, ch.-l. de c. de la Drôme, arr. de Valence ; 3634 h.

LORIQUET (le père), jésuite (1767-1845), fondateur de la Maison de Saint-Acheul, près d'Amiens, auteur de livres d'éducation.

LORMES, ch.-l. de c. de la Nièvre, arr. de Clamecy ; 3040 h.

LOROUX (LE), ch.-l. de c. de la Loire-Inférieure, arr. de Nantes ; 4067 h.

LORQUIN, anc. ch.-l. de c. de la Meurthe, arr. de Sarrebourg ; 1935 h. ; cédé à la Prusse en 1871.

LORRAIN, AINE, *adj.* et *s.* Qui est de la Lorraine ; habitant de la Lorraine.

LORRAIN (Claude le), voy. Gelée.

LORRAINE (royaume de), formé, à la mort de Lothaire Iᵉʳ (855), pour son 2ᵉ fils Lothaire II, fut disputé entre la France et l'Allemagne ; divisé en deux duchés (954), dont l'un passa à la Belgique, et l'autre fut occupé par Henri II et Louis XIII. ‖ Lorraine, anc. prov. de France réunie à la France en 1766 ; cap. Nancy.

LORREZ-LE-BOCAGE, ch.-l. de c. de Seine-et-Marne, arr. de Fontainebleau ; 910 h.

LORRIS, ch.-l. de c. du Loiret, arr. de Montargis ; 2002 h.

LOT, riv. de France, sort des Cévennes, se jette dans la Garonne ; 440 k.

LOT (dép. du), formé du Quercy, d'une partie de la Guyenne ; ch.-l. Cahors ; 3 arr. Cahors, Figeac, Gourdon ; pop. 281 404 h.

LOT-ET-GARONNE (dép. du), formé de l'Agénois ; ch.-l. Agen ; 4 arr. Agen, Marmande, Nérac, Villeneuve ; pop. 319 289 h.

LOTH, neveu d'Abraham, père des Ammonites et des Moabites.

LOTHAIRE Iᵉʳ, fils aîné de Louis le Débonnaire, se révolta contre son père, fut vaincu par ses frères Charles et Louis à Fontenoy (841). ‖ Son fils, Lothaire II, fut roi de Lorraine (855-869). ‖ Lothaire, empereur d'Allemagne (1125-1137). ‖ Lothaire, roi de France, succéda à son père Louis IV (954-986), et ne fut roi que de nom sous la domination de Hugues Capet.

LOTOPHAGES, anc. peuple d'Afrique, sur la côte de la petite Syrte.

LOUDÉAC, ch.-l. d'arr. des Côtes-du-Nord, à 48 k. de Saint-Brieuc ; 5993 h.

LOUDES, ch.-l. de c. de la Haute-Loire, arr. du Puy ; 1530 h.

LOUDUN, ch.-lieu d'arr. de la Vienne, à 54 k. de Poitiers ; 4493 h.

LOUÉ, ch.-l. de c. de la Sarthe, arr. du Mans ; 1806 h.

LOUÈCHE-LES-BAINS, vge du Valais.

LOUHANS, ch.-l. d'arr. de Saône-et-Loire, à 57 k. de Mâcon ; 3913 h.

LOUIS Iᵉʳ *le Débonnaire*, fils et successeur de Charlemagne (814-840), fut impuissant à réprimer les révoltes de ses fils, Lothaire, Pepin et Louis le Germanique. ‖ Louis II *le Bègue*, fils et successeur de Charles le Chauve (877-879), fut dirigé par l'archevêque de Reims, Hincmar. ‖ Louis III, fils et successeur de Louis II le Bègue (879-882), battit les Normands à Saucourt. ‖ Louis IV *d'Outre-mer*, revint d'Angleterre où il s'était réfugié après la chute de son père, Charles III le Simple, et pendant son règne (936-954) eut à lutter contre le duc de France, Hugues le Grand. ‖ Louis V *le Fainéant*, fils et successeur de Lothaire (986-987), fut le dernier carlovingien français. ‖ Louis VI *le Gros*, fils et successeur de Philippe Iᵉʳ (1108-1137), contint, avec le concours de l'abbé Suger, la féodalité et favorisa l'émancipation des Communes. ‖ Louis VII *le Jeune*, fils et successeur de Louis VI (1137-1180), entreprit la 2ᵉ croisade et divorça avec Éléonore d'Aquitaine, qui porta ses immenses domaines dans la maison des Plantagenets par son mariage avec le roi d'Angleterre, Henri II. ‖ Louis VIII *le Lion*, fils et successeur de Philippe-Auguste (1223-1226), intervint dans la guerre des Albigeois et conquit le Languedoc oriental. ‖ Louis IX ou Saint Louis, fils et successeur de Louis VIII (1226-1270), régna d'abord sous la tutelle de sa mère Blanche de Castille. Devenu majeur, il battit les Anglais à Taillebourg et à Saintes (1242) ; fit une 1ʳᵉ croisade en Égypte (1249), où il fut pris par les Mamelucks. Relâché contre la reddition de Damiette, il revint en France et administra son royaume avec sagesse et fermeté. Il entreprit une 2ᵉ croisade, et mourut de la peste devant Tunis. ‖ Louis X *le Hutin* ou *le Querelleur*, fils et successeur de Philippe IV (1314-1316), promulgua la *Charte aux Normands*, favorable aux prétentions des grands. ‖ Louis XI, fils et successeur de Charles VII (1461-1483), triompha des ligues des seigneurs contre la royauté, et après la mort de Charles le Téméraire, duc de Bourgogne, accrut ses États de la Picardie et de la Bourgogne. ‖ Louis XII, fils de Charles d'Orléans, et arrière-petit-fils de Charles V, succéda à Charles VIII (1498-1515) ; il acquit, puis perdit le Milanais. ‖ Louis XIII, fils et successeur de Henri IV (1610-1643), abandonna l'autorité à sa mère et à Concini, puis à Luynes, enfin au cardinal de Richelieu (1624), qui abaissa la noblesse, prit la ville protestante de La Rochelle et vainquit dans la guerre de Trente Ans la maison d'Autriche. ‖ Louis XIV *le Grand*, fils et successeur de Louis XIII (1643-1715), avait cinq ans à la mort de son père ; sa mère Anne d'Autriche gouverna en qualité de régente. Sous cette régence, le cardinal Mazarin triompha des guerres civiles de la Fronde et dicta à la maison d'Autriche les traités de Westphalie et des Pyrénées. Louis, marié à l'infante Marie-Thérèse, revendiqua, en vertu du *droit de dévolution*, les Pays-Bas espagnols, et pendant sa lutte contre la Hollande, se saisit de la Franche-Comté. Mais en acceptant pour son petit-fils, le duc d'Anjou, la couronne d'Espagne (1700), Louis souleva contre lui l'Europe, ayant à sa tête Guillaume d'Orange, devenu roi d'Angleterre. Louis XIV, après de grands revers, mourut, laissant la France sauvée par la victoire de Denain, mais affaiblie. Il avait, en 1685, révoqué l'édit de Nantes. ‖ Louis XV, fils du duc de Bourgogne, arrière-petit-fils et successeur de Louis XIV (1715-1774), eut pour tuteur le duc d'Orléans (*le Régent*), puis pour ministres le duc de Bourbon, le cardinal Fleury et le duc de Choiseul. Les guerres de la succession d'Autriche et de

Sept Ans ont marqué ce règne, pendant lequel la France s'est augmentée de la Lorraine et de la Corse, mais a perdu la plupart de ses colonies. || Louis XVI, petit-fils et successeur de Louis XV (1774-1793), eut successivement pour ministres Turgot, Malesherbes et Necker, convoqua les états généraux en 1789, fut condamné par la Convention et mourut sur l'échafaud le 21 janvier 1793. || Louis XVII, fils de Louis XVI (1785-1795), mourut prisonnier dans la tour du Temple, sans avoir régné. || Louis XVIII, frère de Louis XVI, fut rétabli deux fois sur le trône par les alliés (1814 et 1815) et mourut en 1824; il donna la *Charte*. || Louis-Philippe Ier, fils de Philippe-Égalité, duc d'Orléans (1773-1850), fut élu roi des Français après la révolution de juillet 1830, et renversé le 24 février 1848.

LOUIS LE GERMANIQUE, fils de Louis le Débonnaire, fut roi de Germanie (843-876). L'un de ses fils, Louis, roi de Saxe (876-882), lutta contre les Normands. || Louis IV *l'Enfant*, roi de Germanie (899-911), fut le dernier carlovingien qui régna en Allemagne. || Louis V, fils d'un duc de Bavière, fut nommé empereur d'Allemagne (1314-1346), eut à lutter contre un rival, Frédéric d'Autriche, puis contre Jean de Bohême et les papes d'Avignon.

LOUIS II, fils aîné de Lothaire Ier, roi d'Italie et empereur d'Occident (855-875). || Louis III *l'Aveugle*, petit-fils du précédent, devint roi d'Arles en 890, mais eut les yeux crevés par l'ordre de Bérenger de Frioul auquel il disputait l'Italie (904).

LOUIS Ier, roi de Portugal, né en 1838, succéda à son frère Pedro V en 1861.

LOUIS II, roi de Bavière, né en 1845, succéda à son père Maximilien II en 1864.

LOUIS (Antoine), chirurgien franç. (1723-1792), auteur d'un *Dictionnaire de chirurgie*.

LOUIS (Victor), architecte français (1735-1810), construisit les galeries du Palais-Royal, l'ancienne salle du Théâtre-Français, le grand Théâtre de Bordeaux, etc.

LOUIS (baron) (1755-1837), ministre des finances en 1814, en 1815, en 1818 et en 1830.

LOUIS (ordre de SAINT-), ordre militaire institué par Louis XIV en 1693, supprimé par la Révolution; rétabli en 1815, il a disparu en 1830.

LOUIS (SAINT-), vge de l'arr. de Sarreguemines (Lorraine); fabrique de cristaux.

LOUIS (SAINT-), cap. des possessions françaises dans la Sénégambie; 12 000 h.

LOUIS (SAINT-), v. des États-Unis, dans l'État du Missouri, sur le Mississipi; 311 000 h. Grand centre de commerce.

LOUISE DE SAVOIE, mère de François Ier (1476-1531), fut l'ennemie du connétable de Bourbon.

LOUISIANE, l'un des États-Unis de l'Amérique du Nord; pop. 726 915 h.; v. pr. la Nouvelle-Orléans.

LOULAY, ch.-l. de c. de la Charente-Inférieure, arr. de Saint-Jean-d'Angely; 601 h.

LOUP (saint), évêque de Troyes, préserva cette ville de l'invasion d'Attila (427-479).

LOUP (saint), abbé de Ferrières, auteur de lettres et de traités religieux, l'un des conseillers de Charles le Chauve (805-862).

LOUP (SAINT-), ch.-l. de c. des Deux-Sèvres, arr. de Parthenay; 1502 h.

LOUP-SUR-SÉMOUSE (SAINT-), ch.-l. de c. de la Haute-Saône; arr. de Lure; 2706 h.

LOUPE (LA), ch.-l. de c. d'Eure-et-Loir, arr. de Nogent-le-Rotrou; 1361 h.

LOUQSOR ou **LUXOR**, vge de la Haute-Égypte, au milieu des ruines de Thèbes, d'où fut apporté en 1836 l'obélisque qui orne la place de la Concorde à Paris.

LOURDES, ch.-l. de c. des Hautes-Pyrénées, arr. d'Argelès; 4714 h. Grotte et chapelle en l'honneur de la Vierge.

LOUROUX-BÉCONNAIS (LE), ch.-l. de c. de Maine-et-Loire, arr. d'Angers; 2208 h.

LOUVAIN, v. de Belgique (Brabant); 32 000 h. Magnifique hôtel de ville.

LOUVEL, assassin du duc de Berry (1820).

LOUVIERS, ch.-l. d'arr. de l'Eure, sur l'Eure, à 24 k. d'Évreux; 11 360 h. Fabr. de drap.

LOUVIGNÉ-DU-DÉSERT, ch.-l. de c. d'Ille-et-Vilaine, arr. de Fougères; 2592 h.

LOUVOIS (marquis de), fils de Michel Le Tellier (1641-1691), ministre de la guerre sous Louis XIV, poussa ce roi dans la voie des conquêtes par jalousie contre Colbert.

LOUVRE (LE), palais situé à Paris, construit sous le règne de François Ier par Pierre Lescot, continué sous Henri II, Charles IX et Henri IV, par Du Cerceau, et terminé sous Louis XIV par Claude Perrault. Il a été réuni aux Tuileries sous Napoléon III par Visconti et Lefuel, et renferme d'admirables collections d'art.

LOVELACE, personnage du roman de *Clarisse Harlowe*, par Richardson, type du séducteur élégant.

LOWE (sir Hudson), officier anglais, (1769-1844), fut chargé de la garde de Napoléon Ier à Sainte-Hélène.

LOWENDAL (comte de), maréchal de France (1700-1755), s'est illustré par la prise de Berg-op-Zoom en 1747.

LOZÈRE (MONT), massif de montagnes dans le dép. de même nom, d'où sortent le Lot, le Tarn, le Gardon et l'Allier.

LOZÈRE (dép. de la), forme d'une partie du Languedoc; ch.-l. Mende; 3 arr. Mende, Florac et Marvejols; pop. 135 190 h.

LUBECK, v. libre de l'Allemagne du Nord, à 12 k. de la mer Baltique; 51 900 h. Anc. cap. de la Ligue hanséatique.

LUBERSAC, ch.-l. de c. de la Corrèze, arr. de Brive; 3668 h.

LUBLIN, v. de Russie, ch.-l. du gouv. de même nom; 18 000 h.

LUC (saint), 3e évangéliste, disciple intime de saint Paul, m. vers 70, auteur d'un *Évangile* et des *Actes des Apôtres*.

LUC (LE), ch. de c. du Var, arr. de Draguignan; 3395 h.

LUC-EN-DIOIS, ch.-l. de c. de la Drôme, arr. de Die; 909 h.

LUCAIN, poète latin (39-65 ap. J.-C.), auteur de la *Pharsale*, poème sur la guerre civile entre César et Pompée. Il se donna la mort pour échapper au supplice que lui réservait Néron, jaloux de son génie.

LUCANIE, contrée de l'Italie anc. dans la Grande-Grèce; v. pr. Pœstum, Métaponte, Héraclée.

LUCAS DE LEYDE, peintre et graveur hollandais (1494-1533).

LUCAYES (Iles), voy. BAHAMA.

LUCENAY-L'ÉVÊQUE, ch.-l. de c. de Saône-et-Loire, arr. d'Autun; 1131 h.

LUCERNE, v. de Suisse, ch.-l. du cant. de même nom, à l'extrémité N.-O. du lac des Quatre-Cantons ; 14500 h. Le canton a 133000 h., dont 3000 protest. et 130000 cath.

LUCERNE (LAC DE) ou des Quatre-Cantons, lac de la Suisse qui touche aux cantons de Lucerne, d'Uri, d'Unterwalden et de Schwytz.

LUCIA-DI-TALLANO (SANTA-), ch.-l. de c. de la Corse, arr. de Sartène ; 1123 h.

LUCIE (SAINTE-), l'une des petites Antilles, à l'Angleterre ; 33000 h.

LUCIEN, écrivain grec, vécut de 130 à 200 ap. J.-C., connu par ses *Dialogues*, etc.

LUCIEN BONAPARTE, prince de Canino, frère puîné de Napoléon Ier (1775-1850), joua le principal rôle au coup d'État du 18 Brumaire an VIII (1799).

LUCIFER, nom de la planète Vénus au moment de son lever. || Le plus orgueilleux des anges rebelles.

LUCILIUS (Caïus), poète latin (148-103 av. J.-C.), célèbre par ses *Satires*.

LUCINE, déesse qui présidait à la naissance des enfants.

LUCKNOW, v. de l'Hindoustan anglais, cap. de l'anc. royaume d'Oude ; 300000 h.

LUÇON, ch.-l. de c. de la Vendée, arr. de Fontenay-le-Comte; 6082 h. Évêché, dont le cardinal de Richelieu fut le titulaire.

LUÇON, la plus grande île de l'archipel des Philippines, à l'Espagne ; pop. 2830000 h. ; cap. Manille.

LUCQUES, v. d'Italie, anc. cap. d'un duché, auj. ch.-l. de prov.; 66000 h.

LUCRÈCE, femme de Tarquin Collatin, fut déshonorée par Sextus Tarquin, et se tua sous les yeux de son mari, en demandant vengeance (510 av. J.-C.).

LUCRÈCE, grand poète latin, auteur d'un poème *De la nature* (95-51 av. J.-C.).

LUCRIN, petit lac de Campanie.

LUCULLUS, général romain, combattit Mithridate ; sa magnificence est devenue proverbiale (109-57 av. J.-C.).

LUCUMON, titre des chefs étrusques.

LUDE (LE), ch.-l. de c. de la Sarthe, arr. de La Flèche ; 3817 h.

LUDWIGSBURG ou **LOUISBOURG**, v. du Wurtemberg ; 12000 h.

LUGANO, v. de Suisse, sur le lac de même nom, l'une des trois capitales du canton du Tessin ; 6000 h.

LUGDUNUM, v. de Gaule, auj. Lyon.

LUGNY, ch.-l. de c. de Saône-et-Loire, arr. de Mâcon ; 1368 h.

LUINI, peintre de l'école milanaise, auteur de belles fresques (xvie s.).

LUITPRAND, roi législateur des Lombards (712-744).

LULLE ou **LULL** (Raymond), philosophe scolastique (1235-1315).

LULLI (J.-B. DE), compositeur de musique, né à Florence (1633-1687), jouit de la faveur de Louis XIV; obtint en 1672 le privilège de l'*Académie royale de musique* et fut le créateur de l'opéra français.

LUMBRES, ch.-l. de c. du Pas-de-Calais, arr. de Saint-Omer; 967 h.

LUNAS, ch.-l. de c. de l'Hérault, arr. de Lodève ; 1356 h.

LUNE (MONTAGNES DE LA), montagnes que les anciens regardaient comme les sources du Nil, au centre de l'Afrique.

LUNEL, ch.-l. de c. de l'Hérault, arr. de Montpellier ; 7581 h. Vin muscat.

LUNÉVILLE, ch.-l. d'arr. de Meurthe-et-Moselle, à 35 k. de Nancy ; 12369 h. || Traité entre la France et l'Autriche, en 1801.

LUPATA (MONTS), au S.-E. de l'Afrique.

LUPERCALES (LES), fête de Pan à Rome.

LURCY-LÉVY, ch.-l. de c. de l'Allier, arr. de Moulins ; 3966 h.

LURE, ch.-l. d'arr. de la Haute-Saône, à 28 k. de Vesoul ; 3555 h.

LURI, ch.-l. de c. de la Corse, arr. de Bastia ; 1838 h.

LURY-SUR-ARNON, ch.-l. de c. du Cher, arr. de Bourges ; 870 h.

LUSACE, région de l'Allemagne du Nord, partagée entre la Prusse et la Saxe royale ; v. pr. Bautzen, Zittau, Görlitz.

LUSIGNAN, ch.-l. de c. de la Vienne, arr. de Poitiers ; 2321 h.

LUSIGNAN, famille du Poitou, compta plusieurs rois de Jérusalem, de Chypre.

LUSIGNY, ch.-l. de c. de l'Aube, arr. de Troyes ; 1171 h.

LUSITANIE, anc. nom du Portugal.

LUSSAC, ch.-l. de c. de la Gironde, arr. de Libourne ; 1872 h.

LUSSAC-LES-CHÂTEAUX, ch.-l. de c. de la Vienne, arr. de Montmorillon ; 1791 h.

LUSSAN, ch.-l. de c. du Gard, arr. d'Uzès ; 1092 h.

LUTÈCE, v. de la Gaule, cap. des Parisii, dans une île de la Seine, auj. Paris.

LUTHER (Martin), l'un des chefs du protestantisme (1483-1546), fut excommunié par Léon X en 1520, brûla la bulle du pape, fut mis au ban de l'Empire. Il a traduit la Bible en langue allemande.

LUTHÉRANISME ou doctrine des luthériens ou partisans de Luther, formulée dans la *Confession d'Augsbourg* de 1530.

LUTZEN, v. de Prusse (Saxe), près de laquelle le roi de Suède Gustave-Adolphe périt en 1632, et Napoléon Ier battit les Russes et les Prussiens en 1813.

LUXEMBOURG, grand-duché hollandais neutralisé en 1867, et gouverné au nom du roi de Hollande ; pop. 200000 h. ; cap. Luxembourg, ville forte, auj. démantelée ; 14000 h. || Une autre partie du Luxembourg, le Luxembourg belge, a pour ch.-l. Arlon ; pop. 204000 h.

LUXEMBOURG (duc DE), maréchal de France (1628-1695), remporta les victoires de Fleurus (1690), de Steinkerke (1692) et de Neerwinden (1693).

LUXEMBOURG, palais situé à Paris, construit par Jacques De Brosse pour Marie de Médicis (1615-1620).

LUXEUIL, ch.-l. de c. de la Haute-Saône, arr. de Lure ; 3908 h. Monastère fondé par saint Colomban en 590.

LUYNES (Charles, marquis d'Albert, duc DE), favori de Louis XIII, renversa Concini, et fut nommé connétable (1578-1621). || Honoré, DUC DE LUYNES (1802-1867), protecteur éclairé des arts, donna sa collection de médailles à l'État.

LUZ, ch.-l. de c. des Hautes-Pyrénées, arr. d'Argelès ; 1512 h.

LUZARCHES, ch.-l. de c. de Seine-et-Oise, arr. de Pontoise ; 1366 h.

LUZECH, ch.-l. de c. du Lot, arr. de Cahors ; 1890 h.

LUZY, ch.-l. de c. de la Nièvre, arr. de Château-Chinon ; 2319 h.

LYCAONIE, anc. pays de l'Asie Mineure; v. pr. Iconium.

LYCÉE, montagne du Péloponnèse, consacrée à Pan. || Promenade d'Athènes avec des portiques sous lesquels Aristote donnait ses leçons en se promenant. || Établissement libre pour l'enseignement des lettres et des sciences, fondé à Paris en 1787, et où La Harpe donna ses leçons.

LYCIE, anc. pays de l'Asie Mineure.

LYCOPHRON, poëte et grammairien grec, vécut en Égypte sous Ptolémée Philadelphe; auteur du poëme obscur de *Cassandre*.

LYCORTAS, général des Achéens, père de Polybe, vengea la mort de Philopœmen sur les Messéniens (IIe s. av. J.-C.).

LYCURGUE, législateur de Sparte (IXe s. av. J.-C.). || Orateur athénien (396-323 av. J.-C.), adversaire du parti macédonien.

LYDIE, anc. pays de l'Asie Mineure ; cap. Sardes.

LYELL (sir Charles), célèbre géologue anglais, né en 1797.

LYNCÉE, héros grec, célèbre par sa vue perçante, fut tué par Pollux pour venger le meurtre de son frère Castor.

LYNCH (LOI DE), nom, aux États-Unis, de la justice sommaire que le peuple exerce contre certains coupables que la loi n'a pas frappés ou ne peut frapper.

LYON, ch.-l. du Rhône, à 507 k. de Paris, sur le Rhône et la Saône; 323 417 h. Archevêché. Commerce et fabrication de soieries.

LYONNAIS, gouvernement de l'ancienne France, comprenant le Lyonnais proprement dit, le Forez et le Beaujolais.

LYONNAISE, l'une des 4 provinces créées par Auguste dans la Gaule transalpine.

LYONS (lord), amiral anglais (1790-1858), commanda la flotte anglaise dans la guerre de Crimée, en 1853.

LYONS-LA-FORÊT, ch.-l. de c. de l'Eure, arr. des Andelys ; 1570 h.

LYS (LA), riv. de France et de Belgique, se jette dans l'Escaut à Gand ; 184 k.

LYS (SAINT-), ch.-l. de c. de la Haute-Garonne, arr. de Muret ; 1551 h.

LYSANDRE, général de Sparte, remporta sur les Athéniens la victoire d'Ægos-Potamos, fut tué à Haliarte (395 av. J.-C.).

LYSIAS, orateur athénien, lutta contre la tyrannie des Trente (437-378 av. J.-C.).

LYSIMAQUE, général d'Alexandre le Grand, devint roi de Thrace après la mort de son maître, fut vaincu et tué par Séleucus à Cyropédion (281 av. J.-C.).

LYSIPPE, statuaire grec, eut seul le droit de faire la statue d'Alexandre le Grand.

M

MAB, reine des fées et femme d'Obéron.

MABILLON, savant bénédictin, auteur des *Annales de l'ordre de Saint-Benoît*, créateur de la diplomatique (1632-1707).

MABLY (DE), publiciste français, auteur de nombreux ouvrages, entre autres d'*Observations sur l'histoire de France* (1709-1785).

MACABRE (DANSE), peinture du moyen âge dans laquelle on représentait la Mort entraînant dans une danse les hommes de toute condition et de tout âge.

MAC-ADAM, ingénieur écossais, inventeur du système de routes et de chaussées qui porte son nom (1756-1836).

MACAIRE (SAINT-), ch.-l. de c. de la Gironde, arr. de La Réole ; 2218 h.

MACAO, v. de Chine appartenant aux Portugais, sur la baie de Canton ; 35 000 h.

MACASSAR, v. et port, ch.-l. des possessions hollandaises de l'île de Célèbes ; 17 000 h. || Détroit de Macassar, détroit qui sépare Célèbes et Bornéo.

MACAULAY, historien et critique anglais, auteur d'une *Histoire d'Angleterre depuis l'avènement de Jacques II* (1800-1859).

MACBETH, meurtrier et successeur de Duncan Ier, roi d'Écosse (1040), fut tué par Malcolm, fils de Duncan (1057).

MACCABÉE ou **MACHABÉE** (MATHATHIAS), Juif, commença l'insurrection de la Judée contre Antiochus Épiphane (167 av. J.-C.); il eut 5 fils. L'aîné, JUDAS MACCABÉE, reprit Jérusalem aux Syriens (163), mais périt accablé par le nombre (160). Le second, JONATHAS, périt assassiné (144). Le troisième, SIMON, expulsa les Syriens de Jérusalem, et fut assassiné par Ptolémée, gouverneur de Jéricho (135 av. J.-C.). Les deux autres fils se nommaient JEAN et ÉLÉAZAR. || LES SEPT MACCABÉES, sept frères, fils d'Éléazar et de Salmone, qu'Antiochus Épiphane fit périr dans les supplices.

MACCABÉES (LIVRES DES), nom de deux livres de la Bible, dont le 1er contient l'histoire des Juifs de 175 à 135 av. J.-C.; le 2e donne le martyre des Sept Maccabées.

MAC-CARTHY, géogr. franç. (1785-1835).

MACDONALD, maréchal de France, duc de Tarente, se distingua dans les guerres de la République et de l'Empire (1765-1840).

MACÉDOINE, anc. royaume situé au N.-E. de la Grèce, florissant sous Philippe II et Alexandre le Grand, fut réduit en province romaine après la défaite d'Andriscus (148 av. J.-C.). Ce pays fait auj. partie de la Turquie d'Europe ; cap. Salonique.

MACHANIDAS, tyran de Sparte, fut vaincu et tué par Philopœmen (206 av. J.-C.).

MACHAULT, ch.-l. de c. des Ardennes, arr. de Vouziers ; 686 h.

MACHAULT (J.-B. DE), contrôleur général des finances, puis ministre de la marine sous Louis XV, opéra d'utiles réformes.

MACHECOUL, ch.-l. de c. de la Loire-Inférieure, arr. de Nantes ; 3786 h.

MACHIAVEL (ma-ki-a-vel), homme d'État et écrivain italien, auteur du *Traité du Prince*, manuel de la politique immorale de son temps, des *Discours sur Tite-Live*, d'une *Histoire de Florence* (1469-1527).

MACK, général autrichien, fut réduit par Napoléon Ier à capituler dans Ulm (1805).

MACKAU (baron DE), amiral français (1788-1855).

MACKENZIE, fl. de l'Amérique du Nord, dans la Nouvelle-Bretagne ; 3200 k.

MAC-MAHON (DE), maréchal de France, né en 1808, fut créé duc de Magenta pour la victoire qu'il remporta sur les Autrichiens en Italie (1859) ; fut gouverneur général de l'Algérie de 1864 à 1870. Commandant du 1er corps d'armée dans la guerre de 1870, il a été blessé à Sedan. Appelé par l'Assemblée nationale à remplacer M. Thiers (24 mai 1873), il a été élu (20 nov. 1873) Président de la République pour 7 ans.

MÂCON, ch.-l. de Saône-et-Loire, sur la Saône, à 441 k. de Paris ; 17453 h. Patrie de Lamartine. Vins renommés.

MÂCONNAIS, anc. pays de France ; ch.-l. Mâcon.

MACPHERSON, littérateur écossais, auteur des prétendus poëmes d'Ossian, *Fingal* et *Temora* (1738-1796).

MACRIN, empereur romain (217-218 ap. J.-C.), succéda à Caracalla qu'il avait assassiné, fut tué à son tour et remplacé par Héliogabale.

MACROBE, grammairien latin du IIe s., auteur des *Saturnales*, compilation de rhétorique et de grammaire.

MADAGASCAR, grande île de l'Afrique, dans l'océan Indien, dont les populations indigènes sont les Malgaches et les Hovas ; cap. de ces derniers : Tananarivou.

MADAME, titre donné en France à la femme de *Monsieur*, frère puîné du roi.

MADAPOLAM, v. de la présidence de Madras (Hindoustan). Tissus de coton.

MADELEINE (sainte **MARIE-**), femme juive, née à Magdala.

MADELEINE (LA), bourg de l'arr. de Lille (Nord) ; 6348 h. Produits chimiques.

MADELONNETTES (LES), maison religieuse fondée à Paris entre les rues du Temple et Saint-Martin, en 1618 ; convertie en prison en 1795, et démolie depuis.

MADEMOISELLE, titre donné en France à la fille aînée de *Monsieur*, frère du roi. || La grande Mademoiselle, la duchesse de Montpensier, fille de Gaston d'Orléans.

MADÈRE, île de l'océan Atlantique, aux Portugais, à 700 k. O. de la côte d'Afrique ; 115000 h. ; cap. Funchal.

MADERNO, architecte italien, acheva la basilique de St-Pierre de Rome (1556-1629).

MADIANITES, anc. tribu arabe, établie au S.-O. de la mer Morte.

MADRAS, ch.-l. de la présidence de ce nom dans l'Hindoustan, sur la côte de Coromandel ; 800000 h.

MADRID, cap. de l'Espagne, sur le Manzanarez, à 1305 k. de Paris ; 332000 h.

MADRILÈNE, *adj.* et *s.* Habitant de Madrid.

MADURA, île de l'archipel de la Sonde.

MAËL-CARHAIX, ch.-l. de c. des Côtes-du-Nord, arr. de Guingamp ; 2092 h.

MAELZEL, né à Ratisbonne (1776-1855), inventeur du métronome.

MAESTRICHT ou **MAASTRICHT**, ch.-l. du Limbourg hollandais, sur la Meuse ; 28000 h.

MAFFEI (SCIPION, marquis DE), littérateur et antiquaire italien (1675-1755).

MAGDEBOURG, ch.-l. de la prov. de Saxe (Prusse), sur l'Elbe ; 79000 h.

MAGEDDO, v. de la tribu de Manassé.

MAGELLAN, navigateur portugais, entreprit le 1er voyage autour du monde, découvrit, entre la Patagonie et la Terre-de-Feu, le détroit qui reçut son nom, traversa l'océan Pacifique et fut tué par les naturels des Philippines (1470-1521).

MAGELLAN (archipel de), archipel de la Polynésie (Océanie).

MAGENDIE, médecin et physiologiste français (1783-1855).

MAGENTA, bourg de la prov. de Pavie (Italie), près duquel le général de Mac-Mahon défit les Autrichiens, le 4 juin 1859.

MAGES, prêtres des Mèdes et des Perses, adorateurs du feu.

MAGHREB, c.-à-d. *le Couchant*, l'Afrique septentr. de la Tunisie à l'Atlantique.

MAGNAC-LAVAL, ch.-lieu de c. de la Haute-Vienne, arr. de Bellac ; 3239 h.

MAGNAT, *sm.* Titre donné aux membres de la haute aristocratie en Hongrie.

MAGNE, né en 1806, ministre des finances sous le 2e Empire, et dans le 1er cabinet de la présidence du maréchal de Mac-Mahon.

MAGNENCE, Franc, proclamé empereur (350-353), fut battu par Constance et se tua.

MAGNÉSIE, v. de Thessalie. || V. de Lydie près du mont Sipyle, où Scipion l'Asiatique battit Antiochus III le Grand (190 av. J.-C.). || V. de Lydie, près du Méandre.

MAGNUS, nom de plusieurs rois de Suède et de Norvége, au moyen âge.

MAGNY-EN-VEXIN, ch.-l. de c. de Seine-et-Oise, arr. de Mantes ; 1966 h.

MAGON, nom de plusieurs généraux carthaginois, dont le dernier était le plus jeune frère d'Annibal ; il fut battu et tué par Quintilius Varus.

MAGRA, auj. Macra, riv. d'Italie qui se jette dans le golfe de la Spezzia.

MAGUELONE, étang sur le littoral de la Méditerranée, dans l'Hérault ; il renferme une île où se trouvait l'anc. v. épiscopale de Maguelone, détruite en 1633.

MAGYARS, nom indigène des Hongrois.

MAHABHARATA, épopée sanscrite.

MAHÉ, v. française sur la côte de Malabar (Hindoustan) ; 7000 h. || L'une des îles Seychelles, aux Anglais.

MAHMOUD Ier, sultan des Turcs ottomans, de 1730 à 1754, signa la paix de Belgrade avec la Russie et l'Autriche. || MAHMOUD II, sultan des Turcs ottomans, de 1808 à 1839, vainquit Ali, pacha d'Albanie, perdit la Grèce (1821-29), les bouches du Danube, le protectorat des principautés danubiennes et la Syrie.

MAHOMET, fondateur de l'islamisme, né à la Mecque (570-632).

MAHOMET Ier, sultan des Turcs ottomans, de 1402 à 1421. || MAHOMET II *le Conquérant*, sultan de 1451 à 1481, enleva Constantinople à Constantin Paléologue (1453).

MAHON ou **PORT-MAHON**, cap. de l'île Minorque (Baléares) ; 14000 h. En 1756, le duc de Richelieu l'emporta d'assaut.

MAHRATTES, peuple du Dekkan (Hindoustan).

MAÏA, mère de Mercure.

MAICHE, ch.-l. de c. du Doubs, arr. de Montbéliard ; 1321 h.

MAIGNELAY, ch.-l. de c. de l'Oise, arr. de Clermont ; 740 h.

MAILLARD, cordelier, prédicateur de Louis XI, auteur de *Sermons prêchés* à Saint-Jean en Grève, à Paris.

MAILLEZAIS, ch.-l. de c. de la Vendée, arr. de Fontenay-le-Comte ; 1350 h.

MAILLOTINS, nom donné aux Parisiens qui, révoltés en 1382, assassinèrent à coups de *maillets* de plomb les percepteurs d'une taxe nouvelle sur les denrées.

MAIMBOURG, savant jésuite, historien (1610-1686).

MAINE, l'un des États-Unis de l'Amérique du Nord ; pop. 926 915 h.; cap. Augusta.

MAINE (LA), riv. de France, formée de la réunion de la Mayenne et de la Sarthe, près d'Angers, et se jetant dans la Loire ; 10 k.

MAINE (LE), prov. de l'anc. France, dont sont formés les dép. de la Sarthe et de la Mayenne, réunie au domaine royal par Louis XI en 1481 ; cap. le Mans.

MAINE (duc DU), fils légitimé de Louis XIV et de Mᵐᵉ de Montespan (1670-1736), épousa Anne-Louise de Bourbon, petite-fille du grand Condé, qui tint à Sceaux une cour, rendez-vous des beaux-esprits.

MAINE DE BIRAN, philosophe français, auteur d'un mémoire *Sur les rapports du physique et du moral* (1766-1824).

MAINE-ET-LOIRE (dép. de), formé de la plus grande partie de l'Anjou ; ch.-l. Angers ; 5 arr. Angers, Baugé, Cholet, Saumur et Segré ; pop. 518 471 h.

MAINLAND, la principale des îles Shetland (la *Thulé* des anciens ?) ; pop. 15 000 h.

MAINTENON, ch.-l. de c. d'Eure-et-Loir, arr. de Chartres ; 1868 h. Château ayant appartenu à Mᵐᵉ de Maintenon. Aqueduc commencé sous Louis XIV pour amener les eaux de l'Eure à Versailles.

MAINTENON (FRANÇOISE D'AUBIGNÉ, marquise DE), petite-fille d'Agrippa d'Aubigné (1635-1719), épousa le poète Scarron (1652), et quelques années après sa mort devint gouvernante des enfants de Mᵐᵉ de Montespan (1673) ; elle plut à Louis XIV, qui l'épousa secrètement en 1684.

MAIRAN (DE), physicien, littérateur franç. (1678-1771), fut, après Fontenelle, secrétaire perpétuel de l'Académie des sciences.

MAIRE DU PALAIS, intendant des rois mérovingiens, qui finit par rendre sa dignité héréditaire et politique, et par s'emparer du pouvoir.

MAIRET (JEAN DE), poète dramatique français (1604-1686), dont le chef-d'œuvre est *Sophonisbe* (1629).

MAISON (marquis), maréchal de France (1771-1840), commanda l'expédition de Morée en 1828.

MAISONS-ALFORT, c. de la Seine, arr. de Sceaux ; 5890 h. (Voy. ALFORT).

MAISONS-LAFFITTE, c. de l'arr. de Versailles (Seine-et-Oise), sur la Seine ; 3390 h. Magnifique château bâti par Mansart, ayant appartenu au président de Maisons et à Jacques Laffitte.

MAISTRE (JOSEPH, comte DE), publiciste français, né à Chambéry (1754-1821), ministre plénipotentiaire de Sardaigne à la cour de Russie, auteur du livre du *Pape*, des *Soirées de Saint-Pétersbourg*. || Son frère, Xavier DE MAISTRE (1763-1802), romancier, est l'auteur du *Voyage autour de ma chambre*, du *Lépreux de la cité d'Aoste*, etc.

MAIXENT (SAINT-), ch.-l. de c. des Deux-Sèvres, arr. de Niort ; 4850 h. Anc. abbaye de Bénédictins.

MAJEUR (LAC), lac entre la Suisse et l'Italie, d'où sort le Tessin. Il renferme les îles Borromées.

MAJORIEN, empereur d'Occident (457-461), élevé au trône, puis tué par Ricimer.

MAJORQUE, la plus grande des îles Baléares ; cap. Palma ; pop. 180 000 h.

MALABAR (côte de), portion de la côte du Dekkan entre la mer d'Oman et les Ghattes occidentales, dépend de l'Angleterre, sauf Mahé, que possède la France.

MALACCA (presqu'île de), située au sud de l'Indo-Chine ; pop. malaise et nègre, 400 000 h.; v. Malacca, 6000 h., aux Anglais. || Détroit de Malacca, bras de mer qui unit la mer de Chine au golfe du Bengale.

MALACHIE, dernier des petits prophètes.

MALADETTA (LA), mont des Pyrénées centrales (Espagne) ; 3312 m.

MALAGA, ch.-l. de la prov. de même nom ou Espagne, sur la Méditerranée ; 85 000 h. Vins, fruits, raisins secs ; draps et soieries.

MALAIS, nom d'une race qui habite une partie de l'Océanie, de Malacca, etc.

MALAISIE, l'une des grandes divisions de l'Océanie, appartenant presque entièrement aux Hollandais, et renfermant les îles de Sumatra, Java, Bornéo, Célèbes, Timor, les Philippines, les Moluques, etc.

MALAKOFF (duc DE), voy. PÉLISSIER.

MALAMOCCO, îlot de la Vénétie, entre l'Adriatique et les Lagunes ; port ; 1000 h.

MALAUCÈNE, ch.-l. de c. de Vaucluse, arr. d'Orange ; 2852 h.

MALCOLM, nom de quatre rois d'Écosse, dont le 3ᵉ tua l'usurpateur Macbeth (1057).

MALDIVES, groupe d'îles de la mer des Indes, soumises à un soltan résidant à Male.

MALEBRANCHE (NICOLAS), philosophe français (1638-1715), auteur de la *Recherche de la vérité*, etc.

MALÉE (CAP), au N. de l'anc. Laconie, auj. cap Saint-Ange.

MALESHERBES, ch.-l. de c. du Loiret, arr. de Pithiviers ; 1790 h.

MALESHERBES (DE LAMOIGNON DE), ministre de Louis XVI et son défenseur devant la Convention, fut condamné à mort par le tribunal révolutionnaire (1721-1794).

MALESTROIT, ch.-l. de c. du Morbihan, arr. de Ploërmel ; 1691 h.

MALET, général français, condamné et fusillé en 1812 pour avoir voulu s'emparer du gouvernement en répandant le bruit de la mort de Napoléon.

MALFILÂTRE, poète français, auteur du poème de *Narcisse* (1733-1767).

MALGACHES, habitants de Madagascar.

MALHERBE (FRANÇOIS DE), célèbre poète né à Caen (1555-1628), réformateur de la langue et de la poésie française.

MALIAQUE (GOLFE), golfe de l'anc. Thessalie, en face de la pointe de l'Eubée.

MALIBRAN (Mᵐᵉ), célèbre cantatrice, fille de Manuel Garcia (1808-1836).

MALICORNE, ch.-l. de c. de la Sarthe, arr. de La Flèche ; 1438 h.

MALINES, v. de la prov. d'Anvers (Belgique), 36 000 h. Archevêché métropolitain de Belgique. Étoffes, dentelles, etc.

MALL, assemblée annuelle des Francs.

MALMAISON (LA), château près de Rueil (Seine-et-Oise), qui servit de résidence à Bonaparte et à Joséphine.

MALO (SAINT-), ch.-l. d'arr. d'Ille-et-Vilaine, port à l'embouchure de la Rance, à 71 k. de Rennes ; 12316 h. Patrie de Duguay-Trouin, la Mennais, Chateaubriand.

MALO-DE-LA-LANDE (SAINT-), ch.-l. de c. de la Manche, arr. de Coutances ; 406 h.

MALOJAROLAWETZ, v. de Russie. Victoire des Français en 1812.

MALOUET, homme d'État français (1740-1814), a laissé des Mémoires sur l'Assemblée constituante, dont il avait fait partie.

MALOUIN, INE, *adj.* et *s.* Habitant de Saint-Malo (Ille-et-Vilaine).

MALOUINES ou **FALKLAND (ILES)**, archipel de l'océan Atlantique, à l'E. du détroit de Magellan, aux Anglais depuis 1833.

MALPLAQUET, vge à 26 k. d'Avesnes (Nord). Défaite glorieuse de Villars (1709).

MALTE, île de la Méditerranée, appartenant aux Anglais depuis 1800 ; cap. Cité-la-Valette ; pop. 110000 h.

MALTE (ORDRE DE), ordre religieux et militaire, dont les membres s'appelèrent *Hospitaliers de Saint-Jean de Jerusalem* (XIe s.), puis *Chevaliers de Rhodes* (1310) et enfin *Chevaliers de Malte* (1530-1798).

MALTE-BRUN, géographe franç., auteur d'une *Géographie universelle* (1775-1826).

MALTHUS, économiste anglais(1766-1834).

MALVOISIE, presqu'île à l'E. de la Laconie, qui produisait un vin renommé ; ch.-l. Napoli-de-Malvoisie.

MALZIEU (LE), ch.-l. de c. de la Lozère, arr. de Marvejols ; 1017 h.

MAMELUCKS, milice qui domina l'Égypte depuis saint Louis jusqu'à Bonaparte, et qui fut exterminée par Méhémet-Ali (1811).

MAMERS, ch.-l. d'arr. de la Sarthe, à 45 kil. du Mans ; 5366 h.

MAMERT (SAINT-), ch.-l. de c. du Gard, arr. de Nîmes ; 592 h.

MAMERTINE (PRISON), prison de l'anc. Rome, construite par Ancus Martius.

MAMERTINS, aventuriers venus de Mamertium (Italie mérid.), qui s'établirent en Sicile, où ils appelèrent les Romains à l'époque de la 1re guerre punique.

MAMET (SAINT-), ch.-l. de c. du Cantal, arr. d'Aurillac ; 1940 h.

MAN, île de la mer d'Irlande ; ch.-l. Castle-town ; pop. 54000 h.

MANAHEM, roi d'Israël (766-754 av. J.-C.), paya tribut à Phul d'Assyrie.

MANASSÉ, fils aîné de Joseph, donna son nom à deux demi-tribus juives, séparées par le Jourdain.

MANASSÈS, roi de Juda (694-639 av. J.-C.), fut emmené en captivité par Assar-Haddon, roi de Ninive.

MANCEAU, CELLE, *adj.* et *s.* Habitant du Mans.

MANCHE, bras de mer entre la France et l'Angleterre.

MANCHE (dép. de la), formé d'une partie de la Basse-Normandie ; ch.-l. Saint-Lô ; 6 arr. Saint-Lô, Avranches, Cherbourg, Coutances, Mortain et Valognes ; pop. 544776 h.

MANCHE, anc. région d'Espagne, comprise aujourd'hui dans la prov. de Ciudad-Real (Nouvelle-Castille).

MANCHESTER, v. du Lancashire (Angleterre) ; 360000 h. Grand centre manufacturier, filatures, cotonnades, etc.

MANCINI, sœur du cardinal Mazarin, eut 5 filles, dont la 2e, Olympe, comtesse de Soissons, et la 5e, Marie-Anne, duchesse de Bouillon, furent impliquées dans les procès d'empoisonnement de ce temps.

MANCO-CAPAC Ier, fondateur de la monarchie des Incas au Pérou (XIe s. ap. J.-C.).|| MANCO-CAPAC II, frère d'Atahualpa, essaya sans succès d'expulser les Espagnols et périt assassiné (1536).

MANDANE, fille du Mède Astyage, femme de Cambyse et mère de Cyrus le Grand.

MANDARIN, titre que l'on donne aux officiers civils et militaires de la Chine, et qui s'acquiert par des examens.

MANDCHOURIE ou **MANTCHOURIE**, région de l'empire chinois, au N., dont les habitants imposèrent à la Chine, en 1648, la dynastie actuellement régnante.

MANDÉ (SAINT-), com. de la Seine, arr. de Sceaux ; 6388 h.

MANDRIN, fameux brigand, qui après avoir exploité tout le bassin du Rhône, fut pris et roué (1724-1755).

MANDUBIENS, peuple gaulois, client des Éduens, dont le ch.-l. était Alise (Côte-d'Or).

MANÉTHON, prêtre égyptien, qui vécut sous les deux premiers Lagides : il écrivit une *Histoire d'Égypte*, dont il ne reste que des fragments et des listes de rois.

MANFRED ou **MAINFROI**, roi de Naples et de Sicile, fils naturel de l'empereur Frédéric II, fut vaincu et tué par Charles d'Anjou près de Bénévent (1266).

MANHEIM, v. du grand-duché de Bade, au confluent du Rhin et du Neckar ; 35000 h.

MANICHÉENS, sectateurs de Manès, hérésiarque né en Perse (240-274), qui croyait à l'existence de deux principes éternels, le bon et le mauvais.

MANILIUS, poète latin de la fin du règne d'Auguste, auteur d'un poëme sur l'Astronomie.

MANILLE, cap. des Philippines, dans l'île Luçon ; ch.-l. des établissements espagnols de l'Océanie ; 140000 h.

MANIN (LUDOVICO), dernier doge de Venise, de 1789 à 1797. || DANIEL MANIN, qui n'avait de commun que le nom avec le précédent, fut président du Gouvernement provisoire en 1848, lors du soulèvement de la Vénétie contre l'Autriche, et mourut exilé en France (1804-1857).

MANITOU, nom donné à la divinité par les sauvages de l'Amérique du Nord.

MANLIUS CAPITOLINUS, Romain, précipita du Capitole les Gaulois qui tentaient de s'en emparer (390 av. J.-C.). Accusé d'aspirer à la royauté, il fut précipité du haut de la roche Tarpéienne (382).

MANLIUS TORQUATUS, Romain, ainsi surnommé parce qu'il prit le collier (*torques*) d'un Gaulois qu'il avait tué dans un combat singulier (361 av. J.-C.).

MANOSQUE, ch.-l. de c. des Basses-Alpes, arr. de Forcalquier, sur la Durance ; 6125 h.

MANOU, premier législateur des Indiens (XIIIe ou XVe siècle av. J.-C.).

MANS (LE), ch.-l. de la Sarthe, sur la Sarthe, à 211 k. de Paris ; 46981 h. Grains, chanvre, toiles, poulardes, etc.

MANSARD ou plutôt **MANSART** (François), architecte français (1598-1666), construisit l'hôtel Carnavalet à Paris, le château de Maisons et commença le Val-de-Grâce. ‖ Son petit-neveu, Jules-Hardouin Mansart (1646-1708), bâtit les châteaux de Marly, de Dampierre, le palais de Versailles, le grand Trianon, le dôme des Invalides, etc.

MANSLE, ch.-lieu de c. de la Charente, arr. de Ruffec, sur la Charente ; 1830 h.

MANSOUR (AL-), voy. Almanzor.

MANSOURAH, v. de la Basse-Égypte, sur la branche E. du Nil, où saint Louis fut défait par les Mamelucks (1250).

MANTEGNA (Andrea), peintre, né à Padoue, décora de ses fresques Padoue, Vérone et surtout Mantoue (1430-1506).

MANTES, ch.-l. d'arr. de Seine-et-Oise, sur la Seine, à 42 k. de Versailles ; 5697 h.

MANTINÉE, v. d'Arcadie, où Épaminondas triompha des Spartiates (362).

MANTOUE, v. forte, ch.-l. de la prov. de ce nom (Italie du N.), sur le Mincio ; 30 000 h.

MANUCE (Alde) l'Ancien, célèbre imprimeur, fonda en 1490 à Venise une imprimerie consacrée à la reproduction des chefs-d'œuvre grecs et latins. Il eut pour successeurs son fils Paul Manuce (1533), puis son petit-fils Alde le Jeune, qui dirigea ensuite l'imprimerie du Vatican (1599-1597).

MANUEL Ier (Comnène), empereur de Constantinople (1143-1180), contemporain de la 2e croisade. ‖ Manuel II Paléologue, empereur de Constantinople (1391-1425), fut assiégé par le sultan Bajazet.

MANUEL, orateur politique (1775-1827), fut expulsé de la Chambre des députés à cause de l'opposition qu'il faisait à l'intervention française en Espagne (1823).

MANZANAREZ ou **MANÇANAREZ**, riv. d'Espagne, passe à Madrid ; 100 k.

MANZAT, ch.-l. de c. du Puy-de-Dôme, arr. de Riom ; 1980 h.

MANZONI, poëte et romancier italien, auteur du roman les Fiancés (1784-1873).

MARACAÏBO, golfe, lac et riv. du Venezuela (Amérique du Sud).

MARAGNON, le fleuve des Amazones.

MARANS, ch.-l. de c. de la Charente-Inférieure, arr. de La Rochelle, sur la Sèvre-Niortaise ; 4284 h.

MARAT (Jean-Paul), membre de la Commune de Paris et de la Convention nationale, rédacteur de l'Ami du peuple, périt assassiné par Charlotte Corday (1744-1793).

MARATHON, vge de l'Attique, où Miltiade triompha des Perses (490 av. J.-C.).

MARBEUF (comte de), maréchal de camp, administra la Corse quand elle fut cédée à la France, de 1768 à 1786.

MARBORÉ, massif de montagnes dans les Pyrénées, près du cirque de Gavarnie.

MARBOURG, v. de la Hesse-Cassel ; 8000 h.

MARC (saint), évangéliste, vécut à Alexandrie, fut martyrisé en 68.

MARC-AURÈLE, empereur romain, fut adopté par Antonin, et régna de 161 à 180. On a de lui un livre d'une morale pure, intitulé À moi-même ou Pensées de Marc-Aurèle. Son règne fut signalé par des guerres contre les Parthes et les Marcomans.

MARCEAU, général français, se distingua à Fleurus et fut tué près d'Altenkirchen (1769-1796).

MARCEL (Étienne), prévôt des marchands de Paris, fut tué en voulant livrer Paris au roi de Navarre, Charles le Mauvais (1358).

MARCELLIN (SAINT-), ch.-l. d'arr. de l'Isère, à 52 k. de Grenoble ; 3340 h.

MARCELLO, compositeur vénitien, auteur de psaumes célèbres (1686-1739).

MARCELLUS (Claudius), général romain, prit Syracuse, défendue par les invention d'Archimède (212 av. J.-C.), battit plusieurs fois Annibal. ‖ Marcellus, fils d'Octavie, sœur d'Auguste, devint le fils adoptif et le gendre d'Auguste, et mourut subitement (41-23 av. J.-C.).

MARCELLUS (comte de), diplomate et écrivain français (1795-1861), rapporta de Milo la statue dite Vénus de Milo (1820-21).

MARCENAT, ch.-l. de c. du Cantal, arr. de Murat ; 2515 h.

MARCHANGY (de), magistrat et littérateur français (1782-1826), auteur de la Gaule poétique.

MARCHAUX, ch.-l. de c. du Doubs, arr. de Besançon ; 480 h.

MARCHE (Olivier de la), chroniqueur et poëte, né dans le comté de Bourgogne, auteur de Mémoires, etc., servit Charles le Téméraire, puis sa fille Marie de Bourgogne, mariée à Maximilien (1426-1502).

MARCHE (LA), prov. de l'anc. France, qui a formé le départ. de la Creuse et une partie de la Haute-Vienne ; ch.-l. Guéret et Bellac ; elle fut confisquée par François Ier sur le connétable de Bourbon, en 1523.

MARCHES (LES), nom donné autrefois aux États pontificaux entre la Romagne et le royaume de Naples ; cap. Ancône.

MARCHENOIR, ch.-l. de c. de Loir-et-Cher, arr. de Blois ; 656 h.

MARCHIENNES, ch.-l. de c. du Nord, arr. de Douai ; 3335 h.

MARCIAC, ch.-l. de c. du Gers, arr. de Mirande ; 1869 h.

MARCIEN, empereur d'Orient (450-457), résista à Attila.

MARCIGNY, ch.-l. de c. de Saône-et-Loire, arr. de Charolles ; 2538 h.

MARCILLAC, ch.-l. de c. de l'Aveyron, arr. de Rodez ; 1969 h.

MARCILLAT, ch.-l. de c. de l'Allier, arr. de Montluçon ; 1956 h.

MARCILLY-LE-HAYER, ch.-l. de c. de l'Aube, arr. de Nogent-sur-Seine ; 737 h.

MARCK (Guillaume de la), surnommé le Sanglier des Ardennes (1446-1485), fit soulever la ville de Liège contre son évêque. ‖ Son petit-neveu, seigneur de Fleuranges, fut un des plus braves capitaines de l'armée française au temps de François Ier (1491-1537) ; il a laissé des Mémoires.

MARCKOLSHEIM, anc. ch.-l. de c. du Bas-Rhin, arr. de Schlestadt ; 2517 h. ; cédé à la Prusse en 1871.

MARCOING, ch.-l. de c. du Nord, arr. de Cambrai ; 1851 h.

MARCOMANS, peuplade germanique, qui habita d'abord entre le Rhin, le Mein et le Danube, puis en Bohême.

MARCOMIR, chef franc, père de Pharamond.

MARCOUSSIS, vge de l'arr. de Rambouillet (Seine-et-Oise), célèbre autrefois par son château.

MARCULFE, moine de Gaule, m. après 660, publia un recueil de *Formules* ou modèles des actes usités à cette époque.

MARDES, anc. peuple de la Médie.

MARDOCHÉE, Juif, oncle d'Esther.

MARDONIUS, gendre et général de Darius Ier, fut vaincu par les Grecs et tué à Platées (479 av. J.-C.).

MAREMMES (LES), région basse qui longe la mer Tyrrhénienne, en Toscane.

MARENGO, vge près d'Alexandrie, en Piémont, où Bonaparte battit le général autrichien Mélas (1800).

MARENNES, ch.-l. d'arr. de la Charente-Inférieure, à 56 k. de La Rochelle ; 4495 h. Huîtres vertes.

MARÉOTIS, lac de la Basse-Égypte, séparé de la Méditerranée par une langue de terre sur laquelle est Alexandrie.

MARET, duc DE BASSANO, secrétaire d'État sous le 1er Empire, ministre des affaires étrangères (1811-1813), jouit de toute la confiance de Napoléon Ier (1763-1839).

MAREUIL, ch.-l. de c. de la Dordogne, arr. de Nontron ; 1565 h.

MAREUIL, ch.-l. de c. de la Vendée, arr. de la Roche-sur-Yon ; 1711 h.

MARFÉE (LA), bois près de Sedan (Ardennes), où le comte de Soissons battit le maréchal de Châtillon (1641).

MARGERIDE (MONTS DE LA), ramification des Cévennes, dans la Lozère et le Cantal.

MARGRAFF, chimiste prussien (1709-1780), découvrit le sucre de betterave.

MARGUERITE D'ANJOU, fille du roi René, épousa le roi d'Angleterre Henri VI de Lancastre, et, pendant la guerre des Deux Roses, défendit le trône de son mari avec une ténacité héroïque (1429-1482).

MARGUERITE DE PROVENCE, reine de France et femme de saint Louis (1221-1295). || MARGUERITE DE BOURGOGNE, fille de Robert II, duc de Bourgogne, femme de Louis X, roi de France. || MARGUERITE DE VALOIS, sœur de François Ier, épousa en secondes noces Henri d'Albret, roi de Navarre, dont elle eut Jeanne d'Albret (1492-1549). Elle a laissé des poésies et un recueil de contes, l'*Heptaméron*. || MARGUERITE DE VALOIS OU DE FRANCE, fille de Henri II et de Catherine de Médicis, épousa Henri de Navarre (depuis Henri IV, roi de France) en 1572 ; son mariage fut cassé en 1599 ; elle mourut en 1615.

MARGUERITE DE VALDEMAR, dite la *Sémiramis du Nord*, gouverna comme régente le Danemark et la Norvège, et consacra la fédération des trois États scandinaves par l'union de Calmar (1397).

MARGUERITE (S^{te}), l'une des îles Lérins.

MARGUERITTES, ch.-l. de c. du Gard, arr. de Nîmes ; 1889 h.

MARIA DA GLORIA, reine de Portugal, reconquit son trône sur son oncle don Miguel de Bragance (1819-1853).

MARIAMNE, petite-fille du roi juif Aristobule et d'Hyrcan II, épousa Hérode le Grand qui la fit mettre à mort (28 av. J.-C.)

MARIANNES (ILES), archipel de la Polynésie (Océanie), aux Espagnols ; cap. Agagna.

MARIA SICHÉ (SANTA-), ch.-l. de c. de la Corse, arr. d'Ajaccio ; 656 h.

MARIE (sainte), mère de Jésus-Christ, fille d'Anne et de Joachim, épouse de saint Joseph. || MARIE DE BÉTHANIE, sœur de Lazare et de Marthe, accompagna le Christ au tombeau. || MARIE-MADELEINE, voy. MADELEINE.

MARIE (SAINTE-), île de la mer des Indes, à la France ; 6000 h.

MARIE-AUX-MINES (SAINTE-), anc. ch.-l. de c. du Haut-Rhin, arr. de Colmar ; 12425 h. ; cédé à la Prusse en 1871. Filatures.

MARIE DE MÉDICIS, fille de François Ier, grand-duc de Toscane (1573-1642), épousa Henri IV, roi de France. Régente après la mort de son mari, elle livra toute l'autorité à Concini, puis voulut lutter en vain contre l'influence de Richelieu auprès de son fils Louis XIII, fut exilée et mourut à Cologne. || MARIE-THÉRÈSE D'AUTRICHE, fille de Philippe IV, roi d'Espagne (1638-1683), épousa Louis XIV en 1660. || MARIE-LECZINSKA, fille de Stanislas, reine de Pologne (1703-1768), épousa Louis XV en 1725. || MARIE-ANTOINETTE D'AUTRICHE, fille de l'empereur François Ier et de Marie-Thérèse (1755-1793), épousa en 1770 le dauphin, qui devint roi sous le nom de Louis XVI ; elle mourut sur l'échafaud le 16 octobre 1793. || MARIE-LOUISE, fille de François Ier, empereur d'Autriche (1791-1847), épousa Napoléon Ier (1810), dont elle eut un fils nommé le *Roi de Rome* (20 mars 1811) ; elle mourut duchesse de Parme. || MARIE-AMÉLIE, fille de Ferdinand IV, roi des Deux-Siciles, épousa Louis-Philippe Ier (1782-1866).

MARIE-THÉRÈSE D'AUTRICHE, impératrice d'Allemagne, épousa François, duc de Lorraine, succéda à son père Charles VI en 1740 ; attaquée par une ligue redoutable, elle triompha et fit élire son mari empereur en 1745 ; elle prit part au premier partage de la Pologne ; elle eut 4 fils, dont l'aîné fut l'empereur Joseph II, et 6 filles, parmi lesquelles Marie-Antoinette, reine de France, et Marie-Caroline, reine de Naples ; elle mourut en 1780.

MARIE Ire TUDOR, reine d'Angleterre, fille de Henri VIII et de Catherine d'Aragon (1516-1558), succéda à son frère Édouard VI (1553), après avoir triomphé de Jane Gray ; elle rétablit l'Église romaine dans son royaume et persécuta les protestants. || MARIE II, fille de Jacques II et d'Anne Hyde (1662-1695), épousa le prince d'Orange, qui devint roi d'Angleterre et régna avec elle sous le nom de Guillaume III, après la révolution de 1688.

MARIE STUART, fille de Jacques V, roi d'Écosse et de Marie de Lorraine (1542-1587), épousa le dauphin (depuis François II). Après la mort de son époux, elle revint en Écosse et se maria avec Henri Darnley, puis avec le comte Bothwell. Obligée de fuir devant la révolte de ses sujets, elle demanda asile à Élisabeth d'Angleterre, qui, après une captivité de 19 ans, la fit décapiter.

MARIE DE BOURGOGNE, fille unique de Charles le Téméraire (1457-1482), épousa l'archiduc Maximilien d'Autriche, dont elle eut deux enfants, Philippe le Beau et Marguerite d'Autriche.

MARIE-CHRISTINE, de la maison royale de Naples, née en 1806, épousa Ferdinand VII, roi d'Espagne ; elle est la mère de l'ancienne reine d'Espagne Isabelle II, et de la duchesse de Montpensier.

MARIE DE FRANCE, femme poëte du XIII⁰ s., auteur de fables, de lais, etc.

MARIE-GALANTE, l'une des petites Antilles, à la France; ch.-l. Grand-Bourg ou Marigot; pop. 14 000 h.

MARIENBAD, petite v. du cercle de Pilsen (Bohême); eaux minérales.

MARIENBOURG, ville de la prov. et du royaume de Prusse; 6000 h. || V. de la prov. de Namur (Belgique); 6000 h.

MARIES (SAINTES-), ch.-lieu de c. des Bouches-du-Rhône, arr. d'Arles, dans la Camargue; 951 h.

MARIETTE (AUGUSTE), égyptologue français, né en 1821, découvrit le Sérapéum dans l'anc. Memphis.

MARIGNAN, auj. Melegnano, v. de Lombardie, à 15 k. de Milan; 5000 h. || Victoires de François I⁰ʳ sur les Suisses (1515), et du maréchal Baraguey-d'Hilliers sur les Autrichiens (1859).

MARIGNY, ch.-l. de c. de la Manche, arr. de Saint-Lô; 1364 h.

MARIGNY (ENGUERRAND DE), ministre de Philippe IV le Bel, roi de France, périt victime d'une réaction violente à l'avénement de Louis X le Hutin, et fut pendu au gibet de Montfaucon (1315).

MARILHAT, peintre français (1811-1847).

MARILLAC (LOUIS DE), maréchal de France; ayant pris part aux intrigues de Marie de Médicis contre Richelieu, il fut, après la journée des Dupes, condamné à mort et décapité (1572-1632). || Son frère aîné, le garde des sceaux, MICHEL DE MARILLAC (1563-1632), qui partagea sa disgrâce, est l'auteur du *code Michau*.

MARIN (SAINT-), petite république d'Italie, entre les prov. de Forli et de Pesaro; pop. 8000 h.; cap. Saint-Marin; 5000 h.

MARINES, ch.-l. de c. de Seine-et-Oise, arr. de Pontoise; 1542 h.

MARINGUES, ch.-lieu de c. du Puy-de-Dôme, arr. de Thiers; 5010 h.

MARIOTTE, physicien français, m. en 1684, auteur de la loi qui porte son nom.

MARIUS (CAIUS), général romain, vainquit Jugurtha, écrasa les Cimbres et les Teutons à Aix (102) et à Verceil (101); puis engagea avec Sylla une lutte sanglante et mourut dans son 7⁰ consulat (157-86 av. J.-C.).

MARIVAUX, auteur dramatique et romancier français (1688-1763), dont le chef-d'œuvre est *les Jeux de l'Amour et du Hasard*. On a donné le nom de *marivaudage* à un genre d'écrits se distinguant par le raffinement des idées et des expressions.

MARLBOROUGH (JOHN CHURCHILL, duc DE), général anglais (1650-1722), se signala dans les guerres contre Louis XIV, fut vainqueur à Hochstedt, à Ramillies, à Oudenarde et à Malplaquet, puis disgracié avec sa femme, favorite de la reine Anne (1712).

MARLE, ch.-l. de c. de l'Aisne, arr. de Laon; 2078 h.

MARLY-LA-MACHINE, annexe de la c. de Bougival (Seine-et-Oise), où Rennequin Sualem construisit sur la Seine une célèbre machine hydraulique (1676-1683).

MARLY-LE-ROI, ch.-l. de c. de Seine-et-Oise, arr. de Versailles; 1250 h. Louis XIV y avait fait construire un *ermitage* composé de 12 petits pavillons groupés aux deux côtés d'un pavillon central.

MARMANDE, ch.-l. d'arr. du Lot-et-Garonne, à 56 k. d'Agen; 8513 h.

MARMARA (MER DE), anc. Propontide, portion de la Méditerranée, entre le détroit des Dardanelles et celui de Constantinople.

MARMONT, DUC DE RAGUSE, maréchal de France (1774-1852), se distingua sous la République et le 1ᵉʳ Empire, comme général et comme administrateur, conclut la convention qui livra Paris aux Alliés (mars 1814); il commandait à Paris, lors de la publication des ordonnances de juillet 1830.

MARMONTEL, littérateur français (1723-1799), auteur de *Bélisaire*, des *Incas*, des *Éléments de littérature*, etc.; secrétaire perpétuel de l'Académie française (1783).

MARMOUTIER, vge à 2 k. de Tours. Ruines d'une abbaye fondée par saint Martin.

MARMOUTIER, anc. ch.-l. de c. du Bas-Rhin, arr. de Saverne; 2458 h.; cédé à la Prusse en 1871.

MARNAY, ch.-l. de c. de la Haute-Saône, arr. de Gray; 1114 h.

MARNE, riv. de France, naît au pied de la montagne de Langres et se réunit à la Seine à Charenton-le-Pont; 495 k.

MARNE (dép. de la), formé du Rémois, du Perthois et de la Basse-Brie; ch.-l. Châlons-sur-Marne; 5 arr. Châlons-sur-Marne, Épernay, Reims, Sainte-Menehould, Vitry-le-François; pop. 386 157 h.

MARNE (dép. de la HAUTE-), formé du Vallage, du Perthois, du Bassigny (Champagne) et de parcelles de la Bourgogne, de Bar et de la Franche-Comté; ch.-l. Chaumont; 3 arr. Chaumont, Langres et Vassy; pop. 251 196 h.

MARNE-AU-RHIN (CANAL DE LA), commençant près de Vitry-le-François sur la Marne, et débouchant dans l'Ill au-dessous de Strasbourg.

MARNIX (PHILIPPE VAN), seigneur de Mont-Sainte-Aldegonde, l'un des fondateurs de la république des Provinces-Unies (1548-1598).

MAROC (EMPIRE DE), État de l'Afrique; cap. Maroc; v. pr. Fez, Méquinez, Taflet; pop. 8 500 000 h. Empereur régnant depuis 1873; Muley-Hassan.

MAROILLES ou **MAROLLES**, c. du Nord, arr. d'Avesnes, connue par ses fromages.

MAROLLES-LES-BRAULTS, ch.-l. de c. de la Sarthe, arr. de Mamers; 2108 h.

MAROMME, ch.-l. de c. de la Seine-Inférieure, arr. de Rouen; 2861 h. Filatures.

MARONITES, peuplade catholique qui habite les vallées du Liban, et dont on rapporte l'origine à Jean Maron, patriarche syrien de la fin du VIIᵉ s.

MAROT (JEAN), poète français, fut attaché au service d'Anne de Bretagne, de Louis XII, enfin de François I⁰ʳ (1463-1523). || Son fils, CLÉMENT MAROT, poète favori de François I⁰ʳ, composa des épîtres, des ballades, des épigrammes, et traduisit en vers les psaumes de David (1495-1544).

MARQUION, ch.-l. de c. du Pas-de-Calais, arr. d'Arras; 859 h.

MARQUISE, ch.-l. de c. du Pas-de-Calais, arr. de Boulogne; 4017 h. Fonderies; carrières de marbre.

MARQUISES (Iles) ou **Mendana** ou **Nouka-Hiva**, archipel de la Polynésie, dans le Grand Océan, à la France; 20 000 h.

MARRAST (ARMAND), publiciste français (1801-1852), rédacteur principal du *National*, membre du Gouvernement provisoire et l'un des présidents de l'Assemblée constituante en 1848.

MARRYAT (FRÉDÉRIC), romancier anglais (1792-1848).

MARS, dieu de la guerre.

MARS (Mlle), célèbre comédienne du Théâtre-Français (1778-1847).

MARSAILLE (LA), vge entre Pignerol et Turin, où Catinat remporta une victoire sur Victor-Amédée, duc de Savoie (1693).

MARSALA, v. de Sicile sur la Méditerranée, renommée par ses vins ; 25 000 h.

MARSANNE, ch.-l. de c. de la Drôme, arr. de Montélimart ; 1616 h.

MARSEILLAISE (LA), chant patriotique composé par Rouget de l'Isle en 1792.

MARSEILLE, ch.-lieu des Bouches-du-Rhône, sur la Méditerranée, à 863 k. de Paris ; 312 864 h. Évêché. Grand port de commerce. Patrie de Mascaron, Puget, etc.

MARSEILLE-LE-PETIT, ch.-l. de c. de l'Oise, arr. de Beauvais ; 782 h.

MARSES, peuple de l'anc. Samnium.

MARSH, chimiste anglais, inventeur de l'appareil qui sert à révéler la présence de l'arsenic dans un liquide (1789-1846).

MARSHALL (ÎLES), archipel de la Polynésie (Océanie) ; 10 000 h.

MARSILLAC (le prince DE), fils du duc de La Rochefoucauld (1644-1714).

MARS-LA-JAILLE (SAINT-), ch.-l. de c. de la Loire-Inférieure, arr. d'Ancenis ; 1890 h.

MARSOLLIER, auteur de nombreux opéras-comiques mis en musique par Gaveaux, Méhul, Dalayrac (1750-1817).

MARSON, ch.-l. de c. de la Marne, arr. de Châlons ; 316 h.

MARSYAS, personnage de la Fable, qui fut écorché vif par Apollon pour avoir lutté contre lui sur la flûte.

MARTABAN, prov. de l'Indo-Chine anglaise, sur le golfe de même nom ; pop. 160 000 h. ; v. princ. Martaban, Moulmein. || Golfe formé par le golfe de Bengale.

MARTAINVILLE, auteur dramatique et publiciste français (1776-1830), fondateur du journal *le Drapeau blanc* (1818).

MARTEL, ch.-l. de c. du Lot, arr. de Gourdon ; 2742 h.

MARTHE (sainte), sœur de Lazare et de Marie de Béthanie.

MARTIAL, poète latin, auteur d'*Épigrammes* (43-104 ap. J.-C.).

MARTIAL (saint), évêque de Limoges (IIIe s.).

MARTIAL D'AUVERGNE, auteur d'une narration en vers du règne de Charles VII, intitulée *Vigiles de Charles VII* (1440-1508).

MARTIALE (LOI), loi faite par l'Assemblée constituante, le 21 octobre 1789, pour dissiper les rassemblements populaires.

MARTIGNAC (vicomte DE), homme d'État français (1776-1832), succéda comme ministre dirigeant à M. de Villèle (1828), et fut remplacé par le prince de Polignac (août 1829), que plus tard il défendit devant la Chambre des pairs.

MARTIGNY, v. du Valais (Suisse) ; 1190 h.

MARTIGUES (LES), ch.-l. de c. des Bouches-du-Rhône, arr. d'Aix ; 8053 h. Produits chimiques.

MARTIN (saint), évêque de Tours, l'un des patrons de la Gaule (316-396).

MARTIN, nom de 5 papes, dont le dernier, élu au concile de Constance, mit fin au Schisme d'Occident (1418).

MARTIN (HENRI), écrivain français, né en 1810, auteur d'une *Histoire de France*.

MARTIN (SAINT-), l'une des petites Antilles, partagée entre les Français, au N., cap. Le Marigot, et les Hollandais au S., cap. Philipsbourg ; pop. 7500 h.

MARTIN (CANAL SAINT-), va du bassin de la Villette à la Seine, à travers Paris.

MARTIN-D'AUXIGNY (SAINT-), ch.-l. de c. du Cher, arr. de Bourges ; 2744 h.

MARTIN-DE-LONDRES (SAINT-), ch.-l. de c. de l'Hérault, arr. de Montpellier ; 995 h.

MARTIN-DE-RÉ (SAINT-), ch.-l. de c. de la Charente-Inférieure, arr. de La Rochelle ; 2740 h.

MARTIN-DE-SEIGNAUX (SAINT-), ch.-l. de c. des Landes, arr. de Dax ; 2703 h.

MARTIN-DE-VALAMAS (SAINT-), ch.-l. de c. de l'Ardèche, arr. de Privas ; 2187 h.

MARTIN-EN-BRESSE (SAINT-), ch.-l. de c. de Saône-et-Loire, arr. de Châlons ; 1869 h.

MARTIN-LANTOSQUE (SAINT-), ch.-l. de c. des Alpes-Maritimes, arr. de Nice ; 2002 h.

MARTINEZ DE LA ROSA, poète et homme d'État espagnol (1789-1862).

MARTINI, compositeur de musique, surintendant de la musique de Louis XVI et de Louis XVIII (1741-1816).

MARTINIQUE (LA), l'une des petites Antilles, à la France ; ch.-l. Port-de-France ; v. pr. Saint-Pierre ; pop. 135 000 h.

MARTINO-DI-LOTA (SAN), ch.-l. de c. de la Corse, arr. de Bastia ; 890 h.

MARTORY (SAINT-), ch.-l. de c. de la Hte-Garonne, arr. de Saint-Gaudens ; 1030 h.

MARVEJOLS, ch.-l. d'arr. de la Lozère, à 35 k. de Mende ; 4734 h.

MARYLAND, l'un des États-Unis de l'Amérique du N. ; pop. 780 894 h. ; cap. Annapolis ; v. pr. Baltimore.

MASANIELLO, pêcheur napolitain, dirigea l'insurrection du peuple de Naples contre le duc d'Arcos, vice-roi espagnol (1647) ; il perdit, peu après son triomphe, la faveur de la multitude, et fut assassiné.

MAS-CABARDÈS (LE), ch.-l. de c. de l'Aude, arr. de Carcassonne ; 827 h.

MASCARA, v. forte d'Algérie, ch.-l. d'arr., à 96 k. d'Oran ; 6500 h.

MASCAREIGNES (ÎLES), archipel de l'océan Indien, composé des îles Bourbon, Maurice, Rodrigue et Cargados ; ainsi nommées du Portugais Mascarenhas, qui découvrit Bourbon (1547).

MASCARON, prédicateur français, prononça plusieurs oraisons funèbres, entre autres celle de Turenne (1634-1703).

MASCATE, v. du pays d'Oman (Arabie), sur le golfe Persique ; 60 000 h. || Imanat de Mascate, État qui comprend les deux rives du détroit d'Ormus et dont est tributaire le souverain de Zanzibar.

MAS-D'AGENAIS, ch.-l. de c. de Lot-et-Garonne, arr. de Marmande ; 2056 h.

MAS-D'AZIL (LE), ch.-l. de c. de l'Ariége, arr. de Pamiers ; 2575 h.

MASINISSA, roi des Numides, fut l'allié fidèle des Romains contre les Carthaginois (236-149 av. J.-C.).

MASQUE DE FER, prisonnier d'État qui fut enfermé successivement à Pignerol, à l'île Sainte-Marguerite, puis à la Bastille de Paris, où il mourut en 1703. Selon l'opinion commune, le Masque de fer était un secrétaire du duc de Mantoue, l'Italien Mattioli, qui fut arrêté en 1678 pour avoir manqué de parole à Louis XIV, auquel il avait promis de livrer Casal.

MASSACHUSETTS, l'un des États-Unis de l'Amérique du Nord ; cap. Boston ; pop. 1 457 351 h.

MASSA-DI-CARRARA, anc. cap. du duché, auj. ch.-l. de la prov. de même nom, en Italie, à 96 k. N.-O. de Florence ; 9000 h. Exploitation de marbre.

MASSAGÈTES, peuple scythe, qui habitait les environs du lac Oxien, sur l'Iaxarte.

MASSAT, ch.-l. de c. de l'Ariège, arr. de Saint-Girons ; 4157 h.

MASSEGROS (LE), ch.-l. de c. de la Lozère, arr. de Florac ; 318 h.

MASSÉNA (André), maréchal de France (1758-1817), s'illustra par ses victoires de Zurich sur les Russes (1799), par la défense de Gênes (1800), par son courage à Essling et à Wagram, et enfin par sa belle retraite après une campagne infructueuse en Portugal et en Espagne (1810-1811).

MASSEUBE, ch.-l. de c. du Gers, arr. de Mirande ; 1769 h.

MASSEVAUX, anc. ch.-l. de c. du Haut-Rhin, arr. de Belfort ; 3570 h. ; cédé à la Prusse en 1871.

MASSIAC, ch.-l. de c. du Cantal, arr. de Saint-Flour ; 2000 h.

MASSILLON (J.-B.), célèbre orateur de la chaire, évêque de Clermont, prêcha plusieurs carêmes devant Louis XIV, puis devant Louis XV, âgé de 8 ans, un carême dont les dix sermons sont connus sous le nom de *Petit Carême* (1663-1742).

MASSIQUE, montagne d'Italie entre le Latium et la Campanie ; vin célèbre.

MASSORÈTES, docteurs juifs qui ont travaillé à la Massore ou étude critique du texte de la Bible.

MASSYLIENS, la plus orientale des deux tribus numides.

MASULIPATAM, v. de la présidence de Madras (Hindoustan), sur le golfe de Bengale ; 40 000 h.

MATAPAN (cap), autrefois cap Ténare, à l'extrémité S. de la Morée (Grèce).

MATELLES (LES), ch.-l. de c. de l'Hérault, arr. de Montpellier ; 489 h.

MATHA, ch.-l. de c. de la Charente-Inférieure, arr. de St-Jean-d'Angely ; 2287 h.

MATHAN, grand prêtre de Baal et conseiller d'Athalie, fut mis à mort par l'ordre du grand prêtre Joad.

MATHIAS (saint), disciple de Jésus.

MATHIAS, empereur d'Allemagne (1612-1619), l'un des fils de l'empereur Maximilien II, laissa la couronne à Ferdinand II de Styrie ; sous son règne éclata la guerre de Trente Ans.

MATHIAS CORVIN, fils de Jean Hunyade (1443-1490), fut proclamé roi de Hongrie en 1458, battit les Turcs, le roi de Bohême Podiébrad, l'empereur Frédéric III ; se fit céder la Moravie, la Silésie, la Lusace ; prit Vienne en 1485. Il fut le protecteur des lettres et des arts.

MATHIEU (saint), apôtre et évangéliste prêcha l'Évangile dans le Pont et en Éthiopie.

MATHIEU DE DOMBASLE, agronome français, né à Nancy, inventeur de la charrue qui porte son nom (1777-1843).

MATHIEU PARIS, chroniqueur, né vers 1195, auteur d'une *Histoire des Anglais* en latin, depuis la conquête normande jusqu'à la mort de l'auteur (1259).

MATHIEU (SAINT-), ch.-lieu de c. de la Haute-Vienne, arr. de Rochechouart ; 2340 h.

MATHIEU (POINTE SAINT-), cap situé à l'extrémité O. de la presqu'île de Bretagne.

MATHILDE (la grande-comtesse), fille de Boniface II, duc de Toscane, soutint le parti des papes dans la querelle des investitures, et en mourant fit donation de ses États au saint-siège (1115).

MATHUSALEM, patriarche, fils d'Hénoch, père de Lamech, vécut 969 ans.

MATIGNON, ch.-l. de c. des Côtes-du-Nord, arr. de Dinan ; 1364 h.

MATOUR, ch.-l. de c. de Saône-et-Loire, arr. de Mâcon ; 2258 h.

MAUBEUGE, ch.-l. de c. du Nord, arr. d'Avesnes, sur la Sambre ; 13 234 h. Ville forte ; manufacture d'armes.

MAUBOURGUET, ch.-l. de c. des Hautes-Pyrénées, arr. de Tarbes ; 2516 h.

MAUGUIN, avocat et orateur parlementaire (1785-1854).

MAUGUIO, ch.-l. de c. de l'Hérault, arr. de Montpellier ; 2578 h.

MAULÉON, ch.-l. d'arr. des Basses-Pyrénées, à 61 k. de Pau ; 1743 h.

MAULÉON-BAROUSSE, ch.-l. de c. des Hautes-Pyrénées, arr. de Bagnères-de-Bigorre ; 750 h.

MAUPEOU, chancelier de France, supprima et remplaça par des cours nouvelles le parlement de Paris et les juridictions qui lui résistèrent (1771) ; disgracié à l'avènement de Louis XVI, il mourut en 1792.

MAUR (saint), disciple de saint Benoît de Nurcia, vint fonder des monastères en Gaule, au VIe s. || La congrégation de Saint-Maur, réforme de l'ordre de Saint-Benoît, instituée en France au XVIIe s., a été une pépinière d'érudits.

MAUR-LES-FOSSÉS (SAINT-), c. de la Seine, arr. de Sceaux, sur la Marne ; 7438 h.

MAURE, ch.-l. de c. d'Ille-et-Vilaine, arr. de Redon ; 3573 h.

MAURE (SAINTE-), ch.-l. de c. d'Indre-et-Loire, arr. de Chinon ; 2409 h.

MAURE (SAINTE-), autrefois Leucade, l'une des îles Ioniennes (Grèce) ; 20 000 h.

MAUREPAS (comte DE), ministre de la marine en 1725, envoya des savants visiter les régions du pôle nord et de l'équateur ; 1er ministre sous Louis XVI (1774), il rétablit le parlement supprimé par Maupeou.

MAURES, habitants de la Mauritanie. || Conquérants musulmans de l'Espagne, au moyen âge. || Les musulmans qui habitent les villes dans le Maroc, l'Algérie, etc.

MAURIAC, ch.-l. d'arr. du Cantal, à 52 k. d'Aurillac ; 3187 h.

MAURICE (saint), chef de la légion thébaine (c.-à-d. levée dans la Thébaïde), fut massacré avec ses soldats par ordre de Maximien Hercule, pour avoir refusé de sacrifier aux dieux (286).

MAURICE, emp. d'Orient (582-602), gendre et successeur de Tibère II, imposa aux Perses le jeune Chosroès, puis fut vaincu par les Avares; l'armée donna l'empire à Phocas, qui fit périr Maurice et sa famille.

MAURICE, électeur de Saxe (1521-1553), fut d'abord du parti de Charles-Quint, dans les luttes entre les catholiques et les protestants, puis il s'unit à Henri II et imposa à Charles-Quint la paix de Passau (1552).

MAURICE (ILE) ou ÎLE DE FRANCE, l'une des îles Mascareignes, aux Anglais depuis 1810; pop. 320 000 h., ch.-l. Port-Louis.

MAURICE (SAINT-), v. du Valais (Suisse), sur le Rhône; 1200 h. || Comm. de la Seine, arr. de Sceaux, sur la Marne, près de Charenton; 4340 h. Hospice d'aliénés.

MAURIENNE, anc. prov. du S. de la Savoie, a formé en 1860 l'arr. de Saint-Jean-de-Maurienne du dép. de la Savoie.

MAURITANIE, anc. royaume de l'Afrique au N.-O., correspondant au Maroc actuel.

MAURON, ch.-l. de c. du Morbihan, arr. de Ploërmel; 4130 h.

MAURS, ch.-l. de c. du Cantal, arr. d'Aurillac; 3002 h.

MAURY, cardinal franç., figura dans l'Assemblée constituante au premier rang des défenseurs de la royauté (1746-1817); auteur d'un *Traité sur l'éloquence de la chaire*.

MAUSOLE, roi de Carie (377-353 av. J.-C.), célèbre par le tombeau que lui fit élever à Halicarnasse sa femme Artémise.

MAUVEZIN, ch.-l. de c. du Gers, arr. de Lectoure; 2727 h.

MAUZÉ, ch.-l. de c. des Deux-Sèvres, arr. de Niort; 1669 h.

MAXENCE, fils de Maximien Hercule, proclamé empereur à Rome (306), fut vaincu près du pont Milvius par Constantin, son beau-frère, et périt dans le Tibre (312).

MAXIME (PÉTRONE), empereur romain, succéda à Valentinien III, dont il épousa la veuve Eudoxie; ayant fui devant Genséric, il fut tué par ses soldats (455).

MAXIME PUPIEN, empereur romain, élu avec Balbin, après la mort des deux Gordiens, fut égorgé par les prétoriens (238).

MAXIMIEN HERCULE, empereur romain, avait été associé à l'empire par Dioclétien (286); expulsé par son fils Maxence, il se réfugia auprès de Constantin, son gendre; puis, ayant voulu l'assassiner, il fut contraint de s'étrangler (310).

MAXIMILIEN Ier, fils de Frédéric III d'Autriche, épousa Marie de Bourgogne, dont il eut Philippe le Beau; empereur d'Allemagne, de 1493 à 1519. Il fut mêlé à toutes les guerres entre la France et l'Italie, et ajouta le Tyrol à ses États. || MAXIMILIEN II succéda à son père Ferdinand Ier, comme empereur d'Allemagne (1564-1576).

MAXIMILIEN (FERDINAND-CHARLES), 2e fils de l'archiduc François-Charles et frère de l'empereur d'Autriche François-Joseph, accepta la couronne impériale du Mexique (1863), à la suite de l'expédition des Français; il fut pris et fusillé à Querétaro (1867).

MAXIMIN, empereur romain (235-238), assassin d'Alexandre-Sévère, son prédécesseur, fut tué à son tour par ses soldats.

MAXIMIN DAÏA, emp. romain (305-314), neveu de Galérius, s'allia à Maxence contre Licinius, et mourut après sa défaite.

MAXIMIN (SAINT-), ch.-l. de c. du Var, arr. de Brignoles; 3337 h.

MAYENCE, v. forte, ch.-l. de la prov. du Rhin (Hesse-Darmstadt), sur la rive gauche du Rhin, en face de son confluent avec le Mein; 50 600 h. Patrie de Gutenberg.

MAYENNE, riv. de France, naît sur la limite du dép. de l'Orne, se réunit à la Sarthe, à 3 k. en amont d'Angers, et forme avec elle la Maine; 194 k.

MAYENNE (dép. de la), formé d'une partie du Maine et de l'Anjou; ch.-l. Laval; 3 arr. Laval, Mayenne, Château-Gontier; pop. 350 637 h.

MAYENNE, ch.-l. d'arr. de la Mayenne, à 29 k. de Laval, sur la Mayenne; 10 127 h.

MAYENNE (CHARLES DE LORRAINE, duc DE), 2e fils de François de Guise (1554-1611), succéda à son frère, Henri le Balafré, comme chef de la Ligue, et fit sa soumission après l'abjuration de Henri IV.

MAYET, ch.-l. de c. de la Sarthe, arr. de La Flèche; 3693 h.

MAYET-DE-MONTAGNE (LE), ch.-l. de c. de l'Allier, arr. de Lapalisse; 1957 h.

MAYOTTE, l'une des îles Comores, à l'issue N. du canal de Mozambique, appartient à la France depuis 1843; 8000 h.

MAZAGRAN, vge de la prov. d'Oran (Algérie), où 123 Français résistèrent à 12 000 Arabes (1840).

MAZAMET, ch.-l. de c. du Tarn, arr. de Castres; 13 968 h. Draps, couvertures, etc.

MAZARIN (JULES), né à Rome en 1602, nonce du pape en France (1634-1636), nommé cardinal en 1641, successeur de Richelieu comme premier ministre (1642), ministre tout-puissant sous la régence d'Anne d'Autriche (1643), termina la guerre de Trente Ans par la paix de Westphalie (1648); après avoir triomphé de la Fronde (1648-1652), il couronna ses succès à l'étranger par la paix des Pyrénées (1659), et mourut en 1661.

MAZEPPA, hetman des Cosaques (1644-1709), fut vaincu avec Charles XII, roi de Suède, par Pierre le Grand à Pultawa.

MAZIÈRES-EN-GÂTINE, ch.-l. de c. des Deux-Sèvres, arr. de Parthenay; 987 h.

MAZOIS, architecte français, auteur de l'ouvrage: *Les Ruines de Pompéi* (1783-1826).

MÉAKO ou **KIOTO**, cap. du Japon dans l'île Niphon, résidence de l'empereur, compte plus de 300 palais et de 600 temples; 600 000 h.

MÉANDRE, fl. de la Carie (Asie Mineure), célèbre par les sinuosités de son cours.

MEAUX, ch.-l. d'arr. de Seine-et-Marne, à 48 kil. de Melun; 11 202 h. Évêché dont Bossuet fut le titulaire (1681-1704).

MÉCÈNE, ami d'Auguste, fut le protecteur d'Horace et de Virgile; mort en 8 av. J.-C.

MÉCHAIN, astronome franç. (1744-1805).

MECKLEMBOURG, contrée de l'Allemagne du N., comprenant le grand-duché de Mecklembourg-Schwerin, 560 000 h., cap. Schwerin; et le grand-duché de Mecklembourg-Strelitz, 99 000 h., cap. Neu-Strelitz.

MECQUE (LA), v. de l'Hedjaz (Arabie), à 90 k. de la mer Rouge, ch.-l. d'un chérifat dépendant de la Porte; 30 000 h. Patrie de Mahomet. Temple de la Kaaba.

MÉDARD (saint), évêque de Noyon (456-545). On le fête le 8 juin.

MÉDÉAH, ch.-l. d'arr. et de subdiv. militaire, à 90 k. d'Alger; 10 500 h.

MÉDÉE, fille d'Æétès, roi de Colchide, aida Jason à enlever la Toison d'or; puis, abandonnée de Jason, elle se vengea de lui en tuant ses fils.

MÈDES, habitants de la Médie, réunis aux Perses par Cyrus le Grand (555 av. J.-C.).

MÉDICIS, célèbre famille de Florence, dont les membres les plus célèbres sont: COSME DE MÉDICIS *l'Ancien* (1389-1464), possesseur d'une grande fortune acquise par le commerce et protecteur des arts et des sciences; son fils, PIERRE Ier DE MÉDICIS (1414-1469), hérita de sa toute-puissance à Florence. || LAURENT Ier DE MÉDICIS *le Magnifique*, fils de Pierre Ier (1469-1492), échappa à la conspiration des Pazzi, dans laquelle fut tué son frère Julien; il mourut laissant trois fils dont les deux premiers, PIERRE II DE MÉDICIS (1471-1503) et JULIEN DE MÉDICIS (1478-1516), lui succédèrent, et dont le 3e est illustre sous le nom de Léon X. || LAURENT II DE MÉDICIS, neveu et successeur de Julien qui avait abdiqué en 1513, fut le père de Catherine de Médicis. || ALEXANDRE DE MÉDICIS, fils naturel de Laurent II ou de Jules de Médicis (depuis Clément VII), fut le 1er duc de Florence (1532). || COSME Ier DE MÉDICIS, descendant d'un frère puîné de Cosme l'ancien, fut le 1er grand-duc de Toscane (1569) et la tige d'une dynastie de sept princes, qui s'éteignit en 1743 avec Anne, princesse Palatine.

MÉDIE, contrée de l'anc. Asie, entre l'Assyrie, la Perse et la mer Caspienne; cap. Ecbatane.

MÉDINE, anc. Yatreb, v. de l'Hedjaz (Arabie); 15 000 h. Tombeau de Mahomet.

MEDINET-ABOU, l'un des villages bâtis sur les ruines de l'anc. Thèbes (Egypte).

MEDINET-EL-FAYOUM, ch.-l. du Fayoum (Moyenne-Égypte); 12 000 h.

MÉDIQUES (GUERRES), lutte des Grecs et des Perses, sous Darius Ier, Xerxès et Artaxerxès Ier Longue-Main (504-449 av. J.-C.).

MÉDITERRANÉE (MER), mer comprise entre l'Europe, l'Asie et l'Afrique.

MEDJIDIÉ, ordre honorifique de Turquie, institué par Abdul-Medjid en 1852.

MÉDOC, anc. pays du Bordelais, compris auj. dans l'arr. de Lesparre, qui en était le ch.-l. Vins rouges estimés.

MÉDON, fils de Codrus, fut le 1er archonte à vie, à Athènes (1048 av. J.-C.).

MÉDUSE, l'une des trois Gorgones, dont les yeux pétrifiaient quiconque la regardait; elle fut tuée par Persée.

MÉEN (SAINT-), ch.-l. de c. d'Ille-et-Vilaine, arr. de Montfort; 2347 h.

MEER (JEAN VAN DER), peintre hollandais, estimé pour ses marines (1665-1704).

MÉES (LES), ch.-l. de c. des Basses-Alpes, arr. de Digne; 2165 h. Bon vin.

MÉGALÉSIENS (JEUX), fêtes instituées à Rome en l'honneur de Cybèle (205 av. J.-C.).

MÉGALOPOLIS, anc. v. d'Arcadie (Péloponnèse), fondée par Épaminondas. Patrie de Philopœmen et de Polybe.

MÉGARE, cap. de la Mégaride (Grèce ancienne), à l'extrémité N.-E. de l'isthme de Corinthe, auj. ruinée.

MÉGÈRE, l'une des trois Furies.

MÉHÉMET Ier (ABOU-ABDALLAH), fondateur de la dynastie des Nasérides à Grenade (1232), bâtit l'Alhambra.

MÉHÉMET-ALI, pacha d'Égypte en 1805, tenta, après la destruction de la milice des Mameluks, de réformer ses États à l'européenne; il enleva la Syrie au sultan Mahmoud II; mais l'Europe le força de rendre cette conquête, ainsi que la Mecque et Candie, en lui accordant le titre de pacha héréditaire (1841); il mourut en 1849.

MEHUL, célèbre compositeur de musique français (1763-1817), auteur du *Chant du départ* (1794), de *Joseph* (1807), etc.

MEHUN-SUR-YÈVRE, ch.-l. de c. du Cher, arr. de Bourges; 6501 h. Ruines d'un château où mourut Charles VII.

MEILHAN, ch.-l. de c. de r. de Lot-et-Garonne, arr. de Marmande; 2083 h.

MEILLERIE (LA), vge et rochers à l'extrémité E. du lac de Genève.

MEIN, riv. d'Allemagne, naît en Bavière, passe à Francfort, et se jette dans le Rhin en face de Mayence; 450 k.

MEININGEN, cap. du duché de Saxe-Meiningen (Empire d'Allemagne); 7300 h.

MÉ-KONG ou Cambodge, fl. de l'Indo-Chine, se jette dans la mer de la Chine; 3000 k.

MELA (POMPONIUS), géographe latin, vivait vers l'an 42 ap. J.-C.

MÉLANCHTHON, réformateur allemand, ami et collaborateur de Luther, rédigea la *Confession d'Augsbourg* (1497-1560).

MÉLANÉSIE, c.-à-d. *îles noires*, division de l'Océanie, habitée par des races nègres, et comprenant l'Australie, la Tasmanie, la Nouvelle-Guinée, la Nouvelle-Bretagne, les îles Salomon, les Nouvelles-Hébrides, la Nouvelle-Calédonie, etc.

MÉLAS (baron DE), général autrichien, fut battu par Bonaparte à Marengo (1800).

MELBOURNE, cap. de la colonie anglaise de Victoria (Australie); 200 000 h. Mines d'or.

MELCHISÉDECH, prêtre du Très-Haut, bénit Abraham vainqueur de Chodorlahomor.

MELCHTHAL (ARNOLD DE), l'un des fondateurs de l'indépendance suisse (1307).

MÉLÉAGRE, l'un des Argonautes, tua le sanglier de Calydon.

MÊLE-SUR-SARTHE (LE), ch.-l. de c. de l'Orne, arr. d'Alençon; 778 h.

MÉLIK-EL-ADHEL ou **MALEK-ADEL**, frère puîné de Saladin (1139-1218), battit plusieurs fois les chrétiens, et, à la mort de son frère (1193), devint sultan du Caire.

MÉLISEY, ch.-l. de c. de la Haute-Saône, arr. de Lure; 1940 h.

MELITA, nom ancien de Malte.

MÉLITUS, mauvais poète athénien, l'un des accusateurs de Socrate.

MELLE, ch.-l. d'arr. des Deux-Sèvres, à 29 k. de Niort; 2486 h.

MÉLOS, auj. Milo, l'une des Cyclades.

MELPOMÈNE, muse de la tragédie.

MELUN, ch.-l. de Seine-et-Marne, sur la Seine, à 45 kil. de Paris; 11130 h. Patrie de Jacques Amyot.

MÉLUSINE, fée dont l'apparition sur la tour du château de Lusignan annonçait la mort d'un personnage de cette famille.

MELVILLE (BAIE DE), sur la côte O. du Groenland, dans la mer de Baffin. || DÉTROIT DE MELVILLE, entre les Terres du Prince de Galles et du Prince Albert au S., et les îles Melville et Bathurst au N. || ÎLE MELVILLE, entre la mer Polaire, l'île Bathurst et le détroit de Melville.

MEMEL, place forte et v. de commerce de la Prusse propre ; 18000 h.

MEMNON, fils de l'Aurore et de Tithon, roi d'Éthiopie, vint au secours de Priam, tua Antiloque, fils de Nestor, et périt lui-même sous les coups d'Achille.

MEMPHIS, anc. cap. de l'Égypte, dont les ruines sont à quelque distance du Caire.

MÉNADES, nom poétique des Bacchantes.

MÉNAGE, érudit et critique français (1613-1692), auteur d'un *Dictionnaire étymologique de la langue française*, etc.

MÉNALE, montagne d'Arcadie, consacrée au dieu Pan.

MÉNANDRE, poëte comique d'Athènes, créateur de la *comédie nouvelle* ou comédie de caractère (342-290 av. J.-C.).

MENAT, ch.-l. de c. du Puy-de-Dôme, arr. de Riom ; 2115 h.

MENCHIKOF ou **MENSCHIKOFF**, homme d'État russe, favori de Pierre Ier, de Catherine Ire, m. exilé sous Pierre II (1670-1729).

MENDANA (archipel), voy. MARQUISES.

MENDE, ch.-l. de la Lozère, sur le Lot, à 567 k. de Paris ; 6906 h. Évêché.

MENDELSSOHN - BARTHOLDY (FÉLIX), célèbre compositeur allemand, auteur du *Songe d'une nuit d'été*, de l'oratorio de *Paulus*, de symphonies, etc. (1809-1847).

MENDIANTS (ordres), les Dominicains, Franciscains, Carmes et Augustins.

MENEHOULD (SAINTE-), ch.-l. d'arr. de la Marne, à 42 k. de Châlons ; 4240 h.

MÉNÉLAS, fils d'Atrée et frère d'Agamemnon, devint roi de Sparte en épousant la fille de Tyndare, Hélène.

MÉNÈS, 1er roi d'Égypte, fonda Memphis.

MÉNESTRIER, savant jésuite, auteur du *Véritable art du blason*, etc. (1631-1705).

MENGS (RAPHAËL), peintre né en Bohême, travailla en Italie et en Espagne (1728-1779).

MÉNIGOUTE, ch.-l. de c. des Deux-Sèvres, arr. de Parthenay ; 1006 h.

MÉNIPPE, philos. cynique (IIIe s. av. J.-C.).

MÉNIPPÉE (SATIRE), pamphlet en prose mêlée de vers contre la Ligue, composé par Pithou, Rapin, Passerat, Leroy, etc. (1594).

MENNECHET (ÉDOUARD), littérateur et critique français (1794-1845).

MENNETOU-SUR-CHER, ch.-l. de c. de Loir-et-Cher, arr. de Romorantin ; 1066 h.

MENOT, cordelier et prédicateur français (1440-1518).

MENOU (baron DE), chargé du commandement de l'armée française en Égypte après la mort de Kléber (1800), fut battu à Canope par les Anglais et obligé de capituler dans Alexandrie (1801).

MENS, ch.-l. de c. de l'Isère, arr. de Grenoble ; 1967 h.

MENTON, ch.-l. de c. des Alpes-Maritimes, arr. de Nice, sur la mer ; 6644 h.

MENTOR, ami d'Ulysse, qui lui confia, en partant pour Troie, son fils Télémaque.

MENZALEH, lac de la Basse-Égypte, traversé par le canal de Suez.

MÉOTIDE (PALUS-), nom ancien de la mer d'Azov.

MÉQUINEZ, v. du Maroc, l'une des résidences de l'Empereur ; 15000 h.

MER ou **MÉNARS-LA-VILLE**, ch.-l. de c. de Loir-et-Cher, arr. de Blois ; 4058 h.

MERCADANTE, compositeur italien, auteur de nombreux opéras (1798-1872).

MERCATOR, géographe hollandais, inventeur d'un système pour la construction des cartes de géographie (1512-1594).

MERCI (Pères de la) ou de la RÉDEMPTION, ordre religieux créé en 1218 et consacré à la rédemption des chrétiens tombés aux mains des infidèles.

MERCIE, l'un des sept royaumes anglo-saxons, dont la capitale était Lincoln.

MERCIER, littérateur français, auteur du *Tableau de Paris*, etc. (1740-1814).

MERCOEUR, ch.-l. de c. de la Corrèze, arr. de Tulle ; 867 h.

MERCOEUR (duc DE), de la maison de Lorraine, le dernier des chefs ligueurs, traita avec Henri IV (1558-1602).

MERCURE, fils de Jupiter et de Maïa, était le dieu de l'éloquence, du commerce et des voleurs, le messager des dieux.

MERCUREY, vge près de Chalon (Saône-et-Loire), renommé pour ses vins.

MERCY, célèbre général des armées impériales, fut vaincu à Fribourg par Condé et Turenne (1644), surprit Turenne à Marienthal et fut tué à Nordlingue (1645).

MERDRIGNAC, ch.-l. de c. des Côtes-du-Nord, arr. de Loudéac ; 3367 h.

MÈRE-ÉGLISE (SAINTE-), ch.-l. de c. de la Manche, arr. de Valognes ; 1474 h.

MÉRÉ (chevalier DE), moraliste français (1610-1685).

MÉRÉVILLE, ch.-l. de c. de Seine-et-Oise, arr. d'Étampes ; 1564 h. Château de Folie-Méréville.

MÉRIDA, v. d'Estrémadure (Espagne) ; 5000 h. Ruines romaines.

MERIONETH, comté d'Angleterre (pays de Galles) ; ch.-l. Dolgelly.

MÉRITE MILITAIRE (ordre du), ordre institué par Louis XV en faveur des étrangers attachés à l'armée française (1759).

MERLERAULT (LE), ch.-l. de c. de l'Orne, arr. d'Argentan ; 1328 h.

MERLIN *l'Enchanteur*, personnage légendaire des romans du moyen âge.

MERLIN *de Douai*, membre de la Convention, ministre de la justice sous le Directoire, procureur général au tribunal de cassation sous l'Empire, est célèbre par ses travaux de jurisprudence (1754-1838).

MERLIN *de Thionville*, conventionnel, s'illustra par la défense de Mayence, et décida la chute de Robespierre (1762-1833).

MERMNADES, dynastie qui régna en Lydie, depuis Gygès, fils de Mermnas, jusqu'à Crésus (720-548 av. J.-C.).

MÉROÉ, partie de l'anc. Éthiopie, qui forma un puissant royaume au VIIIe s. avant J.-C., et dont la capitale était Méroé.

MÉROPE, femme de Cresphonte, roi de Messénie. Polyphonte ayant tué son mari, voulut la contraindre à l'épouser, mais il fut tué, au moment où le mariage allait se célébrer, par Épytus, fils de Cresphonte.

MÉROVÉE ou **MÉROWIG**, roi des Francs Saliens (448-58), donna son nom à la dynastie des Mérovingiens, qui régna jusqu'en 752.

MÉROVÉE, fils de Chilpéric Ier, épousa Brunehaut, sa tante, et mourut victime de la haine de Frédégonde (577).

MERS-EL-KÉBIR, port fortifié de la prov. d'Oran (Algérie) ; 4000 h.

MÉRU, ch.-l. de c. de l'Oise, arr. de Beauvais ; 3338 h.

MERVEILLES DU MONDE (les sept), les Pyramides d'Égypte, les Jardins suspendus de Babylone, le Jupiter Olympien de Phidias, le Mausolée, le Phare d'Alexandrie, le Colosse de Rhodes et le Temple de Diane à Éphèse.

MERVILLE, ch.-l. de c. du Nord, arr. d'Hazebrouck ; 6844 h. Lin, tabac, toile, etc.

MÉRY (Joseph), poète et romancier français, composa avec Barthélemy un grand nombre de satires et de poèmes politiques, entre autres *la Némésis* (1798-1866).

MÉRY-SUR-SEINE, ch.-l. de c. de l'Aube, arr. d'Arcis-sur-Aube ; 1450 h. ‖ Combat contre les Prussiens, 22 février 1814.

MESCHACÉBÉ, voy. Mississipi.

MESEMBRIA, villes de Thrace, l'une sur le Pont-Euxin, l'autre sur la mer Égée.

MÉSIE ou **MOESIE**, région de l'Europe anc. au S. de la Save et du Danube, formant auj. la Serbie et la Bulgarie.

MESLAY, ch.-l. de c. de la Mayenne, arr. de Laval ; 1787 h.

MESMER, Allemand, auteur de la doctrine du magnétisme animal (1733-1815).

MÉSOPOTAMIE, région de l'Asie anc. comprise entre le Tigre et l'Euphrate, formant auj. l'Aldjézireh (Turquie d'Asie).

MESRAÏM ou **MISRAÏM**, nom de l'Égypte dans la Bible.

MESSALINE, 3e femme de l'empereur Claude Ier, célèbre par ses crimes et ses débauches, fut mise à mort en vertu d'un ordre supposé de Claude (48 ap. J.-C.); elle était mère de Britannicus et d'Octavie.

MESSAPIE, région de 'a Grande-Grèce (Italie), formant auj. la Terre d'Otrante; v. pr. Tarente, Brindes.

MESSEI, ch.-l. de c. de l'Orne, arr. de Domfront ; 1725 h.

MESSÈNE, v. cap. de la Messénie (Grèce anc.), détruite par les Spartiates, puis rebâtie par Épaminondas.

MESSÉNIE, anc. contrée du Péloponnèse; v. pr. Messène, Ira, Ithôme, Pylos, Méthone.

MESSÉNIE (golfe de), au S. du Péloponnèse, auj. golfe de Calamata.

MESSIN (pays), territoire de Metz.

MESSINE, anc. Zancle, v. et port de Sicile sur le détroit de Messine ; 103 000 h.

MESSINE (phare ou détroit de), sépare la Sicile de l'Italie ; il est large de 6 kil.

MESTA (LA), société de grands propriétaires espagnols pour la libre pâture des mérinos dans toutes les terres non closes.

MESVRES, ch.-l. de c. de Saône-et-Loire, arr. d'Autun ; 1163 h.

MÉTAPONTE, v. de l'anc. Lucanie (Italie mérid.), auj. Torre di Mare.

MÉTASTASE, poète ital., auteur de nombreuses tragédies et d'opéras (1698-1782).

MÉTAURE, petit fl. d'Italie qui se jette dans l'Adriatique, près de Fano. Asdrubal, frère d'Annibal, fut vaincu et tué sur ses bords (207 av. J.-C.).

MÉTELIN, anc. Lesbos, île de l'Archipel, aux Turcs ; cap. Mételin, anc. Mitylène.

MÉTELLUS *le Macédonique*, battit à Pydna l'usurpateur de Macédoine Andriscus (147 av. J.-C.). ‖ **MÉTELLUS** *le Numidique*, battit Jugurtha, et fut supplanté par son lieutenant Marius (107 av. J.-C.).

MÉTHONE, anc. v. de Macédoine (Piérie). ‖ Anc. v. de Messénie, auj. Modon.

MÉTIDJAH ou **MITIDJAH**, plaine fertile de l'Algérie, au S. d'Alger.

METIUS FUFFETIUS, dictateur d'Albe, fut écartelé comme traître par ordre de Tullus Hostilius (663 av. J.-C.).

MÉTON, astronome athénien, inventeur d'un cycle de 19 ans appelé *nombre d'or* et ayant commencé l'an 432 av. J.-C.

METTERNICH (prince de), homme d'État autrichien (1773-1859), fut pendant 39 ans ministre des affaires étrangères de l'empereur François Ier, puis de Ferdinand Ier. ‖ Son fils a été ambassadeur d'Autriche à Paris, sous le 2e Empire français.

METTRAY, colonie agricole de 700 jeunes détenus, à 8 k. de Tours ; 2344 h.

METZ, anc. ch.-l. du dép. de la Moselle, à 393 k. de Paris, occupé par les Prussiens après la capitulation du maréchal Bazaine (27 oct. 1870), et auj. ch.-l. de la Lorraine allemande ; 54 817 h. Évêché.

METZERWISSE, anc. ch.-l. de c. de la Moselle, arr. de Thionville ; 727 h.; cédé à la Prusse en 1871.

METZU, peintre hollandais (1615-1658).

MEUDON, comm. de Seine-et-Oise, arr. de Versailles ; 5129 h. ‖ Château construit par le Dauphin, fils de Louis XIV, vers 1695, et brûlé par les Prussiens en 1871.

MEULAN, ch.-l. de c. de Seine-et-Oise, arr. de Versailles, sur la Seine ; 2340 h.

MEULEN (VAN DER), Flamand, peintre historiographe de Louis XIV (1634-1690).

MEUNG ou **MEHUN-SUR-LOIRE**, ch.-l. de c. du Loiret, arr. d'Orléans ; 3520 h.

MEUNG ou **MEHUN** (Jean de), ajouta 18 000 vers au *Roman de la Rose*, commencé par Guillaume de Lorris (1279-1318).

MEURSAULT, c. de la Côte-d'Or, arr. de Dijon, célèbre par ses vins ; 2622 h.

MEURTHE, riv. de France, naît près de Saint-Dié (Vosges), passe à Nancy, et se jette dans la Moselle près de Frouard ; 161 k.

MEURTHE-ET-MOSELLE (dép. de), formé d'une partie de la Lorraine ; ch.-l. Nancy ; 4 arr. Briey, Lunéville, Nancy, Toul ; pop. 365 137 h.

MEUSE, fl. d'Europe, naît au vge de Meuse, à 17 k. de Langres, passe à Verdun, Sedan, Mézières, Namur, Liège, Maestricht, Rotterdam, se jette dans la mer par six embouchures ; 900 k.

MEUSE (dép. de la), formé du Verdunois et du duché de Bar ; ch.-l. Bar-le-Duc ; 4 arr. Bar-le-Duc, Commercy, Montmédy, Verdun ; 284 725 h.

MEXICAIN, AINE, *adj.* et *s.* Qui est du Mexique ; habitant du Mexique.

MEXICO, cap. du Mexique, à 220 k. du golfe du Mexique ; 205 000 h. Cette ville a été prise par les Français en 1863.

MÉXIMIEUX, ch.-l. de c. de l'Ain, arr. de Trévoux ; 2397 h.

MEXIQUE (république du), État de l'Amérique du N. ; pop. 8 000 000 h.; cap. Mexico. Président depuis 1872 : Sébastien Lerdo de Tejada, successeur de Juarez.

MEXIQUE (golfe du), golfe formé par l'Atlantique, au S.-E. de l'Amérique du N.

MEYERBEER (Giacomo), compositeur de musique, né à Berlin en 1794, mort à Paris en 1864, auteur de *Robert le Diable* (1831), des *Huguenots* (1836), du *Prophète* (1849), de l'*Africaine*, jouée après sa mort en 1865.

MEYMAC, ch.-l. de c. de la Corrèze, arr. d'Ussel ; 3263 h.

MEYRINGEN, ch.-l. de l'Ober-Hasli, dans l'Oberland bernois(Suisse),sur l'Aar; 4000 h.

MEYRUEIS, ch.-l. de c. de la Lozère, arr. de Florac ; 1977 h.

MEYSSAC, ch.-l. de c. de la Corrèze, arr. de Brive ; 1989 h.

MEYZIEU, ch.-l. de c. de l'Isère, arr. de Vienne ; 1580 h.

MÈZE, ch.-l. de c. de l'Hérault, arr. de Montpellier ; 6821 h.

MEZEL, ch.-l. de c. des Basses-Alpes, arr. de Digne ; 772 h.

MÉZERAY, auteur d'une *Histoire de France*, dont il donna lui-même un *Abrégé chronologique* (1610-1683).

MÉZIDON, ch.-l. de c. du Calvados, arr. de Lisieux ; 1178 h

MÉZIÈRES, ch.-l. du dép. des Ardennes, sur la Meuse, à 235 k. de Paris ; 4312 h.

MÉZIÈRES, ch.-l. de c. de la Haute-Vienne, arr. de Bellac ; 1399 h.

MÉZIÈRES-EN-BRENNE, ch.-l. de c. de l'Indre, arr. du Blanc ; 1835 h. Forges.

MÉZIN, ch.-l. de c. de Lot-et-Garonne, arr. de Nérac ; 3003 h.

MICHALLON,sculpteur franç. (1751-1799).

MICHAUD (JOSEPH), littérateur français (1767-1839), auteur d'une *Histoire des croisades* et fondateur, avec son frère, de la *Biographie universelle* (1812).

MICHÉE, l'un des 12 petits prophètes.

MICHEL (saint), archange, chef de la milice céleste. || ORDRE DE St-MICHEL, fondé par Louis XI en 1469, aujourd'hui aboli.

MICHEL, nom de 8 empereurs de Constantinople. Le huitième, MICHEL PALÉOLOGUE, renversa le dernier empereur latin, Baudouin II (1261).

MICHEL (SAINT-), ch.-l. de c. de la Savoie, arr. de St-Jean-de-Maurienne ; 2320 h.

MICHEL-ANGE BUONARROTTI, sculpteur, peintre, architecte italien (1475-1564), peignit pour la chapelle Sixtine, au Vatican, le *Jugement dernier* (1534-1541), éleva la coupole de Saint-Pierre de Rome, etc.

MICHEL FÉODOROVITCH, 1er tzar de la famille des Romanof (1596-1645), proclamé tzar de toutes les Russies en 1613.

MICHELET (JULES), historien français (1798-1874), auteur d'une *Histoire de France*.

MICHIGAN, lac des États-Unis au N., communiquant avec le lac Huron. || L'un des États-Unis de l'Amérique du Nord ; pop. 1 184 059 h. ; cap. Lansing.

MICHOL, fille de Saül, femme de David.

MICIPSA, roi de Numidie, fils de Masinissa, père d'Adherbal et d'Hiempsal, partagea en mourant ses États entre ses deux fils et son neveu Jugurtha (118 av. J.-C.).

MICKIEWICZ(ADAM),poëte polonais(1798-1855),professa auCollège deFrance(1840-44).

MICRONÉSIE, c.-à-d. *petites îles*, l'une des 4 anciennes divisions de l'Océanie, au N.-O., renfermant les îles Mariannes, Carolines, Marshall, etc., rattachées auj. ou à la Polynésie ou à la Mélanésie.

MIDAS, roi de Phrygie, qui convertissait en or tout ce qu'il touchait. Apollon lui donna des oreilles d'âne parce qu'il avait décidé contre lui dans son débat avec Pan.

MIDDELBOURG, ch.-l. de la Zélande, dans l'île de Walcheren (Pays-Bas) ; 16 000 h.

MIDDLESEX, comté d'Angleterre ; pop. 2 205 000 h. ; ch.-l. Londres.

MIÉLAN, ch.-l. de c. du Gers, arr. de Mirande ; 1910 h.

MIERIS (FRANÇOIS **VAN**), dit *le Vieux*, peintre hollandais (1635-1681).

MIGNARD (PIERRE), peintre français, a exécuté beaucoup de portraits et décoré la coupole du Val-de-Grâce (1610-1695).

MIGUEL (SAN-), la principale des Açores.

MIHIEL (SAINT-), ch.-l. de c. de la Meuse, arr. de Commercy ; 4285 h.

MILAN, v. d'Italie, ch.-l. de la prov. de même nom, à 838 k. de Paris ; 240 000 h. Anc. cap. du royaume Lombard-Vénitien.

MILANAIS, anc. État de l'Italie du Nord, dont la cap. était Milan.

MILET, anc. v. des Ioniens, sur la côte de la Carie (Asie Mineure). Patrie de Thalès, d'Anaximène, d'Eschine, etc.

MILIANAH, ch.-l. d'arr. et de subdivision militaire, à 118 k. S.-O. d'Alger ; 8000 h.

MILLAS, ch.-l. de c. des Pyrénées-Orientales, arr. de Perpignan ; 2013 h.

MILLAU, ch.-l. d'arr. de l'Aveyron, sur le Tarn, à 71 k. de Rodez ; 15 095 h.

MILLÉNAIRES, sectaires des IIe et IIIe s. qui promettaient aux élus mille ans de félicité sur la terre, avant le jugement dernier.

MILLESIMO, v. du Piémont (Italie). || Victoire des Français sur les Piémontais (1796).

MILLEVOYE, poète français (1782-1816).

MILLIN, antiquaire français (1759-1818).

MILLY, ch.-l. de c. de Seine-et-Oise, arr. d'Étampes ; 2281 h.

MILO, anc. Melos, l'une des Cyclades, dans laquelle on a trouvé la célèbre statue dite *Vénus de Milo*, en 1820.

MILON de Crotone, athlète fameux.

MILON, tribun du peuple, tua son adversaire Clodius ; condamné malgré la défense de Cicéron, il s'exila à Marseille.

MILTIADE, général athénien, gagna sur les Perses la bataille de Marathon (490 av. J.-C.) ; puis ayant échoué devant Paros, il mourut en prison (489).

MILTON, célèbre poëte anglais (1608-1674), prit par ses pamphlets une part active à la polémique politique après la mort de Charles 1er. Devenu aveugle en 1652, il composa son poëme : *le Paradis perdu*.

MILVIUS (PONT), auj. Molle, pont sur le Tibre, à 2 k. au-dessus de Rome, où Constantin battit Maxence (312 ap. J.-C.).

MIMIZAN, ch.-l. de c. des Landes, arr. de Mont-de-Marsan ; 1268 h.

MINA, Espagnol, chef de guerillas, qui lutta contre Napoléon Ier, puis contre Ferdinand VII (1784-1835).

MINCIO, riv. d'Italie, sort du lac de Garda, passe à Mantoue, et se jette dans le Pô; 66 k.

MINDANAO, l'une des îles Philippines (Océanie), dont le N. appartient à l'Espagne ; ch.-l. Zamboanga.

MINDEN, v. de Westphalie (Prusse), sur le Weser ; 11 000 h.

MINERVE, déesse de la sagesse, des arts et de la guerre.

MINGRÉLIE, anc. Colchide, prov. russe de la Transcaucasie (Asie) ; ch.-l. Redout-Kaleh.

MINHO, fl. d'Espagne, sort de la Galice, sépare l'Espagne du Portugal, et se jette dans l'Atlantique ; 240 k.

MINIMES, relig. de l'ordre de St-François, institués par saint François de Paule (1435).

MINNESOTA, l'un des États-Unis de l'Amérique du N.; pop. 439 706 h.; cap. St-Paul.

MINORQUE, la seconde des îles Baléares; pop. 42 500 h.; ch.-l. Port-Mahon.

MINOS, fils de Jupiter et d'Europe, donna des lois à la Crète; après sa mort, il devint l'un des trois juges des enfers.

MINOTAURE, monstre moitié homme, moitié taureau, né de Pasiphaé, fut tué par Thésée dans le labyrinthe de Crète.

MINSK, v. de la Russie, sur un affluent de la Bérésina; 36 000 h.

MINTURNES, v. anc. du Latium, près de l'embouchure du Liris, dans les marais duquel se cacha Marius proscrit.

MIOLLIS, général français, fut gouverneur de Rome de 1807 à 1814.

MIOT, comte de Mélito, homme d'État et érudit français, traducteur d'Hérodote et de Diodore de Sicile, et auteur de *Mémoires* sur le 1er Empire (1762-1841).

MIQUELON (Grande et Petite), îles françaises de l'Amérique du N., au S. de Terre-Neuve; 2310 h.

MIRABEAU (RIQUETTI, comte DE), le plus grand orateur de l'Assemblée constituante (1749-1791).

MIRADOUX, ch.-l. de c. du Gers, arr. de Lectoure; 1487 h.

MIRAMBEAU, ch.-l. de c. de la Charente-Inférieure, arr. de Jonzac; 2404 h.

MIRANDE, ch.-l. d'arr. du Gers, à 24 k. d'Auch; 3885 h.

MIRBEL (DE), botaniste franç. (1776-1855).

MIREBEAU, ch.-l. de c. de la Côte-d'Or, arr. de Dijon; 1230 h.

MIREBEAU, ch.-l. de c. de la Vienne, arr. de Poitiers; 2645 h.

MIRECOURT, ch.-l. d'arr. des Vosges, à 32 k. d'Épinal; 5480 h. Fabriques d'instruments de musique.

MIREPOIX, ch.-l. de c. de l'Ariège, arr. de Pamiers; 3943 h.

MIRON (FRANÇOIS), prévôt des marchands à Paris (1604-1606), éleva la façade de l'Hôtel de ville. || Son frère, ROBERT, fut orateur du Tiers aux États généraux de 1614.

MIRZAPOUR, v. de la province de Bénarès (Hindoustan), sur le Gange; 80 000 h.

MISCHNA (LA), recueil des lois écrites et des traditions rabbiniques des Juifs.

MISÈNE (CAP), sur la côte S.-O. de l'Italie, entre Cumes et Pouzzoles.

MISNIE, anc. margraviat de l'Empire d'Allemagne, berceau de l'électorat (1423), puis du royaume de Saxe (1807).

MISSISSIPI ou Meschacébé, grand fl. de l'Amérique du N., se jette dans le golfe du Mexique, près de la Nouvelle-Orléans; 4000 k. || L'un des États-Unis de l'Amérique du Nord; pop. 828 640 h.; cap. Jackson.

MISSOLONGHI, ch.-l. de l'Acarnanie-et-Étolie (Grèce), célèbre par sa défense contre les Turcs en 1822 et 1826; 5500 h.

MISSOURI, riv. des États-Unis, descend des Monts Rocheux, se jette dans le Mississipi; 3700 k. || L'un des États-Unis de l'Amérique du N.; 1 721 295 h.; cap. Jefferson.

MISTRA ou **MISITRA**, cap. de la Laconie (Morée), près des ruines de Sparte; 6000 h.

MITHRAS, dieu des anciens Perses, représentant le soleil et le feu.

MITHRIDATE VI *le Grand*, roi du Pont (120-63 av. J.-C.), lutta contre les Romains, vaincu par Pompée. Il se donna la mort.

MITTAU ou **MITAU**, ch.-l. de la Courlande (Russie); 15 000 h. Louis XVIII y habita de 1798 à 1807.

MITYLÈNE, auj. Métélin, anc. cap. de l'île de Lesbos.

MNÉMOSYNE, mère des muses.

MNÉSICLÈS, architecte des Propylées d'Athènes (437-433 av. J.-C.).

MOAB, fils de Loth, dont descendaient les Moabites, au S.-E. de la Palestine.

MOAWIAH Ier, fondateur de la dynastie des Ommiades et du califat de Damas, en Syrie, régna de 661 à 680.

MOCENIGO, famille illustre de Venise, qui donna 7 doges à la république.

MODANE, ch.-l. de c. de la Savoie, arr. de St-Jean-de-Maurienne; 1599 h. Là commence le tunnel dit du mont Cenis.

MODÈNE, ch.-l. de la prov. de ce nom (Italie), anc. cap. du duché de Modène, qui s'annexa au Piémont en 1860; 55 500 h.

MODON, anc. Méthone, v. de la Messénie (Morée), sur la Méditerranée; 1000 h.

MOERIS, roi d'Égypte (du XVIIIe s. av. J.-C.), auquel on attribue le lac qui portait son nom et qui servait à régulariser les inondations du Nil.

MOGADOR, port du Maroc, sur l'Atlantique; 27 000 h.; fut bombardé par les Français en 1844.

MOGOLS, voy. MONGOLS.

MOHICANS, tribu de l'Amérique du N., qui habitait les bords du Connecticut.

MOHILEV, ch.-l. du gouv. de ce nom (Russie), sur le Dniéper; 39 000 h.

MOIRANS, ch.-l. de c. du Jura, arr. de Saint-Claude; 1249 h.

MOISDON, ch.-l. de c. de la Loire-Inférieure, arr. de Châteaubriant; 2515 h.

MOÏSE, législateur des Hébreux, né en Égypte vers 1705 av. J.-C., tira les Hébreux de l'Égypte, erra dans le désert pendant 40 ans, reçut de Dieu les Tables de la loi, mourut sur le mont Nébo, à l'âge de 120 ans.

MOISSAC, ch.-l. d'arr. de Tarn-et-Garonne, à 28 k. de Montauban; 9636 h.

MOITA, ch.-l. de c. de la Corse, arr. de Corte; 902 h.

MOKA, port de l'Yémen (Arabie), sur la mer Rouge; 2500 h. Café renommé.

MOLA-DI-GAETA, anc. Formies, petit port sur le golfe de Gaète; 1800 h.

MOLAY (JACQUES DE), dernier grand maître des Templiers, fut condamné et brûlé par ordre de Philippe le Bel (1314).

MOLDAU (LA), riv. de Bohême, passe à Prague et se jette dans l'Elbe; 430 k.

MOLDAVIE, l'une des deux Principautés-Unies du Danube ou de la Roumanie; pop. 1 800 000 h.; cap. Jassy.

MOLDO-VALAQUE, qui appartient à la Moldavie et à la Valachie, comme ne faisant qu'un seul État.

MOLÉ (MATHIEU), 1er président du parlement de Paris (1641), contint plusieurs fois la populace par sa fermeté; m. en 1656.

MOLÉ (comte) (1781-1855), deux fois président du ministère sous Louis-Philippe (1836-37 et 1837-39).

MOLÉ (FRANÇOIS-RENÉ), célèbre acteur de la Comédie-Française (1734-1802).

MOLIÈRE (Jean-Baptiste **POQUELIN**, dit), le plus grand des poëtes comiques français, né à Paris (1622-1673), fut directeur d'une troupe de comédiens qui s'installa d'abord au théâtre du Petit-Bourbon, puis dans la salle du Palais-Royal à Paris (1661); en 1665, Louis XIV l'attacha à sa personne avec une pension. Ses principales pièces sont : *l'École des Femmes* (1662), *Don Juan* (1665), *le Misanthrope* (1666), *Tartuffe* (1669), *le Bourgeois gentilhomme* (1670), *les Femmes savantes* (1672) et *le Malade imaginaire* (1673).

MOLIÈRES, ch.-l. de c. de Tarn-et-Garonne, arr. de Montauban; 2336 h.

MOLINA, jésuite espagnol, auteur du *molinisme*, doctrine sur la grâce condamnée par l'Église (1535-1601).

MOLINOS, théologien espagnol, posa en principe que la perfection chrétienne consiste dans la *quiétude*; il fut condamné et mourut en prison (1627-1696).

MOLITOR, maréchal de France (1770-1849), commanda dans la guerre d'Espagne (1823).

MOLLIEN, homme d'État français (1758-1850), fut ministre du Trésor de 1806 à 1814.

MOLLIENS-VIDAME, ch.-l. de c. de la Somme, arr. d'Amiens; 754 h.

MOLOCH, dieu des Phéniciens et des Carthaginois, auquel on sacrifiait des enfants.

MOLOSSES, peuple de l'anc. Épire.

MOLSHEIM, anc. ch.-l. de c. du Bas-Rhin, arr. de Strasbourg; 3560 h.; cédé à la Prusse en 1871. Vins recherchés.

MOLTKE (baron DE), général prussien, né en 1800, dirigea, comme chef de l'état-major général, la campagne de la Prusse contre l'Autriche en 1866, et la guerre contre la France en 1870-71.

MOLUQUES, archipel de la Malaisie (Océanie), aux Hollandais; pop. 550000 h.

MOMUS, fils du Sommeil et de la Nuit.

MONACO, cap. de la principauté de ce nom, sur la Méditerranée, enclavée dans le dép. des Alpes-Maritimes, à 15 k. de Nice; pop. 3100 h. Prince régnant depuis 1856 : Charles III Honoré, de la famille de Goyon-Matignon.

MONALDESCHI, grand écuyer de Christine de Suède, fut assassiné à Fontainebleau par l'ordre de cette reine (1657).

MONASTIER (LE), ch.-l. de c. de la Haute-Loire, arr. du Puy; 3756 h.

MONCADE (Hugues DE), capitaine espagnol (1466-1528), fut vice-roi de Sicile (1522).

MONCEY, maréchal de France (1754-1842), combattit un des derniers à la tête de la garde nationale de Paris dans la plaine de Clichy, en 1814.

MONCLAR, ch.-l. de c. de Lot-et-Garonne, arr. de Villeneuve; 1772 h.

MONCLAR, ch.-l. de c. de Tarn-et-Garonne, arr. de Montauban; 2026 h.

MONCONTOUR, ch.-l. de c. des Côtes-du-Nord, arr. de Saint-Brieuc; 1328 h.

MONCONTOUR, ch.-l. de c. de la Vienne, arr. de Loudun; 720 h. || Défaite de Coligny et des protestants par le duc d'Anjou, depuis Henri III (1569).

MONCOUTANT, ch.-l. de c. des Deux-Sèvres, arr. de Parthenay; 2413 h.

MONCRIF, littérateur français, auteur d'une *Histoire des Chats* (1687-1770).

MONDOUBLEAU, ch.-l. de c. de Loir-et-Cher, arr. de Vendôme; 1455 h.

MONDOVI, v. forte de la prov. de Coni (Italie); 22000 h. || Victoire de Bonaparte sur les Piémontais (1796).

MONEIN, ch.-l. de c. des Basses-Pyrénées, arr. d'Oloron; 4454 h. Bons vins.

MONESTIER-DE-CLERMONT, ch.-l. de c. de l'Isère, arr. de Grenoble; 770 h.

MONESTIÉS, ch.-l. de c. du Tarn, arr. d'Albi; 1568 h.

MONÉTIER (LE), ch.-l. de c. des Hautes-Alpes, arr. de Briançon; 2381 h.

MONFLANQUIN, ch.-l. de c. de Lot-et-Garonne, arr. de Villeneuve; 3468 h.

MONGE, géomètre français (1746-1818), créateur de la géométrie descriptive, l'un des fondateurs de l'École polytechnique.

MONGOLIE, l'une des contrées comprises dans l'empire chinois au N., occupée par des populations nomades.

MONGOLS (empire des), empire fondé par Gengis-khan (1206-1227). || Empire fondé par Tamerlan (1370-1405). || Empire des grands Mongols, fondé par un descendant de Tamerlan à Delhi, Caboul et Kandahar (1505-1530), et détruit en 1747.

MONIME, femme de Mithridate VI.

MONIQUE (sainte), mère de saint Augustin, née en 332.

MONISTROL-SUR-LOIRE, ch.-l. de c. de la Haute-Loire, arr. d'Yssingeaux; 4452 h.

MONITEUR, journal fondé le 4 nov. 1789, a cessé en 1869 d'être le journal officiel.

MONK (George), général anglais (1608-1670), servit d'abord Charles Ier, puis la République d'Angleterre; enfin, après l'abdication de Richard Cromwell, se trouvant à la tête de l'armée, il détermina le Long-Parlement à se dissoudre et négocia le retour de Charles II (1660).

MONMERQUÉ, littérateur français, auteur d'une édition complète des *Lettres de Mme de Sévigné*, etc. (1780-1860).

MONMOUTH, comté d'Angleterre (pays de Galles); ch.-l. Monmouth; 6000 h.

MONMOUTH (Jacques, duc DE), fils naturel de Charles II Stuart (1649-1685), ayant voulu disputer la couronne à Jacques II, fut pris à Sedgemoor et décapité.

MONOMOTAPA, région de l'Afrique australe, dans le bassin moyen du Zambèze.

MONPAZIER, ch.-l. de c. de la Dordogne, arr. de Bergerac; 981 h.

MONPONT, ch.-l. de c. de la Dordogne, arr. de Ribérac; 2022 h.

MONREALE, v. de Sicile, à 4 k. de Palerme; 13000 h. Belle cathédrale.

MONROË, président des États-Unis d'Amérique (1817 et 1821), posa en principe que l'Europe n'avait pas le droit d'intervenir dans les affaires d'Amérique.

MONS, ch.-l. du Hainaut (Belgique); 28000 h. Exploitation de houille.

MONS-EN-PUELLE, bourg à 20 k. de Lille, où Philippe le Bel battit les Flamands (1304).

MONSÉGUR, ch.-l. de c. de la Gironde, arr. de La Réole; 1679 h.

MONSIEUR, titre donné, depuis Louis XIII, à l'aîné des frères du roi de France.

MONSIGNY, compositeur français (1729-1817), auteur du *Déserteur* (1768).

MONSOLS, ch.-l. de c. du Rhône, arr. de Villefranche; 1428 h.

MONSTRELET (Enguerrand de), chroniqueur français (1390-1453). Sa *Chronique* en 2 livres s'étend de 1400 à l'an 1444.

MONTAGNAC, ch.-l. de c. de l'Hérault, arr. de Béziers ; 3945 h. Vins, eaux-de-vie.

MONTAGNE (LA). Les **MONTAGNARDS**, membres de la Convention qui professaient les opinions les plus avancées.

MONTAGRIER, ch.-l. de c. de la Dordogne, arr. de Ribérac ; 761 h.

MONTAIGNE (Michel **EYQUEM** de), moraliste français (1533-1592), illustre auteur des *Essais* (1580).

MONTAIGU, ch.-l. de c. de Tarn-et-Garonne, arr. de Moissac ; 3220 h.

MONTAIGU, ch.-l. de c. de la Vendée, arr. de la Roche-sur-Yon ; 1623 h.

MONTAIGUT, ch.-l. de c. du Puy-de-Dôme, arr. de Riom ; 1749 h.

MONTALEMBERT (comte de), publiciste et homme politique français (1810-1870).

MONTALIVET (Camille de), né en 1801, ministre et intendant de la liste civile sous le règne de Louis-Philippe Ier.

MONTANER, ch.-l. de c. des Basses-Pyrénées, arr. de Pau ; 825 h.

MONTARGIS, ch.-l. d'arr. du Loiret, sur le Loing, à 69 k. d'Orléans ; 8196 h.

MONTASTRUC, ch.-l. de c. de la Haute-Garonne, arr. de Toulouse ; 1107 h.

MONTATAIRE, bourg de 4604 h. sur le Thérain, à 14 k. de Senlis (Oise). Usines métallurgiques ; scieries hydrauliques.

MONTAUBAN, ch.-l. de c. d'Ille-et-Vilaine, arr. de Montfort ; 3019 h.

MONTAUBAN, ch.-l. de Tarn-et-Garonne, sur le Tarn, à 641 kil. de Paris ; 25 625 h. Évêché ; faculté de théologie protestante.

MONTAUSIER (duc de), seigneur de la cour de Louis XIV, épousa Julie d'Angennes de Rambouillet, et fut gouverneur du Dauphin, fils de Louis XIV (1610-1690).

MONTBARD, ch.-l. de c. de la Côte-d'Or, arr. de Semur ; 2731 h. Patrie de Buffon.

MONTBARREY, ch.-l. de c. du Jura, arr. de Dôle ; 461 h.

MONTBAZENS, ch.-l. de c. de l'Aveyron, arr. de Villefranche ; 1579 h.

MONTBAZON, ch.-l. de c. d'Indre-et-Loire, sur l'Indre, arr. de Tours ; 1932 h.

MONTBÉLIARD, ch.-l. d'arr. du Doubs, à 79 k. de Besançon ; 6309 h. Anc. cap. d'une principauté occupée par la France en 1792. Patrie de George Cuvier.

MONTBENOÎT, ch.-l. de c. du Doubs, arr. de Pontarlier, sur le Doubs ; 182 h.

MONT BLANC, voy. BLANC (MONT).

MONTBOZON, ch.-l. de c. de la Haute-Saône, arr. de Vesoul, sur l'Ognon ; 775 h.

MONTBRISON, ch.-l. d'arr. de la Loire, à 35 k. de Saint-Étienne ; 6987 h. Chef-lieu du dép. de la Loire jusqu'en 1855.

MONTBRON, ch.-l. de c. de la Charente, arr. d'Angoulême ; 3168 h.

MONTCALM (marquis de), maréchal de camp français, se distingua par sa lutte contre les Anglais au Canada (1712-1759).

MONTCEAU-LES-MINES, bourg de Saône-et-Loire, arr. de Chalon-sur-Saône ; 8287 h. Houillères ; fer.

MONTCENIS, ch.-l. de c. de Saône-et-Loire, arr. d'Autun ; 1882 h. Houille ; fer.

MONTCHANIN-LES-MINES, bourg de Saône-et-Loire, arr. d'Autun ; 3411 h.

MONTCUQ, ch.-l. de c. du Lot, arr. de Cahors ; 2196 h.

MONT-DE-MARSAN, ch.-l. des Landes, à 731 k. de Paris ; 8615 h.

MONT-DE-PIÉTÉ, établissement où l'on prête sur gages, créé à Paris en 1777.

MONTDIDIER, ch.-l. d'arr. de la Somme, à 36 kil. d'Amiens ; 4238 h.

MONT-DOR, groupe de montagnes, à 8 k. de Lyon, près de la Saône. Fromages de chèvre renommés.

MONT-DORE, vge de l'arr. d'Issoire (Puy-de-Dôme), célèbre par ses eaux minérales.

MONTEBELLO, vge du Piémont, à 40 k. d'Alexandrie, où Lannes remporta sur les Autrichiens la victoire (1800) qui lui valut plus tard le titre de duc (1809). || En 1859, les Français y défirent les Autrichiens.

MONTEBOURG, ch.-l. de c. de la Manche, arr. de Valognes ; 2172 h.

MONTECH, ch.-l. de c. de Tarn-et-Garonne, arr. de Castelsarrasin ; 2783 h.

MONTECUCULLI (comte de), général autrichien (1608-1681), lutta contre Turenne dans la guerre de Hollande (1672-1675).

MONTEIL (Alexis), historien français, auteur d'une *Histoire des Français des divers états* (1769-1850).

MONTÉLIMAR, ch.-l. d'arr. de la Drôme, à 44 k. de Valence ; 11 122 h.

MONTEMBOEUF, ch.-l. de c. de la Charente, arr. de Confolens ; 1224 h.

MONTENDRE, ch.-l. de c. de la Charente-Inférieure, arr. de Jonzac ; 1575 h.

MONTÉNÉGRIN, INE, *adj.* et *s.* Qui est du Monténégro ; habitant du Monténégro.

MONTENEGRO, pays sous la suzeraineté de la Turquie, entre la Bosnie, l'Albanie et la Dalmatie ; pop. 125 000 h. ; ch.-l. Cettigne.

MONTENOTTE, vge d'Italie, à 15 k. de Savone. || Victoire de Bonaparte (1796).

MONTEREAU-FAUT-YONNE, ch.-l. de c. de Seine-et-Marne, arr. de Fontainebleau, au confluent de la Seine et de l'Yonne ; 6714 h. || Victoire de Napoléon Ier (1814).

MONTESPAN (marquise de), dame célèbre de la cour de Louis XIV (1641-1707).

MONTESQUIEU, publiciste français (1689-1755), président au parlement de Bordeaux, auteur des *Lettres persanes* (1721), des *Considérations sur les causes de la grandeur et de la décadence des Romains* (1734) et de l'*Esprit des lois* (1748).

MONTESQUIEU-VOLVESTRE, ch.-l. de c. de la Haute-Garonne, arr. de Muret ; 2993 h.

MONTESQUIOU, ch.-l. de c. du Gers, arr. de Mirande ; 1602 h.

MONTESQUIOU-FEZENSAC (abbé), membre du Gouvernement provisoire en 1814, l'un des rédacteurs de la Charte (1757-1832).

MONTET (LE), ch.-l. de c. de l'Allier, arr. de Moulins ; 720 h.

MONTEVERDE, Italien, créateur de la musique moderne et de l'opéra (1565-1649).

MONTEVIDEO, cap. de l'Uruguay (Amérique du Sud) ; port à l'embouchure de la Plata ; 120 000 h.

MONTÉZUMA, roi du Mexique à l'arrivée des Espagnols (1502-1520) ; gardé comme otage, il se laissa mourir de faim.

MONTFAUCON, ch.-l. de c. de la Haute-Loire, arr. d'Yssingeaux ; 981 h.

MONTFAUCON, ch.-l. de c. de Maine-et-Loire, arr. de Cholet ; 662 h.

MONTFAUCON, ch.-l. de c. de la Meuse, arr. de Montmédy ; 945 h.

MONTFAUCON, hauteur de Paris entre la Villette et les Buttes-Chaumont, où étaient les fourches patibulaires de la prévôté.

MONTFAUCON (BERNARD DE), bénédictin de la congrégation de Saint-Maur, auteur de savants travaux sur les Pères de l'Église, la paléographie, l'antiquité, etc. (1655-1741).

MONTFERRAT, marquisat, puis duché d'Italie, entre le Piémont, la république de Gênes et le Milanais ; v. pr. Casal.

MONTFERRAT (BONIFACE, marquis DE), l'un des chefs de la 4e croisade (1202).

MONTFORT, ch.-l. de c. des Landes, arr. de Dax ; 1657 h.

MONTFORT, ch.-l. de c. de la Sarthe, arr. du Mans ; 881 h.

MONTFORT (SIMON, comte DE), chef de la croisade contre les Albigeois (1208), périt en assiégeant Toulouse (1218). || Son 3e fils, SIMON, comte de Leicester, a dirigé les barons anglais révoltés contre Henri III, et a péri à Evesham (1265).

MONTFORT-L'AMAURY, ch.-l. de c. de Seine-et-Oise, arr. de Rambouillet ; 1516 h.

MONTFORT-SUR-MEU, ch.-l. d'arr. d'Ille-et-Vilaine, à 23 k. de Rennes ; 2343 h.

MONTFORT-SUR-RISLE, ch.-l. de c. de l'Eure, arr. de Pont-Audemer ; 546 h.

MONTGISCARD, ch.-l. de c. de la Haute-Garonne, arr. de Villefranche ; 1048 h.

MONTGOLFIER (JOSEPH-MICHEL, 1740-1810, et JACQUES-ÉTIENNE, 1745-1799), frères, inventeurs des aérostats, nés à Vidalon-lès-Annonay (Ardèche).

MONTGOMERY, ch.-l. du comté de ce nom en Angleterre, sur la Severn ; 1200 h. || Ch.-l. de l'État d'Alabama (États-Unis) ; 36 000 h.

MONTGOMERY (comte DE), capitaine de la garde écossaise de Henri II, tua le roi par accident dans un tournoi (1559).

MONTGUYON, ch.-l. de c. de la Charente-Inférieure, arr. de Jonzac ; 1509 h.

MONTHERMÉ, ch.-l. de c. des Ardennes, arr. de Mézières ; 2599 h.

MONTHOIS, ch.-l. de c. des Ardennes, arr. de Vouziers ; 607 h.

MONTHOLON, général franç. (1782-1853), accompagna Napoléon à Sainte-Hélène, et publia des *Mémoires* avec Gourgaud.

MONTHOUMET, ch.-l. de c. de l'Aude, arr. de Carcassonne ; 360 h.

MONTHUREUX-SUR-SAÔNE, ch.-l. de c. des Vosges, arr. de Mirecourt ; 1516 h.

MONTIER-EN-DER, ch.-l. de c. de la Haute-Marne, arr. de Vassy ; 1374 h.

MONTIERS-SUR-SAULX, ch.-l. de c. de la Meuse, arr. de Bar-le-Duc ; 1283 h.

MONTIGNAC, ch.-l. de c. de la Dordogne, arr. de Sarlat ; 3773 h.

MONTIGNY-LE-ROI, ch.-l. de c. de la Haute-Marne, arr. de Langres ; 1152 h.

MONTIGNY-SUR-AUBE, ch.-l. de c. de la Côte-d'Or, arr. de Châtillon-sur-Seine ; 780 h.

MONTIVILLIERS, ch.-l. de c. de la Seine-Inférieure, arr. du Havre ; 4223 h.

MONTJOIE, le roi d'armes de France. || Cri de guerre des Français, au moyen âge.

MONTLHÉRY, com. de Seine-et-Oise, arr. de Corbeil ; 2042 h. Ruines d'un château rasé par Louis VI le Gros. || Bataille entre Louis XI et Charles le Téméraire (1465).

MONTLIEU, ch.-l. de c. de la Charente-Inférieure, arr. de Jonzac ; 960 h.

MONTLOSIER (comte DE), publiciste franç., auteur de la *Monarchie franç.*, plaidoyer en faveur de la féodalité (1755-1838).

MONT-LOUIS, ch.-l. de c. des Pyrénées-Orientales, arr. de Prades ; 389 h.

MONTLUC (BLAISE DE), maréchal de France, se distingua dans les guerres d'Italie et dans les guerres de religion ; il rédigea ses *Mémoires* (1501-1577).

MONTLUÇON, ch.-l. d'arr. de l'Allier, sur le Cher, à 78 k. de Moulins ; 21 247 h. Usines à fer, verreries.

MONTLUEL, ch.-l. de c. de l'Ain, arr. de Trévoux ; 2757 h.

MONTMARAULT, ch.-l. de c. de l'Allier, arr. de Montluçon ; 1815 h.

MONTMARTIN-SUR-MER, ch.-l. de c. de la Manche, arr. de Coutances ; 1066 h.

MONTMARTRE, v. au N. de Paris, auquel elle a été réunie en 1860, et dont elle forme le 18e arrondissement.

MONTMÉDY, ch.-l. d'arr. de la Meuse, à 108 k. de Bar-le-Duc ; 2020 h.

MONTMÉLIAN, ch.-l. de c. de la Savoie, arr. de Chambéry, sur l'Isère ; 1141 h.

MONTMIRAIL, ch.-l. de c. de la Marne, arr. d'Épernay ; 2319 h. || Victoire de Napoléon Ier, le 11 février 1814.

MONTMIRAIL, ch.-l. de c. de la Sarthe, arr. de Mamers ; 778 h.

MONTMIREY-LE-CHÂTEAU, ch.-l. de c. du Jura, arr. de Dôle ; 410 h.

MONTMOREAU, ch.-l. de c. de la Charente, arr. de Barbezieux ; 771 h.

MONTMORENCY, ch.-l. de c. de Seine-et-Oise, arr. de Pontoise ; 3494 h.

MONTMORENCY, illustre famille de France, dont le premier auteur est Bouchard, sire de Montmorency, grand feudataire du duché de France en 950, et dont les membres les plus célèbres sont : ANNE, 1er duc de MONTMORENCY (1492-1567), connétable de France, qui fut le ministre principal de François Ier, prit part aux guerres de religion, et fut tué dans la bataille de Saint-Denis ; HENRI II, duc de MONTMORENCY, maréchal de France, jugé et décapité à Toulouse pour avoir secondé la révolte de Gaston, frère de Louis XIII (1595-1632) ; MONTMORENCY-LAVAL (1766-1826), ministre des affaires étrangères en 1821.

MONTMORILLON, ch.-l. d'arr. de la Vienne, à 49 k. de Poitiers ; 5010 h. Mine de fer.

MONTMORT, ch.-l. de c. de la Marne, arr. d'Épernay ; 770 h.

MONTOIRE, ch.-l. de c. de Loir-et-Cher, arr. de Vendôme ; 3054 h.

MONTPELLIER, ch.-l. de l'Hérault, à 778 k. de Paris ; 57 727 h. Évêché. Faculté de méd.

MONTPENSIER (duchesse DE), dite *Mademoiselle* ou la *Grande Mademoiselle*, fille de Gaston d'Orléans, joua un rôle important dans la Fronde (1627-1693).

MONTPENSIER (duc DE), 5e fils du roi Louis-Philippe Ier, né en 1824, épousa en 1846 la sœur d'Isabelle II, reine d'Espagne.

MONTPEZAT, ch.-l. de c. de l'Ardèche, arr. de Largentière ; 2447 h.

MONTPEZAT, ch.-l. de c. de Tarn-et-Garonne, arr. de Montauban ; 2354 h.

MONTPONT, ch.-l. de c. de Saône-et-Loire, arr. de Louhans ; 2616 h.

MONTRÉAL, v. du Bas-Canada, sur le Saint-Laurent; 90 000 h.

MONTRÉAL, ch.-l. de c. de l'Aude, arr. de Carcassonne; 2772 h.

MONTRÉAL, ch.-l. de c. du Gers, arr. de Condom; 2553 h.

MONTREDON, ch.-l. de c. du Tarn, arr. de Castres; 4672 h.

MONTRÉJEAU, ch.-l. de c. de la Haute-Garonne, arr. de Saint-Gaudens; 3736 h. Embranchement de Bagnères-de-Luchon.

MONTRÉSOR, ch.-l. de c. d'Indre-et-Loire, arr. de Loches; 697 h.

MONTRET, ch.-l. de c. de Saône-et-Loire, arr. de Louhans; 966 h.

MONTREUIL, com. de la Seine, arr. de Sceaux; 12 293 h. Pêches renommées.

MONTREUIL-BELLAY, ch.-l. de c. de Maine-et-Loire, arr. de Saumur; 1889 h.

MONTREUIL-SUR-MER, ch.-l. d'arr. du Pas-de-Calais, à 79 k. d'Arras; 3649 h.

MONTREVAULT, ch.-l. de c. de Maine-et-Loire, arr. de Cholet; 873 h.

MONTREVEL, ch.-l. de c. de l'Ain, arr. de Bourg; 1575 h.

MONTRICHARD, ch.-l. de c. de Loir-et-Cher, arr. de Blois; 2988 h.

MONTROSE, chef écossais, partisan dévoué des Stuarts dans leur lutte contre le Long-Parlement d'Angleterre (1612-1650).

MONTROUGE, com. de la Seine, arr. de Sceaux; 4377 h.

MONT SACRÉ, colline à 5 k. N.-O. de Rome, où les plébéiens se retirèrent en 493 et en 449 av. J.-C.

MONT-SAINT-JEAN, voy. WATERLOO.

MONT-SAINT-MICHEL, c. de 1100 h., sur un rocher isolé au fond de la baie de Cancale (Manche). Anc. abbaye bénédictine.

MONT-SAINT-VINCENT, ch.-l. de c. de Saône-et-Loire, arr. de Chalon-sur-Saône; 691 h.

MONTSALVY, ch.-l. de c. du Cantal, arr. d'Aurillac; 1029 h.

MONTSAUCHE, ch.-l. de c. de la Nièvre, arr. de Château-Chinon; 1588 h.

MONTS-SUR-GUESNES, ch.-l. de c. de la Vienne, arr. de Loudun; 584 h.

MONTSURS, ch.-l. de c. de la Mayenne, arr. de Laval; 1730 h.

MONTYON (baron DE), magistrat français, a fondé des prix de vertu et autres que décerne l'Académie française (1733-1820).

MONZA, v. de la prov. de Milan (Italie); 17 000 h. Dans la cathédrale, couronne de fer des rois lombards.

MOORE (THOMAS), poète anglais et historien (1779-1852).

MORAND, architecte français, construisit une salle de spectacle et le pont Morand à Lyon, défendit cette ville contre la Convention, et périt sur l'échafaud (1727-1794).

MORAT (lac de), lac de Suisse commun aux cantons de Vaud et de Fribourg, s'écoulant dans le lac de Neuchâtel.

MORAT, v. du canton de Fribourg (Suisse), sur le lac de Morat; 2000 h. Défaite de Charles le Téméraire par les Suisses (1476).

MORAVES (Frères), secte religieuse, formée d'anciens Hussites, en 1457.

MORAVIE, prov. de l'empire d'Autriche, pop. 2 017 000 h.; cap. Brünn.

MORAWA ou **MARCH**, riv. qui traverse la Moravie et se jette dans le Danube; 280 k.

MORBIHAN, en breton *petite mer*, golfe de France sur la côte du dép. de ce nom, qui renferme un grand nombre d'îles.

MORBIHAN (dép. du), forme d'une partie de la Bretagne; ch.-l. Vannes; 4 arr. Vannes, Pontivy, Lorient, Ploërmel; pop. 490 352 h.

MORDELLES, ch.-l. de c. d'Ille-et-Vilaine, arr. de Rennes; 2406 h.

MOREAU (JEAN-VICTOR), général français, s'illustra par sa retraite sur le Danube (1796) et la victoire de Hohenlinden (1800); impliqué dans le complot de Georges Cadoudal, il s'exila (1804), passa dans le camp des ennemis de la France, et fut tué par un boulet à la bataille de Dresde (1763-1813).

MOREAU (HÉGÉSIPPE), poète français (1810-1838).

MORÉE, anc. Péloponnèse.

MORÉE, ch.-l. de c. de Loir-et-Cher, arr. de Vendôme; 1379 h.

MORENA (SIERRA-), c.-à-d. *chaîne noire*, chaîne de montagnes qui sépare les bassins du Guadiana et du Guadalquivir.

MORÉRI, érudit français, auteur du *Grand Dictionnaire historique* (1643-1680).

MORES, voy. MAURES.

MORESNET, vge de la prov. de Liége (Belgique). Extraction du minerai de zinc dit de la Vieille-Montagne.

MORESTEL, ch.-l. de c. de l'Isère, arr. de La Tour-du-Pin; 1296 h.

MORET, ch.-l. de c. de Seine-et-Marne, arr. de Fontainebleau, sur le Loing; 1868 h.

MOREUIL, ch.-l. de c. de la Somme, arr. de Montdidier; 3078 h.

MOREZ, ch.-l. de c. du Jura, arr. de Saint-Claude; 5175 h. Horloges, verres de lunettes, etc.

MORGANE (la fée), sœur d'Artus et élève de l'enchanteur Merlin.

MORGARTEN, défilé de la vallée d'Egeri, dans le canton de Zug (Suisse), fameux par les victoires des Suisses sur Léopold d'Autriche (1315), et des Français sur les Suisses (1798) et sur les Autrichiens (1799).

MORIN (LE GRAND-), riv. de France, passe à Coulommiers, se jette dans la Marne; 100 k.

MORISQUES, les Maures d'Espagne qui préférèrent le baptême à l'exil.

MORLAAS, ch.-l. de c. des Basses-Pyrénées, arr. de Pau; 1607 h.

MORLAIX, ch.-l. d'arr. du Finistère, à 115 kil. de Quimper; 14 389 h. Port de commerce à 10 k. de la mer.

MORLOT, cardinal français (1795-1862), archevêque de Paris (1857-1862).

MORMANT, ch.-l. de c. de Seine-et-Marne, arr. de Melun; 1375 h.

MORMOIRON, ch.-l. de c. de Vaucluse, arr. de Carpentras; 2311 h.

MORMONS, sectateurs d'une religion inventée vers 1830, et formant un petit État sur les bords du lac Salé (Amérique N.).

MORNANT, ch.-l. de c. du Rhône, arr. de Lyon; 2398 h.

MORNAY (DUPLESSIS-), l'un des chefs de la Réforme en France, servit Henri IV; il a publié de nombreux écrits sur les questions religieuses (1549-1623).

MORNY (duc DE), homme politique français (1811-1865), prit une part considérable au coup d'État du 2 décembre 1851, et fut président du Corps législatif de 1854 à 1865.

MOROSAGLIA, ch.-l. de c. de la Corse, arr. de Corte ; 913 h.

MOROSINI, famille de Venise, donna à doges à la république, entre autres François Morosini, célèbre par l'héroïque défense de Candie contre les Turcs (1666-1669).

MORPHÉE, dieu des songes, fils du Sommeil et de la Nuit.

MORTAGNE, ch.-l. d'arr. de l'Orne, à 41 k. d'Alençon ; 4816 h. ; anc. cap. du Perche.

MORTAGNE-SUR-SÈVRE, ch.-l. de c. de la Vendée, arr. de la Roche-sur-Yon ; 2131 h.

MORTAIN, ch.-l. d'arr. de la Manche, à 56 k. de Saint-Lô ; 2378 h.

MORTE (MER), voy. ASPHALTITE (LAC).

MORTEAU, ch.-l. de c. du Doubs, arr. de Pontarlier ; 1784 h.

MORTEAUX-COULIBOEUF, ch.-l. de c. du Calvados, arr. de Falaise ; 711 h.

MORTEMART, branche de la famille de Rochechouart, à laquelle appartinrent, pendant le règne de Louis XIV, le duc de Vivonne et ses sœurs Mᵐᵉ de Montespan, de Thianges, et l'abbesse de Fontevrault.

MORTIER, duc de Trévise, maréchal de France, fut tué par la machine infernale de Fieschi (1768-1835).

MORTIMER (comte DE), baron anglais, déposa Édouard II (1327), exerça le pouvoir sous la minorité d'Édouard III, puis fut pendu par arrêt du Parlement (1287-1330).

MORTRÉE, ch.-l. de c. de l'Orne, arr. d'Argentan ; 1264 h.

MORUS (THOMAS), homme d'État et écrivain anglais, grand chancelier de Henri VIII, ne voulut pas reconnaître la suprématie spirituelle du roi et fut décapité (1480-1535) ; il est l'auteur de l'*Utopie*, ouvrage modelé sur la *République* de Platon.

MORVAN, petit pays de l'Autunois et du Nivernais ; ch.-l. Château-Chinon. || MONTS DU MORVAN, chaîne qui unit la Côte d'Or aux collines du Nivernais.

MOSCHUS, poète bucolique grec, qui vivait vers 280 av. J.-C.

MOSCOU, anc. cap. de la Russie, sur la Moskova, à 2945 k. de Paris et à 776 k. de Saint-Pétersbourg ; 400 000 h. Centre du commerce et de l'industrie russes.

MOSCOVITE, *adj.* et *s.* Qui est de la Russie ; habitant de la Russie.

MOSELLE, riv. de France et d'Allemagne, sort des Vosges, passe à Remiremont, Épinal, Toul, Metz, Thionville, Trèves, et se jette dans le Rhin à Coblentz ; 520 k.

MOSELLE (dép. de la), anc. dép. français dont 3 arr. Metz, Thionville et Sarreguemines, ont été cédés à la Prusse en 1871 ; le 4ᵉ, celui de Briey, fait partie du dép. de Meurthe-et-Moselle.

MOSKOVA, riv. de Russie, passe à Moscou et se jette dans l'Oka ; 423 k. || Victoire de Napoléon sur les Russes, dans laquelle Ney gagna le titre de prince (7 sept. 1812).

MOSQUITOS, peuple de l'Amérique centrale, sur la mer des Antilles, annexé aux républiques de Nicaragua et de Honduras.

MOSSOUL, v. de la Turquie d'Asie, sur la rive droite du Tigre ; 45 000 h. Sur l'autre rive, ruines de l'ancienne Ninive.

MOSTAGANEM, ch.-l. de subd. milit. et d'arr. de la prov. d'Oran (Algérie) ; 10 000 h.

MOTHE-ACHARD (LA), ch.-l. de c. de la Vendée, arr. des Sables-d'Olonne ; 825 h.

MOTHE-SAINT-HÉRAYE (LA), ch.-l. de c. des Deux-Sèvres, arr. de Melle ; 2550 h.

MOTTE (LA), ch.-l. de c. des Basses-Alpes, arr. de Sisteron ; 646 h.

MOTTE-CHALANÇON (LA), ch.-l. de c. de la Drôme, arr. de Die ; 1001 h.

MOTTE-SERVOLEX (LA), ch.-l. de c. de la Savoie, arr. de Chambéry ; 3376 h.

MOTTEVILLE (Mᵐᵉ DE), femme de chambre d'Anne d'Autriche (1621-1689), auteur de *Mémoires*, de 1615 à 1666.

MOULINS, ch.-l. de l'Allier, à 313 k. de Paris ; 20 385 h. Évêché. La chapelle du lycée renferme un beau tombeau de Henri II de Montmorency.

MOULINS-ENGILBERT, ch.-l. de c. de la Nièvre, arr. de Château-Chinon ; 3030 h.

MOULINS-LA-MARCHE, ch.-l. de c. de l'Orne, arr. de Mortagne ; 1167 h.

MOUNIER, homme politique français, proposa en 1789 le serment qui fut prêté dans la salle du *Jeu de paume* (1758-1805).

MOURAD-BEY, chef des Mamelucks, fut vaincu par Bonaparte à la bataille des Pyramides ; plus tard Kléber lui donna la Haute-Égypte (1750-1801).

MOURMELON, c. près de Châlons (Marne), où est établi un champ de manœuvres.

MOURZOUK, cap. du Fezzan (Afrique), rendez-vous des caravanes du Sahara ; 20 000 h.

MOUSKES (PHILIPPE), Belge, auteur d'une *Chronique* en vers et en roman sur l'histoire de France et de Belgique (1215-1283).

MOUSTIERS-SAINTE-MARIE, ch.-l. de c. des Basses-Alpes, arr. de Digne ; 1246 h. Anc. et célèbre fabrique de faïence.

MOUTHE, ch.-l. de c. du Doubs, arr. de Pontarlier ; 1002 h.

MOUTHOUMET, ch.-l. de c. de l'Aude, arr. de Carcassonne ; 360 h.

MOUTIERS-EN-TARENTAISE, ch.-l. d'arr. de la Savoie, à 77 kil. de Chambéry ; 1946 h. Évêché.

MOUTIERS-LES-MAUXFAITS (LES), ch.-l. de c. de la Vendée, arr. des Sables-d'Olonne ; 875 h.

MOUTON, comte de Lobau, maréchal de France, gagna son titre de comte dans la campagne de 1809 en Autriche (1770-1838).

MOUY, ch.-l. de c. de l'Oise, arr. de Clermont ; 3201 h.

MOUZAÏA, sommet du petit Atlas (Algérie). Mines de fer et de cuivre. || Combats des Français, 1839-1840.

MOUZON, ch.-l. de c. des Ardennes, arr. de Sedan ; 2106 h.

MOY, ch.-l. de c. de l'Aisne, arr. de Saint-Quentin ; 1306 h.

MOYEN ÂGE, période de l'histoire universelle s'étendant de la mort de Théodose le Grand (395) à la prise de Constantinople par les Turcs (1453).

MOYENNEVILLE, ch.-lieu de c. de la Somme, arr. d'Abbeville ; 1641 h.

MOZAMBIQUE, établissement portugais sur la côte E. de l'Afrique, en face de Madagascar ; cap. Mozambique ; pop. 300 000 h. || Canal de Mozambique, canal entre l'Afrique et Madagascar.

MOZARABES ou **MOSARABES**, chrétiens d'Espagne soumis aux Musulmans.

MOZART, illustre compositeur de musique, né à Salzbourg (1756-1791), auteur de sonates, de trios, de quatuors, de quintettes, de symphonies et d'opéras, dont les plus célèbres sont les *Noces de Figaro* (1786), *Don Juan* (1787) et la *Flûte enchantée* (1790); son dernier ouvrage est un *Requiem*.

MUFTI ou **MUPHTI**, chef spirituel de l'islamisme.

MUGRON, ch.-l. de c. des Landes, arr. de Saint-Sever, sur l'Adour; 2070 h.

MULGRAVES (LES), archipel de la Polynésie (Océanie).

MULHBERG, v. de la Saxe prussienne, célèbre par la victoire de Charles-Quint sur les Luthériens (1557).

MULHOUSE, anc. ch.-l. d'arr. du Haut-Rhin, à 44 k. de Colmar, sur l'Ill; 58 775 h.; cédé à la Prusse en 1871. Fabriques de cotonnades, d'étoffes imprimées, etc.

MÜLLER (Jean de), historien suisse, dont le principal ouvrage est l'*Histoire des Suisses* en allemand (1752-1809).

MUMMIUS, général romain, qui prit et ruina Corinthe (146 av. J.-C.).

MUNDA, auj. Ciudad-Rondad, v. de la Bétique (Espagne), où César battit Cnéius et Sextus Pompée (45 av. J.-C.).

MUNICH, cap. de la Bavière, sur l'Isar, à 862 k. de Paris; 171 000 h. Collections d'art.

MÜNSTER, anc. ch.-l. de c. du Haut-Rhin, arr. de Colmar; 4762 h.; cédé à la Prusse en 1871.

MÜNSTER, cap. de la prov. de Westphalie (Prusse), sur l'Aa; 26 000 h. ‖ De 1643 à 1648, congrès des plénipotentiaires catholiques qui régla la paix dite de Westphalie.

MÜNSTER ou **MOMONIE**, l'une des quatre grandes divisions de l'Irlande.

MUNYCHIE, l'un des 3 ports de l'anc. Athènes, entre ceux du Pirée et de Phalère.

MUNZER ou **MUNTZER**, fondateur de la secte des Anabaptistes, décapité en 1525.

MÜR, ch.-l. de c. des Côtes-du-Nord, arr. de Loudéac; 2510 h.

MUR-DE-BARREZ, ch.-l. de c. de l'Aveyron, arr. d'Espalion; 1507 h.

MURANO, v. de Vénétie, dans un îlot à 2 k. de Venise, célèbre par ses fabriques de verreries et de glaces.

MURAT, ch.-l. d'arr. du Cantal, à 50 k. d'Aurillac; 2861 h.

MURAT, ch.-l. de c. du Tarn, arr. de Castres; 2640 h.

MURAT (Joachim), fils d'un aubergiste du Lot, conquit par sa brillante valeur les plus hautes dignités militaires sous le Consulat et l'Empire. Il épousa Caroline Bonaparte (1800), et fut placé sur le trône de Naples par Napoléon (1808). Chassé, après les Cent-Jours, il fut pris et fusillé en tentant de rentrer dans ses États (1771-1815).

MURATO, ch.-l. de c. de la Corse, arr. de Bastia; 1073 h.

MURATORI, historien italien, a composé de savants ouvrages en latin sur les antiquités de l'Italie au moyen âge, et un *Trésor des inscriptions anciennes* (1672-1750).

MURCIE, cap. de la prov. et autrefois du royaume de son nom, en Espagne; 88 000 h.

MURE (LA), ch.-l. de c. de l'Isère, arr. de Grenoble; 3577 h.

MURENA, consul, fut défendu par Cicéron d'une accusation de brigue (63 av. J.-C.).

MURET, ch.-l. d'arr. de la Haute-Garonne, à 20 k. de Toulouse; 4113 h. ‖ Victoire de Simon de Montfort sur les Albigeois (1213).

MURILLO (Esteban), célèbre peintre espagnol, né à Séville (1618-1682).

MURO, ch.-l. de c. de la Corse, arr. de Calvi; 1072 h.

MURRAY (golfe de), formé par la mer du Nord, au N. E. de l'Écosse.

MURVIEDRO, v. de la prov. de Valence (Espagne); 8500 h. Ruines de Sagonte.

MURVIEL, ch.-l. de c. de l'Hérault, arr. de Béziers; 1680 h.

MUSA, médecin de l'empereur Auguste.

MUSA-BEN-NASSER ou **MOUSA**, général des Califes Ommiades, soumit l'Afrique septentrionale, puis l'Espagne; fut disgracié à cause de ses démêlés avec son lieutenant Tarik, et mourut en 718.

MUSES, nom des 9 déesses des arts, filles de Jupiter et de Mnémosyne: Clio, Euterpe, Thalie, Melpomène, Terpsichore, Érato, Polymnie, Uranie, Calliope.

MUSÉUM d'histoire naturelle, nom donné depuis 1793 au *Jardin des Plantes* de Paris, établissement fondé en 1635, par Guy de la Brosse, médecin de Louis XIII.

MUSSET (Alfred de), poète et auteur dramatique français (1810-1857).

MUSSIDAN, ch.-l. de c. de la Dordogne, arr. de Ribérac; 3053 h.

MUSSY-SUR-SEINE, ch.-l. de c. de l'Aube, arr. de Bar-sur-Seine; 1717 h.

MUSTAPHA, nom de 4 sultans ottomans.

MUSULMANS, c.-à-d. *résignés à la volonté de Dieu*, sectateurs de l'islamisme.

MUZILLAC, ch.-l. de c. du Morbihan, arr. de Vannes; 2378 h.

MYCALE, promontoire sur la côte d'Asie Mineure, en face de Samos. Léotychide et Xanthippe, généraux athéniens, y détruisirent la flotte des Perses (479 av. J.-C.).

MYCÈNES, anc. v. d'Argolide, cap. d'Atrée et d'Agamemnon.

MYCÉRINUS, roi d'Égypte, éleva la troisième des grandes pyramides.

MYCONE, l'une des Cyclades (Grèce).

MYRMIDONS, peuple de Thessalie sur lequel régna Achille.

MYRON, sculpteur grec du ve s. av. J.-C., excellait à reproduire les animaux.

MYSIE, anc. contrée de l'Asie Mineure; v. pr. Cyzique, Lampsaque, Abydos, Troie, Pergame, etc.

N

NABAD, gouverneur d'une province ou commandant d'une armée dans l'Inde.

NABATHÉENS, anc. peuple de l'Arabie Pétrée.

NABIS, tyran de Sparte (205-192 av. J.-C.), fut vaincu par les Achéens et assassiné par les Étoliens, ses alliés.

NABONASSAR, roi de Babylone, célèbre par l'ère qui porte son nom (747 av. J.-C.).

NABOPOLASSAR, satrape du roi d'Assyrie Sarak, s'allia contre son souverain avec Cyaxare, s'empara de Ninive, et fonda le 2ᵉ empire de Babylone (625-605 av. J.-C.).

NABOTH, Juif de Jezraël, refusa de vendre sa vigne à Achab, fut condamné sous une fausse accusation et lapidé.

NABUCHODONOSOR Iᵉʳ ou SAOSDUCHEUS, roi de Ninive (667-647 av. J.-C.), vainquit et tua le roi mède Phraorte et envoya Holopherne contre la Phénicie et la Syrie. ‖ NABUCHODONOSOR II, roi de Babylone, fils et successeur de Nabopolassar (605-562 av. J.-C.), prit Jérusalem et emmena les Juifs en captivité.

NÆVIUS, poëte latin, composa un poëme sur la 1ʳᵉ guerre punique (272-202 av. J.-C.).

NAHE (LA), riv. de la prov. Rhénane, se jette dans le Rhin, près de Bingen; 120 k.

NAHUM, le 7ᵉ des 12 petits prophètes juifs (VIIIᵉ s. av. J.-C.).

NAÏADES, nymphes présidant aux rivières et aux sources.

NAILLOUX, ch.-l. de c. de la Haute-Garonne, arr. de Villefranche; 1414 h.

NAÏM, v. de la tribu d'Issachar, dans la Galilée (Palestine), où Jésus ressuscita le fils de la veuve.

NAÏSSUS, auj. Nissa en Bulgarie, v. de Mésie, célèbre par une victoire de l'empereur Claude II sur les Goths (269).

NAJAC, ch.-l. de c. de l'Aveyron, arr. de Villefranche; 2455 h.

NAMNÈTES, peuple de la Gaule celtique, vers l'embouchure de la Loire, dont la cap. est devenue Nantes.

NAMUR, v. forte de Belgique, ch.-l. de la prov. de son nom, au confluent de la Meuse et de la Sambre; 26000 h.

NANCY, ch.-l. de Meurthe-et-Moselle, sur la Meurthe, à 353 k. de Paris; 52978 h. Évêché. Fabriques de broderies.

NANGASAKI, v. et port du Japon, dans l'île de Kiou-Siou; 75000 h.

NANGIS, ch.-l. de c. de Seine-et-Marne, arr. de Provins; 2427 h.

NANKIN, c.-à-d. *capitale du sud*, cap. de la prov. de Kiang-Sou (Chine), sur le Yang-Tse-Kiang, à 900 k. de Pékin; 1000000 d'h. Tour de porcelaine de 9 étages (65 mètres).

NANSOUTY (comte DE), général français, se distingua à Austerlitz, Eylau, Friedland, Wagram (1768-1815).

NANT, ch.-l. de c. de l'Aveyron, arr. de Millau; 2986 h.

NANTERRE, c. de la Seine, arr. de St-Denis; 5945 h. Patrie de sainte Geneviève.

NANTES, ch.-l. de la Loire-Inférieure, à 396 k. de Paris, sur la Loire; 118517 h. Évêché. Grand commerce avec les colonies. ‖ CANAL DE NANTES À BREST, canal qui met en communication les ports de Brest, Nantes, Lorient, Saint-Malo; 360 k.

NANTEUIL (ROBERT), peintre et graveur français (1623-1678).

NANTEUIL-LE-HAUDOUIN, ch.-l. de c. de l'Oise, arr. de Senlis; 1506 h.

NANTIAT, ch.-l. de c. de la Haute-Vienne, arr. de Bellac; 1329 h.

NANTUA, ch.-l. d'arr. de l'Ain, sur le lac de Nantua, à 40 k. de Bourg; 3393 h.

NANTUATES, peuple de la Gaule, au S. du lac Léman.

NAPÉES, nymphes des bois et des vallées.

NAPIER (sir CHARLES), vice-amiral anglais (1786-1860), commanda la flotte anglo-française dans la Baltique, lors de la guerre contre la Russie en 1854.

NAPLES, anc. cap. du royaume des Deux-Siciles, auj. cap. de la prov. de Naples, sur le golfe de son nom, à 215 k. de Rome; 427000 h.

NAPLOUSE, anc. Sichem, v. de la Syrie, sur le flanc du mont Garizim; 7000 h.

NAPOLÉON Iᵉʳ (BONAPARTE), 2ᵉ fils de Charles-Marie Bonaparte et de Lætitia Ramolino, naquit à Ajaccio le 15 août 1769; épousa Joséphine Tascher de la Pagerie, veuve du général Beauharnais, en 1796; s'empara du pouvoir par le coup d'État du 18 brumaire (9 nov. 1799); fut nommé 1ᵉʳ consul pour 10 ans, avec Cambacérès et Lebrun, puis consul à vie en 1802, enfin empereur en 1804. Ayant divorcé avec Joséphine, il épousa en 1810 l'archiduchesse Marie-Louise, dont il eut un fils nommé le Roi de Rome; il abdiqua en sa faveur à Fontainebleau le 14 avril 1814, et partit pour l'île d'Elbe. Il rentra à Paris le 20 mars 1815; mais, vaincu à Waterloo, il abdiqua une 2ᵉ fois, et s'étant livré aux Anglais, il fut envoyé à l'île de Sainte-Hélène, où il mourut le 5 mai 1821. Au début de sa carrière, il a fait la 1ʳᵉ campagne d'Italie (1796-1797) et l'expédition d'Égypte (1798-1799); pendant le Consulat, la 2ᵉ campagne d'Italie (1800), et pendant l'Empire, les deux campagnes d'Autriche (1805 et 1809), la guerre contre la Prusse (1806-1807) et contre l'Espagne (1808-1813); enfin les campagnes de Russie (1812), d'Allemagne (1813) et de France (1814).

NAPOLÉON II, fils de Napoléon Iᵉʳ et de Marie-Louise d'Autriche, reçut le titre de Roi de Rome (20 mars 1811); fut conduit à Vienne avec sa mère, après la chute de son père (1814), reçut le titre de *duc de Reichstadt* à la cour de son aïeul, François II, et y mourut en 1832.

NAPOLÉON III, 3ᵉ fils de Louis-Napoléon Bonaparte, roi de Hollande, et de la reine Hortense, naquit le 20 avril 1808; passa une grande partie de sa jeunesse en Suisse;

tenta en 1836 à Strasbourg, puis en 1840 à Boulogne-sur-Mer, de renverser le trône de Louis-Philippe ; rentra en France après la révolution de 1848, fut élu président de la République le 10 décembre 1848, et un an après le coup d'État du 2 décembre 1851, empereur. Il épousa en 1853 Eugénie de Montijo, dont il eut un fils (16 mars 1856). Il fit avec l'Angleterre et la Turquie l'expédition de Crimée, qui se termina par la prise de Sébastopol (1855) ; la campagne d'Italie (1859), qui eut pour résultat la constitution du royaume d'Italie ; l'expédition malheureuse du Mexique (1862-1867) ; déclara la guerre à la Prusse le 18 juillet 1870. Fait prisonnier à Sedan, il se retira en Angleterre, à Chislehurst, après la conclusion de la paix, et y mourut le 9 janvier 1873.

NAPOLÉON (prince), fils du roi de Westphalie, Jérôme Bonaparte, et de la princesse Frédérique de Wurtemberg, né en 1822, a épousé la princesse Clotilde, fille du roi d'Italie, Victor-Emmanuel II (1859).

NAPOLÉON-VENDÉE, anc. nom de La Roche-sur-Yon.

NAPOLÉONVILLE, anc. nom de Pontivy.

NAPOLI-DE-ROMANIE ou **NAUPLIE**, v. et port de la Morée (Grèce), au fond du golfe de Nauplie (anc. golfe d'Argos) ; 16 000 h.

NARBONAISE, partie de la Gaule qui renfermait Narbonne, Toulouse, Nîmes, Marseille, Arles, Aix, Orange, Valence, Vienne.

NARBONNE, ch.-l. d'arr. de l'Aude, à 56 kil. de Carcassonne ; 17 266 h. Anc. cap. de la Narbonaise sous les Romains.

NARBONNE (comte), général et homme d'État (1755-1814), fut ministre de la guerre sous Louis XVI (1791), aide de camp et ambassadeur de Napoléon Ier (1813).

NARCISSE, personnage de la Fable, se laissa mourir en contemplant son image dans une fontaine.

NARSÈS, général de Justinien, remplaça Bélisaire dans la guerre contre les Goths, et fut nommé exarque d'Italie ; mais à la mort de Justinien il fut accusé auprès de Justin II, et disgracié outrageusement par l'impératrice Sophie (472-568).

NARVAEZ, général espagnol, fut plusieurs fois ministre de la reine Isabelle II de Bourbon (1800-1868).

NASBINALS, ch.-l. de c. de la Lozère, arr. de Marvejols ; 2181 h.

NASSAU (DUCHÉ DE), anc. État de la Confédération germanique, réuni à la Prusse en 1866, et faisant auj. partie de la prov. de Hesse-Nassau ; pop. 500 000 h. ; cap. Wiesbaden.

NASSAU (GUILLAUME Ier DE), *le Taciturne*, chef de la révolte de la Hollande contre la domination espagnole, fonda la république des Provinces-Unies, et en fut le premier stathouder ; il périt assassiné par Balthazar Gérard (1533-1584). || MAURICE DE NASSAU, son fils (1567-1625), nommé stathouder (1587) sur la proposition du grand-pensionnaire Barneveldt, obtint par ses succès une trêve de l'Espagne, mais souilla sa gloire par ses cruautés et par la mort de Barneveldt.

NATCHEZ, anc. peuplade de l'Amérique du N. sur le Mississipi, presque anéantie par les Français en 1730.

NAUCELLE, ch.-l. de c. de l'Aveyron, arr. de Rodez ; 1272 h.

NAUPACTE, anc. v. des Locriens, à l'entrée du golfe de Corinthe ; auj. Lépante.

NAUPLIE, voy. NAPOLI.

NAUSICAA, fille d'Alcinoüs, roi des Phéaciens, qui accueillit Ulysse naufragé.

NAVARETTE ou **NAJERA**, bourg de la prov. de Burgos (Espagne), près duquel Duguesclin fut fait prisonnier par Pierre le Cruel et le Prince Noir (1367).

NAVARIN, port de la Messénie (Grèce), dans lequel la flotte turque fut détruite par les flottes combinées de France, d'Angleterre et de Russie (1827).

NAVARRE, prov. d'Espagne, bornée au N. par les Pyrénées occidentales ; pop. 316 000 h. ; cap. Pampelune. Elle formait autrefois un royaume, dont une partie fut réunie à l'Espagne par Ferdinand le Catholique, et dont l'autre, au N. des Pyrénées, fut réunie à la France par Henri IV (1607).

NAVARRENX, ch.-l. de c. des Basses-Pyrénées, arr. d'Orthez ; 1348 h.

NAVAS-DE-TOLOSA (LAS), bourg de la prov. de Jaen (Espagne), célèbre par la victoire des rois d'Aragon, de Castille et de Navarre sur les Almohades (1212).

NAXOS, la plus grande des Cyclades.

NAY, ch.-l. de c. des Basses-Pyrénées, arr. de Pau ; 3127 h. Fabriques de drap, etc.

NAZAIRE (SAINT-), ch.-l. d'arr. de la Loire-Inférieure, port à l'embouchure de la Loire, à 60 k. de Nantes ; 17 066 h.

NAZARÉENS, nom donné aux premiers chrétiens, à cause de la naissance de Jésus à Nazareth.

NAZARETH, v. de Syrie (Turquie d'Asie), dans la prov. de Galilée (anc. Palestine), fut le séjour de la Sainte Famille jusqu'au baptême de l'enfant Jésus ; 2500 h.

NAZIANZE, anc. v. de Cappadoce.

NÉARQUE, navigateur grec, lieutenant d'Alexandre le Grand, fit l'exploration des côtes d'Asie, de l'Indus à l'Euphrate.

NÉBO, montagne de la Palestine, dans la chaîne des Abarim, où mourut Moïse.

NÉCHAO, fils de Psammétique, roi d'Égypte (617-600 av. J.-C.), réunit par un canal le Nil à la mer Rouge, fit reconnaître les côtes d'Afrique par des navigateurs phéniciens ; battit les Babyloniens à Carchémis ; mais fut vaincu par Nabuchodonosor II.

NECKAR ou **NECKER**, riv. d'Allemagne, prend sa source dans la Forêt-Noire, passe à Heidelberg, et se jette dans le Rhin à Manheim ; 400 k.

NECKER (JACQUES), homme d'État, né à Genève (1732-1804), fut deux fois ministre des finances sous Louis XVI, joua un rôle important à l'époque de la convocation des États généraux de 1789 et sous la Constituante. Il est le père de Mme de Staël.

NECTAIRE (SAINT-), bourg de l'arr. d'Issoire (Puy-de-Dôme). Eaux minérales thermales et incrustantes.

NECTANÉBO ou **NECTANABIS**, nom de 2 rois d'Égypte, dont le 2e (361-350 av. J.-C.) fut vaincu par Ochus, roi de Perse.

NÉERLANDE, c.-à-d. *pays bas*, nom donné en 1815 au royaume des Pays-Bas, et depuis 1830 au royaume de Hollande.

NEERWINDEN, vge de la prov. de Liège (Belgique). || Victoire du maréchal de Luxembourg sur Guillaume III (1693), et des Autrichiens sur Dumouriez (1793).

NÉGREPELISSE, ch.-l. de c. de Tarn-et-Garonne, arr. de Montauban ; 2898 h.

NÉGREPONT ou **EUBÉE**, île de l'Archipel, séparée de la Grèce propre par le canal de Négrepont, anc. Euripe ; cap. Négrepont, anc. Chalcis ; 6000 h.

NEGRO (RIO) ou **PARANA**, riv. de l'Amérique méridionale, prend sa source dans la Nouvelle-Grenade, et se jette dans l'Amazone ; 1800 k.

NÉGUS, nom du roi d'Abyssinie.

NÉHÉMIE, Juif qui obtint du roi de Perse Artaxerxes Longue-Main la permission de rebâtir Jérusalem; mourut en 432 av. J.-C.

NEISSE, nom de deux riv. d'Allemagne qui se jettent dans l'Oder.

NELSON, amiral anglais, défit une flotte française à Aboukir (1798), en détruisit une autre au cap Trafalgar, et fut tué dans ce dernier combat (1758-1805).

NÉMÉE, v. du Péloponnèse, où se célébraient tous les trois ans les jeux Néméens.

NÉMÉSIS, déesse de la vengeance.

NÉMI, lac à 26 k. S.-E. de Rome.

NEMOURS, ch.-l. de c. de Seine-et-Marne, arr. de Fontainebleau, sur le Loing; 4010 h.

NEMOURS (JACQUES D'ARMAGNAC, duc DE), l'un des membres de la ligue du *Bien public* contre Louis XI, fut pris, enfermé dans une cage de fer, puis décapité (1437-1477).

NEMOURS (duc DE), prince français, 2e fils du roi Louis-Philippe Ier, né en 1814.

NEMROD, fils de Chus, petit-fils de Cham, fondateur de Babylone (2230 av. J.-C.)

NÉOPLATONISME, philosophie de l'école d'Alexandrie qui mêlait à la doctrine de Platon le mysticisme oriental.

NÉOPTOLÈME ou Pyrrhus, fils d'Achille.

NÉPAUL, État indépendant de l'Hindoustan ; cap. Katmandou.

NEPHTALI, l'une des 12 tribus des Hébreux ; v. pr. Hébron, Capharnaüm, Asor.

NÉPOS (JULIUS), avant-dernier empereur d'Occident (474-475).

NEPTUNE, fils de Saturne et de Rhéa, frère de Jupiter, de Junon et de Pluton, et dieu de la mer.

NÉRAC, ch.-l. d'arr. de Lot-et-Garonne, à 26 k. d'Agen ; 7919 h.

NÉRÉE, dieu marin, fils de l'Océan et de Téthys, père des Néréides, nymphes de la mer.

NÉRI (saint PHILIPPE DE), fondateur de la congrég. de l'Oratoire à Rome (1515-1595).

NÉRIGLISSOR, roi de Babylone (560-556 av. J.-C.), tué dans un combat contre Cyrus.

NÉRIS, bourg à 8 k. de Montluçon (Allier); 2080 h. Eaux thermales.

NÉRON (CLAUDIUS), général romain, vainquit et tua Asdrubal, frère d'Annibal, près du Métaure (207 av. J.-C.).

NÉRON (LUCIUS DOMITIUS), empereur romain, fils de Cn. Domitius Ahenobarbus et d'Agrippine, fut adopté par Claude après le mariage de ce prince avec sa mère. Il signala son règne (54-68 ap. J.-C.) par ses folies et ses cruautés : menacé par une révolte des prétoriens, il se fit donner la mort par un affranchi.

NÉRONDE, ch.-l. de c. de la Loire, arr. de Roanne ; 1315 h.

NÉRONDES, ch.-l. de c. du Cher, arr. de Saint-Amand-Mont-Rond ; 2718 h.

NERVA, empereur romain, acclamé par le peuple après la mort de Domitien, régna avec douceur et laissa le trône à Trajan qu'il avait adopté (96-98 ap. J.-C.).

NERVIENS, peuple belge de la Gaule.

NESLE, ch.-l. de c. de la Somme, arr. de Péronne ; 2237 h.

NESLE (TOUR DE), tour bâtie au bord de la Seine à Paris, à l'endroit où est l'Institut, démolie en 1663.

NESSELRODE (comte DE), diplomate russe, joua un rôle important dans la politique extérieure (1780-1862).

NESSUS, centaure, fut tué par Hercule lorsqu'il enlevait Déjanire.

NESTE, riv. de France, affl. de gauche de la Garonne, vient des Hautes-Pyrénées.

NESTIER, ch.-l. de c. des Hautes-Pyrénées, arr. de Bagnères-de-Bigorre ; 579 h.

NESTOR, roi de Pylos, l'un des héros du siège de Troie, célèbre par sa prudence.

NESTOR, moine de Kiev, le premier historien russe (1056-1115), auteur d'une *Chronique* en langue vulgaire, du IXe au XIe s.

NESTORIUS, patriarche de Constantinople, mort en 439, chef de l'hérésie des nestoriens, qui séparaient en Jésus-Christ la nature divine et la nature humaine.

NÈTHE, riv. de Belgique, se jette dans le Rupel.

NÉTHOU, pic le plus élevé des Pyrénées centrales, en Espagne (3370 m.).

NEUBOURG, v. de Bavière, sur le Danube; 10 000 h.

NEUBOURG (LE), ch.-l. de c. de l'Eure, arr. de Louviers ; 2443 h.

NEUF-BRISACH, anc. ch.-l. de c. du Haut-Rhin, arr. de Colmar ; 1981 h.; cédé à la Prusse en 1871.

NEUFCHÂTEAU, ch.-l. d'arr. des Vosges, à 70 kil. d'Épinal ; 3776 h.

NEUFCHÂTEL ou **NEUCHÂTEL**, ch.-l. du canton de ce nom, en Suisse, sur le lac de Neuchâtel ou d'Yverdun ; 8000 h.

NEUFCHÂTEL, ch.-l. de c. de l'Aisne, arr. de Laon ; 806 h.

NEUFCHÂTEL, ch.-l. d'arr. de la Seine-Inférieure, à 44 k. de Rouen ; 3641 h. Fromages renommés.

NEUILLÉ-PONT-PIERRE, ch.-l. de c. d'Indre-et-Loire, arr. de Tours ; 1419 h.

NEUILLY, ch.-l. de c. de la Seine, arr. de Saint-Denis, sur la Seine ; 16 277 h.

NEUILLY-EN-THELLE, ch.-l. de c. de l'Oise, arr. de Senlis ; 1812 h.

NEUILLY-LE-RÉAL, ch.-l. de c. de l'Allier, arr. de Moulins ; 1752 h.

NEUILLY-L'ÉVÊQUE, ch.-l. de c. de la Haute-Marne, arr. de Langres ; 1190 h.

NEUILLY-SAINT-FRONT, ch.-l. de c. de l'Aisne, arr. de Château-Thierry ; 1667 h.

NEUNG-SUR-BEUVRON, ch.-l. de c. de Loir-et-Cher, arr. de Romorantin ; 1188 h.

NEUSIEDEL, lac de Hongrie.

NEUSTRIE, royaume de l'Ouest, l'un des royaumes francs du temps des Mérovingiens, compris entre la Loire, la Meuse et la Bretagne.

NEUVIC, ch.-l. de c. de la Corrèze, arr. d'Ussel ; 3199 h.

NEUVIC, ch.-lieu de c. de la Dordogne, arr. de Ribérac ; 2178 h.

NEUVILLE, ch.-l. de c. du Loiret, arr. d'Orléans ; 2711 h.

NEUVILLE, ch.-l. de c. du Rhône, arr. de Lyon, sur la Saône ; 2936 h.

NEUVILLE, ch.-lieu de c. de la Vienne, arr. de Poitiers; 3436 h.

NEUVY-LE-ROY, ch.-l. de c. d'Indre-et-Loire, arr. de Tours; 1363 h.

NEUVY-SAINT-SÉPULCHRE, ch.-l. de c. de l'Indre, arr. de La Châtre; 2376 h.

NÉVA, fl. de la Russie d'Europe, sort du lac Ladoga, baigne Saint-Pétersbourg, et se jette dans le golfe de Finlande.

NEVADA (SIERRA), *chaîne neigeuse*, chaîne de montagnes du midi de l'Espagne, dont le point culminant est le Mulhacen (3454 m.).

NEVADA, l'un des États-Unis d'Amérique; pop. 105 000 h.; cap. Carson-City.

NEVERS, ch.-l. de la Nièvre, à 234 k. de Paris, sur la Loire, au confluent de la Niè-vre; 22 276 h. Évêché.

NEVERS (MAISON DE), branche de la maison italienne de Gonzague, dont l'un des membres, CHARLES, devint duc de Mantoue par la protection de la France (1627).

NEWCASTLE, ch.-l. du comté de Nor-thumberland (Angleterre), sur la Tyne; 129 000 h. Grand commerce de houille.

NEWHAVEN, l'une des deux cap. de l'É-tat de Connecticut (États-Unis); 51 000 h.

NEW-JERSEY, l'un des États-Unis de l'Amérique du N., sur la côte orientale; pop. 906 096 h.; cap. Trenton.

NEWPORT, l'une des deux cap. du Rhode-Island; 19 000 h.

NEWTON (ISAAC), grand mathématicien, physicien et astronome anglais, trouva les lois de la gravitation (1643-1727).

NEW-YORK, l'un des États-Unis de l'A-mérique du N.; pop. 4 374 703 h.; cap. New-York, sur la baie de ce nom, le plus grand centre commercial de l'Amérique; 942 000 h.

NEXON, ch.-l. de c. de la Haute-Vienne, arr. de Saint-Yrieix; 2576 h.

NEY, duc d'Elchingen, prince de la Mos-kova, maréchal de France, s'illustra dans les guerres de la République et de l'Empire et surtout dans la retraite de Russie. Créé pair de France par Louis XVIII, il se déclara pour Napoléon aux Cent-Jours. À la 2e Res-tauration, il fut condamné à mort par la Chambre des Pairs et fusillé (1769-1815).

N'GAMI, lac de l'Afrique australe.

NIAGARA, riv. de l'Amérique sept. qui unit les lacs Ontario et Érié, et dont les eaux se divisent en deux cataractes.

NICANOR, général syrien d'Antiochus Épiphane, fut vaincu et tué par Judas Mac-cabée (161 av. J.-C.).

NICARAGUA, république de l'Amérique centrale, entre le Grand Océan et la mer des Antilles; pop. 100 000 h.; ch.-l. Managua.

NICE, ch.-l. des Alpes-Maritimes, sur la Méditerranée, à 1088 k. de Paris; 52 377 h. Évêché. Anc. cap. de l'intendance italienne de Nice, réunie à la France en 1860.

NICÉE, v. de l'anc. Bithynie (Asie Mi-neure), fut le siége de deux conciles, l'un en 325 qui condamna l'arianisme, l'autre en 787 contre les iconoclastes.

NICÉPHORE Ier, empereur d'Orient de 802 à 811, renversa Irène, traita avec Char-lemagne, et fut battu par le calife de Bagdad, Haroun-al-Raschid.

NICIAS, général athénien, négocia avec Sparte, pendant la guerre du Péloponnèse, la paix qui porte son nom (421); échoua et périt dans l'expédition de Sicile (413).

NICOLAÏEV, v. du gouv. de Kherson (Russie), à 45 k. de la mer Noire; 68 000 h.

NICOLAO (SAN-) ch.-l. de c. de la Corse, arr. de Bastia; 569 h.

NICOLAS Ier (saint), pape de 858 à 867, excommunia le patriarche grec Photius.

NICOLAS de Damas ou Damascène, his-torien grec, né en 64 av. J.-C.

NICOLAS Ier, empereur de Russie, 3e fils de Paul Ier (1796-1855), succéda à son frère Alexandre Ier (1825), s'unit à la France et à l'Angleterre pour fonder le royaume de Grèce (1827-1829); réprima en 1831 l'insur-rection de la Pologne; soutint le sultan dans sa lutte contre le pacha d'Égypte, Méhémet-Ali (1833); signa contre la France le traité du 15 juillet 1840 avec l'Angleterre, la Prusse et l'Autriche; enfin il fut arrêté dans ses projets sur Constantinople par l'alliance de l'Angleterre et de la France, qui amena la prise de Sébastopol (1855).

NICOLAS (SAINT-), ch.-l. de c. de Meur-the-et-Moselle, arr. de Nancy; 3993 h.

NICOLAS (SAINT-), ch.-l. de c. du Tarn-et-Garonne, arr. de Castelsarrasin; 2840 h.

NICOLAS-DE-REDON (SAINT-), ch.-l. de c. de la Loire-Inférieure, arr. de Saint-Nazaire; 1985 h.

NICOLAS-DU-PELEM (SAINT-), ch.-l. de c. des Côtes-du-Nord, arr. de Guingamp; 2747 h.

NICOLE (PIERRE), écrivain religieux, au-teur de nombreux écrits de controverse, défenseur du jansénisme (1625-1695).

NICOLO (NICOLAS ISOUARD, dit), composi-teur dramatique français, auteur de *Cen-drillon*, de *Joconde*, etc. (1775-1818).

NICOMÈDE, nom de trois rois de Bithy-nie, dont le 1er fonda Nicomédie sur la Propontide, qui devint la capitale de son royaume (264 av. J.-C.), et dont le 3e légua ses États aux Romains (74 av. J.-C.).

NICOPOLIS, auj. Nicopoli, v. de la Bul-garie (Turquie d'Europe), sur le Danube; 12 000 h. || Victoire du sultan Bajazet Ier sur les barons français et les Hongrois (1396).

NICOSIE, cap. de l'île de Chypre; 20 000 h.

NICOT, ambassadeur du roi de France François II auprès de Sébastien de Portu-gal (1560), introduisit en France la plante de tabac, qui s'appela de son nom nicotiane.

NIEBELUNGEN (LES), poëme allemand du moyen âge, dont le sujet est la lutte des Niebelungen contre Etzel ou Attila.

NIEBUHR (CARSTENS), voyageur alle-mand, a laissé des écrits sur l'Arabie (1733-1815). || Son fils, GEORGES (1776-1831), a essayé de reconstituer l'histoire des pre-miers temps de Rome.

NIEDERBRONN, anc. ch.-l. de c. du Bas-Rhin, arr. de Wissembourg; 3389 h.; cédé à la Prusse en 1871.

NIEMEN ou **MEMEL**, fl. de la Russie d'Europe, prend sa source dans le gouv. de Minsk, passe à Grodno, à Kowno, à Til-sitt, et se jette dans la Baltique; 800 k.

NIEPCE (JOSEPH-NICÉPHORE), né à Châ-lon-sur-Saône (1765-1833), trouva le moyen de fixer les images de la chambre noire, et s'associa avec Daguerre, en 1829, pour l'exploitation de sa découverte. || Son ne-veu, NIEPCE DE SAINT-VICTOR (1805-1870), tenta l'un des premiers la photographie sur verre, et inventa l'héliographie.

NIEUL, ch.-l. de c. de la Haute-Vienne, arr. de Limoges ; 772 h.

NIEUPORT, v. de la Flandre occid. (Belgique), à l'embouchure de l'Yser ; 4000 h.

NIÈVRE, riv. de France, affluent de droite de la Loire, à Nevers ; 44 k.

NIÈVRE (dép. de la), formé du Nivernais et de la plus grande partie du Morvan ; ch.-l. Nevers, 4 arr. Nevers, Château-Chinon, Clamecy, Cosne ; pop. 339 917 h.

NIGER, grand fl. d'Afrique, prend sa source dans les montagnes de Kong, se jette dans le golfe de Guinée ; 3500 k.

NIGER (PESCENNIUS), empereur romain, succéda à Pertinax, fut vaincu et tué par Septime Sévère (194 ap. J.-C.).

NIGRITIE ou *Pays des Noirs*, partie de l'Afrique comprise entre le Sahara, le Nil, l'Afrique australe et l'Atlantique.

NIL, grand fl. de l'Afrique, sort des lacs Nyanza-Victoria et Albert-Nyanza, porte d'abord le nom de Bahr-el-Abiad ou Nil Blanc, reçoit le Bahr-el-Azrek ou Nil Bleu à Khartoum, arrose toute l'Égypte, se divise près du Caire et se jette dans la Méditerranée par deux branches principales, Rosette et Damiette, qui embrassent le Delta.

NIMÈGUE, v. de la Gueldre (Pays-Bas), sur le Wahal ; 23 000 h. || PAIX DE NIMÈGUE, traité qui termina la guerre de Hollande et donna à la France la Franche-Comté et les places du Nord et de la Meuse (1678-79).

NÎMES, ch.-l. du Gard, à 725 k. de Paris ; 63 394 h. Évêché. Antiquités romaines.

NING-PO, v. et port de la Chine sur la mer Orientale ; 300 000 h.

NINIVE, cap. des empires d'Assyrie, sur le Tigre, fondée par Assur, détruite par Cyaxare 1er et Nabopolassar (625 av. J.-C.).

NINUS, fils de Bélus, fondateur du 1er empire d'Assyrie (2000 av. J.-C.), fut mis à mort par ordre de sa femme Sémiramis.

NINYAS, roi d'Assyrie, fils de Ninus, succéda à Sémiramis, sa mère.

NIOBÉ, fille de Tantale, et femme d'Amphion, roi de Thèbes, vit ses enfants périr sous les flèches d'Apollon et de Latone.

NIORT, ch.-l. des Deux-Sèvres, à 410 k. de Paris, près de la Sèvre-Niortaise ; 21 344 h.

NIPHATES (MONTS), chaîne de l'anc. Arménie, d'où sort le Tigre.

NIPHON, la plus grande île de l'archipel Japonais ; cap. Myako ou Kioto ; v. pr. Yédo.

NISARD (DÉSIRÉ), critique et littérateur, membre de l'Académie française, né en 1806.

NISSA, anc. Naïssus, v. de la Bulgarie (Turquie d'Europe) ; 5000 h.

NITHARD, petit-fils de Charlemagne par sa mère, auteur d'une *Histoire des divisions des fils de Louis le Débonnaire*.

NITOCRIS, femme de Nabuchodonosor II, gouverna pendant la folie de son mari.

NIVE, riv. du dép. des Basses-Pyrénées, se jette dans l'Adour, à Bayonne ; 80 k.

NIVELEURS, sectaires politiques anglais, qui furent dispersés par Cromwell (1648).

NIVELLE ou **NIVELLES**, v. du Brabant (Belgique) ; 8000 h.

NIVERNAIS, prov. de l'anc. France, cap. Nevers ; appartint aux maisons de Bourbon et de Bourgogne. || CANAL DU NIVERNAIS, canal qui réunit la Loire et l'Yonne.

NIVILLERS, ch.-l. de c. de l'Oise, arr. de Beauvais ; 193 h.

NIZAM ou **DEKKAN**, État de l'Hindoustan, dont le souverain est tributaire des Anglais ; pop. 11 000 000 d'h. ; v. pr. Haïderabad (capitale), Golconde, Ellora.

NOAILLES, ch.-l. de c. de l'Oise, arr. de Beauvais ; 1372 h.

NOAILLES, maison originaire du Limousin, qui a donné à la France des diplomates, des maréchaux, etc.

NOCÉ, ch.-l. de c. de l'Orne, arr. de Mortagne ; 1520 h.

NODIER (CHARLES), littérateur, membre de l'Académie française (1783-1844).

NOÉ, fils de Lamech, patriarche de l'Écriture, échappa au Déluge avec ses fils, Sem, Cham et Japhet.

NOËL (FRANÇOIS), littérateur et grammairien français (1755-1841).

NOÉMI, voy. RUTH.

NOGARET (GUILLAUME DE), chancelier de Philippe le Bel, se fit l'exécuteur des volontés de ce prince contre le pape Boniface VIII (1303), les Templiers, les Juifs, etc.

NOGARO, ch.-l. de c. du Gers, arr. de Condom ; 2388 h.

NOGENT-LE-ROI, ch.-l. de c. d'Eure-et-Loir, arr. de Dreux ; 1436 h.

NOGENT-LE-ROI, ch.-l. de c. de la Haute-Marne, arr. de Chaumont ; 3771 h.

NOGENT-LE-ROTROU, ch.-l. d'arr. d'Eure-et-Loir, à 56 k. de Chartres ; 7056 h.

NOGENT-SUR-MARNE, commune de la Seine, arr. de Sceaux ; 6264 h.

NOGENT-SUR-SEINE, ch.-l. d'arr. de l'Aube, à 51 k. de Troyes ; 3474 h.

NOIR (LE PRINCE), surnom du fils aîné d'Édouard III d'Angleterre (1330-1376).

NOIRE (MER), anc. Pont-Euxin, entre l'Europe et l'Asie, où se jettent le Danube, le Dniester, le Dnieper, le Don, etc.

NOIRÉTABLE, ch.-l. de c. de la Loire, arr. de Montbrison ; 2044 h.

NOIRMOUTIER, île française de l'Atlantique, sur les côtes de la Vendée. || Ch.-l. de c. de la Vendée, arr. des Sables-d'Olonne, dans l'île ; 6847 h.

NOLA, v. de la Terre de Labour (Italie), près du Vésuve ; 9000 h.

NOLAY, ch.-l. de c. de la Côte-d'Or, arr. de Beaune ; 2531 h.

NOMBRES, 4e livre du Pentateuque, contenant le dénombrement du peuple juif.

NOMENY, ch.-l. de c. de Meurthe-et-Moselle, arr. de Nancy ; 1231 h.

NOME, division administrative de l'ancienne Égypte.

NONANCOURT, ch.-l. de c. de l'Eure, arr. d'Évreux ; 1817 h.

NONIUS MARCELLUS, grammairien latin (IV-Ve s. ap. J.-C.).

NONTRON, ch.-l. d'arr. de la Dordogne, à 48 k. de Périgueux ; 3292 h.

NONZA, ch.-l. de c. de la Corse, arr. de Bastia ; 475 h.

NORBERT (saint), fondateur de l'ordre de Prémontré (1080-1134).

NORD (CANAL DU), détroit entre l'Écosse et l'Irlande.

NORD (MER DU) ou d'Allemagne, formée par l'océan Atlantique, entre la France, la Belgique, la Hollande, l'Allemagne d'un côté, l'Angleterre, le Danemark et la Norvège de l'autre.

NORD (CAP), cap au N. de la Norvège.

NORD (dép. du), formé de la Flandre française, du Hainaut et du Cambrésis ; ch.-l. Lille ; 7 arr. Lille, Avesnes, Cambrai, Douai, Dunkerque, Hazebrouck et Valenciennes ; 1 547 764 h.

NORDLINGEN, v. de Bavière ; 8000 h. || Célèbre victoire de Condé et de Turenne sur Mercy (1645).

NORFOLK, comté d'Angleterre ; ch.-l. Norwich ; 80 000 h.

NORFOLK, île de l'Australie anglaise, lieu de déportation.

NORIQUE (LE), prov. de l'anc. Empire romain, entre la Rhétie, la Pannonie et le Danube. || ALPES NORIQUES, chaîne des Alpes, dans la Haute-Autriche.

NORMANDES (ÎLES), îles que les Anglais possèdent sur les côtes de France : Aurigny, Guernesey, Jersey, etc.

NORMANDIE, prov. de l'anc. France, fut donnée à Rollon par Charles le Simple (911), et reprise à Jean sans Terre par Philippe Auguste (1203).

NORMANDS, c.-à-d. hommes du Nord, pirates qui, sortis du Danemark et de la Scandinavie, envahirent les îles Britanniques, la France, etc. (IX⁰ et X⁰ s.).

NOROY-LE-BOURG, ch.-l. de c. de la Haute-Saône, arr. de Vesoul ; 1078 h.

NORRENT-FONTES, ch.-l. de c. du Pas-de-Calais, arr. de Béthune ; 1416 h.

NORT, ch.-l. de c. de la Loire-Inférieure, arr. de Châteaubriant ; 5386 h. Houille, fer.

NORTE (RIO-GRANDE-DEL-), fl. de l'Amérique du N., sépare le Mexique des États-Unis, et se jette dans le golfe du Mexique ; 2500 k.

NORTHAMPTON, ch.-l. du comté de ce nom en Angleterre, au centre ; 27 000 h.

NORTHUMBERLAND, comté sept. de l'Angleterre, sur la mer du Nord ; pop. 343 000 h. ; ch.-l. Newcastle ; 129 000 h.

NORTHUMBRIE, royaume de l'heptarchie saxonne, au N. de l'Humber ; v. pr. Édimbourg et York.

NORVÈGE, l'un des trois États scandinaves, uni à la Suède depuis 1814 ; pop. 1 729 000 h. ; cap. Christiania.

NORVÉGIEN, IENNE, adj. et s. Qui est de Norvège.

NORWICH, ch.-l. du comté de Norfolk (Angleterre) ; 80 000 h.

NOSSI-BÉ, île de la côte N.-O. de Madagascar, à la France depuis 1841 ; pop. 15 000 h. ; ch.-l. Hellville.

NOSTRADAMUS, astrologue français, favori de Catherine de Médicis et de Charles IX, célèbre par ses Centuries ou prophéties (1503-1566).

NOTABLES, assemblée composée de membres du clergé, de la noblesse et de la bourgeoisie, que les rois de France réunissaient pour les consulter sur des sujets importants. Charles V les convoqua pour la première fois en 1369. Les principales assemblées de Notables sont celles de 1566 sous Charles IX, de 1626 sous Louis XIII, et de 1787 et 1788 sous Louis XVI.

NOTASIE ou Asie du midi, partie de l'Océanie, dite aussi Malaisie.

NOTTINGHAM, ch.-l. du comté de ce nom en Angleterre, au confluent de la Leen et du Trent ; 87 000 h.

NOTUS, vent du sud, chez les anciens.

NOUKAHIVA, la princ. des îles Marquises.

NOUMÉA ou PORT-DE-FRANCE, ch.-l. de la Nouvelle-Calédonie ; 2000 h.

NOUR ED DIN ou NORADIN, sultan de Syrie et d'Égypte (1116-1175).

NOURRIT (ADOLPHE), célèbre chanteur français (1802-1839).

NOUVION-EN-PONTHIEU (LE), ch.-l. de c. de la Somme, arr. d'Abbeville ; 841 h.

NOUVION-EN-THIÉRACHE (LE), ch.-l. de c. de l'Aisne, arr. de Vervins ; 3177 h.

NOUZON, bourg des Ardennes, arr. de Mézières ; 5104 h. Forges, hauts fourneaux.

NOVARE, v. forte et ch.-l. de la prov. de ce nom (Italie), à 80 k. de Turin ; 22000 h. || Défaite du roi de Sardaigne Charles-Albert par les Autrichiens (1849).

NOVELLES ou Authentiques, constitutions publiées par Justinien pour suppléer aux lacunes du Code et du Digeste (565).

NOVEMPOPULANIE, prov. de la Gaule, qui est devenue plus tard la Gascogne.

NOVERRE, chorégraphe franç., auteur de Lettres sur la danse et les ballets (1727-1810).

NOVI, v. d'Italie (prov. d'Alexandrie) ; 11 000 h. || Les Français y furent défaits par les Austro-Russes (1799).

NOVION-PORCIEN, ch.-l. de c. des Ardennes, arr. de Rethel ; 1087 h.

NOVIUS, poète comique latin du I⁰ s. av. J.-C., auteur d'Atellanes.

NOVOGOROD-LA-GRANDE, v. de la Russie d'Europe, à 190 k. S.-E. de St-Pétersbourg, autrefois puissante république, soumise par les Russes en 1577-1578. || NOVOGOROD-LA-PETITE, v. de la Russie d'Europe, au confluent de l'Oka avec le Volga, où se tient une foire très-importante.

NOYANT, ch.-l. de c. de Maine-et-Loire, arr. de Baugé ; 1308 h.

NOYERS, ch.-l. de c. de l'Yonne, arr. de Tonnerre ; 1523 h.

NOYERS-SUR-JABRON, ch.-l. de c. des Basses-Alpes, arr. de Sisteron ; 937 h.

NOYON, ch.-l. de c. de l'Oise, arr. de Compiègne ; 6268 h. Patrie de Calvin.

NOZAY, ch.-l. de c. de la Loire-Inférieure, arr. de Châteaubriant ; 3591 h.

NOZEROY, ch.-l. de c. du Jura, arr. de Poligny ; 823 h.

NUBAR-PACHA, homme d'État égyptien, né en 1825.

NUBIE, anc. Éthiopie, pays soumis par les Égyptiens de 1820 à 1822, et compris entre l'Égypte, la mer Rouge et l'Abyssinie ; v. pr. Dongolah, Khartoum, Sennaar.

NUITS, ch.-l. de c. de la Côte-d'Or, arr. de Beaune ; 3671 h. Vins renommés.

NUMANCE, anc. v. d'Espagne, prise et détruite par Scipion Émilien (133 av. J.-C.).

NUMA POMPILIUS, 2⁰ roi de Rome (715-671 av. J.-C.), fonda la législation religieuse des Romains.

NUMÉRIEN, empereur romain, fils de Carus, succéda à son père avec son frère Carin, et périt assassiné par Aper (284).

NUMIDE, adj. et s. Qui est de la Numidie.

NUMIDIE, anc. nom de l'Afrique septentrionale, comprise entre le pays de Carthage et la Mauritanie. Elle eut pour roi Masinissa, fut conquise en partie sur Jugurtha (106), et définitivement réduite en province romaine, après la défaite de Juba à Thapsus (46 av. J.-C.).

NUMITOR, roi d'Albe la Longue, fut chassé du trône par son frère Amulius, et rétabli par ses deux petits-fils, Romulus et Rémus.

NUREMBERG, v. industrielle et commerçante de Bavière, célèbre par ses fabriques de jouets d'enfants ; 78 000 h.

NYANZA, appellation générale des lacs d'Afrique ; les plus célèbres sont le Nyanza-Victoria et le Nyanza-Albert, qui passent pour être les sources du Nil.

NYONS, ch.-l. d'arr. de la Drôme, à 90 k. de Valence ; 3623 h.

O

OBERKAMPF, célèbre manufacturier, né en Bavière (1738-1815), naturalisé français, établit en France la première fabrique de toiles peintes ou indiennes, dans la vallée de Jouy-en-Josas, près de Versailles.

OBERLAND, c.-à-d. *hautes terres*, nom donné particulièrement aux hautes vallées de la Suisse, au S. du canton de Berne.

OBERLIN (Jérémie-Jacques), savant philologue, né à Strasbourg (1735-1806). || Son frère, Jean-Frédéric, pasteur protestant dans les Vosges, se distingua par sa philanthropie (1740-1826).

OBERNAI, anc. ch.-l. de c. du Bas-Rhin, arr. de Schlestadt ; 5185 h. ; cédé à la Prusse en 1871.

OBÉRON, roi des génies de l'air, dans la mythologie scandinave.

OBI, grand fleuve de la Sibérie, reçoit l'Irtych, se jette dans le golfe de l'Obi (mer Glaciale) ; 3800 k.

OBOTRITES, tribu slave établie sur l'Elbe, fut vaincue par Charlemagne.

OBRÉNOVITCH (Milosch), délivra les Serbes, ses compatriotes, de la domination turque, et devint en 1817 prince de Servie (1780-1860). || Son petit-neveu, Milan, né en 1855, règne depuis 1868.

OC, mot qui en provençal signifiait *oui*, et servait à désigner la langue parlée au moyen âge au S. de la Loire, dite *langue d'oc*.

OCCAM (Guillaume d'), théologien et philosophe scolastique anglais (1280-1347).

OCCIDENT (Empire d'), l'un des deux empires formés par le démembrement de l'Empire romain après Théodose le Grand ; il compta 11 empereurs, d'Honorius à Romulus Augustule (395-476). || Il y eut un 2e Emp. d'Occident avec Charlemagne, de 800 à 924, et il fut restauré par Othon 1er, en 962.

OCCITANIE, nom poétique du Languedoc, c.-à-d. pays de la langue d'oc.

OCÉAN, dieu de la mer, époux de Téthys et père des Océanides. || Nom donné à l'ensemble des mers, qui se divise en 5 grandes mers : l'océan Glacial boréal, l'océan Glacial austral, l'océan Atlantique, l'océan Indien, l'océan Pacifique ou Grand Océan.

OCÉANIE, 5e partie du monde, formée d'îles répandues dans la partie occidentale du Grand Océan ; divisée en 3 parties : la Malaisie, la Mélanésie et la Polynésie ; pop. 20 000 000 d'h. environ. Dumont d'Urville avait établi une 4e division, la Micronésie, qui a été rattachée à la Polynésie.

OCHOSIAS, fils d'Achab, fut roi d'Israël (896-895 av. J.-C.). || Roi de Juda, dernier fils de Joram et d'Athalie, fit la guerre au roi de Syrie Hazaël, et fut tué après le combat de Mageddo (883 av. J.-C.).

O'CONNELL (Daniel), patriote irlandais, surnommé le *Grand agitateur*, s'efforça d'obtenir pour son pays, par les voies légales, le *rappel*, c.-à-d. le rétablissement d'un parlement distinct (1775-1847).

OCTAVE, fils d'Octavius et d'Attia, nièce de César, fut adopté par son grand-oncle ; il forma le second triumvirat avec Antoine et Lépidus (43 av. J.-C.), et défit Brutus et Cassius à Philippes. Puis s'étant brouillé avec Antoine, il le battit à Actium. Nommé Auguste, il devint seul maître de l'empire, et gouverna en paix jusqu'à sa mort (63 av. - 14 ap. J.-C.).

OCTAVIE, sœur d'Auguste, épousa Claudius Marcellus, puis Antoine qui la délaissa pour Cléopâtre (70-11 av. J.-C.). || Sœur de Britannicus, fille de Claude et de Messaline, fut mariée à Néron, qui la fit mourir pour épouser Poppée (62 ap. J.-C.).

OCTEVILLE, ch.-l. de c. de la Manche, arr. de Cherbourg ; 2268 h.

ODENATH, chef arabe de Palmyre, époux de Zénobie, périt assassiné (267 ap. J.-C.).

ODÉON, monument d'Athènes, où se faisaient les concours de musique et de poésie. || Second Théâtre-Français de Paris.

ODER, fl. d'Allemagne, prend sa source entre la Moravie et la Silésie, passe à Breslau, à Francfort, à Stettin, et se jette dans la mer Baltique ; 950 k.

ODESCALCHI, nom de famille du pape Innocent XI (1671-1689).

ODESSA, v. et port de Russie, sur la mer Noire, dans le gouvernement de Kherson ; grand commerce de blé ; 120 000 h.

ODIN, le premier des dieux scandinaves.

ODOACRE, chef des Hérules, obligea Romulus Augustule à abdiquer, et fut reconnu roi d'Italie (476) ; mais vaincu à son tour par l'Ostrogoth Théodoric, il fut tué dans un festin (493).

O'DONNELL (Léopold), général espagnol (1808-1867), reçut le titre de duc de Tétuan à la suite de la prise de cette ville, dans la guerre du Maroc (1859-1860).

ODYSSÉE, poème d'Homère dans lequel sont racontées les aventures d'Ulysse.

ŒDIPE, fils de Laïus et de Jocaste, tua son père sans le connaître ; ayant expliqué l'énigme du Sphinx, il reçut en récompense le trône de Thèbes et épousa Jocaste sans savoir qu'elle était sa mère ; il eut d'elle Étéocle et Polynice, Antigone et Ismène. Ayant découvert le secret de sa naissance, il se creva les yeux, et chassé par ses fils, il erra conduit par sa fille Antigone.

ŒIL-DE-BŒUF, salle du palais de Versailles qui, précédant la chambre à coucher du roi, servait de salon d'attente.

OELAND, île de Suède, dans la mer Baltique ; 30 000 h.

ŒNOTRIE, 1ᵉʳ nom de la Grande-Grèce.

OEREBRO, v. de Suède ; 8500 h. Grand commerce de fer.

OERSTED, physicien danois, découvrit l'électro-magnétisme (1777-1851).

OETA, auj. Katavothra, montagne de la Grèce ancienne, au S. de la Thessalie.

OFFICE (LE SAINT-), tribunal d'inquisition établi en Espagne pour poursuivre les erreurs contre la foi (1232) ; il ne fut définitivement aboli qu'en 1820.

OFFRANVILLE, ch.-l. de c. de la Seine-Inférieure, arr. de Dieppe ; 1631 h.

OGER LE DANOIS, paladin de Charlemagne, dans les romans de chevalerie.

OGLIO, riv. d'Italie, affl. de gauche du Pô ; 260 k.

OGYGÈS, fondateur de Thèbes et d'Éleusis, sous le règne duquel eut lieu le déluge qui porte son nom (XIXᵉ s. av. J.-C.).

OGYGIE, île fabuleuse de Calypso.

OHIO, fl. d'Amérique, affl. de gauche du Mississipi, passe à Cincinnati ; 1500 k.

OHIO, l'un des États-Unis de l'Amérique du Nord ; pop. 2 665 000 h. ; ch.-l. Columbus ; v. pr. Cincinnati.

OIGNON ou **OGNON**, riv. de France, affl. de gauche de la Saône ; 130 k.

OIL, mot qui dans le vieux français signifiait *oui*, et servait à désigner les prov. de la France au N. de la Loire.

OILÉE, l'un des Argonautes, roi de Locride, père de l'un des Ajax.

OISE, riv. de France, sort des Ardennes, passe à La Fère, Compiègne, Creil, Pontoise, et se jette dans la Seine à Conflans-Sainte-Honorine ; 264 k.

OISE (dép. de l'), formé d'une partie de l'Ile-de-France ; ch.-l. Beauvais ; 4 arr. Beauvais, Clermont, Compiègne et Senlis ; pop. 396 804 h.

OISEMONT, ch.-l. de c. de la Somme, arr. d'Amiens ; 1063 h.

OISSEL, commune de la Seine-Inférieure, arr. de Rouen ; 4211 h. Filatures de coton.

OKA, riv. de la Russie d'Europe, affl. du Volga ; 1400 k.

OKHOTSK (MER D'), mer formée par le Grand Océan, au N.-E. de l'Asie.

OKHOTSK, v. de la Sibérie (Russie d'Asie), sur la mer d'Okhotsk ; 3000 h.

OLAF ou **OLAÜS**, nom propre à trois rois de Suède et à cinq rois de Norvège.

OLARGUES, ch.-l. de c. de l'Hérault, arr. de Saint-Pons ; 1078 h. Houille.

OLDENBOURG (grand-duché d'), enclavé dans le Hanovre, à l'embouchure du Weser, et faisant partie de l'Empire d'Allemagne ; pop. 315 000 h. ; cap. Oldenbourg ; 14 000 h.

OLÉRON (ILE D'), île de l'océan Atlantique, à l'embouchure de la Charente, dans l'arr. de Marennes ; pop. 20 000 h. ; v. princ. Saint-Pierre-d'Oléron (ch.-l. de c.), Saint-Georges-d'Oléron et le Château (ch.-l. de c.).

OLETTA, ch.-l. de c. de la Corse, arr. de Bastia ; 1152 h.

OLETTE, ch.-l. de c. des Pyrénées-Orientales, arr. de Prades ; 997 h.

OLIM, anciens registres du parlement de Paris, depuis 1254 jusqu'en 1318.

OLIVARÈS (comte D'), ministre de Philippe IV, roi d'Espagne (1587-1645).

OLIVET, c. du Loiret, arr. d'Orléans ; 3578 h. Fromages.

OLIVET (abbé D'), membre de l'Académie française, traducteur des *Philippiques*, des *Catilinaires*, auteur d'une *Histoire de l'Académie française* (1682-1768).

OLIVIERS (mont des), à l'E. de Jérusalem, célèbre par les haltes qu'y fit Jésus avec ses disciples.

OLLIERGUES, ch.-l. de c. du Puy-de-Dôme, arr. d'Ambert, sur la Dore ; 1354 h.

OLLIOULES, ch.-l. de c. du Var, arr. de Toulon ; 3387 h. Vins, huile, fruits.

OLLIVIER (ÉMILE), né en 1825, orateur de l'opposition dans le Corps législatif du 2ᵉ Empire, puis ministre de la justice et chef du cabinet du 2 janvier 1870, sous lequel la France déclara la guerre à la Prusse (19 juillet 1870).

OLMETO, ch.-l. de c. de la Corse, arr. de Sartène ; 1710 h.

OLMI-CAPPELLA, ch.-l. de c. de la Corse, arr. de Calvi ; 873 h.

OLMÜTZ, v. pr. de Moravie (États autrichiens) ; 16 000 h.

OLONZAC, ch.-l. de c. de l'Hérault, arr. de Saint-Pons ; 1747 h.

OLORON-SAINTE-MARIE, ch.-l. d'arr. des Basses-Pyrénées, à 32 k. de Pau ; 6783 h. Filatures de laine, teintureries, bonneterie.

OLTEN, v. de Suisse, dans le canton de Soleure, sur l'Aar ; 1700 h.

OLYBRIUS, général, puis empereur romain d'Occident pendant trois mois, grâce à l'appui de Ricimer et de Genséric (472).

OLYMPE, auj. Lacha, montagne de la Grèce, entre la Macédoine et la Thessalie, où les Grecs plaçaient la demeure des dieux.

OLYMPIADE, manière, chez les Grecs, de compter le temps ; elle consistait en une période de 4 ans, d'une célébration des jeux Olympiques à l'autre. La 1ʳᵉ olympiade remonte à l'an 776 av. J.-C. ; la dernière fut en 392 ap. J.-C.

OLYMPIAS, épouse de Philippe II, roi de Macédoine, et mère d'Alexandre le Grand, fit, après la mort de son fils, assassiner Philippe Arrhidée et sa femme Eurydice ; prise par Cassandre, elle fut égorgée par les parents de ses victimes (316 av. J.-C.).

OLYMPIE, lieu voisin de Pise en Élide, où se tenaient les jeux Olympiques.

OLYMPIQUES (JEUX), fêtes nationales des Grecs, qui se célébraient de 4 ans en 4 ans, à Olympie.

OLYNTHE, v. de Chalcidique, sur le golfe Toronaïque, colonisée par Athènes. Elle fut prise par Philippe II, roi de Macédoine (348 av. J.-C.), sans que les trois discours de Démosthène, dits *Olynthiennes*, eussent pu déterminer les Athéniens à la secourir.

OMAN, région du S.-E. de l'Arabie, sur le golfe d'Oman ; v. pr. Oman et Mascate.

OMAN (MER D'), partie de la mer des Indes entre l'Arabie et l'Hindoustan.

OMAR, 2ᵉ calife des Musulmans (634-644), conquit la Syrie, la Perse, l'Égypte.

OMBRIE, anc. contrée d'Italie entre le Picénum et l'Étrurie. ‖ L'une des légations des États de l'Église jusqu'en 1860 ; ch.-l. Pérouse.

O'MEARA, médecin anglais, accompagna Napoléon à Sainte-Hélène (1786-1836).

OMER (SAINT-), ch.-l. d'arr. du Pas-de-Calais, à 71 k. d'Arras ; 22 361 h.

OMER-PACHA, général ottoman (1806-1871), fit abandonner aux Russes le siège de Silistrie, dans la guerre de Crimée (1854).

OMESSA, ch.-l. de c. de la Corse, arr. de Corte; 814 h.

OMMIADES (LES), dynastie arabe, tirant son nom de Moawiah, descendant d'Ommiah, et fils d'Abou-Sophian (661); ils régnèrent à Damas et étendirent leur empire des Indes à la Gaule; en 750, ils furent dépouillés par les Abbassides; mais l'ommiade Abdérame fonda le califat de Cordoue, qui dura de 756 à 1031.

OMONT, ch.-l. de c. des Ardennes, arr. de Mézières; 415 h.

OMPHALE, reine de Lydie, fit d'Hercule son esclave et l'obligea de filer à ses pieds.

ONÉGA, fl. de Russie, se jette dans la mer Blanche; 500 k. || Lac de Russie, qui communique par la Svir avec le lac Ladoga.

ONÉSIME (saint), évêque et martyr (95).

ONIAS, nom de trois pontifes juifs.

ONTARIO, lac de l'Amérique du N., reçoit les eaux du lac Érié par le Niagara, et communique par le Saint-Laurent avec l'océan Atlantique.

OPÉRA, spectacle d'origine italienne, introduit en France par Mazarin (1645). L'abbé Perrin reçut le premier privilège (1659), et Lulli fonda l'*Académie royale de musique* en 1672. || Théâtre de Paris, construit par l'architecte Garnier et inauguré en 1875.

OPHIR, pays d'Arabie ou de la côte orientale d'Afrique, où Salomon envoyait ses vaisseaux chercher de l'or.

OPIMES (DÉPOUILLES), dépouilles enlevées à un chef ennemi tué par un général romain; elles furent conquises trois fois: par Romulus, Corn. Cossus et Marcellus.

OPIMIUS, chef du parti aristocratique, fit périr dans une sédition le tribun du peuple Caius Gracchus (121 av. J.-C.).

OPPERT (JULES), orientaliste français, né en 1825, a interprété les inscriptions cunéiformes de Mésopotamie.

OPPIEN, poète grec du IIe s. ap. J.-C., auteur de poèmes *Sur la pêche* et *Sur la chasse.*

OPS, la Terre ou Cybèle.

ORADOUR-SUR-VAYRES, ch.-l. de c. de la Hte-Vienne, arr. de Rochechouart; 2962 h.

ORAN, v. et place forte, ch.-l. de la prov. de ce nom (Algérie), sur la Méditerranée, à 410 k. d'Alger; 23000 h. || L'une des 3 prov. de l'Algérie, confinant au Maroc, divisée en 5 arr. Oran, Mostaganem, Mascara, Sidi-bel-Abbès et Tlemcen; pop. 500000 h.

ORANGE, ch.-l. d'arr. de Vaucluse, à 30 k. d'Avignon; 10064 h. Arc de triomphe et ruines d'un théâtre romain. Autrefois chef-lieu d'une principauté qui fut réunie à la France après la mort de Guillaume III, prince d'Orange et roi d'Angleterre (1702).

ORANGE (GUILLAUME D'), GUILLAUME III.

ORANGE, fleuve de l'Afrique australe, se jette dans l'océan Atlantique; 1650 k.

ORANGISTES, en Angleterre, partisans de Guillaume III d'Orange (1689).

ORATOIRE, congrégation fondée en Italie par saint Philippe de Néri (1575), transportée en France par le cardinal de Bérulle (1611). Elle a pour but d'instruire la jeunesse et de former des prédicateurs.

ORB, riv. de France, passe à Béziers et se jette dans la Méditerranée; 110 k.

ORBEC, ch.-l. de c. du Calvados, arr. de Lisieux; 2981 h.

ORBIGNY (D') ALCIDE (1802-1857) et CHARLES, son frère (1806-1876), naturalistes franç.

ORCADES (LES), archipel de 67 îles au N. de l'Écosse; pop. 30000 h.

ORCAGNA, peintre et architecte, né à Florence, auteur de fresques au Campo-Santo de Pise (1319-1389).

ORCHIES, ch.-l. de c. du Nord, arr. de Douai; 3723 h.

ORCHOMÈNE, anc. ville de Béotie, où Sylla remporta une victoire sur Archélaüs, général de Mithridate (87 av. J.-C.).

ORCIÈRES, ch.-l. de c. des Hautes-Alpes, arr. d'Embrun; 1239 h.

ORDERIC VITAL, historien d'origine anglaise (1075-1150), a laissé une *Histoire ecclésiastique*, de l'ère chrétienne à l'année 1141.

ORÉGON ou **COLUMBIA**, fl. de l'Amérique du N., vient des montagnes Rocheuses et se jette dans l'océan Pacifique; 1600 k.

ORÉGON, contrée de l'Amérique sept., dont le nord appartient aux Anglais, et dont le sud forme, dans la rép. des États-Unis, le territoire de Washington (cap. Olympia); pop. 24000 h.; et l'État d'Orégon (cap. Salem); pop. 90923 h.

ORENBOURG, v. de Russie, sur l'Oural; 34000 h. Mines.

ORÉNOQUE, fleuve de l'Amérique méridionale, communique avec le fl. des Amazones par l'un de ses bras, et se jette dans l'océan Atlantique; 2000 k.

ORESME (NICOLAS), écrivain français, traducteur de la *Morale* et de la *Politique* d'Aristote, etc. (1320-1382).

ORESTE, fils d'Agamemnon et de Clytemnestre, tua sa mère pour venger son père et fut poursuivi par les Furies.

ORESTE, dit *le Pannonien*, père de Romulus Augustule, gouverna l'Empire d'Occident sous le nom de son fils (475-476) et fut tué par Odoacre.

ORFA, anc. Édesse, v. de la Turquie d'Asie, dans l'Aldjézireh; 48000 h.

ORFILA, médecin français, auteur d'un *Traité de toxicologie* (1787-1853).

ORGELET, ch.-l. de c. du Jura, arr. de Lons-le-Saunier; 1706 h.

ORGÈRES, ch.-l. de c. d'Eure-et-Loir, arr. de Châteaudun; 554 h.

ORGON, ch.-lieu de c. des Bouches-du-Rhône, arr. d'Arles, sur la Durance; 3160 h.

ORIENT (Empire d'), l'un des deux empires formés de l'Empire romain, à la mort de Théodose le Grand (395), dura jusqu'à la prise de Constantinople par les Turcs ottomans (1453); cap. Constantinople; s'appelle aussi Bas-Empire, Empire grec ou byzantin, Empire latin, Empire de Constantinople.

ORIFLAMME, bannière de l'abbaye de Saint-Denis que les rois de France portaient dans les batailles.

ORIGÈNE, docteur de l'Église, écrivit en grec un grand nombre d'ouvrages (185-253).

ORION, chasseur, fut, selon la Fable, changé par Diane en constellation.

ORITHYE, nymphe, fut, selon la Fable, enlevée par Borée.

ORIZABA, v. du Mexique, entre la Vera-Cruz et Mexico; 10000 h.

ORKHAN, sultan des Turcs ottomans (1326-1360), créa la milice des janissaires.

ORLÉANAIS, anc. prov. de France; cap. Orléans; elle a formé 3 dép. Loir-et-Cher, Eure-et-Loir, Loiret.

ORLÉANS, ch.-l. du Loiret, à 121 k. de Paris, sur la Loire; 48976 h. Évêché. Vinaigres, draps, cotonnades.

ORLÉANS (LOUIS DE FRANCE ou de VALOIS, duc D'), fils de Charles V (1372-1407), frère de Charles VI, épousa Valentine Visconti, et fut assassiné par Jean-sans-Peur, duc de Bourgogne. Ce prince fut la tige des Orléans-Valois. || Son fils, CHARLES D'ORLÉANS (1391-1465), épousa la fille de Bernard d'Armagnac, fut fait prisonnier à Azincourt, et composa des *Poésies* pendant sa captivité de 25 ans. Il fut père du roi Louis XII.

ORLÉANS (GASTON D'), 3e fils de Henri IV (1608-1660), devint duc d'Orléans à l'époque de son mariage avec Mlle de Montpensier, et prit part à tous les complots contre Richelieu, ainsi qu'aux troubles de la Fronde.

ORLÉANS (PHILIPPE 1er D'), chef de la maison d'Orléans-Bourbon, 2e fils de Louis XIII (1640-1701), épousa Henriette d'Angleterre, puis Charlotte-Elisabeth de Bavière, dont il eut Philippe. || PHILIPPE II D'ORLÉANS, fils du précédent (1674-1723), fut régent de France pendant la minorité de Louis XV (1715-1723). || LOUIS-PHILIPPE-JOSEPH D'ORLÉANS, surnommé *Égalité*, arrière-petit-fils du précédent (1747-1793), fut membre de la Convention, vota la mort du roi, et périt sur l'échafaud; il fut le père de Louis-Philippe 1er. || FERDINAND D'ORLÉANS, fils aîné du roi Louis-Philippe 1er (1810-1842), périt d'un accident de voiture. De son mariage avec la princesse Hélène de Mecklembourg-Schwerin (1837) il a laissé deux fils, le comte de Paris, né en 1838, et le duc de Chartres, né en 1840.

ORLÉANS (NOUVELLE-), v. forte, port et v. pr. de la Louisiane (États-Unis), sur le Mississipi, à 170 k. du golfe du Mexique; 191000 h. Immense commerce.

ORLÉANSVILLE, ch.-l. d'arr. de la prov. d'Alger, sur le Chélif, à 210 k. d'Alger; 2271 h.

ORLOF, famille russe qui dut sa puissance à la faveur de Catherine II. || ALEXIS ORLOF, diplomate et général (1788-1865), fut plénipotentiaire au congrès de Paris (1856).

ORMESSON (OLIVIER D'), conseiller au parlement de Paris, rapporteur dans le procès de Fouquet, s'illustra en résistant aux exigences de Louis XIV et de Colbert; il a laissé des *Mémoires*; m. en 1686.

ORMUZ, île à l'entrée du golfe Persique.

ORMUZD ou **OROMAZE**, bon génie, opposé à Ahriman, dans la religion de Zoroastre.

ORNAIN, riv. de France, affl. de la Marne, passe à Bar-le-Duc; 150 k.

ORNANS, ch.-l. de c. du Doubs, arr. de Besançon, sur la Loue; 3173 h.

ORNE, riv. de France, prend sa source dans le dép. de l'Orne, devient navigable à Caen et se jette dans la Manche à Ouistreham; 150 k.

ORNE (dép. de l'), formé d'une partie de la Normandie et du Perche; ch.-l. Alençon; 4 arr. Alençon, Argentan, Domfront et Mortagne; pop. 398290 h.

ORONTE, fl. de Syrie, sort de l'Anti-Liban, traverse Antioche, et se jette dans la Méditerranée; 400 k.

OROPESA, v. de Bolivie; 17000 h.

OROSE (PAUL), historien et théologien du Ve s. ap. J.-C., a laissé des *Histoires contre les païens*.

ORPHÉE, musicien et poète de la Fable, obtint la permission de ramener des enfers son épouse Eurydice, à condition de ne la regarder qu'au sortir du Tartare; il la perdit en désobéissant.

ORPIERRE, ch.-l. de c. des Hautes-Alpes, arr. de Gap; 791 h.

ORSINI, famille des États romains, rivale des Colonna, a donné à l'Église des cardinaux et des papes (XIIe-XVIIIe s.).

ORSOVA, nom de deux v. situées sur le Danube, près des Portes de Fer, dont l'une, Alt-Orsova, appartient à l'Autriche, et l'autre, Neu-Orsova, à la Turquie.

ORTHEZ, ch.-l. d'arr. des Basses-Pyrénées, à 40 k. de Pau; 6528 h.

ORTYGIE, petit îlot de Syracuse, où était la rade et la fontaine d'Aréthuse.

ORVIÉTO, v. d'Italie, au N.-O. de Rome; 7000 h. Vin blanc renommé.

ORVILLIERS (comte D'), amiral français, se distingua à la bataille d'Ouessant (1778).

OSAGE, riv. des États-Unis, affluent du Missouri; 800 k. || Les OSAGES, peuplade guerrière, dans l'État du Missouri.

OSBORNE, château royal d'Angleterre, sur la côte de l'île de Wight.

OSCAR 1er, fils de Bernadotte (1799-1859), succéda à son père comme roi de Suède et de Norvège (1844), et fut forcé par la maladie d'abandonner le gouvernement à son fils Charles XV (1857). || OSCAR II, né en 1829, a succédé à Charles XV, son frère, en 1872, et règne actuellement.

OSÉE, le 1er des 12 petits prophètes. || Dernier roi d'Israël (730-719 av. J.-C.), fut emmené captif en Assyrie par Salmanazar.

OSIAS, OZIAS ou **OZARIAS**, roi de Juda (808-756 av. J.-C.), fut frappé de la lèpre pour avoir usurpé les fonctions sacerdotales.

OSIRIS, en Égypte, dieu bienfaisant opposé à Typhon, épousa Isis, dont il eut Horus et Anubis.

OSMANLIS, nom donné aux Ottomans, dont le chef, fondateur de l'empire, fut Osman ou Othman.

OSNABRÜCK, v. de l'anc. Hanovre, auj. à la Prusse, où fut signé, en 1648, l'un des deux traités de Westphalie; 12000 h.

OSQUES ou **OPIQUES**, nation d'origine pélasgique qui, sous le nom d'*Aborigènes*, peupla la première, l'Italie.

OSSA (mont), auj. Kissovo, en Thessalie.

OSSAT (ARNAUD D'), cardinal et diplomate français (1536-1604), fut ambassadeur de Henri IV à Rome; il a laissé des *Lettres*.

OSSAU (GAVE D'), riv. de France (Basses-Pyrénées), prend sa source au Pic du Midi ou d'Ossau et se joint au Gave d'Aspe; 85 k.

OSSIAN, barde écossais du IIIe s., fils de Fingal, perdit Oscar, son fils, au moment où il allait l'unir à Malvina. Macpherson publia, sous le nom d'Ossian, des poésies apocryphes (1762).

OSSUN, ch.-l. de c. des Hautes-Pyrénées, arr. de Tarbes; 2538 h.

OSSUNA, v. de la prov. de Séville (Espagne); 6000 h. || Duc D'OSSUNA, homme d'État espagnol (1579-1624), fut vice-roi de Sicile, puis du royaume de Naples (1616).

OSTADE (Adrien van), peintre hollandais (1610-1685). || Isaac van Ostade, frère du précédent, paysagiste (1617-1654).

OSTENDE, v. forte et port sur la mer du Nord, dans la Flandre occidentale (Belgique) ; 15.000 h. Huîtres renommées.

OSTIE, bourg d'Italie, à l'embouchure du Tibre, à 19 k. de Rome.

OSTRACISME, jugement par lequel le peuple d'Athènes bannissait pour 10 ans un citoyen que sa puissance ou son mérite rendait suspect.

OSTROGOTHS ou *Goths de l'Est*, peuple d'origine germanique, successivement établi sur le Dniéper et le Danube. En 489, l'empereur Zénon chargea leur roi Théodoric d'expulser d'Italie l'Hérule Odoacre. Devenus maîtres de presque toute l'Italie (493), les Ostrogoths ont été détruits par Narsès, lieutenant de Justinien (554).

OSYMANDIAS, roi de Thèbes en Égypte, édifia une bibliothèque célèbre.

OTHE, petit pays de l'anc. Champagne, compris auj. dans les dép. de l'Yonne et de l'Aube.

OTHMAN ou **OSMAN**, 3e calife (644-656), acheva la conquête de l'Afrique, subjugua la Perse, et fut assassiné par Mohammed, fils d'Abou-Bekr.

OTHMAN Ier, chef d'une horde turcomane, envahit l'Asie Mineure, s'établit à Konieh (1299), et fonda la dynastie régnant encore à Constantinople.

OTHON, 7e empereur romain (69 ap. J.-C.), succéda à Galba assassiné, et se tua en apprenant la défaite de ses troupes par les lieutenants de Vitellius.

OTHON Ier, fils de Henri l'Oiseleur, de la maison de Saxe, fut élu roi de Germanie à la mort de son père (936) ; ayant défendu le pape Jean XII contre Bérenger, roi d'Italie, il fut couronné empereur (962-973). || Othon II, dit le Sanguinaire, fils et successeur d'Othon Ier (973-983). || Othon III, fils et successeur d'Othon II (983-1002), éleva à la papauté le savant Gerbert, son maître (Sylvestre II). || Othon IV, empereur d'Allemagne, dit de Brunswick (1209-1218), fils de Henri le Lion, duc de Saxe et de Bavière, et de Mathilde d'Angleterre, fut vaincu par Philippe Auguste à Bouvines (1214).

OTHON Ier, fils du roi de Bavière Louis Ier, fut appelé au trône de Grèce en 1832, abdiqua en 1862, mourut en 1867.

OTHONIEL, juge des Hébreux (1554-1514 av. J.-C.), délivra son pays du joug de Chusan, roi de Mésopotamie.

OTRANTE, v. d'Italie, sur l'Adriatique ; 3000 h. || Napoléon Ier en avait fait don à Fouché, qui prit le titre de duc d'Otrante.

OTRANTE (canal d'), détroit qui joint l'Adriatique à la mer Ionienne.

OTTAWA, cap. du Canada anglais ; 15000 h.

OTTOMAN (empire), voy. Turquie.

OUADAY, pays situé dans la partie orientale du Soudan (Afrique), habité par des nègres soumis à des Arabes ; cap. Ouarah.

OUALO, prov. française du Sénégal, depuis 1855.

OUARI, royaume du Soudan, dans le delta du Niger.

OUCHE, riv. de France, arrose la Côte-d'Or, passe à Dijon, se jette dans la Saône au-dessous de Saint-Jean-de-Losne ; 90 k.

OUDE ou **AOUDE**, royaume de l'Hindoustan, annexé, depuis 1856, à la présidence anglaise de Calcutta ; pop. 3 millions d'h. environ ; cap. Luknau ou Lucknow.

OUDENARDE ou **AUDENARDE**, v. forte de la Flandre orientale (Belgique), sur l'Escaut ; 6000 h. || Défaite des Français en 1708.

OUDINOT, duc de Reggio, maréchal de France (1767-1847), se distingua dans les guerres de la Révolution et de l'Empire.

OUDRY (J.-B.), peintre et graveur français, célèbre surtout par ses tableaux de chasse et d'animaux (1681-1755).

OUEN (SAINT-), com. de la Seine, arr. de Saint-Denis ; 8091 h. Dans le château (qui n'existe plus) Louis XVIII signa la déclaration qui posait les bases de la Charte (1814).

OUESSANT, île de France, arr. de Brest, à 22 k. en mer. || En 1778, au commencement de la guerre d'Amérique, bataille navale indécise entre les Français et les Anglais.

OUESSANT, ch.-l. de c. du Finistère, arr. de Brest, dans l'île d'Ouessant ; 2377 h.

OUGRIENS ou **OIGOURS**, peuple d'origine scythique, dont une tribu, celle des Magyars, a conquis la région dite auj. Hongrie.

OULCHY-LE-CHÂTEAU, ch.-l. de c. de l'Aisne, arr. de Soissons ; 684 h.

OURAL, fl. de Russie, entre l'Europe et l'Asie, se jette dans la mer Caspienne ; 3000 k.

OURALS ou **POYAS**, monts de Russie, séparant l'Europe de l'Asie, qui s'étendent de l'océan Glacial arctique à la mer Caspienne. Mines d'or et de platine.

OURCQ, riv. de France, vient du dép. de l'Aisne et se jette dans la Marne à Méry (Seine-et-Marne) ; 80 k. || Canal de l'Ourcq, commence à Mareuil (Oise), apporte les eaux de l'Ourcq à Paris, et gagne la Seine d'un côté par le canal Saint-Martin, et de l'autre par le canal Saint-Denis.

OURVILLE, ch.-l. de c. de la Seine-Inférieure, arr. d'Yvetot ; 1148 h.

OUST, ch.-l. de c. de l'Ariége, arr. de Saint-Girons ; 1554 h.

OUTARVILLE, ch.-l. de c. du Loiret, arr. de Pithiviers ; 578 h.

OUTLAWS, Anglo-Saxons *mis hors la loi* par Guillaume le Conquérant, à cause de leur résistance aux Normands.

OUVRARD, financier, entrepreneur des fournitures de l'armée sous le premier Empire et sous la Restauration (1770-1846).

OUZOUER-LE-MARCHÉ, ch.-l. de c. de Loir-et-Cher, arr. de Blois ; 1863 h.

OUZOUER-SUR-LOIRE, ch.-l. de c. du Loiret, arr. de Gien ; 1148 h.

OVAS ou **HOVAS**, peuple de l'île de Madagascar ; ch.-l. Tananarivou.

OVATION, petit triomphe institué à Rome en 503 av. J.-C.

OVERBECK (Frédéric), peintre allemand, mit l'art au service de la religion (1789-1869).

OVER-YSSEL, prov. des Pays-Bas ; pop. 260 000 h. ; ch.-l. Zwolle, sur l'Over-Yssel, l'un des bras du Rhin.

OVIDE (Publius Ovidius Naso), poëte latin, l'un des plus beaux esprits du siècle d'Auguste, dont le chef-d'œuvre est les *Métamorphoses*, mourut exilé à Tomes, près de la mer Noire (43 av. - 18 ap. J.-C.).

OVIÉDO, v. des Asturies (Espagne) ; 9400 h. ; anc. cap. du royaume des Asturies fondé par Pélage, au viiie s.

OWEN (ROBERT), économiste anglais, auteur du système de la coopération, ou de l'union du capital et du travail, dont il fit un essai en Amérique (1771-1858).

OXENSTIERNA, homme d'État suédois, conseiller fidèle de Gustave-Adolphe et de Christine (1583-1654). Son fils fut l'un des négociateurs du traité de Westphalie (1648).

OXFORD (comté d'), dans l'Angleterre du centre; pop. 172 000 h.; ch.-l. Oxford; 31 500 h. Université célèbre.

OXFORD (STATUTS D'), conditions imposées à Henri III par les barons anglais en 1258, et confirmant la grande charte.

OXUS, auj. Amou-Daria, fl. d'Asie entre la Bactriane et la Sogdiane, se jetait jadis, au dire des anciens, dans la mer Caspienne; aujourd'hui se jette dans la mer d'Aral.

OYONNAX, ch.-l. de c. de l'Ain, arr. de Nantua; 3272 h. Tabletterie, crépins.

OZOLES, peuple de la Locride occidentale (Grèce ancienne).

P

PACAUDIÈRE (LA), ch.-l. de c. de la Loire, arr. de Roanne; 2401 h.

PACHE, ministre de la guerre en 1792, maire de Paris aux journées du 31 mai et du 2 juin 1793, mourut obscurément en 1823.

PACIFIQUE (OCÉAN) ou Grand Océan, ou mer du Sud, entre l'Asie et l'Australie à l'O., et l'Amérique à l'E.

PACÔME (saint), né dans la Thébaïde, fut le principal fondateur des communautés monastiques (292-348).

PACTOLE, fleuve de Lydie, qui roulait des paillettes d'or.

PACUVIUS, vieux poète tragique latin (220-130 av. J.-C.).

PACY-SUR-EURE, ch.-l. de c. de l'Eure, arr. d'Évreux; 1782 h.

PADERBORN, v. de Westphalie (Prusse); 11 000 h.

PADICHAH, titre du sultan des Turcs ottomans.

PADILLA (DON JUAN DE), Castillan, chef de l'insurrection des *Comuneros* espagnols contre Charles-Quint, fut décapité en 1522.

PADOUE, ch.-l. de la prov. de ce nom, autrefois le Padouan, en Italie; 59 000 h.

PAER (FERDINAND), compositeur de musique italien (1771-1839), auteur du *Maître de chapelle*.

PÆSTUM ou **POESTUM**, anc. Posidonie, v. de l'Italie, dans la Lucanie, célèbre par les ruines de ses temples.

PÆTUS (CÆCINA), conspira contre l'empereur Claude, et se tua avec sa femme Arria.

PAGANINI, célèbre violoniste, né à Gênes (1784-1840).

PAILLIET (J.-B.-JOSEPH), jurisconsulte français (1789-1861).

PAIMBOEUF, ch.-l. d'arr. de la Loire-Infre, à 44 k. de Nantes; 2849 h. Port et rade.

PAIMPOL, ch.-l. de c. des Côtes-du-Nord, arr. de Saint-Brieuc; 2917 h.

PAIR, titre, au moyen âge, des 12 grands vassaux du duché de France, auxquels les rois ajoutèrent plus tard les grands officiers de la couronne, des barons et des prélats. || Titre des membres de la Chambre des Lords, en Angleterre. || Sous la monarchie constitutionnelle, en France, de 1814 à 1848, membre de la 1re des chambres législatives.

PAISIELLO, compositeur de musique italien (1741-1816).

PAIXHANS, général français, inventeur des canons à bombes (1783-1854).

PALÉMON, dieu marin.

PALAIS (LE), ch.-l. de c. du Morbihan, arr. de Lorient; 5456 h.

PALAIS-ROYAL, palais construit à Paris en 1772, en remplacement d'un premier palais qu'avait élevé Richelieu.

PALAIS (SAINT-), ch.-l. de c. des Basses-Pyrénées, arr. de Mauléon; 1697 h.

PALAISEAU, ch.-l. de c. de Seine-et-Oise, arr. de Versailles; 1949 h.

PALAMÈDE, roi d'Eubée, l'un des chefs grecs au siège de Troie, passe pour être l'inventeur du jeu des échecs, des dés.

PALAPRAT, auteur de comédies en collaboration avec Brueys, entre autres du *Muet*, de l'*Avocat Patelin* (1650-1721).

PALATIN (MONT), l'une des sept collines de Rome, où Romulus s'établit, et qui, à partir d'Auguste, devint la résidence des empereurs romains.

PALATIN (COMTE), le comte du Palais, sous les rois francs. || Le Comte Palatin, l'Électeur Palatin, le chef du Palatinat.

PALATINAT, anc. État de l'empire d'Allemagne, composé de territoires situés dans la vallée du Rhin (v. pr. Heidelberg et Manheim) et en Bavière (v. pr. Nuremberg); aujourd'hui faisant partie de l'empire d'Allemagne. Il fut deux fois dévasté par les Français, sous Louis XIV (1674 et 1688).

PALENCIA, v. d'Espagne, ch.-l. de prov. (Léon); 11 000 h.

PALÉOLOGUE, famille byzantine, qui donna sept souverains à l'Empire d'Orient.

PALERME, anc. cap. de la Sicile, auj. ch.-l. de prov., avec deux ports; 194 000 h.

PALÈS, déesse des bergers, des troupeaux.

PALESTINE, contrée de la Syrie, au S.-O., traversée par le Jourdain, dite aussi Terre de Chanaan, Terre promise, Judée.

PALESTRINA, compositeur de musique italien, auteur de la *Messe du pape Marcel*, d'un *Stabat Mater*, etc. (1524-1594).

PALESTRO, vge de la prov. de Novare (Italie), où les Français et les Piémontais défirent les Autrichiens en 1859.

PALICARES ou **PALIKARES**, chefs des milices armatoles dans la guerre de l'Indépendance, en Grèce.

PALI-KA-O, bourg de la Chine, à 12 k. de Pékin, où les Français, commandés par le général Cousin-Montauban, battirent les Chinois (1860).

PALINGES, ch.-l. de c. de Saône-et-Loire, arr. de Charolles; 2511 h.

PALISSOT, littérateur français, auteur de comédies, de poëmes, de mémoires, etc. dirigés contre les philosophes (1730-1814).

PALISSY (Bernard), célèbre potier et émailleur français; protégé par Catherine de Médicis, il obtint le titre d'*Inventeur des rustiques figulines du roi* (1510-1590).

PALLADIO, architecte italien, a enrichi de ses œuvres Vicence et Venise (1518-1580).

PALLADIUM, statue de Pallas, gage de la conservation de Troie.

PALLAS, la même que Minerve.

PALLÈNE, auj. Cassandria, la plus occidentale des 3 presqu'îles de la Chalcidique.

PALLUAU, ch.-l. de c. de la Vendée, arr. des Sables-d'Olonne; 812 h.

PALMA, ch.-l. des Baléares, sur la côte S.-O. de Majorque; pop. 40000 h. ‖ L'une des îles Canaries, au N.-O.; pop. 35000 h.

PALMA *l'Ancien* (1480-1548) et son neveu, Palma *le Jeune* (1544-1628), peintres de l'école vénitienne.

PALMERSTON (lord), homme d'État anglais (1784-1865), signa avec la Russie, l'Autriche et la Prusse le traité de la *quadruple alliance* pour abaisser Méhémet-Ali soutenu par la France (15 juillet 1840).

PALMYRE, anc. v. de Syrie, devint, sous Odénath et surtout sous Zénobie, la cap. d'un puissant État; elle fut ruinée par l'empereur Aurélien (272 ap. J.-C.).

PALOS, v. de la prov. d'Huelva (Andalousie), où Colomb s'embarqua en 1492.

PALOS (cap), au S.-O. de l'Espagne (prov. de Murcie), sur la Méditerranée.

PALSGRAVE (Jean), grammairien, né à Londres, auteur de l'*Esclaircissement de la langue française*, sorte de grammaire de notre langue; mourut en 1554.

PALUS-MÉOTIDE, voy. Méotide.

PAMIERS, ch.-l. d'arr. de l'Ariège, sur l'Ariège, à 19 k. de Foix; 8690 h. Évêché.

PAMPELONNE, ch.-l. de c. du Tarn, arr. d'Albi; 2202 h.

PAMPELUNE, v. d'Espagne, ch.-l. de la prov. de Navarre; 25000 h.

PAMPHYLIE, anc. contrée de l'Asie Mineure, au S.; v. pr. Aspendus.

PAN, dieu des bergers.

PANÆTIUS, philosophe grec du IIᵉ s. av. J.-C., vint en ambassade à Rome avec son maître Diogène de Babylone et Carnéade.

PANAMA (isthme de), langue de terre qui unit les deux Amériques, longue de 250 et large de 44 à 160 k. ‖ Golfe de Panama, golfe formé par le Grand Océan, sur la côte S. de l'isthme. ‖ L'un des neuf États-Unis de Colombie (Amérique du S.) dans l'isthme; pop. 220000 h.; cap. Panama, 20000 h.

PANARD, chansonnier et vaudevilliste français (1694-1765).

PANATHÉNÉES, fêtes établies par Thésée à Athènes, en l'honneur de Minerve.

PANCKOUCKE (Charles-Joseph), libraire et littérateur français (1736-1798), fonda le *Moniteur universel* en 1789. ‖ Son fils, Charles-Louis, publia la *Bibliothèque latine-française* en 174 vol. (1780-1844).

PANDECTES (les) ou le Digeste, recueil de décisions des jurisconsultes romains composé par l'ordre de Justinien.

PANDION Iᵉʳ, roi d'Athènes (1415-1384 av. J.-C.). ‖ Pandion II, petit-fils d'Érechthée et père d'Égée (1264-1210 av. J.-C.).

PANDORE, femme douée de tous les dons par les dieux, reçut de Jupiter une boîte contenant tous les maux; elle épousa Épiméthée qui ouvrit la boîte; les maux se répandirent alors sur la terre; l'espérance seule resta au fond.

PANDOURS, milice irrégulière de la Slavonie (Autriche), qui apparut dans la guerre de la Succession d'Autriche (1742).

PANGE, anc. ch.-l. de c. de la Moselle, arr. de Metz; 361 h.; cédé à la Prusse en 1871.

PANINI, peintre italien, excella à peindre les décorations de théâtre (1691-1765).

PANNONIE, anc. contrée de l'Europe centrale, entre le Danube, le Norique et l'Illyrie, arrosée par la Drave et la Save.

PANORME, nom anc. de Palerme.

PANSERON, prof. de chant (1795-1859).

PANTHÉON, temple de Rome consacré par Agrippa, gendre d'Auguste, à *tous les dieux*, d'où le nom de *Panthéon*; nommé auj. la Rotonde. ‖ Église Sainte-Geneviève à Paris, commencée par Soufflot en 1758; elle reçut en 1791 le nom de *Panthéon français*, puis fut rendue au culte catholique sous la Restauration et en 1852.

PANTIN, ch.-l. de c. de la Seine, arr. de St-Denis, sur le canal de l'Ourcq; 12337 h.

PAOLI, chef corse, protesta contre la cession de la Corse à la France (1768), et s'unit plus tard aux Anglais pour placer l'île sous leur souveraineté (1726-1807).

PAPAUTÉ, titre sous lequel on désigne la puissance du chef de l'Église catholique, et qui a été porté par 263 papes de saint Pierre à Pie IX.

PAPÉITI, port de l'île de Tahiti, cap. du royaume des îles de la Société; 3000 h.

PAPETY, peintre français (1815-1849).

PAPHLAGONIE, anc. contrée de l'Asie Mineure au N., sur le Pont-Euxin; v. pr. Sinope.

PAPHOS, v. anc. de l'île de Chypre, célèbre par le culte qu'on y rendait à Vénus.

PAPIN (Denis), physicien français, reconnut le premier la force élastique de la vapeur (1647-1714).

PAPINIEN, célèbre jurisconsulte romain, préfet du prétoire sous Septime Sévère, fut mis à mort pour n'avoir pas voulu faire l'éloge de Caracalla, meurtrier de son frère Géta (142-212 ap. J.-C.).

PAPIRIUS CURSOR, général et dictateur romain, faillit mettre à mort le maître de cavalerie, Fabius Rullianus, qui avait livré combat, malgré sa défense (325 av. J.-C.).

PAPOUASIE ou **NOUVELLE-GUINÉE**, grande île de la Mélanésie, habitée par les Papous, race de nègres océaniens.

PARA, v. du Brésil, cap. de la prov. de même nom, sur le Para, embouchure méridionale de l'Amazone; 30000 h.

PARACELSE, médecin et chimiste suisse (1493-1541), enseigna à Bâle, et substitua l'étude de la nature à celle des anciens.

PARACLET (le), anc. abbaye de bénédictins près de Nogent-sur-Seine, renfermait le tombeau d'Héloïse et d'Abailard.

PARAGUAY, riv. de l'Amérique du S., sépare le Brésil et l'État du Paraguay de la Bolivie et de la république Argentine, et se jette dans le Parana; 1600 k. ‖ République de l'Amérique du S., entre le Brésil et la Confédération de la Plata; cap. l'Assomption.

PARALIENNE (GALÈRE), vaisseau sacré des Athéniens, qui transportait chaque année à Délos la *théorie* ou députation chargée des offrandes pour Apollon.

PARALIPOMÈNES, nom de 2 livres de l'Ancien Testament, composés par Esdras.

PARAMARIBO, ch.-l. de la Guyane hollandaise ; 18 000 h.

PARANA (LE), riv. de l'Amérique du Sud, sépare le Brésil du Paraguay, et dans la république Argentine se réunit à l'Uruguay pour former le Rio de la Plata; 2700 k.

PARAY-LE-MONIAL, ch.-l. de c. de Saône-et-Loire, arr. de Charolles ; 3283 h.

PARCQ (LE), ch.-l. de c. du Pas-de-Calais, arr. de Saint-Pol ; 731 h.

PARDOUX-LA-RIVIÈRE (SAINT-), ch.-l. de c. de la Dordogne, arr. de Nontron ; 1848 h.

PARÉ (AMBROISE), créateur de la chirurgie, fut au service des rois de France, de Henri II à Henri III ; il a substitué, après l'amputation, la ligature des artères à la cautérisation (1517-1590).

PARENTIS-EN-BORN, ch.-l. de c. des Landes, arr. de Mont-de-Marsan ; 1966 h.

PARFAICT (les frères), FRANÇOIS (1698-1753) et CLAUDE (1701-1777), auteurs d'une *Histoire générale du Théâtre français* depuis l'origine jusqu'en 1721.

PARIA, homme de la dernière caste des Hindous, objet de mépris et d'exécration.

PARIS, anc. Lutèce, cap. des Parisii ; auj. ch.-l. du dép. de la Seine, cap. de la France, sur la Seine ; divisé en 20 arr. ; 1 851 792 h.

PARIS (comte DE), fils aîné du duc d'Orléans, né en 1838 ; fut aide de camp du général Mac-Clellan (1861-1862) dans la guerre civile d'Amérique, dont il écrit l'histoire ; il a épousé en 1864 sa cousine, la fille du duc de Montpensier.

PÂRIS, fils de Priam et d'Hécube, causa la guerre de Troie en enlevant Hélène, femme de Ménélas, roi de Sparte ; il tua Achille, et fut tué à son tour par Pyrrhus.

PARIS, diacre janséniste (1690-1727), fut enterré à Paris dans le cimetière Saint-Médard, et sa tombe servit de théâtre aux *convulsionnaires*.

PÂRIS-DUVERNEY (les trois frères), financiers chargés de soumettre au visa tous les papiers du *système* de Law.

PARISIEN, IENNE, *adj.* et *s.* Qui est de Paris ; habitant de Paris.

PARISIS, petit pays de l'anc. France, compris dans les dép. de Seine et Seine-et-Oise ; ch.-l. Louvres. ‖ Monnaies d'or et d'argent frappées à Paris sous Philippe de Valois, et supérieures d'un quart aux monnaies dites *tournois* (frappées à Tours).

PARK (MUNGO), voyageur anglais, a péri dans une exploration du Niger (1771-1805).

PARLEMENT ou *Cour du roi* composée des grands vassaux de la couronne, sous les premiers Capétiens. ‖ Cour supérieure de justice, siégeant à Paris, instituée par Philippe le Bel en 1302, composée de trois chambres (*Chambre des enquêtes, Grand'chambre, Chambre des requêtes*), augmentée d'une 4e chambre (*la Tournelle*) par Charles VII, et détruite en 1790. Le Parlement avait *droit de remontrance* sur les édits royaux ‖ Il y avait en province 12 par-

lements siégeant à Toulouse, Grenoble, Bordeaux, Dijon, Rouen, Aix, Rennes, Pau, Metz, Douai, Besançon, Nancy. ‖ Nom donné en Angleterre aux chambres législatives (Chambre haute ou des Lords et Chambre basse ou des Communes).

PARME, ch.-l. de la prov. de même nom (Italie), 47 000 h.; anc. cap. du duché de Parme. ‖ Le DUCHÉ DE PARME ET PLAISANCE, après avoir été possédé par les Farnèse et les Bourbons (1545-1802), fut donné en 1815 à l'impératrice Marie-Louise. Après sa mort (1847), il fit retour aux Bourbons ; mais en 1860 il a été réuni au royaume d'Italie.

PARMÉNIDE, philosophe grec, né à Élée (Grande-Grèce), vers 519 av. J.-C.

PARMÉNION, général de Philippe et d'Alexandre le Grand, fut assassiné par ordre d'Alexandre, après le supplice de son fils Philotas (330 av. J.-C.).

PARMENTIER (JEAN), navigateur français, aborda, dit-on, le premier au Brésil ; m. en 1530.

PARMENTIER (baron), agronome français, travailla par ses écrits à généraliser l'emploi de la pomme de terre, qui s'appela d'abord la parmentière (1737-1813).

PARMESAN (LE), peintre ital. (1503-1540).

PARNASSE, montagne de la Phocide (Grèce), consacrée à Apollon et aux Muses.

PARNY, poète français (1753-1814).

PAROPAMISUS, chaîne de montagnes de l'Asie anc., au S. de la Bactriane.

PAROS, l'une des Cyclades (Grèce), 6000 h. Carrières de marbre. ‖ MARBRES DE PAROS, tables de marbre contenant des listes chronologiques relatives à l'histoire des Grecs de 1582 à 354 av. J.-C., et rapportées en Angleterre par le comte d'Arundel.

PARQUES, divinités des enfers, dont l'une, Clotho, tenait le fuseau, la seconde, Lachésis, tournait le fil de la vie des hommes, et la troisième, Atropos, le coupait.

PARRHASIUS, peintre grec, florissait vers l'an 400 av. J.-C.

PARROCEL, famille de peintres français (XVIIe et XVIIIe s.).

PARRY, navigateur anglais, fit 4 voyages dans les régions arctiques (1790-1855).

PARSIS (LES), autre nom des Guèbres.

PARTHENAY, ch.-l. d'arr. des Deux-Sèvres, à 42 kil. de Niort ; 5778 h.

PARTHÉNON, temple élevé par Périclès sur l'Acropole d'Athènes, en l'honneur de Minerve, sous la direction de Phidias, et avec le concours des architectes Ictinus et Callicratès (vers 438 av. J.-C.).

PARTHÉNOPE, nom primitif de Naples.

PARTHES, tribu scythe, établie dans la Parthie ou Parthyène, au S. de l'Hyrcanie. Elle forma sous Arsace (250 av. J.-C.) un royaume qui s'étendit de la mer Caspienne à l'Indus et à l'Euphrate, lutta contre Rome et ses empereurs, et succomba sous les attaques du Perse Artaxerxès, fondateur de l'empire des Sassanides (226 ap. J.-C.). V. pr. Ecbatane, Séleucie, Ctésiphon.

PARYSATIS, reine de Perse, femme de Darius II Nothus, et mère d'Artaxerxès Mnémon et de Cyrus le Jeune.

PAS, ch.-l. de c. du Pas-de-Calais, arr. d'Arras ; 847 h.

PASARGADE, anc. v. de Perse, où l'on éleva le tombeau de Cyrus.

PASCAL Ier (saint), pape de 817 à 824, couronna empereur Lothaire, fils de Louis le Débonnaire. || Pascal II, pape de 1099 à 1118, lutta contre les empereurs Henri IV et Henri V de Franconie.

PASCAL (Blaise), grand géomètre et écrivain, né à Clermont-Ferrand (1623-1662), constata la pesanteur de l'air (1648) ; en 1654, il se retira à Port-Royal des Champs, où il composa ses *Provinciales* (1656-1657) et ses *Pensées*, publiées après sa mort.

PAS DE CALAIS, détroit large de 31 k. entre la France et l'Angleterre; il fait communiquer la mer du Nord avec la Manche.

PAS-DE-CALAIS (dép. du), formé de l'Artois, du Boulonnais, du Calaisis et du Ponthieu ; ch.-l. Arras ; 6 arr. Arras, Béthune, Saint-Omer, Saint-Pol, Boulogne, Montreuil ; pop. 761 158 h.

PASIPHAÉ, femme de Minos, mère d'Androgée, d'Ariane, de Phèdre et du Minotaure.

PASITIGRIS, auj. le Chat-el-Arab, fleuve formé par la réunion du Tigre et de l'Euphrate, se jette dans le golfe Persique.

PASQUIER (Étienne), jurisconsulte et historien français (1529-1615), auteur des *Recherches de la France*, où il s'enquiert des origines de notre histoire. || Pasquier (duc), homme d'État français (1767-1862), président de la Chambre des pairs et chancelier de France sous Louis-Philippe 1er.

PASQUIN, à Rome, statue mutilée, sur laquelle on écrivait des épigrammes.

PASSAIS, ch.-l. de c. de l'Orne, arr. de Domfront ; 1860 h.

PASSARO (cap), au S.-E. de la Sicile.

PASSAU, v. forte de Bavière, sur le Danube, qui y reçoit l'Inn et l'Ilz ; 13 300 h.

PASSERAT (Jean), poète et savant français, composa la plupart des vers qui se trouvent dans la *Satire Ménippée* (1534-1602).

PASSION (Confrères de la), association qui se forma en 1402, à Paris, pour la représentation du mystère de la *Passion* et d'autres scènes tirées de l'histoire sainte.

PASSOW, philologue allemand, auteur d'un *Lexique de la langue grecque* (1786-1833).

PASSY, commune annexée à Paris en 1860 ; elle forme le 16e arrondissement.

PASTA, cantatrice italienne (1798-1865).

PASTEUR, chimiste français, né en 1822, auteur d'*Études* sur le vin et sur le vinaigre, etc.

PASTEURS, voy. Hycsos.

PASTOUREAUX, bergers et aventuriers qui se croisèrent pour délivrer saint Louis prisonnier en Égypte, et qui commirent de tels excès, que Blanche de Castille les fit disperser par la force (1250).

PATAGONIE, territoire de l'Amérique mérid., au S. de la république Argentine.

PATAY, ch.-l. de c. du Loiret, arr. d'Orléans ; 1296 h. || Victoire de Jeanne d'Arc sur les Anglais (1429).

PATERCULUS (C. Velleius), historien latin (19 av. - 31 ap. J.-C.), auteur d'une *Histoire romaine* en 2 livres.

PATERNE (SAINT-), ch.-l. de c. de la Sarthe, arr. de Mamers ; 519 h.

PATHMOS, l'une des Sporades (Turquie d'Asie), où saint Jean écrivit l'*Apocalypse*.

PATIN (Guy), médecin et littérateur français, auteur de *Lettres*, tableau de la société de son temps (1601-1672).

PATIN, littérateur français (1793-1876), auteur d'*Études sur les tragiques grecs*, secrétaire perpétuel de l'Académie franç.

PATRAS, v. de Grèce (Achaïe), sur le golfe de Patras formé par la mer Ionienne.

PATRIARCHES, saints personnages antérieurs à Moïse : Abraham, Isaac, Jacob, etc. || Titre des chefs de certaines Églises nationales, comme le patriarche grec de Constantinople, ou de certains métropolitains, comme le patriarche de Lisbonne.

PATRICE ou **PATRICK** (saint), apôtre de l'Irlande (372-466).

PATRICE, titre créé par Constantin le Grand, qui conférait une noblesse personnelle et le premier rang dans l'État.

PATRICIENS, citoyens de l'anc. Rome, qui composaient le 1er ordre de l'État.

PATRIMOINE DE SAINT-PIERRE, partie des anciens États du pape, dont le ch.-l. était Viterbe.

PATROCLE, ami d'Achille, fut tué par Hector, au siège de Troie.

PATRU (Olivier), avocat français, épura l'éloquence du barreau (1604-1681).

PAU, ch.-l. des Basses-Pyrénées, à 816 k. de Paris, sur le Gave de Pau ; 37 300 h.

PAU (Gave de), affl. de l'Adour, formé par les Gaves de Baréges et de Gavarnie; 200 k.

PAUILLAC, ch.-l. de c. de la Gironde, arr. de Lesparre, sur la rive gauche de la Gironde ; 4222 h. Vins renommés.

PAUL (saint), apôtre des gentils, fut d'abord hostile aux disciples de Jésus; puis s'étant converti, il prêcha l'Évangile en Asie Mineure, en Grèce, et fut décapité à Rome sous Néron (2 av. - 66 ap. J.-C.).

PAUL (saint), premier anachorète, vécut dans une caverne de la Thébaïde jusqu'à l'âge de 113 ans (228-341).

PAUL, nom de 5 papes. Sous le 3e, commença le concile de Trente (1545).

PAUL Ier, tsar de Russie (1796-1801), succéda à Catherine II, sa mère, fit partie de la 2e coalition contre la France. Mais après la défaite de ses armées à Zurich et à Bergen (1799), il se rapprocha du Premier Consul; il se forma alors contre lui un complot de la noblesse dont Pahlen était le chef, et il fut assassiné.

PAUL Diacre, Italien, auteur d'une histoire des Lombards (730-796).

PAUL (SAINT-), ch.-l. de c. des Basses-Alpes, arr. de Barcelonnette ; 1538 h.

PAUL-CAP-DE-JOUX (SAINT-), ch.-l. de c. du Tarn, arr. de Lavaur ; 1291 h.

PAUL-DE-FENOUILLET (SAINT-), ch.-l. de c. des Pyrénées-Orientales, arr. de Perpignan ; 2173 h.

PAUL-TROIS-CHÂTEAUX (SAINT-), ch.-l. de c. de la Drôme, arr. de Montélimar ; 2315 h.

PAUL-DE-LOANDA (SAINT-), voy. Loanda.

PAULE (sainte), descendante des Scipions, se retira à Bethléem, où elle fonda quatre monastères (347-404 ap. J.-C.).

PAULETTE, en France, impôt d'un 60e du prix de la charge perçu annuellement sur les offices de judicature (de 1604 à 1789), ainsi nommé du financier Paulet.

PAULHAGUET, ch.-l. de c. de la Haute-Loire, arr. de Brioude ; 1497 h.

PAULIEN (SAINT-), ch.-l. de c. de la Haute-Loire, arr. du Puy ; 2947 h.

PAULIN (saint), évêque de Trèves, soutint, au concile d'Arles, l'innocence d'Athanase, mourut exilé par l'emp. Constance (358).

PAULIN DE NOLE (saint), évêque de Nole (353-431), auteur de *Lettres*, de *poésies sacrées*, etc.

PAULUS (Julius), jurisconsulte romain, m. vers 235 ap. J.-C., rival de Papinien.

PAUSANIAS, général spartiate, vainquit les Perses à Platées; convaincu d'intelligence criminelle avec les Perses, il se réfugia dans un temple de Minerve, dont les éphores firent murer les portes; il y mourut de faim (471 av. J.-C.).

PAUSANIAS, géographe grec du IIe s. après J.-C., auteur d'un *Itinéraire de la Grèce* en 10 livres.

PAUSILIPPE, montagne près de Naples, traversée par une grotte de 700 m. qui sert de passage à la route de Pouzzoles.

PAVIE, ch.-l. de la prov. de ce nom, sur le Tessin (Italie); 26000 h. || Sous ses murs, François Ier fut vaincu et fait prisonnier en 1525. || Aux environs, chartreuse remarquable par ses sculptures et ses marbres.

PAVILLY, ch.-l. de c. de la Seine-Inférieure, arr. de Rouen; 2971 h.

PAVIN (LAC), situé dans le Puy-de-Dôme.

PAXO, anc. Paxos, la plus petite des îles Ioniennes; 5000 h.

PAYEN, chimiste français, fit faire des progrès à la chimie industrielle (1795-1871).

PAYRAC, ch.-l. de c. du Lot, arr. de Gourdon; 1340 h.

PAYS-BAS, voy. HOLLANDE.

PAZZI, famille de Florence, dont deux membres conspirèrent la perte de Julien et de Laurent de Médicis en 1478; Julien fut tué, mais Laurent fit pendre les Pazzi.

PÉ (SAINT-), ch.-l. de c. des Hautes-Pyrénées, arr. d'Argelès; 2636 h.

PÉCILE ou **POECILE**, portique d'Athènes peint en partie par Polygnote.

PÉCLET, physicien français (1793-1857).

PEDRO Ier (dom), empereur du Brésil (1822), devint roi de Portugal par la mort de son père Jean VI (1826); mais il céda cette couronne à sa fille Maria da Gloria, qui eut à la défendre contre dom Miguel, second fils de Jean VI; puis il abdiqua en faveur de son fils, dom Pedro II (1831), actuellement régnant, et mourut en 1834.

PEEL (Sir Robert), homme d'État anglais, présenta le bill pour l'émancipation des catholiques (1829), et par l'abolition des *lois sur les céréales* (1846), prépara l'avènement de la liberté commerciale (1788-1850).

PÉGASE, cheval ailé que monta Persée, et qui d'un coup de pied fit jaillir de l'Hélicon la fontaine Hippocrène.

PEHLVI, anc. langue de la Perse au temps de Sassanides.

PEÏ-HO (*fleuve Blanc*), fl. de Chine, passe près de Pékin; 700 k.

PEIPUS, lac de la Russie d'Europe, communique avec le golfe de Finlande par la Narva.

PEKIN ou **PEKING** (*Cour du Nord*), cap. de l'empire Chinois; 1300000 h. Les Français et les Anglais y sont entrés en 1860.

PÉLAGE, hérésiarque du Ve s., auteur du *pélagianisme*, qui niait le péché originel. || Roi des Asturies (719-737), défendit son petit royaume chrétien contre les Arabes.

PÉLASGES, anc. peuple qui a laissé des traces en Grèce, en Italie, etc. En Grèce, il disparut devant les Hellènes.

PÉLASGIQUE (GOLFE), formé au S.-E. de la Thessalie par la mer Égée, dit aussi golfe Pagasétique, auj. golfe de Volo.

PÉLÉE, fils d'Éaque et père d'Achille.

PÉLIAS, roi d'Iolcos, fut coupé en morceaux par ses filles qu'avaient trompées les artifices de Médée.

PÉLIGOT, chimiste français, né en 1811.

PÉLION, chaîne de montagnes de la Thessalie (Grèce anc.), le long de la mer Égée, s'unissait au N. à l'Ossa.

PÉLISSIER, duc de Malakoff, maréchal de France (1794-1864), prit Sébastopol (1855).

PELLA, auj. Jénidjeh, anc. cap. de la Macédoine.

PELLEGRUE, ch.-l. de c. de la Gironde, arr. de La Réole; 1675 h.

PELLERIN (LE), ch.-l. de c. de la Loire-Inférieure, arr. de Paimbœuf; 1779 h.

PELLICO (Silvio), poète et littérateur italien (1789-1854), fut emprisonné par le gouvernement autrichien comme suspect de carbonarisme; il a écrit le récit de sa captivité sous ce titre: *Mes prisons*.

PELLISSON, littérateur français, auteur d'une *Histoire de l'Académie française*; fut le premier commis du surintendant Fouquet, et le défendit avec courage dans son procès; plus tard il fut nommé historiographe de Louis XIV (1624-1693).

PÉLOPIDAS, général thébain, délivra son pays du joug de Lacédémone, fut le compagnon d'Épaminondas dans ses campagnes contre Sparte, et fut tué en poursuivant le tyran Alexandre de Phères (364 av. J.-C.).

PÉLOPIDES, les descendants de Pélops.

PÉLOPONNÈSE, auj. Morée, presqu'île de la Grèce ancienne, qui se rattache à l'Hellade par l'isthme de Corinthe, et qui comprenait l'Argolide, la Laconie, la Messénie, l'Élide, l'Achaïe et l'Arcadie. || GUERRE DU PÉLOPONNÈSE, lutte de 27 ans (431-404 av. J.-C.) entre Athènes et Sparte, qui eut pour théâtre le Péloponnèse, puis la Sicile, et qui se termina par la bataille d'Ægos-Potamos et la prise d'Athènes.

PÉLOPS, fils de Tantale, roi de Phrygie, fut le père d'Atrée et de Thyeste.

PELOUZE, chimiste franç., célèbre par ses études sur le sucre de betterave et ses recherches sur les corps organiques (1807-67).

PÉLUSE, auj. Tineh, v. de l'anc. Égypte, sur la Méditerranée, et à l'extrémité la plus orientale des sept bouches du Nil.

PÉLUSSIN, ch.-l. de c. de la Loire, arr. de Saint-Étienne; 3564 h.

PELVOUX, le plus haut sommet des montagnes du Dauphiné (3524 m.).

PEMBROKE, comté d'Angleterre (Galles); pop. 96000 h.; ch.-l. Pembroke; 10000 h.

PENDJAB, c.-à-d. pays des 5 rivières, partie moyenne du bassin de l'Indus. || Gouvernement de l'Hindoustan anglais (présidence de Calcutta); ch.-l. Lahore.

PÉNÉE, fl. de la Thessalie, arrose la vallée de Tempé et se jette dans le golfe Thermaïque. || Fl. de l'Élide, passe à Élis et se jette dans la mer Ionienne.

PÉNÉLOPE, femme d'Ulysse, mère de Télémaque, résista aux obsessions de ses prétendants pendant l'absence de son époux.

PÉNICAUD, famille d'émailleurs de Limoges, dont les deux plus célèbres sont JEAN et PIERRE, au XVIᵉ s.

PENMARCH (Pointe de), cap de France, au S.-E. de la baie d'Audierne (Finistère).

PENN (GUILLAUME), Anglais, fondateur de la Pensylvanie (1644-1718).

PENNE, ch.-l. de c. de Lot-et-Garonne, arr. de Villeneuve ; 2732 h.

PENNINES (ALPES), séparant la Savoie et le Valais du Piémont, et renfermant le mont Blanc, le grand Saint-Bernard, le Cervin, le mont Rose et le Simplon.

PENSIONNAIRE (GRAND), magistrat qui partageait avec le stathouder la direction de la république des Provinces-Unies, représentant l'élément civil.

PENSYLVANIE, l'un des États-Unis de l'Amérique du N., sur l'Atlantique ; pop. 3 519 601 h. ; v. pr. Harrisbourg (ch.-l.) et Philadelphie.

PENTAPOLE, territoire comprenant 5 villes ; il y avait une Pentapole en Cyrénaïque et une autre dans la Doride en Asie Mineure. || Au moyen âge, on a donné ce nom à la partie de l'Italie comprenant Rimini, Pesaro, Fano, Sinigaglia et Ancône.

PENTATEUQUE, réunion des 5 livres de Moïse, qui sont : la Genèse, l'Exode, le Lévitique, les Nombres, le Deutéronome.

PENTÉLIQUE, montagne de l'Attique, célèbre par ses marbres blancs.

PENTHÉSILÉE, reine des Amazones, fut tuée par Achille, devant Troie.

PENTHIÈVRE (fort), situé au N. de la presqu'île de Quiberon (Morbihan).

PENTHIÈVRE (comté, puis duché de), correspondait à une grande partie du dép. des Côtes-du-Nord ; v. pr. Lamballe, Guingamp. Il fut donné par Louis XIV au comte de Toulouse, l'un de ses fils légitimés.

PENTHIÈVRE (LOUIS DE BOURBON, duc DE), fils du comte de Toulouse, tint à Sceaux une cour de gens de lettres (1725-1793).

PÉONIE, portion de l'anc. Macédoine.

PEPE, général napolitain (1783-1855), défendit Naples (1821) et plus tard Venise (1849) contre les Autrichiens.

PEPIN *de Landen* ou *le Vieux*, l'un des ancêtres des Carlovingiens, fut maire du palais en Austrasie (622), mourut en 639.

PEPIN *d'Héristal*, fils d'Anségise et de Begga, fille de Pepin de Landen, fut duc héréditaire des Austrasiens(679), puis maire du palais de Neustrie (687) ; il mourut en 714, laissant un seul fils, Charles Martel.

PEPIN LE BREF, l'un des trois fils de Charles Martel, maire du palais de Neustrie (741-752), puis roi des Francs (752-768).

PERA, faubourg de Constantinople, au N. de la Corne d'Or, où résident les Francs.

PERAY (SAINT-), ch.-l. de c. de l'Ardèche, arr. de Tournon ; 2521 h. Vin blanc.

PERCHE (LE), anc. pays de France, entre la Normandie et le Maine ; v. pr. Mortagne, Nogent-le-Rotrou.

PERCHERON, ONNE, *adj.* et *s.* Qui est du Perche.

PERCIER, architecte français (1764-1838), construisit avec Fontaine l'arc de triomphe du Carrousel, et exécuta de nombreuses modifications aux Tuileries et au Louvre.

PERCY, ch.-l. de c. de la Manche, arr. de Saint-Lô ; 2974 h.

PERDICCAS, l'un des généraux d'Alexandre le Grand, fut régent de l'empire macédonien, à la mort du roi ; mais attaqué par une ligue de ses anciens collègues, il fut tué sur les bords du Nil (321 av. J.-C.).

PÈRE-EN-RETZ (SAINT-), ch.-l. de c. de la Loire-Inférieure, arr. de Paimbœuf ; 3064 h.

PÉRÉCOP ou **PÉRÉKOP**, v. de Russie (Tauride), sur l'isthme de Pérécop, qui réunit la Crimée au continent.

PÉRÉE, l'une des 4 divisions de la Palestine sous les Machabées et Hérode.

PÉRÉFIXE (HARDOUIN DE **BEAUMONT** DE), précepteur de Louis XIV, auteur de *l'Histoire du roi Henri le Grand* (1605-1671).

PÈRES DE L'ÉGLISE, écrivains ecclésiastiques des premiers siècles.

PEREZ (ANTONIO), homme d'État espagnol, agent de Philippe II, m. exilé (1539-1611).

PERGAME, la ville de Troie, ou simplement la citadelle et le palais des rois. || Anc. v. de Mysie (Asie Mineure), cap. du royaume de Pergame, célèbre par sa bibliothèque. || ROYAUME DE PERGAME, royaume fondé en Asie Mineure par Philétère, lieutenant de Lysimaque (283 av. J.-C.), donné aux Romains par le testament d'Attale III (133) et enlevé à Aristonic (132-129).

PERGOLÈSE, compositeur de musique italien, auteur d'un *Stabat*, de morceaux religieux et de quelques opéras (1710-1736).

PÉRIANDRE, tyran de Corinthe, l'un des sept sages de la Grèce (625-585 av. J.-C.).

PÉRICLÈS, homme d'État athénien, toutpuissant à Athènes, embellit la ville de monuments, commença la guerre du Péloponnèse, mourut de la peste (499-429 av. J.-C.).

PÉRIER (CASIMIR), homme d'État français, fut président du conseil des ministres sous Louis-Philippe Iᵉʳ (13 mars 1831) ; mourut du choléra (1777-1832).

PÉRIERS, ch.-l. de c. de la Manche, arr. de Coutances ; 2515 h.

PÉRIGORD, anc. pays de France, compris dans la Guyenne et correspondant au dép. de la Dordogne ; ch.-l. Périgueux.

PÉRIGOURDIN, INE, *adj.* et *s.* Qui est du Périgord ; habitant du Périgord.

PÉRIGUEUX, ch.-l. de la Dordogne, à 472 k. de Paris, sur l'Isle ; 21 864 h. Évêché.

PERIM, île du détroit de Bab-el-Mandeb, occupée par les Anglais depuis 1857.

PÉRIPATÉTICIENS, disciples d'Aristote.

PÉRIS, génies bienfaisants des deux sexes, d'après les croyances de la Perse.

PERM, gouvernement de la Russie, sur les deux versants de l'Oural ; ch.-l. Perm. Mines de cuivre et de fer.

PERMESSE, ruisseau de Béotie, consacré aux Muses.

PERNAMBOUC ou **FERNAMBOUC**, prov. orientale du Brésil ; pop. 1 300 000 h. ; ch.-l. Pernambouc, sur l'Atlantique ; 100 000 h.

PERNES, ch.-l. de c. de Vaucluse, arr. de Carpentras ; 4718 h. Garance, vins.

PERO-CASEVECCHIE, ch.-l. de c. de la Corse, arr. de Bastia ; 560 h.

PÉRONNE, ch.-l. d'arr. de la Somme, à 50 kil. d'Amiens, sur la Somme ; 4174 h.

PÉROU, république de l'Amérique du Sud, sur le Grand Océan ; pop. 2 500 000 h. ; cap. Lima. Le Pérou était gouverné par les Incas avant l'arrivée des Espagnols ; il fut conquis par Pizarre (1531-1533), secoua le joug espagnol en 1824, et se divisa en deux républiques, le Pérou propre et la Bolivie ou Haut-Pérou.

PÉROUSE, v. d'Italie, ch.-l. de la prov. de Pérouse, près du Tibre; 45000 h. || Lac DE PÉROUSE, anc. lac Trasimène.

PERPENNA, général romain, s'unit à Sertorius, puis l'assassina (72 av. J.-C.).

PERPIGNAN, ch.-l. des Pyrénées-Orientales, à 846 k. de Paris; 27 378 h. Évêché.

PERRAULT (CLAUDE), architecte français (1613-1688), éleva la colonnade du Louvre (1668-1670), construisit l'Observatoire de Paris (1667-1672). || Son frère, CHARLES PERRAULT, littérateur, soutint dans son *Parallèle des anciens et des modernes* la supériorité des auteurs de son temps sur l'antiquité; il est surtout connu par ses *Contes de fées* (1628-1703).

PERREUX, ch.-l. de c. de la Loire, arr. de Roanne; 2565 h.

PERRIN (l'abbé PIERRE), créateur de l'opéra français (1620-1675), établit l'*Académie des opéras en musique*, en 1669.

PERRONET, ingénieur franç. (1708-1794), organisa l'École des ponts et chaussées.

PERROS-GUIREC, ch.-l. de c. des Côtes-du-Nord, arr. de Lannion; 3764 h. Port, rade.

PERSAN, ANE, *adj.* et s. Qui est de la Perse; habitant de la Perse.

PERSE, poète satirique latin (34-62 ap. J.-C.), dont il nous reste six satires.

PERSE ANCIENNE, contrée de l'Asie anc. sur le golfe Persique; cap. Persépolis. || Empire des Perses, s'étendait de la Méditerranée à l'Indus, de la mer Caspienne au désert de Libye en Afrique; il fut détruit par Alexandre le Grand. || PERSE MODERNE OU IRAN, royaume de l'Asie occidentale entre la mer Caspienne et le golfe Persique; pop. 10 000 000 d'h.; cap. Téhéran. Roi (schah) depuis 1848; Nasser-ed-Din.

PERSÉE, fils de Jupiter et de Danaé, tua Méduse, l'une des Gorgones, et délivra Andromède.

PERSÉE, roi de Macédoine (178-168 av. J.-C.), fils de Philippe V, lutta contre les Romains, fut vaincu par Paul Émile à Pydna.

PERSÉPOLIS, anc. cap. de la Perse.

PERSIGNY (FIALIN, duc DE), homme politique français (1808-1872), s'attacha à la fortune du prince Louis-Napoléon Bonaparte, et fut ministre de l'intérieur de Napoléon III en 1852 et de 1860 à 1863.

PERSIQUE (GOLFE), golfe formé par la mer des Indes, avec laquelle il communique par le détroit d'Ormuz.

PERTH, v. d'Écosse, ch.-l. du comté de Perth, dans l'Écosse centrale; 25 000 h.

PERTINAX, empereur romain, succéda à Commode, périt assassiné après un règne de 87 jours (193).

PERTUIS, ch.-l. de c. de Vaucluse, arr. d'Apt; 5494 h. Garance, vins.

PÉRUGIN (VANNUCCI, dit LE), peintre italien, a peint beaucoup de tableaux et de fresques à Rome, à Bologne, à Florence et surtout à Pérouse (1446-1524).

PÉRUVIEN, IENNE, *adj.* et s. Qui est du Pérou; habitant du Pérou.

PERVENCHÈRES, ch.-l. de c. de l'Orne, arr. de Mortagne; 902 h.

PESARO, v. d'Italie, ch.-l. de prov., port sur l'Adriatique; 13 000 h.

PESCHIERA, v. d'Italie, à l'endroit où le Mincio sort du lac de Garda; 3000 h.; l'une des places de l'ancien quadrilatère.

PESMES, ch.-l. de c. de la Haute-Saône, arr. de Gray; 1477 h.

PESSAC, ch.-l. de c. de la Gironde, arr. de Bordeaux; 2799 h. Vins estimés.

PESSINONTE, v. anc. de la petite Phrygie, célèbre par le culte de Cérès.

PESTALOZZI, instituteur suisse, fonda un institut pédagogique pour appliquer sa méthode, qui avait pour base l'exercice graduel des facultés de l'enfant en suivant l'ordre indiqué par la nature (1746-1827).

PESTE NOIRE, épidémie qui décima l'Asie et l'Europe vers 1348, et qu'on appelle aussi *Peste de Florence*.

PESTH, cap. de la Hongrie, sur la rive gauche du Danube, en face de Bude; 202 000 h.

PÉTALISME, sorte d'ostracisme établi à Syracuse (454 av. J.-C.).

PÉTAU, savant jésuite, auteur d'ouvrages sur la chronologie et sur les dogmes théologiques (1583-1652).

PETCHORA, fl. de Russie, sort de l'Oural septentrional et se jette dans l'océan Glacial arctique; 1350 k.

PETERBOROUGH (comte DE), général et homme politique anglais, commanda en chef les troupes envoyées en Espagne pour soutenir l'archiduc Charles contre Philippe V et les Français (1658-1735).

PETERHOF, vge de Russie, à 28 k. de St-Pétersbourg, où se trouvent un palais du tsar et une manufacture de mosaïques.

PETERMANN, géographe allemand, né en 1822, dirige à Gotha l'établissement géographique du libraire Justus Perthes, et publie une revue mensuelle sous le titre de *Communications géographiques*.

PÉTERSBOURG (SAINT-), cap. de l'Empire russe, sur la Neva, à 2968 k. de Paris; 670 000 h.

PETERWARDEIN, v. forte de l'empire d'Autriche (Confins-Militaires), sur la rive droite du Danube; 8000 h.

PÉTION, maire de Paris en 1791-1792, fut le premier président de la Convention; condamné en 1793, il s'enfuit et périt aux environs de Saint-Émilion (Gironde).

PÉTION, général mulâtre (1770-1818), prit une grande part à l'expulsion des Français de Saint-Domingue (1803), et fut président de la République d'Haïti (1807-1818).

PETIT (JEAN), cordelier français, prononça devant la cour (1408) l'apologie du meurtre du duc d'Orléans assassiné par le duc de Bourgogne, Jean sans Peur.

PETIT, général français (1772-1856), reçut le baiser d'adieu de Napoléon Ier à Fontainebleau, lors de l'abdication (1814).

PETIT-BOURG, hameau à 5 k. de Corbeil (Seine-et-Oise). Colonie agricole.

PETIT-QUEVILLY, ch.-l. de c. de la Seine-Inférieure, arr. de Rouen; 4981 h. Filatures; produits chimiques.

PETITE-PIERRE (LA), anc. ch.-l. de canton du Bas-Rhin, arr. de Saverne; 1167 h.; cédé à la Prusse en 1871.

PETITES-MAISONS, hôpital de Paris où l'on renfermait les aliénés.

PETITOT (JEAN), peintre en émail, fut protégé par Louis XIV (1607-1691).

PETRA, anc. v. d'Arabie, cap. de l'Idumée, a donné son nom à l'Arabie Pétrée.

PÉTRARQUE, poète italien, né à Arezzo (1304-1374), vécut à Avignon et dans la retraite de Vaucluse, puis fut chargé de plusieurs missions à Venise, à Paris, par les Visconti; il est célèbre par les *Canzones* et les *Sonnets* qu'il composa pour Laure de Noves.

PÉTRÉE (ARABIE) ou Idumée, partie de l'Arabie anc. comprise entre la Palestine et la mer Rouge ; auj. l'Hedjaz.

PETREIUS, général romain, défit Catilina à Pistoie (62) ; fut vaincu par Jules César à Thapsus (Afrique), et se tua (46 av. J.-C.).

PETRETO-BICCHISANO, ch.-l. de c. de la Corse, arr. de Sartène ; 1025 h.

PÉTRONE, écrivain latin, auteur du *Satyricon*, dans lequel il a dépeint la société corrompue de son temps ; il se fit ouvrir les veines pour échapper à la jalousie de Tigellinus, favori de Néron (66 ap. J.-C.).

PEUTINGER, humaniste allemand (1465-1547), donna son nom à une *Table* des voies militaires de l'empire romain exécutée sous l'un des Théodose, et découverte en 1500.

PEYREHORADE, ch.-l. de c. des Landes, arr. de Dax, sur le Gave de Pau ; 2503 h.

PEYRELEAU, ch.-l. de c. de l'Aveyron, arr. de Millau ; 330 h.

PEYRIAC-MINERVOIS, ch.-l. de c. de l'Aude, arr. de Carcassonne ; 1246 h.

PEYROLLES, ch.-l. de c. des Bouches-du-Rhône, arr. d'Aix ; 1285 h.

PEYRONNET (comte DE), homme politique français (1778-1854), ministre de la justice de 1821 à 1827. Ministre de l'intérieur en 1830, il signa les ordonnances de Juillet; condamné par la Cour des pairs à la détention perpétuelle, il fut gracié en 1836.

PEYRUIS, ch.-l. de c. des Basses-Alpes, arr. de Forcalquier, sur la Durance ; 842 h.

PEYSSONEL (CHARLES DE), auteur d'une *Relation de voyages au Levant* (1700-1757). ‖ Son fils, CHARLES (1727-1790), a écrit un *Traité sur le commerce de la mer Noire*.

PÉZÉNAS, ch.-l. de c. de l'Hérault, arr. de Béziers ; 7314 h.

PFÆFFERS ou **PFEFFERS**, bourg du canton de Saint-Gall (Suisse), sur la Tamina. Sources thermales très-fréquentées.

PFEIFFER (Ida), femme célèbre par ses voyages, née à Vienne (1795-1858); elle fit et écrivit deux *Voyages autour du monde*.

PFISTER, historien allemand (1772-1835), auteur d'une *Histoire des Allemands*.

PHACÉE, roi d'Israël (757-730), battit Achaz, roi de Juda, fut vaincu par Teglath-Phalasar, et assassiné par Osée.

PHACEIA, roi d'Israël (759-757), fils et successeur de Manahem, fut tué par Phacée.

PHAÉTON, fils du Soleil ou Apollon, obtint de son père la permission de conduire son char pendant un jour ; il s'approcha trop de la terre et faillit l'embraser ; alors Jupiter le foudroya.

PHALANGE, ordre de bataille établi par Philippe II de Macédoine, dans lequel les hommes se rangeaient sur 16 files.

PHALANSTÈRE, dans le système de Fourier, édifice occupé par *la phalange* ou commune sociétaire.

PHALARIS, tyran d'Agrigente, connu par le taureau d'airain dans lequel il faisait brûler des victimes humaines vivantes.

PHALÈRE, le plus petit des trois ports d'Athènes, à l'E. de Munychie.

PHALSBOURG, anc. ch.-l. de c. de la Meurthe, arr. de Sarrebourg; 3564 h.; cédé à la Prusse en 1871.

PHARAMOND, fils de Marcomir et père de Clodion, fondateur de la monarchie des Francs, selon une chronique (420-428).

PHARAON, titre de tous les rois d'Égypte.

PHARISIENS, sectateurs juifs, qui exagéraient les pratiques de la loi de Moïse.

PHARNABAZE, satrape de Darius II et d'Artaxerxès Mnémon, s'unit avec l'Athénien Cimon contre le Spartiate Dercyllidas, puis contre Agésilas.

PHARNACE, fils de Mithridate le Grand, trahit son père, et reçut pour récompense de Pompée le royaume du Bosphore. Ensuite il fut vaincu par César, et périt en combattant ses sujets révoltés (47 av. J.-C.).

PHAROS, petite île de l'anc. Égypte, près d'Alexandrie, dans laquelle fut élevé le premier phare, sous le règne de Ptolémée Philadelphe (285 av. J.-C.).

PHARSALE, v. de l'anc. Thessalie, où Pompée fut défait par César (48 av. J.-C.).

PHASE, fl. de l'Asie anc. (Colchide), descendant du Caucase, se jette dans le Pont-Euxin.

PHATMÉTIQUE, 4e branche du Nil à son embouchure, auj. branche de Damiette.

PHÉACIENS (île des), nom anc. de Corfou.

PHÉBIDAS, général spartiate, s'empara par trahison de la Cadmée, citadelle de Thèbes (382 av. J.-C.).

PHÈDRE, fille de Minos et de Pasiphaé, épousa Thésée, et causa, par une fausse accusation, la mort de son beau-fils Hippolyte.

PHÈDRE, fabuliste latin du 1er s. ap. J.-C., fut l'affranchi d'Auguste.

PHÉNICIE, contrée de l'Asie anc. sur la côte O. de Syrie : v. pr. Aradus, Byblos, Béryte, Sidon, Tyr, etc.

PHÉNICIEN, IENNE, *adj.* et *s.* Qui est de la Phénicie ; habitant de la Phénicie.

PHÈRES, v. de l'anc. Thessalie.

PHIDIAS, sculpteur grec, contemporain de Périclès (498-431 av. J.-C.), éleva dans le Parthénon la statue de Minerve, et à Olympie, en Élide, celle de Jupiter.

PHILADELPHIE, v. des États-Unis (Pensylvanie), sur le Delaware ; 674 000 h. Centre d'industrie manufacturière.

PHILÆ (île de), île du Nil dans la haute Égypte, sur la frontière de la Nubie.

PHILBERT (SAINT-), ch.-l. de c. de la Loire-Inférieure, arr. de Nantes ; 3761 h.

PHILÉMON et sa femme Baucis, vieillards de Phrygie, offrirent l'hospitalité à Jupiter et à Mercure, qui les récompensèrent en changeant leur cabane en un temple dont ils furent les ministres.

PHILÉMON, poète grec, créateur de la comédie de mœurs (360-262 av. J.-C.).

PHILÈNES, nom de deux frères de la ville de Cyrène (Afrique) qui consentirent à être enterrés vifs pour agrandir le territoire de leur patrie. On leur dressa des autels sur leur tombeau.

PHILÉTÈRE, lieutenant de Lysimaque, fonda à Pergame un État qu'il transmit à son neveu Eumène (263 av. J.-C.).

PHILIDOR, compositeur de musique français (1726-1795).

PHILIPPE, nom de 3 rois de Macédoine, dont le 2e, fils d'Amyntas, régna de 359 à 336 av. J.-C., soumit la Thrace, vainquit à Chéronée les Athéniens et les Thébains réunis contre lui à la voix de Démosthène, et périt assassiné par Pausanias. Il eut de sa femme Olympias Alexandre dit le Grand. || PHILIPPE V, fils de Démétrius, roi de Macédoine (220-178 av. J.-C.), lutta contre les Romains et fut vaincu par Flamininus à Cynoscéphales (197).

PHILIPPE-HÉRODE, fils d'Hérode le Grand, roi de Judée (4 av.-34 ap. J.-C.).

PHILIPPE dit l'ARABE, empereur romain (244-249), succéda à Gordien III qu'il avait renversé.

PHILIPPE (saint), apôtre, subit le martyre en Phrygie (vers 80).

PHILIPPE Ier, roi de France (1060-1108), fils de Henri Ier, lutta contre Guillaume le Conquérant, duc de Normandie et roi d'Angleterre. || PHILIPPE II ou PHILIPPE-AUGUSTE, roi de France (1180-1223), fils de Louis VII, fit la 3e croisade avec le roi d'Angleterre Richard Cœur de Lion, enleva au successeur de Richard, Jean sans Terre, la Normandie, l'Anjou, le Maine, la Touraine et le Poitou (1204-1205), enfin triompha à Bouvines de la ligue de Jean sans Terre, de l'empereur Othon IV et de Ferrand, comte de Flandre (1214). || PHILIPPE III *le Hardi*, roi de France (1270-1285), fils de saint Louis, acquit le comté de Toulouse, intervint dans les affaires d'Espagne et prit Perpignan. || PHILIPPE IV *le Bel*, roi de France (1285-1314), fils et successeur de Philippe III, fit la guerre à Édouard Ier d'Angleterre, et aux Flamands; vaincu à Courtray (1302), vainqueur à Mons-en-Puelle (1304), il conquit la Flandre française. Excommunié par Boniface VIII, il le fit insulter par Nogaret; et après le court pontificat de Benoît IX, il fit élire Bertrand de Goth (Clément V, 1305), qui établit sa résidence à Avignon (1309). Philippe le Bel institua les états généraux et fixa le parlement à Paris; il supprima l'ordre des Templiers. Il laissait trois fils qui régnèrent après lui, Louis X, Philippe V et Charles IV. || PHILIPPE V *le Long*, roi de France (1316-1322), succéda à son frère Louis le Hutin, à l'exclusion de sa nièce Jeanne, contre laquelle on fit la première application de la loi salique. || PHILIPPE VI *de Valois*, roi de France (1328-1350), fils de Charles de Valois et petit-fils de Philippe III le Hardi, succéda, en vertu de la loi salique, à Charles IV qui ne laissait qu'une fille. Sous son règne commença la guerre de Cent Ans avec l'Angleterre (1337), et eurent lieu la défaite de la noblesse française à Crécy (1346) et la prise de Calais par les Anglais (1347).

PHILIPPE Ier LE BEAU, fils de l'empereur Maximilien et de Marie de Bourgogne, souverain des Pays-Bas à la mort de sa mère, épousa l'infante Jeanne, fille de Ferdinand le Catholique et d'Isabelle de Castille (1496), et devint roi de Castille à la mort d'Isabelle (1504-1506). De son mariage naquirent les empereurs Charles-Quint et Ferdinand Ier. || PHILIPPE II, roi d'Espagne (1555-1598), était fils de Charles-Quint; adversaire du protestantisme en Europe, il combattit les Anglais, qui détruisirent sa flotte, *l'invincible armada*, le roi de France Henri IV, et les Pays-Bas, qui, ensanglantés par les cruautés du duc d'Albe, lui échappèrent pour former la république des Provinces-Unies (1572). Il a acquis le Portugal (1581) que l'Espagne a perdu en 1640. || PHILIPPE III, roi d'Espagne (1598-1621), fils de Philippe II, livra le pouvoir au duc de Lerme, et expulsa les Morisques. Parmi ses enfants, on remarque Anne d'Autriche, femme de Louis XIII. || PHILIPPE IV, roi d'Espagne (1621-1665), fils du précédent, fut dirigé par le duc d'Olivarès, puis par Louis de Haro. Vaincu à Rocroi et à Lens, l'Espagne se résigna à la paix des Pyrénées (1659). || PHILIPPE V, roi d'Espagne (1700-1746) en vertu du testament de Charles II d'Autriche, était petit-fils de Louis XIV; il commença la branche des Bourbons d'Espagne, défendit, avec l'appui de son aïeul, sa couronne contre un compétiteur, l'archiduc Charles, et fut reconnu de toute l'Europe par le traité d'Utrecht. Plus tard les provocations de son ministre Albéroni déterminèrent la France, l'Angleterre, la Hollande et l'Autriche à former la *quadruple alliance* contre lui (1718). Enfin il s'est uni à la France pendant la guerre de la Succession d'Autriche.

PHILIPPE Ier DE ROUVRE, duc de Bourgogne (1350-1361), a été le dernier représentant de la 1re maison capétienne des ducs de Bourgogne. || PHILIPPE II *le Hardi*, fils du roi Jean le Bon, fondateur de la 2e maison capétienne des ducs de Bourgogne (1363-1404), fut très-puissant en France sous le règne de son neveu Charles VI; il fut le père de Jean sans Peur. || PHILIPPE III *le Bon*, duc de Bourgogne (1419-1467), fils et successeur de Jean sans Peur, s'allia d'abord aux Anglais contre la France; puis, en 1435, se rapprocha de Charles VII, contint les révoltes des Flamands, et mourut en laissant pour héritier le comte de Charolais (Charles le Téméraire). Il avait institué l'ordre de la Toison d'Or en 1429.

PHILIPPE DE BENGUELA (SAINT-), ch.-l. des possessions portugaises du Benguela (Afrique occidentale); 3000 h.

PHILIPPE DE CHAMPAGNE, voy. CHAMPAGNE.

PHILIPPES, v. de l'anc. Macédoine, où Octave et Antoine battirent Cassius et Brutus (42 av. J.-C.).

PHILIPPEVILLE, v. d'Algérie, dans la prov. de Constantine, s.-préf. et ch.-l. de cercle militaire; 10 000 h.

PHILIPPINES (ILES), archipel de la Malaisie (Océanie), à l'Espagne, dont les îles pr. sont Luçon, Mindanao; pop. 4 320 000 h.

PHILIPPIQUES, nom donné à quatre harangues de Démosthène contre Philippe II de Macédoine, et par analogie à quatorze discours de Cicéron contre Antoine.

PHILIPPOPOLI, v. de la Roumélie (Turquie d'Europe); 45 000 h. Grand commerce.

PHILISTINS ou **PALESTINS**, anc. peuple chananéen, qui donna son nom à la Palestine; il imposa aux Juifs la 6e servitude, que Samson brisa; il battit Saül sur le mont Gelboé, et fut vaincu par David.

PHILOCTÈTE, compagnon d'Hercule, reçut de ce héros mourant ses flèches trempées dans le sang de l'hydre de Lerne.

PHILOMÈLE, fille de Pandion, fut enfermée par son beau-frère Térée, et délivrée par sa sœur Progné.

PHILOMÈLE, chef des Phocidiens dans la 2ᵉ guerre sacrée, fut vaincu par les Thébains et se tua en se précipitant d'un rocher (353 av. J.-C.).

PHILON *le Juif*, né vers l'an 20 av. J.-C. à Alexandrie, entreprit de concilier le mosaïsme avec la philosophie grecque.

PHILOPOEMEN, général grec, vainquit les Spartiates et les força d'entrer dans la ligue achéenne; mais les Romains suscitèrent contre lui les Messéniens, qui le battirent, le prirent et le condamnèrent à boire la ciguë (253-183 av. J.-C.).

PHILOSTRATE, sophiste grec, auteur de la *Vie d'Apollonius de Tyane*, etc., vécut du temps de Septime Sévère.

PHILOTAS, fils de Parménion, fut mis à mort pour n'avoir pas révélé un complot contre Alexandre le Grand (330 av. J.-C.).

PHLÉGÉTHON, un des fleuves de l'enfer.

PHLÉGRÉENS (Champs), nom donné par les anciens à la contrée qui s'étend de Naples au cap Misène.

PHOCAS, empereur d'Orient (602-610), succéda à Maurice, qu'il mit à mort avec ses cinq fils; il fut à son tour renversé et décapité par Héraclius.

PHOCÉE, anc. colonie grecque d'Ionie (Asie Mineure), fonda en Gaule la colonie de Massilia (Marseille).

PHOCIDE, contrée de l'anc. Grèce, entre la Thessalie et la Béotie; v. pr. Élatée, Delphes.

PHOCION, général athénien, adversaire de Démosthène, conseilla la paix avec Philippe, puis avec Alexandre, et néanmoins battit plusieurs fois les Macédoniens; mais ayant laissé prendre le Pirée, il fut condamné à boire la ciguë (402-317 av. J.-C.).

PHOEBÉ, PHOEBUS, voy. DIANE, APOLLON.

PHOTIUS, patriarche de Constantinople, commença le schisme des Grecs (863).

PHRAATE, nom de 4 rois des Parthes, dont le 4ᵉ restitua à Auguste les étendards pris à Crassus (20 av. J.-C.).

PHRAORTES, roi des Mèdes (656-634 av. J.-C.), fils de Déjocès, conquit la Perse, fut vaincu et tué par Nabuchodonosor Iᵉʳ.

PHRYGIE, anc. contrée de l'Asie Mineure, au centre; v. pr. Iconium, Cyzique, Lampsaque, Abydos, Troie, Gordium, Ancyre.

PHTHA, l'un des grands dieux de l'anc. Égypte, représentait le feu.

PHTHIOTIDE, canton de l'anc. Thessalie; ch.-l. Phthie; v. pr. Lamia.

PHUL ou **SARDANAPALE II**, roi d'Assyrie (759-747 av. J.-C.), fonda le 2ᵉ empire assyrien après la chute de Sardanapale.

PHYSIOCRATES, économistes français du XVIIIᵉ s. qui regardaient la terre comme source unique de la richesse; les principaux sont Quesnay et Turgot.

PIANA, ch.-l. de c. de la Corse, arr. d'Ajaccio; 1190 h.

PIAST, paysan polonais, élu duc des Polonais (842), fonda la dynastie des Piasts, qui donna à la Pologne 22 princes; le dernier fut Casimir III, mort en 1370.

PIAVE, petit fl. de l'Italie du N., passe à Belluno et se perd dans les lagunes de l'Adriatique; 220 k.

PIBRAC (Guy DU FAUR, seigneur DE), ambassadeur de Charles IX au concile de Trente; connu par ses *Quatrains* (1529-1584).

PIC DE LA MIRANDOLE (Jean), savant et théologien italien, célèbre par sa prodigieuse mémoire (1463-1494).

PICARD, auteur dramatique français, acteur et directeur de troupes, composa plus de 80 comédies, dont les plus connues sont *le Collatéral*, *la Petite Ville* (1769-1828).

PICARDIE, anc. prov. de France, forme le dép. de la Somme et partie de l'Aisne, de l'Oise et du Pas-de-Calais; cap. Amiens.

PICCINI, compositeur italien (1728-1800), vint en France, où il donna *Roland*, *Atys* et *Didon*; sa rivalité avec Gluck divisa le public en *Piccinistes* et *Gluckistes*.

PICCOLOMINI (Octave), général des Impériaux pendant la guerre de Trente Ans, révéla les desseins de Waldstein (1599-1656).

PICENUM, région de l'Italie anc., sur l'Adriatique; v. pr. Ancône, Asculum, Hadria.

PICHEGRU, général français, conquit la Hollande (1795); destitué pour ses relations avec les émigrés, il s'enfuit à l'étranger, prit part au complot de Georges Cadoudal, fut arrêté à Paris et s'étrangla dans sa prison (1761-1804).

PICHOT (Amédée), littérateur français (1796-1877), rédacteur de la *Revue britannique* depuis 1843.

PICOT, peintre français (1786-1868).

PICQUIGNY, ch.-l. de c. de la Somme, arr. d'Amiens; 1384 h.

PICTES, anc. peuple de la Calédonie (Écosse), de race gaélique.

PIE II (ÆNEAS-SYLVIUS PICCOLOMINI), pape (1458-1464), voulut tourner contre Mahomet II les forces des princes chrétiens (1459). || **PIE VI**, pape (1775-1799), se déclara contre la révolution française (1791), vit Rome occupée par Berthier (1798), et transporté d'exil en exil, mourut à Valence. || **PIE VII**, pape (1800-1823), négocia le Concordat avec Bonaparte (1801), sacra Napoléon Iᵉʳ empereur (1804); puis, à la suite de dissentiments avec ce prince, fut enlevé de Rome et transporté à Fontainebleau (1812); il ne rentra dans ses États qu'en 1814. || **PIE IX** (Jean-Marie, comte de Mastaï-Ferretti), né en 1792, évêque d'Imola en 1832, fut élu pape en 1846.

PIEDICORTE-DI-GAGGIO, ch.-l. de c. de la Corse, arr. de Corte; 935 h.

PIEDICROCE, ch.-l. de c. de la Corse, arr. de Corte; 619 h.

PIÉMONT, contrée de l'Italie du N. entre les Alpes occid. et le Tessin; cap. Turin. Patrimoine des rois de Sardaigne, le Piémont s'est fondu dans le royaume d'Italie (1861).

PIÉRIDES, autre nom des Muses, tiré du mont Piérus, en Macédoine.

PIERRE, ch.-l. de c. de Saône-et-Loire, arr. de Louhans; 1993 h.

PIERRE (saint), le Prince des Apôtres, travailla à la conversion des Juifs, visita la Syrie, puis Rome; il fut arrêté avec saint Paul, par l'ordre de Néron, et crucifié (10 av. - 65 ap. J.-C.). On a de lui 2 *Épîtres*.

PIERRE *le Cruel*, roi de Castille (1350-1369), fut chassé du trône par son frère Henri de Transtamare que soutenait le roi de France, puis rétabli par le Prince Noir; renversé une seconde fois par Henri de

Transtamare avec l'aide de Duguesclin, il se rendit à son frère, qui le poignarda.

PIERRE Ier *le Cruel* ou *le Justicier*, roi de Portugal (1357-1367), fit périr, dès son avènement, les assassins d'Inès de Castro.

PIERRE *l'Ermite*, né à Amiens, prédicateur de la 1re croisade (1050-1115).

PIERRE Ier *le Grand*, tsar de Russie (1682-1725), régna d'abord avec son frère Iwan V sous la tutelle de sa sœur Sophie. En 1689, il visita l'Europe pour s'initier aux arts de l'Occident. A son retour, il détruisit la milice indisciplinée des strélitz; vainqueur de Charles XII, roi de Suède, à Poltava (1709), il commença la conquête de la Finlande, et donna à la Russie Saint-Pétersbourg pour capitale. En 1711, il épousa Catherine, et en 1718 il fit périr son fils Alexis. || PIERRE II, tsar de Russie (1727-1730), fils d'Alexis et petit-fils de Pierre le Grand, régna après Catherine Ire. || PIERRE III, tsar de Russie (1762), fut contraint d'abdiquer par sa femme Catherine II, et périt de mort violente.

PIERRE II, roi d'Aragon (1196-1213), allié des Albigeois, fut vaincu et tué par Simon de Montfort à Muret. || PIERRE III, roi d'Aragon (1276-1285), secourut les Siciliens révoltés contre Charles d'Anjou.

PIERRE DE MONTEREAU, architecte, construisit la Ste Chapelle à Paris (1245-1248).

PIERRE (SAINT-), îlot de l'Amérique du Nord, à 20 k. de Terre-Neuve, à la France; v. pr. Saint-Pierre, ch.-l. du gouvernement de Saint-Pierre-et-Miquelon; port pour la pêche de la morue.

PIERRE (SAINT-), ch.-l. de c. de l'île de la Réunion, arr. de Saint-Paul; 4000 h.

PIERRE (SAINT-), port fortifié de la Martinique, ch.-l. d'arr.; 23000 h. Évêché.

PIERRE-BUFFIÈRE, ch.-l. de c. de la Haute-Vienne, arr. de Limoges; 860 h.

PIERRE D'ALBIGNY (SAINT-), ch.-l. de c. de la Savoie, arr. de Chambéry; 3083 h.

PIERRE DE CHIGNAC (SAINT-), ch.-l. de c. de la Dordogne, arr. de Périgueux; 882 h.

PIERRE D'OLÉRON (SAINT-), ch.-l. de c. de la Charente-Inférieure, arr. de Marennes; 4968 h. Vins et eaux-de-vie.

PIERRE-ÉGLISE (SAINT-), ch.-l. de c. de la Manche, arr. de Cherbourg; 2167 h.

PIERRE-ENCISE (SAINT-), château fort, démoli en 1793, qui dominait la rive droite de la Saône, à Lyon.

PIERREFITTE, ch.-l. de c. de la Meuse, arr. de Commercy; 552 h.

PIERREFONDS, bourg à 14 k. de Compiègne (Oise); 1720 h. Eaux sulfureuses et ferrugineuses. Château restauré.

PIERREFONTAINE, ch.-l. de c. du Doubs, arr. de Baume-les-Dames; 1063 h.

PIERREFORT, ch.-l. de c. du Cantal, arr. de Saint-Flour; 1238 h.

PIERRELATTE, ch.-l. de c. de la Drôme, arr. de Montélimar; 3577 h.

PIERRE-LE-MOÛTIER (SAINT-), ch.-l. de c. de la Nièvre, arr. de Nevers; 2153 h.

PIERRE-LE-PORT (SAINT-), ch.-l. de l'île de Guernesey; 35000 h.

PIERRE-LÈS-CALAIS (SAINT-), bourg de l'arr. de Boulogne, à 3 k. S.-E. de Calais (Pas-de-Calais); 20509 h. Tulles, dentelles; raffineries, distilleries.

PIERRE-SUR-DIVES (SAINT-), ch.-l. de c. du Calvados, arr. de Lisieux; 1995 h.

PIERREVILLE (SAINT-), ch.-l. de c. de l'Ardèche, arr. de Privas; 2020 h.

PIERROT, valet dans l'anc. comédie italienne et dans la pantomime moderne.

PIÉTISTES, membres d'une secte chrétienne qui s'attache à la lettre de l'Évangile.

PIETRA, ch.-l. de c. de la Corse, arr. de Corte; 845 h.

PIETRO (SANTO-), ch.-l. de c. de la Corse, arr. de Bastia; 1079 h.

PIEUX (LES), ch.-l. de c. de la Manche, arr. de Cherbourg; 1444 h.

PIGALLE, sculpteur français (1714-1785).

PIGNEROL, v. de la prov. de Turin (Italie); 15000 h. Château fort.

PILATE (PONCE), procurateur de la Judée (27-37), abandonna Jésus aux Juifs.

PILÂTRE DE ROZIER, aéronaute français, tomba dans la mer en voulant traverser la Manche en ballon (1785).

PILNITZ, vge de la Saxe royale, près de Dresde. Château où l'empereur Léopold II et Frédéric Guillaume II de Prusse rédigèrent une déclaration menaçante contre l'Assemblée constituante, en 1791.

PILON ou **PILLON** (GERMAIN), sculpteur français (1535-1598), auteur d'un groupe des *Trois Grâces*, des bustes de Henri II, Charles IX, Henri III, etc.

PIN (LE), vge à 13 k. d'Argentan (Orne), célèbre par son haras.

PINDARE, le plus grand des poètes lyriques grecs, né à Thèbes (520-440 av. J.-C.), chanta les vainqueurs dans les jeux de la Grèce; ses odes se divisent en *Olympiques, Pythiques, Isthmiques, Néméennes*.

PINDE, chaîne de montagnes de l'ancienne Grèce, entre l'Épire et la Thessalie.

PINEL, médecin aliéniste franç. (1745-1826).

PINEY, ch.-l. de c. de l'Aube, arr. de Troyes; 1588 h.

PINOLS, ch.-l. de c. de la Haute-Loire, arr. de Brioude; 877 h.

PINS (ILE DES), île de la Polynésie, au S. de la Nlle-Calédonie, à la France; 1000 h.

PINTO-RIBEIRO, auteur principal de la révolution qui enleva le Portugal à l'Espagne (1640) et donna la couronne au duc de Bragance (Jean IV).

PINZON, frères espagnols, compagnons de Colomb dans son voyage de 1492.

PIOMBINO, lac, canal, petit port d'Italie (2000 h.), en face de l'île d'Elbe.

PIONSAT, ch.-l. de c. du Puy-de-Dôme, arr. de Riom; 2193 h.

PIPRIAC, ch.-l. de c. d'Ille-et-Vilaine, arr. de Redon; 3183 h.

PIRÉE, port d'Athènes, à 8 k. de la ville.

PIRITHOÜS, roi des Lapithes et ami de Thésée; ses noces avec Hippodamie furent ensanglantées par un combat entre les Centaures et les Lapithes.

PIRON, poète dramatique français, auteur de la comédie la *Métromanie* (1689-1773).

PISANI, nom de deux amiraux de Venise, qui se signalèrent dans les guerres contre Gênes, au XIVe s.

PISANO (NICOLAS), architecte de l'église Saint-Antoine de Padoue (XIIIe s.). || Son fils JEAN (1240-1320) donna le plan du cimetière ou *Campo santo* de Pise.

PISE, v. de l'Élide (Péloponnèse anc.), non loin du temple d'Olympie et du champ où se célébraient les jeux Olympiques.

PISE, v. d'Italie, ch.-l. de la prov. de son nom, sur l'Arno, à 80 k. de Florence; 54 000 h. Tour penchée; Campo santo. Puissante république du xᵉ au xvᵉ s.

PISIDIE, anc. contrée de l'Asie Mineure, au S. de la Phrygie.

PISISTRATE, tyran d'Athènes, régna avec douceur et rendit Athènes prospère (612-527 av. J.-C.). Ses deux fils, Hipparque et Hippias, lui succédèrent.

PISON, gouverneur de Syrie (18 ap. J.-C.), fut accusé avec sa femme Plancine d'avoir empoisonné Germanicus.

PISON, choisi par Galba comme son successeur, fut massacré par les prétoriens soulevés par Othon (69 ap. J.-C.).

PISSOS, ch.-l. de c. des Landes, arr. de Mont-de-Marsan; 1886 h.

PISTOIA, v. de la prov. de Florence (Italie); 12 000 h. Défaite de Catilina (69 av. J.-C.).

PITHIVIERS, ch.-l. d'arr. du Loiret, à 42 k. d'Orléans; 4585 h.

PITHOU (Pierre), jurisconsulte et érudit français, participa à la rédaction de la *Satire Ménippée* (1539-1596).

PITT (William), lord Chatham, homme d'État anglais (1708-1778), dirigea la politique de l'Angleterre pendant la guerre de Sept Ans, et fut l'ennemi acharné de la France; il défendit la cause des colonies anglaises d'Amérique dans le Parlement. ‖ William Pitt, 2ᵉ fils du précédent, homme d'État anglais; ministre pendant 17 ans du roi George III, fut l'âme de toutes les coalitions contre la République française et contre Napoléon (1759-1806).

PITTACUS, tyran de Mitylène, l'un des sept sages de la Grèce (652-569 av. J.-C.).

PIXÉRÉCOURT (Guilbert de), auteur dramatique français (1773-1844).

PIZARRE (François), Espagnol, conquérant du Pérou, fit périr Atahualpa (1533), ordonna le supplice de son associé Almagro; mais le fils de ce dernier vengea son père en assassinant Pizarre (1475-1541).

PLABENNEC, ch.-l. de c. du Finistère, arr. de Brest; 3558 h.

PLACIDIE, fille de Théodose le Grand, sœur d'Arcadius et d'Honorius, épousa le Visigoth Ataulf, puis un général romain, Constance; devenue veuve pour la 2ᵉ fois, elle gouverna l'empire d'Occident, sous le nom de son fils Valentinien III (388-450).

PLAISANCE, v. d'Italie, ch.-l. de la prov. de son nom, sur le Pô; 32 000 h. ‖ Duc de Plaisance, voy. Lebrun.

PLAISANCE, ch.-l. de c. du Gers, arr. de Mirande; 1996 h.

PLANARD, auteur de livrets mis en musique par Auber, Hérold, Halévy (1783-1855).

PLANCHE (Joseph), helléniste français (1762-1853), auteur d'un *Dict. grec-français.*

PLANCHES-EN-MONTAGNE (LES), ch.-l. de c. du Jura, arr. de Poligny; 225 h.

PLANCOËT, ch.-l. de c. des Côtes-du-Nord, arr. de Dinan; 1956 h.

PLANTAGENETS, dynastie de rois d'Angleterre (1154-1485), d'origine française; le fondateur, Henri II, était arrière-petit-fils de Guillaume le Conquérant par sa mère Mathilde, et fils de Geffroy V, comte d'Anjou.

PLANUDE, moine grec du xivᵉ s., éditeur de l'*Anthologie grecque*, et auteur du recueil des *Fables d'Ésope.*

PLATA (RIO DE LA), fl. de l'Amérique du S., formé de la réunion du Parana et de l'Uruguay, baigne Buenos-Ayres, Montevideo, et se jette dans l'océan Atlantique; 2500 k.

PLATA (*ÉTATS-UNIS DU RIO DE LA*), ou République Argentine, voy. Argentine.

PLATA (LA), voy. Chuquisaca.

PLATÉE ou **PLATÉES**, anc. v. de la Béotie (Grèce), célèbre par la victoire de Pausanias et d'Aristide sur le Perse Mardonius (479 av. J.-C.).

PLATOFF ou **PLATOW**, hetman des Cosaques du Don, se signala contre les Français dans la retraite de Moscou et dans les campagnes de France, 1814-1815.

PLATON, philosophe grec, né à Athènes (429-347 av. J.-C.), disciple de Socrate, fonda une école de philosophie nommée l'*Académie;* il a exposé sa doctrine dans des *Dialogues,* dont les plus importants sont le *Phèdre,* le *Phédon,* la *République.*

PLAUTE, poète comique latin, florissait vers la 2ᵉ guerre Punique. On a de lui 20 comédies. Molière en a imité deux, dans l'*Amphitryon* et l'*Avare,* et Regnard une, dans les *Ménechmes.*

PLÉAUX, ch.-l. de c. du Cantal, arr. de Mauriac; 2877 h.

PLÉBÉIENS, second ordre des citoyens de l'ancienne Rome.

PLECTRUDE, veuve de Pepin d'Héristal, gouverna les Francs au nom de son petit-fils Théobald (714-715), et fut renversée par Charles-Martel.

PLÉIADE, nom donné, au xviᵉ siècle, à une réunion de sept poètes: Ronsard, J. du Bellay, Jodelle, Dorat, Remi Belleau, Baïf et Pontus de Thiard.

PLEINE-FOUGÈRES, ch.-l. de c. d'Ille-et-Vilaine, arr. de Saint-Malo; 2987 h.

PLÉLAN, ch.-l. de c. d'Ille-et-Vilaine, arr. de Montfort; 3471 h.

PLÉLAN-LE-PETIT, ch.-l. de c. des Côtes-du-Nord, arr. de Dinan; 1128 h.

PLÉNEUF, ch.-l. de c. des Côtes-du-Nord, arr. de Saint-Brieuc; 2277 h.

PLESSIS-LEZ-TOURS (LE), vge près de Tours. Ruines du château de Louis XI.

PLESTIN, ch.-l. de c. des Côtes-du-Nord, arr. de Lannion, sur la Manche; 4438 h.

PLEUMARTIN, ch.-l. de c. de la Vienne, arr. de Châtellerault; 1351 h.

PLEURTUIT, ch.-l. de c. d'Ille-et-Vilaine, arr. de Saint-Malo; 5308 h.

PLEYBEN, ch.-l. de c. du Finistère, arr. de Châteaulin; 4908 h.

PLEYEL (Ignace), compositeur de musique (1757-1831), né en Autriche, fonda à Paris une fabrique de pianos (1807), que son fils aîné, Camille (1788-1855), développa.

PLINE L'ANCIEN, écrivain latin, auteur d'une *Histoire naturelle;* préfet de la flotte de Misène, il périt en voulant voir de trop près l'éruption du Vésuve (23-79 ap. J.-C.).

PLINE LE JEUNE, neveu par sa mère du précédent, fut questeur, préteur et consul; nous avons de lui le *Panégyrique de Trajan* et des *Lettres* (61-118 ap. J.-C.).

PLOËRMEL, ch.-l. d'arr. du Morbihan, à 55 k. de Vannes; 5472 h.

PLOEUC, ch.-l. de c. des Côtes-du-Nord, arr. de Saint-Brieuc; 4916 h.

PLOGASTEL-SAINT-GERMAIN, ch.-l. de c. du Finistère, arr. de Quimper; 1704 h.

PLOMB DU CANTAL, sommet le plus élevé des Monts du Cantal (1857 m.).

PLOMBIÈRES, ch.-l. de c. des Vosges, arr. de Remiremont; 1725 h. Eaux minérales très-fréquentées.

PLOTIN, un des fondateurs de la philosophie néoplatonicienne d'Alexandrie, eut pour disciple Porphyre, qui recueillit ses écrits, les *Ennéades* (205-270 ap. J.-C.).

PLOTINE, femme de Trajan.

PLOUAGAT, ch.-l. de c. des Côtes-du-Nord, arr. de Guingamp; 2290 h.

PLOUARET, ch.-l. de c. des Côtes-du-Nord, arr. de Lannion; 3358 h.

PLOUAY, ch.-l. de c. du Morbihan, arr. de Lorient; 4093 h.

PLOUBALAY, ch.-l. de c. des Côtes-du-Nord, arr. de Dinan; 2679 h.

PLOUDALMÉZEAU, ch.-l. de c. du Finistère, arr. de Brest; 3148 h.

PLOUDIRY, ch.-l. de c. du Finistère, arr. de Brest; 1478 h.

PLOUESCAT, ch.-l. de c. du Finistère, arr. de Morlaix, sur la Manche; 3695 h.

PLOUGUENAST, ch.-l. de c. des Côtes-du-Nord, arr. de Loudéac; 3489 h.

PLOUHA, ch.-l. de c. des Côtes-du-Nord, arr. de Saint-Brieuc; 4951 h.

PLOUIGNEAU, ch.-l. de c. du Finistère, arr. de Morlaix; 4946 h.

PLOUZÉVÉDÉ, ch.-l. de c. du Finistère, arr. de Morlaix; 1757 h.

PLUTARQUE, historien et moraliste grec, né à Chéronée en Béotie (50-120 ap. J.-C.), fut précepteur d'Adrien, et fut créé consul par Trajan. Il nous reste de lui les *Œuvres morales* et les *Vies parallèles* des hommes illustres, grecs et romains.

PLUTON, dieu des enfers, fils de Saturne et de Rhée, épousa Proserpine.

PLUTUS, dieu des richesses.

PLUVIGNER, ch.-l. de c. du Morbihan, arr. de Lorient; 4669 h.

PLYMOUTH, v. du comté de Devon en Angleterre, port militaire sur la Manche, à l'embouchure de la Plym; 65 000 h.

PNYX (LE), place d'Athènes ancienne où se tenait l'assemblée du peuple.

PÔ, fl. de l'Italie du N., sort du mont Viso, passe à Turin, et se jette dans l'Adriatique par plusieurs branches; 580 k.

PODENSAC, ch.-l. de c. de la Gironde, arr. de Bordeaux; 1601 h. Vins blancs.

PODESTAT, principal magistrat des villes italiennes, aux XIIe, XIIIe et XIVe s.

PODIEBRAD (GEORGES), roi de Bohême (1458-1471), fut en lutte avec son gendre Mathias Corvin, roi de Hongrie.

POË (EDGAR), poète et romancier américain, n'a traité que des sujets sombres et bizarres (1811-1849).

POINTE-À-PITRE (LA), v. de la Guadeloupe (Grande-Terre); 15 000 h. Belle rade.

POIRÉ-SUR-VIE (LE), ch.-l. de c. de la Vendée, arr. de la Roche-sur-Yon; 3854 h.

POIS (SAINT-), ch.-l. de c. de la Manche, arr. de Mortain; 781 h.

POISSON, famille de comédiens français, dont l'un, PHILIPPE (1682-1744), a laissé des comédies en vers.

POISSON, géomètre français, un des fondateurs de la physique math. (1781-1840).

POISSONS, ch.-l. de c. de la Haute-Marne, arr. de Vassy; 1308 h.

POISSY, ch.-l. de c. de Seine-et-Oise, arr. de Versailles, sur la Seine; 5047 h. || En 1561, sous le règne de Charles IX, *Colloque de Poissy*, conférence entre les théologiens catholiques et les docteurs protestants.

POITEVIN, INE, sm. et *adj.* Qui est du Poitou; habitant du Poitou.

POITIERS, ch.-l. de la Vienne, à 332 k. de Paris, sur le Clain; 30 038 h. Évêché. || Défaite de Jean le Bon par les Anglais (1356).

POITOU, anc. prov. de la France correspondant aux dép. de la Vienne, des Deux-Sèvres et de la Vendée; cap. Poitiers.

POIVRE, voyageur français (1719-1786), introduisit dans les îles de France et de Bourbon la culture des arbres à épices.

POIX, ch.-l. de c. de la Somme, arr. d'Amiens; 1322 h.

POL (SAINT-), ch.-l. d'arr. du Pas-de-Calais, à 33 k. d'Arras; 3743 h.

POL-DE-LÉON (SAINT-), ch.-l. de c. du Finistère, arr. de Morlaix, sur la Manche; 6741 h. Beau clocher.

POLA, v. de l'Istrie (Autriche), port sur l'Adriatique; 11 000 h. Ruines romaines.

POLAIRE (MER), partie de l'océan Glacial arctique, située en Amérique, au delà du 77e degré de latitude N.

POLIGNAC (cardinal DE), diplomate français, ambassadeur en Pologne, fit élire roi le prince de Conti et fut l'un des négociateurs du traité d'Utrecht; il composa un poème latin, l'*Anti-Lucrèce* (1661-1741).

POLIGNAC (JULES, prince DE), ministre des affaires étrangères en 1829, et président du cabinet qui, sous Charles X, contresigna les ordonnances de juillet 1830. Condamné par la Cour des pairs à la prison perpétuelle, et amnistié en 1836, il mourut en 1847.

POLIGNY, ch.-l. d'arr. du Jura, à 29 k. de Lons-le-Saulnier; 5024 h.

POLITIEN (ANGE), humaniste et poète italien (1454-1494).

POLLENTIA, anc. Polenza, v. de Ligurie, où Alaric fut défait par Stilicon (403).

POLLENZA, v. forte et maritime de l'île Majorque; 7400 h.

POLLION (ASINIUS), orateur, écrivain et général romain, protégea Virgile et établit le premier une bibliothèque publique à Rome (76 av. - 4 ap. J.-C.).

POLLUX, frère de Castor, fils de Léda.

POLLUX (JULIUS), rhéteur et gramm. grec du IIe s. de J.-C., auteur d'un *Onomasticon* ou dictionnaire des principaux mots grecs.

POLO (MARCO), voyageur, né à Venise (1256-1323), visita l'extrême Orient; pris par les Génois, à son retour, il dicta son *Livre des merveilles du monde* au Pisan Rusta, qui le rédigea en français.

POLOGNE ANCIENNE, avant 1772, pays situé entre la Russie, la Baltique, la Prusse, la Hongrie et la Turquie; pop. 15 millions d'h.; cap. Varsovie. Elle fut démembrée en 1772, 1793 et 1795 par la Prusse, l'Autriche et la Russie. || La Pologne actuelle, gouvernement de la Russie, forme depuis 1867 la Province de la Vistule.

POLTAVA, v. de Russie au S.; 32 000 h. || Célèbre défaite de Charles XII par Pierre le Grand, en 1709.

POLTROT DE MÉRÉ (JEAN), gentilhomme calviniste, tua d'un coup de pistolet François de Guise, qui assiégeait Orléans (1563).

POLYBE, historien et homme d'État grec, commanda la cavalerie de la ligue achéenne; déporté en Italie par Paul Émile, il se lia à Rome avec Scipion Émilien, l'accompagna à Carthage; puis retourna en Grèce, après la conquête romaine (210-128 av. J.-C.). De son *Histoire générale* il ne reste que cinq livres et des fragments.

POLYCLÈTE, statuaire grec, florissait entre 452 et 412 av. J.-C.

POLYCRATE, tyran de Samos (vi[e] s.).

POLYEN, rhéteur grec, dédia à Marc-Aurèle son traité des *Stratagèmes*.

POLYEUCTE (saint), martyr décapité en Arménie (257), a fourni le sujet d'une tragédie à Pierre Corneille.

POLYGNOTE, peintre grec, né vers 494 av. J.-C., décora le Pœcile à Athènes.

POLYMNIE, muse de la poésie lyrique.

POLYNÉSIE, l'une des 3 parties de l'Océanie, comprenant les îles Sandwich, Tahiti, Gambier, Marquises, Nouvelle-Zélande, etc.; pop. 400000 h.

POLYNICE, frère d'Étéocle (voy. ce nom).

POLYPHÈME, cyclope, eut l'œil crevé par Ulysse qu'il retenait dans son antre.

POLYSPERCHON, général d'Alexandre le Grand, fut le tuteur des rois Philippe III Arrhidée et Alexandre Aigus (319 av. J.-C.).

POLYTECHNIQUE (ECOLE), école créée par la Convention en 1794, et destinée à fournir des sujets aux services publics des tabacs, des mines, des ponts et chaussées, du génie militaire et de l'artillerie.

POLYXÈNE, la plus jeune des filles de Priam, fut sacrifiée par Pyrrhus sur le tombeau d'Achille.

POMARD, vge à 4 k. de Beaune (Côte-d'Or), renommé pour ses vins rouges.

POMBAL, ministre de Joseph Ier, roi de Portugal, rebâtit Lisbonne après le tremblement de terre de 1755.

POMÉRANIE, prov. de Prusse, sur la Baltique; pop. 1447000 h.; ch.-l. Stettin.

POMONA ou **MAINLAND**, la plus importante des îles Orcades; ch.-l. Kirkwall.

POMONE, déesse romaine, présidait aux fruits et aux jardins.

POMPADOUR (marquise DE), dame de la cour de Louis XV (1721-1764), fut toute-puissante pendant 19 ans (1745-1764).

POMPÉE (CNEIUS) *le Grand*, général romain, termina heureusement les guerres de Sertorius, de Spartacus, des Pirates et de Mithridate, et forma un triumvirat avec Crassus et César; puis s'étant brouillé avec César, il fut vaincu à Pharsale, et s'enfuit en Égypte, où il fut assassiné en débarquant par ordre de Ptolémée XII (106-48 av. J.-C.). || Son fils aîné, CNEIUS, fut vaincu par César à Munda en Espagne, et tué dans sa fuite (45 av. J.-C.); son 2e fils, SEXTUS, continua la lutte contre César, puis contre Octave et Antoine, et périt à Milet (35 av. J.-C.).

POMPÉI, anc. v. de la Campanie, au pied du Vésuve, fut ensevelie sous les cendres, dans l'éruption de 79 ap. J.-C.

POMPONNE (marquis DE), homme d'État français, fils d'Arnauld d'Andilly et neveu du grand Arnauld, fut ministre des affaires étrangères de Louis XIV, de 1672 à 1679.

PONCE PILATE, voy. PILATE.

PONCHARD, chanteur français (1787-1866), obtint de grands succès à l'Opéra-Comique.

PONCIN, ch.-l. de c. de l'Ain, arr. de Nantua; 2100 h.

PONDICHÉRY, ch.-l. de l'Hindoustan franç., sur la côte de Coromandel; 48000 h.

PONGERVILLE (DE), membre de l'Académie française, traducteur de Lucrèce en vers (1792-1870).

PONIATOWSKI (JOSEPH, prince), général polonais et maréchal de France (1762-1813), se distingua dans la campagne de Russie et à Leipzig; il se noya dans l'Elster.

PONS, ch.-l. de c. de la Charente-Inférieure, arr. de Saintes; 4788 h. Alcools.

PONS (SAINT-), ch.-l. d'arr. de l'Hérault, à 94 k. de Montpellier; 5832 h. Draperies, fer.

PONSARD (FRANCIS), poète dramatique français (1814-1867), auteur des tragédies *Lucrèce* (1843), *Charlotte Corday*, et de la comédie *l'Honneur et l'Argent* (1853).

PONT (royaume de), anc. État de l'Asie Mineure, au N.-E., sur le Pont-Euxin, fut démembré par Pompée en 63 av. J.-C.

PONTACQ, ch.-l. de c. des Basses-Pyrénées, arr. de Pau; 2856 h.

PONTAILLER-SUR-SAÔNE, ch.-l. de c. de la Côte-d'Or, arr. de Dijon; 1189 h.

PONT-À-MARCQ, ch.-l. de c. du Nord, arr. de Lille; 765 h.

PONT-À-MOUSSON, ch.-l. de c. de Meurthe-et-Moselle, arr. de Nancy; 8211 h. Draps, broderies, tanneries, etc.

PONTARION, ch.-l. de c. de la Creuse, arr. de Bourganeuf; 561 h.

PONTARLIER, ch.-l. d'arr. du Doubs, à 59 k. de Besançon, sur le Doubs; 4975 h.

PONT-AUDEMER, ch.-l. d'arr. de l'Eure, à 70 k. d'Évreux; 6124 h.

PONTAUMUR, ch.-l. de c. du Puy-de-Dôme, arr. de Riom; 1728 h.

PONT-AVEN, ch.-l. de c. du Finistère, arr. de Quimperlé; 1131 h.

PONTCHARTRAIN (comte DE), contrôleur général des finances (1689), secrétaire d'État de la marine et de la Maison du roi (1690), chancelier de France (1699-1714).

PONTCHÂTEAU, ch.-l. de c. de la Loire-Inférieure, arr. de Saint-Nazaire; 4200 h.

PONT-CROIX, ch.-l. de c. du Finistère, arr. de Quimper; 2571 h.

PONT-D'AIN, ch.-l. de c. de l'Ain, arr. de Bourg; 1444 h.

PONT-DE-BEAUVOISIN, ch.-l. de c. de l'Isère, arr. de La Tour-du-Pin; 1784 h.

PONT-DE-BEAUVOISIN, ch.-l. de c. du la Savoie, arr. de Chambéry; 1202 h.

PONT-DE-L'ARCHE, ch.-l. de c. de l'Eure, arr. de Louviers, près du confluent de la Seine et de l'Eure; 1617 h.

PONT-DE-MONTVERT (LE), ch.-l. de c. de la Lozère, arr. de Florac; 1590 h.

PONT-DE-ROIDE, ch.-l. de c. du Doubs, arr. de Montbéliard; 2296 h.

PONT-DE-VAUX, ch.-l. de c. de l'Ain, arr. de Bourg; 2933 h.

PONT-DE-VEYLE, ch.-l. de c. de l'Ain, arr. de Bourg; 1491 h.

PONT-DU-CHÂTEAU, ch.-lieu de c. du Puy-de-Dôme, arr. de Clermont; 3438 h.

PONTECORVO, v. d'Italie, dans la prov. de Caserte; 7000 h. Ch.-l. d'une principauté donnée par Napoléon à Bernadotte (1806).

PONT-EN-ROYANS, ch.-l. de c. de l'Isère, arr. de Saint-Marcellin; 1084 h.

PONT-EUXIN, nom anc. de la mer Noire.

PONTGIBAUD, ch.-l. de c. du Puy-de-Dôme, arr. de Riom ; 1192 h.

PONTHIEU, anc. pays de France, sur la Manche ; ch.-l. Abbeville ; il fut réuni à la couronne par Louis XI (1477).

PONTIGNY, vge dans l'arr. et à 18 k. d'Auxerre. Anc. abbaye bénédictine, fondée par saint Bernard (1114).

PONTINS (MARAIS-), le long de la mer Tyrrhénienne, dans la prov. de Velletri.

PONTIUS HERENNIUS, général samnite, fit passer sous le joug l'armée romaine, aux Fourches Caudines (321 av. J.-C.).

PONTIVY, ch.-l. d'arr. du Morbihan, à 54 k. de Vannes ; 7886 h. S'est appelé Napoléonville pendant l'Empire.

PONT-L'ABBÉ, ch.-l. de c. du Finistère, arr. de Quimper ; 4739 h.

PONT-L'ÉVÊQUE, ch.-l. d'arr. du Calvados, à 44 k. de Caen ; 2911 h.

PONT-LEVOY, c. de 2260 h., dans l'arr. et à 25 k. de Blois. Anc. abbaye de bénédictins, convertie en collège depuis 1815.

PONTOISE, ch.-l. d'arr. de Seine-et-Oise, à 34 kil. de Versailles ; 6480 h.

PONTORSON, ch.-l. de c. de la Manche, arr. d'Avranches ; 2134 h.

PONTRIEUX, ch.-l. de c. des Côtes-du-Nord, arr. de Guingamp ; 2183 h.

PONT-SAINT-ESPRIT, ch.-l. de c. du Gard, arr. d'Uzès ; 4350 h. Pont célèbre sur le Rhône. Vins, soie, huile.

PONT-SAINTE-MAXENCE, ch.-l. de c. de l'Oise, arr. de Senlis ; 2349 h.

PONT-SCORFF, ch.-l. de c. du Morbihan, arr. de Lorient ; 1681 h.

PONTS-DE-CÉ (LES), ch.-l. de c. de Maine-et-Loire, arr. d'Angers ; 3397 h.

PONT-SUR-YONNE, ch.-l. de c. de l'Yonne, arr. de Sens ; 1914 h.

PONTVALLAIN, ch.-l. de c. de la Sarthe, arr. de La Flèche ; 1804 h.

POPE, poète anglais, traducteur de l'Iliade et des douze premiers chants de l'Odyssée, auteur de l'*Essai sur l'homme* (1688-1744).

POPILIUS LÆNAS, consul romain, ordonna au roi de Syrie, Antiochus IV Épiphane, de quitter l'Égypte, alliée des Romains, et fut obéi (168 av. J.-C.).

POPPÉE, épouse de Néron (62-66 ap. J.-C.).

PORBUS ou **POURBUS**, famille de peintres hollandais, dont l'un, FRANZ le Jeune (1570-1622), peignit les portraits de Henri IV, de Marie de Médicis, etc.

PORCHAIRE (SAINT-), ch.-l. de c. de la Charente-Inférieure, arr. de Saintes ; 1157 h.

PORCIA, fille de Caton d'Utique et femme de J. Brutus, se tua après la mort de son mari (42 av. J.-C.).

PORÉE (CHARLES), savant jésuite, professa la rhétorique au collège Louis-le-Grand, eut Voltaire pour élève (1675-1741).

PORENTRUY, v. du canton de Berne (Suisse) ; 4500 h. Horlogerie.

PORNIC, ch.-l. de c. de la Loire-Inférieure, arr. de Paimbœuf ; 1732 h.

PORPHYRE, néoplatonicien, commenta la doctrine de Plotin (233-304 ap. J.-C.).

PORPHYROGÉNÈTE, nom donné dans le Bas-Empire aux enfants des empereurs nés après l'avénement de leur père.

PORPORA (NICOLAS), compositeur de musique et maître de chant italien, excella dans la musique religieuse (1687-1767).

PORQUEROLES, la plus occidentale des îles d'Hyères.

PORSENNA, roi d'Étrurie, tenta de rétablir les Tarquins à Rome, et se retira effrayé par les menaces de Mucius Scævola.

PORTA, ch.-l. de c. de la Corse, arr. de Bastia ; 728 h.

PORTA, physicien italien, découvrit la chambre obscure (1540-1615).

PORTAL (ANTOINE), médecin français (1742-1832), fut un des fondateurs de l'Académie de médecine (1820).

PORTAL (baron), homme politique et administrateur français (1765-1845), fut ministre de la marine (1818-1821).

PORTALIS (J.-ÉTIENNE-MARIE), jurisconsulte français, prit part à la rédaction du Concordat et du Code civil (1745-1806). || JOSEPH-MARIE, comte PORTALIS, fils du précédent, garde des sceaux dans le ministère Martignac (1828-1829), puis 1er président de la cour de cassation (1778-1858).

PORT-AU-PRINCE, cap. de la république d'Haïti ; 21 000 h. Archevêché.

PORTE ou **SUBLIME PORTE**, le gouvernement turc.

PORTE-GLAIVES (chevaliers), association religieuse et militaire, fondée en Livonie (1201-1561).

PORTES DE FER, défilé du Jurjurah (Atlas), sur la route d'Alger à Constantine. || Endroit où le Danube se fraye un passage entre les Carpathes et les monts de Serbie, au-dessous d'Orsova.

PORTICI, v. d'Italie, au pied du Vésuve, près des ruines d'Herculanum.

PORTIQUE (LE), école philosophique fondée à Athènes par Zénon le stoïcien (IIIe s.).

PORTLAND, presqu'île d'Angleterre (comté de Dorset), sur la Manche. Carrières de pierre de taille.

PORT-LOUIS, ch.-l. de c. du Morbihan, arr. de Lorient, à l'embouchure du Blavet ; 3456 h.

PORT-LOUIS ou **PORT-NORD-OUEST**, ch.-l. de l'île Maurice ; 74 000 h.

PORT-MAHON, voy. MAHON.

PORTO ou **OPORTO**, v. du Portugal, à l'embouchure du Douro ; 90 000 h. Vins.

PORTO-FERRAJO, ch.-l. de l'île d'Elbe ; port ; 5000 h. Napoléon 1er y résida 10 mois (mai 1814 - février 1815).

PORTO-RICO, la plus orientale des grandes Antilles, aux Espagnols ; pop. 615 000 h.

PORTO-VECCHIO, ch.-l. de c. de la Corse, arr. de Sartène ; port ; 1811 h.

PORT-ROYAL, anc. abbaye de bénédictines, fondée au XIIIe s. dans la vallée de Chevreuse, à 18 k. de Rambouillet, transférée par la mère Angélique Arnauld dans le faubourg St-Jacques à Paris (1626). Alors la première maison prit le nom de Port-Royal-des-Champs et fut l'asile de savants solitaires (Arnauld, Nicole, Lancelot, Pascal, etc.) ; elle fut détruite par Louis XIV, comme le foyer du jansénisme (1709-1711).

PORT-SAÏD, v. de la Basse-Égypte, sur la Méditerranée, à l'entrée du canal de Suez ; 10 000 h.

PORT-SAINTE-MARIE, ch.-l. de c. de Lot-et-Garonne, arr. d'Agen ; 2604 h.

PORTSMOUTH, v. du comté de Hampshire (Angleterre), sur la baie de Spithead, le 1er port militaire de l'Angleterre ; 113000 h.

PORT-SUR-SAÔNE, ch.-l. de c. de la Haute-Saône, arr. de Vesoul ; 1782 h.

PORTUGAL, royaume de l'Europe méridionale, borné par l'Espagne et par l'océan Atlantique, divisé en 6 provinces ; pop. 3.995.000 h. ; cap. Lisbonne. Roi régnant depuis 1861 : Louis Ier, né en 1838.

PORT-VENDRES, c. des Pyrénées-Orient., arr. de Céret, sur la Méditerranée ; 2188 h.

PORUS, l'un des rois de l'Inde, fut vaincu et pris par Alexandre le Grand, qui, frappé de sa magnanimité, lui rendit ses États.

POSEN (grand-duché de), prov. de Prusse, formée des démembrements de la Pologne ; pop. 1.537.000 h. ; cap. Posen ; 54.000 h.

POSIDONIUS, philosophe stoïcien (135-49 av. J.-C.).

POSPOLITE, sf. La noblesse de Pologne assemblée en armes.

POSTUMUS, l'un des *Trente tyrans*, résista en Gaule à l'empereur Gallien, et fut massacré par ses soldats (267).

POTEMKIN, homme d'État russe (1736-1791), favori de Catherine II, réunit la Crimée à la Russie (1784) et fonda Kherson.

POTENZA, v. d'Italie, ch.-l. de la prov. de son nom qui correspond à l'anc. Basilicate, sur le golfe de Tarente ; 15.000 h.

POTHIER, jurisconsulte français, prépara par ses travaux sur notre ancien droit la composition du Code civil (1699-1772).

POTHIN (saint), 1er évêque de Lyon et 1er martyr de la Gaule (177).

POTIDÉE, v. de la Chalcidique, fut prise par les Athéniens (432), et plus tard détruite par Philippe II de Macédoine (357).

POTOMAC, fl. des États-Unis, passe à Washington, se jette dans la baie de Chesapeake ; 550 k.

POTOSI, v. de la Bolivie, célèbre par ses mines d'argent ; 22.500 h.

POTSDAM, v. de Prusse, à 30 k. de Berlin ; 43.000 h. Château royal : Sans-Souci.

POTTER (Paul), Hollandais, peintre d'animaux et de paysages (1625-1654).

POUANCÉ, ch.-l. de c. de Maine-et-Loire, arr. de Segré ; 3273 h. Forges ; fonderies.

POUCHKIN (comte), poète russe, fut tué en duel (1799-1837).

POUDRE À CANON, fut inventée probablement par les Chinois ; on commença à en faire usage en Europe au XIVe s.

POUDRES (Conspiration des), conspiration tramée par des catholiques anglais sous Jacques Ier, pour faire sauter le parlement et la cour, fut découverte (1605).

POUGUES-LES-EAUX, ch.-l. de c. de la Nièvre, arr. de Nevers, à 12 k. de Nevers, sur la Loire ; 1986 h. Eaux minérales.

POUILLE (LA), nom, au moyen âge, de l'anc. Apulie (Italie).

POUILLON, ch.-l. de c. des Landes, arr. de Dax ; 3302 h. Eaux thermales.

POUILLY-EN-AUXOIS, ch.-l. de c. de la Côte-d'Or, arr. de Beaune ; 1090 h.

POUILLY-SUR-LOIRE, ch.-l. de c. de la Nièvre, arr. de Cosne ; 3236 h. Vin blanc.

POULLAOUEN, c. de l'arr. de Châteaulin (Finistère) ; 3158 h. Plomb argentifère.

POULLE (l'abbé), prédicateur français (1703-1781).

POUQUEVILLE, voyageur et littérateur français, auteur d'un *Voyage en Grèce*, d'une *Histoire de la Grèce* (1770-1838).

POURÇAIN (SAINT-), ch.-l. de c. de l'Allier, arr. de Gannat ; 4997 h. Bestiaux.

POUSSIN (Nicolas), grand peintre français, né aux Andelys, passa presque toute sa vie à Rome (1593-1665).

POUTROYE (LA), anc. ch.-l. de c. du Haut-Rhin, arr. de Colmar ; 2592 h. ; cédé à la Prusse en 1871.

POUYASTRUC, ch.-l. de c. des Hautes-Pyrénées, arr. de Tarbes ; 596 h.

POUZAUGUES, ch.-l. de c. de la Vendée, arr. de Fontenay-le-Comte ; 2767 h.

POUZZOLES, anc. Puteoli, v. et port d'Italie, à 19 k. de Naples ; 8000 h. Centre du commerce de la Méditerranée sous les Romains.

POYAS (Monts), voy. Ourals.

POZZO DI BORGO (comte), diplomate né en Corse (1764-1842), fut ministre du tsar Alexandre Ier, et ambassadeur de Russie en France (1814-1835).

PRADELLES, ch.-l. de c. de la Haute-Loire, arr. du Puy ; 1904 h.

PRADES, ch.-l. d'arr. des Pyrénées-Orientales, à 44 k. de Perpignan ; 3208 h. Draps.

PRADIER, sculpteur français (1792-1852).

PRADO, promenade de Madrid.

PRADON, poète tragique français (1632-1698), dont la *Phèdre* fut opposée à celle de Racine par ses envieux.

PRAGMATIQUE SANCTION de saint Louis, ordonnance réglant les rapports de l'État et de l'Église (1269). ‖ Pragmatique sanction de Francfort, rédigée sous l'empereur Louis IV (1338), déclarant que la couronne impériale ne relève pas du pape. ‖ Pragmatique sanction de Bourges, rendue par Charles VII, et proclamant la supériorité des conciles sur le pape. ‖ Pragmatique sanction rendue par l'empereur Charles VI pour assurer ses États autrichiens à sa fille Marie-Thérèse (1713).

PRAGUE, cap. de la Bohême, sur la Moldau ; 157.000 h.

PRAGUERIE, soulèvement de l'aristocratie franç. contre Charles VII (1439-1441).

PRAHECQ, ch.-l. de c. des Deux-Sèvres, arr. de Niort ; 1070 h.

PRAIRIAL (Journée du 1er), tentative des Jacobins pour ressaisir le pouvoir (20 mai 1795), et dans laquelle fut tué le député Féraud.

PRAIRIES (région des) ou Far-West, région de l'Amérique sept., s'étendant des monts Rocheux au lac Winnipeg.

PRASUM, nom ancien du cap Delgado (Afrique).

PRATS-DE-MOLLO, ch.-l. de c. des Pyrénées-Orientales, arr. de Céret ; 2768 h.

PRAUTHOY, ch.-l. de c. de la Haute-Marne, arr. de Langres ; 701 h.

PRAXITÈLE, sculpt. grec (IVe s. av. J.-C.).

PRAYSSAS, ch.-l. de c. de Lot-et-Garonne, arr. d'Agen ; 1510 h.

PRÉADAMITES, sectaires selon lesquels des hommes auraient existé avant Adam.

PRÉ-AUX-CLERCS, promenade de Paris, aux XIVe, XVe et XVIe s., sur la rive gauche de la Seine, à l'O. de l'abbaye de Saint-Germain des Prés.

PRÊCHEURS (Frères), voy. Dominicains.

PRÉCY-SOUS-THIL, ch.-l. de c. de la Côte-d'Or, arr. de Semur ; 862 h.

PRÉ-EN-PAIL, ch.-l. de c. de la Mayenne, arr. de Mayenne ; 3134 h.

PRÉFECTURE, nom des 4 grandes divisions de l'Empire romain au IVe s. (Orient, Illyrie, Italie, Gaule). || En France, circonscription territoriale (département), administrée par un préfet, établie en 1800.

PRÉMERY, ch.-l. de c. de la Nièvre, arr. de Cosne ; 2301 h.

PRÉMONTRÉ, vge de l'arr. de Laon, où saint Norbert fonda un monastère de chanoines réguliers, les prémontrés (1122).

PRÉNESTE, auj. Palestrina, anc. v. du Latium (Italie anc.).

PRÉS-SAINT-GERVAIS (LES), c. de l'arr. de Saint-Denis (Seine) ; 4136 h.

PRESBOURG, v. de Hongrie, sur le Danube ; 47 000 h.

PRESBYTÉRIENS(LES), secte protestante fondée en Écosse par Jean Knox (XVIe s.).

PRESCOTT, historien américain, auteur d'une *Histoire de Ferdinand et d'Isabelle*, de la *Conquête du Mexique*, de la *Conquête du Pérou* (1796-1859).

PRÉSIDES D'AFRIQUE, possessions espagnoles sur la côte méditerranéenne du Maroc : Ceuta, Melilla, etc. ; 11 500 h.

PRÉSIDIAL, PRÉSIDIAUX, tribunaux créés en France par Henri II (1552) et supprimés par la Révolution ; ils répondaient à nos tribunaux de 1re instance.

PRESSIGNY-LE-GRAND, voy. GRAND-PRESSIGNY.

PRÉTENDANT (LE), nom sous lequel on désigna Jacques-Édouard Stuart.

PRÉTEUR, chez les Romains, magistrat chargé de rendre la justice.

PRÉTEXTAT (saint), évêque de Rouen, bénit le mariage de Brunehaut avec son neveu Mérovée, fils de Chilpéric Ier, fut assassiné au pied des autels par un agent de Frédégonde (586).

PRÉTORIENS, ou gardes prétoriennes, cohortes formant la garde de l'empereur à Rome, commandées par le Préfet du prétoire ; elles disposèrent souvent de l'empire, et furent abolies par Constantin.

PRÊTRES DE LA MISSION, voy. LAZARISTES.

PREUILLY, ch.-l. de c. d'Indre-et-Loire, arr. de Loches ; 2039 h.

PRÉVALAYE ou **PRÉVALAIS (LA)**, c. à 4 k. de Rennes, renommée pour son beurre.

PRÉVOST (l'abbé), littérateur et romancier français (1697-1763).

PRÉVÔT, administrateur des circonscriptions du domaine royal dites prévôtés. || Officier de police rurale, jugeant pour son seigneur. || Prévôt des marchands, chef de l'administration municipale à Paris et à Lyon, avant 1789. || Aujourd'hui, prévôt militaire, officier chargé de la police des troupes en temps de guerre.

PRIAM, roi de Troie, fils de Laomédon, époux d'Hécube, fut tué par Pyrrhus.

PRIAPE, dieu des jardins.

PRIESTLEY, chimiste anglais, découvrit l'oxygène (1733-1804).

PRIEUR DE LA MARNE, membre du Comité de salut public (1760-1827).

PRIEUR-DUVERNOIS, dit *de la Côte-d'Or*, membre de la Convention et du Comité de salut public, contribua à la fondation de l'École polytechnique et à l'établissement du système métrique (1763-1832).

PRIM, comte de Reus, général espagnol, l'un des chefs de la révolution qui renversa Isabelle II (1868), et de la combinaison qui appela au trône d'Espagne le duc d'Aoste, Amédée ; il fut assassiné au moment où le roi débarquait en Espagne (1813-1870).

PRIMATICE (LE), peintre, sculpteur et architecte italien, fut appelé en France par François Ier, et exécuta des fresques au château de Fontainebleau (1490-1570).

PRINCE NOIR (LE), Édouard, prince de Galles, fils d'Édouard III (1330-1376).

PRINCE-DE-GALLES (TERRE DU), île située au N. de l'Amérique septentrionale (Terres arctiques).

PRINCES (ILES DES), îlots situés dans la mer de Marmara, près de la côte d'Asie.

PRINCIPAUTÉS-UNIES, nom donné depuis 1858 à la Valachie et à la Moldavie, réunies sous un même prince.

PRISCIEN, gramm. latin du VIe s. ap. J.-C.

PRISCILLIEN, hérésiarque espagnol, décapité par ordre de l'emp. Maxime (385).

PRISCUS, hist. grec, fit partie de l'ambassade envoyée par Théodose II à Attila (445).

PRIVAS, ch.-l. de l'Ardèche, à 687 k. de Paris ; 7836 h.

PRIVAT (SAINT-), ch. de c. de la Corrèze, arr. de Tulle ; 1142 h.

PRIVAT (SAINT-), vge à 13 k. de Metz, où se livra, le 18 août 1870, une grande bataille entre les Français et les Allemands, après laquelle Bazaine se retira dans Metz.

PROBUS, empereur romain (276-282), expulsa les Germains de la Gaule, dicta la paix aux Goths et aux Perses ; fut assassiné par ses soldats.

PROCAS, roi d'Albe la Longue, père d'Amulius et de Numitor.

PROCIDA (JEAN DE), médecin italien (1225-1302), fut l'organisateur du massacre des *Vêpres siciliennes*.

PROCIDA, île du golfe de Naples ; 15 000 h.

PROCLÈS, roi de Sparte, fils d'Aristodème et frère d'Eurysthène, auteur de la branche royale des Proclides.

PROCLUS, philos. alexandrin (412-485 ap. J.-C.), adversaire déclaré du christianisme.

PROCOPE, historien grec de la 1re moitié du VIe s. ap. J.-C., secrétaire de Bélisaire, auteur, entre autres ouvrages, d'une *Histoire des guerres de Justinien*.

PROCRIS, femme de Céphale.

PROCULUS, jurisconsulte romain, du temps de Néron, fonda une école rivale de celle de Sabinus.

PROCUSTE, brigand de l'Attique, fut tué par Thésée.

PROGNÉ ou **PROCNÉ**, femme de Térée. Pour venger sa sœur Philomèle outragée et emprisonnée par Térée, elle servit à Térée les membres de son fils Itys. Elle fut changée en hirondelle par les dieux.

PROMÉTHÉE, fils de Japet, anima un homme d'argile, en ravissant le feu du ciel. Jupiter le fit clouer par Vulcain sur le mont Caucase, où un vautour lui dévorait le foie sans cesse renaissant.

PRONY (DE), ingénieur franç. (1755-1839).

PROPERCE, poète élégiaque latin (51-10 av. J.-C.).

PROPHÈTES, hommes inspirés de Dieu qui avertissaient le peuple juif dans ses égarements. Il y a 4 grands prophètes : Isaïe, Jérémie, Ézéchiel, Daniel, et 12 petits.

PROPONTIDE, auj. mer de Marmara, petite mer intérieure, communiquant avec le Pont-Euxin par le Bosphore de Thrace, et avec la mer Égée par l'Hellespont.

PROPYLÉES (LES), portique ou vestibule de l'Acropole d'Athènes, furent construits par Mnésiclès, sous Périclès.

PROSERPINE, reine des enfers, fille de Jupiter et de Cérès, femme de Pluton.

PROTAGORAS, sophiste grec, fut accusé d'impiété et expulsé d'Athènes (490-420 av. J.-C.).

PROTAIS (saint), voy. GERVAIS.

PROTECTEUR, titre donné à Olivier Cromwell et à son fils Richard (1653-59).

PROTÉE, dieu marin, prenait toutes sortes de formes pour échapper à ceux qui voulaient le contraindre à révéler l'avenir.

PROTESTANTS, nom donné d'abord aux luthériens, qui *protestèrent* contre un édit de Charles-Quint, en 1529, puis aux calvinistes et aux anglicans.

PROTOGÈNE, peintre grec, vécut et travailla à Rhodes (360-300 av. J.-C.).

PROUDHON (J.-B.-VICTOR), jurisconsulte français, auteur de nombreux et remarquables ouvrages sur le droit (1758-1838).

PROUDHON (PIERRE-JOSEPH), publiciste français, exposa dans ses écrits un système social qui reposait sur la gratuité du crédit (1809-1865).

PROUST (LOUIS-JOSEPH), chimiste français, découvrit le sucre de raisin, et établit la théorie des équivalents (1754-1826).

PROVENCE, prov. et gouvern. de l'anc. France, entre le Rhône, la Méditerranée et les Alpes maritimes ; cap. Aix ; forma les dép. des Bouches-du-Rhône, des Basses-Alpes et du Var, et une partie des dép. de Vaucluse et des Alpes-Maritimes.

PROVENCE (comte DE), nom de Louis XVIII avant son avénement au trône.

PROVINCES-UNIES, nom que prirent en 1579 les prov. septentr. des Pays-Bas, soulevées contre Philippe II d'Espagne.

PROVINS, ch.-l. d'arr. de Seine-et-Marne, à 48 k. de Melun ; 7377 h.

PRUDENCE, poète latin chrétien, né en Espagne (348-406).

PRUD'HOMMES (conseil de), nom de tribunaux de conciliation institués par Napoléon Ier (1806), pour prononcer dans les différends entre patrons et ouvriers.

PRUD'HON (PIERRE), peintre franç., dont le chef-d'œuvre est *la Justice et la Vengeance divine poursuivant le Crime* (1758-1823).

PRUNELLI-DI-FIUMORBO, ch.-l. de c. de la Corse, arr. de Corte ; 740 h.

PRUSIAS, roi de Bithynie, donna asile à Annibal, qui s'empoisonna pour ne point être livré à Flamininus (228-179 av. J.-C.).

PRUSSE PROPRE, prov. du royaume de Prusse, entre la Baltique et la Pologne ; pop. 3 090 960 h. ; cap. Kœnigsberg. || PRUSSE RHÉNANE, voy. RHIN (Prov. du). || ROYAUME DE PRUSSE, comprend 11 prov. ; pop. 24 039 678 h. ; cap. Berlin. Roi régnant depuis 1861 : Guillaume Ier, qui a été proclamé empereur d'Allemagne le 18 janvier 1871.

PRUSSIEN, IENNE, adj. et s. Qui est de la Prusse ; habitant de la Prusse.

PRUTH, riv. de l'empire d'Autriche et de la Turquie d'Europe, qui sépare la Russie de la Moldavie ; 820 k.

PRYTANÉE, édifice public d'Athènes où résidaient les prytanes ou sénateurs chargés de l'administration de la république. || Nom donné au collège Louis-le-Grand de 1795 à 1802, puis au collège militaire de La Flèche sous le 1er et sous le 2e Empire.

PSAMMÉNITE, roi d'Égypte (526-525 av. J.-C.), fils et successeur d'Amasis, fut vaincu par Cambyse, pris et mis à mort.

PSAMMÉTIQUE, roi d'Égypte (671-617 av. J.-C.), l'un des douze seigneurs qui régnèrent après Séthos, s'empara seul du trône avec l'aide des mercenaires grecs, et ouvrit l'Égypte aux étrangers.

PSAMMIS, roi d'Égypte (601-595 av. J.-C.), fils et successeur de Néchao, combattit les Éthiopiens.

PSYCHÉ, jeune fille grecque, fut épousée par l'Amour et admise dans l'Olympe.

PTOLÉMAÏS, v. de la Cyrénaïque, sur la Méditerranée. || V. de Palestine, auj. Saint-Jean d'Acre.

PTOLÉMÉE Ier *Soter* ou *Lagus*, l'un des généraux d'Alexandre le Grand, prit le titre de roi d'Égypte (306-283 av. J.-C.), et fonda la dynastie des Lagides. Il gagna son surnom de *Soter* (sauveur) en secourant les Rhodiens. || Son fils, PTOLÉMÉE II *Philadelphe*, lui succéda (285-247) ; il ordonna la traduction grecque de la Bible dite des *Septante*. || PTOLÉMÉE III *Évergète* (le bienfaisant), fils et successeur du précédent (247-222), fut l'adversaire de la Macédoine dans sa lutte contre Aratus et contre Cléomène. || PTOLÉMÉE IV *Philopator* (ami de son père), fils du précédent, roi d'Égypte (222-205), fut d'abord vaincu par Antiochus le Grand, mais reprit l'avantage par la victoire de Raphia. || Son fils et successeur, PTOLÉMÉE V *Épiphane* (illustre) (205-181), ne fut sauvé de l'invasion d'Antiochus le Grand que par l'intervention des Romains (198). || PTOLÉMÉE VI *Philométor* (qui aima sa mère), roi d'Égypte (181-146), régna d'abord sous la tutelle de sa mère, fut protégé contre une attaque d'Antiochus IV (164) par le Romain Popilius Lænas. || PTOLÉMÉE VII *Physcon* (ventru), frère du précédent, fut chassé pendant quatre ans d'Alexandrie. || Son fils, PTOLÉMÉE VIII, fut roi de 117 à 107, et fut remplacé par son frère PTOLÉMÉE IX (107-89). || PTOLÉMÉE X fut protégé par Sylla. || PTOLÉMÉE XI *Aulète* (le joueur de flûte), roi d'Égypte (80-52), fut le père de Ptolémée XII et de Cléopâtre. || PTOLÉMÉE XII (52-48) fit assassiner Pompée. Il eut pour successeur son frère PTOLÉMÉE XIII (48-44), que Cléopâtre fit périr.

PTOLÉMÉE CÉRAUNUS (le foudre), roi de Macédoine (280 av. J.-C.), était fils de Ptolémée Ier Soter ; il battit son rival Antigone de Goni, mais périt sous les coups des Gaulois qui envahissaient la Macédoine.

PTOLÉMÉE (CLAUDE), astronome et géographe de la 1re moitié du IIe s. ap. J.-C., vécut à Alexandrie ; on a de lui l'*Almageste*, dans lequel il expose le système que la terre est le centre des mouvements du soleil et des planètes, et une *Géographie*.

PUBLICOLA (VALÉRIUS), premier consul de Rome avec Junius Brutus (509 av. J.-C.).

PUBLIUS SYRUS, poète latin, contemporain de César, auteur de *mimes*, sorte de petits drames populaires.

PUCELLE D'ORLÉANS (LA), voy. JEANNE D'ARC.

PUEBLA (LA), v. du Mexique, sur la route de la Vera-Cruz à Mexico, prise par les Français en 1863 ; 75 000 h.

PUFENDORF, publiciste et historien, né en Saxe, vécut en Suède ; son principal ouvrage est un livre en latin *Sur le droit de la nature et des gens* (1632-1694).

PUGET (PIERRE), sculpteur, architecte, né à Marseille (1622-1694), dont les chefs-d'œuvre sont : *Persée délivrant Andromède, Milon de Crotone*, et le bas-relief d'*Alexandre et Diogène.*

PUGET-THÉNIERS, ch.-l. d'arr. des Alpes-Marit., sur le Var, à 65 k. de Nice ; 1222 h.

PUISAYE (LA), petit pays de France, compris dans le Gâtinais ; ch.-l. Saint-Fargeau (Yonne).

PUISEAUX, ch.-l. de c. du Loiret, arr. de Pithiviers ; 1844 h.

PUJOLS, ch.-l. de c. de la Gironde, arr. de Libourne ; 733 h.

PULCHÉRIE, impératrice d'Orient, fille d'Arcadius, gouverna son frère Théodose II (414) ; puis appelée à lui succéder, elle épousa Marcien (450-453).

PÜLNA ou **PÜLLNA**, vge de Bohême près de Tœplitz. Eaux sulfatées sodiques.

PULTAVA ou **PULTAWA**, voy. POLTAVA.

PUNIQUES (GUERRES), nom donné aux trois guerres qui eurent lieu entre Rome et Carthage. La 1re (264-241 av. J.-C.) eut pour cause la possession de la Sicile, qui fut cédée aux Romains ; la 2e (219-201), signalée par l'expédition d'Annibal en Italie, finit, après la défaite d'Annibal à Zama (202), par un traité que Cornélius Scipion imposa à Carthage ; la 3e (149-146) se résume dans la ruine de Carthage par Scipion Émilien.

PURITAINS, sectaires qui prétendaient pratiquer le christianisme dans toute sa pureté, et qui furent persécutés en Angleterre et en Écosse sous les Stuarts.

PUTANGES, ch.-l. de c. de l'Orne, arr. d'Argentan ; 638 h.

PUTEAUX, com. de la Seine, sur la Seine, arr. de Saint-Denis ; 9694 h.

PUTIPHAR, général des troupes de Pharaon, acheta Joseph des mains des Ismaélites auxquels ses frères l'avaient vendu.

PUY (LE), ou LE PUY-EN-VELAY, ch.-l. de la Haute-Loire, à 588 k. de Paris, près de la Loire ; 19 233 h. Évêché.

PUY-DE-DÔME, montagne de France qui donne son nom à un département, près de Clermont-Ferrand ; 1465 m.

PUY-DE-DÔME (dép. du), formé de parties d'Auvergne, Bourbonnais, Forez ; ch.-l. Clermont-Ferrand ; 5 arr. Clermont, Ambert, Issoire, Riom, Thiers ; pop. 566 463 h.

PUYLAURENS, ch.-l. de c. du Tarn, arr. de Lavaur ; 5511 h.

PUY-L'ÉVÊQUE, ch.-l. de c. du Lot, arr. de Cahors ; 2541 h.

PUYMIROL, ch.-l. de c. de Lot-et-Garonne, arr. d'Agen ; 1487 h.

PYDNA, v. de l'anc. Macédoine, sur le golfe Thermaïque, où Paul-Émile vainquit et prit Persée (168 av. J.-C.).

PYGMALION, roi de Tyr, tua son beau-frère Sichée, pour s'emparer de ses trésors ; mais sa sœur Didon les emporta dans sa fuite.

PYGMÉES, peuple de l'antiquité, de très-petite taille ; selon la Fable, il lutta contre les grues qui venaient l'attaquer.

PYLADE, ami d'Oreste.

PYLES, défilé, chez les anciens Grecs.

PYLOS, v. d'Élide (Péloponnèse). || V. de Messénie, anc. cap. de Nestor.

PYRAME, personnage de la Fable, se tua en croyant que sa fiancée, Thisbé, avait été dévorée par un lion.

PYRAMIDES, monuments de l'anc. Égypte, dont les trois plus remarquables sont sur la rive gauche du Nil, près de Gizeh, vge à 16 k. du Caire. On les attribue aux rois Chéops, Chéphren et Mycérinus ; la 1re a 142m de hauteur, la 2e 133m et la 3e 54m. || Bataille des Pyramides, bataille livrée par Bonaparte aux Mameluks (1798).

PYRÉNÉES, chaîne de montagnes qui s'étend du cap Finistère sur l'océan Atlantique au cap Creux sur la Méditerranée (1100 k.), et sépare la France de l'Espagne.

PYRÉNÉES (TRAITÉ DES), traité conclu entre Mazarin pour la France et don Louis de Haro pour l'Espagne, qui assure à la France le Roussillon, la Cerdagne, l'Artois, 14 villes de la frontière du Nord, et décida le mariage de Louis XIV avec Marie-Thérèse (1659). Il fut signé dans l'île des Faisans ou de la Conférence, petite île de la Bidassoa.

PYRÉNÉES (dép. des BASSES-), formé du Béarn, de la basse Navarre et d'une partie de la Gascogne ; ch.-l. Pau ; 5 arr. Pau, Bayonne, Mauléon, Oloron, Orthez ; pop. 426 700 h.

PYRÉNÉES (dép. des HAUTES-), formé du Bigorre, des Quatre-Vallées et d'une partie de la Gascogne ; ch.-l. Tarbes ; 3 arr. Tarbes, Argelès et Bagnères-de-Bigorre ; pop. 235 156 h.

PYRÉNÉES-ORIENTALES (dép. des), formé du Roussillon, de la Cerdagne et d'une partie du Languedoc ; ch.-l. Perpignan ; 3 arr. Perpignan, Prades et Céret ; pop. 191 856 h.

PYRRHA, femme de Deucalion.

PYRRHON, philosophe grec (364-288 av. J.-C.), fondateur du scepticisme.

PYRRHUS ou NÉOPTOLÈME, fils d'Achille, fonda un royaume en Épire, où il emmena la veuve d'Hector, Andromaque, comme captive ; sa femme Hermione, poussée par la jalousie, le fit tuer par Oreste.

PYRRHUS, roi d'Épire, secourut Tarente contre les Romains ; mais après deux victoires il fut vaincu et regagna l'Épire ; il conquit la Macédoine sur Antigone Gonatas, et fut tué en attaquant Argos (272 av. J.-C.).

PYTHAGORE, philosophe grec, né à Samos (569-470 av. J.-C.), fit un long séjour en Égypte et à Babylone ; puis revint dans la Grande-Grèce et fonda une école à Crotone. Il est l'inventeur de la métempsycose, et connut le vrai système du monde.

PYTHÉAS, voyageur grec qui vivait vers 350 av. J.-C. ; ses ouvrages sont perdus.

PYTHIAS, ami de Damon (voy. ce nom).

PYTHIE, prêtresse d'Apollon à Delphes, qui rendait des oracles.

PYTHIQUES (JEUX), jeux célébrés à Delphes, tous les quatre ans, en l'honneur d'Apollon ; ils furent institués en 586 av. J.-C.

PYTHON, serpent qui désolait les environs du Parnasse et qui fut tué par Apollon.

Q

QUADES, peuple germain, habitant au N. du Danube, se confondit avec les Suèves.

QUAKERS ou Trembleurs, secte religieuse fondée en Angleterre par Fox (1647), propagée en Amérique par William Penn. Elle n'admet aucun culte extérieur, aucune hiérarchie ecclésiastique.

QUARANTAINE LE ROI, loi par laquelle Philippe-Auguste et saint Louis prescrivirent de suspendre pendant 40 jours la vengeance d'une injure reçue, afin de favoriser l'intervention de la justice.

QUARRÉ-LES-TOMBES, ch.-l. de c. de l'Yonne, arr. d'Avallon; 2208 h.

QUARTENIER, autrefois officier municipal, chargé de la police d'un des quartiers de Paris.

QUATRE-BRAS (LES), bourg de Belgique, où les Français remportèrent l'avantage sur les Anglais, l'avant-veille de la bataille de Waterloo (16 juin 1815).

QUATRE-CANTONS (LAC DES), lac de Suisse qui baigne les 4 cantons de Schwytz, d'Uri, d'Unterwalden et de Lucerne, et qui est alimenté par la Reuss; il se divise en trois parties, le lac d'Uri ou de Brunnen, le lac de Buochs et le lac de Lucerne.

QUATREMÈRE DE QUINCY, savant archéologue français (1755-1849).

QUATREMÈRE (ÉTIENNE-MARC), savant orientaliste français, élève et successeur de Sylvestre de Sacy (1782-1857).

QUATRE-NATIONS (collège des), fondé à Paris par Mazarin pour les étudiants des pays nouvellement acquis, Alsace, Flandre, Italie, Roussillon. Une bibliothèque, auj. Bibliothèque Mazarine, y était jointe.

QUÉBEC, v. forte de l'Amérique anglaise, sur le Saint-Laurent, anc. cap. du Canada, enlevée à la France par les Anglais en 1759; 50 000 h. Archevêché catholique.

QUÉLEN (comte DE), archevêque de Paris de 1821 à 1839.

QUENTIN (SAINT-), ch.-l. d'arr. de l'Aisne, à 50 k. de Laon; 34 811 h. Filatures; tissus.

QUERCY, anc. pays de France (Guyenne), compris dans les dép. du Lot et de Tarn-et-Garonne; v. pr. Cahors et Montauban.

QUERETARO, v. du Mexique au N.-O. de Mexico; 47 000 h.

QUÉRIGUT, ch.-l. de c. de l'Ariége, arr. de Foix; 628 h.

QUESNAY (FRANÇOIS), fondateur de l'économie politique, attribue dans son ouvrage la *Physiocratie* une importance presque exclusive à l'agriculture (1694-1774).

QUESNEL (PASQUIER), théologien français (1634-1719), partisan du jansénisme, publia des *Réflexions morales sur le Nouveau Testament* qui le firent exiler.

QUESNOY (LE), ch.-l. de c. du Nord, arr. d'Avesnes; 3568 h.

QUESNOY-SUR-DEULE, ch.-l. de c. du Nord, arr. de Lille; 4860 h.

QUESTEMBERT, ch.-l. de c. du Morbihan, arr. de Vannes; 4021 h.

QUESTEUR, magistrat romain, chargé de l'administration du trésor public, ou de la solde et de l'entretien des troupes.

QUETTEHOU, ch.-l. de c. de la Manche, arr. de Valognes; 1436 h.

QUIBERON, ch.-l. de c. du Morbihan, arr. de Lorient; 2245 h. || La presqu'île sur laquelle est située Quiberon est défendue par le fort Penthièvre; des émigrés français y firent une descente en 1795; ils furent battus et pris par Hoche, et un grand nombre furent fusillés, sur l'ordre de Tallien.

QUIÉTISME, secte mystique qui faisait consister la perfection chrétienne dans la contemplation passive de Dieu.

QUILLAN, ch.-l. de c. de l'Aude, arr. de Limoux; 2539 h.

QUILLEBEUF, ch.-l. de c. de l'Eure, arr. de Pont-Audemer; port de commerce à l'embouchure de la Seine (r. g.); 1372 h.

QUILOA, v. de l'Afrique orientale, dans une île, cap. du royaume de même nom (côte de Zanguebar); 3000 h.

QUIMPER-CORENTIN, ch.-l. du Finistère, à 619 k. de Paris; 13 159 h. Évêché.

QUIMPERLÉ, ch.-l. d'arr. du Finistère, à 55 k. de Quimper; 6253 h.

QUINAULT, poëte français, obtint un grand succès par ses tragédies lyriques, dont Lulli composa la musique (1635-1688).

QUINET (EDGAR), poëte, historien et littérateur français (1803-1875).

QUINGEY, ch.-l. de c. du Doubs, arr. de Besançon, sur la Loue; 1060 h.

QUINTE-CURCE, historien latin dont la vie et l'époque sont inconnues; il a écrit l'*Histoire d'Alexandre le Grand*.

QUINTILIEN, rhéteur latin, auteur de l'*Institution oratoire*, rhétorique et plan d'études pour l'orateur (42-120 ap. J.-C.).

QUINTIN, ch.-l. de c. des Côtes-du-Nord, arr. de Saint-Brieuc; 3411 h.

QUINZE-VINGTS, hôpital fondé à Paris par saint Louis pour 300 gentilshommes à qui les Sarrasins avaient crevé les yeux.

QUIRINAL (MONT), l'une des sept collines de Rome, sur laquelle se trouve le palais occupé par le roi d'Italie.

QUIRINUS, dieu des Sabins, puis des Romains, le même que Mars.

QUISSAC, ch.-l. de c. du Gard, arr. du Vigan; 1679 h.

QUITO, cap. de la république de l'Équateur (Amérique du Sud); 76 000 h.

R

RAAB, femme de Jéricho, sauva les Israélites envoyés par Josué pour reconnaître la Terre promise.

RAAB, v. forte de Hongrie, au confluent du Raab et du Danube ; 20 000 h.

RABASTENS, ch.-l. de c. des Hautes-Pyrénées, arr. de Tarbes ; 1320 h.

RABASTENS, ch.-l. de c. du Tarn, arr. de Gaillac ; 5317 h. Couvertures ; chapeaux.

RABAUT-SAINT-ÉTIENNE, ministre protestant, contribua à faire accorder un état civil aux réformés (1787), fut membre de la Constituante et de la Convention, et périt comme girondin (1743-1793).

RABELAIS (François), né près de Chinon (Indre-et-Loire), auteur des *Faits et gestes de Gargantua et de son fils Pantagruel*, roman satirique et allégorique (1495-1553).

RABIRIUS (Caïus), chevalier romain, accusé d'avoir assassiné le tribun Saturninus, fut défendu devant le peuple et sauvé par Cicéron (63 av. J.-C.).

RACAN, poète français, fit partie de l'Académie à sa création ; auteur de *Bergeries*, de *Mémoires sur la vie de Malherbe*, son maître (1589-1670).

RACHEL, 2e fille de Laban, épousa Jacob, et fut mère de Joseph et de Benjamin.

RACHEL (Mlle), célèbre tragédienne française (1821-1858).

RACHIMBOURGS, c.-à-d. *hommes de droit*, espèce de jurés chez les Francs Saliens.

RACINE (Jean), le plus parfait des poètes tragiques français (1639-1699), dont les principales pièces sont *Andromaque*, *les Plaideurs*, *Britannicus*, *Bajazet*, *Mithridate*, *Iphigénie en Aulide*, *Phèdre* (de 1667 à 1677) ; puis *Esther* (1689) et *Athalie* (1691), composées pour la maison de Saint-Cyr.

RACINE (Louis), 2e fils du précédent (1692-1763), auteur du poème de *la Religion*.

RADAGAISE, chef de Germains, pénétra en Italie jusqu'à Florence, fut vaincu et mis à mort par Stilicon (406).

RADCLIFFE (Anne), célèbre romancière anglaise (1764-1823) ; ses écrits, et surtout les *Mystères d'Udolphe*, eurent un grand succès en France.

RADEGONDE (sainte), épouse de Clotaire Ier, se retira dans un monastère de Poitiers et y mourut en odeur de sainteté.

RADETSKY (comte de), général autrichien (1766-1858), battit le roi Charles-Albert à Novare, et remit sous le joug de l'Autriche la Lombardie et la Vénétie (1849).

RADJAH ou **RAJAH**, titre des princes de l'Hindoustan.

RADZIWILL, anc. famille polonaise de Lithuanie, dont l'un des membres, CHARLES-STANISLAS (1734-1790), lutta contre la Russie sans pouvoir empêcher le démembrement de sa patrie (1772).

RAFFET, dessinateur français (1804-1860).

RAGLAN (lord), général anglais, commanda les troupes anglaises dans l'expédition de Crimée (1788-1855).

RAGOTZKI ou **RAKOCZY**, nom de princes de Transylvanie, dont l'un lutta contre les Autrichiens (1701-1711), et se retira en France, après la soumission des Hongrois.

RAGUSE, v. forte de Dalmatie, sur l'Adriatique ; 10 000 h. || Napoléon Ier l'érigea en duché en faveur de Marmont (1810).

RAIMONDI (Marc-Antoine), graveur italien, reproduisit par la gravure les principaux ouvrages de Raphaël (1475-1534).

RAINCY (LE), jadis parc et château, appartenant à la famille d'Orléans, dans la commune de Livry (Seine-et-Oise).

RAINFROI, maire du palais de Neustrie, fut battu à Vincy (717) et à Soissons (719) par Charles Martel et les Austrasiens.

RALEIGH (sir Walter), favori de la reine Élisabeth d'Angleterre (1552-1618), découvrit la Virginie, en Amérique (1584). Disgracié par Jacques Ier, il fut enfermé pendant 12 ans à la Tour de Londres (1604-1616) ; et après une expédition en Guyane, accusé de haute trahison et décapité.

RAMA, anc. v. de la tribu d'Éphraïm.

RAMA, incarnation de Vichnou, selon la théogonie indienne, épousa Sita. Ses aventures font le sujet du *Ramayana*.

RAMADAN ou **RAMAZAN**, 9e mois de l'année musulmane, carême de 30 jours.

RAMBERT (SAINT-), ch.-l. de c. de l'Ain, arr. de Belley ; 2557 h.

RAMBERT (SAINT-), ch.-l. de c. de la Loire, arr. de Montbrison ; 2500 h.

RAMBERVILLERS, ch.-l. de c. des Vosges, arr. d'Épinal ; 5310 h. Draps, toiles, etc.

RAMBOUILLET, ch.-l. d'arr. de Seine-et-Oise, à 51 k. de Versailles ; 4725 h. Anc. château royal et forêt.

RAMBOUILLET (Catherine de Vivonne, marquise de), femme de Ch. d'Angennes, réunissait dans son hôtel situé rue Saint-Thomas du Louvre, à Paris, une société d'élite, vers le milieu du XVIIe s. (1588-1665).

RAMBUTEAU (comte de), administrateur français (1781-1869), fut préfet de la Seine de 1833 à 1848.

RAMEAU, compositeur de musique, né à Dijon (1683-1764), auteur de nombreux opéras, *Castor et Pollux*, *Dardanus*, etc.

RAMEL, général français, proscrit par le Directoire en fructidor, fut assassiné par des volontaires royalistes, à Toulouse (1815).

RAMERUPT, ch.-l. de c. de l'Aube, arr. d'Arcis-sur-Aube ; 581 h.

RAMILLIES, vge de Belgique, près de Louvain, où Villeroi fut battu par Marlborough (1706).

RAMIRE, nom de trois rois des Asturies (IXe, Xe s.) et de deux rois d'Aragon (XIe, XIIe s.), qui luttèrent contre les Arabes.

RAMSAY (chevalier de), écrivain écossais, auteur d'une *Vie de Turenne* écrite en français (1686-1743).

RAMSGATE, v. du comté de Kent (Angleterre) ; 12 000 h. Commerce avec la France.

RAMUS (Pierre de la Ramée, dit), philosophe français, professeur au Collège de France, attaqua dans ses écrits la philosophie d'Aristote. Ayant embrassé le calvinisme, il périt dans le massacre de la Saint-Barthélemy (1515-1572).

RANCE, riv. de France, prend sa source dans les Côtes-du-Nord, passe à Dinan, se jette dans la Manche, à Saint-Malo ; 80 k.

RANCÉ (DE), réformateur de l'ordre monastique de la Trappe (1627-1700).

RANDAN, ch.-l. de c. du Puy-de-Dôme, arr. de Riom ; 1790 h. Château restauré par la princesse Adélaïde d'Orléans.

RANDON (comte), maréchal de France (1795-1870), ministre de la guerre en 1851, gouverneur de l'Algérie (1852), soumit la Kabylie (1857), et fut de nouveau ministre de la guerre de 1859 à 1867.

RANKE (LÉOPOLD DE), historien allemand, né en 1795, auteur de nombreux travaux parmi lesquels on cite *les Papes romains au* XVI*e et au* XVII*e s.*, *l'Histoire de l'Allemagne au temps de la réforme*, *l'Histoire de Prusse*, *l'Histoire de la France au* XVI*e et au* XVII*e s.*

RANTZAU, famille danoise, dont le membre le plus célèbre fut JOSIAS, comte DE RANTZAU (1609-1650), qui par ses services éclatants dans l'armée française mérita le bâton de maréchal de France (1648).

RAON-L'ÉTAPE, ch.-l. de c. des Vosges, arr. de Saint-Dié ; 3771 h.

RAOUL ou **RODOLPHE**, duc de Bourgogne, puis roi de France après la mort de Robert, duc de France, son beau-père (923-936), lutta contre Rollon et contre Guillaume Longue-Épée, ducs de Normandie.

RAOUL-ROCHETTE, archéologue français (1789-1854), secrétaire perpétuel de l'Académie des Beaux-Arts (1839).

RAPHAËL, archange.

RAPHAËL SANZIO, le plus grand des peintres modernes, né à Urbino (États du pape), fut élève du Pérugin ; il commença à se faire connaître par son tableau du *Mariage de la Vierge*, décora la sacristie de Sienne ; peignit un certain nombre de Vierges, orna de fresques les salles du Vatican (*les Chambres*), ainsi que la cour des *Loges*, et mourut sans avoir achevé son tableau de la *Transfiguration* (1483-1520).

RAPIN (NICOLAS), écrivain français, l'un des principaux auteurs de la *Satire Ménippée* (1540-1608). || RAPIN (René), jésuite, auteur d'un poème latin des *Jardins* (1621-87).

RAPP (comte), général français (1773-1821), défendit Dantzig contre les Russes (1813).

RASENA (LES) ou **RASÈNES**, nom primitif de la population de l'Étrurie.

RASTADT, v. du grand-duché de Bade ; 8700 h. || Congrès de 1797-99 pour amener la paix entre la France et l'Allemagne.

RATISBONNE, v. du roy. de Bavière, sur le Danube ; 28 000 h. Elle fut prise par les Français en 1809, après un combat où Napoléon fut légèrement blessé.

RAUCH, le plus grand sculpteur de l'Allemagne, auteur du monument de Frédéric le Grand, à Berlin (1777-1857).

RAUCOURT, ch.-l. de c. des Ardennes, arr. de Sedan ; 1495 h.

RAUCOURT (Mlle), célèbre tragédienne du Théâtre-Français (1756-1815).

RAVAILLAC (FRANÇOIS), assassin de Henri IV, fut écartelé (1610).

RAVENNE, ch.-l. de la prov. de ce nom en Italie, sur la Montone, à 6 k. de l'Adriatique ; 58 000 h. Cap. de l'Empire d'Occident sous Honorius, puis de l'Exarchat. Elle fut enlevée aux Lombards par Pépin le Bref, qui en fit don au saint-siège (754).|

RAVEZ, avocat et homme politique français (1770-1849), fut président de la Chambre des députés sous Louis XVIII et Charles X.

RAVIGNAN (DE), prédicateur français (1795-1858), fit des *Conférences* dans l'église Notre-Dame, à Paris.

RAWLINSON, archéologue anglais, né en 1810, a exploré les ruines des anciennes villes de l'Assyrie.

RAYAS ou **RAÏAS**, mot arabe signifiant *troupeau*, est le nom injurieux que les Mahométans donnent aux chrétiens et surtout aux Grecs qui habitent la Turquie.

RAYMOND, nom de sept comtes de Toulouse, dont le VIe prit parti pour les Albigeois, fut excommunié par Innocent III (1208), vaincu et dépouillé de ses États par Simon de Montfort ; puis rappelé par ses sujets, il vainquit à son tour Simon de Montfort, qui fut tué devant Toulouse.|| Son fils, RAYMOND VII, triompha d'Amaury de Montfort et conclut avec Louis IX un traité qui termina la guerre des Albigeois (1229).

RAYNAL (l'abbé), littérateur français (1713-1796), auteur de *l'Histoire philosophique des établissements et du commerce des Européens dans les deux Indes*, etc.

RAYNOUARD, poète et littérateur français (1761-1836), auteur de la tragédie des *Templiers*, d'un *Lexique roman*, etc., secrétaire perpétuel de l'Académie franç. (1817).

RAZ (LE), cap à l'extrémité occid. du dép. du Finistère, en face de l'île de Sein.

RÉ ou **RHÉ** (ILE DE), île de France dans l'océan Atlantique, à 4 k. de la côte, forme 2 cantons de la Charente-Inférieure, dont les ch.-l. sont Saint-Martin et Ars.

RÉAL (comte), préfet de police pendant le 1er Empire et les Cent-Jours (1757-1834).

RÉALISTES, philosophes scolastiques, opposés aux *nominaux*, prétendaient que les idées générales de temps, d'espace, etc. offrent une réalité indépendante des objets.

RÉALMONT, ch.-l. de c. du Tarn, arr. d'Albi ; 2738 h.

RÉAUMUR, physicien et naturaliste français (1683-1757), auteur de *Mémoires pour servir à l'histoire des insectes*, et inventeur du thermomètre divisé en 80 degrés.

REBAIS, ch.-l. de c. de Seine-et-Marne, arr. de Coulommiers ; 1081 h.

REBECCA, fille de Bathuel, épousa Isaac, et en eut deux fils, Ésaü et Jacob.

REBER (HENRI), compositeur français, né en 1807.

RÉCAMIER, médecin français (1774-1852).

RÉCAMIER (Mme), dame célèbre par sa beauté, dont le salon, à l'Abbaye-aux-Bois (rue de Sèvres, à Paris), fut le rendez-vous de tous les hommes distingués de son temps (1777-1849).

RECEY-SUR-OURCE, ch.-l. de c. de la Côte-d'Or, arr. de Châtillon-sur-Seine ; 957 h.

RÉCHICOURT, anc. ch.-l. de c. de la Meurthe, arr. de Sarrebourg ; 973 h. ; cédé à la Prusse en 1871.

RÉCOLLETS, franciscains réformés, qui s'établirent en France en 1592.

RÉDEMPTION (ordre de la), les rédemptoristes, voy. TRINITAIRES.

REDON, ch.-l. d'arr. d'Ille-et-Vilaine, sur la Vilaine, à 65 k. de Rennes ; 6031 h.

RÉFORME, révolution religieuse opérée au XVIe s. par Luther, Zwingle et Calvin.

RÉGENCE, minorité de Louis XV (1715-1723), pendant laquelle Philippe, duc d'Orléans, gouverna avec le titre de *Régent*.

RÉGENCES-BARBARESQUES, les États de Tunis, de Tripoli et autrefois d'Alger, avant la conquête des Français.

REGGIO, anc. Rhegium, v. forte de la Calabre Ultérieure Ire, sur le détroit de Messine (Italie) ; 30 500 h. || V. de la prov. de Reggio dell' Emilia (Italie centrale) ; 30 000 h.

RÉGILLE (LAC), petit lac du Samnium, sur les bords duquel les Romains battirent les Latins (496 av. J.-C.).

RÉGIS (saint JEAN-FRANÇOIS), ecclésiastique français, célèbre par sa piété et sa charité (1597-1640).

REGNARD (J.-FRANÇOIS), célèbre poète comique français (1655-1709), dont les meilleures comédies sont *le Joueur, le Distrait, le Légataire universel.*

REGNAUD, dit de *Saint-Jean d'Angely*, homme politique français, fut dévoué à Napoléon Ier, et défendit les droits de Napoléon II dans la Chambre des Cent-Jours (1762-1819). || Son fils, AUGUSTE-MICHEL, maréchal de France du 2e Empire, commanda en chef la garde impériale (1794-1876).

REGNAULT (HENRI-VICTOR), physicien français, né en 1810. || Son fils, HENRI REGNAULT, né en 1843, peintre déjà célèbre, fut tué à Buzenval le 19 janvier 1871.

RÉGNIER (MATHURIN), poète satirique français (1573-1613).

RÉGNIER, duc de Massa (1736-1814), fut grand-juge de 1802 à 1813, puis président du Corps législatif de 1813.

RÉGNIER-DESMARAIS, érudit et littérateur français (1632-1713), secrétaire de l'Académie française, publia la 1re édition du *Dictionnaire de l'Académie* en 1694, ainsi qu'une *Grammaire française.*

RÉGULUS (ATTILIUS), général romain, fut pris par les Carthaginois ; envoyé à Rome pour négocier l'échange des prisonniers, il parla contre dans le sénat, et revint à Carthage, où il périt dans les tortures.

REICHA, compositeur allemand (1770-1836), professa la musique à Paris et écrivit des ouvrages sur la composition.

REICHSTADT, v. de Bohême (États autrichiens), érigée en duché par l'empereur d'Autriche François Ier, en faveur de son petit-fils, issu du mariage de Napoléon Ier avec Marie-Louise (voy. NAPOLÉON II).

REID (THOMAS), philosophe écossais, l'un des créateurs de la psychologie (1710-1796).

REIGNIER, ch.-l. de c. de la Haute-Savoie, arr. de Saint-Julien ; 1728 h.

REIKIAVIK, v. cap. de l'Islande ; 800 h.

REILLANNE, ch.-l. de c. des Basses-Alpes, arr. de Forcalquier ; 1516 h.

REIMS, ch.-l. d'arr. de la Marne, à 43 k. de Châlons-sur-Marne ; 71 994 h. Archevêché ; cathédrale où furent sacrés la plupart des rois de la 3e race. Draps, laines, biscuits, vins mousseux.

REISSIGER, compositeur de musique allemand (1798-1859).

RÉMALARD, ch.-l. de c. de l'Orne, arr. de Mortagne ; 1745 h.

REMBRANDT, célèbre peintre et graveur à l'eau forte, né à Leyde (1608-1669) ; son chef-d'œuvre en peinture est *la Ronde de nuit.*

RÉMI (saint), archevêque de Reims (437-533), baptisa Clovis en 496.

REMIREMONT, ch.-l. d'arr. des Vosges, à 27 kil. d'Épinal, sur la Moselle ; 6810 h.

REMOULINS, ch.-l. de c. du Gard, arr. d'Uzès, près du pont du Gard ; 1432 h.

RÉMUS, frère de Romulus.

RÉMUSAT (ABEL), orientaliste français, auteur de nombreux travaux sur la langue et la littérature chinoises (1788-1832).

RÉMUSAT (CHARLES, comte DE), écrivain et homme politique français (1797-1875), ministre des affaires étrangères sous la présidence de Thiers, a attaché son nom à la délivrance du territoire français (1873).

RÉMUZAT, ch.-l. de c. de la Drôme, arr. de Nyons ; 641 h.

REMY (SAINT-), ch.-l. de c. des Bouches-du-Rhône, arr. d'Arles ; 6030 h.

REMY (SAINT-), ch.-l. de c. du Puy-de-Dôme, arr. de Thiers ; 5100 h.

REMY-EN-BOUZEMONT (St-), ch.-l. de c. de la Marne, arr. de Vitry-le-François ; 808 h.

RENAISSANCE, époque comprise entre le milieu du XVe s. et la seconde moitié du XVIe ; elle fut illustrée par de nombreux savants et artistes, en Italie et en France.

RENAN (JOSEPH-ERNEST), philologue et critique français, né en 1823.

RENAN (SAINT-), ch.-l. de c. du Finistère, arr. de Brest ; 1307 h.

RENAU, dit le *Petit Renau* à cause de sa petite taille, marin français, inventa un mode de construction navale (1652-1719).

RENAUD DE MONTAUBAN, l'un des quatre fils Aymon.

RENAUDIN, amiral français, commandait le *Vengeur* au combat d'Ouessant (1794).

RENAUDOT, médecin français, obtint, en 1631, le privilége de la *Gazette de France*, qu'il dirigea jusqu'à sa mort (1584-1653).

RENDU (AMBROISE), membre du Conseil de l'Instruction publique, contribua à l'organisation de l'instruction primaire en France (1778-1860).

RENÉ D'ANJOU, 2e fils de Louis II d'Anjou (1409-1480), devint duc d'Anjou et de Provence à la mort de son frère Louis III d'Anjou (1434), puis roi de Naples par le testament de Jeanne II (1438). Mais dépossédé du trône par Alphonse d'Aragon (1442), il se retira à Aix en Provence, où il vécut cultivant les lettres et les arts.

RENÉE de France, fille de Louis XII, duchesse de Ferrare, protégea Clément Marot et Calvin (1510-1570).

RENI (GUIDO), voy. GUIDE (LE).

RENNEQUIN-SUALEM, fils d'un charpentier de Liége (1644-1708), construisit la machine hydraulique de Marly (1675-1682).

RENNES, ch.-l. d'Ille-et-Vilaine, au confluent de l'Ille et de la Vilaine, à 374 k. de Paris ; 52 044 h. Archevêché.

RENO, petite riv. d'Italie, traverse les prov. de Bologne et de Ferrare, et se jette dans une branche du Pô.

RENWEZ, ch.-l. de c. des Ardennes, arr. de Mézières ; 1679 h.

RÉOLE (LA), ch.-l. d'arr. de la Gironde, à 51 k. de Bordeaux, sur la Garonne ; 4096 h.

RÉPUBLIQUE FRANÇAISE (première), proclamée le 21 septembre 1792 ; elle fut remplacée par le 1er Empire, le 18 mai 1804. || La deuxième République française, proclamée le 24 février 1848, fut remplacée par le second Empire, le 2 décembre 1851. || La République a été établie pour la 3e fois par la constitution du 25 février 1875.

REQUISTA, ch.-l. de c. de l'Aveyron, arr. de Rodez ; 4330 h.

RESCHID (Mustapha), homme d'État ottoman, travailla à réorganiser l'empire turc (1799-1857).

RESINA, auj. Retina, v. d'Italie, sur l'emplacement de l'anc. Herculanum ; 9000 h.

RESSONS-SUR-MATZ, ch.-l. de c. de l'Oise, arr. de Compiègne ; 950 h.

RESTAURATION, nom que l'on donne, en France, aux 16 années qui s'écoulèrent depuis la chute de Napoléon 1er en 1814, époque du rétablissement sur le trône de la branche aînée des Bourbons, jusqu'à la révolution de 1830. || Rétablissement des Stuarts sur le trône d'Angleterre, période de 28 ans (1660-1688), pendant laquelle régnèrent Charles II et Jacques II.

RESTAUT, auteur d'une *Grammaire française* (1730).

RESTOUT, peintre français (1692-1768).

RETHEL, ch.-l. d'arr. des Ardennes, à 41 k. de Mézières, sur l'Aisne ; 7086 h.

RÉTIAIRE, gladiateur qui tâchait d'envelopper son adversaire dans un filet.

RETIERS, ch.-l. de c. d'Ille-et-Vilaine, arr. de Vitré ; 3084 h.

RETZ, anc. petit pays de France, dans la Bretagne ; ch.-l. Machecoul ; v. pr. Paimbœuf et Pornic.

RETZ (cardinal de), voy. Gondi.

REUCHLIN (Jean), philologue allemand (1455-1522), le plus grand helléniste et hébraïsant de la fin du xve s.

RÉUNION (île de la) ou île Bourbon, dans la mer des Indes, acquise à la France depuis 1642 ; pop. 150000 h., dont un cinquième de blancs ; ch.-l. Saint-Denis ; v. pr. Saint-Pierre, Saint-Paul.

REUS, v. d'Espagne (Catalogne) ; 28000 h.

REUSS (LA), riv. de Suisse, sort du Saint-Gothard, forme le lac des Quatre-Cantons, et se jette dans l'Aar ; 133 k.

REUSS, nom de deux principautés d'Allemagne, enclavées dans les duchés de Saxe.

REVEL, v. forte de Russie (Esthonie), sur le golfe de Finlande ; 25000 h.

REVEL, ch.-l. de c. de la Haute-Garonne, arr. de Villefranche ; 5629 h.

REVIGNY, ch.-l. de c. de la Meuse, arr. de Bar-le-Duc ; 1535 h.

REWBELL (J.-Fr.), membre de la Convention, puis le président et le plus influent des membres du Directoire (1747-1807).

REYNAUD (Jean), philos. franç. (1806-1863).

REYNIER, général français, se distingua dans les guerres de la République et de l'Empire (1771-1814).

REYNOLDS, peintre anglais (1723-1792).

REZONVILLE, commune du canton de Gorze, à 13 k. de Metz, où eut lieu un grand combat entre les Français et les armées allemandes (16 août 1870).

RHA, nom du Volga chez les anciens.

RHADAMANTE, l'un des trois juges des enfers, avec ses frères Minos et Éaque.

RHADAMISTE, roi d'Arménie, fut chassé de son royaume par Vologèse, roi des Parthes. Se voyant sur le point de tomber au pouvoir de l'ennemi avec sa femme Zénobie, il se poignarda (51 ap. J.-C.).

RHAMSÈS ou **RAMESSÈS**, nom de plusieurs rois d'Égypte des 18e et 19e dynasties (1600 av. J.-C.). Rhamsès III *le Grand* passe pour être le même que Sésostris.

RHÉA SYLVIA, fille de Numitor, roi d'Albe, mère de Romulus et de Rémus.

RHÉE, femme de Saturne et mère de Jupiter, de Neptune, de Pluton, de Cérès et de Vesta.

RHEGIUM, voy. Reggio.

RHÉNANE (Bavière), v. Rhin (Cercle du).

RHÉNANE ou du **RHIN (Province)**, prov. occidentale des États prussiens, sur le Rhin ; pop. 3360000 h. ; cap. Coblentz ; v. pr. Cologne, Dusseldorf, Aix-la-Chapelle et Trèves.

RHÉSUS, roi de Thrace, vint au secours de Priam ; il fut tué la nuit de son arrivée par Diomède, et Ulysse lui enleva ses chevaux, dont dépendait le sort de Troie.

RHÉTIE, anc. contrée de la Gaule Cisalpine, habitée par les Rhètes et correspondant aux Grisons (Suisse), au Tyrol et au N. de la Lombardie.

RHÉTIQUES (Alpes), chaîne des Alpes orientales qui renferme le Brenner.

RHIN, grand fl. d'Europe, prend sa source au mont Saint-Gothard, traverse le lac de Constance, forme une chute au-dessous de Schaffhouse, passe à Bâle, Mayence, Coblentz, Cologne, Utrecht, Leyde, et se perd dans la mer du Nord, à Katwyk. Avant d'arriver à son embouchure, il forme trois bras principaux, le Wahal, l'Yssel et le Leck.

RHIN (anc. dép. du BAS-), formé de la partie N. de l'anc. Alsace ; ch.-l. Strasbourg ; 4 arr. Strasbourg, Schlestadt, Saverne, Wissembourg ; pop. 588970 h. ; cédé à la Prusse en 1871.

RHIN (anc. dép. du HAUT-), formé de la partie S. de l'anc. Alsace et de la petite république de Mulhouse ; ch.-l. Colmar ; 3 arr. Colmar, Belfort et Mulhouse ; pop. 530285 h. ; cédé à la Prusse en 1871, sauf le Territoire de Belfort.

RHIN (Confédération du), confédération d'États de l'Allemagne établie par Napoléon 1er en 1806, et comprenant 34 États en 1813.

RHIN (Cercle du) ou **BAVIÈRE RHÉNANE**, autrefois Palatinat, entre la France, la Prusse rhénane et le grand-duché de Bade, à la Bavière ; 625000 h. ; ch.-l. Spire.

RHIPHÉES (monts) ou **HYPERBORÉENS**, chaîne de montagnes située au N. du monde connu des anciens (peut-être les Balkans ou les Carpathes).

RHODE-ISLAND, le plus petit des États-Unis de l'Amérique du Nord ; pop. 175000 h. ; ch.-l. Providence et Newport.

RHODES, île de la Méditerranée, sur la côte S.-O. de l'Asie Mineure, aux Turcs ; pop. 6000 Turcs, 21000 Grecs ; ch.-l. Rhodes ; 10000 h. En 1309, cette île fut occupée par les chevaliers de Saint-Jean de Jérusalem (voy. Malte), qui en furent dépossédés par Soliman II (1522).

RHODOPE, chaîne de montagnes de l'anc. Thrace, auj. le Despoto-Dagh (Balkans).

RHÔNE, fl. de France, prend sa source à la Furca (Valais), traverse le lac de Genève, passe à Lyon, où il reçoit la Saône, se jette dans la Méditerranée par deux branches principales, enveloppant l'île de la Camargue, le *Grand-Rhône* à l'E. et le *Petit-Rhône* à l'O. ; 843 k.

RHÔNE (dép. du), formé des anc. prov. du Lyonnais et du Beaujolais ; ch.-l. Lyon ; 2 arr. Lyon et Villefranche ; pop. 670 247 h.

RHÔNE AU RHIN (CANAL DU), canal qui fait communiquer le Rhône avec le Rhin par la Saône et le Doubs ; il commence à Saint-Symphorien, cant. de Saint-Jean-de-Losne, passe à Dôle, Besançon, Montbéliard, et finit dans l'Ill, près de Strasbourg ; 349 k.

RIAILLÉ, ch.-l. de c. de la Loire-Inférieure, arr. d'Ancenis ; 2213 h.

RIANS, ch.-l. de c. du Var, arr. de Brignoles ; 2379 h.

RIBAUDS, milice irrégulière instituée par Philippe-Auguste pour le garder, et dont le chef s'appelait Roi des Ribauds. Plus tard ce titre de Roi des Ribauds passa à un officier de police de la suite du roi.

RIBEAUVILLÉ, anc. ch.-l. de c. du Haut-Rhin, arr. de Colmar ; 7146 h. ; cédé à la Prusse en 1871.

RIBÉCOURT, ch.-l. de c. de l'Oise, arr. de Compiègne ; 709 h.

RIBEMONT, ch.-l. de c. de l'Aisne, arr. de St-Quentin ; 3124 h. Patrie de Condorcet.

RIBERA (JOSEPH), dit l'*Espagnolet*, célèbre peintre espagnol (1588-1656).

RIBÉRAC, ch.-l. d'arr. de la Dordogne, à 38 k. de Périgueux ; 3578 h.

RIBIERS, ch.-l. de c. des Hautes-Alpes, arr. de Gap ; 1161 h.

RICAMARIE (LA), commune de la Loire, arr. de Saint-Étienne ; 5264 h. Houille, fer.

RICEYS (LES), ch.-l. de c. de l'Aube, arr. de Bar-sur-Seine ; 2957 h.

RICHARD Ier, dit *Cœur de Lion*, fils de Henri II et d'Éléonore de Guyenne (1157-1199), devenu roi d'Angleterre en 1189, fit la 3e croisade avec Philippe-Auguste. À son retour en Europe, il fut arrêté par le duc d'Autriche, et vendu à l'empereur Henri VI, qui ne lui rendit la liberté que moyennant une forte rançon. Rentré dans ses États, Richard força son frère Jean à la soumission, puis alla guerroyer en France, où il fut tué en assiégeant le château de Chalus, en Limousin. || RICHARD II, fils d'Édouard dit le *Prince Noir*, succéda à son grand-père Édouard III en 1377, sous la tutelle de ses oncles, les ducs de Lancastre, d'York et de Glocester. Devenu majeur, il se laissa gouverner par des favoris, et fut détrôné (1399) par son cousin Henri de Lancastre (Henri IV) et mis à mort (1400). || RICHARD III, 4e fils de Richard, duc d'York, s'empara du trône en faisant mourir ses neveux Édouard V et Richard d'York, prisonniers dans la Tour de Londres (1483) ; mais à peine roi, il fut attaqué par Henri Tudor (Henri VII), vaincu et tué à Bosworth (1485) ; avec lui finit la guerre des Deux-Roses.

RICHARD DE CORNOUAILLES, fils de Jean sans Terre, proclamé empereur d'Allemagne en 1257, ne fut jamais couronné, bien qu'il ait exercé le pouvoir pendant 15 ans ; aussi cette époque s'appelle-t-elle *le grand interrègne*.

RICHARD (FRANÇOIS), dit *Richard-Lenoir*, manufacturier français, fonda en France, avec son associé Lenoir, une manufacture pour la fabrication des basins (1785-1839).

RICHARDSON (SAMUEL), romancier anglais, auteur de *Pamela*, de *Clarisse Harlowe* et de *Sir Charles Grandisson* (1689-1761).

RICHARDSON (JAMES), voyageur anglais ; après plusieurs voyages en Afrique, il organisa une expédition scientifique dans l'intérieur avec Barth et Overweg, et y mourut épuisé de fatigues (1806-1851).

RICHELET, grammairien français (1631-1698), auteur d'un *Dictionnaire français*.

RICHELIEU, ch.-l. de c. d'Indre-et-Loire, arr. de Chinon ; 2543 h. Château élevé par Richelieu, auj. en ruines.

RICHELIEU (ARMAND-JEAN DU PLESSIS, cardinal et duc DE), né à Paris (1585-1642), député aux états généraux de 1614, devint aumônier de la régente Marie de Médicis, secrétaire d'État pour la guerre et les affaires étrangères (1616), cardinal (1622). Premier ministre de Louis XIII (1624), il détruisit l'importance politique des protestants par la prise de la Rochelle (1628), réprima l'esprit factieux des grands par le supplice de Chalais, de Marillac, de Montmorency, de Cinq-Mars, etc. ; abaissa la maison d'Autriche en poussant contre elle Gustave-Adolphe et en s'emparant de l'Alsace, du Roussillon et de l'Artois. Il fonda l'Académie française en 1635.

RICHELIEU (duc DE), arrière-petit-neveu du cardinal par les femmes (1696-1788), maréchal de France, contribua à la victoire de Fontenoy sur les Anglais (1745), et prit d'assaut Port-Mahon, défendu par les Anglais (1756). || DUC DE RICHELIEU, petit-fils du précédent (1766-1822), ministre des affaires étrangères et président du Conseil en 1815, obtint que la durée de l'occupation de la France par les armées étrangères fût réduite de 7 ans à 3, et que la contribution de guerre fût diminuée ; puis, que la France fût évacuée au bout de 3 ans.

RICHEMONT (comte DE), comte de Bretagne, connétable de France sous Charles VII, chassa les Anglais de la Normandie et de la Guyenne, et s'associa aux exploits de Jeanne d'Arc (1393-1458).

RICHEPANSE, général franç. (1778-1802).

RICHERAND, chirurgien franç. (1779-1840).

RICHMOND, cap. de la Virginie orientale (États-Unis) ; 50 000 h. Elle fut, en 1861, la capitale des États confédérés du Sud, investie en 1862 et prise en 1865.

RICHTER (JEAN-PAUL), dit ordinairement *Jean-Paul*, célèbre écrivain allemand (1763-1825), auteur de *Titan*, etc.

RICIMER, général romain, Suève d'origine, disposa successivement du trône d'Occident en faveur de Majorien, de Libius Sévère, d'Anthémius et enfin d'Olybrius ; il mourut en 472.

RICOS HOMBRES (*riches hommes*), les grands vassaux de la couronne d'Espagne.

RIENZI (NICOLAS DI), fils d'un aubergiste, né à Rome, ne put obtenir de Clément VI qu'il quittât Avignon ; il se fit donner par le peuple le titre de tribun de Rome (1347), et voulut fonder une république des États italiens ; mais devenu odieux par son orgueil, il fut assassiné (1313-1354).

RIESEN-GEBIRGE, c.-à-d. *Montagne des Géants*, chaîne de montagnes de l'Allemagne, entre les bassins de l'Elbe et de l'Oder.

RIEUMES, ch.-l. de c. de la Haute-Garonne, arr. de Muret; 2171 h.

RIEUPEYROUX, ch.-l. de c. de l'Aveyron, arr. de Villefranche; 2756 h.

RIEUX, ch.-l. de c. de la Haute-Garonne, arr. de Muret; 2211 h.

RIEUX (JEAN DE), maréchal de France, s'attacha à Duguesclin, et se signala dans les guerres contre les Anglais (1342-1417).

RIEZ, ch.-l. de c. des Basses-Alpes, arr. de Digne; 2564 h.

RIFF (LE), région montagneuse située entre l'Atlas et la Méditerranée, de la frontière de l'Algérie à Tanger (Maroc).

RIGA, v. de la Russie d'Europe, anc. cap. du duché de Livonie, sur la Dwina, à son embouchure dans le golfe de Riga; 78 000 h. || GOLFE DE RIGA, voy. LIVONIE.

RIGAUD (HYACINTHE), peintre de portraits, célèbre sous Louis XIV et Louis XV (1659-1743).

RIGHI ou **RIGI**, montagne de Suisse, isolée entre les lacs de Goldau, de Zug et des Quatre-Cantons (1850 m.).

RIGNAC, ch.-l. de c. de l'Aveyron, arr. de Rodez; 1808 h.

RIGNY (HENRI, comte DE), amiral français (1782-1835), commanda la flotte française à la bataille de Navarin (1827), et fut ministre sous le Gouvernement de Juillet.

RIMINI, anc. Ariminum, v. d'Italie, sur l'Adriatique; 18 000 h.

RIO, mot espagnol signifiant *rivière* et entrant dans beaucoup de noms, comme *Rio-de-la-Plata*, *Rio-del-Norte*, etc.

RIO-JANEIRO, cap. du Brésil, sur une magnifique baie de l'Atlantique; 396 000 h.

RIOM, ch.-l. d'arr. du Puy-de-Dôme, à 15 k. de Clermont-Ferrand; 10 770 h.

RIOM-ÈS-MONTAGNE, ch.-l. de c. du Cantal, arr. de Mauriac; 2700 h.

RIOZ, ch.-l. de c. de la Haute-Saône, arr. de Vesoul; 972 h.

RIPAILLE, vge de l'arr. de Thonon (Haute-Savoie), sur le lac Léman. Anc. château d'Amédée VIII, duc de Savoie.

RIPUAIRES, voy. FRANCS.

RIQUET (PIERRE-PAUL), auteur du canal du Languedoc (1604-1680).

RISCLE, ch.-l. de c. du Gers, arr. de Mirande; 1752 h.

RITTER, géographe allemand (1779-1859).

RIVAROL (comte DE), écrivain français, célèbre par son esprit (1753-1801).

RIVE-DE-GIER, ch.-l. de c. de la Loire, arr. de Saint-Étienne; 10 946 h. Mines de houille, forges, fonderies, etc.

RIVES, ch.-l. de c. de l'Isère, arr. de Saint-Marcellin; 2543 h.

RIVESALTES, ch.-l. de c. des Pyrénées-Orientales, arr. de Perpignan; 5517 h. Vin muscat.

RIVET DE LA GRANGE (dom ANTOINE), savant bénédictin (1683-1749), composa les 9 premiers volumes de l'*Histoire littéraire de la France*, continuée par dom Clémencet et dom Clément, puis par l'Académie des Inscriptions et Belles-Lettres.

RIVOLI, vge de la Vénétie (Italie), où les Français battirent les Autrichiens (1797) et où Masséna gagna le titre de duc de Rivoli.

D. H.

ROANNE, ch.-l. d'arr. de la Loire, à 80 k. de Saint-Étienne, sur la Loire; 20 037 h.

ROBBIA (LUCA DELLA), sculpteur florentin (1388-1463), inventa un procédé pour donner la dureté du marbre à la terre cuite émaillée. Son frère et son neveu se distinguèrent aussi dans la sculpture.

ROBERT *le Fort*, tige de la race des Capétiens, reçut de Charles le Chauve le comté de Paris (861) et la Marche d'Anjou (864), qu'il défendit contre les ravages des Normands; il laissa deux fils, Eudes et Robert, qui furent tous deux rois de France. || ROBERT II, 2e fils de Robert le Fort, fut proclamé roi de France par les seigneurs révoltés contre Charles le Simple (922); mais il fut tué dans un combat près de Soissons (923). Il eut pour fils Hugues le Grand, père de Hugues Capet. || ROBERT II *le Pieux*, fils de Hugues Capet, succéda à son père en 996; il fut excommunié pour avoir épousé Berthe, sa parente; il eut à lutter contre ses fils révoltés, et mourut laissant le trône à Henri Ier, et le duché de Bourgogne à Robert, chef de la 1re maison capétienne de Bourgogne (1031).

ROBERT *Courte-Heuse* (c.-à-d. *Courte-Cuisse*), fils aîné de Guillaume le Conquérant.

ROBERT, nom de trois rois d'Écosse, Robert Ier Bruce, Robert II et Robert III Stuart (XIVe s.).

ROBERT (HUBERT), peintre d'architecture et de paysages, né à Paris (1733-1808).

ROBERT (LÉOPOLD), peintre célèbre, né à la Chaux-de-Fonds, auteur des *Moissonneurs des Marais Pontins*, etc. (1794-1835).

ROBERT DE VAUGONDY, géographe français (1688-1766), auteur du *Grand Atlas universel* en 108 cartes. Son fils (1723-1786) est auteur de deux grands globes, l'un terrestre, l'autre céleste.

ROBERT-FLEURY, peintre français, né en 1797.

ROBERT GUISCARD, voy. GUISCARD.

ROBERTSON (WILLIAM), historien anglais (1721-1793), auteur d'une *Histoire d'Écosse*, d'une *Histoire de Charles-Quint*, d'une *Histoire d'Amérique*, etc.

ROBESPIERRE (MAXIMILIEN DE), né à Arras (1759-1794), député de l'Artois aux États généraux de 1789, puis député de la Seine à la Convention, dirigea le procès de Louis XVI, anéantit le parti des Girondins. Après s'être défait de Danton, son rival, il fit régner le régime de la Terreur jusqu'au moment où la Convention le mit hors la loi et l'envoya à l'échafaud (9 thermidor an II, 27 juillet 1794). || Son frère, conventionnel, demanda à partager son sort et périt avec lui.

ROBIN (JEAN), botaniste français, né vers 1550, introduisit en France l'acacia.

ROBIN-HOOD, chef d'outlaws (c.-à-d. *hors la loi, proscrits*), sous Richard Cœur de Lion, célèbre dans les ballades.

ROBIQUET, chimiste français (1780-1840).

ROBOAM, fils et successeur de Salomon (962-946 av. J.-C.), fut d'abord reconnu roi des 12 tribus; mais sa tyrannie fut cause que 10 tribus se séparèrent et prirent pour roi Jéroboam. Il se forma deux royaumes, celui d'Israël, composé des 10 tribus révoltées, et celui de Juda, formé des tribus de Juda et de Benjamin. Sous Roboam, Jérusalem fut prise et pillée par Sésac, roi d'Égypte.

ROCH (saint), né à Montpellier (1295-1327), alla en Italie soigner les pestiférés; atteint lui-même du mal, il se retira dans une solitude, où il fut découvert par le chien d'un gentilhomme, qui le rendit à la santé.

ROCHAMBEAU (comte de), maréchal de France (1725-1807), s'illustra en Amérique dans la guerre de l'Indépendance, où, réuni à Washington et à la Fayette, il força lord Cornwallis à capituler (1781). || Son fils, le vicomte de ROCHAMBEAU (1750-1813), se signala à la Martinique et à Saint-Domingue dans les luttes avec les Anglais.

ROCHE (LA), ch.-l. de c. de la Haute-Savoie, arr. de Bonneville; 3020 h.

ROCHE-BERNARD (LA), ch.-l. de c. du Morbihan, arr. de Vannes; 1213 h.

ROCHECHOUART, ch.-l. d'arr. de la Haute-Vienne, à 42 kil. de Limoges; 4159 h. Porcelaine, verreries, etc.

ROCHE-DERRIEN (LA), ch.-l. de c. des Côtes-du-Nord, arr. de Lannion; 1620 h.

ROCHEFORT, ch.-l. de c. du Jura, arr. de Dôle; 502 h.

ROCHEFORT, ch.-l. de c. du Puy-de-Dôme, arr. de Clermont; 1473 h.

ROCHEFORT-EN-TERRE, ch.-l. de c. du Morbihan, arr. de Vannes; 678 h.

ROCHEFORT-SUR-LOIRE, ch.-l. de c. de Maine-et-Loire, arr. d'Angers; 2196 h.

ROCHEFORT-SUR-MER, ch.-l. d'arr. de la Charente-Inférieure, à 33 k. de la Rochelle, port sur la Charente, à 15 k. de son embouchure, et préfecture maritime; 28299 h.

ROCHELLE (LA), ch.-l. de la Charente-Inférieure, port sur l'Océan, à 477 k. de Paris, 19506 h. Évêché. Richelieu assiégea cette ville et l'enleva aux protestants (1628).

ROCHEMAURE, ch.-l. de c. de l'Ardèche, arr. de Privas; 1193 h.

ROCHERS (LES), château de Mme de Sévigné, à 6 k. de Vitré (Ille-et-Vilaine).

ROCHESERVIÈRE, ch.-l. de c. de la Vendée, arr. de la Roche-sur-Yon; 1901 h.

ROCHESTER, v. d'Angleterre (comté de Kent); 43000 h.

ROCHE-SUR-YON (LA) (NAPOLÉON-VENDÉE sous l'Empire et BOURBON-VENDÉE sous la Restauration), ch.-l. de la Vendée, à 470 k. de Paris; 8841 h.

ROCHETTE (LA), ch.-l. de c. de la Savoie, arr. de Chambéry; 1219 h.

ROCHEUSES (MONTAGNES), grande chaîne de montagnes de l'Amérique sept., prolongement des Andes du Mexique.

ROCROI, ch.-l. d'arr. des Ardennes, à 28 k. de Mézières; 2281 h. || Victoire du duc d'Enghien (le grand Condé) sur les Espagnols (1643).

RODEZ ou **RHODEZ**, ch.-l. de l'Aveyron, à 732 k. de Paris; 12111 h. Évêché.

RODNEY, amiral anglais (1717-1792), se distingua dans la guerre de Sept Ans et dans celle d'Amérique; il défit les Français aux Saintes (1782).

RODOGUNE, fille de Phraate, roi des Parthes, fut mariée (141 av. J.-C.) à Démétrius Nicator, roi de Syrie, qui avait répudié Cléopâtre, fille de Ptolémée Philopator. Celle-ci, pour se venger, poignarda Séleucus, fils aîné de Démétrius.

RODOLPHE Ier, roi de la Bourgogne transjurane, après la déposition de Charles le Gros (888-892). || Son fils et successeur RODOLPHE II réunit à ses États la Bourgogne cisjurane (933), et fonda le royaume d'Arles, qui, à la mort de RODOLPHE III (1033), passa à l'empereur Henri III.

RODOLPHE Ier DE HABSBOURG, empereur d'Allemagne (1273-1291), donna en apanage l'Autriche, la Styrie et la Carniole à son fils Albert, fondateur de la maison d'Habsbourg-Autriche (1282). || RODOLPHE II, fils de Maximilien II, empereur d'Allemagne (1576-1612), se laissa ravir par son frère Mathias la Hongrie, l'Autriche et la Bohême, puis la couronne impériale, pendant qu'il s'occupait d'astronomie et d'arts.

RODRIGUE, dernier roi des Visigoths d'Espagne, fut vaincu et tué par les Arabes d'Afrique sur les bords du Guadalète, près de Xérès (711).

RODRIGUE DE BIVAR, voy. Cid.

ROEDERER (comte), homme politique et écrivain français (1754-1835), défendit Louis XVI dans le *Journal de Paris*, jouit de la faveur de Napoléon Ier, qui le chargea de l'administration du grand-duché de Berg.

ROGER Ier, 12e fils du Normand Tancrède de Hauteville, conquit la Sicile sur les Sarrasins et prit le titre de grand-comte de Sicile (1031-1191). || Son fils, ROGER II, ajouta à ses États l'Italie méridionale et se fit couronner roi des Deux-Siciles (1130).

ROGER (J.-François), auteur dramatique français (1776-1842), dont les meilleures pièces sont l'*Avocat* et le *Billet de loterie*.

ROGLIANO, ch.-l. de c. de la Corse, arr. de Bastia; 1790 h.

ROHAN, ch.-l. de c. du Morbihan, arr. de Ploërmel; 566 h.

ROHAN (MAISON DE), maison qui descendait des anciens rois et ducs de Bretagne; elle se divisa en plusieurs branches, dont les principales sont celles de Guéménée, de Montbazon, de Soubise, de Gié et de Chabot. || HENRI Ier, duc de Rohan (1579-1638), fut chef du parti calviniste sous Louis XIII. || Cardinal de ROHAN (1734-1803), évêque de Strasbourg, grand aumônier de France, fut disgracié et dépouillé de toutes ses charges par Louis XVI (1785).

ROHRBACH ou **RORRACH**, anc. ch.-l. de c. de la Moselle, arr. de Sarreguemines; 1200 h.; cédé à la Prusse en 1871.

ROI DES ROMAINS, titre que portait, dans l'ancien empire d'Allemagne, le prince désigné par les Électeurs pour succéder à l'empereur régnant.

ROIS (Livres des), quatre livres de l'Ancien Testament, qui renferment l'histoire des Juifs depuis la naissance de Samuel jusqu'à Jéchonias et la 45e année de la Captivité.

ROISEL, ch.-l. de c. de la Somme, arr. de Péronne; 1905 h.

ROLAND, paladin, neveu de Charlemagne, selon la légende, fut tué dans la vallée de Roncevaux (778).

ROLAND DE LA PLATIÈRE, homme politique français, épousa MARIE-JEANNE PHILIPON, qui par la supériorité de son esprit fit de son salon le centre du parti girondin. Ministre de l'intérieur, Roland donna sa démission après la mort de Louis XVI; décrété d'accusation, il s'enfuit à Rouen, et se tua en apprenant que sa femme avait été condamnée à mort par le tribunal révolutionnaire.

ROLLIN (Charles), professeur et recteur de l'Université de Paris (1661-1741), auteur du *Traité des études* et d'une *Histoire ancienne*.

ROLLON, chef de pirates normands, ravagea la Neustrie (876-911), se fit céder par Charles le Simple une partie de ce pays, et fut le 1er duc de Normandie (912-927).

ROMAGNE, anc. prov. des États du pape, dont les v. princ. étaient Ravenne (ch.-l.), Imola, Faenza, Forli, Rimini. Elle a été annexée au Piémont en 1860.

ROMAIN-DE-COLBOSC (SAINT-), ch.-l. de c. de la Seine-Inférieure, arr. du Havre; 1697 h.

ROMAINVILLE, commune de la Seine, arr. de Saint-Denis; 2044 h.

ROMANÉCHE, c. de Saône-et-Loire, arr. de Mâcon; 2698 h. Vignobles des Thorins et de Moulin-à-Vent. Mine de manganèse.

ROMANÉE-CONTI (LA), vge de l'arr. de Beaune (Côte-d'Or), renommé par ses vins.

ROMANIE, voy. ROUMÉLIE.

ROMANO (Ecceline da), dit *le Féroce*, chef du parti gibelin dans le gouvernement de Vicence, commit d'horribles cruautés; il fut excommunié par le pape Alexandre IV, qui prêcha contre lui une croisade, et périt dans un combat (1259).

ROMANOV ou **ROMANOFF** (Les), dynastie russe qui régna de 1613 à 1762, et dont le premier tsar fut Michel Féodorovitch.

ROMANS, ch.-l. de c. de la Drôme, arr. de Valence; 12694 h. Filatures de soie; fabriques de satins.

ROME, cap. de l'empire des Romains, puis cap. des États de l'Église, résidence du Pape, enfin cap. du royaume d'Italie, sur le Tibre, à 1326 k. de Paris; 215000 h.

ROME-DE-TARN (SAINT-), ch.-l. de c. de l'Aveyron, arr. de Saint-Affrique; 1607 h.

ROMILLY-SUR-SEINE, ch.-l. de c. de l'Aube, arr. de Nogent-sur-Seine; 5930 h. Bonneterie, corderies.

ROMME (Gilbert), conventionnel (1750-1795), fit adopter l'invention du télégraphe et le calendrier républicain; condamné par une commission militaire, il se poignarda.

ROMORANTIN, ch.-l. d'arr. de Loir-et-Cher, à 41 k. de Blois; 7602 h. Anc. cap. de la Sologne.

ROMUALD (saint), moine de l'ordre de Saint-Benoît, fonda à Camaldoli, en Toscane, l'ordre des Camaldules (1012).

ROMULUS, fils de Rhéa Sylvia et du dieu Mars, fonda, avec son frère jumeau Rémus, Rome sur le mont Palatin (753 av. J.-C.).

RONCEVAUX, vge de la Navarre espagnole, dans une vallée qui conduit d'Espagne en France, à travers les Pyrénées. L'arrière-garde de l'armée de Charlemagne y périt avec le paladin Roland (778).

RONDA, v. de la prov. de Malaga (Espagne); 18000 h.

RONDELET (Jean), architecte français (1734-1829), successeur de Soufflot, éleva la coupole du Panthéon de Paris.

RONSARD (Pierre de), poète français (1524-1585), chef d'une nouvelle école poétique représentée par les poètes de la Pléiade; auteur d'*Odes*, de la *Franciade*.

ROQUEBRUSSANNE, ch.-l. de c. du Var, arr. de Brignoles; 1232 h.

ROQUECOURBE, ch.-l. de c. du Tarn, arr. de Castres; 1861 h.

ROQUEFAVOUR, vge à 20 k. d'Aix (Bouches-du-Rhône); aqueduc qui mène à Marseille les eaux de la Durance.

ROQUEFORT, ch.-l. de c. des Landes, arr. de Mont-de-Marsan; 1732 h.

ROQUEFORT, bourg à 12 k. de Saint-Affrique (Aveyron), renommé par ses fromages de lait de brebis.

ROQUELAURE (Antoine, baron de), maréchal de France, compagnon fidèle de Henri IV (1544-1625).

ROQUEMAURE, ch.-l. de c. du Gard, arr. d'Uzès; 3211 h.

ROQUESTERON, ch.-l. de c. des Alpes-Maritimes, arr. de Puget-Théniers; 471 h.

ROQUEVAIRE, ch.-l. de c. des Bouches-du-Rhône, arr. de Marseille; 3499 h.

ROSA (Mont), sommet des Alpes Pennines (4636 m.).

ROSA (Salvator), peintre de l'école napolitaine, et auteur de *Satires* (1615-1673).

ROSANS, ch.-l. de c. des Hautes-Alpes, arr. de Gap; 785 h.

ROSAS, homme d'État de la Confédération Argentine, exerça la dictature à Buenos-Ayres de 1829 à 1852; il allait s'emparer de Montevideo, lorsqu'il fut renversé par l'alliance de ses ennemis avec le Brésil.

ROSBACH, vge de la Saxe prussienne, où les Français, sous le maréchal de Soubise, furent défaits par Frédéric II (1757).

ROSBECQUE, bourg de la Flandre occid. || Victoire de Charles VI sur les Flamands, conduits par Philippe Arteveld (1382).

ROSCELIN, philosophe scolastique, l'un des chefs des nominalistes, fut combattu par saint Anselme; il mourut après 1121.

ROSCIUS (Quintus), célèbre acteur romain du 1er s. av. J.-C.

ROSCIUS d'Amérie, proscrit par Sylla, fut accusé par Chrysogonus d'avoir tué son père, et fut défendu par Cicéron.

ROSCOFF, c. du Finistère, arr. de Morlaix, port sur la Manche; 4454 h.

ROSE (sainte), vierge, née à Lima, canonisée pour sa piété (1671).

ROSE-CROIX (Frères de la), illuminés qui prétendaient posséder la pierre philosophale, et qui se donnaient pour fondateur le gentilhomme Rosenkreutz (1378-1484).

ROSEMONDE ou **ROSAMONDE**, fille de Cunimond, roi des Gépides, fut forcée d'épouser Alboin, roi des Lombards, meurtrier de son père; elle se vengea en le faisant assassiner (573).

ROSES (Guerre des Deux-), guerre civile qui désola l'Angleterre pendant 30 ans (1455-1485). Richard, duc d'York, qui avait dans ses armes une *rose blanche*, disputa la couronne à Henri VI de Lancastre, qui avait une *rose rouge*. Cette guerre se termina par le triomphe de Henri de Richmond ou Henri VII Tudor, descendant des Lancastre.

ROSETTE, v. de la Basse-Égypte, sur la branche O. du Nil; 15000 h.

ROSHEIM, anc. ch.-l. de c. du Bas-Rhin, arr. de Schlestadt; 3948 h.; cédé à la Prusse en 1871.

ROSIÈRES, ch.-l. de c. de la Somme, arr. de Montdidier; 2492 h.

ROSNY, vge et château près de Mantes (Seine-et-Oise), où naquit Sully.

ROSPORDEN, ch.-l. de c. du Finistère, arr. de Quimper; 1213 h.

ROSS (JOHN), marin anglais (1777-1856), fit plusieurs voyages vers le pôle arctique. || Son neveu, sir JAMES-CLARK Ross (1800-1862), accompagna son oncle dans ses voyages, découvrit le pôle magnétique nord, tenta une expédition au pôle antarctique, et découvrit la terre Victoria.

ROSSI (comte), homme d'État et publiciste italien, professa à l'école de droit de Paris. Chargé par Pie IX de former un ministère à Rome, il fut assassiné (1787-1848).

ROSSI (J.-B. DE), archéologue et épigraphiste italien, né en 1822.

ROSSINI (GIACOMO), célèbre compositeur italien (1792-1868), dont les œuvres les plus remarquables sont *le Barbier de Séville* (1816), *Otello*, *la Gazza ladra*, *Sémiramide*, *Moïse*, *le Comte Ory* et *Guillaume Tell*, son dernier opéra (1829).

ROSSO (LE), peintre de l'école florentine, fut nommé par François Ier surintendant des bâtiments, peintures, etc. du château de Fontainebleau; il orna de peintures la galerie dite de François Ier (1496-1541).

ROSTOPCHINE (comte), général russe, chargé de la défense de Moscou en 1812, évacua la ville et y fit mettre le feu après l'arrivée des Français (1765-1826).

ROSTRENEN, ch.-l. de c. des Côtes-du-Nord, arr. de Guingamp; 1616 h.

ROSTRES (LES), tribune aux harangues de l'ancienne Rome, ainsi nommée parce qu'elle était ornée de *rostres* ou éperons de navires, que le consul Mœnius avait pris aux Antiates (337 av. J.-C.).

ROTA, v. et port de la prov. de Séville (Espagne), sur la baie de Cadix; 8000 h. Vins renommés.

ROTE (tribunal de), tribunal institué à la cour pontificale de Rome pour juger des matières bénéficiales.

ROTHSCHILD, célèbre maison de banque; le fondateur, né à Francfort-sur-le-Mein (1742-1812), laissa cinq fils qui s'établirent dans les grandes capitales de l'Europe.

ROTROU (JEAN DE), contemporain et ami de Corneille; on cite parmi ses tragédies *Saint-Genest* et *Venceslas* (1609-1650).

ROTTERDAM, v. de la Hollande mérid., sur la Meuse; 115 000 h. Patrie d'Érasme.

ROUBAIX, ch.-l. de c. du Nord, arr. de Lille; 75 987 h. Fabriques, filatures.

ROUBAUD, économiste et grammairien français, auteur des *Nouveaux synonymes français* (1730-1791).

ROUCHER (JEAN-ANTOINE), poëte français, auteur du poëme des *Mois*, périt avec André Chénier, condamné par le tribunal révolutionnaire (1745-1794).

ROUEN, ch.-l. de la Seine-Inférieure, sur la Seine, à 136 k. de Paris; 102 470 h. Archevéché. Tissus de coton ou rouenneries.

ROUERGUE, anc. pays de France, correspondant au dép. de l'Aveyron et à une partie de Tarn-et-Garonne; cap. Rodez; il fut réuni à la couronne par Henri IV (1589).

ROUFFACH, anc. ch.-l. de c. du Haut-Rhin, arr. de Colmar; 3547 h.; cédé à la Prusse en 1871.

ROUGE (MER), ou golfe Arabique, golfe formé par l'océan Indien entre l'Afrique et l'Arabie.

ROUGÉ, ch.-l. de c. de la Loire-Inférieure, arr. de Châteaubriant; 2813 h.

ROUGÉ (vicomte DE), archéologue français, a étudié les antiquités de l'Égypte et les hiéroglyphes (1811-1872).

ROUGEMONT, ch.-l. de c. du Doubs, arr. de Baume-les-Dames; 1242 h.

ROUGET DE L'ISLE, officier du génie (1760-1836), composa à Strasbourg les paroles et la musique d'un hymne qu'il appela *Chant de l'armée du Rhin* (1792). Cet hymne, chanté pour la première fois à Paris par les volontaires marseillais, reçut le nom de *Marseillaise*.

ROUHER (EUGÈNE), homme politique français, né en 1814; ministre de l'Agriculture, du Commerce et des Travaux publics, il signa avec l'Angleterre le traité du *libre échange* (1860); succéda en 1863 à Billault comme ministre d'État, et fut remplacé en 1870 par É. Ollivier et nommé président du Sénat.

ROUILLAC, ch.-l. de c. de la Charente, arr. d'Angoulême; 2344 h.

ROUJAN, ch.-l. de c. de l'Hérault, arr. de Béziers; 1009 h.

ROULANS, ch.-l. de c. du Doubs, arr. de Baume-les-Dames; 487 h.

ROUMANIE, nom donné aux Principautés de Moldavie et de Valachie, réunies depuis 1857, et habitées par des peuples parlant le *roumain*, langue dérivée du latin; cap. Jassy et Bukharest; pop. 4 425 000 h. Prince régnant depuis 1866, Charles Ier de Hohenzollern, né en 1839.

ROUMÉLIE ou **ROMANIE**, partie de la Turquie d'Europe comprise entre les Balkans, l'Archipel, la Thessalie et l'Albanie, et correspondant à la Macédoine et à la Thrace des anciens.

ROUSSEAU (JEAN-BAPTISTE), poëte français, auteur d'*Odes* (1671-1741).

ROUSSEAU (JEAN-JACQUES), philosophe, né à Genève (1712-1778), auteur d'un *Discours sur l'origine de l'inégalité parmi les hommes*, de la *Nouvelle Héloïse*, de l'*Émile ou l'Éducation*, du *Contrat social*, etc.

ROUSSEAU (THÉODORE), paysagiste français (1812-1867).

ROUSSES (LES), vge fortifié du dép. du Jura, arr. de Saint-Claude; 2527 h.

ROUSSET (CAMILLE), membre de l'Académie française, né en 1821, historiographe du ministère de la Guerre, auteur de l'*Histoire de Louvois*.

ROUSSILLON, gouvernement de l'anc. France, entre le Languedoc, la Méditerranée et les Pyrénées orientales, réuni à la France par le traité des Pyrénées; il forme le dép. des Pyrénées-Orientales.

ROUSSILLON, ch.-l. de c. de l'Isère, arr. de Vienne, sur le Rhône; 1378 h.

ROUSSIN (baron), amiral français (1781-1854); ministre de la marine en 1840, il créa les paquebots transatlantiques.

ROUSTAM, héros légendaire de la Perse.

ROUTIERS, aventuriers pillards qui désolèrent la France après la 2e croisade, et ne disparurent que sous Charles VII.

ROUTOT, ch.-l. de c. de l'Eure, arr. de Pont-Audemer; 904 h.

ROUVET (JEAN), né à Clamecy, inventeur du flottage à bûche perdue, vers 1549.

ROUX, chirurgien français (1780-1854).

ROUX-LAVERGNE, publiciste français, né en 1802, collaborateur de Buchez pour l'*Hist. parlementaire de la Révolution franç.*

ROVERE (DE LA), famille italienne, qui donna à l'Église les papes Sixte IV et Jules II (XVe et XVIe s.).

ROVEREDO, ch.-l. du cercle du Tyrol (Autriche), sur l'Adige ; 11 000 h.

ROVIGO, ch.-l. de la prov. de ce nom (Italie) ; 9000 h. Napoléon Ier donna le titre de duc de Rovigo au général Savary.

ROVILLE, vge de l'arr. de Nancy (Meurthe-et-Moselle), où fut fondée par Mathieu de Dombasle la 1re ferme modèle (1822).

ROXANE, fille d'un satrape de Bactriane, épousa Alexandre le Grand ; elle en eut un fils nommé Alexandre Ægos, qui fut mis à mort avec sa mère en 311.

ROXELANE, favorite de Soliman II, mère de Bajazet et de Sélim II, m. en 1557.

ROY (comte), financier français (1764-1847), fut ministre des finances en 1818, 1819, puis en 1828.

ROYALE (PLACE), place célèbre de Paris, dans le quartier du Marais, commencée par Henri IV en 1605 et achevée par Louis XIII en 1612.

ROYAN, ch.-l. de c. de la Charente-Inférieure, arr. de Marennes, port sur la rive droite de la Gironde ; 4685 h.

ROYAT, vge près de Clermont-Ferrand, connu par ses eaux thermales minérales.

ROYAUMONT, vge près de Luzarches (Seine-et-Oise), connu par son abbaye. ‖ Bible de Royaumont, recueil des figures de l'Ancien et du Nouveau Testament, publié en 1624.

ROYBON, ch.-l. de c. de l'Isère, arr. de Saint-Marcellin ; 2048 h.

ROYE, ch.-l. de c. de la Somme, arr. de Montdidier ; 3915 h.

ROYER-COLLARD, homme d'État et philosophe français (1763-1845), fut le chef des royalistes modérés, sous la Restauration, et président de la Chambre des députés de 1828 à 1830. ‖ Son frère, ANTOINE-ATHANASE (1768-1825), se distingua comme professeur à l'École de médecine de Paris.

ROYÈRE, ch.-l. de c. de la Creuse, arr. de Bourganeuf ; 2383 h.

ROYOU, littérateur français (1745-1828), auteur d'une *Hist. ancienne — romaine — des empereurs romains — de France*.

ROZOY-EN-BRIE, ch.-l. de c. de Seine-et-Marne, arr. de Coulommiers ; 1548 h.

ROZOY-SUR-SERRE, ch.-l. de c. de l'Aisne, arr. de Laon ; 1475 h.

RUBEN, fils aîné de Jacob ; il a donné son nom à une tribu des Hébreux.

RUBENS (PIERRE-PAUL), grand peintre, né à Anvers (1577-1640), enrichit de ses peintures les églises de sa ville natale, et peignit pour Marie de Médicis une série de tableaux allégoriques.

RUBICON, riv. qui formait la limite entre l'Italie et la Gaule Cisalpine, du côté de l'Adriatique, et qu'aucun général romain ne devait passer à la tête de son armée.

RUBINI, chanteur italien (1795-1854).

RUBRUQUIS (GUILLAUME DE), cordelier du XIIIe s., a laissé un curieux récit de ses voyages dans l'extrême Orient.

RÜCKERT, poète et orientaliste allemand (1789-1866).

RUDE, sculpteur français, auteur du *Départ des volontaires*, groupe de l'Arc de l'Étoile, à Paris (1784-1855).

RUE, ch.-l. de c. de la Somme, arr. d'Abbeville ; 2444 h.

RUEIL, commune de Seine-et-Oise, arr. de Versailles ; 8216 h. Dans l'église, tombeaux de l'impératrice Joséphine et de la reine Hortense. Château de la Malmaison.

RUELLE, vge à 7 k. d'Angoulême, où se trouve une fonderie de canons.

RUFFEC, ch.-l. d'arr. de la Charente, à 43 k. d'Angoulême ; 3293 h.

RUFFIEUX, ch.-l. de c. de la Savoie, arr. de Chambéry ; 1041 h.

RUFIN, ministre de Théodose et d'Arcadius ; rival jaloux de Stilicon, il l'empêcha de vaincre Alaric, mais périt assassiné par ses ennemis (335-395). Le poète Claudien a écrit un poème contre lui.

RUFUS (CŒLIUS), orateur et homme politique romain, fut mêlé aux dissensions civiles de son temps, fut l'ami et le correspondant de Cicéron.

RUFUS (SEXTUS), historien latin de la fin du IVe s., écrivit pour l'empereur Valens un abrégé de l'histoire romaine.

RUGEN, île de la mer Baltique, dépendant de la Poméranie (Prusse) ; pop. 30 000 h. ; ch.-l. Bergen.

RUGGIERI, astrologue florentin, le confident de Catherine de Médicis, m. en 1615.

RUGLES, ch.-l. de c. de l'Eure, arr. d'Évreux ; 1648 h. Aiguilles et épingles.

RUINES, ch.-l. de c. du Cantal, arr. de Saint-Flour ; 887 h.

RUISCH, anatomiste hollandais (1638-1731).

RUISDAEL (JACQUES), célèbre paysagiste hollandais (1630-1681).

RULHIÈRE (DE), historien français, auteur de travaux relatifs aux protestants et surtout d'une *Histoire de l'anarchie de Pologne* (1735-1791).

RUMFORD (THOMPSON, comte DE), physicien américain (1753-1814), fit des travaux remarquables sur la chaleur et la lumière.

RUMIGNY, ch.-l. de c. des Ardennes, arr. de Rocroi ; 817 h.

RUMILLY, ch.-l. de c. de la Haute-Savoie, arr. d'Annecy ; 4447 h.

RUMMEL, riv. qui passe à Constantine.

RUMP, mot anglais signifiant *croupion*, et servant à désigner par dérision les débris du Long Parlement, en Angleterre.

RUNJEET-SINGH, roi de Lahore, se forma, avec le concours du général français Allard, une armée disciplinée à l'européenne, et fonda dans le Pendjab, le Cachemire et l'Afghanistan un royaume qui ne lui survécut pas (1780-1839).

RUOLZ, chimiste français, né en 1810, fut l'un des inventeurs de la dorure et de l'argenture sur métaux par la pile voltaïque.

RURIK, fondateur de la monarchie russe, chef de Warègues scandinaves, vint s'établir au sud du golfe de Finlande, et donna au pays le nom de Russie (862-879).

RUSSELL (WILLIAM), accusé de conspiration contre la vie de Charles II, fut condamné à mort malgré le dévouement de sa femme et exécuté (1639-1683). Plus tard, la Chambre des lords proclama son innocence. ‖ L'un de ses descendants, lord JOHN RUSSELL, né en 1792, est l'un des chefs du parti whig en Angleterre.

RUSSEY (LE), ch.-l. de c. du Doubs, arr. de Montbéliard ; 1252 h.

RUSSIE (empire de), le plus vaste du globe, comprend une grande partie de l'Europe orientale et tout le nord de l'Asie; pop. 82 159 630 h.; cap. Saint-Pétersbourg. Empereur régnant depuis 1855, Alexandre II.

RUTEBEUF, trouvère du XIIIe s.

RUTH, femme moabite, fille de Noémi, épousa Booz.

RUTHÈNES (LES), peuple slave, répandu en Gallicie, Lithuanie, Hongrie, etc.

RUTLAND, comté d'Angleterre, au centre; ch.-l. Oakham.

RUTULES (LES), peuple de l'ancien Latium, eurent pour roi Turnus.

RUYTER (VAN), marin hollandais, se signala dans les guerres contre les Anglais et les Français; il fut vaincu et blessé mortellement dans un combat qu'il engagea contre Duquesne en vue de Catane (1607-1676).

RYES, ch.-l. de c. du Calvados, arr. de Bayeux; 437 h.

RYSWICK, vge de la Hollande, près de La Haye, où fut signé, en 1697, le traité par lequel Louis XIV rendait à l'Espagne ses dernières conquêtes dans les Pays-Bas et au delà des Pyrénées, au duc de Lorraine ses États, etc. et reconnaissait Guillaume III comme roi d'Angleterre.

S

SAALE, riv. de l'Allemagne du Nord, passe à Iéna, Auerstaedt, Mersebourg, Halle, et se jette dans l'Elbe; 400 k.

SAALES, anc. ch.-l. de c. des Vosges, arr. de Saint-Dié; 1278 h.; cédé à la Prusse en 1871.

SAARDAM ou **ZAANDAM**, v. des Pays-Bas, à 10 k. d'Amsterdam; 12 000 h. Chantiers de construction.

SAAR-UNION, anc. ch.-l. de c. du Bas-Rhin, arr. de Saverne; 3498 h.; cédé à la Prusse en 1871.

SABA, anc. v. d'Arabie, fondée par les Éthiopiens; auj. Sabben, dans l'Hedjaz. || Anc. v. d'Arabie, fondée par les Arabes; auj. Sheba-Mareb, dans l'Yémen. C'était la ville de la reine qui visita Salomon.

SABACON, prince éthiopien, conquit l'Égypte au VIIIe s. av. J.-C. et y fonda la 25e dynastie.

SABÉENS (LES), anc. peuple de l'Arabie méridionale. Ils adoraient les astres, et leur culte s'appelle le *sabéisme*.

SABELLIENS, anc. peuple de l'Italie centrale, qui habitait les Apennins et le versant de l'Adriatique. Il se divisait en 11 peuplades: les Sabins, les Marses, etc.

SABELLIUS, hérésiarque du IIIe s. qui ne reconnaissait qu'une personne dans la Trinité.

SABINE, anc. région de l'Italie centrale, qui s'étendait de l'Arno à l'Apennin; v. pr. Amiternum, Fidènes, Réate, Cures.

SABINS, anc. peuple de l'Italie centrale, dont une partie s'établit à Rome avec le roi Tatius, et une autre resta dans ses montagnes et fut soumise par Curius Dentatus (290 av. J.-C.).

SABINUS, jurisconsulte romain du Ier s., chef d'une école qui maintenait les vieilles traditions.

SABINUS (JULIUS), voy. ÉPONINE.

SABLÉ, ch.-l. de c. de la Sarthe, arr. de La Flèche, sur la Sarthe; 5589 h.

SABLES-D'OLONNE (LES), ch.-l. d'arr. de la Vendée, à 36 k. de la Roche-sur-Yon; 9292 h.

SABRES, ch.-l. de c. des Landes, arr. de Mont-de-Marsan; 2608 h.

SACCHINI, compositeur, né à Naples (1735-1786), auteur de *Dardanus* et d'*Œdipe à Colone*, opéras représentés à Paris.

SACES, tribu scythe de l'Asie, entre l'Iaxarte et l'Imaüs, furent battus par Cyrus et soumis par Darius.

SACHS (HANS), poète allemand (1494-1576), auteur de poèmes allégoriques, de contes sérieux et comiques, de drames, etc.

SACRAMENTAIRES, protestants qui rejetaient la présence réelle dans l'Eucharistie.

SACRAMENTO (RIO-), fl. de Californie (États-Unis), passe à Sacramento, cap. de l'État de Californie (30 000 h.), et se jette dans la baie de San-Francisco.

SACRÉ (MONT), colline à 3 k. de Rome, sur laquelle les plébéiens se retirèrent en 493 av. J.-C. pour échapper à la cruauté de leurs créanciers patriciens, et en 449 pour fuir la tyrannie des décemvirs.

SACRÉE (VOIE), rue de l'ancienne Rome que suivaient les triomphateurs pour se rendre au Capitole.

SACROVIR (JULIUS), chef gaulois, tenta de renverser la domination romaine en Gaule. Ayant échoué, il se tua (21 ap. J.-C.).

SACY (LEMAISTRE, dit DE), frère d'Antoine Lemaistre, janséniste et solitaire de Port-Royal, traduisit en français l'Ancien et le Nouveau Testament (1613-1684).

SACY (SILVESTRE DE), orientaliste français (1758-1838), a publié de nombreux travaux sur la langue et l'histoire des Arabes, et des *Principes de grammaire générale*.

SADI ou **SAADI**, poète persan (1184-1291), auteur de *Gulistan* (ou Pays des roses) et de *Bostan* (ou Jardin), etc.

SADOLET, humaniste italien, nommé par le pape Léon X évêque de Carpentras, protégea les Vaudois (1477-1547).

SADUCÉENS (LES), secte juive, fondée par Sadoc et opposée aux Pharisiens, ne servaient Dieu qu'en vue des récompenses terrestres.

SAËNS (SAINT-), ch.-l. de c. de la Seine-Inférieure, arr. de Neufchâtel; 2293 h.

SAGAS (LES), poèmes composés par les scaldes scandinaves, du XIe au XIIIe s.

SAGES (LES SEPT), nom donné à sept Grecs qui vivaient au VIe s. av. J.-C.: Thalès de Milet, Pittacus de Mitylène, Bias de Priène, Cléobule, Myson, Chilon et Solon. D'autres mettent au nombre des sept sages Périandre et Anacharsis.

SAGESSE (Livre de la), l'un des livres de l'Ancien Testament, attribué à Salomon.

SAGITTAIRE (LE), 9e signe du zodiaque.

SAGONTE, v. de l'anc. Espagne, sur la Méditerranée, au S.-O. de l'embouchure de l'Èbre, et dont les ruines sont près de Murviedro ; elle fut prise et ruinée par Annibal (219 av. J.-C.).

SAHARA, vaste contrée de l'Afrique, qui s'étend de l'Égypte à l'Atlantique, entre les États barbaresques et le Soudan, et qui est habitée par les Maures, les Touaregs et les Tibbous. || SAHARA ALGÉRIEN, région méridionale de l'Algérie.

SAÏD-PACHA, vice-roi d'Égypte, 4e fils de Méhémet-Ali (1822-1863), succéda à son neveu Abbas (1854) ; il a autorisé le percement de l'isthme de Suez (1854).

SAIGNES, ch.-l. de c. du Cantal, arr. de Mauriac ; 570 h.

SAÏGON, cap. de la Cochinchine française, sur la rivière de Saïgon, à 100 k. de la mer ; 12.000 h. Elle fut prise par les Français en 1859.

SAILLAGOUSE, ch.-l. de c. des Pyrénées-Orientales, arr. de Prades ; 593 h.

SAILLANS, ch.-l. de c. de la Drôme, arr. de Die ; 1801 h.

SAIMA, grand lac marécageux de la Russie d'Europe, en Finlande.

SAINS, ch.-l. de c. de l'Aisne, arr. de Vervins ; 2328 h.

SAINS, ch.-l. de c. de la Somme, arr. d'Amiens ; 777 h.

SAINT-AMANT (sieur DE), poëte franç., l'un des premiers académiciens (1594-1661).

SAINT-ANDRÉ (JEAN BON, dit), membre de la Convention et du Comité de salut public, remplit des missions aux armées du Nord et du Rhin, s'occupa surtout de la marine avec activité (1749-1813).

SAINT-ANGE (DE), poëte français, traduisit Ovide en vers (1747-1810).

SAINT-ANGE (CHÂTEAU), anc. Mausolée d'Adrien, à Rome, servit souvent d'asile aux papes, et sert auj. de prison.

SAINT-ARNAUD (LEROY DE), maréchal de France (1801-1854), fut l'un des principaux acteurs dans le coup d'État du 2 décembre 1851, remporta sur les Russes la victoire de l'Alma (1854).

SAINT-CYRAN (DUVERGIER DE HAURANNE, abbé DE), théologien français, fut le chef du jansénisme en France (1581-1643).

SAINT-ÉVREMOND (DE), écrivain français, quitta la France, lors de l'arrestation de Fouquet, et se retira en Angleterre, d'où il entretint une correspondance littéraire avec ses amis de France (1613-1703).

SAINT-FOIX (POULLAIN DE), littérateur français (1698-1776), auteur d'*Essais historiques sur Paris*, etc.

SAINT-GELAIS (OCTAVIEN DE), poëte français (1466-1502). || Son neveu, MELLIN DE SAINT-GELAIS, fut un poëte de la cour de François Ier et de Henri II (1491-1558).

SAINT-GEORGES (DE), auteur dramatique français, auteur de livrets d'opéras, opéras-comiques, ballets (1801-1875).

SAINT-GERMAIN (le comte DE), célèbre aventurier du XVIIIe s., mort en 1784.

SAINT-GERMAIN (comte DE), ministre de la guerre sous Louis XVI, réorganisa l'armée (1707-1778).

SAINT-HILAIRE (AUGUSTE DE), botaniste français (1799-1853).

SAINT-JUST (DE), membre de la Convention et du Comité de salut public, s'unit à Robespierre et partagea son sort (1767-1794).

SAINT-LAMBERT (DE), poëte français, auteur du poëme *les Saisons* (1716-1803).

SAINT-MARC GIRARDIN, professeur et écrivain français (1801-1873).

SAINT-MARTIN (LOUIS DE), dit le *Philosophe inconnu*, auteur d'un système mystique, *le spiritualisme pur* (1743-1803).

SAINT-PIERRE (EUSTACHE DE), bourgeois de Calais, se dévoua pour sauver ses concitoyens, lorsque la ville fut forcée de se rendre à Édouard III d'Angleterre (1347).

SAINT-PIERRE (abbé DE), philanthrope et utopiste français (1658-1743), publia le *Projet de paix perpétuelle*, etc. et fut exclu de l'Académie française pour avoir jugé sévèrement le gouvernement de Louis XIV.

SAINT-PIERRE (BERNARDIN DE), écrivain et naturaliste français (1737-1814), auteur des *Études de la nature*, de *Paul et Virginie*, des *Harmonies*, etc.

SAINT-RÉAL (DE), historien français (1639-1692), auteur de *la Conjuration de Venise*, etc.

SAINT-SIMON (duc DE), page de Louis XIII, puis premier écuyer, duc et pair (1607-1693). || Son fils (1675-1755) est l'auteur des *Mémoires* sur les dernières années de Louis XIV (1692-1715) et la Régence.

SAINT-SIMON (comte DE), philosophe français (1760-1825), grand prêtre d'une sorte de religion nouvelle, dont les adeptes se nommaient Saint-Simoniens.

SAINTE-AULAIRE (comte DE), écrivain et diplomate français (1778-1854), auteur d'une *Histoire de la Fronde* et de *Mémoires*.

SAINTE-BEUVE, poëte et critique français (1804-1869), auteur de *Port-Royal*, des *Causeries du lundi*, de *Portraits*, etc.

SAINTE-CLAIRE DEVILLE (HENRI-ÉTIENNE), chimiste français, né en 1818, a étudié les propriétés et la fabrication de l'aluminium.

SAINTE-MARTHE (DE), famille de poëtes et de savants français, dont les plus connus sont : SCÉVOLE Ier DE SAINTE-MARTHE (1536-1623), député aux états de Blois (1588), qui a laissé des sonnets et surtout des poésies latines admirées de ses contemporains ; ABEL-LOUIS DE SAINTE-MARTHE, supérieur général de l'Oratoire, qui acheva et publia la *Gallia christiana* (1620-1697).

SAINTE-PALAYE (LACURNE DE), érudit français, a laissé un manuscrit considérable d'un *Dictionnaire des antiquités françaises*, etc. (1697-1781).

SAINTES, ch.-l. d'arr. de la Charente-Inférieure, à 69 k. de la Rochelle, sur la Charente ; 12.374 h. Commerce d'eaux-de-vie. || Victoire de saint Louis sur Henri III d'Angleterre (1242).

SAINTES (LES), groupe de cinq îlots des petites Antilles, à la France. || Défaite de l'amiral de Grasse par les Anglais (1782).

SAINTINE, littérateur français (1798-1865), dont l'œuvre la plus connue est le petit roman de *Picciola*.

SAINTONGE, anc. prov. de France, divisée en Haute-Saintonge, cap. Saintes, et Basse-Saintonge, cap. Brouage.

SAINTRAILLES ou **XAINTRAILLES** (DE), capitaine français, compagnon de La Hire et de Jeanne d'Arc (1390-1461).

SAÏS, anc. v. de la Basse-Égypte.

SAISSAC, ch.-l. de c. de l'Aude, arr. de Carcassonne ; 1472 h.

SAKATOU, v. du Soudan, sur le Sakatou, affluent du Niger ; 20 000 h.

SALA ou **SALE**, anc. nom de l'Yssel.

SALADIN, sultan d'Égypte et de Syrie, résista à Philippe-Auguste et à Richard Cœur de Lion, et mourut puissant et estimé même de ses ennemis (1137-1193).

SALADO (RIO-), riv. de la Confédération Argentine, se jette dans le Parana ; 1100 k. || Petit fleuve d'Espagne, qui se perd dans la baie de Cadix.

SALAMANQUE, v. d'Espagne (anc. roy. de Léon) ; 14 000 h. Anc. université célèbre.

SALAMINE, auj. Colouri, île du golfe d'Athènes, près de laquelle Thémistocle battit la flotte de Xerxès (480 av. J.-C.). || V. de l'île de Chypre, fondée par Teucer, fils de Télamon.

SALAMINIENNE (GALÈRE), voy. PARALIENNE.

SALARS, ch.-l. de c. de l'Aveyron, arr. de Rodez ; 1284 h.

SALBRIS, ch.-l. de c. de Loir-et-Cher, arr. de Romorantin ; 1813 h.

SALÉ (LAC), grand lac des États-Unis, dans l'Utah.

SALEM, anc. nom de Jérusalem.

SALENTE, v. de l'Italie primitive, dans l'Iapygie.

SALERNE, ch.-l. de la prov. de même nom (Italie), au S.-E. de Naples ; 21 000 h.

SALERNES, ch.-l. de c. du Var, arr. de Draguignan ; 3008 h. Fruits.

SALERS, ch.-l. de c. du Cantal, arr. de Mauriac ; 1033 h.

SALETTE (LA), vge du canton de Corps, arr. de Grenoble (Isère) ; pèlerinage.

SALICE, ch.-l. de c. de la Corse, arr. d'Ajaccio ; 392 h.

SALIENS, prêtres de Mars, à Rome.

SALIENS, tribu des Francs, qui habitait sur les bords de la Sala (Yssel).

SALIES, ch.-l. de c. des Basses-Pyrénées, arr. d'Orthez ; 5120 h. Commerce de sel.

SALIES, ch.-l. de c. de la Haute-Garonne, arr. de Saint-Gaudens ; 853 h.

SALIGNAC, ch.-l. de c. de la Dordogne, arr. de Sarlat ; 1253 h. Château qui appartenait à la famille de Fénelon.

SALINATOR (LIVIUS), consul romain, secondé par son collègue Claudius Néron, défit Asdrubal, frère d'Annibal, sur les bords du Métaure (207 av. J.-C.).

SALINS, ch.-l. de c. du Jura, arr. de Poligny ; 6045 h. Salines et eaux minérales.

SALIQUE (LOI), réunion des coutumes des Francs Saliens publiées en latin sous Clovis, Dagobert et Charlemagne. Un passage de cette loi fut interprété par les légistes en faveur de Philippe V ; de là le nom de *loi salique* donné à la loi qui a exclu les femmes du trône de France (1317).

SALLANCHES, ch.-l. de c. de la Haute-Savoie, arr. de Bonneville ; 2005 h.

SALLES (J.-B.), membre de la Convention, proposa l'appel au peuple dans le jugement de Louis XVI, et périt avec les Girondins (1760-1794).

SALLES-CURAN, ch.-l. de c. de l'Aveyron, arr. de Millau ; 2602 h.

SALLES-SUR-L'HERS, ch.-l. de c. de l'Aude, arr. de Castelnaudary ; 1155 h.

SALLUSTE (CAIUS CRISPUS), célèbre historien latin, a écrit la *Guerre de Jugurtha* et la *Conjuration de Catilina* (86-34 av. J.-C.).

SALM, nom de deux comtés de l'Allemagne occidentale, dépendant l'un de la Prusse, l'autre du Wurtemberg et de Bade.

SALMANASAR, roi d'Assyrie, prit Samarie et mit fin au royaume d'Israël (721).

SALMONÉE, fils d'un roi de Thessalie, voulut se faire passer pour un Dieu, en imitant le tonnerre ; Jupiter le foudroya.

SALOMÉ, fille d'Hérode-Philippe et d'Hérodiade, obtint de son oncle Hérode-Antipas qu'il fît couper la tête à saint Jean-Baptiste.

SALOMÉ (MARIE), femme de Zébédée, mère de saint Jacques le Majeur et de saint Jean l'Évangéliste.

SALOMON, fils de David et de Bethsabée, succéda à son père (1016-976), étendit son royaume de l'Égypte à l'Euphrate, et acheva le temple de Jérusalem ; il a composé des *Cantiques* et le livre de l'*Ecclésiaste*.

SALON, ch.-l. de c. des Bouches-du-Rhône, arr. d'Aix ; 7522 h. Commerce d'huile.

SALONE, cap. de l'anc. Dalmatie, près de la v. de Spalatro, où Dioclétien se retira après son abdication (305).

SALONIQUE, anc. Thessalonique de Macédoine, v. de la Turquie d'Europe, port sur l'Archipel ; 60 000 h. Grand commerce.

SALOUM, région de la Sénégambie, vassale de la France.

SALUCES, v. de la prov. de Coni (Italie), près du Pô ; 10 000 h. Anc. cap. d'un marquisat cédé à la Savoie par Henri IV (1601).

SALVADOR (SAN-), petite république de l'Amérique centrale, entre le Honduras et l'océan Pacifique ; pop. 800 000 h. ; cap. San-Salvador ; 30 000 h. || San-Salvador, v. BAHIA.

SALVAGNAC, ch.-l. de c. du Tarn, arr. de Gaillac ; 1843 h.

SALVANDY (comte DE), écrivain et homme politique français (1795-1856), fut ministre de l'instruction publique sous le règne de Louis-Philippe, en 1837, puis en 1845.

SALVETAT (LA), ch.-l. de c. de l'Aveyron, arr. de Rodez ; 3267 h.

SALVETAT (LA), ch.-l. de c. de l'Hérault, arr. de Saint-Pons ; 3668 h.

SALVIAC, ch.-l. de c. du Lot, arr. de Gourdon ; 2204 h.

SALVIEN, écrivain ecclésiastique latin, né à Cologne ou à Trèves (390-484), se retira dans l'île de Lérins, au monastère de Saint-Honorat, puis s'établit à Marseille ; il a laissé des *Homélies*, des *Lettres* et 8 livres *Sur le Gouvernement de Dieu*.

SALZA, riv. de l'empire d'Autriche, descend des Alpes Noriques, passe à Salzbourg, et se jette dans l'Inn ; 260 k.

SALZBACH, v. du grand-duché de Bade, près de laquelle Turenne fut tué (1675).

SALZBOURG, v. du duché de même nom, dans l'empire d'Autriche, sur la Salza ; 18 000 h. Patrie de Mozart.

SAMARCANDE, v. de Boukharie, dans le Turkestan ; 10 000 h. Anc. cap. de Tamerlan.

SAMARIE, v. de Palestine, dans la demi-tribu occid. de Manassé, cap. du royaume d'Israël, fut prise par Salmanasar (721).

SAMARITAINE (LA), pompe établie à Paris, sur le Pont-Neuf, et détruite en 1813.

SAMARITAINS, habitants du royaume d'Israël, formés d'un mélange des Juifs avec les Asiatiques idolâtres, établis dans le pays par Salmanasar.

SAMATAN, ch.-l. de c. du Gers, arr. de Lombez ; 2348 h.

SAMBLANCAY (DE), surintendant des finances sous Charles VIII, Louis XII et François Ier ; injustement accusé de malversation, à l'instigation de Louise de Savoie, il fut condamné et pendu au gibet de Montfaucon (1527).

SAMBRE, riv. de France, prend sa source près du Nouvion (Aisne), passe à Maubeuge et finit à Namur dans la Meuse ; 250 k.

SAMER, ch.-l. de c. du Pas-de-Calais, arr. de Boulogne ; 1976 h.

SAMNIUM, contrée de l'Italie anc. sur l'Adriatique, à l'E. du Latium et de la Campanie, habitée par les Samnites et soumise par les Romains, après une lutte longue et acharnée (343-290 av. J.-C.).

SAMOËNS, ch.-l. de c. de la Haute-Savoie, arr. de Bonneville ; 2536 h.

SAMOS, île de la mer Égée, l'une des Sporades, en face du promontoire de Mycale.

SAMOSATE, v. de l'anc. Syrie, sur l'Euphrate. Patrie de Lucien.

SAMOTHRACE, île de la mer Égée, près des côtes de la Thrace ; 2000 h.

SAMOYÈDES, tribus qui habitent les bords de l'océan Glacial, dans la Russie d'Europe et la Russie d'Asie.

SAMSON, juge d'Israël, battit les Philistins, et périt livré par sa femme Dalila (1155-1117 av. J.-C.).

SAMUEL, juge d'Israël, délivra les Juifs du joug des Philistins, et fut forcé de leur donner un roi, Saül (1095) ; plus tard il sacra David. On lui attribue le *Livre des Juges* et le 1er livre des *Rois*.

SANCERGUES, ch.-l. de c. du Cher, arr. de Sancerre ; 1167 h.

SANCERRE, ch.-l. d'arr. du Cher, à 48 k. de Bourges, à 2 k. de la Loire ; 3671 h.

SANCHE, nom de quatre rois de Castille ; le 2e, dit *le Fort* (1065-1072), fut soutenu par le Cid contre son frère Alphonse VI de Castille ; le 4e, dit *le Brave* (1284-1295), enleva le trône à ses neveux, les fils de Ferdinand de la Cerda, et lutta glorieusement contre les Maures. || Nom de sept rois de Navarre, dont les plus célèbres sont : SANCHE III *le Grand* (995-1035), SANCHE VI *le Sage* (1150-1194), et SANCHE VII *le Fort* (1194-1234), qui eut pour successeur son neveu Thibaut de Champagne.

SANCHEZ, en latin SANCTIUS, érudit et grammairien espagnol (1523-1601). || Casuiste espagnol (1550-1610).

SANCHONIATHON, écrivain phénicien d'une époque incertaine, auteur d'une *Histoire phénicienne*, dont quelques fragments ont été conservés par Eusèbe.

SANCOINS, ch.-l. de c. du Cher, arr. de Saint-Amand-Mont-Rond ; 3833 h.

SANCY (PUY DE), principal sommet du massif du Mont Dore, en Auvergne (1886m).

SANCY (HARLAY DE), homme d'État français (1546-1629), changea plusieurs fois de religion et de parti, et finit par s'attacher à Henri IV, qui l'envoya en ambassade vers

Élisabeth. Il posséda le diamant connu sous le nom de *Sancy*, qui avait appartenu à Charles le Téméraire et qui, après avoir été longtemps un des diamants de la couronne de France, a été acheté par la Russie en 1835.

SANDEAU (JULES), romancier et auteur dramatique français, né en 1811.

SANDJAK, nom des provinces en turc.

SANDWICH (ARCHIPEL), îles de la Polynésie, voy. HAWAII.

SANHÉDRIN, conseil suprême des anciens Juifs.

SANNAZAR, poëte italien (1458-1530), auteur de poésies italiennes et de poëmes latins sur la Vierge et sur la mort du Christ.

SANS-CULOTTES (LES), sobriquet sous lequel on désigna les révolutionnaires (1793).

SANSON, géographe français (1600-1667).

SANSOVINO (LE), sculpteur et architecte italien, éleva plusieurs églises et palais à Venise (1479-1570).

SANS-SOUCI, château royal de Prusse, à 2 k. de Potsdam, construit par Frédéric II.

SANTA-ANNA, ancien président et dictateur de la République mexicaine, né en 1800, fut renversé du pouvoir en 1854.

SANTA-FÉ-DE-BOGOTA, voy. BOGOTA.

SANTANDER, v. d'Espagne (Vieille-Castille), port sur le golfe de Gascogne ; 20 000 h.

SANTERRE, brasseur, commandant de la garde nationale de Paris, conduisit Louis XVI au Temple et présida à son exécution (1752-1809).

SANTEUL (J.-B. DE), poëte latin moderne (1630-1697), auteur d'*Hymnes sacrées*, etc.

SANTIAGO, voy. JACQUES DE COMPOSTELLE (SAINT-). || La plus grande des îles du Cap-Vert, aux Portugais ; 25 000 h. || V. et port de l'île de Cuba ; 30 000 h.

SANTORIN, anc. Thera, île de l'archipel des Cyclades ; pop. 13 000 h. ; ch.-l. Thira.

SAÔNE, riv. de France, prend sa source dans les monts Faucilles, passe à Gray, Auxonne, Chalon, Mâcon, Trévoux ; se jette dans le Rhône, au-dessous de Lyon ; 432 k.

SAÔNE (dép. de la HAUTE-), formé d'une partie de la Franche-Comté ; ch.-l. Vesoul ; 3 arr. Vesoul, Gray, Lure ; pop. 303 088 h.

SAÔNE-ET-LOIRE (dép. de), formé d'une partie de la Bourgogne, ch.-l. Mâcon ; 5 arr. Mâcon, Autun, Chalon, Charolles, Louhans ; pop. 598 344 h.

SAPHO, femme poëte de Mitylène, vivait dans le VIe s. av. J.-C.

SAPOR, nom de trois rois sassanides de Perse : le 1er (240-273) vainquit et prit l'empereur Valérien, et fut repoussé par Odenath et Zénobie ; le 2e, dit *le Grand* (310-381), fit une guerre d'extermination aux chrétiens et étendit ses conquêtes jusqu'au Caucase ; c'est en le combattant que Julien fut tué ; le 3e (383-390) fit la paix avec Théodose.

SARA, femme d'Abraham, mère d'Isaac. || Fille de Raguel, épousa le jeune Tobie.

SARAGOSSE, v. d'Espagne, anc. cap. du royaume d'Aragon, sur l'Èbre ; 82 000 h. Elle soutint en 1809 un siège célèbre contre les Français et fut prise par le maréchal Lannes.

SARAMON, ch.-l. de c. du Gers, arr. d'Auch ; 1204 h.

SARASIN ou **SARRAZIN**, poëte et historien français (1603-1654) ; on cite comme son chef-d'œuvre la *Conspiration de Walstein*.

SARDAIGNE, île de la Méditerranée occid. divisée en deux prov. Cagliari et Sassari, faisant partie du royaume d'Italie: pop. 593000 h. || De 1720 à 1860, on a appelé royaume de Sardaigne un État formé de la Sardaigne, de la Savoie, du Piémont, du comté de Nice, de Gênes et du Montferrat.

SARDANAPALE, nom de plusieurs rois d'Assyrie, dont l'un, prince efféminé, fut renversé du trône par Bélésis et Arbacès (789 av. J.-C.). Un autre, roi de Ninive (647-725 av. J.-C.), lutta contre Phraortes et contre Cyaxare, rois des Mèdes.

SARDES, auj. Sart, anc. v. de l'Asie Mineure, cap. de la Lydie, sur le Pactole.

SARGON, général de Salmanasar, roi d'Assyrie (721-704 av. J.-C.), lui succéda; il construisit le palais de Khorsabad.

SARI-D'ORCINO, ch.-l. de c. de la Corse, arr. d'Ajaccio; 975 h.

SARINE ou **SAANE,** riv. de Suisse, passe à Fribourg, et se jette dans l'Aar; 150 k.

SARLAT, ch.-l. d'arr. de la Dordogne, à 72 k. de Périgueux; 6255 h.

SARMATIE, anc. contrée au N. du Pont-Euxin, occupée par les Sarmates, dont la puissance fut détruite par les Goths (IIIe s.).

SARONIQUE (GOLFE), golfe de la mer Égée, entre l'Attique et l'Argolide.

SARPÉDON, roi de Lycie, secourut Priam, et fut tué par Patrocle.

SARRALBE, anc. ch.-l. de c. de la Moselle, arr. de Sarreguemines; 3383 h.; cédé à la Prusse en 1871.

SARRASINS, nom des musulmans au moyen âge.

SARRAZIN ou **SARAZIN** (JACQUES), peintre et sculpteur français, auteur des cariatides du grand pavillon du Louvre (1588-1660).

SARRE, riv. d'Allemagne, passe à Sarrebourg, Sarreguemines, etc. et se jette dans la Moselle; 210 k.

SARREBOURG, anc. ch.-l. d'arr. de la Meurthe, à 75 k. de Nancy; 3036 h.; cédé à la Prusse en 1871.

SARREBRÜCK, v. de Prusse, sur la Sarre (Prov. du Rhin); 8000 h.

SARREGUEMINES, anc. ch.-l. d'arr. de la Moselle, à 75 k. de Metz; 6000 h.; cédé à la Prusse en 1871. Faïence et porcelaine.

SARRELOUIS, v. de Prusse, sur la Sarre, 8000 h. Patrie du maréchal Ney.

SARROLA-CARCOPINO, ch.-l. de c. de la Corse, arr. d'Ajaccio; 834 h.

SARTÈNE, ch.-l. d'arr. de la Corse, à 50 k. d'Ajaccio; 4166 h.

SARTHE, riv. de France, prend sa source au plateau du Perche, passe à Alençon, au Mans, et se réunissant à la Mayenne, près d'Angers, forme la Maine; 265 k.

SARTHE (dép. de la), formé du Haut-Maine et d'une partie de l'Anjou; ch.-l. Le Mans; 4 arr. Le Mans, la Flèche, Mamers et Saint-Calais; pop. 445603 h.

SARTILLY, ch.-l. de c. de la Manche, arr. d'Avranches; 1285 h.

SARTINE (DE), lieutenant général de police (1759), établit des lanternes à réverbère, construisit la halle au blé de Paris.

SARZEAU, ch.-l. de c. du Morbihan, arr. de Vannes, petit port sur l'Océan; 5682 h.

SASSANIDES, dynastie persane, fondée par Artaxerxés, descendant de Sassan, dura de 226 à 652, et fut détruite par les Arabes.

SASSARI, v. de la Sardaigne; 23000 h.

SASSENAGE, ch.-l. de c. de l'Isère, arr. de Grenoble; 1523 h. Fromages renommés.

SATAN, génie du mal.

SATHONAY, commune de l'Ain, arr. de Trévoux; 7344 h. Camp de manœuvres.

SATILLIEU, ch.-l. de c. de l'Ardèche, arr. de Tournon; 2297 h.

SATRAPE, gouverneur de province chez les anciens Perses.

SATURNALES, fête de Saturne chez les Romains, pendant laquelle les esclaves portaient les habits de leurs maîtres, s'asseyaient à table avec eux, etc.

SATURNE, fils d'Uranus et de la Terre, fut le père de Jupiter, de Neptune, de Pluton, de Junon, de Vesta et de Cérès.

SATURNIN (saint) ou **SERNIN,** premier évêque de Toulouse, martyrisé en 251.

SATURNINUS, démagogue romain, soutint Marius et Glaucia, et fut lapidé par la foule indignée (100 av. J.-C.).

SATYRE, demi-dieu, compagnon de Bacchus, qui avait de petites cornes, des jambes et des pieds de bouc.

SAUGUES, ch.-l. de c. de la Haute-Loire, arr. du Puy; 3738 h.

SAUJON, ch.-l. de c. de la Charente-Inférieure, arr. de Saintes; 2891 h.

SAÜL, roi des Juifs (1095-1055 av. J.-C.), vainquit les Ammonites, les Philistins, les Amalécites; tourmenté par un esprit malin, il voulut faire périr David; vaincu à Gelboé, il se perça de son épée.

SAULGE (SAINT-), ch.-l. de c. de la Nièvre, arr. de Nevers; 2499 h.

SAULIEU, ch.-l. de c. de la Côte-d'Or, arr. de Semur; 3709 h.

SAULT, ch.-l. de c. de Vaucluse, arr. de Carpentras; 2563 h.

SAULX, ch.-l. de c. de la Haute-Saône, arr. de Lure; 997 h.

SAULXURES, ch.-l. de c. des Vosges, arr. de Remiremont; 3737 h.

SAULZAIS-LE-POTIER, ch.-l. de c. du Cher, arr. de St-Amand-Mont-Rond; 945 h.

SAUMAISE (CLAUDE DE), célèbre critique français (1588-1658).

SAUMUR, ch.-l. d'arr. de Maine-et-Loire, à 48 k. d'Angers, sur la Loire; 17552 h. École militaire de cavalerie.

SAURIN (JACQUES), prédicateur protestant, quitta la France avec son père, après la révocation de l'édit de Nantes, s'établit à Londres, puis à La Haye (1677-1730).

SAUSSURE (DE), géologue et physicien, né près de Genève (1740-1799), auteur des *Voyages dans les Alpes,* etc.

SAUTERNE, vge de l'arr. de Bazas (Gironde), renommé pour ses vins blancs.

SAUVAGEOT, archéologue français, auteur de la collection d'objets d'art du Louvre, qui porte son nom (1781-1860).

SAUVAL (HENRI), historien français, auteur de: *Histoire et recherches des antiquités de la ville de Paris* (1620-1670).

SAUVE, ch.-l. de c. du Gard, arr. du Vigan; 2314 h.

SAUVETERRE, ch.-l. de c. de l'Aveyron, arr. de Rodez; 1799 h.

SAUVETERRE, ch.-l. de c. de la Gironde, arr. de La Réole; 838 h.

SAUVETERRE, ch.-l. de c. des Basses-Pyrénées, arr. d'Orthez; 1388 h.

SAUVEUR (SAINT-), vge de l'arr. d'Argelès (Hautes-Pyrénées), dans la vallée de Barèges. Eaux thermales sulfureuses.

SAUVEUR (SAINT-), ch.-l. de c. des Alpes-Maritimes, arr. de Puget-Théniers ; 669 h.

SAUVEUR-EN-PUISAYE (SAINT-), ch.-l. de c. de l'Yonne, arr. d'Auxerre ; 1920 h.

SAUVEUR-LENDELIN (SAINT-), ch.-l. de c. de la Manche, arr. de Coutances ; 1658 h.

SAUVEUR-LE-VICOMTE (SAINT-), ch.-l. de c. de la Manche, arr. de Valognes ; 2542 h.

SAUXILLANGES, ch.-l. de c. du Puy-de-Dôme, arr. d'Issoire ; 1965 h.

SAUZÉ-VAUSSAIS, ch.-l. de c. des Deux-Sèvres, arr. de Melle ; 1742 h.

SAVANNAH, v. des États-Unis (Géorgie) ; 28 000 h. Exportation du coton.

SAVARY, duc de Rovigo (1774-1833), servit Napoléon Ier avec un dévouement absolu, remplaça Fouché à la police (1810).

SAVE, riv. de l'empire d'Autriche, passe à Laybach, près d'Agram, et se jette dans le Danube à Belgrade ; 600 k.

SAVENAY, ch.-l. de c. de la Loire-Inférieure, arr. de Saint-Nazaire, près de l'embouchure de la Loire ; 2720 h.

SAVERDUN, ch.-l. de c. de l'Ariège, arr. de Pamiers ; 3876 h.

SAVERNE, anc. ch.-l. d'arr. du Bas-Rhin, à 38 k. de Strasbourg ; 5489 h. ; cédé à la Prusse en 1871.

SAVIGNAC-LES-ÉGLISES, ch.-l. de c. de la Dordogne, arr. de Périgueux ; 963 h.

SAVIGNY, ch.-l. de c. de Loir-et-Cher, arr. de Vendôme ; 2789 h.

SAVIGNY (DE), jurisconsulte allemand (1779-1861), auteur d'une *Histoire du droit romain au moyen âge*, fondateur de l'école historique en Allemagne.

SAVIN (SAINT-), ch.-l. de c. de la Vienne, arr. de Montmorillon ; 1531 h. Église ornée de fresques remarquables.

SAVIN (SAINT-), ch.-l. de c. de la Gironde, arr. de Blaye ; 2205 h.

SAVINES, ch.-l. de c. des Hautes-Alpes, arr. d'Embrun ; 1107 h.

SAVINIEN (SAINT-), ch.-l. de c. de la Charente-Inférieure, arr. de Saint-Jean-d'Angely ; 3214 h.

SAVOIE, région française, située entre le lac de Genève, le Rhône, le Dauphiné et les Alpes, cédée à la France, en 1860, par le roi de Sardaigne Victor-Emmanuel II, devenu roi d'Italie ; elle a formé les deux dép. de la Savoie et de la Haute-Savoie. || LA MAISON DE SAVOIE reconnaît pour fondateur Humbert, né vers 985, et compte parmi ses membres les plus célèbres : AMÉDÉE VI (1343-1383), qui acquit le Piémont tout entier ; AMÉDÉE VIII (voy. ce nom) ; VICTOR-AMÉDÉE II, qui devint roi de Sardaigne en 1720 ; CHARLES-ALBERT et VICTOR-EMMANUEL II (voy. ces noms).

SAVOIE (dép. de la), formé de la partie méridionale du duché de Savoie ; ch.-l. Chambéry ; 4 arr. Chambéry, Albertville, Moutiers et Saint-Jean-de-Maurienne ; pop. 267 958 h.

SAVOIE (dép. de la HAUTE-), formé de la partie N. du duché de Savoie, ch.-l. Annecy ; 4 arr. Annecy, Bonneville, Saint-Julien et Thonon ; pop. 273 027 h.

SAVONAROLE (JÉRÔME), moine italien, tenta de réformer les mœurs et d'établir un gouvernement démocratique dans Florence délivrée des Médicis ; mais excommunié, abandonné du peuple, il fut pris et condamné au supplice du feu (1452-1498).

SAVONE, ville d'Italie, sur le golfe de Gênes ; 19 000 h.

SAVONNERIE (LA), manufacture royale de tapis établie à Chaillot près Paris, dans une maison dite de la *Savonnerie*, puis réunie à la manufacture des Gobelins.

SAX, industriel français d'origine belge, né en 1814, inventa une famille d'instruments de cuivre, appelés de son nom *saxophone, sax-tuba*, etc.

SAXE, région de la Germanie, comprise entre le Rhin et la Baltique, fut soumise par Charlemagne. Louis le Germanique y établit pour duc Ludolf (850), dont le petit-fils, Henri Ier l'Oiseleur, fut élu roi de Germanie (919) et fonda la dynastie saxonne. || ROYAUME DE SAXE, État de l'Empire d'Allemagne ; cap. Dresde ; v. pr. Leipzig, Chemnitz ; pop. 2 525 000 h. Roi régnant depuis 1873 : Albert, né en 1828. || DUCHÉS DE SAXE, dans la Thuringe. États au nombre de quatre, faisant partie de l'Empire d'Allemagne ; ce sont les duchés de Saxe-Altenbourg, de Saxe-Cobourg-Gotha et de Saxe-Meiningen, enfin le grand-duché de Saxe-Weimar. || PROVINCE DE SAXE, division du royaume de Prusse ; cap. Magdebourg ; pop. 2 067 000 h.

SAXE (MAURICE DE), fils naturel du roi de Pologne Auguste II, servit la France, et fut le plus grand général du règne de Louis XV ; il gagna les victoires de Fontenoy, de Raucoux, de Lauffeld (1696-1750).

SAXE-COBOURG (prince DE), feld-maréchal au service de l'Autriche, gagna la bataille de Nerwinden sur les Français (1793), et après quelques succès, fut repoussé à la fin de 1793.

SAY (J.-B.), économiste français, l'un des fondateurs de l'économie politique, auteur d'un *Traité d'économie politique* (1767-1832).

SCABINS, nom, sous Charlemagne, des notables désignés pour assister le comte dans l'administration de la justice.

SCAËR, ch.-l. de c. du Finistère, arr. de Quimperlé ; 4394 h.

SCÆVOLA (MUCIUS), Romain, qui voulut tuer Porsenna, roi des Étrusques, frappa par erreur son secrétaire, et pour montrer au roi la fermeté romaine, posa sa main droite sur un brasier ardent (507 av. J.-C.).

SCALA (les DELLA), famille de Vérone, du parti gibelin, dont le plus célèbre représentant fut CANE Ier *le Grand*, capitaine général de la ligue des Gibelins de Lombardie (m. en 1329).

SCALDES, anc. poëtes scandinaves.

SCALIGER (JULES-CÉSAR), philologue et médecin italien, vécut à Agen sous la protection de l'évêque de la Rovère (1484-1558). || Son fils, JOSEPH-JUSTE, l'un des plus grands savants de son temps, alla occuper à Leyde la chaire de Juste Lipse (1540-1609).

SCAMANDRE ou **XANTHE**, riv. de l'anc. Troade, affluent du Simoïs.

SCANDERBEG, fils d'un seigneur d'Albanie, fut élevé comme otage par Amurat II ; il résolut de rendre l'indépendance à son pays, et soutint pendant 22 ans une lutte glorieuse contre les Turcs (1423-1467).

SCANDINAVIE, nom commun des trois royaumes de Suède, Norvège et Danemark.

SCAPIN, valet intrigant et fripon de la comédie italienne.

SCARAMOUCHE, personnage de la comédie italienne, fanfaron et poltron.

SCARPE, riv. de France, prend sa source dans le dép. du Pas-de-Calais, arrose Arras, Douai, et se jette dans l'Escaut ; 100 k.

SCARRON, poète et écrivain français (1610-1660), créateur du genre burlesque. On cite parmi ses œuvres le *Virgile travesti*, le *Roman comique* et des comédies. Il avait épousé, en 1652, Françoise d'Aubigné, qui fut depuis Mme de Maintenon.

SCEAUX, ch.-l. d'arr. de la Seine, à 10 k. de Paris ; 2287 h. Le château, aujourd'hui détruit, avait été construit par Colbert, et la duchesse du Maine y tint une cour brillante, sous la régence du duc d'Orléans.

SCEY-SUR-SAÔNE, ch.-l. de c. de la Haute-Saône, arr. de Vesoul ; 1725 h.

SCHAERBECK, commune qui touche à Bruxelles, où se trouvent des fonderies de fer et des établissements industriels ; 9000 h.

SCHAFFHOUSE, v. de Suisse, cap. du canton de même nom, près de la chute du Rhin ; 10000 h.; pop. du cant. 38000 h.

SCHAH ou **SHAH**, titre des rois de Perse.

SCHEELE, chimiste suédois, découvrit ou caractérisa le chlore, le baryum et le manganèse (1742-1786).

SCHEFFER (ARY), peintre français, a emprunté ses sujets surtout à Gœthe et à Byron (1795-1858). || Son frère, HENRI (1798-1861), également peintre, est connu par son tableau de l'*Arrestation de Charlotte Corday*.

SCHEIK ou **CHEIK**, chef de tribu arabe.

SCHELLING, philos. allemand (1775-1854).

SCHÉRER, général français (1747-1804), commanda l'armée d'Italie en 1795, et fut remplacé par Bonaparte ; il fut ministre de la guerre de 1797 à 1799.

SCHÉRIF ou **CHÉRIF**, prince descendant de Mahomet par sa fille Fatime. || Prince arabe ou maure.

SCHILLER (FRÉDÉRIC), grand poète de l'Allemagne (1759-1805), auteur de tragédies, dont les principales sont *les Brigands*, *Wallenstein*, *Guillaume Tell* ; d'une *Histoire de la guerre de Trente Ans*, etc.

SCHILTIGHEIM, anc. ch.-l. de c. du Bas-Rhin, arr. de Strasbourg ; 4265 h. ; cédé à la Prusse en 1871.

SCHINZNACH, v. de Suisse, à 8 k. d'Aarau ; 2500 h. Eaux minérales sulfureuses.

SCHIRAZ, v. de Perse, près des ruines de Persépolis ; 35000 h. Vins renommés.

SCHIRMECK, anc. ch.-l. de c. des Vosges, arr. de Saint-Dié ; 1376 h.; cédé à la Prusse en 1871.

SCHISME, nom donné : 1° à la division du royaume des Juifs en deux royaumes, celui de Juda et celui d'Israël, en 976 ; 2° à la séparation de l'Église grecque et de l'Église romaine, dite *schisme d'Orient* ou *de Photius* (863-1054) ; 3° à l'époque d'anarchie pendant laquelle il y eut plusieurs papes à la fois, et dite *schisme d'Occident* (1378-1449) ; 4° à la séparation de l'Église anglicane de l'Église romaine (1534).

SCHLAMYL, chef du Caucase (1797-1871), après avoir fait la guerre de l'indépendance contre les Russes, fut forcé de se rendre.

SCHLEGEL (GUILLAUME DE), critique allemand (1767-1845), auteur d'un *Cours de littérature dramatique*, de travaux sur la littérature ancienne de l'Inde, etc. || Son frère, FRÉDÉRIC (1772-1829), a laissé également des travaux de littérature et d'histoire.

SCHLESTADT ou **SCHÉLESTADT**, anc. ch.-l. d'arr. du Bas-Rhin, à 45 k. de Strasbourg ; 10040 h.; cédé à la Prusse en 1871.

SCHLESWIG, voy. SLESVIG.

SCHMID, connu sous le nom de CHANOINE SCHMID, né en Bavière (1768-1854), auteur de *Contes* destinés à l'enfance.

SCHNEIDER (EUGÈNE), industriel français (1805-1875), créa la grande prospérité de l'établissement métallurgique du Creuzot, fut président du Corps législatif sous le 2e Empire, de 1865 à 1870.

SCHNETZ, peintre français (1787-1870), fut deux fois directeur de l'Académie de France à Rome, en 1840, puis en 1852.

SCHOEFFER, imprimeur allemand, né de 1420 à 1430, m. vers 1505, s'associa à Fust pour exploiter et perfectionner la découverte nouvelle de Gutenberg.

SCHOELL, historien et critique allemand (1766-1833), auteur d'*Histoires des littératures ancienne, grecque, romaine*, etc.

SCHOENBRUNN, vge d'Autriche près de Vienne, où se trouve un château royal, bâti par Joseph II et Marie-Thérèse.

SCHOLASTIQUE (sainte), sœur de saint Benoît de Nursia, m. vers 543, fonda l'ordre des Bénédictines.

SCHOMBERG (comte DE), d'une famille originaire du Palatinat, servit avec éclat la France sous Louis XIV, et fut nommé maréchal. La révocation de l'édit de Nantes le força de quitter la France ; il s'attacha au prince d'Orange, l'aida dans sa campagne pour s'emparer du trône d'Angleterre, et fut tué à la journée de la Boyne (1618-1690).

SCHREVELIUS, grammairien hollandais (1615-1664), auteur d'un *Dictionnaire grec-latin et latin-grec*.

SCHUBERT (FRANZ), compositeur allemand, célèbre par ses *Mélodies* (1797-1828).

SCHULZE-DELITZCH, économiste allemand, né en 1808, fondateur de nombreuses sociétés coopératives en Allemagne.

SCHUMANN (ROBERT), compositeur allemand (1810-1856), auteur de symphonies, de l'oratorio *le Paradis et la Péri*, etc.

SCHWALBACH, v. de Prusse dans l'anc. duché de Nassau ; 2200 h. Eaux minérales.

SCHWARTZ, moine allemand, mort vers 1384, auquel on a attribué sans raison l'invention de la poudre à canon.

SCHWARZBOURG, partie de la Thuringe divisée en deux principautés, dont l'une a pour ch.-l. Rudolstadt, l'autre Sondershausen. Elle est comprise aujourd'hui dans l'Empire d'Allemagne.

SCHWARZENBERG (prince DE), feldmaréchal autrichien (1771-1820), commanda l'armée autrichienne dans la campagne de Russie (1812). Après la défection de l'Autriche, il fut généralissime des armées coalisées contre la France, et entra à Paris après la capitulation de 1814.

SCHWÉRIN, cap. du grand-duché de Mecklenbourg-Schwérin, sur le lac de même nom . 25300 h.

SCHWILGUÉ, mécanicien (1776-1856), célèbre par la restauration de l'horloge astronomique de la cathédrale de Strasbourg.

SCHWITZ, canton de la Suisse, entre le lac de Zurich et le lac des Quatre-Cantons, pop. 48000 h.; cap. Schwitz; 5800 h. Ce canton prépara l'indépendance suisse en s'unissant à ceux d'Uri et d'Unterwalden (1144); il a donné son nom à la Suisse.

SCILLY (îles), voy. SORLINGUES.

SCIPION, illustre famille patricienne de Rome. || CNEIUS CORNELIUS battit les Carthaginois en Espagne, et arrêta sur l'Èbre Asdrubal, frère d'Annibal, qui voulait se rendre en Italie (217 av. J.-C.). || Son frère, PUBLIUS CORNELIUS, après avoir été vaincu par Annibal près du Tessin et sur les bords de la Trébie (218), passa en Espagne, où il partagea les succès de Cneius. Mais les deux frères s'étant séparés, furent battus et tués (211). || PUBLIUS CORNELIUS, surnommé *le 1er Africain*, fils du précédent (234-183), commença par venger la mort de son père et de son oncle. Rappelé à Rome pour combattre Annibal, il transporta la guerre en Afrique, vainquit Annibal à Zama (202) et dicta la paix à Carthage. Il aida son frère Lucius *l'Asiatique* à battre le roi de Syrie Antiochus à Magnésie, et finit ses jours dans un exil volontaire. || SCIPION ÉMILIEN, dit *le 2e Africain*, était le 4e fils de Paul-Émile (185-129); il fut adopté par son oncle, fils du premier Africain; il mit fin à la 3e et dernière guerre punique par la prise de Carthage (146), prit et rasa Numance, *la seconde terreur* de Rome (133). || SCIPION NASICA, dit *Sérapion*, arrière-petit-fils de Cneius Cornelius Scipion, fut le chef du parti qui tua Tibérius Gracchus sur le Forum.

SCOPAS, sculpteur grec du IVe s. av. J.-C., construisit le tombeau de Mausole.

SCORPION, 8e signe du zodiaque.

SCOTS, peuple venu de l'Hibernie (Irlande), établi en Calédonie (Écosse).

SCOTT (WALTER), célèbre romancier, né à Édimbourg (1771-1832).

SCRIBE (EUGÈNE), auteur dramatique français (1791-1861), composa seul ou en société plus de 150 comédies et de nombreux livrets d'opéras et opéras comiques.

SCUDÉRY (GEORGES DE), écrivain français (1601-1667), composa des tragi-comédies qui eurent du succès, attaqua le *Cid* de Corneille dans sa *Lettre à l'illustre Académie*. || Sa sœur, MADELEINE DE SCUDÉRY (1607-1701), fut l'un des oracles de l'hôtel de Rambouillet, et écrivit ces longs romans qui eurent tant de vogue au XVIIe s.: *Artamène ou le grand Cyrus, Clélie*, etc.

SCUTARI, v. de la Turquie d'Europe, dans l'Albanie; 30000 h. || V. de la Turquie d'Asie, sur le Bosphore, en face de Constantinople; 47000 h.

SCYLLA, écueil du détroit de Messine, sur la côte d'Italie, en face de Charybde.

SCYROS, auj. Skyro, île de l'Archipel, au N.-E. de l'Eubée.

SCYTHES, nom ancien de populations nomades disséminées dans la Scythie, au N. de la mer Noire et de la mer Caspienne.

SÉBASTIANI (comte), maréchal de France (1772-1851), se distingua dans les guerres du Consulat et de l'Empire; ambassadeur à Constantinople (1807), il dirigea la défense des Turcs contre la flotte anglaise qui était venue jeter l'ancre dans le Bosphore.

SÉBASTIEN (saint), martyr (288).

SÉBASTIEN, roi de Portugal (1557), tenta une croisade contre l'empereur du Maroc Muley-Abd-el-Meleck, et fut tué en combattant courageusement à Alcazar-Kébir (1578).

SÉBASTIEN (SAINT-), v. d'Espagne, cap. du Guipuzcoa; 10000 h. Port de commerce.

SÉBASTOPOL, v. de Russie, au S.-O. de la Crimée, sur la mer Noire; 50000 h. Elle fut prise par une armée anglo-française, le 8 sept. 1855, après un an de siège.

SÉCLIN, ch.-l. de c. du Nord, arr. de Lille; 5055 h. Toiles, broderies.

SECONDIGNY, ch.-l. de c. des Deux-Sèvres, arr. de Parthenay; 2157 h.

SEDAINE (MICHEL-JEAN), poète dramatique français (1719-1797), composa des livrets d'opéras et d'opéras comiques: *le Déserteur, Richard Cœur de Lion, Aline reine de Golconde*, etc. et deux comédies, *le Philosophe sans le savoir* et *la Gageure imprévue*.

SEDAN, ch.-l. d'arr. des Ardennes, à 22 k. de Mézières, sur la Meuse; 14345 h. Fabriques de draps. Patrie de Turenne. Le 1er et le 2 sept. 1870, Napoléon III, enfermé dans cette ville par les armées allemandes, se rendit au roi de Prusse Guillaume 1er.

SÉDÉCIAS, dernier roi de Juda, méprisa les conseils de Jérémie, fut assiégé dans Jérusalem par Nabuchodonosor, pris et emmené captif à Babylone (587 av. J.-C.).

SÉDERON, ch.-l. de c. de la Drôme, arr. de Nyons; 635 h.

SEDLITZ, v. de Bohême, à 30 k. de Tœplitz. Eaux minérales purgatives.

SEELAND, île de l'archipel danois, dans la Baltique, entre le Sund et le Grand Belt; pop. 375000 h.; ch.-l. Copenhague.

SÉEZ, ch.-l. de c. de l'Orne, arr. d'Alençon, sur l'Orne; 4916 h. Évêché.

SÉGESTE ou ÉGESTE, anc. v. de Sicile, auj. Alcamo.

SÉGO, v. du Soudan, sur le Niger, importante par son commerce.

SÉGOBRIGES (LES), peuple gaulois, qui occupait le littoral du golfe de Marseille.

SEGONZAC, ch.-l. de c. de la Charente, arr. de Cognac; 2880 h.

SÉGOVIE, v. d'Espagne (Vieille-Castille); 18000 h. Aqueduc construit par Trajan.

SEGRAIS, poète français (1624-1701), dont les *Églogues* eurent un grand succès.

SÈGRE, riv. d'Espagne, sort des Pyrénées, passe à Puycerda, à Lérida, et se jette dans l'Èbre; 235 k.

SEGRÉ, ch.-l. d'arr. de Maine-et-Loire, à 36 k. d'Angers; 2935 h.

SEGUIER (PIERRE), magistrat français (1588-1672), garde des sceaux (1635), puis chancelier, fut dévoué à Richelieu et à Mazarin; il prit part aux ordonnances de 1667 et 1670, et fut l'un des protecteurs et des membres de l'Académie française.

SÉGUR (LOUIS-PHILIPPE, comte DE), diplomate et historien français (1753-1830), sénateur et grand maître des cérémonies du 1er Empire; auteur d'un *Abrégé de l'Histoire universelle*, d'une *Histoire de France*, etc. || Son fils, PHILIPPE-PAUL, général et historien français (1780-1872), fit la campagne de Russie, qu'il a racontée sous le titre de: *Histoire de Napoléon et de la grande armée pendant l'année* 1812.

SEICHES, ch.-l. de c. de Maine-et-Loire, arr. de Baugé; 1466 h.

SÉID, esclave de Mahomet, fut l'un des premiers à le reconnaître comme prophète.

SEIGNELAY, ch.-l. de c. de l'Yonne, arr. d'Auxerre ; 1464 h.

SEIGNELAY (Colbert, marquis de), fils de Colbert (1651-1690), succéda à son père comme secrétaire d'État de la marine (1683).

SEIKHS ou **SYKES**, peuple de l'Hindoustan, qui, après avoir été puissant sous Runjeet-Singh, fut soumis par les Anglais (1849).

SEILHAC, ch.-l. de c. de la Corrèze, arr. de Tulle ; 1825 h.

SEILLE, riv. de France, sort du Jura, se jette dans la Saône, au-dessus de Tournus ; 110 k. ‖ Riv. d'Allemagne, naît près de Dieuze, et se jette dans la Moselle, à Metz ; 106 k.

SEIN, île française de l'océan Atlantique, séparée de la côte du Finistère par le Raz de Sein. Anc. séjour d'un collège de druidesses.

SEINE, fl. de France, prend sa source au mont Tasselot (Côte-d'Or), passe à Troyes, Montereau, Melun, Paris, Saint-Germain, Elbeuf, Rouen, et se jette dans la Manche, entre le Havre et Honfleur ; 750 k.

SEINE (dép. de la), formé d'une partie du Parisis et du canton appelé la France, enclavé dans le dép. de Seine-et-Oise ; ch.-l. Paris ; 3 arr. Paris, Saint-Denis, Sceaux ; pop. 2 220 060 h.

SEINE-ET-MARNE (dép. de), formé d'une partie de l'Île-de-France et d'une partie de la Champagne ; ch.-l. Melun ; 5 arr. Melun, Coulommiers, Fontainebleau, Meaux, Provins ; pop. 351 490 h.

SEINE-ET-OISE (dép. de), formé d'une partie de l'Île-de-France ; ch.-l. Versailles ; 6 arr. Versailles, Corbeil, Étampes, Mantes, Pontoise, Rambouillet ; pop. 580 180 h.

SEINE-INFÉRIEURE (dép. de la), formé d'une partie de la Normandie ; ch.-l. Rouen ; 5 arr. Rouen, Dieppe, le Havre, Neufchâtel, Yvetot ; pop. 793 022 h.

SEINE-L'ABBAYE (SAINT-), ch.-l. de c. de la Côte-d'Or, arr. de Dijon ; 665 h. Anc. abbaye de bénédictins.

SEIZE (LES), comité directeur de la Ligue, à Paris (fin du XVIᵉ s.), composé de membres pris dans les seize quartiers de la ville.

SÉJAN (Ælius), chevalier romain, favori de Tibère, aspira à l'empire, mais prévenu par son maître, il fut mis à mort par le préfet du prétoire Macron (31 ap. J.-C.).

SEL (LE), ch.-l. de c. d'Ille-et-Vilaine, arr. de Redon ; 728 h.

SELDJOUCIDES (LES), dynastie turque, conquit l'Asie occidentale au XIᵉ s. et fonda plusieurs principautés en Syrie, etc. ; elle disparut devant les Turcs ottomans.

SÉLEUCIDES (LES), dynastie macédonienne, fondée par Séleucus Nicator (312 av. J.-C.), régna sur la Syrie et la plus grande partie de l'Asie occid. et finit en 64.

SÉLEUCIE, v. de l'anc. Babylonie, sur le Tigre, cap. des Séleucides, puis des Parthes.

SÉLEUCUS Iᵉʳ Nicator (le vainqueur), lieutenant d'Alexandre le Grand (358-280 av. J.-C.), fonda le royaume des Séleucides.

SÉLIM, nom de trois sultans ottomans : le 1ᵉʳ conquit la Syrie et l'Égypte (1517) ; le 2ᵉ perdit la bataille de Lépante (1571) ; le 3ᵉ fit alliance avec Napoléon Iᵉʳ contre les Anglais et périt assassiné (1808).

SÉLINONTE, anc. v. de Sicile, sur la côte sud.

SELLASIE, v. de l'anc. Laconie. Le roi de Sparte Cléomène y fut battu par Antigone Doson, roi de Macédoine (221 av. J.-C.).

SELLES-SUR-CHER, ch.-l. de c. de Loir-et-Cher, arr. de Romorantin ; 4659 h.

SELLIÈRES, ch.-l. de c. du Jura, arr. de Lons-le-Saulnier ; 1778 h.

SELOMMES, ch.-l. de c. de Loir-et-Cher, arr. de Vendôme ; 796 h.

SELONGEY, ch.-l. de c. de la Côte-d'Or, arr. de Dijon ; 1433 h.

SELTZ, anc. ch.-l. de c. du Bas-Rhin, arr. de Wissembourg ; 1934 h. ; cédé à la Prusse en 1871.

SELTZ, vge de Prusse, à 40 k. de Mayence, sur l'Ems. Eaux minérales gazeuses.

SEM, fils de Noé, fut le père des peuples qui peuplèrent l'Asie.

SÉMÉLÉ, fille de Cadmus, aimée de Jupiter, fut la mère de Bacchus.

SEMENDRIA, v. de la principauté de Serbie, sur le Danube et la Morava ; 10 000 h.

SÉMIRAMIS, reine d'Assyrie (XXᵉ s. av. J.-C.), épouse de Ninus, lui succéda, embellit Babylone, et eut pour successeur son fils Ninyas.

SÉMITES, descendants de Sem ; ce sont les Assyriens, les Chaldéens, les Phéniciens et les Hébreux.

SEMPACH, vge de Suisse, dans le canton et sur le lac de Lucerne, où les Suisses battirent le duc d'Autriche Léopold (1386) et où Arnold de Winkelried se dévoua.

SEMPRONIUS, célèbre famille romaine, à laquelle appartenaient les Gracques.

SEMUR, ch.-l. d'arr. de la Côte-d'Or, à 71 k. de Dijon ; 3815 h. Anc. cap. de l'Auxois.

SEMUR-EN-BRIONNAIS, ch.-l. de c. de Saône-et-Loire, arr. de Charolles ; 1508 h.

SENANCOUR (DE), littérateur français (1770-1846), auteur d'*Obermann*.

SÉNART (FORÊT DE), à 3 k. N. de Corbeil, dans le dép. de Seine-et-Oise.

SENEF ou **SENEFFE**, v. de Belgique, dans le Hainaut ; 5000 h. ‖ Victoire de Condé sur le prince Guillaume d'Orange (1674), et de Marceau sur les Autrichiens (1794).

SENEFELDER, né à Prague (1771-1834), inventeur de la lithographie, vers 1796.

SÉNÉGAL, fl. d'Afrique, sépare les Maures nomades de la Sénégambie, et se perd dans l'Atlantique, au-dessous de Saint-Louis ; 1600 k. ‖ Gouvernement du Sénégal, colonie française de la Sénégambie ; pop. soumise 250 000 h. ; pop. protégée 1 000 000 ; cap. Saint-Louis.

SÉNÉGAMBIE, région de l'Afrique, arrosée par le Sénégal et la Gambie, peuplée de Maures, de Foulahs, et des tribus nègres des Mandingues et des Yolofs. Établissements européens (français, anglais, portugais).

SÉNÈQUE, philosophe, né à Cordoue (2-65 ap. J.-C.), accompagna son père qui s'établit à Rome comme rhéteur. Exilé par Claude, il fut rappelé par Agrippine et chargé de l'éducation de Néron. Après avoir excusé les crimes de son élève, il fut menacé à son tour et s'ouvrit les veines. On a de lui des traités de philosophie morale. Quelques-uns lui attribuent aussi des tragédies.

SENEZ, ch.-l. de c. des Basses-Alpes, arr. de Castellane ; 675 h.

SENLIS, ch.-l. d'arr. de l'Oise, à 52 k. de Beauvais ; 6092 h.

SENNAAR, plaine sur les bords du Tigre et de l'Euphrate. ‖ V. de Nubie, sur le Nil Bleu ; 10 000 h.

SENNACHÉRIB, roi d'Assyrie, força Ézéchias, roi de Juda, à lui payer tribut ; mais son armée périt devant Jérusalem, et il fut assassiné à son retour (711 av. J.-C.).

SENNE, riv. de Belgique, passe à Bruxelles et se jette dans la Dyle ; 125 k.

SENNECEY-LE-GRAND, ch.-l. de c. de Saône-et-Loire, arr. de Chalon-sur-Saône ; 1709 h.

SÉNONAIS (LE), petit pays de l'anc. France ; ch.-l. Sens ; v. pr. Montereau, Tonnerre. ‖ LES SÉNONAIS, tribu gauloise, qui occupait le pays correspondant aux dép. de l'Yonne, Seine-et-Marne, Marne, et partie de la Côte-d'Or. Ils s'établirent en Italie, au S. du Pô, le long de l'Adriatique ; plus tard (390 av. J.-C.), ils battirent les Romains près de l'Allia et prirent Rome.

SENONCHES, ch.-l. de c. d'Eure-et-Loir, arr. de Dreux ; 1946 h.

SENONES, ch.-l. de c. des Vosges, arr. de Saint-Dié ; 2757 h.

SENS, ch.-l. d'arr. de l'Yonne, sur l'Yonne, à 57 k. d'Auxerre ; 11 514 h. Archevêché.

SEPT ANS (GUERRE DE) guerre de la Succession d'Autriche (1741-1748). ‖ Guerre de la France contre l'Angleterre, et en même temps de Frédéric II, roi de Prusse, contre l'Autriche, soutenue par la France, la Russie et la Suède (1756-1763). La France vit ses colonies ruinées, et la Prusse conserva la Silésie qu'elle avait acquise pendant la guerre de la Succession d'Autriche.

SEPTANTE (Version des), traduction grecque de la Bible, faite par 72 Juifs, d'après les ordres de Ptolémée Philadelphe.

SEPTEMBRE (JOURNÉES DE), journées du 2 au 5 septembre 1792, signalées par le *massacre des prisons*, à Paris.

SEPTENNAT, titre du pouvoir accordé pour sept ans au maréchal de Mac-Mahon, président de la république française, le 20 novembre 1873.

SEPTIMANIE, territoire qui borde le golfe du Lion, et qui forma une marche sous Charlemagne, et un duché sous Louis le Débonnaire. Il correspondait aux dép. des Pyrénées-Orientales, de l'Aude, de l'Hérault et du Gard.

SÉQUANAIS ou **SÉQUANES** (LES), tribu gauloise, qui habitait le pays correspondant à la Franche-Comté et à la Bourgogne. ‖ GRANDE SÉQUANAISE, prov. de la Gaule romaine, qui comprenait la Franche-Comté et la plus grande partie de la Suisse.

SERAING, v. de Belgique (prov. de Liége) ; 10 000 h. Forges et fonderies.

SERAMPOUR, v. de l'Hindoustan (présidence de Calcutta), sur l'Hougly ; 16 000 h.

SÉRAPIS, dieu de l'anc. Égypte, dont le culte se répandit en Grèce et en Italie.

SÉRASKIER, titre du pacha commandant les forces militaires de l'empire turc.

SERBES (LES), peuple slave, venu des Carpathes, établi sur le Danube (630 ap. J.-C.).

SERBIE ou **SERVIE**, principauté vassale de la Porte, sur la rive droite du Danube ; cap. Belgrade ; pop. 1 306 000 h. Depuis 1868, prince régnant : Milan Obrenovitch.

SÉRES (LES), nom donné dans l'antiquité aux peuples de l'extrême Orient.

SERGINES, ch.-l. de c. de l'Yonne, arr. de Sens ; 1237 h.

SERINGAPATAM, v. de l'Hindoustan, dans la présidence de Madras ; 40 000 h. ; anc. cap. du royaume de Mysore.

SERIPHOS, l'une des Cyclades, auj. Serfanto ; 1100 h.

SERMANO, ch.-l. de c. de la Corse, arr. de Corte ; 263 h.

SERNIN (SAINT-), ch.-l. de c. de l'Aveyron, arr. de Saint-Affrique ; 1876 h.

SERPENTS (ILE DES), îlot de la mer Noire, en face du Danube.

SERRA-DI-SCOPAMENE, ch.-l. de c. de la Corse, arr. de Sartène ; 860 h.

SERRAGGIO, ch.-l. de c. de la Corse, arr. de Corte ; 1126 h.

SERRANO, duc de la Torre, général espagnol, né en 1810, fut l'un des chefs de la révolution qui renversa Isabelle II du trône d'Espagne en 1868 ; il gouverna avec le titre de Régent jusqu'à l'avénement d'Amédée Ier (1870), et après l'abdication de ce prince (1873) fut président du Conseil, titre qu'il a perdu à la restauration des Bourbons, dans la personne d'Alphonse XII (1874).

SERRE (comte DE), homme d'État et orateur politique français, fut président de la Chambre des députés en 1817, garde des sceaux dans le ministère Decazes (1818).

SERRES, ch.-l. de c. des Hautes-Alpes, arr. de Gap ; 1143 h.

SERRES (OLIVIER DE), agronome français (1539-1619), s'occupa de l'agriculture et de la culture du mûrier ; son princ. ouvrage est *le Théâtre d'agriculture et ménage des champs*.

SERRIÈRES, ch.-l. de c. de l'Ardèche, arr. de Tournon ; 1574 h.

SERTORIUS (QUINTUS), général romain, partisan de Marius, se retira en Espagne, lors du triomphe de Sylla, battit les généraux envoyés contre lui, et fut assassiné par son lieutenant Perpenna (121-72 av. J.-C.).

SERURIER (comte), maréchal de France (1742-1819).

SERVAN (SAINT-), ch.-l. de c. d'Ille-et-Vilaine, arr. de Saint-Malo ; 12 565 h. Port militaire et marchand.

SERVANDONI, peintre et architecte, né à Florence (1695-1766), construisit le portail de l'église Saint-Sulpice, à Paris.

SERVERETTE, ch.-l. de c. de la Lozère, arr. de Marvejols ; 890 h.

SERVET (MICHEL), né en Aragon (1509-1553), vint étudier en France, et attaqua le christianisme ; obligé de fuir, il fut arrêté à Genève, dénoncé et poursuivi par Calvin, et condamné à être brûlé vif.

SERVIAN, ch.-l. de c. de l'Hérault, arr. de Béziers ; 2395 h.

SERVIEN, diplomate français (1593-1659), fut employé dans des négociations importantes par Richelieu, par Mazarin, et prépara avec d'Avaux la paix de Westphalie.

SERVILIE, sœur de Caton d'Utique, épousa Junius Brutus, et en eut Marcus Brutus.

SERVIUS TULLIUS, 6e roi de Rome (578-534 av. J.-C.), gendre et successeur de Tarquin l'Ancien, donna au peuple romain une constitution nouvelle ; il fut tué par l'aîné des petits-fils de Tarquin l'Ancien, qui avait épousé sa fille Tullia.

SÉSAC, roi d'Égypte, battit Roboam et pilla Jérusalem (Xe s. av. J.-C.).

SESIA, riv. d'Italie, sort du mont Rose, passe à Verceil, et se jette dans le Pô; 170 k.

SÉSOSTRIS, roi de l'anc. Égypte, fils d'Aménophis, poussa ses conquêtes jusqu'à l'Indus, d'après les historiens grecs (XVIIe s. av. J.-C.). On croit qu'il est le même que Rhamsés II.

SESTOS, v. de l'anc. Thrace, en face d'Abydos, sur l'Hellespont.

SETH, fils d'Adam et d'Eve, fut le père des Enfants de Dieu.

SÉTHOS Ier, roi d'Égypte, du XVe ou du XVIe s. av. J.-C., fit des expéditions contre les Assyriens, les Arabes, etc. Il fut le père de Rhamsés le Grand. || Prêtre égyptien, s'empara du trône (713 av. J.-C.) et repoussa une attaque de Sennachérib.

SÉTIF, v. d'Algérie, de la prov. de Constantine, ch.-l. de subdivision militaire et d'arrondissement; 9557 h.

SEURRE, ch.-l. de c. de la Côte-d'Or, arr. de Beaune; 2590 h.

SEVER (SAINT-), ch.-l. d'arr. des Landes, à 18 k. de Mont-de-Marsan, sur l'Adour; 4793 h.

SEVER (SAINT-), ch.-l. de c. du Calvados, arr. de Vire; 1526 h.

SÉVÉRAC-LE-CHÂTEAU, ch.-l. de c. de l'Aveyron, arr. de Millau; 2797 h.

SÉVÈRE Ier (SEPTIME), empereur romain, succéda à Didius Julianus (193-211 av. J.-C.), combattit les Parthes, prit Babylone, Séleucie, Ctésiphon, soumit les Calédoniens. Il eut de Julia Domna deux fils, Caracalla et Géta. || ALEXANDRE SÉVÈRE, voy. ALEXANDRE. || SÉVÈRE II, nommé César par Galère (305 ap. J.-C.), devint Auguste à la mort de Constance; repoussé de Rome, il se tua.

SÉVÈRE (SAINTE-), ch.-l. de c. de l'Indre, arr. de La Châtre; 1082 h.

SEVERN (LA), fl. d'Angleterre, se perd dans le canal de Bristol; 350 k.

SÉVIGNÉ (MARIE DE RABUTIN-CHANTAL, marquise DE), née à Paris (1626-1696), maria sa fille au comte de Grignan (1669), qui fut nommé lieutenant général au gouvernement de Provence. Cette séparation fut l'origine des *Lettres* qui ont fait la gloire de Mme de Sévigné.

SÉVILLE, v. d'Espagne, anc. cap. de l'Andalousie, sur le Guadalquivir, à 388 k. de Madrid; 82000 h.

SÈVRE NANTAISE, riv. de France, prend sa source au plateau de Gâtine, et se jette dans la Loire à Nantes; 134 k.

SÈVRE NIORTAISE, petit fl. de France, descend des monts du Poitou, passe à Niort et finit dans la baie d'Aiguillon; 132 k.

SÈVRES, ch.-l. de c. de Seine-et-Oise, arr. de Versailles, sur la Seine; 7098 h. Manufacture de porcelaine fondée en 1760.

SEXTUS EMPIRICUS, médecin et philosophe grec (IIIe s.), a exposé les principes du scepticisme dans ses ouvrages.

SEYCHELLES ou **SÉCHELLES**, îles anglaises de l'océan Indien, au N.-E. de Madagascar; pop. 8000 h.

SEYCHES, ch.-l. de c. de Lot-et-Garonne, arr. de Marmande; 1378 h.

SEYMOUR (JEANNE), 3e femme de Henri VIII d'Angleterre (1536), mère d'Édouard VI. Son frère, ÉDOUARD SEYMOUR, duc de Somerset, fut nommé Protecteur à l'avènement de son neveu, Édouard VI (1547), puis décapité, comme coupable de félonie (1552).

SEYNE, ch.-l. de c. des Basses-Alpes, arr. de Digne; 2312 h.

SEYNE (LA), ch.-l. de c. du Var, arr. et à 8 k. de Toulon, sur la rade intérieure; 10123 h. Chantiers de construction.

SEYSSEL, ch.-l. de c. de l'Ain, arr. de Belley, sur le Rhône; 1184 h. Asphalte.

SEYSSEL, ch.-l. de c. de la Haute-Savoie, arr. de Saint-Julien; 1553 h.

SÉZANNE, ch.-l. de c. de la Marne, arr. d'Épernay; 4197 h.

SÈZE (comte DE), magistrat français (1748-1828), défendit Louis XVI devant la Convention (26 déc. 1792).

SFORZA (FRANÇOIS-ALEXANDRE), chef de condottieri italiens, s'empara de toutes les villes de la Lombardie, et força Milan à l'accepter comme prince (1450). Son fils et son petit-fils lui succédèrent, avec le titre de ducs de Milan. Mais LUDOVIC SFORZA *le More*, 4e fils de François Sforza, détrôna son neveu Jean Galéas (1494); ses États furent envahis par les Français, et il mourut prisonnier en France (1508). Ses deux fils régnèrent après lui; le second fut dépouillé d'une partie de ses États par Charles-Quint.

'S GRAVENHAGE, La Haye en hollandais.

'S GRAVESANDE, physicien et philosophe hollandais (1688-1742).

SHAKSPEARE ou **SHAKESPEARE (WILLIAM)**, le plus grand poète de l'Angleterre, et l'un des plus grands poètes dramatiques (1564-1616), fut acteur, puis propriétaire de théâtres. On a de lui 36 pièces, dont les plus célèbres sont : *Roméo et Juliette, Hamlet, Macbeth, Othello*.

SHANG-HAÏ, v. de Chine, à l'embouchure de l'Yang-tsé-kiang, principal centre de commerce de la Chine avec l'Europe.

SHANNON, fl. d'Irlande, se jette dans l'Atlantique; 350 k.

SHEFFIELD, v. du comté d'York (Angleterre); 240000 h. Quincaillerie, coutellerie.

SHERIDAN (RICHARD), auteur dramatique anglais (1755-1816), dont le chef-d'œuvre est *l'École du scandale;* orateur distingué de la Chambre des communes, il fut l'un des défenseurs de la Révolution française.

SHÉRIF, *sm.* Premier juge d'un comté, en Angleterre.

SHETLAND (LES), îles écossaises de l'océan Atlantique, dont la principale est Maitland; pop. 32000 h. || NOUVELLE-SHETLAND, archipel de l'océan Atlantique austral, au S.-E. de la Terre de Feu.

SIAM, v. du royaume de Siam, sur le Méinam; 40000 h. || Royaume de l'Indo-Chine, entre le Cambodge et l'Annam d'une part, la Birmanie et l'Indo-Chine anglaise de l'autre; pop. 6000000 h.; cap. Bangkok.

SIAM (GOLFE DE), golfe du Grand Océan, entre les presqu'îles de Cambodge et de Malacca.

SIBÉRIE, vaste région de l'Asie septentrionale, qui s'étend de la mer Caspienne au détroit de Behring, et qui appartient aux Russes; cap. Tobolsk; pop. 4000000 h.

SIBÉRIE (NOUVELLE-), voy. LIAKHOV.

SIBYLLE, *sf.* Prophétesse chez les Grecs et les Romains.

SIBYLLINS (LIVRES), recueil d'oracles dont on faisait remonter l'origine à Tarquin le Superbe, et que l'on consultait dans les circonstances graves, à Rome.

SICAMBRES (LES), tribu germanique, qui entra dans la confédération des Francs, à la fin du III° s. ap. J.-C.

SICANES ou **SICULES** (LES), peuplade ibère, qui passa d'Espagne en Sicile.

SICARD (abbé), instituteur des sourds-muets (1742-1822), remplaça l'abbé de l'Épée comme directeur de l'Institution des sourds-muets, à Paris (1789).

SICHÉE, mari de Didon.

SICHEM, v. de Palestine (tribu d'Éphraïm).

SICILE, grande île de la Méditerranée, séparée de l'Italie par le détroit de Messine ; cap. Palerme ; v. pr. Catane, Messine ; pop. 2 320 000 h. Elle fait partie du royaume d'Italie depuis 1860.

SICYONE, v. anc. du Péloponnèse, au N.-E. Patrie d'Aratus.

SIDI-FERRUCH, baie à 26 k. S.-O. d'Alger, où les Français débarquèrent en 1830.

SIDNEY (sir PHILIP), littérateur anglais (1554-1586), connu par son poème pastoral l'*Arcadie*. ‖ ALGERNON SIDNEY, républicain anglais, impliqué dans un complot contre Charles II Stuart, et décapité en 1683.

SIDOINE APOLLINAIRE, poète latin, né à Lyon (430-488), gendre de l'empereur Avitus, fut nommé préfet de Rome, puis élu par le peuple évêque de Clermont.

SIDON, auj. Saïda, anc. v. de la côte de Phénicie, au N. de Tyr.

SIDRE (golfe de la), anc. Syrte, golfe de la Méditerranée, sur la côte de Tripoli.

SIEGEN (LOUIS DE), d'Utrecht, inventeur de la gravure à la manière noire (1609-1680).

SIENNE, v. d'Italie, dans l'anc. grand-duché de Toscane ; 26 000 h. Elle fut, au moyen âge, une république rivale de Pise.

SIERCK, anc. ch.-l. de c. de la Moselle, arr. de Thionville ; 2388 h. ; cédé à la Prusse en 1871.

SIERRA, c.-à-d. *scie*, mot espagnol qui désigne une chaîne de montagnes.

SIEYÈS (abbé), homme politique français (1748-1836), auteur du pamphlet *Qu'est-ce que le Tiers-État ?* Il joua un rôle important dans l'Assemblée constituante de 1789, s'effaça dans la Convention, remplaça Rewbell dans le Directoire, et coopéra au coup d'État du 18 Brumaire. Il fut l'auteur de la constitution de l'an VIII que Bonaparte modifia au profit de sa dictature.

SIGALON, peintre français (1788-1837), connu surtout par sa copie du *Jugement dernier* de Michel-Ange.

SIGEAN, ch.-l. de c. de l'Aude, arr. de Narbonne ; 3478 h.

SIGEBERT Iᵉʳ, roi d'Austrasie, 3° fils de Clotaire Iᵉʳ (535-575), épousa Brunehaut. Il fit la guerre à son frère Chilpéric, et il allait triompher lorsqu'il fut assassiné par des émissaires de Frédégonde. ‖ SIGEBERT II succéda à son père Dagobert (638-656), roi d'Austrasie, et régna sous la tutelle de Pepin de Landen, puis de Grimoald.

SIGÉE (CAP), cap de l'anc. Asie Mineure, dans la Troade, à l'entrée de l'Hellespont.

SIGISMOND, empereur d'Allemagne, fut d'abord roi de Hongrie ; il fut battu par le sultan Bajazet à Nicopolis (1396). Son frère Wenceslas ayant été déposé, il fut proclamé empereur (1411-1437), fit décider la réunion du concile de Constance, et livra Jean Huss à la justice religieuse.

SIGISMOND Iᵉʳ *le Grand*, roi de Pologne (1506-1548), soumit la Moldo-Valachie, donna à Albert de Brandebourg, grand-maître de l'Ordre teutonique, le titre de duc héréditaire de Prusse. ‖ Son fils, AUGUSTE-SIGISMOND II, le dernier des Jagellons, réunit la Lithuanie à la Pologne (1569). ‖ SIGISMOND III WASA, roi de Pologne et de Suède (1568-1632), souleva contre lui les Suédois, qui prirent pour roi son oncle Charles IX (1604), puis lutta contre Gustave-Adolphe.

SIGMARINGEN, v. de Prusse, sur le Danube, 1800 h. Cap. de l'anc. principauté de Hohenzollern-Sigmaringen.

SIGNY-L'ABBAYE, ch.-l. de c. des Ardennes, arr. de Mézières ; 2818 h.

SIGNY-LE-PETIT, ch.-l. de c. des Ardennes, arr. de Rocroi ; 2653 h.

SIGOULÈS, ch.-l. de c. de la Dordogne, arr. de Bergerac ; 725 h.

SIGOVÈSE, chef gaulois, frère de Bellovèse, quitta la Gaule et se dirigea vers la forêt Hercynienne (VI° s. av. J.-C.).

SIKOKF, une des îles du Japon.

SILANUS (MARCUS JUNIUS), consul romain, fut vaincu par les Cimbres dans la Gaule Narbonnaise (109 av. J.-C.).

SILÈNE, fils de Mercure ou de Pan, fut le père nourricier de Bacchus.

SILÉSIE, prov. de Prusse, limitrophe de l'Autriche et de la Bohême ; pop. 3 886 000 h. ; cap. Breslau. Elle fut conquise sur Marie-Thérèse par Frédéric II, en 1741.

SILÉSIE AUTRICHIENNE, prov. de l'empire d'Autriche, entre la Silésie prussienne, la Hongrie et la Moravie ; pop. 513 000 h. ; cap. Troppau.

SILHOUETTE (ÉTIENNE DE), financier français (1709-1767), contrôleur général des finances (1759), se livra à des opérations qui échouèrent et le rendirent odieux.

SILISTRIE, v. de la Turquie d'Europe, sur le bas Danube ; 20 000 h. Elle fut vainement assiégée par les Russes en 1854.

SILIUS ITALICUS, poète latin (25-100 ap. J.-C.), fut consul, et obtint le gouvernement de l'Asie sous les Flaviens ; il a composé un poème épique : *la Guerre punique*.

SILLÉ-LE-GUILLAUME, ch.-l. de c. de la Sarthe, arr. du Mans ; 3531 h.

SILLERY, vge de l'arr. de Reims (Marne), célèbre par ses vins mousseux.

SILO, v. de Palestine, dans la tribu d'Éphraïm. Josué y plaça l'arche d'alliance.

SILOÉ, fontaine au pied de la colline de Sion (Palestine).

SILVESTRE ou **SYLVESTRE Iᵉʳ**, pape, convoqua le concile de Nicée (325). ‖ SILVESTRE II ou GERBERT, pape (999-1003), né à Aurillac, le plus savant homme de son siècle, s'efforça de tourner les forces de la chrétienté contre les Musulmans.

SILVESTRE (ISAAC), dessinateur et graveur français (1621-1691).

SIMANCAS, v. d'Espagne, à 12 k. de Valladolid ; 1200 h. Dans le château sont conservées les archives d'Espagne.

SIMÉON, 2° fils de Jacob et de Lia, donna son nom à une tribu des Juifs.

SIMÉON (comte), homme politique français (1749-1842).

SIMÉON STYLITE (saint), anachorète, originaire de Cilicie, établit sa demeure sur le haut d'une colonne (390-460).

SIMFÉROPOL, v. de Russie, dans la Crimée, cap. de la Tauride ; 8000 h.

SIMIANE (marquise de), fille du comte de Grignan et de Mlle de Sévigné (1674-1737), publia les *Lettres* de Mme de Sévigné.

SIMOÏS, petit fl. de la Troade.

SIMON (saint), l'un des apôtres.

SIMON *le Magicien*, sectaire juif, voulut opérer des miracles et corrompre à prix d'argent les apôtres Pierre et Jean.

SIMON (Jules), professeur et philosophe français, né en 1814, fut membre du Gouvernement de la défense nationale au 4 sept. et ministre de l'Instruction publique (du 5 sept. 1870 au 24 mai 1873) ; il a été nommé membre de l'Académie française en 1875.

SIMON (SAINT-), ch.-l. de c. de l'Aisne, arr. de Saint-Quentin ; 651 h.

SIMONIDE de Céos, poète lyrique grec (556-467 av. J.-C.).

SIMPLON (LE), montagne des Alpes centrales, entre le Valais et le Piémont (3518m), traversée par la route de Genève à Milan.

SINAÏ (LE), montagne d'Arabie, entre les golfes de Suez et d'Akabah, sur laquelle Moïse reçut de Dieu les tables de la loi.

SIND, anc. Indus, fleuve de l'Hindoustan, prend sa source sur le plateau du Thibet, traverse l'Himalaya, arrose le Pendjab, et se jette dans la mer d'Oman ; 2800 k.

SINDYAH, État de l'Hindoustan, sous la protection des Anglais ; cap. Goualior.

SINGAPOUR, v. de l'Indo-Chine anglaise, dans l'île de même nom, près de la pointe S. de la presqu'île de Malacca ; 85000 h.

SINIGAGLIA, v. d'Italie (prov. d'Ancône), sur l'Adriatique ; 10000 h.

SINNAMARY, petit fl. de la Guyane française, sur les bords duquel on déporta les proscrits de Fructidor (1797).

SINOPE, v. d'Asie Mineure, dans l'anc. Paphlagonie, sur le Pont-Euxin ; 5000 h. Elle fut bombardée par les Russes en 1853.

SIOLKI (MONTS), en Chine, portion de la grande chaîne qui traverse l'Asie, du cap Oriental au cap Romania, comprise entre les monts Stanovoï et les monts tu-chan.

SION, montagne de Jérusalem.

SION, v. de Suisse, cap. du Valais, sur le Rhône ; 4000 h. Évêché catholique.

SIOUX (LES), tribu indépendante de l'Amérique du Nord, dans l'État d'Iowa.

SIR-DARIA ou **SIHOUN**, anc. Iaxarte.

SIRÈNES, êtres fabuleux, moitié femmes, moitié poissons, qui, par la douceur de leur chant, attiraient les voyageurs sur les écueils de la mer de Sicile.

SIREY (J.-B.), jurisconsulte français (1762-1845).

SIRIUS, constellation du Chien.

SIRMIUM, v. de l'anc. Pannonie, sur la Save, station principale de la flottille romaine, fut détruite par les Avares au VIe s.

SISARA, général du roi d'Azor Jabin, fut tué dans son sommeil par Jahel.

SISMONDI (SIMONDE DE), historien et économiste d'origine italienne (1773-1842), auteur d'une *Histoire des républiques italiennes*, d'une *Histoire des Français*, etc.

SISSONNE, ch.-l. de c. de l'Aisne, arr. de Laon ; 1830 h.

SISTERON ch.-l. d'arr. des Basses-Alpes, à 40 k. de Digne, sur la Durance ; 4575 h.

SISYGAMBIS, mère de Darius Codoman.

SISYPHE, fils d'Éole, fut condamné à rouler un rocher jusqu'au sommet d'une montagne, d'où il retombait aussitôt.

SITHONIE, presqu'île centrale de la Chalcidique, entre Pallène et Acté.

SIVA, le dernier des dieux de la trinité indienne, celui qui détruit pour créer.

SIXTE Ier (saint), pape (119-127), fut martyrisé sous Adrien. || SIXTE II (saint), pape (257-258), martyrisé sous Valérien. || SIXTE III (saint), pape (432-440). || SIXTE IV (DELLA ROVERE), pape (1471-1484), poursuivit les Médicis, construisit au Vatican la chapelle Sixtine. || SIXTE-QUINT, pape (1585-1590), protégea les lettres et les arts, embellit Rome.

SIZUN, ch.-l. de c. du Finistère, arr. de Morlaix ; 3716 h.

SKAGER-RACK, bras de mer entre la Norvège et le Jutland danois, qui fait communiquer la mer du Nord avec le Cattégat et la mer Baltique.

SLAVES (LES), peuple de race indo-européenne, qui compte cent millions d'individus, dont 70 en Russie, le reste disséminé en Autriche, en Prusse et en Turquie.

SLAVONIE, voy. ESCLAVONIE.

SLESVIG ou **SCHLESWIG**, prov. de Prusse, enlevée au Danemark avec le Holstein (1864) ; pop. 830000 h. ; cap. Slesvig.

SMERDIS, fils de Cyrus, fut tué par ordre de son frère Cambyse. Un mage, après la mort de Cambyse, prit le nom de Smerdis et régna (522 av. J.-C.) ; mais son imposture ayant été découverte, il fut tué par sept seigneurs, et remplacé par Darius, fils d'Hystaspe (521).

SMITH (ADAM), économiste écossais (1723-1790), dont les *Recherches sur la nature et les causes de la richesse des nations* posèrent les bases de la science économique.

SMITH (JOSEPH), fondateur de la secte des Mormons, aux États-Unis (1805-1844).

SMITH (SIDNEY-), amiral anglais (1764-1840), dirigea la défense de Saint-Jean d'Acre contre Bonaparte en 1799, et imposa à Menou la convention d'Alexandrie (1801).

SMOLENSK, v. forte de Russie, sur le Dnieper ; 10000 h.

SMYRNE, grande ville de commerce de la Turquie d'Asie, sur le golfe du même nom ; 130000 h. Commerce de tapis.

SNYDERS, peintre flamand (1579-1657).

SOBIESKI (JEAN), général du roi de Pologne Michel Koributh, battit les Turcs et s'empara de la Moldavie et de la Valachie. Élu roi sous le nom de Jean III (1674), il sauva Vienne menacée par les Turcs (1683) ; mais ses dernières années furent affligées par des complots contre sa vie et par l'anarchie (1624-1696).

SOBRARBE, anc. comté d'Espagne, qui fut le noyau du royaume d'Aragon.

SOCCIA, ch.-l. de c. de la Corse, arr. d'Ajaccio ; 788 h.

SOCIALE (GUERRE), lutte que les Italiens, auxquels on refusait le droit de cité, entreprirent contre Rome (90-87 av. J.-C.).

SOCIÉTÉ (ILES DE LA), voy. TAÏTI.

SOCIN, nom de deux hérésiarques italiens du XVIe s., fondateurs de la secte des Sociniens ou Antitrinitaires, qui niaient la plupart des dogmes du christianisme.

SOCOTORA, île de la mer des Indes, qui appartient à l'iman de Mascate ; 6000 h.

SOCRATE, philosophe athénien, combattit les sophistes et condamna les excès de la démocratie; accusé de corrompre la jeunesse et de détruire la religion, il fut condamné à boire la ciguë (469-400 av. J.-C.).

SODOME, v. de l'anc. Palestine, sur la mer Morte, fut détruite par le feu du ciel.

SOEMMERING, chaîne de montagnes de l'empire d'Autriche, entre l'archiduché d'Autriche et le comté de Styrie.

SOEURS GRISES, religieuses instituées par saint Vincent de Paul et Louise de Marillac (1635) pour soigner les malades et pour instruire les enfants.

SOFALA (Côte de), nom de la côte d'Afrique au S. de l'embouchure du Zambèze, appartenant aux Portugais.

SOGDIANE, anc. pays de la haute Asie, correspondant auj. au khanat de Bokkara et au Turkestan russe, et possédé en partie par la Russie; cap. Samarcande.

SOGDIEN, roi de Perse (425 av. J.-C.), 2e fils d'Artaxerxès 1er, tua son frère aîné Xerxès II, et fut lui-même mis à mort par son frère Ochus ou Darius II Nothus.

SOISSONNAIS, petit pays de l'Ile-de-France; auj. partie de l'Aisne; ch.-l. Soissons.

SOISSONS, ch.-l. d'arr. de l'Aisne, à 32 k. de Laon, sur l'Aisne; 10 404 h. Évêché.

SOISSONS (comte de), fils de Thomas de Savoie, prince de Carignan, et de Marie de Bourbon, héritière du comté de Soissons (1635-1673), épousa Olympe Mancini, nièce de Mazarin (1657), qui, compromise dans le procès de l'empoisonneuse la Voisin, s'enfuit de France et mourut à Bruxelles (1708). L'un de ses fils fut le prince Eugène.

SOLESMES, ch.-l. de c. du Nord, arr. de Cambrai; 6202 h. Fabriques de toile.

SOLESMES, vge de l'arr. de la Flèche (Sarthe). Abbaye célèbre.

SOLEURE, l'un des cantons de la Suisse; pop. 75 000 h.; cap. Soleure, sur l'Aar; 6000 h. Évêché catholique.

SOLFATARE, cratère de volcan éteint près de Pouzzoles (Italie).

SOLFÉRINO, bourg d'Italie, près de la rive droite du Mincio et du lac de Garde, où l'armée franco-italienne remporta une victoire sur les Autrichiens (24 juin 1859).

SOLIGNAC-SUR-LOIRE, ch.-l. de c. de la Haute-Loire, arr. du Puy; 1185 h.

SOLIMAN II *le Grand*, sultan ottoman, succéda à son père Sélim 1er (1520-1566), acheva la soumission de la Syrie et de l'Égypte, conquit l'île de Rhodes, envahit la Hongrie, échoua devant Vienne; se tourna contre la Perse et s'empara de l'Yémen. Il s'unit à François 1er contre Charles-Quint.

SOLIS (Juan Diaz de), navigateur espagnol, reconnut les côtes du Brésil, en 1515.

SOLIS (Antonio de), historien espagnol (1610-1686), historiographe des Indes, a publié l'*Histoire de la conquête du Mexique*.

SOLLIÈS-PONT, ch.-l. de c. du Var, arr. de Toulon; 2692 h.

SOLOGNE, pays de l'anc. France, marécageux, insalubre, dans l'Orléanais; ch.-l. Romorantin. Elle est auj. répartie dans les dép. du Loiret, du Cher et de Loir-et-Cher.

SOLON, législateur d'Athènes et l'un des sept sages de la Grèce (638-558 av. J.-C.).

SOLRE-LE-CHÂTEAU, ch.-l. de c. du Nord, arr. d'Avesnes; 2821 h.

SOLYME, nom poétique de Jérusalem.

SOMAIZE, littérateur français, né vers 1630, publia plusieurs ouvrages pour défendre les Précieuses, entre autres le *Grand Dictionnaire des Précieuses*.

SOMBERNON, ch.-l. de c. de la Côte-d'Or, arr. de Dijon; 855 h.

SOMBREUIL (marquis de), ancien gouverneur des Invalides, comparut devant le tribunal de Maillard, à la prison de l'Abbaye, et fut sauvé par le dévouement de sa fille (3 sept. 1792).

SOMERSET, comté du S. de l'Angleterre; pop. 445 000 h.; ch.-l. Bath.

SOMMA, v. de la Terre de Labour (Italie), au pied du Vésuve; 7000 h.

SOMME, riv. de France, prend sa source dans le dép. de l'Aisne, passe à Saint-Quentin, Péronne, Amiens, Abbeville, et se jette dans la baie de la Somme; 220 k.

SOMME (dép. de la), formé d'une partie de la Picardie; ch.-l. Amiens; 5 arr. Amiens, Abbeville, Doullens, Montdidier, Péronne; pop. 557 015 h.

SOMMIÈRES, ch.-l. de c. du Gard, arr. de Nîmes; 4000 h.

SOMO-SIERRA, chaîne de montagnes de l'Espagne, dans la Vieille-Castille. || Défilé de Somo-Sierra, célèbre par la victoire des Français sur les Espagnols, en 1808.

SOMPUIS, ch.-l. de c. de la Marne, arr. de Vitry-le-François; 453 h.

SONDE (Archipel de la), longue chaîne d'îles de la Malaisie, dont les principales sont Sumatra, Java, Flores, Timor; pop. 22 millions d'h. La plupart de ces îles appartiennent aux Hollandais.

SONDE (Détroit de la), détroit qui sépare Sumatra de Java.

SONDERBUND, c.-à-d. *ligue séparative*, association formée en 1846 par sept cantons catholiques de la Suisse pour résister à la diète fédérale qui avait prescrit l'expulsion de certaines congrégations religieuses. Elle fut dissoute par le général Dufour.

SONGEONS, ch.-l. de c. de l'Oise, arr. de Beauvais; 1212 h.

SONORA, dép. du Mexique, à l'extrémité N. de la république; ch.-l. Ures; v. princ. Arispe, Sonora.

SOPHIA, v. de la Turquie d'Europe, au pied des Balkans; 45 000 h. Grands bazars.

SOPHIE (sainte), veuve, martyrisée sous Adrien. L'empereur Justinien lui consacra une magnifique église à Constantinople, transformée en mosquée par Mahomet II.

SOPHIE, femme de l'empereur d'Orient Justin II, détermina par son arrogance la révolte de Narsès en Italie (565).

SOPHIE, princesse russe, fit couronner ses deux frères, Ivan V et Pierre, et régna quelque temps sous leur nom (1682-1689).

SOPHIE-DOROTHÉE DE BRUNSWICK, épouse de George, électeur de Hanovre et roi d'Angleterre (1682), victime d'une injuste accusation, fut enfermée jusqu'à sa mort. Elle eut deux enfants, un fils qui fut George II, roi d'Angleterre, et une fille, Sophie-Dorothée, mère de Frédéric le Grand.

SOPHIS ou **SOFIS**, c.-à-d. *mystiques*, nom donné en Orient à ceux qui mènent une vie ascétique, et à une secte musulmane.

SOPHIS, dynastie persane, qui donna treize souverains à la Perse (1499-1736).

SOPHOCLE, grand poète tragique grec, né à Colone près d'Athènes (496-405 av. J.-C.). Des cent pièces qu'on lui attribue, il n'en reste que sept : *Antigone*, *Electre*, *les Trachiniennes*, *Œdipe roi*, *Ajax*, *Philoctète* et *Œdipe à Colone*.

SOPHONISBE, fille du Carthaginois Asdrubal, destinée d'abord à Masinissa, épousa Syphax, roi des Numides, et le détacha des Romains. Mais elle tomba au pouvoir de Lélius, lieutenant de Scipion, et pour ne point être traînée captive à Rome, elle s'empoisonna (203 av. J.-C.).

SOPHRON, poète grec, né à Syracuse (v° s. av. J.-C.), inventa ou perfectionna le *mime*, genre de comédie qui reproduisait les scènes de la vie privée.

SORACTE (LE), montagne d'Étrurie, sur la rive droite du Tibre (750 m.).

SORBON (ROBERT DE), savant docteur français (1201-1274), chapelain de saint Louis, fonda en 1253 le collège qui s'appela la *Sorbonne*. Richelieu fit construire les bâtiments de la nouvelle Sorbonne (1635), dans lesquels sont installés les Facultés de théologie, de lettres et de sciences, et les bureaux de l'Académie de Paris.

SORE, ch.-l. de c. des Landes, arr. de Mont-de-Marsan ; 1907 h.

SOREL (AGNÈS), dame célèbre par son esprit et sa beauté, se servit de son influence sur le roi Charles VII pour le faire sortir de son indolence (1409-1450).

SORÈZE, bourg de l'arr. de Castres (Tarn); 2868 h. École célèbre, dirigée par les dominicains depuis 1854.

SORGUES, riv. de France, qui sort de la fontaine de Vaucluse, et se jette dans le Rhône, au-dessus d'Avignon ; 50 k.

SORGUES, bourg de l'arr. d'Avignon; 4550 h. Usine à garance, papeterie, etc.

SORLINGUES (ILES) ou Scilly, anc. Cassitérides, riches en mines d'étain, îles anglaises de l'océan Atlantique, en face de la pointe de Cornouailles ; pop. 3000 h.

SORNAC, ch.-l. de c. de la Corrèze, arr. d'Ussel ; 2038 h.

SORRENTE, v. d'Italie, sur la côte S. du golfe de Naples ; 8000 h. Patrie du Tasse.

SOSIGÈNE, astronome d'Alexandrie ; chargé par César de réformer le calendrier romain (46 av. J.-C.), il intercala tous les 4 ans un jour dans l'année de 365 jours.

SOSPEL, ch.-l. de c. des Alpes-Maritimes, arr. de Nice ; 3563 h.

SOSTRATE, architecte grec, construisit le phare d'Alexandrie (III° s. av. J.-C.).

SOTTEVILLE-LÈS-ROUEN, commune à 3 k. de Rouen ; 10592 h. Filatures de coton.

SOUABE, contrée de l'anc. Allemagne, comprise entre la Thuringe, la Bavière et la Suisse septentrionale ; v. pr. Augsbourg, Constance, Bade, Ulm, Zurich. || MAISON DE SOUABE, voy. HOHENSTAUFEN.

SOUBISE, vge de l'arr. de Marennes (Charente-Inférieure). Anc. seigneurie qui appartenait à la maison de Rohan.

SOUDAN (LE) ou Nigritie, vaste contrée de l'Afrique, dans le centre, occupée par les nègres, renfermant un grand nombre d'États : le Darfour, le Ouaday, le Baghirmi, le Kanem, l'Adamaoua, le Bornou, le Haoussa, le Borgou, les Mandingues, etc. || SOUDAN ÉGYPTIEN, voy. NUBIE.

SOUFFLOT, architecte français (1713-1780), construisit à Lyon la façade de l'Hôtel-Dieu et le Grand-Théâtre, et à Paris l'église Sainte-Geneviève (ou Panthéon).

SOUILLAC, ch.-l. de c. du Lot, arr. de Gourdon ; 3115 h.

SOUILLY, ch.-l. de c. de la Meuse, arr. de Verdun ; 888 h.

SOULAINES, ch.-l. de c. de l'Aube, arr. de Bar-sur-Aube ; 805 h.

SOULI, v. d'Albanie (Turquie d'Europe), ch.-l. des Souliotes, tribu grecque célèbre par sa résistance à Ali-Pacha (1792-1803).

SOULIÉ (FRÉDÉRIC), auteur dramatique et romancier français (1800-1847).

SOULOUQUE, nègre, président d'Haïti, se fit proclamer empereur sous le nom de Faustin I°r (1849), se signala par sa cruauté et sa folle vanité, fut renversé par Geffrard (1859), et alla mourir à la Jamaïque (1867).

SOULT, duc de Dalmatie, maréchal de France (1769-1851), partagea avec Masséna la gloire de la défense de Gênes, décida la victoire à Austerlitz, soutint la lutte contre Wellington en Espagne, et en rentrant en France livra la bataille indécise de Toulouse ; enfin il fut plusieurs fois ministre de la guerre sous Louis-Philippe.

SOULTZ, anc. ch.-l. de c. du Haut-Rhin, arr. de Colmar; 4635 h.; cédé à la Prusse en 1871.

SOULTZ-SOUS-FORÊTS, anc. ch.-l. de c. du Bas-Rhin, arr. de Wissembourg ; 1667 h.; cédé à la Prusse en 1871.

SOUMET (ALEXANDRE), poète franç. (1788-1845), auteur de tragédies qui eurent du succès, et de deux poèmes : *la Divine Épopée* et *Jeanne d'Arc*.

SOURDEVAL, ch.-l. de c. de la Manche, arr. de Mortain ; 3943 h.

SOURNIA, ch.-l. de c. des Pyrénées-Orientales, arr. de Prades ; 896 h.

SOUSTONS, ch.-l. de c. des Landes, arr. de Dax ; 3458 h.

SOU-TCHEOU, la plus grande v. de Chine, sur le canal Impérial ; v. d'industrie et de commerce ; 3000000 d'h.

SOUTERRAINE (LA), ch.-l. de c. de la Creuse, arr. de Guéret ; 4131 h.

SOUTHAMPTON (comté de) ou Hampshire, comté de l'Angleterre mérid. sur la Manche ; pop. 485000 h.; ch.-l. Winchester; v. pr. Portsmouth, Southampton (50000 h.).

SOUTHEY, poète anglais (1794-1843).

SOUVAROW, général russe (1729-1800), se distingua dans les guerres contre les Polonais et contre les Turcs, et fut d'abord vainqueur des Français en Italie (1799), mais il fut battu ensuite dans le Saint-Gothard et dans la vallée de la Reuss.

SOUVESTRE (ÉMILE), littérateur et romancier français (1806-1854), a été surtout bien inspiré dans ses ouvrages relatifs à la Bretagne, son pays : *le Foyer breton*, *la Bretagne pittoresque*, etc.

SOUVIGNY, ch.-l. de c. de l'Allier, arr. de Moulins ; 2951 h.

SOUZA (marquise DE), romancière française (1761-1836).

SPA, v. de Belgique, à 34 k. de Liége; 4208 h. Sources ferrugineuses.

SPALATRO, v. de Dalmatie, non loin des ruines de Salone, sur un golfe de l'Adriatique ; 8000 h. Patrie de Dioclétien.

SPALLANZANI, anatomiste italien, enseigna l'hist. naturelle à Pavie (1729-1799).

SPANDAU, v. forte de Prusse, à 15 k. de Berlin, sur la Sprée ; 12 000 h.

SPANISH-TOWN, v. cap. de la Jamaïque.

SPARTACUS, gladiateur, né en Thrace, se mit à la tête d'une armée de gladiateurs et d'esclaves, battit les préteurs et les consuls romains en Campanie, et fut vaincu et tué par Crassus (70 av. J.-C.).

SPARTE ou **LACÉDÉMONE**, v. de l'anc. Grèce, cap. de la Laconie et de la république de Sparte. Après plusieurs siècles de gloire et de puissance, elle fut soumise par les Romains (146 av. J.-C.).

SPARTIEN, l'un des six auteurs de l'*Histoire Auguste* ou recueil de biographies d'empereurs romains depuis Adrien jusqu'à Dioclétien, vivait à la fin du IVe s.

SPEKE, voyageur anglais (1827-1864), explora le centre de l'Afrique et reconnut les lacs Tanganyika et Nyanza, d'où il supposa que le Nil s'écoulait.

SPENSER (EDMOND), poëte anglais (1552-1599), auteur de la *Reine des fées*.

SPERCHIUS, fl. de la Grèce anc., sort du Pinde, et se jette dans le golfe Maliaque.

SPETZIA, île de l'Archipel, sur la côte E. de la Morée, à l'entrée du golfe de Nauplie ; 15 000 h.

SPEUSIPPE, philosophe grec, neveu de Platon, lui succéda dans la direction de l'Académie, de 347 à 339 av. J.-C.

SPEZZIA (LA), v. d'Italie, port militaire, sur le golfe de même nom, à 85 kil. de Gênes ; 15 000 h.

SPHACTÉRIE, petite île de la mer Ionienne, sur la côte de Messénie, à l'entrée de la baie de Navarin.

SPHINX, monstre fabuleux, qui désolait la route de Delphes à Thèbes : il proposait une énigme aux passants, et jetait à la mer ceux qui ne pouvaient la deviner. Œdipe expliqua l'énigme, et le sphinx se précipita dans les flots.

SPIELBERG, citadelle qui défend la ville de Brünn, en Moravie (Autriche). Silvio Pellico y fut prisonnier d'État.

SPINCOURT, ch.-l. de c. de la Meuse, arr. de Montmédy ; 479 h.

SPINOLA (marquis DE), général né à Gênes (1569-1630), se distingua au service de l'Espagne dans les guerres du commencement du XVIIe s.

SPINOSA (BARUCH DE), philosophe, né à Amsterdam (1632-1677), donna au panthéisme sa forme la plus rigoureuse.

SPIRE, ch.-l. de la Bavière rhénane, sur le Rhin ; 13 000 h. || Charles-Quint y tint une diète qui mit les réformés hors la loi (1529).

SPITHEAD, rade formée par la Manche, sur la côte S. de l'Angleterre.

SPITZBERG, groupe d'îles, dans l'océan Glacial arctique, au N. de la Laponie.

SPLUGEN, vge et passage des Alpes entre Coire et le lac de Côme.

SPOHR (LOUIS), compositeur allemand (1784-1859), auteur d'opéras, de quatuors, etc.

SPOLÈTE, v. d'Italie, dans la prov. d'Ombrie ou de Pérouse ; 10 000 h.

SPONTINI, compositeur italien (1779-1851), fit jouer à Paris ses deux chefs-d'œuvre, les opéras de *la Vestale* (1807) et de *Fernand Cortès* (1809).

SPORADES (LES), nom anc. des îles de l'Archipel situées entre les Cyclades et l'Asie Mineure, et dont les plus connues sont Théra, Pathmos, Cos, Carpathos.

SPRÉE (LA), riv. de l'Allemagne du Nord, prend sa source en Saxe, passe à Berlin, et se jette dans le Havel, près de Spandau ; 370 k.

STAAL (baronne DE), femme de chambre de la duchesse du Maine, a écrit des *Mémoires* intéressants sur la société de son temps (1684-1750).

STABIES, anc. v. de Campanie, engloutie par l'éruption du Vésuve (79 ap. J.-C.).

STACE, poëte latin de la décadence (61-96 ap. J.-C.), auteur de *la Thébaïde*, de *l'Achilléide* et de poésies diverses.

STADE, sm. Mesure itinéraire des anciens Grecs ; le plus usité, le stade olympique, valait 185 m.

STADION (comte DE), homme d'État autrichien (1763-1824), ambassadeur près des cours du Nord, poussa à la guerre contre Napoléon Ier.

STAËL-HOLSTEIN (Mme DE), fille de Necker (1766-1817), fut exilée par Napoléon Ier, visita l'Allemagne, et se retira à Coppet, en Suisse. Elle ne rentra en France qu'avec Louis XVIII. Ses principaux ouvrages sont : *Corinne*, *De l'Allemagne*, *Considérations sur la Révolution française*.

STAFFA, une des îles Hébrides, où se trouve la grotte de Fingal.

STAFFARDE, vge près de Saluces (Italie), où Catinat battit le duc de Savoie (1690).

STAFFORD, comté de l'Angleterre, au centre ; 746 584 h. ; ch.-l. Stafford ; 12 000 h.

STAGIRE, anc. v. de la Chalcidique (Macédoine). Patrie d'Aristote.

STAHL, célèbre médecin et chimiste allemand, fut professeur à Halle ; il est l'inventeur en chimie de la théorie du *phlogistique*, et en médecine du système de *l'animisme* (1660-1734).

STAMBOUL, nom de Constantinople.

STANHOPE (JAMES, comte), général et diplomate anglais (1673-1721), se distingua dans la guerre de la Succession d'Espagne, et ministre de George Ier, contribua aux traités de la Triple et Quadruple alliance. || Son arrière-petite-fille, lady STANHOPE (1776-1839), après avoir exercé une grande influence sur Pitt, son oncle, se retira en Syrie, où elle acquit un grand ascendant sur les peuples de l'Orient.

STANISLAS Ier LECZINSKI (1677-1766), fut nommé roi de Pologne après la déposition d'Auguste II (1704), grâce à l'appui de Charles XII de Suède ; mais après la défaite de son protecteur, il fut obligé de se réfugier en France. Il tenta sans succès de reprendre sa couronne à la mort de son rival, et reçut en échange les duchés de Lorraine et de Bar (1738). Il embellit Nancy et y fonda une Académie. Sa fille, MARIE LECZINSKA, épousa Louis XV, en 1725. || STANISLAS II PONIATOWSKI succéda à Auguste III, roi de Pologne ; son règne ne fut qu'une longue anarchie (1764-1795), et il laissa consommer les deux premiers démembrements de la Pologne (1772-73 et 1793).

STANOVOÏ ou **JABLONOÏ** (MONTS), chaîne de montagnes de la Sibérie, s'étendant de la source de l'Amour au cap Oriental.

STANZ, l'une des deux cap. du canton d'Unterwald (Suisse); 2000 h.

STATÈRE, sm. Monnaie d'argent des anciens Grecs, valant 4 drachmes. Le statère d'or valait 20 drachmes.

STATHOUDER, nom des gouverneurs des prov. des Pays-Bas, puis du chef de la république des Provinces-Unies.

STATIRA, femme de Darius Codoman.

STEENVOORDE, ch.-l. de c. du Nord, arr. d'Hazebrouck; 4002 h.

STEIN (baron DE), homme d'État, né à Nassau (1757-1831), entra au service de la Prusse; ministre des finances après la paix de Tilsitt (1807), il déploya une activité infatigable pour relever la Prusse.

STEINKERQUE, v. de Belgique (prov. du Hainaut); 1200 h. || Victoire du maréchal de Luxembourg sur Guillaume III (1692).

STENAY, ch.-l. de c. de la Meuse, arr. de Montmédy; 2575 h.

STENTOR (stan-tor), héros de la guerre de Troie, dont la voix avait autant de force que celle de cinquante hommes.

STEPHENSON (George), ingénieur anglais (1781-1848), inventa et perfectionna la locomotive (1814), et construisit la 1re ligne de chemin de fer en 1825. || Son fils Robert (1803-1859) fut associé à tous ses travaux, et se fit une réputation particulière par la construction des ponts tubulaires.

STERNE (Laurence), écrivain anglais (1713-1768), auteur de *Tristram Shandy*, piquante satire, et du *Voyage sentimental*.

STÉSICHORE, poëte lyrique grec (VIe s. av. J.-C.).

STETTIN, v. de Prusse, cap. de la Poméranie, sur l'Oder; 74 000 h.

STEWART (Dugald), philosophe écossais (1753-1828).

STILICON (Flavius), général de Théodose, tuteur de l'empereur d'Occident Honorius, défit le Goth Alaric à Pollentia (403) et le Suève Ricimer à Fésules (406). Accusé de vouloir donner le trône à son fils, il fut tué par ordre d'Honorius (408).

STILPON, philosophe grec, de l'école de Mégare, florissait vers 309 av. J.-C.

STIRBEY (Bibesco, prince), hospodar de Valachie, prépara l'union des Principautés (1804-1869).

STOBÉE, auteur grec d'une compilation qui renferme une foule de passages de poëtes et de prosateurs anciens (IVe s. ap. J.-C.).

STOCKHOLM, cap. du royaume de Suède, bâtie sur sept îles entre le lac Mælar et la Baltique; 135 000 h.

STOFFLET, général vendéen, prit part à presque tous les combats de la guerre de Vendée, fut fusillé à Angers (1796).

STOÏCIENS (les), philosophes de l'école fondée par Zénon, vers 300 av. J.-C.

STOWE (Harriet Beecher, mistress), romancière américaine, née en 1814, auteur de *la Case de l'oncle Tom*, roman contre l'esclavage qui eut un immense succès (1852).

STRABON, célèbre géographe grec, né vers 60 av. J.-C., mort dans les premières années de Tibère, auteur d'une *Géographie* qui comprend la description de tous les pays alors connus de la terre habitée.

STRADIVARIUS (Antoine), le plus célèbre des facteurs d'instruments à cordes, établi à Crémone (1664-1748).

STRAFFORD (Thomas Wenworth, comte DE), homme d'État anglais (1593-1641), fut chargé par Charles Ier de réprimer les troubles d'Écosse (1640). Plus tard, accusé de haute trahison pour ce fait, il fut condamné à mort par la Chambre des communes, et Charles Ier le laissa exécuter.

STRALSUND, v. et place forte de Prusse, dans la Poméranie, sur le détroit de Gellen; 28 000 h.

STRASBOURG, anc. ch.-l. du Bas-Rhin, sur l'Ill, à 1 k. du Rhin, à 460 k. de Paris; 84 172 h.; cédé à la Prusse en 1871. Évêché. Belle cathédrale. Cette ville fut occupée par Louis XIV en 1681.

STRATONICE, fille de Démétrius Poliorcète, épousa Séleucus Ier, roi de Syrie (299 av. J.-C.), puis Antiochus, son fils.

STRÉLITZ, corps d'infanterie russe, organisé par Ivan IV (1545) et formant la garde du tsar; détruit par Pierre le Grand (1705).

STRÉLITZ (ALT-), v. du grand-duché de Mecklembourg-Strélitz; 4800 h.

STRÉLITZ (NEU-), cap. du grand-duché de Mecklembourg-Strélitz; 8300 h.

STROMBOLI, une des îles Lipari, qui renferme un volcan toujours en activité.

STROZZI, famille de Florence, attachée au parti guelfe; puissante aux XIIIe et XIVe s., elle résista vainement aux Médicis.

STRUENSÉE (comte DE), premier ministre de Christian VII, roi de Danemark, tenta de réformer l'État et l'armée; mais un complot se forma contre lui sous la direction du comte de Rantzau; il fut condamné à mort et décapité (1737-1772).

STRYMON, anc. fl. de Macédoine.

STUART, famille royale d'Écosse et d'Angleterre || Robert II commença la dynastie des Stuarts en Écosse (1370). || Jacques VI devint roi d'Angleterre en 1603, sous le nom de Jacques Ier. || Anne Stuart fut la dernière de cette famille qui régna sur l'Angleterre (1702-1714). || Jacques II Stuart, renversé par son gendre Guillaume d'Orange (1688), tenta en vain, avec l'appui de Louis XIV, de reprendre la couronne; Charles-Édouard, dit *le Prétendant*, était son petit-fils.

STUTTGART, cap. du roy. de Wurtemberg, à 583 k. de Paris; 78 000 h.

STYMPHALE (LAC DE), lac d'Arcadie.

STYRIE (duché de), prov. de l'empire d'Autriche, bornée par l'archiduché d'Autriche, la Hongrie et la Croatie; pop. 1 338 000 h.; cap. Grætz.

STYX, riv. de l'Arcadie, dont les poëtes avaient fait un fleuve des enfers.

SUARD, littérateur et journaliste français (1733-1817).

SUBIACO, v. d'Italie, sur le Teverone, à 50 k. de Rome; 7000 h.

SUCCESSION (guerres de la), guerres qui eurent pour cause une question de succession; les principales sont: 1° *Guerre de la Succession d'Espagne*: la couronne d'Espagne fut donnée par le testament de Charles II à Philippe V, petit-fils de Louis XIV, et disputée par l'archiduc Charles, second fils de l'empereur Léopold Ier. Presque toute l'Europe se ligua contre la France; la guerre, commencée en 1701, et féconde en désastres pour la France, se termina par la paix d'Utrecht (1713). 2° *Guerre* *de la Succession d'Autriche* : à la mort de l'empereur Charles VI (1740), les princes de Bavière, de Saxe, de Prusse, d'Espagne, de Sardaigne, s'unirent avec la France pour dépouiller Marie-Thérèse de l'héritage paternel (1741); la lutte se termina par le traité d'Aix-la-Chapelle (1748).

SUCHET, duc d'Albufera, maréchal de France (1770-1826), servit avec éclat dans l'armée d'Italie, mais se distingua surtout en Espagne, où il fut généralissime de l'armée d'Aragon et gagna son titre de duc.

SUD (mer du), autre nom du Grand Océan.

SUE (Eugène), romancier franç. (1804-1857).

SUÈDE, l'un des trois États scandinaves, uni à la Norvége depuis 1814; cap. Stockholm; pop. 4 168 882 h. Roi régnant depuis 1872 : Oscar II, frère et successeur de Charles XV.

SUÉTONE, historien latin, né vers 65 ap. J.-C., auteur des *Vies des douze Césars*.

SUÈVES (les), confédération de l'anc. Germanie, menacèrent les Helvétiens et les Séquanes sous leur chef Arioviste, et furent repoussés de la Gaule par César. Plus tard ils s'établirent en Espagne sous Hermanric (406-409), et furent détruits par les Visigoths (585).

SUEZ, anc. Arsinoé, v. de la Basse-Égypte, sur la mer Rouge; 15 000 h. ‖ Isthme de Suez, large de 120 k., entre la Méditerranée et la mer Rouge. Il est coupé par un canal maritime qui va de Port-Saïd, sur la Méditerranée, à Suez, sur la mer Rouge, et qui, commencé par Ferdinand de Lesseps en 1858, a été ouvert en 1869.

SUFFÈTES (les), titre des deux premiers magistrats annuels de Carthage.

SUFFOLK, comté d'Angleterre, à l'E.; pop. 336 271 h.; ch.-l. Ipswich; 43 000 h.

SUFFOLK (Poll, comte de), seigneur anglais, fut forcé par Jeanne d'Arc de lever le siége d'Orléans, et fait prisonnier (1429).

SUFFREN (bailli de), chef d'une escadre française dans la mer des Indes (1781), battit plusieurs fois les Anglais.

SUGER, abbé de Saint-Denis (1082-1152), fut admis dans les conseils de Louis VI, puis fut principal ministre de Louis VII et régent du royaume pendant la 2ᵉ croisade. Il construisit la basilique de Saint-Denis et écrivit en latin une *Vie de Louis VI*.

SUIDAS, lexicographe grec, du xiᵉ s. ap. J.-C.

SUIPPES, ch.-l. de c. de la Marne, arr. de Châlons; 2159 h.

SUISSE ou **CONFÉDÉRATION HELVÉTIQUE**, État de l'Europe centrale, entre l'Allemagne, la France et l'Italie, formé de 22 cantons; pop. 2 669 095 h., dont 1 566 000 protestants et 1 084 000 catholiques; ch.-l. du gouvernement fédéral : Berne.

SULLY (Maurice de), prélat français, commença la réédification de Notre-Dame de Paris, en 1163.

SULLY (Maximilien de Béthune, baron de Rosny, puis duc de), ami et conseiller de Henri IV (1560-1641); nommé surintendant des finances en 1599, il rétablit l'ordre et l'économie dans l'État, protégea l'agriculture, créa des routes, des canaux; il se retira après l'assassinat du roi. Il a laissé un recueil intitulé : *Mémoires des sages et royales Économies d'État de Henri le Grand*.

SULLY-SUR-LOIRE, ch.-l. de c. du Loiret, arr. de Gien; 2590 h. Érigé en duché en faveur du ministre de Henri IV (1606).

SULPICE (saint), évêque de Bourges (de 624 à 644), aumônier de Clotaire II. C'est à lui qu'est dédiée l'église Saint-Sulpice de Paris, commencée sur les dessins de Levau en 1665, et ornée d'un portail par Servandoni en 1745.

SULPICE-LES-CHAMPS (SAINT-), ch.-l. de c. de la Creuse, arr. d'Aubusson; 1107 h.

SULPICE-LES-FEUILLES (SAINT-), ch.-l. de c. de la Hte-Vienne, arr. de Bellac; 1992 h.

SULPICE SÉVÈRE, écrivain ecclésiastique, né en Aquitaine, mort vers 410, auteur d'une *Histoire sacrée* et d'une *Histoire de saint Martin de Tours*.

SULPICIENS (les), congrégation de prêtres destinés à l'instruction des jeunes ecclésiastiques.

SULTAN, titre de l'empereur des Turcs et de certains princes d'Afrique et d'Asie.

SUMATRA, la plus grande et la plus occid. des îles de la Sonde; 4 000 000 d'h.; cap. des établissements hollandais : Padang.

SUMÈNE, ch.-l. de c. du Gard, arr. du Vigan; 3135 h.

SUND, détroit qui sépare l'île danoise de Seeland de la côte de Suède, fait communiquer le Cattégat avec la Baltique. Sur ce détroit sont Elseneur et Copenhague.

SUNIUM (cap), auj. Colonna, pointe S. de l'Attique.

SUNNITES (les), secte musulmane, qui reconnaît comme légitimes successeurs de Mahomet les trois premiers califes; elle est opposée aux chiytes, qui n'accordent d'autorité qu'au 4ᵉ calife, Ali.

SUPÉRIEUR (lac), le plus occidental, le plus grand des lacs de l'Amérique du Nord.

SURA, anc. v. de Babylonie, sur l'Euphrate; titre d'évêché *in partibus*.

SURATE, v. de l'Hindoustan anglais, dans la prov. de Bombay; 133 000 h.

SURCOUF (Robert), corsaire, né à St-Malo (1773-1827), célèbre par ses courses contre les Anglais, surtout dans la mer des Indes.

SURENA, général des Parthes, fit périr Crassus et son armée (53 av. J.-C.).

SURESNES, commune de la Seine, arr. de Saint-Denis, sur la Seine; 6177 h. Vignobles.

SURGÈRES, ch.-l. de c. de la Charente-Inférieure, arr. de Rochefort; 3580 h.

SURINAM, fl. de l'Amérique du Sud, arrose la Guyane, et se jette dans l'Atlantique; 350 k.

SURREY, comté d'Angleterre, au S.-E.; pop. 830 685 h.; ch.-l. Guildford. Le N.-E. de ce comté est couvert par les faubourgs de Londres.

SURVILLE (Clotilde de), femme poëte du xvᵉ s., sous le nom de laquelle un anonyme publia des poésies en 1803 et 1826.

SUSE, anc. v. d'Asie, cap. de la Susiane et résidence d'hiver des rois de Perse.

SUSE, v. d'Italie, dans la prov. de Turin, au débouché des routes du mont Cenis et du mont Genèvre, dit *pas de Suse*.

SUSIANE, prov. de l'anc. empire des Perses, à l'extrémité S. du golfe Persique; cap. Suse. Aujourd'hui elle fait partie du royaume de Perse.

SUSSEX, comté d'Angleterre, au S.; pop. 363 648 h.; ch.-l. Chichester.

SUZANNE, femme juive, fut sauvée par le témoignage de Daniel d'une fausse accusation d'adultère.

SUZANNE (SAINTE-), ch.-l. de c. de la Mayenne, arr. de Laval, 1666 h.

SUZE (LA), ch.-l. de c. de la Sarthe, arr. du Mans; 2468 h.

SVEABORG, v. de Russie, place forte et port sur le golfe de Finlande.

SVEDENBORG, savant et théosophe illuminé, né à Stockholm, fondateur d'une espèce de religion sous le nom de *Nouvelle Jérusalem* (1688-1772).

SVETCHINE (Mme), dame russe (1782-1857), vint s'établir à Paris (1818) et tint un salon très-fréquenté; elle a beaucoup écrit.

SWANSEA, v. de la principauté de Galles (Angleterre), sur le canal de Bristol; 32000 h. Houille et fonderies.

SWIFT (Jonathan), littérateur anglais (1667-1745), auteur de pamphlets politiques et des *Voyages de Gulliver*.

SYAGRIUS, gouverneur romain des Gaules, fut battu par Clovis près de Soissons (486). || Syagrius (saint), évêque d'Autun, prit une grande part aux affaires de son temps et eut la confiance de Brunehaut.

SYBARIS, anc. v. de la Lucanie (Italie), célèbre par la mollesse de ses habitants.

SYDENHAM, vge d'Angleterre, à 8 k. de Londres, où fut construit le *Palais de cristal* pour l'Exposition universelle de 1851.

SYDENHAM, médecin anglais (1624-1689), inventeur d'une composition de laudanum qui porte son nom.

SYDNEY, v. et port d'Australie, cap. de la Nouvelle-Galles du Sud; 135000 h.

SYÈNE, auj. Assouan, v. de l'anc. Égypte, sur la frontière de l'Éthiopie.

SYLLA (Lucius Cornelius), dictateur romain (138-78 av. J.-C.), chef du parti aristocratique, est célèbre par ses proscriptions et par sa lutte sanglante avec Marius.

SYLVAIN, dieu des forêts, chez les Latins.

SYMMAQUE, préfet de Rome en 385, ap. J.-C., puis consul en 391, fut le dernier avocat du paganisme en Occident. || Son petit-fils, beau-père de Boèce, fut mis à mort après l'exécution de son gendre, par l'ordre du roi ostrogoth Théodoric (525).

SYMPHORIEN (saint), martyr à Autun, vers 179.

SYMPHORIEN (SAINT-), ch.-l. de c. de la Gironde, arr. de Bazas; 1958 h.

SYMPHORIEN-DE-LAY (SAINT-), ch.-l. de c. de la Loire, arr. de Roanne; 4267 h.

SYMPHORIEN-D'OZON (SAINT-), ch.-l. de c. de l'Isère, arr. de Vienne; 1809 h.

SYMPHORIEN-SUR-COISE (SAINT-), ch.-l. de c. du Rhône, arr. de Lyon; 1884 h.

SYNÉSIUS, évêque de Ptolémaïs et écrivain grec (360-415), né à Cyrène, défendit son pays contre les barbares. On a de lui des *Lettres*, des *Hymnes*, un *Traité des songes*, etc.

SYPHAX, roi de Numidie, fut d'abord allié des Romains; puis, après avoir épousé Sophonisbe, il se déclara pour Carthage, fut vaincu et pris par Scipion. Son royaume fut donné à Masinissa (202 av. J.-C.).

SYRA, une des Cyclades; pop. 40000 h.; cap. Hermopolis; anc. Syros.

SYRACUSE, v. de Sicile, sur la côte E.; 18000 h. Elle fut prise par Marcellus, malgré les efforts d'Archimède (212 av. J.-C.).

SYRIE, région de la Turquie d'Asie, bornée par le mont Amanus, l'Euphrate, l'Arabie et enfin la Méditerranée à l'O.; v. pr. Jaffa, St-Jean-d'Acre, Beyrouth, Tripoli.

SYRTES, nom de deux golfes de la Méditerranée, sur la côte N. de l'Afrique; la Grande Syrte à l'E., auj. golfe de la Sidre; la Petite Syrte à l'O., auj. golfe de Cabès.

T

TABAGO, une des petites Antilles, aux Anglais; pop. 15400 h.; cap. Scarborough.

TABARIN, célèbre farceur et auteur de parades, m. vers 1633; il avait son théâtre en plein air sur la place Dauphine, à Paris.

TABLE RONDE, ordre de chevalerie, institué, selon la légende, à York, par le roi Arthur, et dont les membres prenaient place autour d'une table ronde. Les plus célèbres sont: Amadis, Tristan, Lancelot.

TABLES (LOI DES DOUZE-), premier recueil de lois, à Rome, publié par les décemvirs (450-449 av. J.-C.).

TABOR, sommet des Alpes Cottiennes, au nord du mont Genèvre (3180m).

TABORITES (LES), secte de hussites.

TABOUROT, dit le seigneur DES ACCORDS, écrivain facétieux, né à Dijon (1549-1590), auteur des *Bigarrures du seigneur des Accords*, recueil de sonnets et d'épigrammes.

TACHOS, roi d'Égypte (363 av. J.-C.), fut soutenu par Agésilas contre le roi des Perses Ochus.

TACITE (Caius Cornelius), célèbre historien latin, né vers l'an 50 ap. J.-C., mort au commencement du règne d'Adrien, parcourut la carrière des honneurs, épousa la fille d'Agricola. Nous avons de lui la *Germanie*, la *Vie d'Agricola*, et une partie de ses *Histoires* et de ses *Annales*.

TACITE (Marcus Claudius), empereur romain, succéda à Aurélien (275-276 ap. J.-C.), et périt victime d'une révolte.

TAFNA, petit fl. de l'Algérie, à l'O., a donné son nom au traité que le général Bugeaud signa avec Abd-el-Kader (1837).

TAGANROG, v. de Russie, port de commerce sur la mer d'Azof; 48000 h.

TAGE, fl. de la péninsule hispanique, prend sa source près d'Albarracin, passe à Aranjuez, Tolède, traverse le Portugal, forme un vaste bassin à Lisbonne, et se jette dans l'océan Atlantique par un goulet; 700 k.

TAGLIACOZZO, v. d'Italie, dans l'Abruzze-Ultérieure 2e; 4099 h. || Victoire de Charles d'Anjou sur Conradin (1268).

TAGLIAMENTO, fl. d'Italie, descend des Alpes Carniques, traverse le Frioul, se jette dans le golfe de Trieste; 170 k. || Victoire de Bonaparte sur les Autrichiens (1797).

TAÏCOUN, titre du prince qui exerçait le pouvoir temporel au Japon, et qui en a été dépossédé au XIXe s. par le mikado, réunissant aujourd'hui toute l'autorité.

TAILLEBOURG, vge de l'arr. de Saint-Jean-d'Angely, près duquel saint Louis battit Henri III, roi d'Angleterre (1242).

TAIN, ch.-l. de c. de la Drôme, arr. de Valence, sur le Rhône, en face de Tournon; 3190 h. Vin de l'Ermitage.

TAÏPINGS, insurgés chinois, qui tirent leur nom de leur chef, et qui depuis 1850 désolent le midi de l'empire.

TAÏTI (ARCHIPEL DE) ou DE LA SOCIÉTÉ, dans la Polynésie, sous le protectorat de la France depuis 1842; pop. 10 000 h.; île principale Taïti; cap. Papeïti.

TALAVERA-DE-LA-REYNA, v. d'Espagne (prov. de Tolède); 5000 h. || Bataille indécise entre les Français et les Anglo-Espagnols (1809).

TALBOT, comte de Shrewsbury, joua un rôle important dans les guerres des Anglais en France contre Charles VII (1373-1453).

TALENT, poids des anc. Grecs qui variait suivant les pays. || Talent d'argent, valeur de compte de 4140 fr. ou de 5750 fr.

TALLARD, ch.-l. de c. des Hautes-Alpes, arr. de Gap; 1036 h.

TALLARD (comte DE), général français et diplomate (1652-1728), figura dans les guerres de Louis XIV et prépara les traités de partage de la monarchie espagnole.

TALLEMANT DES RÉAUX (GÉDÉON), un des hôtes de l'Hôtel de Rambouillet, auteur des *Historiettes* (1619-1692).

TALLEYRAND-PÉRIGORD (DE), cardinal français (1736-1821), grand aumônier de Louis XVIII, archevêque de Paris. || Son neveu, CHARLES-MAURICE (1754-1838), évêque d'Autun, fut membre de l'Assemblée constituante, puis émigra. Rentré en France, il fut l'un des ministres du Directoire (1797), applaudit au coup d'État du 18 brumaire, fut secrétaire d'État des Relations extérieures sous le Consulat et l'Empire, et devint prince de Bénévent en 1806. Mais disgracié, il travailla au retour des Bourbons. Après avoir été membre du Gouvernement provisoire (1814), il fut envoyé au congrès de Vienne. Chargé, à la suite des Cent-Jours, des Affaires étrangères, il donna bientôt sa démission. Sous Louis-Philippe, il a été ambassadeur à Londres.

TALLIEN, membre de la Convention, se signala par son exaltation révolutionnaire, puis devint l'ennemi de Robespierre et le chef des Thermidoriens (1769-1820). Sa femme, née Cabarrus (1775-1835), célèbre par son influence sur la société de cette époque, divorça et épousa le comte de Caraman, depuis prince de Chimay.

TALMA, tragédien français (1763-1826).

TALMONT, ch.-l. de c. de la Vendée, arr. des Sables-d'Olonne; 1040 h.

TALMUD, recueil de traditions rabbiniques, complément de la Bible.

TALON (OMER), premier avocat général, défendit courageusement les droits du parlement contre la royauté, puis la royauté elle-même pendant la Fronde; il a laissé des *Mémoires* (1595-1652).

TAMATAVE, v. et port de l'île de Madagascar, sur la côte E.; 20 000 h.

TAMERLAN ou **TIMOUR**, conquérant tartare (1336-1405), prit Samarcande pour capitale, ravagea la Perse et la Russie mérid., s'avança dans l'Inde jusqu'à Delhi, battit et prit le sultan Bajazet Ier à Ancyre.

TAMISE, fl. d'Angleterre, passe à Oxford, Londres, se jette dans la mer du Nord; 290 k.

TAMPICO, ville et port du Mexique, sur un lac qui communique avec le golfe du Mexique; 8000 h.

TANAGRE, anc. v. de Béotie. Les Spartiates et les Béotiens y battirent les Athéniens (455 av. J.-C.).

TANAÏS, nom ancien du Don.

TANANARIVOU, v. de l'île de Madagascar, au centre, cap. des Hovas; 7000 h.

TANAQUIL, femme de Tarquin l'Ancien, fit proclamer roi son gendre Servius Tullius, à la mort de son mari.

TANARO, fl. d'Italie, descend des Alpes Maritimes, passe à Asti, Alexandrie, et se jette dans le Pô; 200 k.

TANCRÈDE, un des chefs de la 1re croisade, reçut la principauté de Galilée ou de Tibériade, et mourut à Antioche (1112). || TANCRÈDE, roi de Sicile et de Naples (1189-1194), eut à défendre son trône contre l'empereur Henri VI de Hohenstaufen.

TANGER, v. et port du Maroc, sur l'océan Atlantique, à l'entrée du détroit de Gibraltar; 10 000 h. Cette ville fut bombardée par les Français en 1844.

TANINGES, ch.-l. de c. de la Haute-Savoie, arr. de Bonneville; 2437 h.

TANNAY, ch.-l. de c. de la Nièvre, arr. de Clamecy; 1405 h.

TANNEGUY DU CHÂTEL, un des chefs du parti Armagnac, sous Charles VI, fut l'un des meurtriers de Jean sans Peur, au pont de Montereau (1419).

TANTALE, roi de Phrygie, servit aux dieux les membres de son fils Pélops, et fut condamné à souffrir dans le Tartare la faim et la soif.

TANUCCI (marquis DE), principal ministre des rois de Naples Charles VII et Ferdinand IV (1698-1783), opéra des réformes et fit commencer les fouilles de Pompéi.

TAORMINE, anc. Tauromenium, v. de Sicile sur la Méditerranée; 3400 h.

TAPROBANE, nom anc. de Ceylan.

TARARE, ch.-l. de c. du Rhône, arr. de Villefranche; 13 694 h. Fabriques de peluches et de mousselines.

TARASCON, ch.-l. de c. de l'Ariège, arr. de Foix; 1534 h.

TARASCON, ch.-l. de c. des Bouches-du-Rhône, arr. d'Arles, sur la rive gauche du Rhône, en face de Beaucaire; 11 249 h.

TARBES, ch.-l. des Hautes-Pyrénées, à 829 k. de Paris, sur l'Adour; 16 575 h. Evêché.

TARDENOIS, anc. pays du Soissonnais, auj. partie de l'Aisne; ch.-l. La Fère.

TARDETS, ch.-l. de c. des Basses-Pyrénées, arr. de Mauléon; 1005 h.

TARENTAISE, anc. comté de la Savoie, ch.-l. Moutiers.

TARENTE, v. d'Italie, sur le golfe de même nom, dans la mer Ionienne; 19 000 h. || DUC DE TARENTE, titre de Macdonald.

TARGON, ch.-l. de c. de la Gironde, arr. de la Réole; 1205 h.

TARIFA, v. et port d'Espagne, sur le détroit de Gibraltar; 10 000 h.

TARIK ou **TARIF**, général musulman, passa d'Afrique en Espagne (711), vainquit Roderic ou Rodrigue, roi des Visigoths, et conquit une partie de l'Espagne, au nom du calife de Damas, Walid.

TARN, riv. de France, descend du mont Lozère, passe à Albi, Montauban, et se jette dans la Garonne ; 343 k.

TARN (dép. du), formé d'une partie du Languedoc ; ch.-l. Albi ; 4 arr. Albi, Castres, Gaillac, Lavaur ; pop. 352 718 h.

TARN-ET-GARONNE (dép. du), formé d'une partie de l'Agenois, du Rouergue et du Quercy ; ch.-l. Montauban ; 3 arr. Montauban, Castelsarrasin, Moissac ; pop. 221 610 h.

TARPÉIA, fille de Tarpéius, gouverneur de la citadelle de Rome, en ouvrit les portes aux Sabins.

TARPÉIENNE (roche), rocher qui formait la pointe S. du Capitole, et d'où l'on précipitait les criminels de haute trahison.

TARQUIN l'Ancien, 5e roi de Rome (615-577 av. J.-C.), succéda à Ancus ; combattit heureusement les Sabins, les Latins, les Étrusques ; périt assassiné.

TARQUIN le Superbe, petit-fils du précédent, 7e roi de Rome (534-510 av. J.-C.), succéda à Servius Tullius, son beau-père, qu'il avait tué. Il régna en tyran ; mais l'attentat de son fils Sextus sur Lucrèce souleva les Romains, qui chassèrent les Tarquins.

TARQUINIES, v. de l'anc. Étrurie.

TARRACONAISE, l'une des trois prov. de l'Espagne constituées par Auguste, au Nord ; cap. Tarraco (Tarragone).

TARRAGONE, anc. Tarraco, v. d'Espagne (Catalogne), sur la Méditerranée ; 14 000 h.

TARRAKAÏ, île de l'océan Pacifique, dans la mer d'Okhotsk, le long de la côte d'Asie, appartient à la Russie depuis 1859.

TARSE, anc. v. de l'Asie Mineure, dans la Cilicie, sur le Cydnus. Alexandre faillit y périr en se baignant dans les eaux du fleuve.

TARTARE, partie des Enfers, où les coupables étaient punis, selon les anciens.

TARTARES ou plutôt **TATARS**, tribus nomades vivant au N. de l'Asie et à l'E. de l'Europe, et désignées sous les noms particuliers de Huns, Avares, Balgares, Madgyares, Finnois, Mongols, Turcs. || EMPIRE DES TARTARES, empire du Mongol Genghis-Khan, qui se divisa en plusieurs États après sa mort.

TARTARIE (Petite), région de Russie, comprenant les gouvernements de Kherson, de Tauride et d'Iékatérinoslav.

TARTARIE INDÉPENDANTE, voy. TURKESTAN.

TARTAS, ch.-l. de c. des Landes, arr. de Saint-Sever ; 3002 h.

TARTESSUS ou **TARSIS**, île de l'anc. Espagne, à l'embouchure du Bétis, dans laquelle les Phéniciens fondèrent une ville.

TARTINI, violoniste et compositeur italien, fonda une école de violon (1692-1770).

TASCHER de la Pagerie, anc. famille de l'Orléanais, dont l'un des membres passa aux Antilles en 1726. C'est de lui que descend l'impératrice Joséphine.

TASMAN, navigateur hollandais (1600-1645), découvrit dans l'océan Pacifique une terre qu'il appela Terre de Van-Diemen, du nom de van Diemen, gouverneur des Indes hollandaises (1642), et qu'on appelle maintenant Tasmanie.

TASMANIE ou **TERRE DE VAN-DIEMEN**, grande île anglaise de la Mélanésie, au S. de l'Australie ; 100 000 h. d'origine anglaise ; ch.-l. Hobart-Town.

TASSILLON, duc de Bavière (748-788), forma contre Charlemagne une ligue avec les Avares et les Lombards ; il fut pris et enfermé dans l'abbaye de Jumièges.

TASSO (Torquato), en français LE TASSE, grand poète italien (1544-1595), auteur du poème de la Jérusalem délivrée (1575), vécut à la cour des ducs de Ferrare, fut atteint de folie, enfermé, puis mena une vie errante et mourut à Rome, à la veille d'être couronné au Capitole.

TASTU (Mme), femme de lettres française, née en 1795, auteur de livres d'éducation.

TATIUS, roi des Sabins, fut introduit dans la citadelle de Rome par Tarpéia ; après un combat, qu'arrêta l'intervention des Sabines, il s'unit à Romulus et régna avec lui.

TAULÉ, ch.-l. de c. du Finistère, arr. de Morlaix ; 2908 h.

TAUNUS, chaîne de montagnes de l'Allemagne du Nord (Hesse), dans laquelle se trouvent les eaux thermales de Wiesbaden.

TAUREAU, 2e signe du zodiaque.

TAURIDE, gouv. de Russie, au S., comprenant la Crimée, etc. ; ch.-l. Simféropol, v. pr. Iénikalé, Pérécop, Sébastopol.

TAURIQUE (CHERSONÈSE), auj. Crimée.

TAURIS, v. de Perse, près du lac d'Ourmiah ; 100 000 h.

TAURUS, chaîne de montagnes de l'Asie Mineure, entre la Cilicie et la Cappadoce.

TAUVES, ch.-l. de c. du Puy-de-Dôme, arr. d'Issoire ; 2549 h.

TAVANNES (seigneur DE), maréchal de France (1509-1573), se distingua dans la guerre d'Italie, sous François Ier, puis dans les guerres contre les protestants, et prit part aux massacres de la Saint-Barthélemi. || Son fils, le vicomte de TAVANNES, fut l'un des chefs du parti catholique contre Henri III et Henri IV ; il est l'auteur des Mémoires sur le maréchal de Tavannes (1555-1629).

TAVERNES, ch.-l. de c. du Var, arr. de Brignoles ; 1146 h.

TAVERNIER (J.-B.), voyageur français (1605-1689), fit plusieurs voyages en Turquie, en Perse et aux Indes.

TAXE DES PAUVRES, taxe établie en Angleterre par Élisabeth en 1601.

TAXILE, roi de l'Inde, entre l'Indus et l'Hydaspe, fut vaincu par Alexandre le Grand et traité avec douceur.

TAYGÈTE, chaîne de montagnes de l'anc. Péloponnèse, se détache du plateau d'Arcadie et se termine au cap Malée.

TCHAD ou **OUANGARA**, grand lac de l'Afrique centrale, dans le Soudan.

TCHÉ-KIANG, fl. de Chine, qui arrose la prov. de ce nom et la ville de Hang-tchéou.

TCHÉNAB ou **TCHINAB**, anc. Acésines, riv. de l'Hindoustan, traverse le Pendjab et se jette dans l'Indus ; 1100 k.

TCHÈQUES, peuple slave, établi dans la Bohême depuis le ve s.

TCHERNAÏA, riv. de Crimée, se jette dans la baie de Sébastopol. || Défaite des Russes par les Français (16 août 1855).

TCHITCHAGOF, amiral russe (1767-1849), ne put empêcher Napoléon Ier de passer la Bérésina (1812).

TECTOSAGES, anc. peuple de la Gaule Transalpine, dont le ch.-l. était Toulouse.

TÉGÉE, v. de l'anc. Arcadie (Grèce).

TÉGLATH-PHALASAR, roi du 2e empire d'Assyrie, régna à Ninive (742-724 av. J.-C.).

TÉHÉRAN, cap. de la Perse; 120 000 h. Fabriques de porcelaine.

TEILLEUL (LE), ch.-l. de c. de la Manche, arr. de Mortain; 2358 h.

TÉLAMON, héros grec, roi de Salamine, prit part à l'expédition des Argonautes, et fut le père d'Ajax et de Teucer.

TÉLÉMAQUE, fils d'Ulysse et de Pénélope, se mit à la recherche de son père, guidé par Minerve sous la figure de Mentor.

TÉLÉPHE, fils d'Hercule, conduisit les Mysiens au secours de Troie. Blessé par Achille, il fut guéri par Ulysse et passa du côté des Grecs.

TELL (GUILLAUME), héros populaire et légendaire de la Suisse, fit avec son beau-père Walter Furst, Arnold de Melchthal et Werner de Stauffacher, le serment d'affranchir son pays du joug de l'Autriche, et tua d'un coup de flèche le bailli Gessler (1307).

TELL (LE), région montagneuse de l'Algérie, entre la Méditerranée et l'Atlas.

TEMESVAR, v. forte de l'Empire austro-hongrois, cap. d'un banat, au S.-E.; 33 000 h.

TEMPÉ, vallée de la Thessalie, entre Olympe et Ossa, sur les bords du Pénée.

TEMPLE (LE), monument religieux élevé à Jérusalem par Salomon, détruit par Nabuchodonosor, rebâti par Zorobabel, au retour de la Captivité, refait par Hérode le Grand et détruit par Titus (70 ap. J.-C.).

TEMPLE (LE), à Paris, résidence principale des Templiers. On y voyait une *Tour* dans laquelle Louis XVI fut enfermé avec sa famille, et qui fut démolie en 1811.

TEMPLE (sir WILLIAM), homme d'État anglais (1628-1699), fut mêlé à toutes les négociations du règne de Charles II.

TEMPLIERS (LES) ou Chevaliers de la milice du Temple, ordre religieux et militaire fondé en 1118, poursuivi par Philippe le Bel et supprimé par Clément V en 1312.

TÉNARE (CAP), auj. Matapan, cap au S.-O. de la Laconie, où les anciens plaçaient l'entrée des Enfers.

TENCE, ch.-l. de c. de la Haute-Loire, arr. d'Yssingeaux; 4693 h. Fabriques de dentelles et de blondes.

TENCIN (PIERRE GUÉRIN DE), cardinal-archevêque de Lyon, avait été l'homme de confiance du cardinal Dubois (1680-1758). || Sa sœur, la marquise DE TENCIN (1681-1749), fit de sa maison le centre des gens de lettres, et écrivit des romans.

TENDE, v. d'Italie, dans la prov. de Coni, au pied du col de Tende; 2000 h. || LE COL DE TENDE, passage des Alpes Maritimes, que traverse la route de Turin à Nice.

TÉNÉDOS, île de l'Archipel, près de la côte d'Asie Mineure, à l'entrée des Dardanelles; 8000 h.; ch.-l. Ténédos.

TÉNÉRIFFE, île africaine de l'océan Atlantique, la plus grande des Canaries, appartient à l'Espagne; 90 000 h.; ch.-l. Santa-Cruz. || PIC DE TÉNÉRIFFE, pic de 3710^m.

TENIAH (COL DE) ou de Mouzaïa, v. ce nom.

TÉNIERS (DAVID) dit *le Vieux*, peintre flamand (1582-1649). Son fils, DAVID TÉNIERS dit *le Jeune* (1610-1685), a illustré son nom par ses kermesses, ses intérieurs de cabaret, ses scènes de village.

TENNESSEE, riv. des États-Unis, affluent de l'Ohio; 1000 k. || Un des États-Unis de l'Amérique du N., dans le bassin du Mississipi; pop. 1 258 373 h.; cap. Nashville.

TENNYSON (ALFRED), poëte anglais, né en 1810, auteur de *Poésies lyriques* et des poèmes de *Élaine*, *Genièvre* et *Viviane*.

TÉNOS, auj. Tino, une des Cyclades.

TÉOS, anc. v. d'Ionie (Asie Mineure).

TÉOTIHUALCAN, v. du Mexique, à 40 k. de Mexico, près de laquelle se trouvait le temple consacré au dieu de la guerre, où l'on égorgeait des victimes humaines.

TERAMO, anc. Interamna, v. d'Italie (prov. d'Abruzze-Ultérieure); 9000 h.

TERBURG (GÉRARD), peintre hollandais (1608-1681).

TERCEIRA, une des Açores; ch.-l. Angra.

TÉRÉE, voy. PROCNÉ.

TÉRENCE, poëte comique latin (194-158 av. J.-C.), dont les comédies les plus connues sont *l'Andrienne* et *les Adelphes*.

TERME, dieu de Rome, protecteur des limites, représenté sous la forme d'un bloc de pierre.

TERNAUX (baron), manufacturier français (1763-1833), fit venir en France des chèvres du Thibet et fabriqua les cachemires français dits *cachemires-Ternaux*.

TERNI, v. d'Italie (prov. d'Ombrie); 16 000 h. Aux environs, belles cascades du Velino.

TERPSICHORE, muse de la danse.

TERRACINE, anc. Anxur, v. d'Italie, à l'extrémité S. des Marais-Pontins, sur le golfe de Terracine.

TERRASSON, ch.-l. de c. de la Dordogne, arr. de Sarlat; 3680 h.

TERRAY, contrôleur général des finances, tenta des opérations odieuses et arbitraires, s'unit à Maupeou et à d'Aiguillon pour renverser Choiseul, et ne fut disgracié que sous Louis XVI (1715-1778).

TERRE (LA), femme d'Uranus, mère de l'Océan, des Titans, de Saturne, etc.

TERRE-DE-FEU, voy. FEU (TERRE DE).

TERRE-NEUVE, île anglaise de l'océan Atlantique, dépendant du continent américain, au S.-E. du Labrador; pop. 146 000 h.; cap. Saint-John. || BANC DE TERRE-NEUVE, plateau sous-marin, situé au N.-E. de l'île, et très-poissonneux.

TERRE-SAINTE, voy. PALESTINE.

TERREUR, période de la Révolution française qui s'étend de la chute des Girondins (31 mai 1793) à la mort de Robespierre (10 thermidor ou 28 juillet 1794).

TERRIBLE (MONT), montagne du Jura septentrional, en Suisse (canton de Berne).

TERTULLIEN, Père de l'Église latine (160-240), auteur de nombreux écrits contre le paganisme et en faveur de la religion chrétienne, entre autres de l'*Apologétique*.

TÉRUEL, v. d'Espagne (Aragon); 7000 h.

TESSÉ (COMTE DE), maréchal de France (1651-1725), se signala dans les guerres et négociations du règne de Louis XIV.

TESSIER, agronome français (1741-1837), directeur de l'établissement rural de Rambouillet, multiplia les mérinos en France.

TESSIN, en lat. Ticinus, riv. d'Italie, vient du Saint-Gothard, tombe dans le lac Majeur, en sort à Sesto-Calende, passe à Pavie et finit dans le Pô; 100 k.

TESSIN, un des 22 cantons de la Suisse, limitrophe de l'Italie; pop. 119 000 h.; 3 cap. Bellinzona, Locarno et Lugano.

TESSY-SUR-VIRE, ch.-l. de c. de la Manche, arr. de Saint-Lô; 1487 h.

TEST (SERMENT DU), en Angleterre, serment par lequel ceux qui devaient exercer un office public faisaient acte d'adhésion au protestantisme (1673-1828).

TESTE (J.-B.), ministre de la justice, puis des travaux publics sous Louis-Philippe, fut condamné par la chambre des Pairs pour concussion (1846).

TESTE (LA), ch.-l. de c. de la Gironde, arr. de Bordeaux, port sur le bassin d'Arcachon; 4462 h.

TESTRY, vge de l'arr. de Péronne (Somme).‖ Bataille de 687, dans laquelle Thierry III fut vaincu par Pepin d'Héristal.

TÊTES-RONDES, soldats de Cromwell, dans la guerre civile du XVIIe s.; ils étaient opposés aux cavaliers.

TÉTHYS, déesse de la mer, fille d'Uranus et de la Terre, épouse de l'Océan.

TÉTOUAN, v. et port du Maroc, sur la Méditerranée; 15 000 h.

TÉTRICUS, l'un des trente tyrans (267 ap. J.-C.), régna dans les Gaules, et fut vaincu par Aurélien (274).

TEUCER, roi de la Troade, donna sa fille à Dardanus, qui lui succéda. ‖ Fils de Télamon, frère d'Ajax, le suivit au siège de Troie, puis fonda Salamine en Chypre.

TEUTATÈS, dieu des Gaulois.

TEUTBERG (FORÊT DE), chaîne de montagnes de l'Allemagne du Nord, entre le haut cours de l'Ems et le Weser.

TEUTONIQUE (ORDRE), ordre militaire et religieux, constitué en Palestine (1190) par Frédéric de Souabe, fils de Frédéric Barberousse. Il acquit de vastes possessions en Allemagne, où il s'était transporté à la fin du XIIIe s., puis tomba en décadence et fut supprimé en 1809.

TEUTONS (LES), peuple germanique des bords de la mer Baltique, envahit avec les Cimbres la Gaule, et fut exterminé par Marius à Aix (102 av. J.-C.).

TEVERONE, anc. Anio.

TEXAS, un des États-Unis de l'Amérique du Nord, sur le golfe du Mexique; pop. 828 640 h.; cap. Austin.

TEXEL, île hollandaise de la mer du Nord, au N. du Helder et du Zuiderzée; pop. 7000 h.; ch.-l. Texel. En 1794, la flotte hollandaise, retenue par les glaces, y fut prise par la cavalerie française.

TEZCUCO, v. du Mexique, près du lac de même nom, à 25 k. de Mexico; 4500 h.

THABOR, montagne de la Turquie d'Asie. Jésus s'y transfigura aux yeux de ses disciples.‖ Vict. des Français sur les Turcs (1799).

THACKERAY, romancier anglais (1811-1863), auteur de la Foire aux vanités, etc.

THADDÉE, voy. JUDE.

THALBERG, pianiste, né à Genève (1812).

THALÈS de Milet, philosophe grec, fondateur de l'école ionienne (640-548 av. J.-C.), détermina la durée de l'année.

THALIE, muse de la comédie.

THANE, sm. Seigneur, chez les Anglo-Saxons.

THANET, île d'Angleterre, au S. de l'embouchure de la Tamise; pop. 24 000 h.

THANN, anc. ch.-l. de c. du Haut-Rhin, arr. de Belfort; 8154 h.; cédé à la Prusse en 1871. Filatures de coton; toiles peintes.

THAPSUS, anc. v. d'Afrique. ‖ Victoire de Jules César sur Varus, Pétreius et Juba (46 av. J.-C.).

THASOS, île de la mer Égée, près de la Thrace, à la Turquie.

THAU, étang de France, dans le dép. de l'Hérault, qui communique avec la Méditerranée par le canal de Cette.

THÉAKI, anc. Ithaque; 10 000 h.

THÉATINS (LES), membres d'un ordre religieux fondé au XVIe s. par P. Caraffa, archevêque de Chieti (anc. Théate).

THÉÂTRE-FRANÇAIS ou **COMÉDIE FRANÇAISE**, société de comédiens, formée de la réunion du théâtre de l'Hôtel de Bourgogne et du théâtre du Palais-Royal (troupe de Molière), en 1680, siégea d'abord rue Guénégaud, puis rue de l'Ancienne-Comédie, et enfin rue Richelieu.

THÉBAÏDE ou **HAUTE-ÉGYPTE**, partie mérid. de l'Égypte anc., dans laquelle se retirèrent les premiers solitaires chrétiens.

THÉBAINE (LÉGION), légion romaine composée de chrétiens, qui fut commandée par saint Maurice et qui se laissa massacrer, sous Dioclétien, plutôt que de sacrifier aux idoles.

THÈBES aux cent portes, v. de l'anc. Égypte, cap. de la Thébaïde, sur le Nil, dont les ruines se trouvent dans les villages de Médinet-Abou, de Louqsor et de Karnak.

THÈBES, v. de la Grèce ancienne, cap. de la Béotie; auj. Thiva.

THÉGONNEC (SAINT-), ch.-l. de c. du Finistère, arr. de Morlaix; 3881 h.

THEIL (LE), ch.-l. de c. de l'Orne, arr. de Mortagne; 1031 h.

THEISS, riv. de l'Empire austro-hongrois, descend des monts Carpathes en Hongrie, et se jette dans le Danube au-dessus de Belgrade; 930 k.

THÉMIS, déesse de la justice, chez les Grecs.

THÉMISTIUS, rhéteur grec (315-390 ap. J.-C.), fut en faveur auprès de Constance, Jovien, Valens, Valentinien Ier et Théodose.

THÉMISTOCLE, homme d'État et général athénien (533-470 av. J.-C.), battit les Perses à Salamine, et mourut exilé en Perse.

THÉNARD (baron), chimiste français (1777-1857), découvrit le bore, inventa la préparation du bleu qui porte son nom, etc.

THÉNEZAY, ch.-l. de c. des Deux-Sèvres, arr. de Parthenay; 2540 h.

THENON, ch.-l. de c. de la Dordogne, arr. de Périgueux; 1852 h.

THÉOCRITE, poète grec, né à Syracuse (IIIe s. av. J.-C.), auteur d'Idylles.

THÉODAT, roi des Ostrogoths d'Italie, fit périr Amalasonte pour régner seul; mais fut battu par les généraux de Justinien et égorgé par ses soldats (536).

THÉODEBALD, roi d'Austrasie, fils et successeur de Théodebert Ier (547-553).

THÉODEBERT Ier, petit-fils de Clovis et fils de Thierri Ier, roi d'Austrasie (534-547), battit les Grecs et les Ostrogoths. ‖ THÉO-

...BERT II, roi d'Austrasie, fils et successeur de Childebert II (596), attaqua son frère Thierry II, fut vaincu, puis mis à mort par ordre de son aïeule Brunehaut (612).

THÉODELINDE, femme d'Autharis, roi des Lombards, épousa, après la mort de son mari, le duc de Turin, Agilulphe, et le fit élever au trône (591).

THÉODORA, épouse de Justinien 1er, associée à l'empire par son mari (527).

THÉODORE (sainte), dame romaine, subit le martyre sous Dioclétien. Corneille l'a prise pour héroïne d'une tragédie.

THÉODORIC *le Grand*, roi des Ostrogoths (455-526), vainquit et tua Odoacre, et se fit proclamer roi d'Italie (493).

THÉODORIC 1er, roi des Visigoths, se réunit à Aétius pour combattre Attila, et périt dans la bataille de Châlons (451).

THÉODOROS, grand négus ou roi d'Abyssinie (1855), retint prisonniers des missionnaires anglais; n'ayant pas voulu céder aux menaces de l'Angleterre, il fut attaqué par sir Robert Napier; vaincu, il se donna la mort (1868).

THÉODOSE 1er *le Grand*, associé à l'empire par Gratien (379), repoussa de la Macédoine les Visigoths, vengea la mort de Valentinien II, renversa l'usurpateur Eugène, et resta seul maître de tout l'empire (394-395). Il laissa deux fils, Arcadius et Honorius. || THÉODOSE II *le Jeune*, empereur d'Orient, succéda à son père Arcadius (408-450); il acheta la paix d'Attila. Il est l'auteur du *Code Théodosien* (439).

THÉOGNIS, poète grec (570-485 av. J.-C.), auteur d'*Élégies* et surtout de *Sentences*, qui l'ont fait surnommer le *Gnomique*.

THÉOPHILANTHROPES (LES), secte de déistes qui exista à Paris de 1796 à 1801.

THÉOPHRASTE, philosophe grec (374-287 av. J.-C.), disciple et successeur d'Aristote, auteur des *Caractères moraux*, traduits en français par La Bruyère.

THÉOPOMPE, roi de Sparte, institua les éphores (760 av. J.-C.).

THÉRA, auj. Santorin.

THÉRAIN (LE), riv. de France, passe à Beauvais et se jette dans l'Oise; 88 k.

THÉRAMÈNE, l'un des trente tyrans d'Athènes, fut condamné à boire la ciguë par ses collègues, parce qu'il avait voulu empêcher leurs cruautés (403 av. J.-C.).

THÉRAPIA, vge de plaisance à 6 k. de Constantinople.

THÉRÈSE (sainte), dame espagnole (1515-1582), célèbre par ses extases et ses visions, auteur du *Chemin de la perfection*, etc.

THERMAÏQUE (GOLFE), auj. golfe de Salonique, dans la mer Égée, entre la Macédoine et la Chalcidique.

THERMES de Julien, à Paris, restes d'un palais construit par Constance Chlore, près de Lutèce, habité par l'empereur Julien et par des rois de France de la 1re et de la 2e dynastie. Sur l'emplacement du palais fut bâti, au XVe siècle, un hôtel par les abbés de Cluny. Il a été transformé en musée du moyen âge (1843).

THERMIDOR, onzième mois de l'année républicaine (du 19 ou 20 juillet au 18 ou 19 août). || JOURNÉE DU 9 THERMIDOR AN II (27 juillet 1794), journée de la Révolution célèbre par la chute de Robespierre.

THERMOPYLES, défilé de l'anc. Grèce entre l'Œta et la côte du golfe Maliaque. Léonidas y trouva la mort avec 300 Spartiates (480 av. J.-C.). Les généraux romains Acilius Glabrion et Caton l'Ancien y vainquirent Antiochus le Grand (191 av. J.-C.).

THÉROULDE, poète français du XIe s., auteur présumé de la *Chanson de Roland*, le plus ancien poème de notre langue.

THERSITE, personnage de l'Iliade, devenu le type du lâche insolent.

THÉSÉE, héros grec, fils d'Égée, roi d'Athènes, tua le Minotaure, prit part aux grandes aventures de l'âge héroïque; divisa le peuple d'Athènes en trois classes.

THESPIES, anc. v. de Béotie.

THESPIS, poète grec, à qui l'on attribue l'invention de la tragédie.

THESSALIE, contrée de l'anc. Grèce, au N., bornée par les monts Cambuniens, le Pinde, la Phocide et la mer. Elle est arrosée par le Pénée et le Sperchius; v. pr. Larisse, Pharsale, Lamia. Auj. elle appartient presque entièrement à la Turquie.

THESSALONIQUE, anc. Therma, v. de l'anc. Macédoine, sur le golfe Thermaïque.

THÉTIS, fille de Nérée, petite-fille de Téthys, nymphe de la mer, épousa Pélée, et fut mère d'Achille.

THÉVENOT (JEAN DE), voyageur français (1633-1667), visita l'Asie, et a laissé des relations de voyages. On dit qu'il apporta le premier le café en France.

THÈZE, ch.-l. de c. des Basses-Pyrénées, arr. de Pau; 506 h.

THIARD (PONTUS DE), poète de la Pléiade française du XVIe siècle (1521-1605).

THIAUCOURT, ch.-l. de c. de Meurthe-et-Moselle, arr. de Toul; 1402 h.

THIBAUDEAU (comte), homme politique français (1765-1854), fut l'un des chefs du parti conventionnel, après Thermidor, remplit des fonctions administratives sous le Consulat et l'Empire, et prit une part active à la confection des Codes.

THIBAUT IV, comte de Champagne, roi de Navarre (1201-1253), célèbre parmi nos anc. poètes par ses *Chansons*, ses *Jeux partis*.

THIBERVILLE, ch.-l. de c. de l'Eure, arr. de Bernay; 1426 h.

THIBET ou **TIBET**, contrée de l'Asie centrale, tributaire de l'empire chinois; pop. 7 000 000 d'h.; cap. Lassa.

THIÉBLEMONT, ch.-l. de c. de la Marne, arr. de Vitry-le-François; 363 h.

THIÉRACHE, pays de l'anc. Picardie; v. pr. Guise et La Fère.

THIERRI 1er ou THÉODORIC, roi de Metz ou d'Austrasie (511-534), l'aîné des fils de Clovis, dévasta l'Auvergne. || THIERRI II, roi de Bourgogne et d'Austrasie (596), 2e fils de Childebert II, fut dominé par son aïeule Brunehaut, vainquit et tua son frère Théodebert II (612). || THIERRI III, 3e fils de Clovis II, roi de Neustrie et de Bourgogne (670), vécut sous la tutelle d'Ébroïn et de Pepin d'Héristal. || THIERRY IV, fils de Dagobert III, régna soumis à la toute-puissance de Charles-Martel (720-737).

THIERRY (AUGUSTIN), historien français (1795-1856), auteur de *Lettres sur l'histoire de France*, de l'*Histoire de la conquête de l'Angleterre par les Normands* (1825), des *Récits des temps mérovingiens*, etc. || Son frère, **AMÉDÉE THIERRY** (1797-1873), a publié l'*Histoire des Gaulois*, l'*Histoire d'Attila*, *Saint Jérôme*, etc.

THIERS, ch.-l. d'arr. du Puy-de-Dôme, à 58 k. de Clermont; 16635 h. Fabrication de coutellerie et de papier.

THIERS (ADOLPHE), né à Marseille (1797), publia de 1823 à 1827 l'*Histoire de la Révolution française*. Ayant contribué par la presse à la fondation de la monarchie de juillet, il devint ministre des Travaux publics, puis de l'Intérieur (1832-1836), et fut deux fois président du Conseil (1836 et 1840). Remplacé par Guizot (29 oct. 1840), il reprit ses travaux historiques et fit paraître, de 1845 à 1862, l'*Histoire du Consulat et de l'Empire*. Élu député en 1863 et en 1869, il s'opposa en vain à la déclaration de guerre contre la Prusse (1870). A la suite des désastres de la France, il négocia la paix avec l'Allemagne. L'Assemblée nationale siégeant à Bordeaux le nomma chef du pouvoir exécutif, titre qui fut changé en celui de président de la République. Après avoir triomphé de la Commune et accompli la libération du territoire, il se démit de ses fonctions à la suite d'un vote hostile de l'Assemblée (24 mai 1873).

THILLOT (LE), ch.-l. de c. des Vosges, arr. de Remiremont; 2188 h.

THIONVILLE, anc. ch.-l. d'arr. de la Moselle, place forte, sur la Moselle, à 28 k. de Metz; 7376 h.; cédé à la Prusse en 1871.

THIRLWALL, historien anglais, né en 1797, auteur d'une *Histoire de la Grèce*.

THIRON-GARDAIS, ch.-l. de c. d'Eure-et-Loir, arr. de Nogent-le-Rotrou; 600 h.

THIS, v. de l'anc. Égypte (Thébaïde.)

THISBÉ, voy. PYRAME.

THIVIERS, ch.-l. de c. de la Dordogne, arr. de Nontron; 3011 h.

THIZY, ch.-l. de c. du Rhône, arr. de Villefranche; 3089 h.

THOAS, roi de la Chersonèse Taurique, avait ordonné la mort de tous les étrangers qui aborderaient dans ses États.

THOISSEY, ch.-l. de c. de l'Ain, arr. de Trévoux; 1609 h.

THOMAS (saint), apôtre, ne crut à la résurrection de Jésus qu'après avoir touché ses plaies.

THOMAS (ANTOINE-LÉONARD), littérateur français (1732-1785), dont le principal ouvrage est l'*Essai sur les Éloges*.

THOMAS (AMBROISE), compositeur français, né en 1811, auteur de *Mignon*, d'*Hamlet*, etc., directeur du Conservatoire de musique, à Paris.

THOMAS D'AQUIN (saint), surnommé l'*Ange de l'école* ou le *Docteur angélique* (1225-1274), l'un des plus grands théologiens et philosophes du moyen âge, auteur de la *Somme de théologie*, etc.

THOMAS (SAINT-), une des Antilles, aux États-Unis depuis 1867; pop. 14000 h.; ch.-l. Saint-Thomas.

THOMERY, vge à 8 k. de Fontainebleau (Seine-et-Marne), sur la Seine, connu par la culture du chasselas de Fontainebleau.

THOMSON (JAMES), poète anglais (1700-1748), auteur du poème des *Saisons*, de l'hymne *Rule Britannia* et de tragédies.

THOMYRIS, reine des Massagètes, attira Cyrus dans un piège et le tua (529 av. J.-C.)

THÔNES, ch.-l. de c. de la Haute-Savoie, arr. d'Annecy; 2770 h.

THONON, ch.-l. d'arr. de la Haute-Savoie, à 76 k. d'Annecy, sur le lac de Genève; 3272 h.

THOR, dieu des Scandinaves, fils d'Odin, et dieu de la force, de l'air, du tonnerre.

THOR (LE), bourg à 17 k. d'Avignon; 3678 h. Culture de la garance.

THORENS, ch.-l. de c. de la Haute-Savoie, arr. d'Annecy; 2668 h.

THORINS (LES), vignoble renommé près de Romanèche (Saône-et-Loire).

THORSHAVN, ch.-l. de l'archipel des Feroë.

THORWALDSEN, célèbre sculpteur danois (1770-1844).

THOTH, dieu de l'anc. Égypte, présidait à la parole, à l'écriture, aux sciences.

THOU (JACQUES-AUGUSTE DE), magistrat et historien français (1553-1617), fut mêlé à toutes les négociations importantes des règnes de Henri III et Henri IV. Il a écrit en latin l'*Histoire de son temps*, de 1540 à 1607. || Son fils aîné, FRANÇOIS-AUGUSTE DE THOU (1607-1642), conseiller d'État, accusé de n'avoir pas révélé le traité conclu par Cinq-Mars avec l'Espagne, fut condamné à mort et décapité avec son ami.

THOUARCÉ, ch.-l. de c. de Maine-et-Loire, arr. d'Angers; 1629 h.

THOUARS, ch.-l. de c. des Deux-Sèvres, arr. de Bressuire; 2622 h.

THOURET, homme politique français (1746-1794), fut quatre fois président de l'Assemblée constituante et l'un des principaux auteurs de la constitution de 1791. En 1794, il fut décapité.

THOUTMOSIS, roi de la 18e dynastie égyptienne, acheva l'expulsion des Hycsos.

THOUVENEL (ÉDOUARD-ANTOINE), diplomate français (1818-1866), fut ministre des Affaires étrangères de 1860 à 1862.

THRACE, région de l'anc. Europe, au N. de la Grèce et de la mer Égée, fait auj. partie de la Turquie d'Europe et forme deux provinces, la Bulgarie et la Roumélie.

THRASÉAS (PÆTUS), sénateur romain, condamné à mort par ordre de Néron, se fit ouvrir les veines (66 av. J.-C.).

THRASYBULE, général athénien, délivra sa patrie de la tyrannie des Trente (403 av. J.-C.).

THUCYDIDE, historien athénien (471-402 av. J.-C.), fut exilé pour n'avoir pu sauver Amphipolis, qu'assiégeait Brasidas. Il a écrit l'*Histoire de la guerre du Péloponnèse*.

THUEYTS, ch.-l. de c. de l'Ardèche, arr. de Largentière; 2368 h.

THUGS ou *étrangleurs*, association d'assassins fanatiques de l'Hindoustan.

THUIR, ch.-l. de c. des Pyrénées-Orientales, arr. de Perpignan; 3407 h.

THULÉ, nom donné par les anciens à une île au N. de l'Europe, et qu'on croit être une des Orcades.

THUN, v. de Suisse, sur l'Aar, à la sortie du lac de Thun, dans le canton de Berne; 6500 h. Le lac de Thun est formé par l'Aar, qui sort du lac de Brienz.

THURGOVIE, un des cantons de la Confédération suisse, sur le lac de Constance; pop. 93300 h.; cap. Frauenfeld.

THURINGE, anc. région centrale de la Germanie, entre la Lippe, l'Elbe, la Saale, le Danube et le Rhin, forma, au V° s. de notre ère, un royaume, démembré par les Carlovingiens et les Saxons. Cette contrée correspond à la prov. prussienne de Saxe.

THURINGE (forêt de) ou Thuringerwald, chaîne de montagnes de l'Allemagne du Nord, dans les duchés de Saxe.

THURIUM, v. de l'Italie anc. (Lucanie).

THURY-HARCOURT, ch.-l. de c. du Calvados, arr. de Falaise; 1479 h.

THYESTE, fils de Pélops et d'Hippodamie, frère d'Atrée (voy. ATRÉE).

THYMBRÉE, plaine de Phrygie, où Cyrus battit Crésus (548 av. J.-C.). || V. de la Troade où Apollon avait un temple.

TIBBOUS (LES), tribus berbères répandues dans le Sahara oriental.

TIBÈRE, fils de Tiberius Claudius Néron et de Livie (42 av. J.-C. - 37 ap. J.-C.), fut adopté par son beau-père Auguste et lui succéda (14 ap. J.-C.). Il s'était signalé par ses campagnes en Germanie, du vivant d'Auguste. Devenu empereur, il mérita par ses cruautés et ses perfidies de devenir le type des tyrans. || TIBÈRE II, empereur d'Orient (578-582), battit les Perses, grâce à l'habileté de son général Maurice.

TIBÉRIADE, auj. Tabarieh, v. de Palestine, sur le lac de même nom, fondée par Hérode Antipas en l'honneur de l'empereur Tibère. || LAC DE TIBÉRIADE ou DE GÉNÉSARETH, lac de la Palestine sept. traversé par le Jourdain.

TIBRE, auj. Tevere, fl. d'Italie, descend de l'Apennin toscan, passe à Pérouse, à Rome, et se jette dans la mer Tyrrhénienne; 300 k.

TIBULLE, poète romain (54-19 av. J.-C.), auteur d'*Élégies*.

TIBUR, auj. Tivoli, v. de l'Italie anc. dans le Latium, sur l'Anio, qui y forme des cascades célèbres.

TIECK (Louis), littér. allemand (1773-1853).

TIEN-TSIN, v. de Chine, sur le Pei-ho, où fut signé, en 1858, le traité qui ouvrit la Chine aux chrétiens.

TIEPOLO, nom de deux doges de Venise, qui exercèrent le pouvoir de 1229 à 1275. || J.-B. TIEPOLO, peintre et graveur vénitien, orna Milan et Venise de fresques.

TIERS-ÉTAT ou **TIERS**, troisième ordre, nom donné en France à la classe de la bourgeoisie. Réuni au clergé et à la noblesse, il formait les états généraux.

TIFLIS, v. de la Transcaucasie russe, sur le Kour; 71000 h.

TIGELLINUS, favori de Néron et préfet du prétoire, dirigea la révolte contre son maître. Il se tua à l'avènement d'Othon.

TIGRANE, nom de sept rois d'Arménie, dont le 2e, dit *le Grand* (89-36 av. J.-C.), soutint son beau-père Mithridate contre les Romains, et fut dépouillé d'une partie de ses États par Pompée.

TIGRE, fl. de la Turquie d'Asie, prend sa source dans les montagnes d'Erzeroum, passe à Diarbékir, Mossoul, Bagdad, et se joint à l'Euphrate à Kornah; 1300 k.

TILLEMONT (LE NAIN DE), historien français (1637-1698), auteur de savants travaux sur les six premiers siècles de l'Église, etc.

TILLY (comte DE), général allemand (1559-1632), fut le général de la Ligue catholique, pendant la guerre de Trente Ans, commanda les troupes impériales après la disgrâce de Waldstein, et fut vaincu par Gustave-Adolphe à Leipzig et sur le Lech.

TILLY-SUR-SEULLES, ch.-l. de c. du Calvados, arr. de Caen; 1127 h.

TILSITT, v. de Prusse, sur le Niémen; 16000 h. || Traité du 7 juillet 1807 entre la France, la Prusse et la Russie, qui enlevait à la Prusse ses provinces polonaises et ses possessions à l'O. de l'Elbe.

TIMANTE, peintre grec, contemporain de Zeuxis et de Parrhasius, auteur d'un tableau célèbre du *Sacrifice d'Iphigénie*.

TIMÉE, philosophe grec de l'école de Pythagore (V° s. av. J.-C.), donna des leçons à Platon. || Historien grec (352-256 av. J.-C.), dont il ne reste que des fragments.

TIMOLÉON, général corinthien (413-337 av. J.-C.), chassa de Syracuse le tyran Denys le Jeune et battit les Carthaginois.

TIMON *le Misanthrope*, Athénien du V° s. av. J.-C., célèbre par la haine qu'il avait conçue contre le genre humain.

TIMOR, île de l'archipel de la Sonde; pop. 900000 h. L'ouest de l'île appartient aux Hollandais, l'est aux Portugais.

TIMOTHÉE, poète et musicien grec (446-357 av. J.-C.).

TIMOTHÉE, général athénien, fils de Conon, mort en 354 av. J.-C.

TIMOTHÉE (saint), 1er évêque d'Éphèse, s'attacha à saint Paul, et fut martyrisé à Rome, vers 97.

TIMSAH, lac au centre de l'isthme de Suez. Ismailah est situé sur ses bords.

TINCHEBRAI, ch.-l. de c. de l'Orne, arr. de Domfront; 4498 h. Lingeries, serges.

TINEH, anc. Péluse, v. de la Basse-Égypte, port sur le lac Menzaleh.

TINGIS, auj. Tanger, anc. cap. de la Mauritanie Tingitane.

TINO, anc. Ténos (Cyclades); 30000 h.

TINTÉNIAC, ch.-l. de c. d'Ille-et-Vilaine, arr. de Saint-Malo; 2184 h.

TINTORET (LE), peintre italien, né à Venise (1512-1594), auteur des *Noces de Cana*.

TIPPOU-SAÏB ou **TIPPOO-SAÉB**, fils d'Haïder-Ali, sultan de Maïssour ou Mysore (Hindoustan), tenta d'expulser les Anglais de l'Inde, et périt en combattant (1749-1799).

TIRABOSCHI, littérateur italien (1731-1794), auteur d'une *Hist. de la littérature ital.*

TIRÉSIAS, devin de l'anc. Thèbes (Grèce).

TIRON, affranchi et secrétaire de Cicéron, inventeur des *notes tironiennes*, signes de tachygraphie.

TIRYNTHE, anc. v. de l'Argolide.

TISIPHONE, l'une des Furies.

TISSAPHERNE, satrape de Perse, sous le roi Artaxerxès II, suivit les Dix Mille dans leur retraite, sans pouvoir en triompher, et périt tué par ordre de son maître.

TISSOT (PIERRE-FRANÇOIS), littérateur français et professeur de poésie latine au Collège de France (1768-1854).

TITANS (LES), fils de la Terre, déclarèrent la guerre à Saturne et furent foudroyés par Jupiter.

TITE LIVE, historien latin, né à Padoue (59 av. J.-C. - 17 ap. J.-C.), fut accueilli avec faveur par Auguste. Il écrivit une *Histoire romaine*, dont il reste à peine le quart.

TITHON, fils de Laomédon et frère de Priam, épousa l'Aurore.

TITICACA (lac), voy. Chucuito.

TITIEN (Vecellio, dit le), le plus illustre peintre de l'école vénitienne (1477-1576).

TITUS, empereur romain, fils aîné de Vespasien (41-81 ap. J.-C.), prit et ruina Jérusalem, succéda à son père (79), et mérita par sa clémence et sa douceur d'être surnommé *les Délices du genre humain*.

TIVOLI, anc. *Tibur*, sur le Teverone, à 30 k. de Rome ; 7000 h.

TLASCALA, v. du Mexique, anc. cap. de la république belliqueuse qui s'allia avec Fernand Cortez contre les Aztèques.

TLEMCEN, v. d'Algérie, ch.-l. de subdiv. milit. et d'arr., à 120 k. d'Oran ; 13 000 h.

TMOLUS, montagne de l'anc. Lydie.

TOBIE, nom de deux Juifs célèbres par leur piété et dont l'histoire est racontée dans un livre de l'Ancien Testament.

TOBOLSK, v. cap. de la Sibérie, au confluent du Tobol et de l'Irtich ; 20 000 h.

TOCANTINS, riv. du Brésil, affluent du Para, bras mérid. de l'Amazone ; 1800 k.

TOCQUEVILLE (de), publiciste et homme politique français (1805-1859), ministre des affaires étrangères du 2 juin au 31 oct. 1849, auteur de *la Démocratie en Amérique* et de *l'Ancien régime et la Révolution*.

TOEPLITZ, v. de Bohême ; 4000 h. Eaux thermales sulfureuses. || Traité contre la France entre l'Autriche, la Prusse et la Russie, en 1813.

TOISON D'OR, toison du bélier qui porta dans leur fuite en Colchide Phryxus et Hellé, et qui fut conquise par les Argonautes.

TOISON D'OR, ordre de chevalerie institué par Philippe le Bon, duc de Bourgogne (1429), et dont la grande maîtrise passa par Charles-Quint aux rois d'Espagne.

TOKAY, bourg de Hongrie, dans le comitat de Zemplin, célèbre par ses vins de liqueur ; 5000 h.

TOLBIAC, auj. *Zulpich*, v. de l'anc. Gaule, près de Cologne, où Clovis défit les Alamans (496).

TOLÈDE, v. d'Espagne, dans la Nouvelle-Castille, sur le Tage ; 18 000 h. Archevêché. Anc. cap. des Visigoths, puis de l'Espagne jusqu'à la fondation de Madrid en 1560. Fabrique d'armes blanches.

TOLENTINO, bourg d'Italie, dans la prov. de Macerata (Marches) ; 3000 h. || Traité entre Pie VI et le général Bonaparte (1797).

TOLHUYS, vge des Pays-Bas, sur le Rhin, où Louis XIV passa le fleuve (1672).

TOLOSA, v. d'Espagne, cap. du Guipuzcoa ; 4400 h.

TOLU, v. de la Colombie, port sur la mer des Antilles ; 4000 h. Dans les environs, espèce d'arbres résineux qui produit le baume de Tolu.

TOMBOUCTOU, v. du Soudan occidental, près du Niger ; 15 000 h. Entrepôt du commerce du Soudan avec Ghât et le Maroc.

TOMES, anc. v. de la Mésie, sur le Pont-Euxin, où Ovide fut exilé par Auguste.

TOMSK, v. de Sibérie, ch.-l. du gouv. de même nom ; 11 000 h.

TONAL (Alpes du), rameau des Alpes Rhétiques, qui sépare les Grisons du Tyrol, puis le Tyrol de la Lombardie.

TONGOUSES ou **TOUNGOUSES**, indigènes de la Sibérie.

TONGRES, v. de Belgique, dans le Limbourg ; 7000 h. Anc. cap. des Tongriens, peuple de la Gaule belgique.

TONKIN (royaume de), région N. de l'empire d'Annam ; 5 000 000 d'h. ; cap. Ke-tcho.

TONKIN (golfe du), golfe formé par la mer de Chine, entre les empires de Chine et d'Annam.

TONNAY-BOUTONNE, ch.-l. de c. de la Charente-Inférieure, arr. de Saint-Jean-d'Angély ; 1129 h.

TONNAY-CHARENTE, ch.-l. de c. de la Charente-Infre, arr. de Rochefort ; 3872 h.

TONNEINS, ch.-l. de c. de Lot-et-Garonne, arr. de Marmande, sur la Garonne ; 8275 h.

TONNERRE, ch.-l. d'arr. de l'Yonne, à 37 k. d'Auxerre ; 5332 h.

TONNERRE (MONT-), montagne de la Bavière Rhénane.

TÖPFFER, littérateur suisse (1799-1846), auteur des *Nouvelles genevoises*, des *Voyages en zigzag* et d'albums de charges.

TORCY (J.-B. Colbert, marquis de), fils de Colbert de Croissy, neveu de l'illustre Colbert (1665-1746), secrétaire d'État pour les Affaires étrangères de 1696 à 1715, fut chargé de toutes les graves négociations par Louis XIV. Il a laissé des *Mémoires*.

TORGAU, v. de Prusse, sur l'Elbe ; 11 000 h.

TORIES (les), au sing. *Tory*, nom donné en Angleterre au parti conservateur.

TORIGNI-SUR-VIRE, ch.-l. de c. de la Manche, arr. de Saint-Lô ; 2008 h.

TORNÉA, fl. de Suède, sépare la Russie de la Suède, et se jette dans le golfe de Bothnie ; 529 k.

TORQUEMADA, inquisiteur général d'Espagne (1483-1498), fameux par ses rigueurs.

TORRE-DELL'-ANNUNZIATA, v. d'Italie, sur le golfe de Naples ; 12 000 h.

TORRE-DEL-GRECO, v. d'Italie, sur le golfe de Naples ; 13 000 h.

TORRÈS-VEDRAS, v. de Portugal (Estramadure) ; 1500 h. Wellington s'y retrancha et arrêta Masséna (1810-1811).

TORRICELLI, physicien italien (1608-1647), découvrit le baromètre, en 1643.

TORSTENSON, général suédois (1603-1651), se distingua dans la guerre de Trente Ans.

TORTONE, v. d'Italie, prov. d'Alexandrie ; 13 000 h.

TORTOSE, v. d'Espagne (Catalogne), sur l'Èbre ; 20 000 h.

TORTUE (La), îlot de l'archipel des Antilles, sur la côte N.-O. de Haïti ; 6000 h.

TOSCANE, anc. *Étrurie*, région centrale de l'Italie, entre l'Émilie au N., les Apennins, l'Ombrie et les provinces romaines ; cap. Florence ; pop. 1 826 830 h. Elle formait un grand-duché qui fut annexé au royaume de Sardaigne en 1860.

TÔTES, ch.-l. de c. de la Seine-Inférieure, arr. de Dieppe ; 836 h.

TOTILA, roi des Ostrogoths, de 541 à 552, tint tête aux généraux de Justinien en Italie, s'empara de Rome, et ne fut vaincu que par Narsès, à Lentagio.

TOTLEBEN, général russe, né en 1818, s'est illustré par les travaux qu'il exécuta pour la défense de Sébastopol (1855).

TOUAREGS (les), peuple nomade du Sahara central, de race berbère.

TOUCY, ch.-l. de c. de l'Yonne, arrond. d'Auxerre ; 2857 h.

TOUL, ch.-l. d'arr. de Meurthe-et-Moselle, à 23 k. de Nancy, sur la Moselle ; 6930 h. Un des *Trois-Évêchés* dont Henri II s'empara.

TOULA, v. de Russie, au centre ; 58 000 h. École militaire. Mines de fer et forges.

TOULLIER, jurisconsulte français (1752-1835), célèbre par son grand ouvrage : *le Droit civil français*.

TOULON, ch.-l. d'arr. du Var, à 61 k. de Draguignan et 930 de Paris ; 69 127 h. Premier port de France sur la Méditerranée ; préfecture maritime.

TOULON-SUR-ARROUX, ch.-l. de c. de Saône-et-Loire, arr. de Charolles ; 1832 h.

TOULOUSE, ch.-l. de la Haute-Garonne, à 770 k. de Paris, sur la Garonne ; 124 852 h. Archevêché. Anc. cap. du royaume des Visigoths, puis du duché d'Aquitaine. || Le 10 avril 1814, bataille indécise dans laquelle Soult soutint l'attaque de Wellington.

TOULOUSE (comte DE), fils légitimé de Louis XIV (1678-1737), grand amiral de France, défit les Anglais à Malaga (1704).

TOUNGOUSKA, nom de trois riv. de la Sibérie, affl. de l'Iénisséi.

TOUQUES, riv. de France, passe à Lisieux, Pont-l'Évêque, Touques, et se jette dans la Manche à Trouville ; 90 k.

TOURAINE (LA), prov. de l'anc. France ; cap. Tours.

TOURANE, v. et port de l'empire d'Annam, dont les forts ont été détruits par les Franco-Espagnols en 1858.

TOURANGEAU, ELLE, adj. et sm. et f. Habitant, habitante de la Touraine.

TOURANIENS (LES), peuple du Touran ou Turkestan.

TOURCOING, ch.-l. de c. du Nord, arr. de Lille ; 44 322 h. Filatures, tapisseries, etc.

TOURGUÉNEFF, romancier russe, né en 1818, auteur des *Mémoires d'un seigneur russe*, des *Scènes de la vie russe*, etc.

TOURMALET, mont des Pyrénées entre la vallée de Bastan et celle de l'Adour, où l'Adour prend sa source.

TOURMENTES (CAP DES), premier nom du cap de Bonne-Espérance (1486).

TOURNAN, ch.-l. de c. de Seine-et-Marne, arr. de Melun ; 1682 h.

TOURNAY ou **TOURNAI**, v. de Belgique (Hainaut), sur l'Escaut ; 32 000 h. Tapis, dentelles, cuirs, etc.

TOURNAY, ch.-l. de c. des Hautes-Pyrénées, arr. de Tarbes ; 1337 h.

TOURNEFORT (DE), botaniste franç. (1656-1708), auteur des *Éléments de botanique*, etc.

TOURNELLE (LA), chambre du Parlement de Paris chargée de juger les affaires criminelles en dernier ressort.

TOURNOIS, monnaie fabriquée à Tours, plus faible d'un 5e que celle de Paris.

TOURNON, ch.-l. d'arr. de l'Ardèche, à 53 k. de Privas, sur le Rhône ; 5390 h.

TOURNON, ch.-l. de c. de l'Indre, arr. du Blanc ; 1507 h.

TOURNON, ch.-l. de c. de Lot-et-Garonne, arr. de Villeneuve ; 4256 h.

TOURNUS, ch.-l. de c. de Saône-et-Loire, arr. de Mâcon, sur la Saône ; 5553 h.

TOUROUVRE, ch.-l. de c. de l'Orne, arr. de Mortagne ; 1828 h.

TOURS, ch.-l. d'Indre-et-Loire, à 236 k. de Paris, sur la Loire ; 43 368 h. Archevêché. Anc. cap. de la Touraine.

TOURTERON, ch.-l. de c. des Ardennes, arr. de Vouziers ; 600 h.

TOURVILLE (comte DE), marin français (1642-1701), célèbre par la lutte qu'il soutint entre les pointes de la Hague et de Barfleur contre la flotte anglo-hollandaise (1692).

TOUSSAINT-LOUVERTURE, noir de l'île de Saint-Domingue (1743-1803), s'empara du pouvoir après l'insurrection contre la domination française (1791-1796) ; mais, réduit à capituler par le général Leclerc, il fut arrêté et mourut prisonnier en France.

TOUVET (LE), ch.-l. de c. de l'Isère, arr. de Grenoble ; 1595 h.

TRACY (DESTUTT DE), philosophe français (1754-1836), auteur des *Éléments d'idéologie*, d'une *Grammaire générale*, etc.

TRAFALGAR, cap d'Espagne, au N.-O. du détroit de Gibraltar, où Nelson vainquit l'amiral Villeneuve, et fut tué (1805).

TRAJAN, empereur romain (53-117 ap. J.-C.), adopté par Nerva, lui succéda en 98, soumit les Daces, vainquit les Parthes, et accomplit de grands travaux dans Rome.

TRAJANE (COLONNE), colonne de marbre élevée à Rome en l'honneur de Trajan et ornée de reliefs qui rappellent les principaux événements des guerres daciques.

TRAKTIR, pont sur la Tchernaia.

TRAMAYES, ch.-l. de c. de Saône-et-Loire, arr. de Mâcon ; 2149 h.

TRANQUEBAR, v. de l'Hindoustan anglais, sur la côte de Coromandel ; 23 000 h.

TRANSALPINE (GAULE), la Gaule située au delà des Alpes, par rapport à Rome.

TRANSCAUCASIE, partie de l'empire russe située au S. du Caucase.

TRANSPADANE (RÉPUBLIQUE) ou *au delà du Pô*, république qui, réunie à la Cispadane, forma la République cisalpine (1797).

TRANSTAMARE (HENRI DE), roi de Castille (1369-1379), détrôna son frère Pierre le Cruel et le poignarda.

TRANSTÉVÉRIN, INE, adj. et sm. et f. Habitant, habitante du Transtévère, quartier de Rome, sur la rive droite du Tibre.

TRANSVAAL (RÉPUBLIQUE DE), république fondée par des Hollandais émigrés de la colonie anglaise du Cap, au N. de la Terre de Natal. Mines de diamants.

TRANSYLVANIE, grande division de l'empire austro-hongrois, à l'E., entre la Hongrie, la Moldavie et la Valachie ; pop. 2 115 000 h. ; cap. Klausenburg.

TRAPANI, anc. Drepanum, v. et port de Sicile, sur la côte O. ; 27 000 h.

TRAPÉZONTE, auj. Trébizonde.

TRAPPE (SOLIGNY-LA-), vge près de Mortagne (Orne), où fut fondée en 1140 une abbaye, réformée par l'abbé de Rancé (1662).

TRASIMÈNE (LAC), auj. lac de Pérouse, lac d'Étrurie, sur les bords duquel Annibal battit le consul Flaminius (217 av. J.-C.).

TRAS-OS-MONTES, prov. du Portugal, au N. ; pop. 370 000 h. ; ch.-l. Bragance.

TRAVE (LA), riv. d'Allemagne, arrose Lubeck ; 100 k.

TRAVERS (VAL-), vallée de la Suisse, dans le canton de Neuchâtel, dans le Jura.

TREBBIA ou **TRÉBIE**, riv. d'Italie, descend des Apennins et se jette dans le Pô près de Plaisance ; 80 k. || Victoire d'Annibal sur Sempronius (218 av. J.-C.). || Victoire de Souvarow sur Macdonald (1799).

TRÉBELLIUS POLLION, historien latin (IVe s.), dont il ne reste que les *Vies des empereurs Valérien*, *Gallien*, *des Trente Tyrans et de Claude II*.

TRÉBIZONDE, anc. Trapézonte, v. et port de la Turquie d'Asie, sur la mer Noire; 50 000 h. || De 1204 à 1461, siège d'un empire grec particulier, qui fut gouverné par les Comnènes, et que les Turcs ont détruit.

TREFFORT, ch.-l. de c. de l'Ain, arr. de Bourg; 1832 h.

TRÉGUIER, ch.-l. de c. des Côtes-du-Nord, arr. de Lannion, port sur le Tréguier, à 10 k. de la Manche; 3815 h.

TREIGNAC, ch.-l. de c. de la Corrèze, arr. de Tulle, sur la Vézère; 2786 h.

TREILHARD (comte), homme politique français (1742-1810), prit une part active à la rédaction du Code civil.

TRÉLAZÉ, vge à 9 k. d'Angers (Maine-et-Loire); 4807 h. Ardoisières.

TRÉLON, ch.-l. de c. du Nord, arr. d'Avesnes; 3000 h.

TREMBLADE (LA), ch.-l. de c. de la Charente-Inférieure, arr. de Marennes; 2636 h.

TRENTE, v. de l'empire d'Autriche, ch.-l. du Tyrol italien, sur l'Adige; 15 000 h. || Concile de Trente, concile œcuménique, réuni par Paul III en 1545 et terminé en 1563, fixa les dogmes de l'Église catholique.

TRENTE (combat des), combat de 30 chevaliers anglais contre 30 chevaliers bretons, qui eut lieu entre Josselin et Ploërmel. La victoire resta aux Français (1351). Beaumanoir était du nombre des combattants.

TRENTE ANS (guerre de), guerre politique et religieuse, d'abord allemande, puis européenne, entre les États protestants et les États catholiques, se termina par les traités de Westphalie (1618-1648).

TRENTE TYRANS (LES), nom donné: 1° aux 30 magistrats que Lysandre imposa aux Athéniens, après la guerre du Péloponnèse (404 av. J.-C.), et qui furent chassés par Thrasybule; 2° aux nombreux usurpateurs qui parurent dans l'empire romain, de 253 à 270, parmi lesquels on cite Postumus, Tétricus, Trébellianus, etc.

TRÉPORT (LE), commune de l'arr. de Dieppe, port sur la Manche; 3840 h.

TRETS, ch.-l. de c. des Bouches-du-Rhône, arr. d'Aix; 2794 h.

TRÊVE ou **PAIX DE DIEU**, suspension d'armes que l'Église imposait aux seigneurs, pendant certains jours et à certaines époques (XIe s.).

TRÈVES, v. de Prusse, sur la Moselle; 22 000 h. Antiq. romaines. || Archevêché-Électorat de Trèves, un des trois électorats ecclésiastiques de l'anc. emp. d'Allemagne, démembré à la paix de Lunéville (1801).

TRÈVES, ch.-l. de c. du Gard, arr. du Vigan; 485 h.

TRÉVIÈRES, ch.-l. de c. du Calvados, arr. de Bayeux; 1100 h.

TRÉVIRES (les), peuple gaulois de la Belgique; ch.-l. Trèves.

TRÉVISE, v. d'Italie (prov. de Venise); 18 000 h. || Duc de Trévise, voy. Mortier.

TRÉVOUX, ch.-l. d'arr. de l'Ain, à 49 k. de Bourg, sur la Saône; 2635 h. Anc. cap. de la principauté de Dombes. Imprimerie qui publia le *Dictionnaire universel de Trévoux* (1704) et le *Journal de Trévoux* (1701).

TRÉZEL, général français (1780-1860), se distingua en Algérie, et fut ministre de la guerre sous Louis-Philippe Ier.

TRÉZÈNE, v. de l'anc. Argolide (Grèce), près du golfe Saronique.

TRIAL, chanteur de la Comédie-Italienne (1737-1795), dont le nom sert à désigner l'emploi de ténor comique.

TRIANON (le Grand et le Petit), nom de deux petits châteaux dépendants du château de Versailles, et construits le 1er par Louis XIV et le 2e par Louis XV.

TRIAUCOURT, ch.-l. de c. de la Meuse, arr. de Bar-le-Duc; 990 h.

TRIBONIEN, jurisconsulte romain, eut la direction des travaux législatifs accomplis sous le règne de Justinien (475-545).

TRIBUNAL RÉVOLUTIONNAIRE, tribunal extraordinaire qui fonctionna à Paris pendant la Terreur, et près duquel Fouquier-Tinville fut accusateur public.

TRIBUNAT, en France, assemblée législative établie par la constitution de l'an VIII et composée de 100 membres. Il discutait les projets de loi du gouvernement avec les orateurs du conseil d'État devant le Corps législatif. Il fut aboli en 1807.

TRIBUNS DU PEUPLE, magistrats de la république romaine, institués en 493 av. J.-C. pour protéger le peuple contre les patriciens. || Tribuns militaires, magistrats ayant les mêmes attributions que les consuls et pouvant être choisis parmi les plébéiens (444-366 av. J.-C.).

TRIBUS, nom donné: 1° aux 12 divisions territoriales des Hébreux, désignées par les noms des fils de Jacob et de Joseph; 2° aux 35 divisions du peuple de Rome.

TRICASSES (les), peuple de l'anc. Gaule, dont la cap. est devenue Troyes.

TRIE, ch.-l. de c. des Hautes-Pyrénées, arr. de Tarbes; 1608 h.

TRIESTE, anc. Tergeste, v. et port de l'empire austro-hongrois, sur le golfe de Trieste; 70 000 h. Grand commerce.

TRIMOUILLE (LA), ch.-l. de c. de la Vienne, arr. de Montmorillon; 1845 h.

TRIMOURTI, la trinité des Indiens, formée de Brahma, Vichnou et Siva.

TRINACRIE, nom anc. donné à la Sicile.

TRINITAIRES ou **ORDRE DE LA RÉDEMPTION**, ordre religieux fondé en 1198 par saint Jean de Matha pour la délivrance des chrétiens captifs chez les infidèles.

TRINITÉ (LA), v. de la Martinique; 7000 h.

TRINITÉ (LA), la plus méridionale et la plus grande des petites Antilles, en face des bouches de l'Orénoque, aux Anglais; pop. 84 500 h.; cap. Port-d'Espagne.

TRINITÉ-PORHOËT (LA), ch.-l. de c. du Morbihan, arr. de Ploërmel; 1201 h.

TRINQUEMALE, v. et port sur la côte N.-E. de l'île de Ceylan; 18 000 h.

TRIPOLI, v. du pachalik de Beyrouth (Turquie d'Asie), près de la mer; 15 000 h.

TRIPOLI (régence de), État de l'Afrique sur la Méditerranée, entre l'Égypte et la régence de Tunis, gouverné par un pacha dépendant du sultan; pop. 1 150 000 h.; cap. Tripoli, port sur la Méditerranée; 15 000 h.

TRIPOLITZA, ch.-l. de l'Arcadie (Grèce).

TRIPTOLÈME, roi d'Éleusis, apprit de Cérès l'art de cultiver la terre et l'enseigna aux habitants de l'Attique.

TRISTAN L'HERMITE (Louis), grand prévôt de Louis XI. || François Tristan l'Hermite, auteur dramatique franç. (1601-1655), célèbre par sa tragédie de *Mariane*.

TRITON, fils de Neptune et d'Amphitrite.

TRIUMVIRAT (premier), association formée à Rome entre Pompée, César et Crassus (60 av. J.-C.), pour s'emparer du pouvoir. || Second triumvirat, association formée entre Antoine, Octave et Lépide (43 av. J.-C.), après la mort de César.

TRIVIER-DE-COURTES (Saint-), ch.-l. de c. de l'Ain, arr. de Bourg; 1393 h.

TRIVIER - SUR - MOIGNANS (Saint-), ch.-l. de c. de l'Ain, arr. de Trévoux; 1787 h.

TRIVULCE, maréchal de France, né à Milan (1448-1518), aida Charles VIII et Louis XII dans la conquête du Milanais, et fut nommé gouverneur de Milan; il fut disgracié par François Ier.

TROADE, anc. contrée de l'Asie Mineure, sur l'Hellespont; cap. Troie.

TROARN, ch.-l. de c. du Calvados, arr. de Caen; 797 h.

TROCADÉRO, forts protégeant la rade de Cadix, qui furent enlevés par le duc d'Angoulême, en 1823.

TROCHU, général français, né en 1815, nommé président du gouvernement de la Défense nationale le 4 sept. 1870, fut gouverneur de Paris pendant le siège, et donna sa démission le 26 janvier 1871.

TROGLODYTES (les) ou *habitants des cavernes*, peuple de l'anc. Afrique, le long de la mer Rouge.

TROGUE-POMPÉE, historien latin du temps d'Auguste, composa une *Histoire Philippique*, qui prenait l'empire macédonien pour centre, et dont il ne nous reste que les extraits faits par Justin.

TROIE, v. de l'anc. Asie Mineure, cap. de la Troade, fut prise par les Grecs après un siège de dix ans (1193-1184 av. J.-C.).

TROILUS, fils de Priam et d'Hécube, fut tué par Achille.

TROIS-ÉVÊCHÉS (les) Metz, Toul, Verdun.

TROIS-MOUTIERS, ch.-l. de c. de la Vienne; arr. de Loudun; 1222 h.

TROLLOPE (mistress), femme de lettres anglaise (1791-1863), auteur de voyages et de romans.

TROMP (Martin), marin hollandais (1597-1653), remporta de brillantes victoires sur les Espagnols et sur les Anglais, et pénétra jusque dans la Tamise.|| Son fils, Corneille Tromp (1629-1691), fut un amiral distingué.

TROMPETTE (Château-), forteresse construite à Bordeaux par Charles VII, et détruite sous Louis XIV.

TRONCHET, jurisconsulte et magistrat français (1726-1806), fut choisi par Louis XVI pour l'un de ses défenseurs, et collabora, sous le Consulat, au Code civil.

TRONCHIN (Théodore), médecin, né à Genève (1709-1781), s'établit à Paris.

TRONSON DU COUDRAY, avocat français (1750-1798), défendit Marie-Antoinette devant le tribunal révolutionnaire; s'étant déclaré contre le Directoire, au 18 fructidor 1797, il fut déporté à Sinnamary.

TROPEZ (Saint-), ch.-l. de c. du Var, arr. de Draguignan; 3532 h.

TROPHONIUS (antre de), antre près de Lébadée (Béotie), siège d'un oracle.

TROPLONG, jurisconsulte français (1795-1869), auteur du *Droit civil expliqué*, fut président du Sénat du second Empire.

TROPPAU, cap. de la Silésie autrichienne; 12 000 h.

TROS, fils d'Érichthonius, père d'Ilus et de Ganymède, donna son nom à Troie.

TROUBADOURS, poëtes du midi de la France qui du XIe au XIIIe s. écrivirent en langue d'oc.

TROUSSEAU, médecin franç. (1801-1867).

TROUVÈRES, poëtes de la France septentrionale qui du XIe au XVe s. écrivirent en langue d'oïl.

TROUVILLE, ch.-l. de c. du Calvados, arr. de Pont-l'Évêque, à l'embouchure de la Touques, à 50 k. de Caen, 220 de Paris; 5761 h.

TROYES, ch.-l. de l'Aube, sur la Seine; 38 113 h. Évêché. || Traité de 1420 par lequel le roi d'Angleterre Henri V était reconnu héritier de la couronne de France.

TROYON (Constant), peintre français, paysagiste (1813-1865).

TRUCHTERSHEIM, anc. ch.-l. de c. du Bas-Rhin, arr. de Strasbourg; 697 h.; cédé à la Prusse en 1871.

TRUGUET, amiral français (1752-1838), se distingua dans la guerre d'Amérique, et fut ministre de la marine sous le Directoire.

TRUN, ch.-l. de c. de l'Orne, arr. d'Argentan; 1616 h.

TUBALCAÏN, fils de Lamech, inventa l'art de travailler le fer et l'airain.

TÜBINGEN, v. du royaume de Wurtemberg, sur le Necker; 10 000 h. Université.

TUCHAN, ch.-l. de c. de l'Aude, arr. de Carcassonne; 1209 h.

TUDELA, v. d'Espagne (prov. de Pampelune), sur l'Èbre; 6000 h.

TUDORS (les), maison royale d'Angleterre, qui donna cinq souverains à l'Angleterre, de 1485 à 1603 : Henri VII, Henri VIII, Édouard VI, Marie et Élisabeth.

TUFFÉ, ch.-l. c. de la Sarthe, arr. de Mamers; 1629 h.

TUGEND-BUND, c.-à-d. *lien de vertu*, société formée en 1813 parmi les étudiants allemands, pour l'expulsion des Français.

TUILERIES (palais des), résidence des rois de France, à Paris, construit pour Catherine de Médicis par Philibert Delorme, continué par Jean Bullant et Le Vau, et brûlé sous la Commune, en mai 1871.

TULLE, ch.-l. de la Corrèze, sur la Corrèze, à 480 k. de Paris; 13 681 h. Évêché.

TULLIE, fille de Servius Tullius et femme de Tarquin le Superbe, fit passer son char sur le corps de son père assassiné. || Fille de Cicéron et de Terentia (78-45 av. J.-C.).

TULLINS, ch.-l. de c. de l'Isère, arr. de Saint-Marcellin; 4834 h.

TULLUS HOSTILIUS, 3e roi de Rome (673-641 av. J.-C.); sous son règne eut lieu le combat des Horaces et des Curiaces; les Albains vaincus furent transportés à Rome.

TUNIS, v. de l'Afrique septentrionale, à 40 k. de la Méditerranée, avec laquelle elle communique par le canal de la Goulette; cap. de la régence de Tunis; 125 000 h.

TUNISIE ou **RÉGENCE DE TUNIS**, État de l'Afrique septentrionale, entre la régence de Tripoli et l'Algérie, nominalement vassal de la Turquie; pop. 2 000 000 d'h.

TURBIGO, bourg du Milanais, où Napoléon III passa le Tessin, le 3 juin 1859.

TURCOING, voy. TOURCOING.

TURCOMANS (LES), peuple de race turque répandu dans toute l'Asie occidentale.

TURCS, peuples de race scythique ou tartare, habitant le Turkestan, le S.-O. de la Sibérie, la Russie entre l'Oural et le Volga, la Crimée, l'Asie Mineure et quelques parties de la Turquie d'Europe.

TURENNE (HENRI DE LA TOUR D'AUVERGNE, vicomte DE), maréchal-général des camps et armées du roi (1611-1675), contribua aux victoires qui amenèrent la paix de Westphalie, prit parti pour la cour dans la 2e guerre de la Fronde, prépara par la victoire des Dunes sur les Espagnols (1658) le traité des Pyrénées ; s'illustra par ses campagnes dans les Pays-Bas et surtout par sa défense de l'Alsace (1674-1675), et fut tué d'un boulet de canon à Salzbach.

TURGOT, économiste français (1727-1781); signalé par ses écrits sur la science économique et par son habile administration dans l'intendance de Limoges, fut appelé au ministère des finances (1774), et commença une série de réformes ; mais attaqué par le Parlement, par la cour, il fut renvoyé par Louis XVI (1776).

TURIN, v. d'Italie (Piémont), sur le Pô, à 855 k. de Paris; 180 000 h. Anc. cap. du royaume de Sardaigne.

TURKESTAN ou TOURAN, région de l'Asie, entre la Sibérie, l'Afghanistan, la mer Caspienne et la mer d'Aral, habitée par des peuples de race turque. || TURKESTAN CHINOIS, ou TARTARIE CHINOISE, ou PETITE BOUKHARIE, anc. partie de l'empire chinois renfermant le désert de Cobi et auj. indépendante. || TURKESTAN RUSSE, nouvelle prov. de la Russie, formée d'une partie du khanat de Khokand.

TURNER, peintre anglais (1775-1851).

TURNUS, roi des Rutules, fiancé de Lavinie, fille de Latinus, fut tué par Énée.

TURPIN ou TILPIN, moine de Saint-Denis, archevêque de Reims (753), à qui on a attribué une chronique latine sur la vie de Charlemagne et de Roland.

TURQUIE ou EMPIRE OTTOMAN, vaste État composé de cinq parties : la Turquie d'Europe, la Turquie d'Asie, l'Hedjaz, Tripoli et les pays vassaux (Roumanie, Serbie, Monténégro, Égypte et Tunis); pop. 43 640 000 h. ; cap. Constantinople. Sultan régnant depuis 1876 : Mourad V.

TURRIERS, ch.-l. de c. des Basses-Alpes, arr. de Sisteron ; 850 h.

TUSCULUM, auj. Frascati, v. de l'anc. Latium, où Cicéron avait une campagne et où il composa ses *Tusculanes*.

TVER, v. de Russie, sur le Volga ; 35 000 h.

TWEED, petit fl. de la Grande-Bretagne, sur la limite de l'Écosse et de l'Angleterre, se jette dans la mer du Nord ; 160 k.

TYCHO-BRAHÉ, célèbre astronome danois (1546-1601).

TYNDARE, roi de Sparte, eut de Léda Castor et Pollux, Clytemnestre et Hélène.

TYPHON, dieu de l'anc. Égypte, le dieu du mal, tua son frère Osiris, et fut tué à son tour par Horus.

TYR, anc. v. de Phénicie, célèbre par son commerce, fondée sur la côte par les Sidoniens, ruinée par Nabuchodonosor (672), rebâtie dans une petite île, et détruite par Alexandre le Grand (332 av. J.-C.).

TYROL (LE), prov. de l'empire austro-hongrois, entre la Bavière, la Suisse et l'Italie; pop. 886 000 h. ; cap. Insprück.

TYRRHÉNIENNE (MER), partie de la Méditerranée occidentale située entre la Corse, la Sardaigne, la Sicile et l'Italie.

TYRRHÉNIENS (LES), tribu pélasgique qui s'établit entre la Macra et le Tibre.

TYRTÉE, poète grec, du VIIe s. av. J.-C., composa des hymnes guerriers.

TZAR ou TSAR, titre que porte l'empereur de Russie depuis Ivan III.

U

UBERTI (FARINATA DEGLI), chef des Gibelins de Florence, au XIIIe s., chassé en 1250, rentra dans Florence en 1260.

UDINE, v. d'Italie, dans la Vénétie ; anc. cap. du Frioul ; 24 000 h.

UDINE (JEAN D'), peintre italien (1489-1561), travailla, sous Raphaël, aux arabesques des *Loges* du Vatican.

UGINES, ch.-l. de c. de la Savoie, arr. d'Albertville ; 2854 h.

UGOLIN, tyran de Pise, fut renversé par l'archevêque Roger d'Ubaldini, et enfermé dans une tour où il mourut de faim avec ses deux fils et ses deux petits-fils (1288).

UHLAND (JEAN-LOUIS), poète populaire et patriotique de l'Allemagne (1787-1862).

UKRAINE, pays de la Russie, arrosé par le Dniéper ; v. pr. Kharkov, Kiev, Poltava, Kherson. Élève de bestiaux et chevaux.

ULÉMA (LES), docteurs de la religion et de la loi, chez les Turcs ottomans. Ils ont pour chef le mufti.

ULLOA (SAINT-JEAN-DE-), fort qui commande l'entrée du port de Vera-Cruz (Mexique) ; il a été pris par les Français (1838).

ULM, v. forte du Würtemberg, sur le Danube ; 25 000 h. || Capitulation de l'armée autrichienne, en 1805.

ULPHILAS, évêque des Goths (311-381), traduisit les Écritures en langue gothique. Les fragments conservés de cette traduction sont le plus ancien monument des idiomes germaniques.

ULPIEN, jurisconsulte romain, préfet du prétoire sous Héliogabale, puis sous Alexandre Sévère, fut tué par les prétoriens mécontents de ses réformes (228).

ULRIQUE-ELÉONORE, reine de Suède, succéda à son frère Charles XII (1719-1741), et associa son époux Frédéric de Hesse-Cassel à la couronne (1720).

ULSTER, prov. la plus septentrionale de l'Irlande ; v. pr. Armagh, Londonderry, Donegal ; pop. 1 830 000 h.

ULYSSE, fils de Laërte, époux de Pénélope et père de Télémaque, assista au siége de Troie. Son retour fut signalé par des événements racontés dans l'*Odyssée* d'Homère. Revenu à Ithaque, il fut tué par Télégone, fils qu'il avait eu de Circé.

UNIGENITUS (BULLE), bulle par laquelle Clément XI condamna les *Réflexions morales* du P. Quesnel, janséniste (1713).

UNION (L'), les États-Unis d'Amérique.

UNITAIRES, hérétiques niant la Trinité.

UNIVERSITÉ, au moyen âge, corporation de maîtres et d'élèves jouissant de certains priviléges, et dont la principale fut l'Université de Paris, fondée en 1200 et abolie par la Révolution. || UNIVERSITÉ DE FRANCE, corps des fonctionnaires de l'enseignement public, établi par les décrets de 1808 et de 1811, et placé sous la direction du ministre de l'instruction publique. || Nom donné, depuis la loi de 1875, aux établissements libres d'enseignement supérieur.

UNTERWALDEN, un des cantons de la Suisse, sur la rive occid. du lac des Quatre-Cantons; pop. 26 116 h.; 2 ch.-l. Sarnen et Stanz. Il fut l'un des trois cantons qui s'unirent contre l'Autriche, en 1307.

UPSAL, v. de Suède, anc. résidence des rois; 11 000 h. Université et bibliothèque.

UR, patrie d'Abraham, dans la Chaldée.

URANIE, la Muse de l'astronomie.

URANUS, fils et époux de la Terre, père de Saturne, des Titans, des Cyclopes.

URBAIN, nom de huit papes, dont le 2ᵉ prêcha la 1ʳᵉ croisade (1095); le 6ᵉ vit commencer le schisme d'Occident par l'élection de Clément VIII (1378); le 8ᵉ (BARBERINI) condamna le livre de Jansénius (1642).

URBIN, v. d'Italie, dans la prov. de Pesaro; 15 000 h. Patrie de Raphaël. || DUCHÉ D'URBIN, anc. principauté de l'Italie, possédée tour à tour par les Borgia, les della Rovere et le saint-siège.

URFÉ (HONORÉ D'), romancier franç. (1568-1625), auteur du roman pastoral *l'Astrée*.

URGEL ou LA SEU D'URGEL, v. d'Espagne, au pied des Pyrénées, dans la prov. de Lérida (Catalogne); 5000 h. L'évêque de cette ville partage avec la France le protectorat de la république d'Andorre.

URI, un des cantons de la Suisse, à l'extrémité S. du lac des Quatre-Cantons; pop. 16 107 h.; cap. Altorf. Il fut l'un des 3 cantons qui s'unirent contre l'Autriche (1307).

URIAGE ou SAINT-MARTIN-D'URIAGE, vge près de Grenoble; 2253 h. Eaux sulfureuses.

URIE, officier de David, mari de Bethsabée, fut tué au siège de Rabbath.

URIEL, l'ange de la lumière, ministre de la colère divine, suivant les Juifs.

URSINS (ANNE DE LA TRÉMOUILLE, princesse DES), dame de la cour de Louis XIV (1635-1722), accompagna en Espagne Marie de Savoie, femme de Philippe V, eut un grand ascendant sur cette reine et son époux, mais fut renvoyée par la seconde femme du roi, Élisabeth de Parme (1714).

URSULE (sainte), fille d'un prince de la Grande-Bretagne, martyrisée avec ses compagnes, près de Cologne, par les Huns.

URSULINES (LES), congrégation de religieuses fondée en 1537 pour l'éducation des jeunes filles, établie à Paris en 1604.

URUGUAY, riv. de l'Amérique méridionale, arrose le Brésil, sépare le Brésil de la république Argentine et la république Argentine de l'Uruguay; 1300 k. || RÉPUBLIQUE DE L'URUGUAY, État de l'Amérique mérid. borné par le Brésil, l'Uruguay et l'Atlantique; pop. 390 000 h.; cap. Montevideo.

USSEL, ch.-l. d'arr. de la Corrèze, à 61 k. de Tulle; 3830 h.

USTARITZ, ch.-l. de c. des Basses-Pyrénées, arr. de Bayonne; 2876 h.

UTAH, territoire des États-Unis, à l'E. de la Californie, principalement habité par les Mormons; pop. 86 786 h.; cap. Tillmore.

UTELLE, ch.-l. de c. des Alpes-Maritimes, arr. de Nice; 1905 h.

UTIQUE, anc. v. d'Afrique, sur la Méditerranée, au N.-O. de Carthage, auj. ruinée, fameuse par la mort du second Caton.

UTRECHT, v. des Pays-Bas, sur le Vieux-Rhin; 60 000 h. Université. Soieries et draps. || Traités de 1713 qui mirent fin à la guerre de la Succession d'Espagne.

UTRERA, v. d'Espagne, dans la prov. de Séville; 12 000 h.

UZEL, ch.-l. de c. des Côtes-du-Nord, arr. de Loudéac; 1585 h.

UZERCHE, ch.-l. de c. de la Corrèze, arr. de Tulle, sur la Vézère; 3022 h.

UZÈS, ch.-l. d'arr. du Gard, à 25 k. de Nîmes; 5574 h. Cap. d'un anc. duché.

V

VABRE, ch.-l. de c. du Tarn, arr. de Castres; 2450 h.

VADÉ (JEAN-JOSEPH), poète burlesque français (1720-1757).

VADUZ, cap. de la principauté de Lichtenstein, près du Rhin; 1600 h.

VAILLANT, maréchal de France (1790-1872), ministre de la guerre sous le second Empire (1854-1859), puis ministre de la Maison de l'Empereur (1860-1870).

VAILLY, ch.-l. de c. de l'Aisne, arr. de Soissons, sur l'Aisne; 1648 h.

VAILLY-SUR-SAULDRE, ch.-l. de c. du Cher, arr. de Sancerre; 1111 h.

VAISON, ch.-l. de c. de Vaucluse, arr. d'Orange; 3279 h. Anc. évêché.

VAISSÈTE (DOM), savant bénédictin français (1685-1756), auteur d'une *Histoire générale du Languedoc*, etc.

VALACHIE, une des Principautés danubiennes, forme avec la Moldavie un État vassal de la Porte ottomane, sous le nom de Moldo-Valachie ou Roumanie; pop. 2 700 000 h.; cap. de la Valachie: Bukharest.

VALAIS (LE), canton de la Suisse, dans la vallée du Rhône; pop. 96 887 h.; cap. Sion.

VALAQUE, *adj.* et *s.* Qui est de la Valachie, qui appartient à la Valachie.

VALAZÉ, conventionnel, compris dans la condamnation des Girondins, se frappa d'un coup de poignard (1751-1793).

VALBONNAIS, ch.-l. de c. de l'Isère, arr. de Grenoble ; 1290 h.

VALDAÏ (PLATEAU DE), en Russie, d'où descendent la Dwina, le Dnieper, le Volga.

VAL-DE-GRÂCE, église et hôpital militaire situés dans la rue Saint-Jacques, à Paris. L'église fut construite par Fr. Mansart (1645), la coupole peinte par Mignard.

VALDEPENAS, v. d'Espagne (Nouvelle-Castille), renommée par ses vins ; 10 000 h.

VALDÉRIÈS, ch.-l. de c. du Tarn, arr. d'Albi ; 1128 h.

VALDIEU (COL DE), passage entre les Vosges et le Jura.

VALDO (PIERRE) ou DE VAUX, hérésiarque français, chef des *Pauvres de Lyon* (XIIᵉ s.).

VALÉE (comte), maréchal de France (1773-1846) ; il enleva d'assaut la ville de Constantine en 1837.

VALENÇAY, ch.-l. de c. de l'Indre, arr. de Châteauroux ; 3517 h. Château de la famille Talleyrand, dans lequel fut détenu Ferdinand VII, roi d'Espagne (1808-1814).

VALENCE, v. d'Espagne, près de l'embouchure du Guadalaviar dans la Méditerranée ; 87 000 h. Archevêché.

VALENCE, ch.-l. de la Drôme, à 618 k. de Paris, sur le Rhône ; 20 668 h. Évêché.

VALENCE, ch.-l. de c. du Gers, arr. de Condom ; 1683 h.

VALENCE, ch.-l. de c. du Tarn, arr. d'Albi ; 1451 h.

VALENCE, ch.-l. de c. de Tarn-et-Garonne, arr. de Moissac ; 3625 h.

VALENCIENNES, ch.-l. d'arr. du Nord, à 51 k. de Lille, sur l'Escaut ; 24 662 h. Ville industrielle et commerçante.

VALENCIENNES, naturaliste franç. (1794-1865), auteur d'une *Hist. natur. des poissons*.

VALENS (FLAVIUS), empereur romain, fut associé à l'empire par son frère Valentinien Iᵉʳ (364-378) et chargé de gouverner l'Orient. Il permit aux Visigoths de s'établir en Mésie et en Thrace, et plus tard il fut vaincu et tué par eux à Andrinople.

VALENSOLE, ch.-l. de c. des Basses-Alpes, arr. de Digne ; 3186 h.

VALENTIA, petite île et bourg d'Irlande, point de l'Europe le plus rapproché de l'Amérique, et d'où part le câble transatlantique anglais.

VALENTINE DE MILAN, fille de Jean-Galéas Visconti (1370-1408), épousa Louis d'Orléans, frère de Charles VI (1389), et demanda vainement justice de la mort de son mari assassiné par Jean sans Peur.

VALENTINIEN Iᵉʳ, empereur romain, succéda à Jovien (364-375), s'associa son frère Valens, repoussa les Alamans et les Saxons de la Gaule, battit les Quades en Illyrie. ‖ VALENTINIEN II, son fils, partagea le trône avec son frère Gratien (375). Attaqué par l'usurpateur Maxime, il fut défendu par Théodose, mais étranglé par l'ordre d'Arbogaste (392). ‖ VALENTINIEN III, nommé empereur d'Occident par son cousin Théodose II (424-455), régna d'abord sous la tutelle de sa mère Placidie ; mais son général Boniface appela en Afrique le Vandale Genseric. D'un autre côté, Attila, battu par Aétius, se jeta sur l'Italie ; Valentinien tua par jalousie son défenseur Aétius, et fut assassiné par Pétrone Maxime.

VALENTINOIS (LE), anc. pays de France, dans le Dauphiné, à l'E. du Rhône ; ch.-l. Valence ; érigé par Louis XII en duché pour César Borgia. Ce titre a passé dans la famille de Grimaldi, souveraine de Monaco.

VALÈRE-MAXIME, historien latin, écrivit sous Tibère un ouvrage intitulé : *Des dits et faits mémorables*.

VALÉRIEN, empereur romain, succéda à Galius (253), s'associa son fils Gallien, et alla attaquer les Perses ; vaincu et pris par Sapor (260), il mourut en captivité.

VALÉRIEN (MONT), la plus haute colline des environs de Paris, sur la rive gauche de la Seine (129 m.) ; fort important.

VALERIUS CORVUS (MARCUS), tribun des soldats sous Camille, tua en combat singulier un Gaulois d'une taille gigantesque, aidé par un corbeau qui aveuglait son ennemi de ses ailes.

VALERY-EN-CAUX (SAINT-), ch.-l. de c. de la Seine-Inférieure, arr. d'Yvetot, port de pêche sur la Manche ; 4522 h.

VALERY-SUR-SOMME (SAINT-), ch.-l. de c. de la Somme, arr. d'Abbeville ; port sur la baie de la Somme, à l'embouchure de ce fleuve dans la Manche ; 3686 h.

VALETTE (LA) ou **CITÉ-VALETTE**, cap. de Malte, port et pr. station de la flotte anglaise dans la Méditerranée ; 60 000 h.

VALGORGE, ch.-l. de c. de l'Ardèche, arr. de Largentière ; 1352 h.

VALIDÉ, titre que les Turcs donnent à la mère du sultan régnant.

VALKIRIES (LES), déesses de la mythologie scandinave, qui servent les guerriers dans les banquets du Walhala.

VALLADOLID, v. d'Espagne (prov. de Léon) ; 40 000 h.

VALLE-D'ALESANI, ch.-l. de c. de la Corse, arr. de Corte ; 800 h.

VALLERAUGUE, ch.-l. de c. du Gard, arr. du Vigan ; 3443 h.

VALLET, ch.-l. de c. de la Loire-Inférieure, arr. de Nantes ; 5091 h.

VALLIER (SAINT-), ch.-l. de c. des Alpes-Maritimes, arr. de Grasse ; 501 h.

VALLIER (SAINT-), ch.-l. de c. de la Drôme, arr. de Valence, sur le Rhône ; 3173 h.

VALLON, ch.-l. de c. de l'Ardèche, arr. de Largentière ; 2489 h.

VALMIKI, poète indien d'une époque incertaine, auteur du *Ramayana*.

VALMONT, ch.-l. de c. de la Seine-Inférieure, arr. d'Yvetot ; 950 h.

VALMORE (DESBORDES, dame), femme poète, née à Douai (1787-1859), auteur d'*Élégies, Idylles, Romances*, etc.

VALMY, vge à 10 k. de Sainte-Menehould (Marne), près duquel Dumouriez et Kellermann battirent le général prussien, duc de Brunswick (1792). Plus tard Napoléon donna à Kellermann le titre de duc de Valmy.

VALOGNES, ch.-l. d'arr. de la Manche, à 58 k. de Saint-Lô ; 5865 h.

VALOIS, pays de l'anc. France, correspondant à l'E. du dép. de l'Oise et au S. de l'Aisne ; ch.-l. Crespy ; v. pr. La Ferté-Milon, Villers-Cotterets, Senlis, Compiègne. Philippe III le Hardi le donna en apanage à son fils Charles, qui fut le père du roi Philippe VI de Valois.

VALOIS (LES), maison qui a régné sur la France de 1328 à 1589 ; elle descendait des Capétiens par son chef Charles de Valois, fils de Philippe III le Hardi. Elle a formé trois branches : la 1re compte sept rois, de Philippe VI à Charles VIII ; la 2e, branche des Valois-Orléans, un seul, Louis XII ; la 3e, branche des Valois-Angoulême, cinq, de François Ier à Henri III.

VALPARAISO, v. du Chili, port de commerce sur le Grand Océan ; 55 000 h.

VALRÉAS, ch.-l. de c. de Vaucluse, arr. d'Orange ; 4675 h.

VALS, bourg de l'arr. de Privas (Ardèche) ; 3210 h. Eaux minérales froides.

VALTELINE (LA), vallée de l'Italie, entre le lac de Côme et l'Adda ; ch.-l. Sondrio. Richelieu l'enleva à la maison d'Autriche pour la rendre aux Grisons (1624). Elle appartient à l'Italie depuis 1859.

VAN, particule nobiliaire en Flandre et en Hollande.

VAN, v. de la Turquie d'Asie, sur le lac de Van, dans l'Arménie ; 25 000 h.

VANCOUVER, navigateur anglais (1750-1798), reconnut les côtes orient. de l'Amérique du N. et donna, avec l'Espagnol Quadra, son nom à une île du Grand Océan.

VANDALES (LES), peuple germain, parti des bords de la Baltique, s'établit dans la Dacie (IIIe s.), envahit la Gaule (406) et s'arrêta en Espagne ; de là il passa en Afrique sous la conduite de Genséric, ravagea et occupa tout le nord de ce pays et y fonda un empire qui fut détruit par Bélisaire (534).

VANDAMME, général français (1770-1830).

VANDEUVRE, ch.-l. de c. de l'Aube, arr. de Bar-sur-Aube ; 1942 h.

VANDRILLE (SAINT-), abbaye de bénédictins de la congrégation de Saint-Maur, près de Caudebec (Seine-Inférieure), fondée par saint Vandrille, comte du palais, sous Dagobert Ier.

VAN DYCK (ANTOINE), peintre, né à Anvers (1599-1641), élève de Rubens, fut attiré en Angleterre par Charles Ier.

VANIKORO, île de l'archipel de Santa-Cruz (Polynésie), où La Pérouse périt (1788).

VANINI, philosophe italien (1584-1619), fut condamné comme athée et brûlé.

VANLOO, famille de peintres originaire de Hollande, dont le membre le plus célèbre est CARLE (1705-1765).

VANNES, riv. de France, prend sa source à 16 k. de Troyes, et se jette dans l'Yonne près de Sens ; 62 k. Une partie de ses sources sont amenées à Paris par un aqueduc.

VANNES, ch.-l. du Morbihan, à 460 k. de Paris ; 14 690 h. Évêché.

VANNUCCI, dit LE PÉRUGIN (voy. ce nom).

VANS (LES), ch.-l. de c. de l'Ardèche, arr. de Largentière ; 2625 h.

VANVES, vge de l'arr. de Sceaux (Seine) ; 7026 h. Lycée.

VAOUR, ch.-l. de c. du Tarn, arr. de Gaillac ; 575 h.

VAR, fl. de France, prend sa source dans les Alpes Maritimes, arrose Puget-Théniers, et se jette dans la Méditerranée ; 114 k.

VAR (dép. du), formé de la basse Provence ; ch.-l. Draguignan ; 3 arr. Draguignan, Brignoles et Toulon ; pop. 293 757 h.

VARADES, ch.-l. de c. de la Loire-Inférieure, arr. d'Ancenis ; 3360 h.

VARÈGUES, bannis scandinaves qui, sous Rurik, se fixèrent en Russie (862).

VARENNES, ch.-l. de c. de la Haute-Marne, arr. de Langres ; 1397 h.

VARENNES-EN-ARGONNE, ch.-l. de c. de la Meuse, arr. de Verdun ; 1453 h. Louis XVI y fut arrêté avec sa famille, en 1791.

VARENNES-SUR-ALLIER, ch.-l. de c. de l'Allier, arr. de Lapalisse ; 2505 h.

VARENT (SAINT-), ch.-l. de c. des Deux-Sèvres, arr. de Bressuire ; 1745 h.

VARÈSE, v. d'Italie, sur le lac du même nom, à 26 k. de Côme ; 7000 h.

VARILHES, ch.-l. de c. de l'Ariège, arr. de Pamiers ; 1646 h.

VARIUS, poète latin, ami de Virgile et d'Horace ; ses œuvres ont péri.

VARNA, v. de la Turquie d'Europe, port sur la mer Noire, dans la Bulgarie ; 22 000 h.

VARRON (CAIUS TERENTIUS), consul romain, fut vaincu par Annibal à Cannes (216).

VARRON (MARCUS TERENTIUS), polygraphe latin, surnommé le plus savant des Romains (114-26 av. J.-C.). Nous ne possédons que deux de ses ouvrages : le traité *Sur les choses de la campagne* (*De re rustica*), et six de ses livres *Sur la langue latine*.

VARSOVIE, v. de la Russie, ch.-l. du gouv. de la Pologne, cap. de l'anc. royaume de Pologne, sur la Vistule, à 1180 k. de Saint-Pétersbourg, 2100 de Paris ; 180 000 h. || GRAND-DUCHÉ DE VARSOVIE, État formé par Napoléon Ier en faveur de Frédéric-Auguste de Saxe (1807), et démembré en 1813.

VARUS, général romain, fut surpris et tué avec trois légions par Arminius dans les défilés de Teutberg (9 ap. J.-C.).

VARZY, ch.-l. de c. de la Nièvre, arr. de Clamecy ; 2998 h. Patrie des trois Dupin.

VASA ou **WASA**, famille qui a donné sept rois à la Suède et trois à la Pologne.

VASARI (GEORGES), peintre, architecte et écrivain florentin (1512-1574), connu surtout par *les Vies des plus excellents peintres, sculpteurs et architectes*.

VASCONS (LES), peuple de l'anc. Espagne, s'établit au N. des Pyrénées et donna à l'anc. Novempopulanie le nom de Vasconie, d'où Gascogne (VIIe s. de notre ère).

VASILI-POTAMO, l'anc. Eurotas.

VASILI ou **BASILE**, nom de princes de Russie, dont le 4e porta le premier le titre d'*autocrate* (1505), soumit Novogorod et battit les Tartares ; le 5e, tsar de Russie, eut à lutter contre le faux Dimitri et mourut prisonnier des Polonais (1605-1609).

VASSY, ch.-l. de c. du Calvados, arr. de Vire ; 2822 h.

VASSY, ch.-l. d'arr. de la Haute-Marne, à 60 k. de Chaumont ; 3112 h. || En 1562, le *massacre de Vassy* fut le signal des guerres civiles religieuses en France.

VASSY-LÈS-AVALLON, vge près d'Avallon (Yonne) ; fabrique de ciment romain.

VATAN, ch.-l. de c. de l'Indre, arr. d'Issoudun ; 2980 h.

VATEL, maître d'hôtel du prince de Condé, se tua de désespoir parce que, dans une fête que son maître donnait à Louis XIV, au château de Chantilly, la marée avait manqué (1671).

VATICAN (MONT), colline de Rome, sur la rive droite du Tibre ; elle porte le palais du Vatican et Saint-Pierre de Rome.

VATICAN (le), palais et résidence du pape à Rome. Il renferme la *chapelle Sixtine* peinte par Michel-Ange, les *Loges* et les *Chambres* de Raphaël, les *Musées* et la *Bibliothèque Vaticane*.

VATIMESNIL (de), homme politique français (1789-1860), ministre de l'instruction publique dans le ministère Martignac (1828).

VATTEL, publiciste suisse (1714-1767), auteur d'un traité *Sur le droit des gens*.

VAUBAN (le Prestre de), maréchal de France (1633-1707), conduisit les sièges du règne de Louis XIV, entoura la France d'une ceinture de forteresses et de places. Parmi ses écrits, on remarque la *Dîme royale*, ouvrage dans lequel il proposait de substituer à la multitude des taxes arbitraires une contribution unique du dixième du revenu.

VAUBECOURT, ch.-l. de c. de la Meuse, arr. de Bar-le-Duc; 946 h.

VAUCANSON (Jacques de), mécanicien, né à Grenoble (1709-1782), connu par ses automates : *le Joueur de flûte, le Joueur de tambourin et de galoubet, les Canards*.

VAUCLUSE, vge de l'arr. et à 30 k. d'Avignon, près de la fontaine de Vaucluse.

VAUCLUSE (dép. de), formé du Comtat-Venaissin, de la principauté d'Orange et d'une partie de la haute Provence ; ch.-l. Avignon ; 4 arr. Avignon, Apt, Carpentras, Orange ; pop. 263 451 h.

VAUCOULEURS, ch.-l. de c. de la Meuse, arr. de Commercy, sur la Meuse ; 2870 h.

VAUD, un des cantons de la Suisse, entre le Jura et les lacs de Genève et de Neuchâtel ; pop. 231 700 h. ; cap. Lausanne.

VAUDOIS (les), sectaires de la Provence reconnaissant pour chef Pierre Valdo (XIIe s.). Ils furent en partie exterminés par ordre de François Ier, et leurs débris, réfugiés en Piémont avec leurs prêtres nommés *barbes*, subsistent encore aujourd'hui.

VAUGELAS (Claude Favre de), grammairien français (1585-1660), l'un des premiers membres de l'Académie, dirigea les travaux du *Dictionnaire* (1638), publia en 1647 ses *Remarques sur la langue française*.

VAUGIRARD, au moyen âge, vge au S.-O. de Paris, annexé à la ville de Paris en 1860 et formant le XVe arr.; 75 449 h.

VAUGNERAY, ch.-l. de c. du Rhône, arr. de Lyon ; 1977 h.

VAULABELLE (Achille de), historien français, né en 1799, auteur d'une *Histoire des deux Restaurations*, ministre de l'instruction publique sous le gouvernement du général Cavaignac (1848).

VAULX-CERNAY, anc. abbaye de l'ordre de Cîteaux, entre Chevreuse et Rambouillet, fondée en 1128.

VAUQUELIN (Louis-Nicolas), chimiste français (1763-1829), découvrit le chrome et la glucine.

VAURY (SAINT-), ch.-l. de c. de la Creuse, arr. de Guéret ; 2567 h.

VAUVENARGUES (marquis de), moraliste français (1715-1747), auteur d'une *Introduction à la connaissance de l'esprit humain, suivie de Réflexions et de Maximes*. Il avait fait les campagnes de 1734 et de 1741.

VAUVERT, anc. château qui se trouvait entre l'Observatoire et le palais du Luxembourg, à Paris, et qui passait pour être hanté par les revenants.

VAUVERT, ch.-l. de c. du Gard, arr. de Nîmes ; 5137 h.

VAUVILLERS, ch.-l. de c. de la Haute-Saône, arr. de Lure ; 1204 h.

VAUX, château à 9 k. de Melun, construit en 1653 par Levau pour le surintendant Fouquet, décoré par Ch. Lebrun et Mignard ; parc dessiné par Le Nôtre.

VAUX-DE-VIRE (les), vallée de la Normandie, près de Vire, célébrée par Olivier Basselin dans ses chansons ou *vaux-de-vire*.

VAVINCOURT, ch.-l. de c. de la Meuse, arr. de Bar-le-Duc ; 609 h.

VAYRAC, ch.-l. de c. du Lot, arr. de Gourdon ; 1875 h.

VAYVODE ou **VOÏVODE**, sm. Titre des gouverneurs de provinces de l'anc. Pologne et des princes de Moldavie et de Valachie, avant qu'ils eussent pris celui d'hospodar.

VEAU D'OR, idole que les Hébreux élevèrent au pied du Sinaï et que brisa Moïse.

VECELLIO, nom de famille du Titien.

VÉDAS (les), livres sacrés des Hindous.

VEGA (LOPE DE), auteur espagnol d'une fécondité prodigieuse (1562-1635) ; il composa des poëmes, des romans en vers ; on lui attribue plus de 1800 pièces de théâtre.

VÉGÈCE (Flavius), écrivain latin de la 2e moitié du IVe s., dédia à l'empereur Valentinien II son *Traité de l'art militaire*.

VEHME (SAINTE-), tribunal secret établi par Charlemagne pour retenir les Saxons dans l'obéissance. || Plus tard, dans le XIVe et le XVe s., association secrète qui se forma en Allemagne ; les membres du tribunal étaient appelés *Francs-Juges*.

VÉIES, anc. v. de l'Étrurie, fut prise par Camille, après un siège de 10 ans (405-395).

VÉLABRE, quartier de l'anc. Rome, allant de la rive gauche du Tibre au Forum.

VELASQUEZ (Diego), compagnon de Christophe Colomb dans son second voyage, soumit Cuba (1511) et chargea Fernand Cortez de conquérir le Mexique.

VELASQUEZ DE SILVA (Diego Rodriguez), grand peintre espagnol, né à Séville (1599-1660), jouit d'une grande faveur auprès de Philippe IV.

VELAY, pays de l'anc. France, dans le Languedoc, a formé une partie du dép. de la Haute-Loire ; ch.-l. le Puy.

VELAY (monts du) et du **FOREZ**, rameau des Cévennes, entre la Loire et l'Allier.

VELCHES (les), nom que les Allemands donnent aux Français et aux Italiens.

VELDE (VAN DEN), famille de peintres hollandais (XVIIe s.).

VELEZ-MALAGA, v. d'Espagne, à 25 k. de Malaga ; 12 500 h. Vin célèbre.

VÉLINES, ch.-l. de c. de la Dordogne, arr. de Bergerac ; 873 h.

VÉLITES (les), infanterie de la légion romaine.

VELLÉDA, prophétesse gauloise, excita la révolte des Gaules contre Rome, fut prise et menée à Rome en triomphe (85 ap. J.-C.).

VELLETRI, v. d'Italie, à 36 k. de Rome ; 12 000 h.

VELLY, hist. français (1709-1759), auteur d'une *Hist. générale de France* inachevée.

VELPEAU, chirurgien franç. (1795-1867).

VENAISSIN, (COMTAT-), voy. COMTAT.

VÉNASQUE, v. d'Espagne, au N. de l'Aragon, près de la frontière de France ; 5500 h.

VÉNASQUE, bourg de l'arr. de Carpentras ; 1600 h. Anc. cap. du Comtat-Venaissin.

VENCE, ch.-l. de c. des Alpes-Maritimes, arr. de Grasse ; 2828 h. Anc. évêché.

VENCE (DE), hébraïsant français (1675-1749), auteur d'une édition de la Bible.

VENCESLAS, voy. WENCESLAS.

VENDÉE, riv. de France, descend du plateau de Gâtine, passe à Fontenay-le-Comte, se jette dans la Sèvre-Niortaise ; 75 k.

VENDÉE (dép. de la), formé du bas Poitou ; ch.-l. la Roche-sur-Yon ; 3 arr. la Roche-sur-Yon, Fontenay-le-Comte et les Sables-d'Olonne ; pop. 401 446 h.

VENDÉE (GUERRES DE LA), guerres civiles qui désolèrent l'Ouest de la France, après la chute de l'ancienne monarchie (1793-1800). Cette guerre recommença en 1815 et en 1832.

VENDÉEN, ENNE, adj. et s. Qui est de la Vendée ; habitant de la Vendée.

VENDÉMIAIRE (JOURNÉE DU 13), journée (5 octobre 1795) dans laquelle les sections de Paris s'insurgèrent contre la Convention et furent écrasées devant Saint-Roch par les troupes de Barras et de Bonaparte.

VENDÔME, ch.-l. d'arr. de Loir-et-Cher, à 32 k. de Blois, sur le Loir ; 9259 h.

VENDÔME (CÉSAR, duc DE), fils naturel de Henri IV (1594-1665), prit part aux intrigues contre Richelieu, et plus tard fut de la cabale des Importants dans la Fronde, avec son fils le duc de Beaufort ; puis il se soumit à la cour (1650). || Son fils aîné, LOUIS, duc de Vendôme (1612-1669), après avoir servi en Piémont, en Hollande, en Espagne, dans le Milanais, entra dans les ordres et devint cardinal (1667). || LOUIS-JOSEPH, duc DE VENDÔME, fils aîné du précédent (1654-1712), décida la paix de Ryswick par ses succès en Catalogne (1697), remporta plusieurs avantages en Italie sur le prince Eugène (1702-1706), fut vaincu en Flandre à Oudenarde (1708), mais se releva en Espagne par sa victoire de Villaviciosa qui sauva la couronne de Philippe V (1710). || Le chevalier de Vendôme (1655-1727), grand prieur de France, était son frère.

VENDÔME (PLACE), place de Paris, bâtie d'après le dessin de J. Hardouin Mansart, sur l'emplacement de l'ancien hôtel de Vendôme, en 1686. En 1810, on inaugura au centre la *Colonne de la Grande Armée*.

VENDÔMOIS, pays de l'anc. France, dans la Beauce ; ch.-l. Vendôme.

VENER, lac de Suède, s'écoule dans le Cattégat par la Gotha, et communique avec le lac Vetter par le canal de Gotha.

VÉNÈTES (LES), peuple de l'anc. Gaule, dans la III Lyonnaise, dont la cap. est devenue Vannes. || Peuple de l'anc. Italie, habitant à l'extrémité de l'Adriatique.

VÉNÉTIE, partie N.-E. de l'anc. Italie, à l'extrémité de l'Adriatique. Elle fut conquise par la république de Venise, aux XIV et XV s., donnée à l'Autriche en 1797, et cédée à l'Italie en 1866. V. pr. Adria, Aquilée, Padoue, Vérone et Vicence.

VENEZUELA, rép. de l'Amérique du Sud, entre la Colombie, le Brésil et la mer des Antilles ; pop. 1 500 000 h. ; cap. Caracas.

VENISE, v. d'Italie, bâtie dans les lagunes à l'extrémité N. de la mer Adriatique, à 312 k. de Milan ; 118 000 h. Puissante république du moyen âge détruite en 1797 par le traité de Campo-Formio et cédée à l'Autriche. Elle fut rendue à l'Italie en 1866.

VENISE (GOLFE DE), golfe de l'Adriatique, entre les bouches de l'Isonzo et du Pô.

VÉNITIEN, IENNE, adj. et s. Qui est de Venise ; habitant de Venise.

VENT (ÎLES DU), archipel des Petites Antilles, rangées dans la direction du N. au S.

VENT (ÎLES SOUS LE), archipel des Petites Antilles, sur la côte du Venezuela.

VENTOUX (MONT), montagne de France, près de Carpentras (Vaucluse) ; 1905 m.

VENTURA (le Père), prédicateur italien (1792-1861), fit des conférences à Paris.

VÉNUS, déesse de la beauté.

VENUSIA, v. de l'anc. Apulie (Italie) ; patrie d'Horace ; auj. Venosa.

VÊPRES SICILIENNES, massacre des Français par les Siciliens (1282).

VERA-CRUZ, v. du Mexique, port sur le golfe du Mexique ; 10 000 h.

VERBERIE, bourg de l'arr. de Senlis, où mourut Charles Martel (741) ; 1700 h.

VERCEIL, v. de la prov. de Novare (Italie), sur la Sesia ; 25 000 h.

VERCEL, ch.-l. de c. du Doubs, arr. de Baume-les-Dames ; 1136 h.

VERCINGÉTORIX, chef gaulois, du pays des Arvernes, défendit Gergovie (près de Clermont) contre les Romains, fut assiégé par César dans Alise. Obligé de se rendre, il fut conservé pour orner le triomphe de son vainqueur, puis mis à mort (46 av. J.-C.).

VERDI (GIUSEPPE), compositeur italien, né en 1814. Ses principaux opéras sont le *Trouvère*, *Rigoletto*, *la Traviata*, *Aïda*.

VERDUN, ch.-l. de c. de Tarn-et-Garonne, arr. de Castelsarrasin ; 3677 h.

VERDUN-SUR-LE-DOUBS, ch.-l. de c. de Saône-et-Loire, arr. de Chalon-sur-Saône ; 1980 h.

VERDUN-SUR-MEUSE, ch.-l. d'arr. de la Meuse, à 48 k. de Bar-le-Duc ; 19 738 h. Évêché. || Traité de 843, entre les trois fils de Louis le Débonnaire, pour le partage de l'empire carlovingien. || Cette ville, soumise à ses évêques, au moyen âge, fut un des trois évêchés lorrains qui ne relevaient que de l'Empereur ; elle fut conquise par Henri II, roi de France, en 1552.

VERFEIL, ch.-l. de c. de la Haute-Garonne, arr. de Toulouse ; 2352 h.

VERGENNES (comte DE), diplomate français (1717-1787), ministre des affaires étrangères sous Louis XVI (1774), favorisa la révolte des Américains contre les Anglais.

VERGNIAUD, un des chefs éloquents du parti girondin dans la Convention, fut condamné par le tribunal révolutionnaire et monta sur l'échafaud (1753-1793).

VERGT, ch.-l. de c. de la Dordogne, arr. de Périgueux ; 1842 h.

VERMAND, ch.-l. de c. de l'Aisne, arr. de Saint-Quentin ; 1238 h.

VERMANDOIS, pays de l'anc. France, dans la Picardie ; ch.-l. Saint-Quentin.

VERMEILLE (MER) ou Golfe de Californie, entre le Mexique et la presqu'île de la Vieille-Californie.

VERMENTON, ch.-l. de c. de l'Yonne, arr. d'Auxerre, sur la Cure ; 2332 h.

VERMONT, un des États-Unis de l'Amérique du Nord ; pop. 330 551 h. ; cap. Montpellier.

VERNET (Joseph), peintre, né à Avignon (1712-1789), fut chargé par Louis XV de peindre les ports de mer de France. || Son fils, Carle Vernet (1758-1836), peignit des batailles, mais fut surtout célèbre par ses lithographies et ses scènes populaires. Il fut le père d'Horace Vernet (1789-1863), peintre populaire par ses tableaux de batailles, ses tableaux de genre, etc.

VERNEUIL, ch.-l. de c. de l'Eure, arr. d'Évreux ; 3896 h.

VERNON, ch.-l. de c. de l'Eure, arr. d'Évreux, sur la Seine ; 7961 h.

VERNOUX, ch.-l. de c. de l'Ardèche, arr. de Tournon ; 3250 h.

VERNY-ET-POURNOY-LA-GRASSE, anc. ch.-l. de c. de la Moselle, arr. de Metz ; 538 h. ; cédé à la Prusse en 1871.

VÉRONE, v. d'Italie, sur l'Adige, à 150 k. de Milan ; 60 000 h. [Congrès dans lequel les souverains de la Ste-Alliance décidèrent l'intervention des Français en Espagne (1822).

VÉRONÈSE (Paolo-Caliari, dit Paul), grand peintre de l'école vénitienne (1528-1588), a enrichi de nombreux chefs-d'œuvre les palais et les églises de Venise.

VÉRONIQUE, représentation de la figure de Jésus-Christ, imprimée sur un linge que l'on garde à Saint-Pierre de Rome.

VÉRONIQUE (sainte), religieuse du couvent de Sainte-Marthe, à Milan, m. en 1497.

VERPILLIÈRE (LA), ch.-l. de c. de l'Isère, arr. de Vienne ; 1243 h.

VERRÈS (Caius), préteur en Sicile (74 av. J.-C.), accabla d'impôts et pilla cette province pendant trois ans. Accusé à son retour, il prévint sa condamnation par un exil volontaire. Cicéron publia les cinq discours qu'il devait prononcer contre lui, et qui sont connus sous le nom de *Verrines*.

VERSAILLES, ch.-l. de Seine-et-Oise, à 18 k. de Paris ; 61 686. Évêché. Château bâti par Louis XIII, vers 1627, considérablement agrandi par Louis XIV, séjour de la cour de France de 1682 à 1789. Depuis 1871, siège du gouvernement et des Chambres.

VERT (CAP-), voy. Cap-Vert.

VERTAIZON, ch.-l. de c. du Puy-de-Dôme, arr. de Clermont ; 2134 h.

VERTEILLAC, ch.-l. de c. de la Dordogne, arr. de Ribérac ; 1117 h.

VERTOT (abbé), hist. franç. (1655-1735), auteur des *Révolutions de Suède*, des *Révolutions romaines*, de l'*Histoire des chevaliers hospitaliers de Saint-Jean de Jérusalem*, etc.

VERTOU, ch.-l. de c. de la Loire-Inférieure, arr. de Nantes ; 5388 h.

VERTUMNE, dieu de l'automne, époux de Pomone, chez les Romains.

VERTUS, ch.-l. de c. de la Marne, arr. de Châlons ; 2520 h.

VÉRUS (Lucius), adopté par Antonin avec Marc Aurèle, fut associé à l'empire (161-169 ap. J.-C.).

VERVIERS, v. de la prov. de Liége (Belgique) ; 35 000 h. Fabriques de draps.

VERVINS, ch.-l. d'arr. de l'Aisne, à 38 k. de Laon ; 2934 h. || En 1598, traité entre Henri IV et Philippe II, qui termina les guerres de religion.

VERZY, ch.-l. de c. de la Marne, arr. de Reims ; 1095 h.

VÉSALE (André), anatomiste belge (1514-1564).

VESCOVATO, ch.-l. de c. de la Corse, arr. de Bastia ; 1839 h.

VÉSÉRONCE, vge près de Vienne (Isère), où Clodomir, roi d'Orléans, fut tué par les Bourguignons (524).

VÉSINET (LE), vge et forêt près de Saint-Germain-en-Laye.

VESLE (LA), riv. de France, traverse la Champagne Pouilleuse, passe à Reims, et se jette dans l'Aisne ; 140 k.

VESOUL, ch.-l. de la Haute-Saône, à 381 k. de Paris ; 7716 h.

VESPASIEN (T. Flavius), chef de la famille des Flaviens, fut proclamé empereur par les armées d'Orient (69 ap. J.-C.), pendant que ses lieutenants renversaient Vitellius. Sous son règne, son fils Titus prit Jérusalem, Cérialis soumit les Gaulois et les Bataves, Agricola conquit la Bretagne.

VESPUCE (Améric), navigateur italien (1451-1512), fit plusieurs voyages de découvertes en Amérique. Son nom fut donné au nouveau continent.

VESTA, fille de Jupiter et de Rhée, déesse du feu, était adorée à Rome.

VESTALES (LES), prêtresses de Vesta, qui entretenaient le feu sacré sur l'autel.

VESTRIS, danseur, né à Florence (1729-1808), maître et compositeur de ballets.

VÉSUVE, volcan à 10 k. de Naples, dont la première éruption eut lieu en 79 ap. J.-C. et détruisit Herculanum, Pompéi, Stabies.

VETTER, lac de Suède, s'écoule dans la Baltique par la Motala.

VÉTURIE, mère de Coriolan.

VEVAY ou **VEVEY**, v. du canton de Vaud (Suisse), sur le lac de Genève ; 5800 h.

VEXIN, pays de l'anc. France, divisé en Vexin français (Ile-de-France), v. pr. Pontoise, et Vexin normand (Seine-Inférieure et Eure), v. pr. Gisors, Les Andelys, Vernon.

VEYLE (LA), riv. de France, passe près de Bourg (Ain), et se jette dans la Saône près de Mâcon ; 100 k.

VEYNES, ch.-l. de c. des Hautes-Alpes, arr. de Gap ; 1706 h.

VEYRE-MONTON, ch.-l. de c. du Puy-de-Dôme, arr. de Clermont ; 2008 h.

VÉZELAY, ch.-l. de c. de l'Yonne, arr. d'Avallon ; 1053 h. Magnifique église de Sainte-Madeleine, qui dépendait d'une riche abbaye, fondée en 864. Saint Bernard y prêcha la 2e croisade, en 1146.

VÉZELISE, ch.-l. de c. de Meurthe-et-Moselle, arr. de Nancy ; 1326 h.

VÉZÉNOBRES, ch.-l. de c. du Gard, arr. d'Alais ; 1001 h.

VÉZÈRE (LA), riv. de France, arrose les dép. de la Corrèze et de la Dordogne, et se jette dans la Dordogne ; 170 k.

VÉZINS, ch.-l. de c. de l'Aveyron, arr. de Millau ; 1918 h.

VEZZANI, ch.-l. de c. de la Corse, arr. de Corte ; 944 h.

VIAU (Théophile de), plus souvent nommé Théophile, poète français (1590-1626), auteur d'une tragédie de *Pyrame et Thisbé*.

VIBORG, v. de Finlande (Russie), sur le golfe de Finlande ; 6000 h. || Ville du Jutland (Danemark) ; 6000 h.

VIBRAYE, ch.-l. de c. de la Sarthe, arr. de Saint-Calais ; 2918 h.

VIC-EN-BIGORRE, ch.-l. de c. des Hautes-Pyrénées, arr. de Tarbes ; 3380 h.

VIC-FEZENSAC, ch.-l. de c. du Gers, arr. d'Auch ; 3957 h.

VIC-LE-COMTE, ch.-l. de c. du Puy-de-Dôme, arr. de Clermont : 2706 h.

VIC-SUR-AISNE, ch.-l. de c. de l'Aisne, arr. de Soissons ; 871 h.

VIC-SUR-CÈRE, ch.-l. de c. du Cantal, arr. d'Aurillac ; 1876 h.

VIC-SUR-SEILLE, anc. ch.-l. de c. de la Meurthe, arr. de Château-Salins ; 2580 h. ; cédé à la Prusse en 1871.

VICDESSOS, ch.-l. de c. de l'Ariége, arr. de Foix ; 835 h.

VICENCE, v. d'Italie, sur le Bacchiglione, à 80 k. O. de Venise, riche en églises et palais construits par Palladio ; 33.000 h.

VICENCE (duc de), voy. CAULAINCOURT.

VICHNOU, deuxième personne de la trinité indoue, dieu de la force conservatrice de l'univers.

VICHY, v. de l'Allier, arr. de Lapalisse, sur l'Allier, à 365 k. de Paris ; 6028 h. Eaux thermales renommées.

VICO, ch.-l. de c. de la Corse, arr. d'Ajaccio ; 1971 h.

VICO (J.-B.), philosophe italien (1668-1743), auteur de la *Science nouvelle*, ouvrage qui a créé la philosophie de l'histoire.

VICQ D'AZYR, médecin français (1748-1794), 1er secrétaire perpétuel de la Société royale de médecine, fondée en 1776.

VICTOIRES (PLACE DES), place de Paris, bâtie par J.-H. Mansart, sur l'ordre du maréchal de la Feuillade (1684), et ornée d'une statue équestre de Louis XIV.

VICTOR, duc de Bellune, maréchal de France (1764-1841), se distingua sous la République et l'Empire ; fut ministre de la guerre sous Louis XVIII (1821-1823).

VICTOR-AMÉDÉE Ier, duc de Savoie, succéda à son père Charles-Emmanuel Ier (1630-1637), s'unit à Richelieu contre l'Autriche. || VICTOR-AMÉDÉE II succéda à son père Charles-Emmanuel II (1675), fut battu par Catinat à Staffarde (1690) et à La Marsaille (1693). Pendant la guerre de la Succession d'Espagne, il envahit la France avec le prince Eugène (1707), et reçut, au traité d'Utrecht, le titre de roi avec la Sicile ; mais cette possession lui fut enlevée et remplacée par la Sardaigne (1720). Il abdiqua en faveur de son fils Charles-Emmanuel (1730). || VICTOR-AMÉDÉE III, roi de Sardaigne, succéda à son père Charles-Emmanuel III (1773) : adversaire de la Révolution française, il fut battu par Bonaparte et dépouillé de Nice et de la Savoie ; il laissa trois fils qui ont régné successivement : Charles-Emmanuel IV, Victor-Emmanuel Ier et Charles-Félix.

VICTOR-EMMANUEL Ier, roi de Sardaigne, succéda à son frère Charles-Emmanuel IV (1802). Dépouillé de ses provinces continentales par les Français, il les recouvra en 1815, mais fut forcé par une insurrection populaire d'abdiquer en faveur de son frère, Charles-Félix (1821). || VICTOR-EMMANUEL II, fils de Charles-Albert, né en 1820, succéda à son père sur le trône de Sardaigne (1849) et devint roi d'Italie en 1860.

VICTORIA, prov. anglaise de l'Australie mérid., riche en mines d'or ; cap. Melbourne.

VICTORIA, cap. de l'île anglaise de Hong-kong (Chine), fondée en 1842 ; 100 000 h.

VICTORIA Ire, reine d'Angleterre, née en 1819, fille d'Édouard, duc de Kent, 4e fils de Georges III, succéda à son oncle Guillaume IV en 1837, et épousa le prince Albert de la maison de Cobourg, en 1840.

VICTORINUS, un des 30 tyrans de l'empire romain, associé au gouvernement des Gaules par son oncle Postumus (265), fut assassiné peu après.

VIDA, poëte latin moderne (1480-1566), auteur de poëmes sur le *Jeu des échecs*, sur l'*Art poétique*, de la *Christiade*, etc.

VIEL-CASTEL (Louis, baron DE), littérateur français, né en 1800, auteur d'une *Histoire de la Restauration*, membre de l'Académie française (1873).

VIEILLE-MONTAGNE, extraction de minerai de zinc, à Morosnet (prov. de Liége).

VIELLE-AURE, ch.-l. de c. des Hautes-Pyrénées, arr. de Bagnères ; 426 h.

VIELMUR, ch.-l. de c. du Tarn, arr. de Castres ; 1153 h.

VIEN, peintre français (1716-1809).

VIENNE, cap. de l'empire austro-hongrois, sur la rive droite du Danube, à 1400 k. de Paris ; 607 000 h. || CONGRÈS DE VIENNE (1814-1815), congrès qui régla l'état de l'Europe, après la chute de Napoléon Ier.

VIENNE, ch.-l. d'arr. de l'Isère, à 88 k. de Grenoble, sur le Rhône ; 26 017 h.

VIENNE (LA), riv. de France, prend sa source dans la Corrèze, passe à Limoges, Châtellerault, se jette dans la Loire ; 500 k.

VIENNE (dép. de la), formé d'une partie du Poitou, de la Touraine et du Berri ; ch.-l. Poitiers ; 5 arr. Poitiers, Châtellerault, Civray, Loudun, Montmorillon ; pop. 320 398 h.

VIENNE (dép. de la HAUTE-), formé du Limousin et de parties de la Marche, du Poitou et du Berri ; ch.-l. Limoges ; 4 arr. Limoges, Bellac, Rochechouart, St-Yrieix : p. 322 447 h.

VIENNET, poëte français (1777-1868), auteur d'*Épîtres*, de *Fables*, de tragédies, etc.

VIERGE (sainte), voy. MARIE.

VIERGE (LA), 6e signe du zodiaque.

VIERGES (LES), groupe d'îles au N. des Petites Antilles ; elles appartiennent aux Anglais, aux Espagnols, etc.

VIERZON, ch.-l. de c. du Cher, arr. de Bourges, au confluent de l'Yèvre et du Cher ; 14 042 h. Forges, fonderies.

VIEUX DE LA MONTAGNE (LE), chef de la secte des Assassins (voy. ce mot).

VIF, ch.-l. de c. de l'Isère, arr. de Grenoble ; 2500 h.

VIGAN (LE), ch.-l. d'arr. du Gard, à 82 k. de Nîmes ; 5024 h. Patrie du chevalier d'Assas.

VIGÉE (ÉLISABETH), voy. LEBRUN (Mme).

VIGEOIS, ch.-l. de c. de la Corrèze, arr. de Brive ; 2381 h.

VIGNACOURT, com. de la Somme, arr. d'Amiens ; 3441 h. Laines, toiles.

VIGNEMALE (LE), sommet des Pyrénées, à 28 k. S.-E. de Luz ; 3298 m.

VIGNEULLES, ch.-l. de c. de la Meuse, arr. de Commercy ; 947 h.

VIGNOLE, architecte italien (1507-1573), construisit de nombreux et beaux édifices à Rome ; il est surtout connu par son livre : *Règles des cinq ordres d'architecture*.

VIGNORY, ch.-l. de c. de la Haute-Marne, arr. de Chaumont ; 881 h.

VIGNY (ALFRED, comte DE), littérateur et poëte français (1797-1863).

VIGO, v. d'Espagne (prov. de Pontevedra), port sur la baie de Vigo; 8000 h. Une flotte espagnole, chargée d'or, y fut coulée par les Anglais et les Hollandais, en 1702.

VIGY, anc. ch.-l. de c. de la Moselle, arr. de Metz; 821 h.; cédé à la Prusse en 1871.

VIHIERS, ch.-l. de c. de Maine-et-Loire, arr. de Saumur; 1527 h.

VILAINE, riv. de France, prend sa source dans les collines du Maine, passe à Vitré, Rennes, La Roche-Bernard; 230 k.

VILLACH, v. de la Carinthie (Autriche), sur la Drave; 3000 h.

VILLAFRANCA, v. d'Italie, sur le Mincio, à 12 k. de Vérone, où Napoléon III et l'empereur d'Autriche François-Joseph signèrent les préliminaires de la paix (1859).

VILLAINES-LA-JUHEL, ch.-l. de c. de la Mayenne, arr. de Mayenne; 2833 h.

VILLAMBLARD, ch.-l. de c. de la Dordogne, arr. de Bergerac; 1328 h.

VILLANDRAUT, ch.-l. de c. de la Gironde, arr. de Bazas; 1104 h.

VILLANI (Giovanni), historien italien (1280-1348), auteur d'une *Histoire florentine*.

VILLARD-DE-LANS, ch.-l. de c. de l'Isère, arr. de Grenoble; 1970 h.

VILLARET (Foulques de), grand maître des Hospitaliers, s'empara de l'île de Rhodes et s'y établit (1309).

VILLARET DE JOYEUSE (comte), amiral français (1750-1812), soutint contre l'amiral anglais Howe le combat glorieux dans lequel périt le *Vengeur*, près de Brest (1794). En 1801, il dirigea la flotte qui portait à St-Domingue l'armée du général Leclerc.

VILLARS, ch.-l. de c. des Alpes-Maritimes, arr. de Puget-Théniers; 847 h.

VILLARS, ch.-l. de c. de l'Ain, arr. de Trévoux; 1473 h.

VILLARS (duc de), maréchal de France (1653-1734), remplaça Catinat, fut vainqueur à Friedlingen (1702) et à Hochstedt (1703), Vaincu et blessé à Malplaquet (1709), il prit sa revanche sur le prince Eugène à Denain (1712) et sauva la France.

VILLAVICIOSA, bourg de la Nouvelle-Castille (Espagne), où le duc de Vendôme défit les ennemis de Philippe V (1710).

VILLÉ, anc. ch.-l. de c. du Bas-Rhin, arr. de Schlestadt; 1275 h.; cédé à la Prusse en 1871.

VILLEBOIS-LA-VALETTE, ch.-l. de c. de la Charente, arr. d'Angoulême; 891 h.

VILLEBRUMIER, ch.-l. de c. de Tarn-et-Garonne, arr. de Montauban; 697 h.

VILLE-D'AVRAY, bourg près de Sèvres et de Saint-Cloud (Seine-et-Oise); 1346 h.

VILLEDIEU, ch.-l. de c. de la Manche, arr. d'Avranches; 3572 h.

VILLEDIEU (LA), ch.-l. de c. de la Vienne, arr. de Poitiers; 435 h.

VILLE-EN-TARDENOIS, ch.-l. de c. de la Marne, arr. de Reims; 495 h.

VILLEFAGNAN, ch.-l. de c. de la Charente, arr. de Ruffec; 1454 h.

VILLEFORT, ch.-l. de c. de la Lozère, arr. de Mende; 1638 h.

VILLEFRANCHE, ch.-l. de c. des Alpes-Maritimes, arr. de Nice, port sur le golfe de Gênes; 3093 h.

VILLEFRANCHE, ch.-l. d'arr. de l'Aveyron, à 57 k. de Rodez; 9312 h.

VILLEFRANCHE, ch.-l. d'arr. de la Haute-Garonne, à 36 k. de Toulouse; 2648 h.

VILLEFRANCHE, ch.-l. d'arr. du Rhône, à 32 k. de Lyon, près de la Saône; 12170 h.

VILLEFRANCHE, ch.-l. de c. du Tarn, arr. d'Albi; 1555 h.

VILLEFRANCHE-DE-BELVÈS, ch.-l. de c. de la Dordogne, arr. de Sarlat; 1641 h.

VILLEFRANCHE-DE-LONGCHAPT, ch.-l. de c. de la Dordogne, arr. de Bergerac; 909 h.

VILLEHARDOUIN (Geoffroi, sire de), maréchal du comte de Champagne Thibaut III, né vers 1155, prit une part importante à la 4e croisade. Il a écrit l'*Histoire de la conquête de Constantinople*, l'un des plus anciens monuments de la prose française.

VILLEJUIF, ch.-l. de c. de la Seine, arr. de Sceaux; 1917 h.

VILLÈLE (comte de), homme d'État français (1773-1854), chef du parti ultra-royaliste dans la Chambre de 1815, ministre en 1821, président du conseil de 1822 à 1827.

VILLEMAIN (Abel-François), littérateur français (1790-1870), professa avec éclat la littérature française à la Sorbonne (1816), fut secrétaire perpétuel de l'Académie française (1832), et ministre de l'instruction publique en 1839 et de 1840 à 1844.

VILLEMUR, ch.-l. de c. de la Haute-Garonne, arr. de Toulouse; 4310 h.

VILLENAUXE, ch.-l. de c. de l'Aube, arr. de Nogent-sur-Seine; 2361 h.

VILLENEUVE, ch.-l. de c. de l'Aveyron, arr. de Villefranche; 3213 h.

VILLENEUVE, ch.-l. de c. des Landes, arr. de Mont-de-Marsan; 2103 h.

VILLENEUVE, ch.-l. d'arr. de Lot-et-Garonne, sur le Lot, à 30 k. d'Agen; 13681 h.

VILLENEUVE (Huon de), contemporain de Philippe-Auguste, auteur du roman des *Quatre fils Aymon*, de *Renaud de Montauban*.

VILLENEUVE (de), vice-amiral français (1763-1806), chargé par Napoléon Ier de préparer la descente en Angleterre, fut vaincu par Nelson à Trafalgar (1805).

VILLENEUVE-DE-BERG, ch.-l. de c. de l'Ardèche, arr. de Privas; 2402 h.

VILLENEUVE-L'ARCHEVÊQUE, ch.-l. de c. de l'Yonne, arr. de Sens; 1841 h.

VILLENEUVE-LÈS-AVIGNON, ch.-l. de c. du Gard, arr. d'Uzès, sur le Rhône; 2730 h.

VILLENEUVE-SAINT-GEORGES, bourg de l'arr. de Corbeil (Seine-et-Oise); 1735 h.

VILLENEUVE-SUR-YONNE ou **VILLENEUVE-LE-ROI**, ch.-l. de c. de l'Yonne, arr. de Joigny; 5085 h.

VILLERÉAL, ch.-l. de c. de Lot-et-Garonne, arr. de Villeneuve; 1642 h.

VILLERMÉ, économiste franç. (1782-1863).

VILLEROI (duc de), maréchal de France (1644-1730), se fit battre par le prince Eugène à Chiari (Italie) en 1701, et prendre à Crémone (1702). Renvoyé en Flandre, il perdit la bataille de Ramillies (1706). Il fut gouverneur du jeune roi Louis XV.

VILLERS-BOCAGE, ch.-l. de c. du Calvados, arr. de Caen; 1147 h.

VILLERS-BOCAGE, ch.-l. de c. de la Somme, arr. d'Amiens; 1290 h.

VILLERS-BRETONNEUX, comm. de la Somme, arr. d'Amiens; 4959 h. Filatures.

VILLERS-COTTERETS, ch.-l. de c. de l'Aisne, arr. de Soissons; 3119 h. || Ordonnance de 1539 rendue par François Ier pour l'organisation de la justice.

VILLERSEXEL, ch.-l. de c. de la Haute-Saône, arr. de Lure ; 1139 h. || Combat livré aux Prussiens par le général Bourbaki (9 janv. 1871).

VILLERS-FARLAY, ch.-l. de c. du Jura, arr. de Poligny ; 754 h.

VILLERS-SUR-MER, vge de l'arr. de Pont-l'Évêque, à 8 k. de Trouville ; 989 h.

VILLE-SUR-TOURBE, ch.-l. de c. de la Marne, arr. de Sainte-Menehould ; 566 h.

VILLES LIBRES, villes de l'empire d'Allemagne qui se gouvernaient elles-mêmes et qui formèrent plusieurs associations. Il n'en reste plus que trois dans le nouvel empire : Hambourg, Brême et Lubeck.

VILLETTE (LA), anc. bourg du dép. de la Seine, au N. de Paris, annexé à la capitale en 1860 et formant le 19e arr. || Bassin qui reçoit le canal de l'Ourcq et alimente le canal Saint-Martin. || Marché aux bestiaux.

VILLEURBANNE, ch.-l. de c. du Rhône, arr. de Lyon ; 7474 h. Produits chimiques.

VILLIERS-DE-L'ISLE-ADAM (PHILIPPE DE), grand maître des chevaliers de Rhodes (1464-1534), défendit Rhodes contre Soliman II. Réduit à capituler, il s'établit avec les débris de l'ordre dans l'île de Malte (1530).

VILLIERS-SAINT-GEORGES, ch.-l. de c. de Seine-et-Marne, arr. de Provins ; 945 h.

VILLON (FRANÇOIS), poète français (1431-1489), célèbre par sa vie aventureuse et par son *Grand* et son *Petit Testament*.

VIMINAL (MONT), une des sept collines de l'anc. Rome, à l'E.

VIMOUTIERS, ch.-l. de c. de l'Orne, arr. d'Argentan ; 3800 h. Toiles, cretonnes.

VIMY, ch.-l. de c. du Pas-de-Calais, arr. d'Arras ; 1444 h.

VINAY, ch.-l. de c. de l'Isère, arr. de Saint-Marcellin ; 2990 h.

VINÇA, ch.-l. de c. des Pyrénées-Orientales, arr. de Prades ; 2144 h.

VINCENNES, ch.-l. de c. de la Seine, arr. de Sceaux ; 17 664 h. || Château bâti par Philippe-Auguste, qui servit de résidence aux rois. Il fut abattu par Philippe VI, qui commença le donjon, achevé sous Charles V.

VINCENT (SAINT-), cap au S.-O. du Portugal.

VINCENT (SAINT-), une des îles du Cap-Vert, appartenant aux Portugais.

VINCENT (SAINT-), une des Petites Antilles, appartenant aux Anglais ; 31 000 h.

VINCENT DE BEAUVAIS, dominicain, m. vers 1264, auteur du *Speculum majus*, encyclopédie des connaissances de son temps.

VINCENT DE PAUL (saint), né près de Dax (1576-1660), célèbre par sa charité, fonda la congrégation des *Prêtres de la Mission* ou *Lazaristes*, l'association des *Filles de la Charité*, les confréries des *Dames de la Charité* et des *Servantes des pauvres*, et se dévoua à l'œuvre des *Enfants trouvés*.

VINCENT-DE-TYROSSE (SAINT-), ch.-l. de c. des Landes, arr. de Dax ; 1215 h.

VINCI (LÉONARD DE), peintre, sculpteur, architecte, ingénieur, né au château de Vinci, près de Florence (1452-1519), construisit la plupart des canaux de la Lombardie et fut attiré en France par François Ier. Parmi ses œuvres on cite la *Cène*.

VINCY, anc. vge de France, entre Arras et Cambrai, où Charles Martel battit les Neustriens (717).

VINDÉLICIE, pays de l'anc. Germanie, auj. compris dans le royaume de Bavière ; cap. Augusta Vindelicorum (Augsbourg).

VINDEX (C. JULIUS), chef gaulois, se souleva en faveur de Galba (67 ap. J.-C.) ; mais vaincu par Virginius Rufus, chef des légions du Rhin, il se tua.

VINET (ALEXANDRE), littérateur suisse (1797-1847), professa l'éloquence de la chaire, puis la littérature française à Lausanne.

VINTIMILLE, v. d'Italie, port sur le golfe de Gênes, à 32 k. de Nice ; 6000 h.

VIOLLET-LEDUC (EUGÈNE), architecte français, né en 1814, auteur d'un *Dictionnaire de l'architecture française du XIe au XVIe s.*, etc. et de nombreuses restaurations de monuments du moyen âge.

VIOTTI (J.-B.), violoniste et compositeur italien (1753-1824).

VIRE (LA), riv. de France, naît sur les confins de la Manche et du Calvados, passe à Vire, à Saint-Lô, et se jette dans la Manche près d'Isigny ; 110 k.

VIRE, ch.-l. d'arr. du Calvados, à 59 k. de Caen, sur la Vire ; 6778 h.

VIRGILE (PUBLIUS VIRGILIUS MARO), grand poète latin, né à Andes, près de Mantoue (70-19 av. J.-C.), auteur des *Bucoliques* (10 églogues), des *Géorgiques* et de l'*Énéide*.

VIRGINIE, jeune plébéienne de Rome, fut frappée d'un coup de couteau par son père, au moment où elle allait être livrée au décemvir Appius Claudius (448 av. J.-C.).

VIRGINIE, un des États-Unis de l'Amérique du N. ; pop. 1 225 163 h. ; cap. Richmond.

VIRGINIE OCCIDENTALE, un des États-Unis de l'Amérique du Nord, formé de la partie occidentale de l'anc. Virginie ; pop. 442 014 h. ; ch.-l. Wheeling.

VIRIATHE, chef lusitanien, souleva ses compatriotes contre les Romains (149 av. J.-C.), fut souvent et longtemps vainqueur, périt assassiné à l'instigation du général romain Servilius Cæpion (140 av. J.-C.).

VIRIEU, ch.-l. de c. de l'Isère, arr. de La Tour-du-Pin ; 1130 h.

VIRIEU-LE-GRAND, ch.-l. de c. de l'Ain, arr. de Belley ; 950 h.

VISAPOUR ou **BEDJAPOUR**, v. de la présidence de Bombay (Hindoustan), autrefois cap. d'un royaume musulman.

VISCONTI, famille gibeline de Lombardie, qui s'empara de la souveraineté de Milan en 1277, et finit en 1447.

VISCONTI (JEAN), antiquaire italien (1722-1784). || Son fils (1751-1818), réfugié en France, fut nommé administrateur du Musée des antiques et des tableaux au Louvre. Il est le père de Louis VISCONTI (1791-1853), qui fit le tombeau de Napoléon aux Invalides, et qui donna le plan de la réunion du Louvre aux Tuileries (1852).

VISIGOTHS (LES) ou Goths de l'Ouest, peuple de la Germanie, chassé par les Huns, vint s'établir dans l'empire romain, ravagea la Grèce et l'Italie, sous son chef Alaric, prit Rome (410) ; fut conduit dans l'Aquitaine par son chef Ataulf, y fonda un royaume, s'empara d'une grande partie de l'Espagne et y établit une monarchie, qui fut renversée par les Arabes en 711.

VISITANDINES (LES) ou religieuses de la Visitation, ordre institué par saint François de Sales et Jeanne de Chantal (1610).

VISITATION (LA), fête de l'Église catholique (2 juillet), instituée en mémoire de la visite que la sainte Vierge fit à sa cousine Élisabeth, après l'Annonciation.

VISO (MONT), sommet des Alpes Cottiennes, entre la France et le Piémont (3836m). Le Pô y prend sa source.

VISTULE, fl. de l'Europe centrale, prend sa source dans les Carpathes de la Silésie autrichienne, passe à Cracovie, Varsovie, Thorn, Marienbourg, se divise en trois bras, dont l'un tombe dans le golfe de Dantzig, et les deux autres dans le Frisches-Haff.

VITELLIUS (AULUS), empereur romain, fut proclamé par les légions à la nouvelle de la mort de Galba (69 ap. J.-C.), et triompha de son rival Othon, mais peu de temps après fut vaincu dans Rome par les légions d'Illyrie, dévouées à Vespasien, et tué.

VITERBE, v. d'Italie, à 80 k. N.-O. de Rome ; 14 000 h.

VITET (LOUIS), littérateur et homme politique français (1802-1872), auteur des *États de Blois*, des *États d'Orléans* (scènes historiques) et d'*Études* sur l'art.

VITIGÈS, roi des Ostrogoths d'Italie (536), assiégea Bélisaire dans Rome ; puis fut assiégé à son tour et pris dans Ravenne (539).

VITORIA, v. d'Espagne, cap. de la prov. d'Alava ; 12 000 h. || Victoire de Wellington sur les Français (1813).

VITRÉ, ch.-l. d'arr. d'Ille-et-Vilaine, à 36 k. de Rennes ; 8752 h. A 6 k. château des *Rochers* de Mme de Sévigné.

VITREY, ch.-l. de c. de la Haute-Saône, arr. de Vesoul ; 932 h.

VITROLLES (baron DE), homme politique français (1774-1854), prit une part active aux négociations avec les souverains alliés pour le retour des Bourbons, en 1814.

VITRUVE, architecte romain du 1er s. av. J.-C., a écrit un traité *Sur l'architecture*.

VITRY, ch.-l. de c. du Pas-de-Calais, arr. d'Arras ; 2608 h. || Com. de la Seine, arr. de Sceaux ; 3758 h.

VITRY-LE-FRANÇOIS, ch.-l. d'arr. de la Marne, à 30 k. de Châlons ; 7177 h.

VITTEAUX, ch.-l. de c. de la Côte-d'Or, arr. de Semur ; 1634 h.

VITTEL, ch.-l. de c. des Vosges, arr. de Mirecourt ; 1326 h.

VIVARAIS (LE), pays de l'anc. France, au N.-E. du Languedoc, formant la plus grande partie de l'Ardèche ; cap. Viviers.

VIVEROLS, ch.-l. de c. du Puy-de-Dôme, arr. d'Ambert ; 1095 h.

VIVIEN (ALEXANDRE), homme politique français (1799-1854), ministre de la justice dans le cabinet du 1er mars 1840, ministre des travaux publics sous Cavaignac.

VIVIEN (SAINT-), ch.-l. de c. de la Gironde, arr. de Lesparre ; 1257 h.

VIVIEN DE SAINT-MARTIN, géographe français, né en 1802.

VIVIERS, ch.-l. de c. de l'Ardèche, arr. de Privas, près du Rhône ; 2937 h. Évêché. Anc. cap. du Vivarais.

VIVONE, ch.-l. de c. de la Vienne, arr. de Poitiers ; 2290 h.

VIVONNE (DE ROCHECHOUART, duc DE MORTEMART et DE), maréchal de France (1636-1688), frère de Mme de Montespan, se distingua en Sicile (1675-1678), lors de la révolte de cette île contre l'Espagne.

VIZILLE, ch.-l. de c. de l'Isère, arr. de Grenoble ; 2903 h.

VIZIR, nom des principaux officiers du conseil du sultan. || GRAND VIZIR, le premier ministre de l'empire turc.

VLADIMIR Ier *le Grand et le Saint*, grand-prince de Russie, arrière-petit-fils de Rurik, se rendit maître de toute la Russie (980), épousa la princesse grecque Anne et se convertit au christianisme ; m. en 1015.

VOGELBERG, sommet des Alpes Lépontiennes ; source du Rhin postérieur.

VOID, ch.-l. de c. de la Meuse, arr. de Commercy ; 1264 h.

VOIRON, ch.-l. de c. de l'Isère, arr. de Grenoble ; 10 262 h. Toiles, draps.

VOISIN (LA), femme accusée d'avoir vendu des poisons dits alors *Poudres de succession*, fut condamnée et brûlée en place de Grève, à Paris (1680).

VOITEUR, ch.-l. de c. du Jura, arr. de Lons-le-Saunier ; 1098 h.

VOITURE (VINCENT), poète et bel esprit français (1598-1648), fut l'oracle de la société polie de son temps, et fit partie de l'Académie française à son origine.

VOLCANO, la plus au S. des îles Lipari.

VOLGA (LE), anc. Rha, fl. de Russie, naît dans le plateau de Waldaï et se jette dans la mer Caspienne, près d'Astrakan ; 3400 k.

VOLHYNIE, gouv. de la Russie, limitrophe de la Galicie ; ch.-l. Jitomir.

VOLMUNSTER, anc. ch.-l. de c. de la Moselle, arr. de Sarreguemines ; 1125 h. ; cédé à la Prusse en 1871.

VOLNAY, vge de l'arr. de Beaune (Côte-d'Or), célèbre par ses vins rouges.

VOLNEY (comte DE), savant et voyageur français (1757-1820), auteur d'un *Voyage en Égypte et en Syrie* et de travaux sur la chronologie, l'hist. anc. et les langues orientales.

VOLOGÈSE, nom de cinq rois des Parthes, dont le 1er lutta contre les Romains et leur protégé Tigrane (50-81 ap. J.-C.).

VOLONNE, ch.-l. de c. des Basses-Alpes, arr. de Sisteron, sur la Durance ; 988 h.

VOLSQUES (LES), peuple de l'Italie anc., dans le sud du Latium ; v. pr. Antium, Anxur, Arpinum, Privernum.

VOLTA, physicien italien (1745-1827), célèbre par ses travaux sur l'électricité et par l'invention de la *pile voltaïque* (1799).

VOLTAIRE (AROUET DE), poète, philosophe, historien français (1694-1778), chef du parti philosophique au XVIIIe s.

VOLTERRA, v. de Toscane (Italie) ; 5000 h.

VOLVIC, com. du Puy-de-Dôme, arr. de Riom ; 3522 h. Exploitation de pierres.

VOPISCUS (FLAVIUS), historien latin du temps de Dioclétien, a écrit dans l'*Histoire Auguste* les vies d'Aurélien, de Tacite, de Probus, de Carus et de ses fils.

VORARLBERG, cercle du Tyrol (empire d'Autriche), entre la Bavière et la Suisse ; ch.-l. Brégenz.

VOREY, ch.-l. de c. de la Haute-Loire, arr. du Puy ; 2310 h.

VOSGES (LES), chaîne de montagnes qui commence près de Belfort, s'étend entre le Rhin et la Moselle, puis gagne la Bavière Rhénane ; les points culminants sont les ballons de Guebwiller (1426m), d'Alsace (1250m).

VOSGES (dép. des), formé du sud de la Lorraine et de la principauté de Salm ;

ch.-l. Épinal; 5 arr. Épinal, Mirecourt, Neufchâteau, Remiremont, Saint-Dié; pop. 392 988 h.

VOSGIEN (l'abbé), auteur d'un *Dictionnaire géographique* (1747).

VOUET (SIMON), peintre franç. (1590-1649).

VOUGEOT, vge à 5 k. de Nuits (Côte-d'Or); célèbre vignoble du *Clos Vougeot*.

VOUILLÉ, ch.-l. de c. de la Vienne, arr. de Poitiers; 1651 h. || Victoire de Clovis Ier sur Alaric II, roi des Visigoths (507).

VOUNEUIL-SUR-VIENNE, ch.-l. de c. de la Vienne, arr. de Châtellerault; 1411 h.

VOUVRAY, ch.-l. de c. d'Indre-et-Loire, arr. de Tours; 2180 h. Vins blancs.

VOUZIERS, ch.-l. d'arr. des Ardennes, à 52 k. de Mézières, sur l'Aisne; 3059 h.

VOVES, ch.-l. de c. d'Eure-et-Loir, arr. de Chartres; 1845 h.

VULCAIN, fils de Jupiter, dieu du feu.

VULGATE (LA), version latine de la Bible, faite par saint Jérôme, seule reconnue comme canonique par le concile de Trente.

VULSINIES, auj. Bolsena, v. de l'anc. Étrurie, sur les bords du lac de son nom.

VULTURNE, auj. Volturno, fl. de l'Italie mérid., passe à Capoue, et se jette dans la mer Tyrrhénienne; 130 k.

VYASA, anachorète indien (xve ou xvie s. av. J.-C.), qui, dit-on, mit en ordre les *Védas*.

W

WACE (ROBERT), poëte anglo-normand (1120-1180), auteur du *Roman du Brut*, recueil des traditions bretonnes, et du *Roman de Rou*, chronique des ducs de Normandie.

WAFFLARD, auteur comique (1787-1824), connu par sa comédie *le Voyage à Dieppe*.

WAGNER (RICHARD), compositeur allemand, né en 1813, chef d'une école de musique, auteur des opéras : *le Tannhäuser* (1845), *Lohengrin*, *Tristan et Yseult*, *les Maîtres chanteurs*, *l'Anneau des Nibelungen*.

WAGRAM, vge de la Basse-Autriche, à 18 k. de Vienne, où Napoléon Ier battit l'archiduc Charles (1809).

WAHABITES (LES), secte musulmane qui rejette la tradition et professe des doctrines égalitaires; elle se développa en Arabie, en Égypte et en Afrique.

WAHAL, bras méridional du Rhin, passe à Nimègue, et se confond avec la Meuse à Gorkum; 80 k.

WAILLY (NOËL-FRANÇOIS DE), grammairien français (1724-1801). Son frère CHARLES, architecte (1729-1798), a construit l'Odéon à Paris (1782).

WALCHEREN, île des Pays-Bas, entre les deux grandes embouchures de l'Escaut; pop. 38 000 h.; ch.-l. Middelbourg; v. pr. Flessingue.

WALCKENAER (CH.-ATHANASE), érudit et littérateur franç. (1771-1852), secrétaire perpétuel de l'Académie des inscriptions (1840).

WALDECK (PRINCIPAUTÉ DE), État du nouvel empire d'Allemagne, enclavé dans la Hesse et la Westphalie, administré par la Prusse; pop. 57 000 h.; ch.-l. Arolsen.

WALDEMAR, nom de quatre rois de Danemark, dont le 1er, dit *le Grand*, réunit au Danemark le Jutland et le Slesvig (1157).

WALDOR (MÉLANIE), femme de lettres française, née en 1796, auteur de poésies et d'ouvrages à l'usage des enfants.

WALDSTEIN ou **WALLENSTEIN** (comte DE), général de l'empereur d'Allemagne Ferdinand II dans la guerre de Trente Ans, fut accusé de conspirer contre son maître, et assassiné dans sa tente (1583-1634).

WALEWSKI (COLONNA, comte DE), homme politique français (1810-1868), ministre des affaires étrangères de Napoléon III (1855-1860), et ministre d'État de 1860 à 1863.

WALHALLA, paradis des Scandinaves, palais où Odin reçoit les guerriers morts en combattant.

WALI, titre que portaient en Espagne les lieutenants des califes de Damas (viiie s.).

WALLACE (Sir WILLIAM), gentilhomme écossais (1270-1305), célèbre dans les légendes comme le défenseur de l'indépendance nationale contre les Anglais, fut vaincu et pris à Falkirk par Édouard Ier (1298).

WALLENSTADT (LAC DE), lac de la Suisse, entre les cantons de Saint-Gall et de Glaris.

WALLIA, roi des Visigoths (415-419), établit son peuple dans l'Aquitaine, et s'empara de la plus grande partie de l'Espagne.

WALLIS (ÎLES), archipel de la Polynésie, sous le protectorat de la France.

WALLON (HENRI), professeur, historien français, né en 1812, auteur d'une *Histoire de l'esclavage*, de *Jeanne d'Arc*, etc. Membre de l'Assemblée nationale (1871-76), il est l'auteur de la proposition qui a abouti à la constitution du régime républicain en France (25 fév. 1875), et fut ministre de l'instruction publique (1875-76).

WALLONS (LES), Belges d'origine gauloise parlant le français. Ils occupent les prov. de Hainaut, Namur, Liége, Luxembourg et Brabant méridional.

WALPOLE (ROBERT), homme d'État anglais (1676-1745), puissant sous les règnes de George Ier et de George II, érigea la corruption en système de gouvernement. || HORACE WALPOLE (1717-1790), amateur des lettres et des arts, était son 3e fils.

WALPURGIS, montagne du Brocken (Saxe prussienne), où, suivant les légendes, les esprits infernaux se donnent rendez-vous.

WARTHA, riv. de Pologne, affluent de l'Oder, arrose Posen; 795 k.

WARWICK, comté du centre de l'Angleterre; pop. 562 000 h.; ch.-l. Warwick; v. pr. Birmingham, Kenilworth.

WARWICK (comte DE), surnommé *le Faiseur de rois* (1420-1471), prit parti pour la maison d'York dans la guerre des Deux Roses et fit couronner Édouard IV (1461). Disgracié, il mit sur le trône Henri VI de Lancastre à la place d'Édouard (1470); mais peu après il fut vaincu et tué à Barnet.

WASA, voy. VASA.

WASHINGTON (George), homme d'État et général américain (1732-1799), fut nommé commandant de l'armée nationale dans la révolte des colonies anglaises d'Amérique (1775), et, avec l'appui de la France, força l'Angleterre à reconnaître l'Union (1782). Il a été deux fois président de la république américaine (1788-1793, 1793-1797).

WASHINGTON, cap. de la république des États-Unis, ch.-l. du district fédéral de Colombia, sur le Potomac; 109199 h.

WASSELONNE, anc. ch.-l. de c. du Bas-Rhin, arr. de Strasbourg; 4308 h.; cédé à la Prusse en 1871.

WASSIGNY, ch.-l. de c. de l'Aisne, arr. de Vervins; 1331 h.

WAST-LA-HOUGUE (SAINT-), c. de la Manche, arr. de Valognes; 3664 h. V. HOGUE.

WATERFORD, comté d'Irlande, dans la prov. de Munster; pop. 163000 h.; ch.-l. Waterford; 25000 h.

WATERLOO, vge du Brabant (Belgique), à 16 k. de Bruxelles, a donné son nom à la bataille dans laquelle Wellington, soutenu par Blücher, défit Napoléon Ier (1815).

WATT (James), ingénieur anglais (1736-1819), perfectionna la machine à vapeur et en est regardé comme un des inventeurs.

WATTEAU (Jean-Antoine), peintre franç. (1684-1721), un des chefs de l'école du XVIIIe s.

WATTEVILLE DU GRABE (baron de), administrateur et économiste franç. (1799-1866), organisa les asiles du Vésinet et de Vincennes pour les ouvriers convalescents.

WATTIGNIES, bourg de l'arr. d'Avesnes, où Jourdan défit les Autrichiens (1793).

WATTRELOS, c. du Nord, arr. de Lille; 14682 h. Filatures de coton.

WAT TYLER, simple ouvrier tuilier du comté de Kent, fut le chef d'une espèce de jacquerie et de révolte dirigée contre le roi d'Angleterre Richard II (1381).

WEBER (Charles-Marie, baron de), compositeur allemand (1786-1826), auteur du *Freyschütz*, d'*Euryanthe*, d'*Obéron*, etc.

WEENIX (J.-B.) (1621-1660) et son fils Jean (1644-1719), peintres hollandais.

WEHRGELD, *sm.* Composition pécuniaire que, chez les Germains, le meurtrier devait payer à sa victime ou à sa famille.

WEIMAR, cap. du grand-duché de Saxe-Weimar; 15000 h. Cette ville, sous Charles-Auguste et la duchesse Amélie, fut le séjour d'illustres écrivains (XIXe s.).

WELCHES (LES), corruption de *Gaëls*, nom primitif des Celtes.|| FLANDRE WELCHE, pays situé au N. de la Flandre française, dont les habitants étaient appelés Wallons.

WELLESLEY (Richard Colley, marquis de), général anglais (1760-1842), vainquit le sultan de Mysore Tippou-Saëb.

WELLINGTON (Arthur Colley Wellesley, duc de), général et homme d'État anglais, frère du précédent (1769-1852), soutint les Espagnols dans leur résistance à l'invasion française, arrêta Masséna devant les lignes formidables de Torres-Vedras (1810-1811), gagna sur Marmont la victoire des Arapiles (1812) et sur Jourdan celle de Vitoria (1813), entra en France et livra la bataille indécise de Toulouse (1814). Nommé généralissime des armées alliées, lors du retour de Napoléon de l'île d'Elbe, il fut vainqueur à Waterloo (1815).

WENCESLAS, nom de deux ducs et de quatre rois de Bohême (xe-xve s.).

WERNER, minéralogiste allemand (1750-1817), créateur de la géognosie et auteur du *neptunisme*, système qui attribue à l'eau la cause de toute formation nouvelle.

WESEL (NIEDER-), place forte de la Province rhénane (Prusse), sur la rive droite du Rhin, au confluent de la Lippe; 17500 h.

WESER, fl. d'Allemagne, passe à Minden, à Brême, se jette dans la mer du Nord; 480 k.

WESSEX, c.-à-d. *Saxe de l'Ouest*, un des quatre royaumes fondés par les Saxons à l'O. de la Bretagne (516); cap. Winchester.

WESTERMANN, général français (1751-1794), se distingua dans les guerres de Vendée et fut entraîné dans la chute de Danton.

WESTMINSTER (abbaye de), à Londres, magnifique monument gothique bâti par Henri III et Édouard Ier, et renfermant les tombeaux des rois et des grands hommes de l'Angleterre.|| Le palais du Parlement.

WESTMORELAND, comté du N. de l'Angleterre; pop. 42000 h.; ch.-l. Appleby.

WESTPHALIE, contrée de l'Allemagne, au N.-O., entre le Rhin et le Weser.|| ROYAUME DE WESTPHALIE, État créé en 1807 par Napoléon Ier, en faveur de son frère Jérôme, avec Cassel pour capitale, et détruit en 1813.|| WESTPHALIE, prov. de Prusse, au N.-O., longeant la Hollande et le Rhin; pop. 1707000 h.; cap. Münster.|| TRAITÉ DE WESTPHALIE (1648), traité qui termina la guerre de Trente Ans, régla l'état religieux de l'Allemagne, donna à la France l'Alsace sauf Strasbourg et Montbéliard, et lui reconnut la possession des Trois-Évêchés.

WHIGS (LES), nom donné en Angleterre au parti libéral, par opposition aux *tories*.

WHITEHAVEN, v. du Cumberland (Angleterre), port sur la mer d'Irlande; 19000 h.

WHITWORTH, mécanicien anglais, né en 1800, inventeur des *machines-outils*.

WICLEF ou **WYCLIFFE** (John de), hérésiarque anglais (1324-1387).

WIELAND, poète et littérateur allemand (1733-1813), auteur du poème d'*Obéron*.

WIESBADEN, anc. cap. du duché de Nassau (Prusse), à 9 kil. de Mayence; 30000 h. Eaux thermales sulfureuses.

WIGHT, île de la Manche, sur la côte d'Angleterre; pop. 43000 h.; ch.-l. Newport.

WILBERFORCE, philanthrope anglais (1759-1833), obtint du Parlement l'abolition de la traite des noirs, et attaqua l'esclavage.

WILFRID (saint), né en Angleterre (634-709), surnommé l'*apôtre des Frisons*, répandit l'Évangile parmi les Anglais et les Saxons.

WILHEM (Guillaume-Louis Bocquillon, dit), compositeur français (1781-1842), inventeur d'une méthode d'enseignement mutuel du chant, fonda l'*Orphéon* (1833).

WILKIE, peintre anglais (1785-1841), s'est distingué dans les scènes du genre familier.

WILLAUMEZ (comte), vice-amiral français (1763-1845), fit partie de l'expédition de Saint-Domingue et commanda la flottille du Zuyderzée en 1811. Il est l'auteur d'un *Dictionnaire de marine*.

WILNA ou **VILNA**, ch.-l. du gouvernement de ce nom, en Russie, formé de l'anc. Lithuanie; 79000 h.

WILSON (Alexandre), auteur d'une vaste ornithologie américaine (1766-1813).

WINCHESTER, ch.-l. du comté de Hamp (Angleterre) ; 11 000 h.

WINCKELMANN, auteur de savants travaux sur l'art dans l'antiquité (1717-1768).

WINDISCHGRÆTZ (prince), feld-maréchal autrichien, comprima l'insurrection de la Bohême et le soulèvement populaire de Vienne en 1848.

WINDSOR, bourg sur la Tamise, à 35 k. de Londres, où se trouve un château royal.

WINNIPEG, lac de la Nouvelle-Bretagne (Amérique sept.), qui communique avec la baie d'Hudson par la Severn et la Nelson.

WINTERTHUR, v. du canton de Zurich ; 5500 h. Fabriques d'horlogerie et de fusils.

WINTZENHEIM, anc. ch.-l. de c. du Haut-Rhin, arr. de Colmar ; 4086 h. ; cédé à la Prusse en 1871.

WISCONSIN, un des États-Unis de l'Amérique du Nord, sur les lacs Supérieur et Michigan ; pop. 1 054 670 h. ; cap. Madison.

WISEMAN, cardinal-archevêque de Westminster (1802-1865).

WISSEMBOURG, anc. ch.-l. d'arr. du Bas-Rhin, à 58 k. de Strasbourg ; 5247 h. ; cédé à la Prusse en 1871. || Près de cette ville, le 4 août 1870, la division du général Abel Douay, du corps de Mac-Mahon, a été battue par les Prussiens et les Bavarois.

WITEPSK, ch.-l. du gouv. de ce nom, en Russie, sur la Dwina mérid. ; 30 000 h.

WITIKIND, chef saxon, le plus grand adversaire de Charlemagne, reçut le baptême après une lutte de dix ans (775-785).

WITT (JEAN DE), homme d'État hollandais (1625-1672), grand-pensionnaire de Hollande (1653), adversaire de la maison d'Orange, fut massacré par la populace avec son frère CORNEILLE (1623-1672).

WITTEMBERG, v. de la Saxe prussienne, sur l'Elbe ; 11 000 h.

WITTGENSTEIN (prince DE), feld-maréchal russe (1769-1843), chef des armées de Russie et de Prusse en 1813, fut battu à Lutzen et à Bautzen. Il entra à Paris en 1814.

WLADISLAS, nom de sept rois de Pologne (du XI° au XVII° s.).

WOEHLER, chimiste allemand, né en 1809, le premier isola l'aluminium (1827).

WOERTH, anc. ch.-l. de c. du Bas-Rhin, arr. de Wissembourg ; 1114 h. || Le 6 août 1870, grande bataille où Mac-Mahon fut vaincu par le prince royal de Prusse, et où la retraite des Français fut protégée par les charges de la cavalerie, à Reichshoffen.

WOLF (FRÉDÉRIC-AUGUSTE), philologue allemand (1759-1824), qui dans ses *Prolégomènes à Homère* soutient que l'*Iliade* et l'*Odyssée* ne sont pas l'œuvre d'un poëte unique.

WOLFENBÜTTEL, v. du duché de Brunswick ; 9000 h. Riche bibliothèque.

WOLLASTON, chimiste et physicien anglais (1776-1828), fit plusieurs découvertes industrielles, perfectionna la *camera lucida*.

WOLSEY (THOMAS), cardinal anglais (1471-1530), fut le favori et le chancelier de Henri VIII ; mais, objet de la haine d'Anne Boleyn, il venait d'être arrêté comme coupable de haute trahison, lorsqu'il mourut.

WOODSTOCK, v. du comté de Suffolk (Angleterre) ; 9000 h. Château royal du XII° s.

WOOLWICH, v. sur la Tamise, à 12 k. de Londres ; 40 000 h. Arsenal de la marine royale. École d'artillerie, Hôpital militaire.

WORCESTER, comté d'Angleterre, à l'O. ; pop. 308 000 h. ; ch.-l. Worcester ; 33 000 h.

WORDSWORTH (WILLIAM), poëte anglais (1770-1850), chef de l'école descriptive.

WORMHOUDT, ch.-l. de c. du Nord, arr. de Dunkerque ; 3701 h.

WORMS, v. du grand-duché de Hesse-Darmstadt, sur le Rhin ; 11 400 h. || En 1122, Henri V de Franconie et Calixte II y signèrent le concordat qui mit fin à la querelle des Investitures. || En 1521, diète dans laquelle Luther fut condamné.

WOUWERMAN ou **WOUWERMANS**, peintre hollandais (1620-1668).

WRÈDE (prince DE), feld-maréchal allemand (1767-1838), commanda les troupes bavaroises unies à l'armée française, de 1805 à 1813 ; poussa le roi de Bavière à la défection en 1813, fut battu à Hanau. Chef de l'armée bavaroise, il prit part aux deux campagnes contre la France (1814 et 1815).

WREN (SIR CHRISTOPHER), architecte anglais (1632-1723), construisit les principaux monuments de Londres, et entre autres la cathédrale de Saint-Paul (1675).

WURMSER, général autrichien (1724-1797), se distingua dans la guerre de Sept Ans. Vaincu par Bonaparte à Castiglione, à Bassano, il capitula dans Mantoue (1797).

WÜRTEMBERG (ROYAUME DE), État de l'empire d'Allemagne, entre le grand-duché de Bade et la Bavière ; pop. 1 763 000 h. ; cap. Stuttgart ; roi régnant depuis 1864 : Charles I°', né en 1823.

WURTZBOURG, ch.-l. du cercle de Basse-Franconie (Bavière), sur le Mein ; 42 000 h.

X

XAINTRAILLES, voy. SAINTRAILLES.

XANTHE, voy. SCAMANDRE.

XANTHIPPE, général athénien, père de Périclès, remporta sur les Perses la victoire navale de Mycale (479 av. J.-C.). || Aventurier lacédémonien au service de Carthage, vainquit le Romain Régulus (255 av. J.-C.).

XENIL ou **GENIL**, riv. d'Espagne, vient de la Sierra-Nevada, passe à Grenade, et se jette dans le Guadalquivir ; 220 k.

XÉNOPHANE, philosophe grec (620-520 av. J.-C.), enseigna l'existence d'un seul Dieu.

XÉNOPHON, né à Athènes (445-355 av. J.-C.), fit partie de l'expédition des Dix Mille, qu'il a racontée dans l'*Anabase* ; a exposé la doctrine de Socrate, son maître, dans l'*Apologie*, les *Mémoires de Socrate*, et a donné dans ses *Helléniques* la continuation de l'histoire de Thucydide.

XERÈS, v. de l'Andalousie (Espagne), au N. E. de Cadix ; 39 000 h. Vin célèbre.

XERTIGNY, ch.-l. de c. des Vosges, arr. d'Épinal ; 3860 h. Forges.

XÉRXÈS Ier, roi des Perses, succéda à Darius Ier (485 av. J.-C.), envahit la Grèce (480), passa les Thermopyles, brûla Athènes, mais vit périr sa flotte à Salamine ; s'enfuit en Perse en laissant à Mardonius une armée qui fut vaincue à Platée. Il fut assassiné par Artaban (472).

XIMÉNÈS (FRANÇOIS), cardinal et ministre espagnol (1436-1517), fut le conseiller intime de la reine Isabelle de Castille.

XUTHUS, fils d'Hellen, fut le père d'Ion et d'Achæus.

Y

Y (GOLFE DE l'), bras de mer, long de 27 k., formé par le Zuyderzée entre la Hollande sept. et la Hollande mérid., à l'entrée duquel se trouve Amsterdam.

YANAON, v. française de l'Hindoustan, sur la côte de Coromandel ; 7000 h.

YANG-TCHÉOU, v. de Chine, sur le canal Impérial et près du Yang-tsé-kiang ; 2 000 000 d'h. Grand commerce.

YANG-TSÉ-KIANG ou *fleuve Bleu*, le plus grand fl. de l'Asie, traverse la Chine de l'O. à l'E. et se jette dans la mer Bleue ; 4500 k.

YANKEES (LES), nom donné par les Anglais aux habitants des États-Unis.

YARMOUTH, v. du comté de Norfolk (Angleterre), à l'E. ; port sur la mer du Nord.

YATREB, nom de Médine, avant Mahomet.

YÉDO, grande v. de l'île de Niphon (Japon), jadis résidence du Taïcoun ; 1 800 000 h.

YÉMEN, région de l'Arabie, au S.-O., anc. Arabie Heureuse, sur la mer Rouge ; pop. 3 000 000 d'h. ; v. pr. Sana, Moka et Aden appartenant aux Anglais depuis 1839.

YENNE, ch.-l. de c. de la Savoie, arr. de Chambéry ; 2880 h.

YÈRES, riv. de France, se jette dans la Seine à Villeneuve-Saint-Georges ; 90 k.

TERVILLE, ch.-l. de c. de la Seine-Inférieure, arr. d'Yvetot ; 1652 h.

YÉSO, une des grandes îles du Japon ; v. pr. Matsmaï.

YOLOFS (LES), peuples nègres de la Sénégambie, soumis à la France.

YONNE, riv. de France, sort du Morvan, passe à Clamecy, Auxerre, Laroche, Sens, se jette dans la Seine à Montereau ; 288 k.

YONNE (dép. de l'), formé de parties de la Champagne, de la Bourgogne et de l'Orléanais ; ch.-l. Auxerre ; 5 arr. Auxerre, Avallon, Joigny, Sens, Tonnerre ; pop. 363 608 h.

YORK, comté d'Angleterre, au N.-E., sur la mer du Nord ; pop. 2 395 300 h. ; ch.-l. York ; 44 000 h.

YORK (MAISON D'), branche de la famille royale des Plantagenets, qui descendait d'Édouard III (voy. GUERRE DES DEUX ROSES). Elle a donné trois rois à l'Angleterre : Édouard IV, Édouard V et Richard III.

YORK (RICHARD, duc D'), petit-fils d'Édouard III, se révolta contre Henri VI de Lancastre et commença la guerre des Deux Roses ; après deux victoires, il fut tué à Wakefield (1460). Il avait quatre fils, dont un fut Édouard IV, et un autre Richard III.

YORK-TOWN, port de l'État de Virginie, où le général anglais Cornwallis se rendit aux Américains et aux Français (1781).

YOUNG (ÉDOUARD), poète anglais (1684-1765), célèbre par ses *Pensées nocturnes* ou *Méditations de la nuit*, inspirées par la mort de sa belle-fille et de sa femme.

YOUNG (THOMAS), savant anglais (1773-1829), connu par ses travaux sur les phénomènes de la vision.

YOUNG (ARTHUR), agronome anglais (1741-1820), fondateur des *Annales d'agriculture*.

YOUSOUF, dernier wali d'Espagne, fut vaincu et tué, lorsque Abderame vint se faire reconnaître calife à Cordoue (756-788).

YPRES, ch.-l. d'arr. de la Flandre occid. (Belgique) ; 17 500 h.

YPSILANTI, famille grecque fanariote, dont l'un des membres, ALEXANDRE (1792-1828), donna le signal de l'insurrection de la Grèce contre la Turquie (1820).

YRIEIX (SAINT-), ch.-l. d'arr. de la Haute-Vienne, à 41 k. de Limoges ; 7086 h. Kaolin.

YSSEL, riv. des Pays-Bas, traverse la Gueldre, et se jette dans le Zuyderzée ; 90 k.

YSSINGEAUX, ch.-l. d'arr. de la Haute-Loire, à 25 k. du Puy ; 8270 h.

YUCATAN, un des États du Mexique, dans une presqu'île, entre le golfe du Mexique et la mer des Antilles ; pop. 509 000 h. ; v. pr. Mérida et Campêche.

YVERDUN ou **YVERDON**, v. du canton de Vaud (Suisse), à l'endroit où l'Orbe entre dans le lac de Neuchâtel ; 3600 h.

YVETOT, ch.-l. d'arr. de la Seine-Inférieure, à 36 k. de Rouen ; 8282 h. || Les seigneurs de ce pays ont porté le titre de roi du XIVe au XVIe s.

Z

ZABULON, fils de Jacob et de Lia, donna son nom à l'une des douze tribus, dont les v. pr. étaient Béthulie, Nazareth, Tibériade.

ZACHARIÆ (CH. SALOMON), jurisconsulte allemand (1769-1843), auteur d'un *Manuel de droit civil français*.

ZACHARIE, l'un des petits prophètes juifs (VIe s. av. J.-C.). || Fils du grand prêtre des Juifs Joïada, fut mis à mort par Joas.

ZACYNTHE, auj. Zante.

ZAIRE ou **CONGO**, fl. de l'Afrique centrale, se jette dans l'Atlantique ; 2600 k.

ZAMA, anc. v. d'Afrique, où Scipion l'Africain vainquit Annibal (202 av. J.-C.).

ZAMBÈZE, fl. de l'Afrique australe, traverse la Cafrerie, se jette dans l'Océan Indien ; 1380 k.

ZANCLE, nom primitif de Messine.

ZANGUEBAR (CÔTE DE), contrée de l'Afrique orientale, le long de l'Océan Indien ; v. sur la côte : Quiloa, Zanzibar, Mélinde.

ZANTE, anc. Zacynthe, une des îles ioniennes (roy. de Grèce) ; pop. 44 000 h. ; cap. Zante ; 20 000 h.

ZANZIBAR, île de l'Océan Indien, sur la côte du Zanguebar ; pop. 100 000 h. ; cap. Zanzibar ; 10 000 h. || Royaume de la côte orientale de l'Afrique, dans le Zanguebar.

ZAPOROGUES (LES), Cosaques de l'Ukraine, sur la côte E. de la mer d'Azow.

ZARA, v. forte de la Dalmatie (empire austro-hongrois), sur l'Adriatique ; 18 000 h.

ZEA ou **ZIA**, anc. Céos (Cyclades).

ZÉBU, une des îles Philippines (Océanie) ; 200 000 h. ; cap. Zébu. || Magellan, qui la découvrit en 1521, y fut tué par les indigènes.

ZÉGRIS (LES), tribu maure qui passa d'Afrique en Espagne, et qui est célèbre par ses rivalités avec les Abencérages.

ZÉLANDE, prov. des Pays-Bas, composée principalement d'îles entre les bouches de l'Escaut et de la Meuse ; 181 000 h. ; ch.-l. Middelbourg ; v. pr. Flessingue.

ZÉLANDE (NOUVELLE-), archipel de la Polynésie, colonie anglaise ; pop. 30 000 indigènes ; 250 000 Européens ; cap. Auckland.

ZEMBLE (NOUVELLE-), groupe de deux îles russes dans l'Océan Glacial, séparées de la Russie par le détroit de Vaïgatch.

ZEND, langue qui fut parlée à une époque très-ancienne dans la Bactriane et les pays voisins, et qui précéda le pehlvi et le parsi.

ZEND-AVESTA, recueil des livres sacrés des Parsis, attribués à Zoroastre.

ZÉNOBIE, reine de Palmyre, régna après la mort de son mari Odenath (266), et soumit toute l'Asie Mineure. Aurélien la vainquit, la fit prisonnière et la fit marcher devant son char de triomphe, à Rome (273).

ZÉNON d'Élée, philosophe grec (Vᵉ s. av. J.-C.), le créateur de la dialectique.

ZÉNON de Citium (v. de l'île de Chypre), philosophe grec (358-260 av. J.-C.), enseigna à Athènes dans le *Portique*, et fut le fondateur de l'école stoïcienne.

ZÉNON *l'Isaurien*, empereur d'Orient (474-490), détourna les Ostrogoths de l'Orient sur l'Italie.

ZÉPHYRE, fils d'Éole et de l'Aurore.

ZEUXIS, célèbre peintre grec, de la dernière moitié du Vᵉ s. av. J.-C.

ZICAVO, ch.-l. de c. de la Corse, arr. d'Ajaccio ; 1842 h.

ZINGARI, les bohémiens ou tziganes.

ZISKA (JEAN), chef bohémien, se mit à la tête des hussites pour venger la mort de Jean Huss, et fit trembler l'Allemagne et la Hongrie (1419-1424).

ZIZIM, fils puîné de Mahomet II (1459-1495), ayant échoué dans une révolte contre son frère Bajazet II, se réfugia chez les chevaliers de Rhodes, qui l'envoyèrent en France. Réclamé par le pape qui voulait l'opposer à Bajazet, il fut empoisonné.

ZOÏLE, grammairien grec du IVᵉ s, qui, à cause de ses critiques sur Homère, devint la personnification du critique envieux.

ZOLLVEREIN (LE), association douanière des États allemands ; fondée par la Prusse en 1833, elle a cessé d'exister en 1871.

ZOPYRE, seigneur persan, qui se dévoua pour donner à Darius Iᵉʳ Babylone révoltée.

ZOROASTRE, législateur religieux des populations bactriennes et fondateur de la religion appelée *parsisme*, qui reconnaît deux principes : Ormuzd et Ahriman.

ZOROBABEL, Juif de la maison de David, qui rebâtit le temple de Jérusalem, au retour de la Captivité (536 av. J.-C.).

ZOUAVES (LES), confédération de tribus kabyles, dans le Jurjura. || Corps d'infanterie française créé en Algérie, en 1831, et composé d'indigènes et d'Européens.

ZOZIME, historien grec de la 2ᵉ moitié du Vᵉ s., a composé une *Histoire nouvelle*, du règne d'Auguste à Théodose II.

ZUG (LAC DE), lac de Suisse, entre les cantons de Zug, de Lucerne et de Schwytz.

ZUG, canton de la Suisse centrale ; pop. 20 993 h ; ch.-l. Zug ; 3300 h.

ZURBARAN, peintre espagnol (1598-1662).

ZÜRICH (LAC DE), lac de Suisse, entre les cantons de Zürich, Schwytz et Saint-Gall.

ZÜRICH, canton de la Suisse sept. ; pop. 284 786 h. ; ch.-l. Zürich, sur la Limmat, à sa sortie du lac de Zürich ; 21 000 h. Patrie de Gessner, de Lavater, etc. || Victoire de Masséna sur les Austro-Russes (1799).

ZUYDERZÉE, c.-à-d. *Mer du Sud*, golfe formé par la mer du Nord sur les côtes des Pays-Bas, entre la Hollande sept. à l'O., l'Over-Yssel et la Frise à l'E.

ZWINGLE, réformateur suisse (1484-1531), enseigna ses doctrines à Zürich.

ZWOLLE, v. des Pays-Bas (prov. d'Over-Yssel), sur l'Yssel ; 21 000 h.

FIN

PARIS. — IMPRIMERIE DE E. MARTINET, 2, RUE MIGNON.